Das Buch

Saddam Hussein: irakischer Staatschef, grausamer Diktator, gewiefter Kriegstreiber, intoleranter Patriarch. Jahrzehntelang hat er die Welt in Atem gehalten und herausgefordert – jetzt steht er vor Gericht …
Con Coughlin geht dem Mythos Saddam auf den Grund. Was brachte ihn an die Macht? Wie funktionierte sein Regime? Inwiefern wurde seine Persönlichkeit durch seine ärmliche Kindheit und gewalttätige Jugend geprägt? Welche Rolle spielte die Familie in seinem Herrschaftssystem? Welche Ziele verfolgte er tatsächlich? Und wie erlebte er die letzten Tage seiner Herrschaft? Coughlin hat mit Verwandten und ehemaligen Mitgliedern des innersten Kreises um Saddam Hussein gesprochen, Geheimdiensterkenntnisse und bislang unbekannte Quellen ausgewertet und so mehr als eine Biographie verfasst: Sein Buch liefert uns den Schlüssel zur Person Saddam Husseins.

Der Autor

Con Coughlin, geboren 1955, begann bald nach seinem Geschichtsstudium in Oxford als Auslandskorrespondent zu arbeiten. Als Kriegsberichterstatter im Libanon entkam er 1983 nur knapp einer Entführung. Er berichtete sowohl über den Iran-Irak-Konflikt als auch über die Operation Desert Storm. Er wurde mit dem Britain's Newspaper of the Year Award ausgezeichnet und ist heute Chefredakteur der *Sunday Times.*

Con Coughlin

Saddam Hussein

Porträt eines Diktators

Die Biographie

Aus dem Englischen von Claudia Brusdeylins,
Anne Emmert, Ursula Held, Steve Klimchak,
Ruth Sander und Heinz Tophinke

Ullstein

Besuchen Sie uns im Internet:
www.ullstein-taschenbuch.de

Gewidmet Juan-Carlos Gumucio (1959–2002)

Umwelthinweis:
Dieses Buch wurde auf chlor- und säurefreiem Papier gedruckt.

Erweiterte und aktualisierte Ausgabe im Ullstein Taschenbuch
1. Auflage April 2006

Titel der englischen Originalausgabe: *Saddam – The Secret Life*
(Macmillan, ein Imprint von Pan Macmillan, London)
Die Rechte an allen Abbildungen und Fotografien liegen ebenfalls
beim Autor oder werden von diesem verwaltet.
Umschlaggestaltung: Büro Hamburg
Titelabbildung: Alain Nogues/Corbis Sygma
Satz: Franzis print & media GmbH, München
Gesetzt aus der Plantin und Syntax
Druck und Bindearbeiten: Ebner & Spiegel, Ulm
Printed in Germany
ISBN-13: 978-3-548-36824-5
ISBN-10: 3-548-36824-7

»Emerge tu recuerdo de la noche en que estoy.«

PABLO NERUDA

INHALT

STAMMBAUM DER FAMILIE

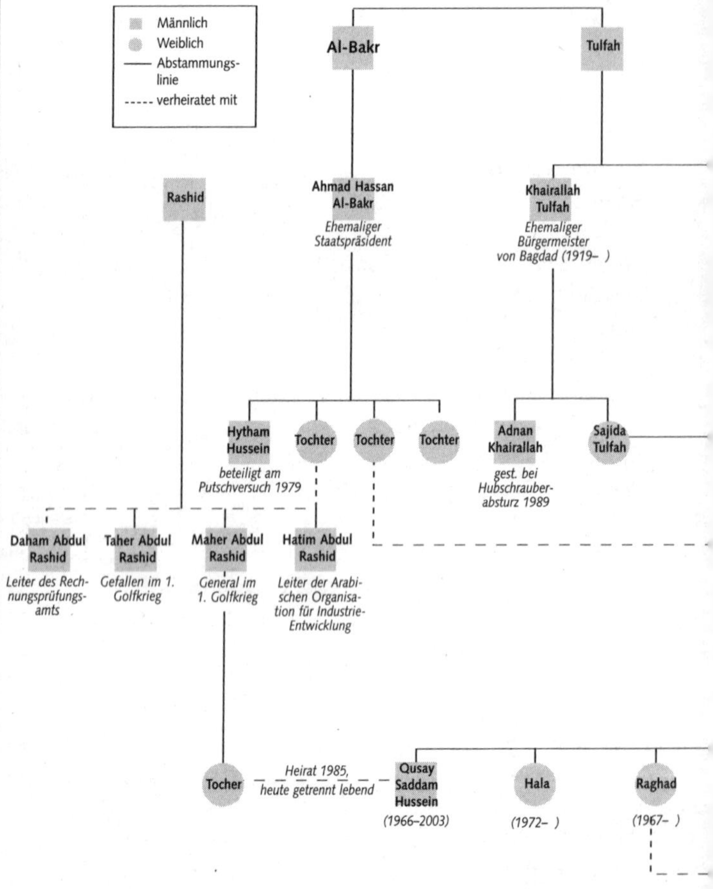

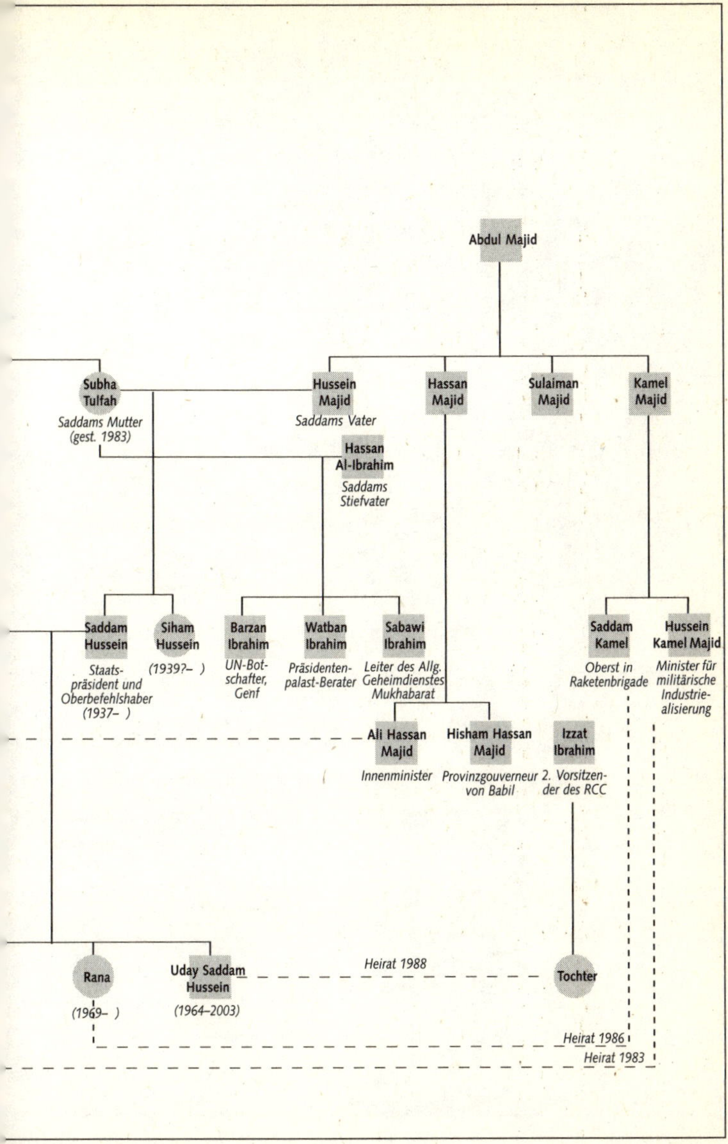
Abdul Majid
Subha Tulfah
Saddams Mutter (gest. 1983)
Hussein Majid
Saddams Vater
Hassan Majid
Sulaiman Majid
Kamel Majid
Hassan Al-Ibrahim
Saddams Stiefvater
Saddam Hussein
Staats-präsident und Oberbefehlshaber (1937–)
Siham Hussein
(1939?–)
Barzan Ibrahim
UN-Bot-schafter, Genf
Watban Ibrahim
Präsidenten-palast-Berater
Sabawi Ibrahim
Leiter des Allg. Geheimdienstes Mukhabarat
Saddam Kamel
Oberst in Raketenbrigade
Hussein Kamel Majid
Minister für militärische Industrie-alisierung
Ali Hassan Majid
Innenminister
Hisham Hassan Majid
Provinzgouverneur von Babil
Izzat Ibrahim
2. Vorsitzen-der des RCC
Rana
(1969–)
Uday Saddam Hussein
(1964–2003)
Heirat 1988
Tochter
Heirat 1986
Heirat 1983

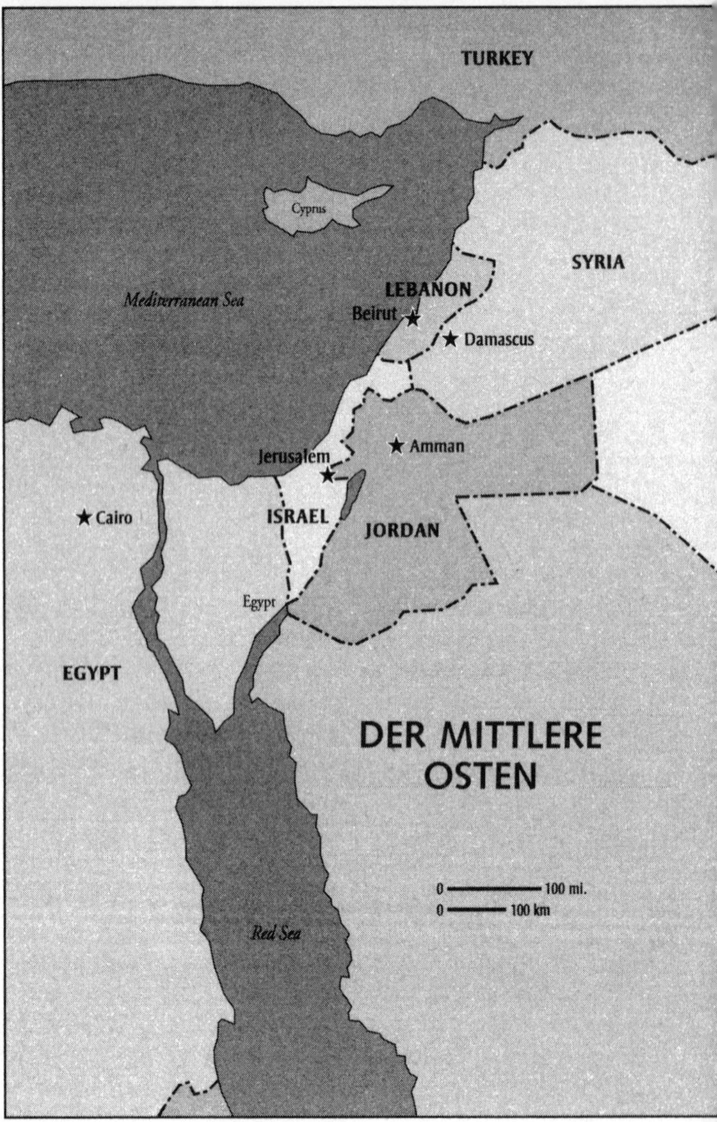
TURKEY
Cyprus
SYRIA
LEBANON
Mediterranean Sea
Beirut
Damascus
Amman
Jerusalem
Cairo
ISRAEL
JORDAN
Egypt
EGYPT
DER MITTLERE OSTEN
0 100 mi.
0 100 km
Red Sea

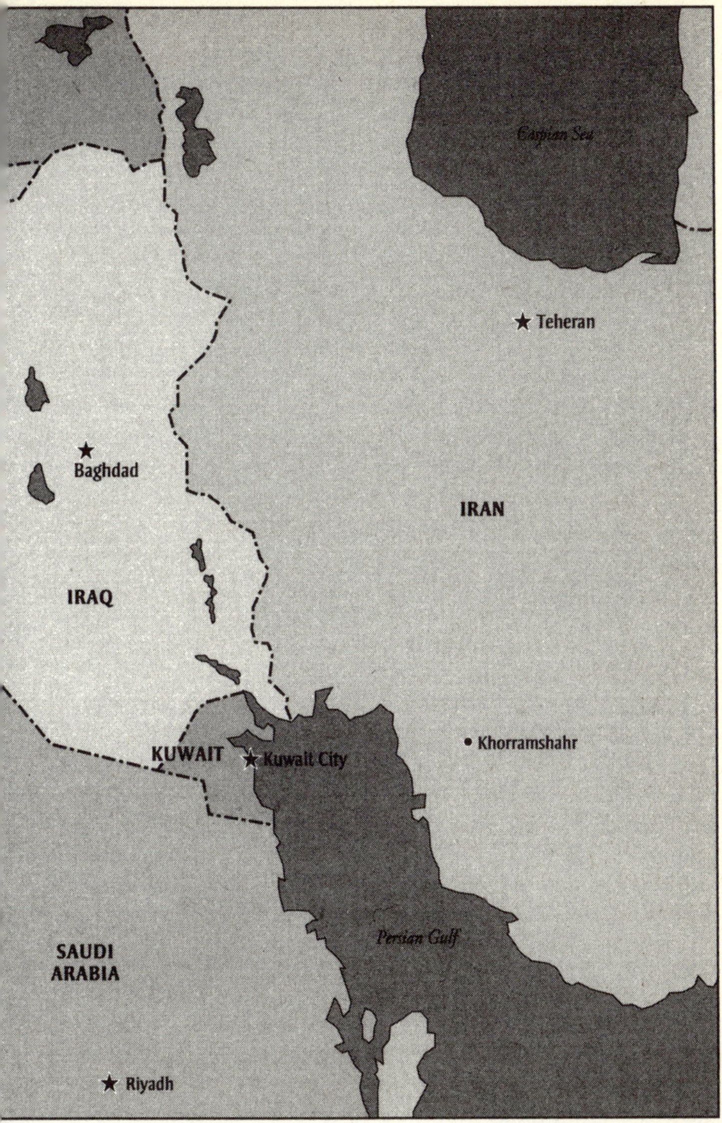
Caspian Sea
Teheran
Baghdad
IRAN
IRAQ
Khorramshahr
KUWAIT
Kuwait City
Persian Gulf
SAUDI
ARABIA
Riyadh

RUSSIA
Caspian Sea
TURKEY
IRAN
Teheran
SYRIA
IRAQ
JORDAN
KUWAIT
SAUDI ARABIA
Persian Gulf
Shatt al-Arab
Zakho
Dohuk
Great Zab
Kalaqin
Salahudin
Mosul
Arbil
Little Zab
Kirkuk
Sulaimaniya
Halabja
Diyala
Tikrit
Khanaqin
Haditha
Samarra
Euphrates
Baquba
Ramadi
Baghdad
Habbaniyya
Faluja
Rutba
Aziziyya
Tigris
Kerbala
Hilla
Kut
Kufa
Najaf
Diwaniyya
Amara
Samawa
Qurna
Nassariyah
Basra
L. Hammar
Zubair
Fao
Kuwait City
Staatengrenze
Hauptstraße
Fluss
Sumpfgebiet
0 100 mi.
0 100 km

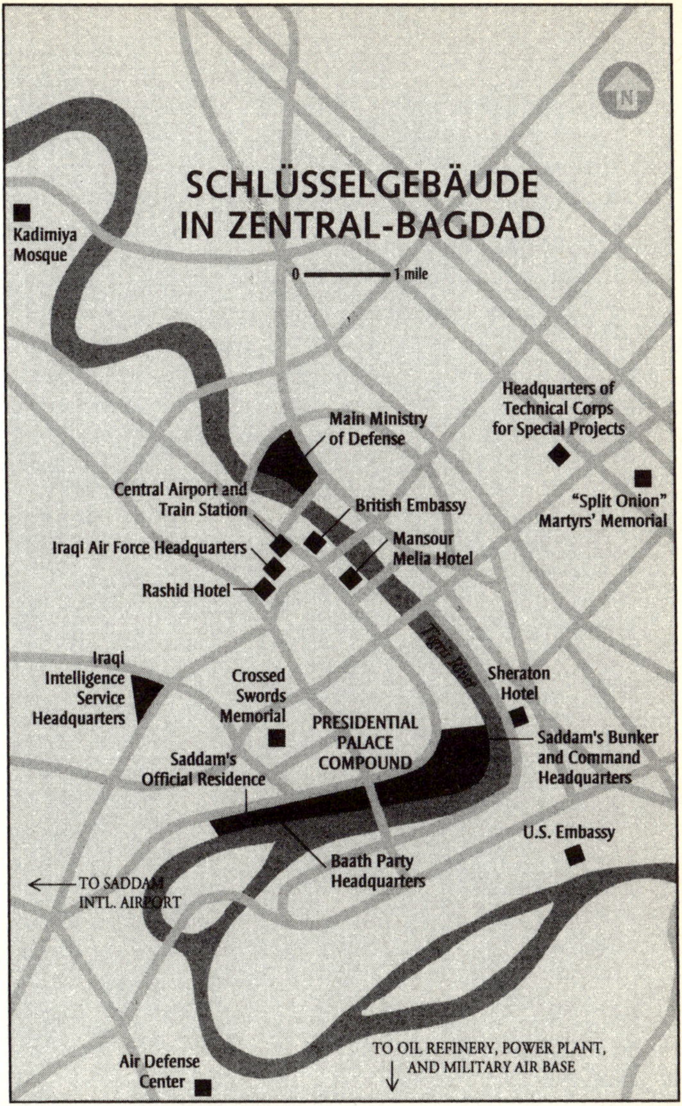
N
SCHLÜSSELGEBÄUDE
IN ZENTRAL-BAGDAD
0 1 mile
Kadimiya
Mosque
Main Ministry
of Defense
Headquarters of
Technical Corps
for Special Projects
Central Airport and
Train Station
British Embassy
"Split Onion"
Martyrs' Memorial
Iraqi Air Force Headquarters
Mansour
Melia Hotel
Rashid Hotel
Tigris River
Iraqi
Intelligence
Service
Headquarters
Crossed
Swords
Memorial
Sheraton
Hotel
PRESIDENTIAL
PALACE
COMPOUND
Saddam's Bunker
and Command
Headquarters
Saddam's
Official Residence
U.S. Embassy
Baath Party
Headquarters
TO SADDAM
INTL. AIRPORT
TO OIL REFINERY, POWER PLANT,
AND MILITARY AIR BASE
Air Defense
Center

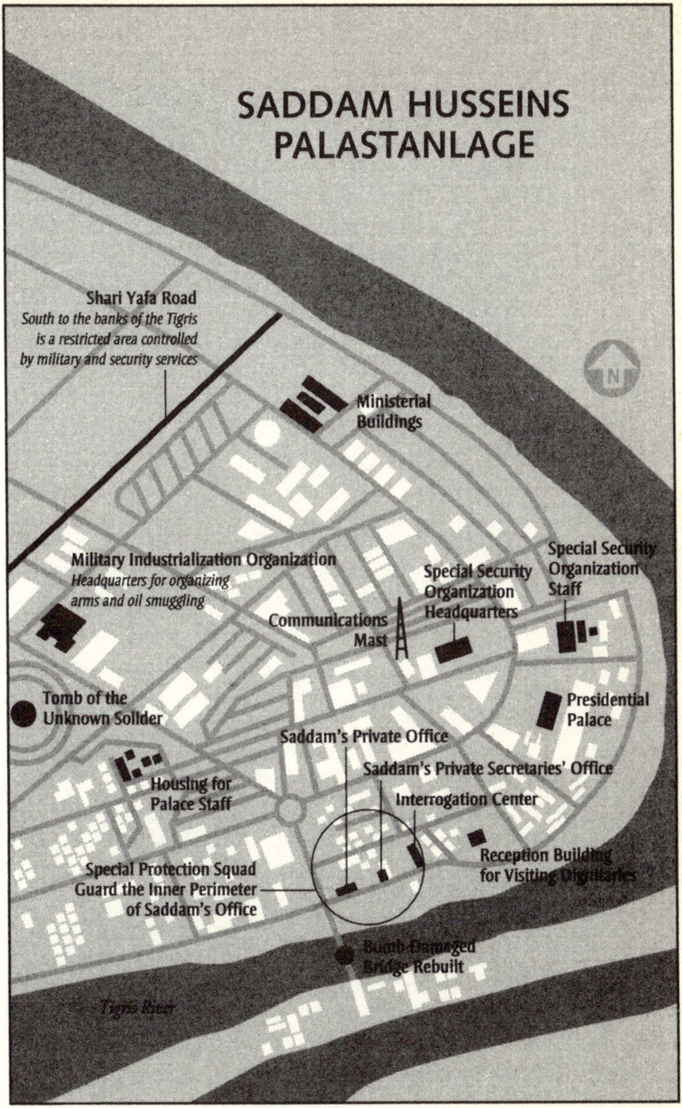

SADDAM HUSSEINS PALASTANLAGE
Shari Yafa Road
South to the banks of the Tigris is a restricted area controlled by military and security services
N
Ministerial Buildings
Military Industrialization Organization
Headquarters for organizing arms and oil smuggling
Special Security Organization Staff
Special Security Organization Headquarters
Communications Mast
Tomb of the Unknown Soilder
Presidential Palace
Saddam's Private Office
Saddam's Private Secretaries' Office
Housing for Palace Staff
Interrogation Center
Reception Building for Visiting Dignitaries
Special Protection Squad Guard the Inner Perimeter of Saddam's Office
Bomb-Damaged Bridge Rebuilt
Tigris River

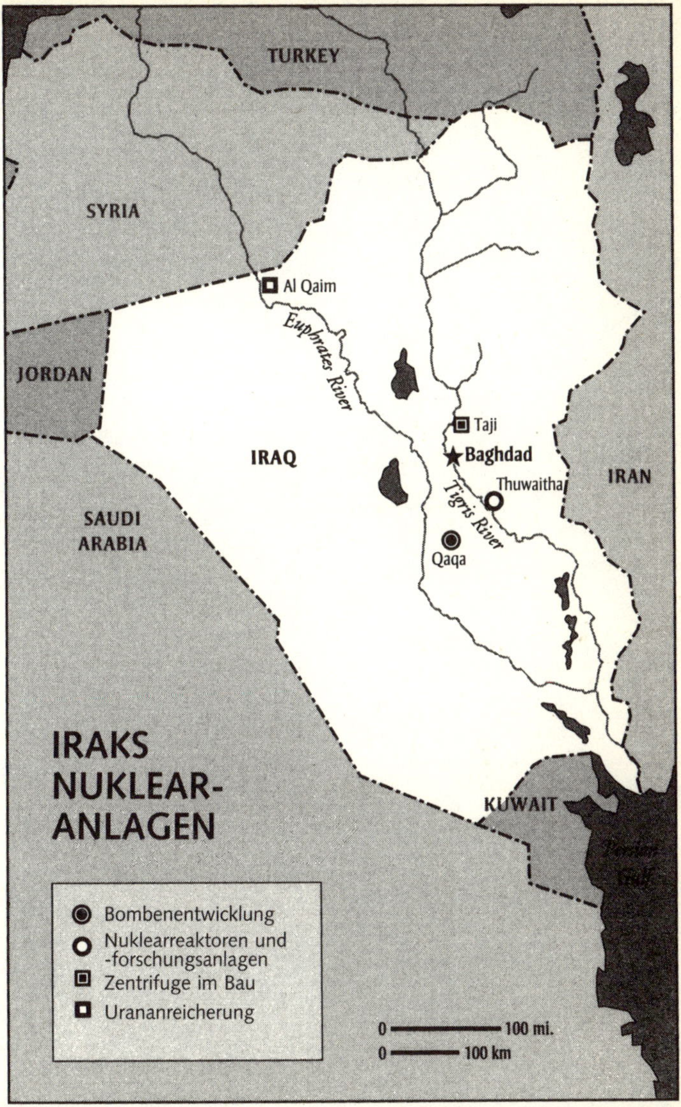

TURKEY
SYRIA
JORDAN
IRAQ
SAUDI
ARABIA
IRAN
KUWAIT
Al Qaim
Euphrates River
Taji
Baghdad
Thuwaitha
Tigris River
Qaqa
IRAKS
NUKLEAR-
ANLAGEN
Bombenentwicklung
Nuklearreaktoren und
-forschungsanlagen
Zentrifuge im Bau
Urananreicherung
0 100 mi.
0 100 km

VORWORT
ZUR ERWEITERTEN AUSGABE

Als dieses Buch im Jahr 2002 erstmals erschien, glaubte ich, eine Biographie Saddam Husseins zu schreiben komme dem Versuch gleich, Beweise gegen einen berüchtigten Schwerverbrecher zu sammeln: Die meisten wichtigen Zeugen sind entweder ermordet worden oder wagen nicht zu sprechen. Inzwischen ist Saddams Regime durch den Sieg der Koalitionstruppe gestürzt worden. Dies macht es aber nicht einfacher, das Leben eines Mannes aufzuzeichnen, der zu den schlimmsten Diktatoren der Welt gehörte.

Da fast alle wichtigen Regierungsgebäude nach der Befreiung Bagdads im April 2003 geplündert wurden, sind viele Informationen verlorengegangen. Und auch nach Saddams Sturz trauten sich seine ehemaligen engen Mitarbeiter nicht, offen über seine Terrorherrschaft zu sprechen. Die von Saddam vor dem Konflikt organisierten Unruhen, die kurz nach der Operation Iraqi Freedom ausbrachen, und die um sich greifende Gesetzlosigkeit nach dem offiziellen Ende der Kampfhandlungen sorgten dafür, dass Personen, die etwas über das irakische Regime zu berichten wussten, auch nach dem Krieg größte Zurückhaltung übten. Selbst als der einstige Tyrann bereits in amerikanischer Haft saß, hatten seine ehemaligen Vertrauten Angst, dass entweder sie selbst oder ihre Familien Opfer von Racheakten würden, falls sie etwas Missliebiges äußerten.

Die vorliegende überarbeitete Ausgabe enthält neues Material über Saddams Verhalten im Vorfeld des Konflikts sowie über seine Situation während des Krieges bis zu seiner Gefangennahme im Dezember 2003. Ich habe erneut Funktionsträger der Baath-Partei, ehemalige Mitarbeiter und andere Vertraute Saddams befragt – die wenigen, die entkommen konnten, bevor Saddam sie ermorden ließ. Viele von ihnen haben sich – wenn auch zögernd – entschlossen, zum ersten Mal offen über ihre Erfahrungen zu sprechen. Nur jene, die sich ausdrücklich damit einverstanden erklärten, werden mit Namen genannt – in den meisten Fällen aber wollten meine Gesprächspartner inkognito bleiben. Ebenso haben viele ehemalige oder aktive Funktionsträger aus Regierungen, diplomatischen Diensten und Geheimdiensten in den Vereinigten Staaten, Europa und im Nahen Osten, die mich bereitwillig unterstützt haben, darum gebeten, dass ihre Namen nicht genannt werden. Allen, die dazu beigetragen haben, dass dieses Buch geschrieben werden konnte, möchte ich aufrichtig danken. Selbstverständlich übernehme ich die volle Verantwortung für alle Interpretationen und Schlussfolgerungen, zu denen ich im Laufe meiner Arbeit gelangt bin.

Ich möchte Linda Bedford und den Bibliothekaren im Londoner Royal Institute for Internal Affairs für ihre fachkundige und tüchtige Unterstützung beim Auffinden wichtiger Quellen danken, den Mitarbeitern im Archiv des *Telegraph* für ihre Hilfe bei der Suche nach verschollenen Zeitungsartikeln und Jules Amis für ihren stets optimistischen Einsatz.

PROLOG

Der Outlaw

Anfang September 2001 versetzte der irakische Präsident Saddam Hussein seine Streitkräfte in »Alarmstufe G«, die höchste Kampfbereitschaft irakischer Truppen seit dem Golfkrieg vor zehn Jahren. Am 11. September 2001 erschütterte eine sorgfältig geplante Serie terroristischer Anschläge die Ostküste der Vereinigten Staaten. Saddam zog sich in einen Hochsicherheitsbunker auf seinem Familiensitz in Tikrit im Nordirak zurück, und auch seine beiden Frauen, Sajida und Samira, die sich normalerweise eher aus dem Weg gingen, wurden vor dem 11. September in einem von Saddams Bunkern in Sicherheit gebracht. Saddams Rückzug nach Tikrit Anfang September war ein deutlicher Hinweis darauf, dass er vorab über die geplanten Anschläge unterrichtet gewesen sein könnte, bei denen Selbstmordattentäter mit voll besetzten Verkehrsflugzeugen in die beiden Türme des New Yorker World Trade Centers und in das Pentagon in Washington D.C. rasten und Tausende von unschuldigen Büroangestellten und Mitarbeitern des Verteidigungsministeriums mit in den Tod rissen. Eine vierte Gruppe islamistischer Terroristen wollte mit der von ihnen entführten Maschine das Weiße Haus zerstören. Dies wurde jedoch durch den heldenhaften Einsatz einiger Passagiere verhindert. Sie überwältigten die Entführer und brachten das Flugzeug auf einem Feld südlich von Pittsburgh zum Absturz. Es gab keine Überlebenden.

In dem Durcheinander der Tage nach dem furchtbarsten Terrorangriff der Geschichte wurde bald klar, dass Saddam Husseins Irak ein wahrscheinliches Ziel für Vergeltungsschläge sein würde. Die strenge Geheimhaltung und die Sicherheitsvorkehrungen, die jeden Schritt Saddams begleiteten, ließen keine sichere Aussage darüber zu, warum der irakische Führer sein Land in Alarmbereitschaft versetzt und sich selbst an einen sicheren Ort begeben hatte. Doch allein der zeitliche Zusammenhang war verdächtig. Obwohl keine konkreten Beweise für eine direkte Verbindung Saddams mit den Anschlägen vom 11. September vorlagen, saß das Misstrauen in Washington gegenüber dem irakischen Diktator so tief, dass Präsident George W. Bush in den ersten Tagen nach der Katastrophe die Falken in seiner Regierung zur Besonnenheit anhalten musste. Als Ziel für einen Gegenschlag wählte Bush zunächst Al-Qaida, jenes Terrornetzwerk, das vom saudischen Dissidenten Osama Bin Laden angeführt und finanziert wurde. Alle Spuren im Zusammenhang mit den Flugzeugentführungen führten geradewegs zu Bin Laden. In seiner Rede vor dem US-Kongress am 20. September ging Bush mit keinem Wort auf den Irak ein. Der Präsident sprach allgemein von der Notwendigkeit eines »Krieges gegen den Terror« und forderte in der Hauptsache die Auslieferung Bin Ladens und seiner Komplizen durch die Taliban in Afghanistan, denen er für den Fall einer Weigerung mit ernsten Konsequenzen drohte.

Auch wenn Präsident Bush in seiner Rede die Rolle des Al-Qaida-Netzwerkes hervorhob, sammelten die westlichen Geheimdienste unterdessen Erkenntnisse über Saddam, unter anderem zu seinem Aufenthaltsort am Morgen des 11. September. Besondere Aufmerksamkeit erregte ein Bericht des tschechischen Innenministeriums über ein Treffen Mohammed Attas, einem der Drahtzieher des 11. September, mit einem irakischen Geheimdienstler fünf Monate vor den Anschlägen. Atta hatte bereits im Sommer 2000 versucht, nach Prag zu reisen, war jedoch wegen eines ungültigen Visums an der Grenze abgewiesen worden. Mit gültigen Dokumenten gelang ihm schließlich im April 2001 die Einreise, und er traf in Prag mit Ahmed Al-Ani zusammen, einem Agenten des irakischen Geheimdienstes, dessen Ausweisung durch die tschechischen Behörden kurz bevorstand. Al-Ani bekleidete die Stellung eines Vizekonsuls in der irakischen Botschaft in Prag, und ihm wurden »den diplomatischen Dienst überschreitende Aktivitäten« zur Last gelegt, die gängige Umschreibung für Spionage. Zwar konnte eine nähere Verbindung von Al-Ani mit den Anschlägen vom 11. September nicht nachgewiesen werden, doch allein die Tatsache, dass der umtriebige Geheimdienst des gefürchtetsten Diktators der Welt mit der fanatischsten Terrorgruppe der Welt in Kontakt stand, genügte den Militärstrategen im Pentagon, um Saddam ins Fadenkreuz zu nehmen.

Dass Saddam bei den Anschlägen vom 11. September seine Finger im Spiel gehabt haben könnte, überrascht am wenigsten jene Experten, die sich mit der Verstrickung des irakischen Diktators in den internationalen Terrorismus seit den frühen 70er Jahren beschäftigen. In der Vergangenheit, so viel war sicher, hatte Saddam direkte Kontakte zu so bekannten Terroristen wie Abu Nidal, dem Kopf der radikalen Palästinensergruppe, die unter anderem für die Bombenanschläge auf die Flughäfen von Rom und Wien 1985 verantwortlich war, sowie dem berüchtigten Venezolaner Ilich Ramírez Sánchez, besser bekannt als Carlos oder der Schakal.

Dabei war der Whiskeytrinker Saddam selbst weder ein streng gläubiger Moslem, noch besonders angetan von dem Einfluss radikaler Islamisten. Zwischen 1980 und 1988 hatte er einen erbarmungslosen Krieg gegen das fundamentalistische Regime Khomeinis in Teheran geführt. Und als in den 90er Jahren radikal-islamische Gruppen wie Hisbollah aus dem Libanon oder die afghanischen Al-Qaida mit Anschlägen auf westliche Einrichtungen im Nahen Osten und andernorts für Aufsehen sorgten, häuften sich auch die geheimdienstlichen Hinweise für eine Beteiligung von Saddams

Sicherheitsapparat an der Ausbildung, Finanzierung und Ausrüstung von Terroristen. Zwei hochrangige irakische Überläufer informierten Ende 2001 westliche Geheimdienste darüber, dass Saddam auf der Militärbasis Salman Pak südlich von Bagdad ein Trainingscamp für Terroristen aufgebaut habe. Dort wurden angeblich regelmäßig Kämpfer aus Saudi-Arabien, dem Jemen und Ägypten ausgebildet, die unter anderem an einer ausrangierten Boeing 707 übten, wie man nur mit Messern bewaffnet oder mit bloßen Händen ein Flugzeug in seine Gewalt bringt. Vergleichbare Techniken hatten auch die Entführer des 11. September angewendet.[1] Zwar konnten die Augenzeugen nicht mit Gewissheit sagen, ob es sich bei den Rekruten von Salman Pak um Al-Qaida-Mitglieder gehandelt habe. Doch allein die Tatsache, dass die Mehrzahl aus Saudi-Arabien stammte und sie alle fanatische Anhänger von Bin Ladens Wahabi-Sekte waren, ließ die zuständigen Behörden in Washington und London aufhorchen.

Eine nähere Verbindung zwischen Saddam und Bin Laden ergab sich aus terroristischen Aktivitäten im Sudan, wo schon Mitte der neunziger Jahre mehrere Ausbildungscamps existierten. Saddam leitete Gelder über den Sudan um, mit denen Aufstände von Islamisten in Algerien und anderen Teilen des Nahen Ostens unterstützt wurden. Ende der neunziger Jahre wurden Pläne bekannt, nach denen eine Sonderabteilung von Saddams Sicherheitsapparat, die Einheit 999, zusammen mit Al-Qaida eine Serie von Anschlägen auf ausgewählte Ziele in Europa und dem Nahen Osten vorbereitete. Durch die Allianz mit Bin Ladens Netzwerk hoffte Saddam offenbar, sich vom Verdacht des Terrorismus, unter dem sein Land stand, befreien zu können. Die Zusammenarbeit gipfelte in der Ermordung mehrerer prominenter Exil-Iraker in Jordanien sowie in der Ausarbeitung von Plänen zur Zerstörung des Sitzes von *Radio Free Europe* in Prag.[2] Im April 1998 entsandte Bin Laden sogar eine Delegation von Al-Qaida-Kämpfern zu den Feierlichkeiten anlässlich des Geburtstages von Saddams ältestem Sohn Uday, der sich für die noble Geste mit dem

Angebot bedankte, eine Anzahl von Al-Qaida-Rekruten im Irak ausbilden zu lassen.

Weitere Indizien für Saddams Versuch, enge Bande mit Al-Qaida zu knüpfen, tauchen im August 2002 auf. Damals wurde bekannt, dass Sabri al-Banna, der palästinensische Terrorist, der unter dem Namen Abu Nidal in den siebziger und achtziger Jahren gute Beziehungen zu Saddam unterhalten hatte, unter mysteriösen Umständen in Bagdad ums Leben gekommen war. Von irakischer Seite hieß es zunächst, Abu Nidal habe Selbstmord begangen, als er vom Geheimdienst zu seiner Rolle in einem Komplott zum Sturz Saddams verhört werden sollte. Tatsächlich hatten Saddams Leute den Auftrag gehabt, Abu Nidal zu töten. Der altgediente Terrorist, der zur Behandlung seines Hautkrebses nach Bagdad eingeladen worden war, hatte die Bitte des irakischen Führers abgelehnt, einige Al-Qaida-Kämpfer auszubilden, die nach dem Sturz des afghanischen Taliban-Regimes im östlichen Irak untergetaucht waren. Außerdem wollte Saddam die Kontakte Abu Nidals im Nahen Osten zur Durchführung von Al-Qaida-Aktionen nutzen. Abu Nidal, der wohl um eine Annäherung an die gemäßigten Kräfte in der palästinensischen Führung bemüht war, erteilte Saddam eine Abfuhr, weil er befürchtete, die Zusammenarbeit mit Al-Qaida könnte seinen politischen Ambitionen schaden. Daraufhin ließ ihn Saddam umbringen.[3]

Dennoch blieben die Hinweise auf eine persönliche Verbindung Saddams mit Bin Laden und Al-Qaida spärlich. In den drei Jahrzehnten seiner Herrschaft im Irak baute Saddam einen der mächtigsten und umfassendsten Sicherheitsapparate der Welt auf, der es den westlichen Geheimdiensten außerordentlich erschwerte, an relevante Informationen über Saddams persönliche Aktivitäten zu kommen. Da verwundert es nicht, dass sich eine Reihe von Annahmen über Saddam im Nachhinein als falsch erwiesen. So hieß es zum Beispiel im Oktober 2001, der Irak stecke hinter den Milzbrandinfektionen, die sich kurz nach den Anschlägen vom 11. September in Florida und New York ausbreiteten. Diese und andere Berichte über Saddam setzten Präsident Bush innerhalb seiner Regierung unter starken Druck, wirkungsvoll gegen den irakischen Diktator vorzugehen. Einer der prominenten Befürworter eines Angriffs war Vizepräsident Dick Cheney, ehemals Verteidigungsminister unter Präsident Bush senior. George Herbert Walker Bush, der Vater des heutigen US-Präsidenten, hatte jene internationale Koalition geschmiedet, die Saddam nach dessen Einmarsch in Kuwait 1990 in die Knie gezwungen hatte. Zu den Befürwortern einer Militäraktion gegen Saddam zählten außerdem Verteidigungsminister Donald Rumsfeld, ebenfalls ein Veteran der Regierungen unter Reagan und Bush, sowie sein Stellvertreter Paul Wolfowitz. Diese erfahrenen Republikaner waren in erster Linie am Schutz der Vereinigten Staaten und ihrer Verbündeten vor Angriffen islamistischer Terroristen interessiert. Außerdem hatten sie Saddams Auftrag zur Ermordung von Präsident George Bush senior bei dessen Besuch in Kuwait 1993 keineswegs vergessen. Nur Colin Powell mahnte für den gesamten Bereich der Außen- und Sicherheitspolitik zur Vorsicht. Der Außenminister hatte unter dem früheren Präsidenten Bush als Stabschef der US-Streitkräfte die Befreiung Kuwaits 1991 befehligt.

Präsident George W. Bush gab seine Zurückhaltung hinsichtlich eines Angriffs auf Saddam als Reaktion auf die Ereignisse des 11. September erst gegen Ende Oktober 2001 auf. Zu dieser Zeit gingen beim US-Geheimdienst Warnungen ein, dass militante Islamisten einen noch spektakuläreren Anschlag auf die Vereinigten Staaten vorbereiten könnten, bei dem nach den Worten von Bushs Sicherheitsberaterin Condoleeza Rice »eine so zerstörerische Waffe zum Einsatz kommen könnte, dass der 11. September dagegen wie ein Kinderstreich aussehen würde«.[4] Intern war davon die Rede, Bin Ladens Gruppe baue an einer »schmutzigen Bombe«, die mit der Explosion konventionellen Sprengstoffs in weitem Umkreis hochradioaktives Material verteilen könnte. Eine solche Bombe könnte ein Gebiet von der Größe Manhattans auf Jahre hinaus verseuchen und unbewohnbar machen. Als erste Sicherheitsmaßnahme wurde nun beschlossen, dass sich Präsident Bush und sein Vize Dick Cheney nicht gleichzeitig am selben Ort aufhalten durften. Außerdem wurden die Behörden in Washington sowie der Sicherheitsausschuss des Kongress vertraulich über die neue Bedrohung informiert.

Zwar kam es nicht zu dem befürchteten Angriff, doch schon die Gefahr hinterließ beim US-Präsidenten einen tiefen Eindruck. Es stand fest, dass Al-Qaida alles daransetzen würde, in den Besitz von Massenvernichtungswaffen zu gelangen, und alle Beteiligten wussten, dass das einzige Land, das ein Interesse daran hätte, solche Waffen in die Hände von Terroristen zu spielen, der Irak Saddam Husseins war. Seit sich Saddam in den siebziger Jahren als der »starke Mann von Bagdad« durchgesetzt hatte, waren vom Irak enorme Anstrengungen zur Herstellung von chemischen, biologischen und nuklearen Waffen unternommen worden. Solche Waffensysteme wurden im Westen zum Zweck der Abschreckung entwickelt, Saddam jedoch hatte offen seine Bereitschaft demonstriert, sie auch in einem Angriffskrieg einzusetzen, wie zum Beispiel 1988 beim Massenmord an der Zivilbevölkerung im kurdischen Teil des Irak. Saddams Bereitschaft, auf sein Arsenal nicht konventioneller Waffen zurückzugreifen, gepaart mit Al-Qaidas Entschlossenheit, sich solche Waffen zu beschaffen, überzeugte Bush von der Notwendigkeit, die Gefahr, die von Saddam ausging, wirkungsvoll zu bekämpfen. Ein weiterer Faktor, der zum Meinungsumschwung in der Bush-Administration im Spätherbst des Jahres 2001 beitrug, war das Auftauchen neuer Indizien für eine Beteiligung des Iraks an dem Bombenanschlag auf das New Yorker World Trade Center von 1993.[5] Condoleezza Rice beschrieb die neue Position des Präsidenten später wie folgt: »Es geht nicht darum, eine geschlossene Beweiskette vorzulegen, dass der Irak Waffen an Al-Qaida geliefert hat; es geht darum, dass der Irak uns feindlich gesinnt ist und dass das Regime in diesem Land, offen gesagt, unberechenbar und skrupellos genug ist, seinem Hass Taten folgen zu lassen.«[6]

Die Bedrohung des Westen durch fanatischen Terrorismus im Namen des Islam zwang die Vereinigten Staaten, ihre nationale Sicherheitsdoktrin grundlegend zu überdenken. In den Zeiten des Kalten Krieges hatten Amerika und seine Bündnispartner in der NATO auf die abschreckende Wirkung ihrer Waffenarsenale gegenüber feindlichen Staaten vertraut. Jetzt hatte man es aber mit einem Gegner zu tun, der die üblichen Regeln des Krieges unterlief und für den das Märtyrertum integraler Bestandteil jedes erfolgreichen Angriffs war. Damit war zugleich klar, dass die Bekämpfung dieser militanten Form des Islam auf völlig neuen Grundsätzen fußen muss. Die US-Regierung kam zu dem Schluss, dass im »Krieg gegen den Terror«, wie Bush es genannt hatte, die Vereinigten Staaten selbst zum ersten Schlag gegen ihre Feinde ausholen müssten. In einer Rede vor einer Abschlussklasse der Militärakademie West Point im Frühjahr 2002 formulierte Bush dies so: »Wenn wir so lange warten, bis das Gefahrenszenario Realität geworden ist, dann haben wir zu lange gewartet.« Veteranen des Kalten Krieges wie Cheney und Rumsfeld sahen in dem Konflikt mit Saddam zudem eine Altlast aus der Ära der Konfrontation der Supermächte. Saddams Haltung gegenüber dem Westen war auf gewisse Weise auch durch den militärischen und diplomatischen Beistand seitens der Sowjetunion geprägt. Da die Sowjetunion nun nicht mehr existierte, war Saddams Irak zu einem gefährlichen Anachronismus geworden.

In den ersten neun Monaten der Präsidentschaft von George W. Bush hatte der Irak nicht sehr weit oben auf der Prioritätenliste rangiert. Nach dem Stopp des UN-Programms zur Vernichtung des irakischen Arsenals an Massenvernichtungswaffen Ende 1998 und den daraufhin von Präsident Bill Clinton angeordneten, aber eher wirkungslosen Luftschlägen gegen den Irak hatte die Politik des Westens gegenüber Bagdad immer mehr einem Stillhalteabkommen geglichen. Die Leitlinie der fragmentarischen, gemeinsamen Politik der Alliierten gegenüber dem Irak bestand in der »Eindämmung«, die im Wesentlichen durch die umfangreichen UN-Sanktionen definiert war, mit denen der Irak nach Saddams Vertreibung aus Kuwait belegt worden war. Zudem wurden halbherzige Versuche unternommen, die zerstrittene Opposition im Irak zu einer Einigung zu bewegen, damit sie mit vereinten Kräften gegen Saddam Front machte. Doch auch dieses Vorhaben scheiterte. Die amerikanische und britische Luftwaffe kontrollierte unterdessen weiter die Einhaltung der Flugverbotszonen im Norden und Süden des Irak, die Anfang der 90er Jahre zum Schutz der kurdischen und schiitischen Minderheiten im Land eingerichtet worden waren. Hier kam es immer wieder zu Zwischenfällen, wenn alliierte Maschinen von irakischen Raketenstellungen ins Visier genommen wurden. Im Sommer 2001 wurden Berichte über die Aufrüstung der irakischen Luftabwehr bekannt. Prompt stellte diese ihre Schlagkraft mit dem Beinahe-Abschuss eines amerikanischen U-2-Aufklärungsflugzeuges unter Beweis. Doch allen Provokationen zum Trotz hatte es Präsident Bush mit der Neuformulierung seiner Irakpolitik anscheinend nicht eilig. Bis zum 11. September jedenfalls lagen die den Irak betreffenden Fragen aufgrund mangelnden Interesses seitens des Präsidenten mehr oder weniger auf Eis.

In den ersten, entscheidenden Wochen nach dem 11. September, als die Bush-Regierung über das beste Vorgehen im »Krieg gegen den Terror« beriet, war Saddam Hussein seiner Sache selbst wenig förderlich. Angesichts der langen Geschichte der Spannungen zwischen Washington und Bagdad war dies wohl auch nicht anders zu erwarten gewesen. Im Oktober polterte Saddam in einem »Offenen Brief« an das amerikanische Volk drauflos, in dem er den Militärschlag der Vereinigten Staaten gegen die Taliban verdammte, die US-Außenpolitik als »Geißel des Zionismus« bezeichnete und mit weiteren Terroranschlägen auf amerikanischem Boden drohte. Als die UN im November offerierten, die Sanktionen gegen den Irak zu lockern, falls sich Saddam dazu bereit erklären sollte, die UN-Waffeninspektoren wieder ins Land zu lassen, schlug Saddam dieses Angebot unverzüglich aus. Als weitere Ohrfeige für die Amerikaner wurde Osama Bin Laden nach einer von der irakischen Regierung in Auftrag gegebenen Umfrage offiziell zum »Mann des Jahres 2001« erklärt, eine Ehrung, die ihm für seine Standhaftigkeit gegenüber den USA und seinen Kampf für den Sieg des Islam gebühre. Im irakischen Staatsfernsehen rezitierte ein Stammesoberhaupt eine Lobeshymne auf Saddam, die eigens zur Feier des 11. September gedichtet worden war:

Aus dem Innern von Amerika, vier Flugzeuge flogen.
Ein solches Unglück war noch nie gesehen!
Und nichts dergleichen wird wieder geschehen.
Sechstausend Ungläubige fanden den Tod.
Nicht Bin Laden war es; es war das Geschick Saddams.[7]

Zu Beginn des Jahres 2002 provozierte Saddam neue Spannungen mit Washington. Er wies seine Sicherheitsbehörden an, sich um die Familien palästinensischer Selbstmordattentäter zu kümmern.

Während die Bush-Regierung immer mehr zu der Ansicht tendierte, der »Krieg gegen den Terror« müsse auf Saddam Hussein ausgedehnt werden, brachten viele westliche Verbündete ihre Bedenken gegen einen Angriff auf den Irak zum Ausdruck, zumal kein schlüssiger Beweis für die Beteiligung Saddams an den Ereignissen des 11. September vorlag. Von allen europäischen Regierungschefs teilte einzig der britische Premierminister Tony Blair die Position der Amerikaner. In einer emotionsgeladenen Rede vor dem Unterhaus am 14. September hatte er den Vereinigten Staaten bereits seine volle Unterstützung im Kampf gegen den Terrorismus zugesagt. Im Laufe des Spätherbsts zeigten sich eine Reihe europäischer Staatschefs beunruhigt über die zunehmende Feindseligkeit gegenüber Saddam. Nur Blair hielt an seiner amerikatreuen

Linie fest, obwohl ihm der britische Geheimdienst, der auf der Suche nach Verbindungen zwischen Saddam und dem 11. September eng mit den Amerikanern zusammenarbeitete, nur wenige Indizien anzubieten hatte. Unbestreitbar war die Unterstützung von Al-Qaida durch den Irak, was fehlte, war jedoch eine direkte Verbindung zum 11. September.[8]

Trotz der skeptischen Haltung der Europäer war Präsident Bush gegen Ende des Jahres 2001 entschlossen, den Krieg gegen den Terror auf Saddam auszudehnen. Als sich der Erfolg des US-Einsatzes zur Zerschlagung des Taliban-Regimes abzeichnete, ließ Bush immer deutlicher durchblicken, dass Saddam das nächste Ziel der Amerikaner sein würde. »Saddam ist böse«, erklärte Bush rundheraus. »Ich glaube, er verfügt über Massenvernichtungswaffen, und er sollte unbedingt unsere Inspektoren ins Land lassen.«[9]

Seine Absichten gegenüber Saddam brachte Bush zwei Monate später in seiner Rede zur Lage der Nation im Januar 2002 zum Ausdruck. Darin legte er die beiden zentralen Ziele der Amerikaner im Krieg gegen den Terror dar. Zum einen sollten alle Ausbildungscamps der Islamisten zerstört, die Pläne der Terrorgruppen vereitelt und ihre Mitglieder vor Gericht gestellt werden. Darüber hinaus erklärte Bush es zum neuen Ziel amerikanischer Politik, »dafür zu sorgen, dass chemische, biologische und nukleare Waffen nicht in die Hände von Terroristen und Regime gelangen«. Dies bedeutete eine wichtige Erweiterung der amerikanischen Strategie gegenüber Bushs Rede vor dem Kongress am 20. September, zumal der Präsident keinen Zweifel mehr daran ließ, wer genau mit »Regimen« gemeint war. Von den Staaten der »Achse des Bösen«, bestehend aus Nord-Korea, Iran und Irak, kritisierte Bush den Irak besonders heftig.

»Der Irak stellt mit ungebrochener Schärfe seine Feindschaft mit Amerika zur Schau und unterstützt den Terror«, sagte Bush. »Das irakische Regime plant innerhalb der nächsten zehn Jahre die Herstellung von Milzbrandbomben, Nervengasen und Atomwaffen. Dieses Regime hat bereits durch Einsatz von Giftgas tausendfachen Tod über die eigene Bevölkerung gebracht; wir kennen die Bilder von toten Müttern, die über die Leichen ihrer Kinder gesunken sind. Dieses Regime hat erst den Waffenkontrollen zugestimmt und dann die Inspekteure aus dem Land gejagt. Dieses Regime hat ganz offenbar etwas vor dem Rest der Welt zu verbergen. Staaten wie diese und die mit ihnen verbündeten Terroristen bilden eine Achse des Bösen, die den Weltfrieden bedroht. Ihr Wille, in den Besitz von Massenvernichtungswaffen zu kommen, macht diese Regime zu einer unkalkulierbaren und wachsenden Gefahr. Sie könnten ihre Waffenarsenale Terroristen zur Verfügung stellen und diese so in die Lage versetzen, ihren fanatischen Hass auszuleben. Sie könnten unsere Verbündeten angreifen oder versuchen, die Vereinigten Staaten zu erpressen. In all diesen Fällen würden wir für unsere heutige Untätigkeit einen katastrophalen Preis zahlen.«

Dies war Bushs Begründung für die Ausweitung des Krieges gegen den Terror von den unmittelbar Verantwortlichen (für den 11. September) auf all jene Regime, die Terroristen Unterschlupf gewährten oder es ihnen ermöglichten, ihre Anschläge auszuführen. Saddam stand aus zweierlei Gründen ganz oben auf Bushs Liste: Erstens hatte er erwiesenermaßen islamische Terroristen finanziell unterstützt und ausbilden lassen. Zweitens hatte er sich inzwischen wieder beträchtliche Mengen chemischer, biologischer und nuklearer Waffen zugelegt. Zwar fehlten Beweise, dass Saddam sein Waffenarsenal für Terroristen geöffnet hatte, doch dies war für die Zukunft nicht auszuschließen. Saddam hatte schon seine Bereitschaft zum Einsatz solcher Waffen demonstriert und war im Golfkrieg nur durch Androhung nuklearer Vergeltungsschläge seitens der Amerikaner davon abgehalten worden. Für die Bush-Regierung war die Wiederaufnahme von Militäraktionen gegen Saddam vollkommen gerechtfertigt, schließlich hatte er die im Waffenstillstandsabkommen nach dem Golfkrieg vereinbarte Zerstörung aller irakischen Massenvernichtungswaffen unterlaufen. Die Gefahr, die von Saddam für die zivilisierte Welt ausging, konnte nach Bushs Ansicht nicht länger ignoriert werden.

Doch Bushs Strategie im Umgang mit Saddam traf nicht auf ungeteilte Zustimmung bei den europäischen Verbündeten, die sich nach dem 11. September noch mit der Verurteilung der Anschläge beeilt hatten. Die Entscheidung des US-Präsidenten stieß zum Beispiel beim französischen Außenminister Hubert Vedrine auf Vorbehalte, der Bushs Äußerungen über die »Achse des Bösen« als »stark vereinfachend« bezeichnete. Der deutsche Außenminister Joschka Fischer seinerseits befürchtete, dass die europäischen Verbündeten durch die Vereinigten Staaten zu »Erfüllungsgehilfen« degradiert würden. Und Chris Patten, der EU-Kommissar für äußere Angelegenheiten, nannte das Vorgehen von Bush »absolutistisch« und sah darin eine »unilaterale Überreaktion«. Die Reaktion jener arabischen Staaten, die Amerika traditionell wohl gesinnt waren, war ebenfalls sehr ablehnend. Saudi-Arabien, das unter besonderem Rechtfertigungszwang stand, da der Großteil der Attentäter des 11. September aus diesem Land stammte, zeigte wenig Bereitschaft, die saudischen Luftwaffenstützpunkte für neue Angriffe auf Bagdad zur Verfügung zu stellen. Ähnlich äußerten sich die meisten anderen Golfstaaten.

Eine Ursache für die negative Haltung dieser Verbündeten gegenüber Bushs Rede zur Lage der Nation war das Unverständnis für ein zentrales Prinzip der amerikanischen Außenpolitik nach dem 11. September. Bereits in seiner Rede vor dem Kongress am 20. September hatte der Präsident deutlich gemacht, wie sich die Vereinigten Staaten ihren Krieg gegen den Terror vorstellten. »Jede Nation, in jedem Teil der Erde, muss eine Entscheidung fällen«, erklärte Bush. »Entweder sie stellen sich auf unsere Seite, oder sie stehen auf der Seite unserer Gegner.« Die Bush-Regierung hatte kein Interesse an einem nationalen Alleingang, doch falls die Verbündeten ihre Unterstützung verweigern sollten, würde Washington durchaus auch alleine zuschlagen.

Der einzige Verbündete, der bei der Konfrontation mit Saddam Hussein voll hinter Präsident Bush stand, war der Brite Tony Blair. Hatte sich der Labour-Führer noch im Herbst 2001 gegenüber einem Angriff auf Saddam skeptisch geäußert, so war er bis zum Frühjahr 2002 auf den Anti-Saddam-Kurs eingeschwenkt. Blairs Argumente für seine kompromisslose Haltung, die er auf einer Pressekonferenz beim Commonwealth-Treffen in Australien im März vorbrachte, glichen auffällig denen aus Bushs Rede zur Lage der Nation im Januar. Mit Bezug auf Saddams Massenvernichtungswaffen sagte Blair: »Wenn die Möglichkeit besteht, dass ihnen [den Terroristen] solche Waffen in die Hände fallen, und wie wir wissen, sind sie sowohl fähig als auch willens, sie einzusetzen, dann müssen wir etwas unternehmen. Denn wenn wir tatenlos zusehen, erfahren wir womöglich zu spät, wie groß das Zerstörungspotential tatsächlich ist.«[10] Blair folgte der Argumentation Washingtons, denn es erschien den Briten vernünftig, den Vereinigten Staaten zur Seite zu stehen. Nach wie vor kontrollierten britische Kampfflugzeuge gemeinsam mit der US-Airforce die Einhaltung der Flugverbotszonen im Norden und Süden des Irak. Blairs Haltung fand offenen Beifall von Margaret Thatcher, der früheren britischen Premierministerin, die 1990 eine wichtige Rolle beim Aufbau der internationalen Koalition gegen Saddam gespielt hatte. »Saddam muss weg«, erklärte sie in ihrer harschen Art. »Sein Überleben nach der Kapitulation im Golfkrieg hat das Ansehen des Westens schwer beschädigt in einer Region, in der Schwäche einzig als unverzeihliche Sünde gilt. Das Katz-und-Maus-Spiel, mit dem er Bedingungen unterlief, die an eine Beendigung des Krieges geknüpft waren, hat die internationale Gemeinschaft der Lächerlichkeit preisgegeben.«[11]

In Washington und London waren die Würfel gefallen. Saddam Hussein war der Outlaw der Weltgemeinschaft. Entweder er erklärte sich zur Zerstörung des irakischen Arsenals an Massenvernichtungswaffen bereit und unterließ jede weitere Unterstützung des internationalen Terrorismus, oder die Vereinigten Staaten würden gemeinsam mit dem Briten für einen »Regimewechsel« in Bagdad sorgen und Saddam notfalls mit Gewalt entmachten.

EINS

Der Waisenjunge

Der junge Saddam Hussein hatte eine schwere und entbehrungsreiche Kindheit. Der Mann, der einer der mächtigsten arabischen Führer der modernen Welt werden sollte, kam aus einem ärmlichen Dorf am Ufer des Tigris in der Nähe der Provinzstadt Tikrit. Er wurde in eine arme Familie hineingeboren, die in einer der unwirtlichsten Gegenden des Landes lebte. Saddam verlor früh den Vater und wurde zu Verwandten geschickt, die sich um seine Erziehung und Ausbildung kümmerten. Man braucht keine tief schürfenden psychologischen Kenntnisse, um abzuschätzen, welche Auswirkungen diese Umstände auf die Entwicklung des Kindes hatten. Wie bei Hitler und Stalin, den zwei großen Tyrannen des 20. Jahrhunderts, die beide trotz ihrer sehr ungünstigen Voraussetzungen im Leben die absolute Macht über ihre Länder erlangten, sollte Saddam die Hemmnisse seiner Kindheit überwinden und zum unbestrittenen Herrscher des Irak aufsteigen. Die Scham wegen seiner ärmlichen Herkunft wurde zur Triebfeder seines Ehrgeizes, während das tief sitzende Gefühl der Unsicherheit, das er in seiner schweren Kindheit entwickelt hatte, ihn im späteren Leben geradezu krankhaft argwöhnisch machte. Er traute niemandem, nicht einmal seinen engsten Angehörigen. In Anbetracht seiner Vorgeschichte gebührt Saddam Respekt dafür, dass er die unüberwindlich scheinenden sozialen Hindernisse bewältigte und die Spitze der politischen Pyramide des Irak erreichte.

Saddam wurde im Dorf Al-Ouja geboren, was so viel heißt wie »die Windung«; ein Name, der dem Ort wegen seiner Lage gegeben wurde: Er befindet sich an einer scharfen Biegung des Flusses Tigris acht Kilometer südlich von Tikrit, mitten im nördlichen Teil des Irak. Damals bestand das Dorf aus einer Ansammlung von Lehmhütten und Häusern, deren Bewohner in bitterster Armut lebten. Von Annehmlichkeiten wie fließendem Wasser, Elektrizität und gepflasterten Straßen hatten die Bewohner noch nie gehört, und obwohl es in der Gegend einige wohlhabende Landbesitzer gab, bot das Dorf einen traurigen Anblick. Die Kindersterblichkeit war hoch, und das nackte Überleben nahm bei vielen ihre gesamte Zeit in Anspruch. Die großen Landgüter, die im »Fruchtbaren Halbmond« lagen, lieferten Reis, Getreide, Gemüse, Datteln und Weintrauben, und die Besitzer, die entweder im nahe gelegenen Tikrit oder in der alten Metropole Bagdad residierten, genossen in der irakischen Gesellschaft hohes Ansehen. In dieser im Wesentlichen feudalen Gesellschaft stellten die verarmten Einwohner von Al-Ouja einen Grundstock an billigen Arbeitskräften, die als Helfer auf den Gütern oder als Hausbedienstete in Tikrit eingesetzt wurden. Schulen gab es in Al-Ouja nicht. Wohlhabendere Eltern schickten ihre Kinder in Tikrit auf die Schule, aber die Mehrheit konnte sich das nicht leisten, und so blieben die barfüßigen Kinder sich selbst überlassen.

Während die meisten Einwohner mit einigem Erfolg diesen einfachen Arbeiten nachgingen, gab es jedoch einige, die sich lieber mit gesetzwidrigen Aktivitäten wie Diebstahl, Piraterie und Schmuggel durchschlugen. Schon lange war Al-Ouja als Hafen für Banditen bekannt, die ihr Dasein fristeten, indem sie die *doba* plünderten, die kleinen Lastkähne mit flachem Boden, die auf dem Tigris, einer der wichtigsten Handelsadern des Irak, Waren zwischen Mosul und Bagdad transportierten. Besonders aktiv waren die Piraten im Sommer, wenn sie von ihrem Aussichtspunkt an der Flussbiegung, wo die Boote langsam fahren mussten und wo die *doba* manchmal sogar an flachen Bänken auf Grund liefen, ihrem Gewerbe leichter nachgehen konnten. Wildern war ebenfalls eine beliebte Beschäftigung, und manche Dorfbewohner hatten keine Skrupel, auf den benachbarten Gütern Hühner, Gemüse oder Früchte zu stehlen.

Offiziell wurde Saddam am 28. April 1937 geboren und um dem Datum Glaubwürdigkeit zu verleihen, machte er diesen Tag 1980 sogar zum Nationalfeiertag. In Anbetracht des Entwicklungsstands der irakischen Gesellschaft zur Zeit seiner Geburt überrascht es allerdings nicht, dass dieses Datum bei mehreren Gelegenheiten angezweifelt worden ist, wobei einige seiner Zeitgenossen meinten, er sei bereits 1935 geboren worden, während andere Zweifler behaupteten, er sei erst 1939 zur Welt gekommen. Erklärt wird das vielleicht durch die Tatsache, dass der gesamte Vorgang der Registrierung von Geburten, Hochzeiten und Todesfällen stark vereinfacht wurde. Damals war es bei den Behörden üblich, bei allen Bauernkindern als Geburtsdatum einfach den 1. Juli einzutragen; nur das Jahr sollte richtig angegeben werden. Das würde auch erklären, warum in einer Urkunde, die in einer von Saddams offiziellen Biographien[1] präsentiert wird, als Geburtsdatum der 1. Juli 1939 verzeichnet ist. Tatsächlich bekam Saddam sein offizielles Geburtsdatum von seinem Freund und zukünftigen Mitverschwörer Abdul Karim al-Shaikhly, der einer alteingesessenen Familie aus Bagdad entstammte und daher ein richtiges Geburtsdatum angeben konnte. »Saddam war immer eifersüchtig auf Karim, weil der seinen eigenen Geburtstag kannte. Also hat Saddam einfach Karims Geburtstag als seinen genommen.«[2] Doch damit nicht genug. Saddam hat, wie heute allgemein angenommen wird, auch sein Geburtsjahr verändert, um sich bei seinem meteorhaften Aufstieg in der Baath-Partei älter zu machen, als er in Wirklichkeit ist. Dafür spricht auch die Heirat mit seiner ersten Frau Sajida, die 1937 geboren wurde. In der arabischen Welt wird es missbilligt, wenn ein Mann eine Frau heiratet, die älter ist als er selbst. Deshalb hat Saddam vermutlich sein Geburtsjahr dem seiner Frau angepasst. Die Tatsache, dass Saddam nicht einmal den genauen Tag seiner Geburt kennt, sagt eine Menge über sein innerstes Seelenleben aus.

Das Geburtsdatum mag also zweifelhaft sein, der Ort jedoch steht fest. Saddam wurde in einer Lehmhütte geboren, die seinem Onkel mütterlicherseits, Khairallah Tulfah, gehörte, einem Nazi-Sympathisanten, der später fünf Jahre ins Gefängnis kam, weil er im Zweiten Weltkrieg eine anti-britische Revolte im Irak unterstützt hatte. Er stammte aus dem sunnitischen al-Bejat-Clan, der zum al-Bu-Nasir-Stamm gehörte, der wichtigsten Bevölkerungsgruppe in der Gegend von Tikrit. Stammestreue sollte bei Saddams Aufstieg zur Macht eine wichtige Rolle spielen. Nach 1980 besetzten mindestens ein halbes Dutzend Mitglieder des al-Bu-Nasir-Stammes – einschließlich des Präsidenten und Saddams – Schlüsselpositionen in der Regierung. Um 1930 hingegen war der Clan hauptsächlich für seine Armut und seinen Hang zur Gewalttätigkeit bekannt. Seine Anführer waren sehr stolz darauf, dass sie ihre Feinde bereits nach der kleinsten Kränkung töteten. Als sunnitischer Muslim war das Kind in die mehrheitlich orthodoxe Lehre des Islam hineingeboren, obwohl die Sunniten im Irak in der Minderheit waren: Nur einer von fünf Irakern ist Sunnit. Das Kind wurde Saddam genannt, was wörtlich übersetzt »der, der dagegen ist« bedeutet, und in Anbetracht seiner späteren Taten gar nicht treffender hätte gewählt werden können.

Heftiger als Saddams Geburtsdatum wurde jedoch der Verbleib seines Vaters, Hussein al-Majid, diskutiert. Er war ein armer Landarbeiter und damit ein typischer Einwohner von Al-Ouja. Ungeachtet der Angaben in den offiziellen Berichten über Saddams Leben deuten die meisten bereits veröffentlichten Biographien und Lebensläufe an, dass er ein illegitimes Kind war. Die irakischen Quellen belegen, dass Saddam der Verbindung von Subha Tulfah, einer resoluten Bauersfrau und Schwester des Nazi-Anhängers Khairallah, mit Hussein al-Majid entsprang. Allerdings hat der Mangel an gesicherter Information über Hussein sogar diese schlichte Tatsache zum

Gegenstand hartnäckiger Kontroversen gemacht. Die Gerüchte entstanden, weil Saddam 1982 zu Ehren seiner toten Mutter ein riesiges Mausoleum baute, während er für seinen Vater kein solches Monument errichten ließ. Über seinen Tod und sein Grab ist nichts bekannt.

Deshalb gehen die meisten Darstellungen von Saddams Leben davon aus, dass sein Vater die Familie entweder schon vor der Geburt des Kindes verlassen hat oder aber kurz danach. Für seine Abwesenheit sind verschiedene Erklärungen vorgeschlagen worden. Er könnte eines natürlichen Todes gestorben sein, was unter den gegebenen Verhältnissen nichts Ungewöhnliches war. Die im Irak am weitesten verbreitete Auffassung bezüglich Hussein al-Majids Schicksal ist jedoch, dass er von Banditen ermordet worden ist, eine ebenfalls wahrscheinliche Möglichkeit. Zu diesem Thema gibt es zahlreiche weitere Variationen, einschließlich der Theorie, dass er getötet wurde, während er selbst ein Verbrechen beging. Grundbesitzer oder Händler, die bei der Verteidigung ihres Eigentums jemanden töteten, hatten vom Gesetz wenig zu fürchten. In einer anderen Version wird vermutet, er habe das traute Heim verlassen, um der anspruchsvollen und dominanten Subha zu entkommen. Ein arabischer Saddam-Experte behauptet, Hussein habe während der Monarchie als Diener für einen ehemaligen irakischen Premierminister gearbeitet,[3] während andere das bestreiten und meinen, er sei entweder ein ungelernter Arbeiter gewesen oder aber er habe bei der verbotenen Piraterie oder der Wilderei mitgemacht, für die Al-Oujas Einwohner damals berüchtigt waren. Wieder ein anderer Bericht mutmaßt, dass er von rachsüchtigen Verwandten Subhas ermordet wurde, weil er sie vor der Ehe schwängerte; angesichts der Neigung seines Clans zu Blutfehden und Morden im Namen der Ehre eine durchaus plausible Erklärung. Die wildeste Spekulation ist jedoch, dass Hussein niemals existiert hat und Saddam das Ergebnis der mütterlichen Betätigung als Dorfhure ist. Diese Behauptung war zur Zeit des Golfkrieges in den westlichen Medien verständlicherweise populär, wurde allerdings, wenn man sie im Irak in den falschen Kreisen äußerte, mit dem Tode bestraft.

Nachdem Saddam Präsident des Irak geworden war, vertraute ein älterer Offizier der irakischen Armee seiner Geliebten an, dass er mit Saddams Mutter geschlafen hatte. Unglücklicherweise wurde die Unterhaltung von der irakischen Geheimpolizei auf Band aufgezeichnet und eine Abschrift ging ordnungsgemäß an Saddam. Der Offizier, sein Sohn und die Geliebte wurden hingerichtet.[4] Trotz der grässlichen Angst vor Vergeltung war Subha selbst Gegenstand vieler interessanter Geschichten. In einem Bericht wird behauptet, die Aussicht darauf, eine allein erziehende Mutter zu werden, habe sie so verwirrt, dass sie während ihrer Schwangerschaft versuchte, sich vor einen Bus zu werfen. Dabei habe sie geschrien: »Ich werde den Teufel gebären.«

Das Schicksal von Saddams Vater bleibt im Dunkeln. Doch die schwierige Frage nach Saddams Legitimität kann mit der schlichten Tatsache beantwortet werden, dass er eine jüngere Schwester namens Siham hatte, was in etwa »Speer« bedeutet. Siham, die trotz der Erfolge ihres Bruders das Licht der irakischen Öffentlichkeit scheute, kam ein oder zwei Jahre nach Saddam als Kind derselben Eltern in demselben Dorf zur Welt. Später heiratete sie einen Bezirksrichter und bekam zwei Kinder. Das einzige Mal, dass ihre Familie im Irak ins Rampenlicht trat, war während der schlimmsten Zeit des Iran-Irak-Krieges Mitte der achtziger Jahre. Saddam hatte alle irakischen Männer zu den Waffen gerufen, doch ihr Mann war nicht bereit, sich freiwillig zum Militärdienst zu melden. Die Familie bekam kurzfristig Hausarrest, und Sihams Ehemann wurde entlassen. Doch einige Monate später versöhnte Saddam sich wieder mit seiner Schwester und gab ihrem Mann seinen alten Posten zurück. Die Tatsache allerdings, dass Saddams Schwester, anders als all seine anderen engen Verwandten, im Irak nie irgendwelche öffentliche Anerkennung genoss, führte unweigerlich zu Spekulationen darüber, ob Siham nun wirklich mit Saddam blutsverwandt ist oder nicht.

Saddams Zeitgenossen aus Tikrit haben angegeben, Hussein al-Majid habe Subha wegen einer anderen Frau verlassen und nach Saddams Geburt noch viele Jahre gelebt, obwohl, was wenig überrascht, das Verhältnis zwischen den beiden Linien der Familie vergiftet war.[5] Was immer an der ganzen Sache stimmen mag, die Tatsache, dass Saddam den größten Teil seiner Kindheit auf seinen natürlichen Vater verzichten musste, gab Anlass zu großem Kummer, selbst wenn die Existenz einer jüngeren Schwester gegen den Makel einer unehelichen Geburt sprach.

Obwohl es schwierig ist, eine genaue Chronologie von Saddams früher Kindheit aufzustellen, ist es doch möglich, grob seine verschiedenen Aufenthaltsorte aufzulisten. Nachdem Hussein al-Majid die Familie verlassen hatte, war Saddams Mutter Subha (deren Name übersetzt »Morgendämmerung« bedeutet) zu arm, um das Kind allein durchzubringen. Ihre einzigen Einkünfte verdiente Subha als Hellseherin. Ehemalige Einwohner von Tikrit haben erzählt, dass sie, soweit sie sich erinnern, immer schwarze Kleider trug und die Taschen voller Muscheln hatte, die sie für ihre Orakel und Prophezeiungen brauchte. Einigen Berichten zufolge wurde sie von Khairallah, der im nahe gelegenen Tikrit wohnte, finanziell unterstützt, während andere behaupten, der kleine Junge sei bald vorübergehend Khairallahs Fürsorge anvertraut worden. Tikrit, früher eine für ihre Stoffe bekannte Stadt, war nach 1930 zu einem Provinznest verkommen. Historisch begründete der Ort seinen Anspruch auf ewigen Ruhm damit, dass 1138 Saladin dort geboren wurde, der legendäre Muslimführer, der die Kreuzfahrer in Palästina besiegte. 1394 hatten die Tatarenhorden Tamerlans, einem Nachkommen Dschingis Khans, ihr bei ihrem Mesopotamienfeldzug ebenfalls einen Besuch abgestattet und eine Pyramide aus den Schädeln der Besiegten errichtet.

Khairallah Tulfah, der nach 1930 als Armeeoffizier in Tikrit diente, war ein glühender arabischer Nationalist, der sehr großen Einfluss auf den jungen Saddam haben sollte. Es gibt deutliche Hinweise auf das enge Band, das sich zwischen Onkel und Neffe entwickelte. So machte Saddam, nachdem er Präsident geworden war, Khairallah zum Bürgermeister von Bagdad. Obwohl er allen Berichten zufolge ein streitsüchtiger und launischer Mensch war, gelang es Khairallah, im jungen Saddam einen tiefen Respekt zu wecken, der fast an Heldenverehrung grenzte. Es fällt nicht schwer sich vorzustellen, welchen Eindruck diese Vaterfigur, ein unbelehrbarer Bewunderer Adolf Hitlers und des Nationalsozialismus, auf den Jungen in seinen prägenden Jahren machte. Als Khairallahs Begeisterung für die Nazis 1941 dazu führte, dass er aus der Armee ausgeschlossen und fünf Jahre ins Gefängnis gesteckt wurde, hat Saddam ihn angeblich sehr vermisst. Jahre später, bei einem ausführlichen Interview mit Fuad Matar, einem seiner offiziellen Biographen, machte Saddam eine interessante Aussage über die Haft seines Onkels: »Mein Onkel mütterlicherseits war ein Nationalist, ein Offizier in der irakischen Armee. Er verbrachte fünf Jahre im Gefängnis ... ›Er ist im Gefängnis‹, antwortete mir meine Mutter jedes Mal, wenn ich sie nach meinem Onkel fragte. Er weckte in uns immer starke nationalistische Gefühle.«[6] Khairallah flößte dem Jungen ein tiefes Misstrauen gegen die irakische Königsfamilie ein, die damals das Land regierte, und gegen ihre ausländischen Hintermänner, im Klartext die Briten. Diese fremdenfeindlichen Gefühle saßen so tief, dass Saddam, kurz nachdem er Präsident geworden war, selbst schrieb: »Unseren Kindern sollte beigebracht werden, sich vor allem Fremden zu hüten und Ausländern keine Staats- oder Parteigeheimnisse anzuvertrauen ... denn Ausländer sind die Augen ihrer Länder.«[7]

Während Khairallah in Haft war, musste Saddam wieder bei seiner Mutter leben. Als er ins Haus seiner Mutter in Al-Ouja zurückkehrte, hatte sie gerade einen neuen Mann gefunden. Nachdem sie einen Vetter zweiten Grades als ersten Ehemann genommen hatte, machte Subha einen Vetter ersten Grades zu ihrem zweiten Ehemann. Solche Verwandtenehen waren im Irak an der Tagesordnung. Der Mangel an sozialer und körperlicher Mobilität sowie die Verpflichtungen, die sich aus der Stammestreue ergaben, führten dazu, dass derartige Verbindungen aktiv gefördert wurden, ja die Heirat innerhalb der Familie galt sogar als notwendig zur Erhaltung und Stärkung der Familienbande. Subha, die nach den verschiedenen Porträts, die Saddams offizielle Biographen von ihr zeichneten, wohl eine eigenwillige Frau war, hatte offenbar nicht die Absicht, allein zu bleiben. Es wurde sogar behauptet, dass sie zwischen den offiziellen Gatten Nummer eins und Nummer zwei noch einen anderen hatte, obwohl es dafür nie handfeste Beweise gab. Ihr zweiter Ehemann war Hassan al-Ibrahim. Subha, so ging das Gerücht, hatte Hassan von seiner Frau fort in ihr Hochzeitsbett gelockt. Laut Aussage eines Zeitgenossen, der Saddam aus Tikrit kannte, bedeutete Subhas zweite Heirat für das allgemeine Ansehen der Familie einen ziemlichen Abstieg, selbst nach den niedrigen Maßstäben von Al-Ouja. »Die Majids hatten einen schlechten Ruf, aber die Ibrahims waren noch schlimmer. Die Majids waren schon schlimm genug, lauter Diebe und Verbrecher. Aber die Ibrahims waren die Allerletzten. Jeder in der Gegend verabscheute sie.«[8] Der Ibrahim-Clan galt als die Räuberbande der Gegend. Hassan selbst war ein armer, arbeitsscheuer Landarbeiter, dessen einzige gesicherte Beschäftigung der Posten des Hausmeisters der Schule in Tikrit war. Anders als Khairallah, der durch seinen Rang in der Armee einen gewissen sozialen Status hatte, stand Hassan stets am Fuße der gesellschaftlichen Leiter. Die Verbindung mit Subha schien allerdings ein Erfolg zu sein, denn das Paar brachte nicht nur drei Halbbrüder für Saddam – Barzan, Watban und Sabawi – zur Welt, sondern auch noch eine ganze Schar von Mädchen.

Subhas neue Familie hatte sich zu dem Zeitpunkt, als Saddam wegen Khairallahs Haft in die Lehmhütte in Al-Ouja zurückkehrte, gut entwickelt. Saddam war noch ein Kind – zwischen zwei und sieben Jahre alt –, aber er wurde nicht sonderlich willkommen geheißen. Zu Hause scheint er sträflich vernachlässigt worden zu sein, abgesehen von den Gelegenheiten, bei denen er die Aufmerksamkeit seines brutalen Stiefvaters erregte. Wenn der Stiefvater mitunter seine angeborene Lethargie überwand, dann verpasste er dem kleinen Jungen gern eine Tracht Prügel mit einem mit Asphalt überzogenen Stock. Saddam tanzte dann verzweifelt im Schmutz herum, um den Stockschlägen auszuweichen.[9] Die Lebensbedingungen im Dorf blieben sehr hart. Im Haus der Familie gab es weder fließendes Wasser noch Elektrizität, und Mensch und Tier lebten unter einem Dach. Nachts schlief die Familie eng aneinander gedrängt auf dem Lehmboden, um sich gegenseitig zu wärmen. Amir Iskander, ein weiterer offizieller Biograph Saddams, ist der Ansicht, dass er seine entbehrungsreiche Jugend sehr bewusst erlebt hat. Saddam vertraute Iskander an, dass er niemals jung und unbeschwert war, sondern stets ein eher trauriges Kind, das sich von den anderen fern hielt. Auch steckt ein gewisses Pathos in dem Kommentar, dass seine Geburt »kein Anlass zur Freude war und seine Wiege nicht mit Rosen oder aromatischen Pflanzen bedeckt wurde«.[10]

Abgesehen von diesen harten Bedingungen musste der junge Saddam sich gegen den üblen Einfluss seines Stiefvaters behaupten. Subhas neuer Ehemann war im ganzen Dorf als »Hassan, der Lügner« bekannt, weil er behauptete, dass er nach Mekka gepilgert sei, einer der im Koran beschriebenen sieben Pfeiler des Islam, obwohl er in Wirklichkeit nicht einmal in die Nähe von Saudi-Arabien gekommen war, geschweige denn nach Mekka. Hassan war nicht nur ein notorischer Lügner, sondern auch ein Faulpelz. Nach seiner kurzen Beschäftigung als Schulhausmeister hatte er keine andere Arbeit mehr, doch er kompensierte seine eigene Faulheit, indem er so viel wie möglich aus seinem Stiefsohn herausholte. Während Hassan seine Tage beim Tratsch mit seinen Freunden im örtlichen Kaffeehaus verbrachte, durfte Saddam nicht in die Schule gehen, sondern musste rund ums Haus niedere Arbeiten verrichten. Er wurde ausgeschickt, um von den umliegenden Bauernhöfen Hühner und Eier zu stehlen, und vielleicht hat er sogar kurze Zeit in einer Jugendstrafanstalt verbracht. Ein ehemaliger irakischer Minister behauptete, dass Subha Saddam ebenfalls zum Diebstahl angestiftet habe. »Sie stahlen und teilten sich die Beute noch in derselben Nacht. Saddams Mutter pflegte über die Verteilung des Diebesgutes zu wachen – Weizen oder Roggen, Schafe, eventuell ein paar Münzen aus Gold oder Silber.«[11] Vielleicht hatte der junge Saddam durch Hassan sogar unter sexuellem Missbrauch zu leiden, was für jemanden in seiner Lage keine ungewöhnliche Erfahrung gewesen wäre. Dass Saddam und sein Stiefvater sich nicht ausstehen konnten, ist noch untertrieben. Die Dorfbewohner erinnerten sich, dass Hassan Saddam oftmals nachbrüllte: »Ich will ihn nicht, den Hundesohn.«

Das Leben zu Hause war zwar schwierig, aber als der junge Saddam den unerwünschten Aufmerksamkeiten seines Stiefvaters endlich entkam, erging es ihm auch nicht viel besser. Im Dorf glaubte man im Allgemeinen, der Junge sei vaterlos, eine Annahme, der Hassan wohl kaum widersprochen hat. Daher wurde Saddam von den anderen Kindern gnadenlos gehänselt und oft auch verprügelt. Er wurde so schlimm drangsaliert, dass er sich angewöhnte, zur Verteidigung einen Eisenstab mitzunehmen, wenn er sich aus dem Haus wagte.[12] Einer Legende nach amüsierte Saddam sich oftmals damit, den Stock auf ein Feuer zu legen und ihn, sobald die Hitze ihn glühend rot gefärbt hatte, einem vorbeikommenden Tier in den Bauch zu stoßen.[13] Saddam war später von grässlichen Torturen in Folterkammern fasziniert, was dieser Geschichte eine gewisse Glaubwürdigkeit verleiht. Er war so einsam, dass die einzige Kreatur, die ihm wirklich etwas bedeutete, sein Pferd war. Dieses Pferd liebte Saddam so sehr, dass er beim Tod des Tieres nach eigenen Angaben über eine Woche seine Hand nicht bewegen konnte.

Es ist möglich, Saddams eigene Sicht seiner Kindheit aus seinen offiziellen Biographien abzuleiten. Kaum ein Wort wird dort über Hassan verloren, der wie Subhas erster Ehemann still und leise aus den Annalen gelöscht worden ist. Die einzigen belegten Äußerungen über Hassan sind wenig schmeichelhaft, so behauptete er etwa, dass sein Stiefvater ihn im Morgengrauen zu wecken pflegte, indem er ihn anbrüllte: »Steh auf, du Hurensohn! Kümmere dich um die Schafe.« Saddam hat auch recht freimütig über die bedrückende Armut gesprochen, die seine Jugend kennzeichnete. Einem seiner Biographen erklärte er schlicht: »Wir lebten in einem einfachen Haus.« Als Saddam nach 1970 versuchte, seine Machtbasis im Irak aufzubauen, gefiel es ihm, seine bescheidene Herkunft zu betonen, weil er hoffte, damit bei einfachen Irakern Sympathien zu erringen. Im Juni 1990, am Vorabend des Golfkrieges, äußerte er sich in einem Interview mit Diana Sawyer von *ABC TV* dazu ausführlicher: »Das Leben war überall im Irak sehr schwierig. Nur wenige Menschen trugen Schuhe und in vielen Fällen auch nur zu besonderen Gelegenheiten. Manche Bauern zogen ihre Schuhe erst an, wenn sie am Ziel angekommen waren, damit sie besser aussahen.«

Saddams Erinnerungen an seinen Stiefvater und an das häusliche Leben werden zutreffend geschildert, doch das kann man von seinen Erinnerungen an Subha nicht sagen. Wie die meisten Söhne vergötterte Saddam seine Mutter, was das Grabmal beweist, das er ihr nach ihrem Tod – mit Staatsmitteln – in Tikrit errichtete. Auf dem Grabmal wird sie als »die Mutter der Militanten« gepriesen, während Saddam auf persönlicher Ebene die enge Bindung an seine Mutter betonte. Einem Biographen vertraute er an, dass er seine Mutter so oft wie möglich besuche. Angesichts der Erniedrigungen, denen er ausgesetzt war, während er bei Subha lebte, ist Saddams Bewunderung für seine Mutter erstaunlich. Bilder zeigen sie als eine eher untersetzte, finster dreinblickende Frau mit dem für arabische Bäuerinnen typischen, langen schwarzen Kleid. Ihr Gesicht ist mit kleinen schwarzen Kreisen tätowiert und auf keinem erhaltenen Foto lächelt sie. Zeitgenossen Saddams, die sie nach 1960 trafen, erinnern sich an eine schlecht gelaunte Frau, die jede Unterhaltung mit Flüchen würzte, auch wenn sie mit vollkommen Fremden sprach. Doch Saddam war blind für ihre Fehler und hielt ihr Andenken in Ehren.

Auch mit seinen Halbbrüdern blieb Saddam auf gutem Fuß, obwohl er in der Kindheit sicher ein schwieriges Verhältnis zu ihnen hatte. Barzan, Sabawi und Watban wurden mit wichtigen Posten ausgezeichnet, nachdem Saddam sein ehrgeiziges Ziel, Präsident des Irak zu werden, erreicht hatte, und Barzan hielt sich einige Jahre sogar für Saddams designierten Nachfolger. Saddams Kindheit sollte beträchtlichen Einfluss auf sein Auftreten in der Öffentlichkeit haben, insbesondere nachdem er sich Machtpositionen erkämpft hatte. Seine Erziehung lehrte ihn, niemandem zu trauen. Er wusste, dass Selbstvertrauen wichtig ist und dass man am besten brutale Gewalt einsetzt, um jeden einzuschüchtern, der einem im Wege steht, ob mit oder ohne Eisenstab. Und er erkannte, dass seine Angehörigen, trotz der desolaten Verhältnisse in der Familie, die einzigen Menschen waren, auf deren Hilfe er bauen konnte, um an der Macht zu bleiben.

So sehr Saddam die Erinnerung an seine Mutter auch verklärt haben mag, es gibt kaum einen Zweifel daran, dass der schönste Moment seiner Kindheit nahte, als sein Onkel Khairallah 1946 oder 1947 endlich aus dem Gefängnis entlassen wurde, und Saddam dem Elend, der Armut und den Quälereien seines Lebens mit Subha, Hassan und seinen Halbbrüdern entfloh und es mit dem viel aufregenderen Leben mit seinem nazibegeisterten Onkel vertauschte.

So wie Saddams Erfahrungen mit seinem Stiefvater dazu beitrugen, seinen Charakter zu formen, so prägte die Zeit, die er mit seinem Onkel in Tikrit und Bagdad verbrachte, zweifellos seine politischen Ansichten. Während Khairallah selbst im großen Kampf des irakischen Volkes um mehr Selbstbestimmung nur ein kleines Rädchen war, machte seine aktive Beteiligung an den großen nationalistischen Strömungen der Zeit einen unauslöschlichen Eindruck auf den jungen Saddam, nicht zuletzt weil Khairallahs Aktivitäten ihn für fünf entscheidende Jahre seiner Kindheit seines Onkels beraubt hatten.

Das politische Ziel, für das Khairallah so leidenschaftlich

kämpfte, hat seinen Ursprung in der Entstehung des modernen Irak durch die Nachwirkungen des Ersten Weltkrieges. Fast vierhundert Jahre lang zählte das Gebiet, das als das moderne Irak bekannt ist, unter türkischer Herrschaft zu den rückständigsten und am wenigsten entwickelten Regionen des Osmanischen Reiches. Zur Zeit der osmanischen Türken gab es im heutigen Irak drei verschiedene Provinzen, die sich um die Haupthandelszentren Mosul, Badgad und Basra konzentrierten. Die osmanische Herrschaft über die Region wurde durch die von den Briten unterstützte arabische Revolte, die 1917 mit der Einnahme von Bagdad ihren Höhepunkt fand, schließlich abgeschüttelt. Der Feldzug gegen die türkische Vorherrschaft im Nahen Osten, der hauptsächlich wegen der Heldentaten eines Lawrence von Arabien im Gedächtnis haften geblieben ist, verlief nicht ganz reibungslos. 1914, zu Beginn des Krieges, war vorsichtshalber ein britisches Expeditionscorps nach Basra an der Mündung des Golfes geschickt worden, weil die Türken mit den Deutschen paktierten. Nachdem das Corps 1915 Basra mühelos erobert hatte, beschlossen die übermütig gewordenen britischen Kommandanten, auf Bagdad vorzurücken. Da sie aber für einen Feldzug unter den klimatischen Verhältnissen des Südirak schlecht gerüstet waren, kamen die britischen Streitkräfte nur auf 40 Kilometer an Bagdad heran, wo sie von den wieder erstarkten türkischen Truppen vernichtend geschlagen wurden. Die Reste der britischen Streitkräfte zogen sich nach Kut zurück, in eine stinkende Stadt an einer Biegung des Tigris, in der sie 146 Tage von den Türken belagert wurden. Als man endlich über die Kapitulation verhandelte, waren die meisten Soldaten bereits verhungert oder an Krankheiten gestorben. Insgesamt starben 10 000 britische Soldaten und weitere 23 000 wurden verwundet.

Die Eroberung von Mesopotamien, Palästina und Syrien hatte die Briten im Ersten Weltkrieg also einiges gekostet. Deshalb war Großbritannien als eine der Siegermächte nach dem Krieg fest entschlossen, im Nahen Osten eine Ordnung zu errichten, die entweder die strategischen Schlüsselgebiete wie

Palästina unter direkte britische Kontrolle stellte oder aber unter die britische Oberhoheit, so wie es etwa bei den neu entstandenen Königreichen von Transjordanien (heute Jordanien), dem Irak und den Golfstaaten einschließlich Kuwaits der Fall war. Der Entscheidungsprozess, durch den nach dem Krieg der Nahe Osten geordnet werden sollte, begann bei den Verhandlungen für den Versailler Vertrag und endete schließlich 1922 durch Winston Churchills Entscheidung in Kairo, wurde aber stets kompliziert durch eine geheime Übereinkunft, die die Briten 1916 mit den Franzosen getroffen hatten. Das so genannte Sykes-Picot-Abkommen sprach den Libanon und Syrien den Franzosen zu, die den imperialistischen Ehrgeiz der Briten nach dem Krieg mit wachsendem Argwohn betrachteten, während Großbritannien die Kontrolle über den Irak und Palästina erhielt. Der entscheidende Fehler bei diesem fröhlichen Verschachern der ehemals osmanischen Gebiete bestand jedoch darin, dass die Briten den einheimischen arabischen Führern nachweislich die Unabhängigkeit versprochen hatten, wenn sie die Briten bei ihrem Krieg gegen die Türken unterstützten. Diese Versprechen wurden nun gebrochen.

Der Hauptverlierer des Sykes-Picot-Abkommens war Sharif Hussein von Mekka, der Leiter der arabischen Provinz Hejaz (heute ein Teil von Saudi-Arabien), dessen Stamm zusammen mit T. E. Lawrence gekämpft hatte. In den schleppenden Verhandlungen, die nun folgten, versuchten die Briten ihn zu besänftigen, indem sie seine Söhne zu Herrschern über die neu gegründeten Königreiche von Transjordanien, Syrien und Irak machten. Während der alte König es ablehnte, Churchills Abkommen über die Neugliederung des Nahen Ostens zu unterzeichnen, hatten seine Söhne keinerlei Skrupel, ihre neuen Würden anzunehmen. Für Bagdad bedeutete das, dass Faisal, Husseins dritter Sohn, der erste König des Irak wurde.

Obwohl die Einführung der Monarchie in Bagdad von den Briten begrüßt wurde, war der König bei den gerade erst befreiten Bürgern des Irak, die größtenteils sogar die Gründung des neuen Staates ablehnten, nicht sonderlich populär. Als 1919 zum ersten Mal vorgeschlagen wurde, die Provinzen Mosul, Bagdad und Basra zu einer Nation zu vereinen, hatte selbst die örtliche britische Verwaltung das für eine Schnapsidee gehalten. Arnold Wilson, der Verwaltungschef von Bagdad, bezeichnete den Vorschlag als todsicheren Auslöser von Unruhen, denn er bedeutete, dass man versuchen musste, drei sehr unterschiedliche Gruppen – Schiiten, Sunniten und Kurden – zur Zusammenarbeit zu zwingen, obwohl sie sich bekanntermaßen gegenseitig verabscheuten.[14] Die Spannungen zwischen den verschiedenen Stämmen waren damals so stark, dass das Land im Juli 1920 die größte Revolte seiner Geschichte erlebte. Der Aufstand ergab sich aus einem ganzen Bündel von Gründen, doch dass Großbritannien seine Versprechungen aus Kriegszeiten nicht eingehalten hatte, war ein ganz entscheidender Faktor. So sagte zum Beispiel ein arabischer Anführer am Vorabend der Revolte zu Gertrude Bell, einer britischen Schriftstellerin: »Seit ihr Bagdad eingenommen habt, redet ihr schon über eine arabische Regierung, aber jetzt sind drei und mehr Jahre vergangen und nichts ist geschehen.«[15]

Der Aufstand, der bis 1921 andauerte, wurde niedergeschlagen, aber erst, nachdem fast ein ganzes Bataillon eines Regimentes aus Manchester von schiitischen Guerillakämpfern aufgerieben worden war. Mindestens 10 000 Menschen starben bei der Revolte, aber wenn auch sonst nichts dabei herauskam, so überzeugte sie die Briten doch davon, dass es wesentlich besser wäre, eine Marionettenregierung einzusetzen, die das Land für Großbritannien verwaltete, anstatt sich die gewaltigen Kosten für Männer und Material aufzubürden, die nötig sein würden, um die feindlichen Stämme in Schach zu halten. Während die rivalisierenden Warlords in Basra und Bagdad sich bemühten, ihre Differenzen beizulegen und den Briten eine akzeptable lokale Führung zu präsentieren, beschlossen die Briten, hauptsächlich wegen ihrer sentimentalen Verbindung mit Sharif Hussein, dass einer seiner Söhne zum König gemacht werden sollte. Sayyid Talib, der Lokalmatador von Basra, war der einzige Politiker, der einen realistischen Anspruch auf die Führung des Landes erheben konnte. Er hatte breite Unterstützung von den Stammesfürsten bekommen, als er mit einer Kampagne unter dem Motto »Irak den Irakern« durch das Land gezogen war. Da Großbritannien die Absicht hatte, Faisals Thronbesteigung durch eine Volksabstimmung zu legitimieren, löste das Auftauchen eines echten, freien Konkurrenten bei der britischen Regierung Alarm aus. Die Krise wurde allerdings von Sir Percy Cox, dem einfallsreichen britischen Repräsentanten in Bagdad, bald überwunden, indem er Talib zum Nachmittagstee in die britische Botschaft einlud, um mit ihm über seine Pläne zu sprechen. Als Talib die Residenz betrat, war Sir Percy Cox nicht aufzufinden, und so wurde Talib eben von Lady Cox unterhalten. Als er den Amtssitz wieder verlassen wollte, wurde Talib auf Geheiß Sir Percys von einem der anderen Gäste verhaftet. Anschließend wurde er auf die Insel Ceylon (das heutige Sri Lanka) im Indischen Ozean deportiert, sodass Faisal auf dem Weg zum Thron nichts mehr im Wege stand und seine Krönung am 23. August 1922 in Bagdad stattfinden konnte.[16]

Die neu eingeführte Monarchie im Irak hatte also nicht den besten Start, und die Briten standen bei den neuen Bürgern des Landes im wohlverdienten Ruf, doppelzüngig zu sein. Faisal war ein schwacher König, dem eine ganze Reihe von schwachen Regierungen dienten, die ihre nationalistischen Ziele nie richtig durchsetzten. Die Briten, die mehr Interesse an den neu entdeckten Ölfeldern rund um Mosul zeigten als an der Innenpolitik ihres neu gegründeten Staates, stationierten zwei Geschwader der Royal Air Force am Rande von Bagdad und Basra, um weitere Stammesfehden zu unterdrücken. Faisals Kabinette bestanden aus einer Gruppe ehemaliger osmanischer Offiziere, die mit den Briten zusammen im Krieg gekämpft hatten. Obwohl die Besetzung des Kabinetts sich häufig änderte, weil man die Klagen echter irakischer Nationalisten zum Verstummen bringen wollte, änderte sich an der Politik der Regierung nichts.

Erst mit Ausbruch des Zweiten Weltkrieges erhielten die Nationalisten die Gelegenheit, die Veränderungen durchzusetzen, die ihnen durch die Einigung von 1922 verwehrt worden waren. Faisal starb 1933, und sein Sohn Ghazi bestieg den Thron, ein in Sandhurst erzogener Homosexueller, der trotz seines populistischen Gefasels unfähig war, die Briten aus ihren einflussreichen Positionen zu vertreiben, sehr zum Ärger und Verdruss der neuen einflussreichen Schichten im Irak. 1941 hatte Hitler weite Teile Westeuropas erobert. Damals beschloss eine Gruppe von Irakern unter der Führung des nazifreundlichen Premierministers Rashid Ali, der von vier Militäroffizieren unterstützt wurde, die als das »Goldene Quadrat« bekannt waren, die britische Vormacht im Land herauszufordern und eine der RAF-Basen am Rande von Bagdad anzugreifen. Nachdem er sich dazu entschlossen hatte, die Briten aus dem Irak zu vertreiben, bat Ali die Deutschen um Hilfe. Die Deutschen ließen sich jedoch Zeit mit der Antwort, und die Briten konnten die Revolte schnell unterdrücken. Rashid Ali und einigen seiner Anhänger gelang es, aus dem Land zu fliehen, doch andere Verschwörer, wie etwa Saddams Onkel Khairallah Tulfah, wurden gefangen und bestraft. Die vier Offiziere, die Ali unterstützt hatten, wurden gehenkt, ihre Leichname, wie auch die einiger anderer Rädelsführer, wurden vor dem Verteidigungsministerium in Bagdad öffentlich zur Schau gestellt. Khairallah, der bei der Revolte nur zu gern mitgemacht hatte, wurde seines Ranges in der Armee enthoben und für fünf Jahre ins Gefängnis gesteckt.

Als Saddam und Khairallah endlich wieder in Tikrit zusammenkamen, hatten beide, Neffe und Onkel, sich sehr verändert. Khairallah war verbittert und rachsüchtig, weil die Briten ihn eingekerkert hatten. Abgesehen von der Gefängnisstrafe hatte Khairallah ja auch noch den sozialen Status eines Offiziers der irakischen Armee verloren. Nach seiner Entlassung aus dem Gefängnis fand Khairallah eine Stelle als Lehrer an der örtlichen Privatschule, wo er seine starren nationalistischen und antibritischen Ansichten zweifellos seinen aufnahmebereiten Schülern eintrichtern konnte. Ein Iraker, der die Schule damals besuchte, einnert sich, dass Khairallah »ein sehr strenger Mann war, ein Nazi und ein Faschist. Alle Schüler hatten Angst vor ihm, nicht nur weil man wusste, dass er gegen die Briten gekämpft hatte, sondern auch wegen seiner politischen Ansichten.«[17]

Der junge Saddam bewunderte seinen Onkel für seine Heldentaten während der Revolte von 1941, und Khairallahs neue Stelle als Lehrer machte den Umzug nach Tikrit noch attraktiver. Während der erzwungenen Abwesenheit seines Onkels hatte Saddam es in der Kunst des Straßenkampfes weit gebracht, doch dank der Launenhaftigkeit seines Stiefvaters war der Junge völlig ungebildet. Für die meisten Burschen ähnlicher Herkunft wie Saddam stand das Lesen- und Schreibenlernen nicht sehr weit oben auf ihrer Prioritätenliste. Sie amüsierten sich weit besser, wenn sie ihre Nachbarn bestahlen oder jeden, der sie ärgerte, zusammenschlugen oder einschüchterten. Und Saddam wäre sicher gern Gelegenheitsdieb geblieben, wäre da nicht der Wunsch gewesen, es seinem heldenhaften Onkel nachzutun und für die Befreiung seines Heimatlandes von den fremden Unterdrückern zu kämpfen.

Eine Karriere bei den Streitkräften war eigentlich die einzige Chance für einen sozialen Aufstieg für einen Jungen aus Saddams Schicht; seine Angehörigen waren nicht nur arme Bauern aus der Provinz, sondern auch sunnitische Muslime, die im neuen Irak von den weitaus zahlreicheren und politisch einflussreichen Kurden und Schiiten als Vertreter einer kleinen Sekte betrachtet wurden. Jeder junge Iraker mit militärischen Ambitionen träumte davon, in die angesehene Militärakademie von Bagdad aufgenommen zu werden, die von den Briten gegründet worden war, um ein gut ausgebildetes und loyales Offizierscorps aufzubauen. Die Tradition, dass junge Männer aus Tikrit in den Streitkräften dienten, kann bis zu Mawlud Mukhlis zurückverfolgt werden, der in Tikrit geboren wurde und sich im Ersten Weltkrieg bei der arabischen

Revolte gegen die osmanischen Türken einen Namen machte. Nach der Gründung des Irak wurde Mukhlis enger Vertrauter von König Faisal I. und Vizepräsident des Parlaments der Monarchie. Er nutzte seinen beträchtlichen Einfluss, um junge Männer aus Tikrit bei Armee und Polizei in gehobene Positionen zu bringen, eine Praxis, die von seinen Schützlingen fortgesetzt wurde. Deshalb gab es Ende der fünfziger Jahre im Zentrum des irakischen Militär- und Sicherheitsapparates eine mächtige Clique aus Tikrit. Saddam hatte sich einige brutale Fähigkeiten, die für eine der Kriegskunst gewidmete Karriere nötig sind, bereits angeeignet. Nun wollte er sich der Elite an der Militärakademie in Bagdad anschließen. Leider hatte er formal keine Qualifikation und auch keine richtige Aussicht, eine zu bekommen, solange er in Al-Ouja herumlungerte.

Wie genau der ehrgeizige junge Neffe mit seinem verbitterten und entehrten Onkel in Tikrit wieder zusammenkam, ist eine weitere Episode im Leben des jungen Saddam, um die sich eine ganze Reihe von kuriosen und höchst phantasievollen Geschichten rankt. Eine vernünftige Erklärung wäre, dass Khairallah, der schließlich der Ziehvater des Jungen war, angeboten hatte, ihm zu einer ordentlichen Ausbildung zu verhelfen. Seine Schwester Subha konnte ihre wachsende Familie kaum ernähren. Sie hätte die Gelegenheit, einen Esser loszuwerden, sicher sofort beim Schopf ergriffen. Und Hassan al-Ibrahim, der es eventuell bedauert haben könnte, die billige Arbeitskraft des Jungen zu verlieren, wäre wohl erleichtert gewesen bei der Aussicht, diesen Kuckuck aus dem Familiennest zu werfen.

Saddam war sich später stets der Tatsache bewusst, wie ungeheuer wichtig Propaganda und Persönlichkeitskult sind. Deshalb überrascht es nicht, dass die offiziellen Berichte über Saddams Leben eine sehr traurige Geschichte darüber erzählen, wie er seine Familie verlassen und wieder bei Khairallah leben musste. Was Fuad Matar (zum Beispiel) in seiner offiziell abgesegneten Biographie berichtet, ist hochdramatisch.

Laut Matar (der allerdings nur Saddams Erzählung wiedergab) sollte Saddam nach dem Willen seiner Eltern Bauer werden, und deshalb schickten sie ihn nicht zur Schule. Doch Saddam hatte sich für die Schule erwärmt, weil ihm sein jüngerer Vetter Adnan, Khairallahs Sohn, erzählte, wie er lesen, schreiben und zeichnen gelernt hatte. Adnan war Khairallahs Sohn aus erster Ehe, aus der er auch eine Tochter hatte, Sajida, die Saddams erste Frau werden sollte. In den Jahren seiner Haft war Khairallah seiner Frau fremd geworden, deshalb ging sie mit ihren beiden Kindern zurück zu ihren Eltern nach Bagdad. Nach seiner Entlassung aus dem Gefängnis heiratete Khairallah erneut, und Adnan und Sajida zogen wieder nach Tikrit. Adnan sollte Saddams engster Jugendfreund werden, später wurde er Verteidigungsminister des Irak, eine Position, die er behielt, bis er unter mysteriösen Umständen bei einem Hubschrauberabsturz starb. 1947 war Saddam so beeindruckt von dem, was sein junger Cousin ihm erzählt hatte, dass er beschloss, mit ihm nach Tikrit zu fahren, um die Dorfschule zu besuchen. Das war, laut der offiziellen Biographie, Saddams »erster Akt der Rebellion«, weil seine Eltern weiterhin glaubten, eine Ausbildung für den brutalen Burschen sei reine Zeitverschwendung.

»Als alle anderen schliefen, verließ er [Saddam] das Haus und wanderte durch die Dunkelheit, bis er an einen Ort kam, an dem ein paar andere Verwandte arbeiteten. Sie waren sehr erstaunt über sein plötzliches Auftauchen, verstanden es aber, als er ihnen erklärte, dass er gegen den Willen seiner Familie die Schule in Tikrit besuchen wollte. Der junge Saddam wurde von diesen Verwandten sehr ermutigt. Sie gaben ihm eine Pistole und schickten ihn in einem Wagen nach Tikrit. Dort wurde er von anderen Familienmitgliedern willkommen geheißen, die seine Entscheidung begrüßten. Nach dem ersten Schuljahr zog er nach Bagdad, zu seinem Onkel mütterlicherseits, Khairallah Tulfah, der sich um ihn kümmerte, weil sein Vater vor seiner Geburt gestorben war. Er beendete seine Grundschulausbildung an Schulen in Bagdad und begann mit der höheren Schule.«[18]

Selbst in einer gesetzlosen Gesellschaft wie dem ländlichen Irak jener Zeit erscheint die Vorstellung, einem etwa zehnjährigen Jungen eine Waffe in die Hand zu drücken, um ihm bei der Durchsetzung seines Willens zu helfen, vollkommen aberwitzig. Variationen dieses bewegenden Berichts haben gelegentlich die Seiten der von der Regierung kontrollierten irakischen Presse geziert, wobei die größte Änderung an der Geschichte darin bestand, dass Saddam barfuß nach Tikrit pilgerte, anstatt ein Taxi zu nehmen, eine Ausschmückung, die seine Heldentat sogar in noch romantischerem Licht erscheinen ließ. Natürlich sollte der Umzug nach Tikrit im Hinblick auf Saddams Selbstwertgefühl nicht unterschätzt werden. Im ländlichen Irak nennen die Männer sich häufig nach ihrem Geburtsort, sodass sein Name eigentlich Saddam Hussein Al-Ouja lauten müsste, wogegen er bis zum heutigen Tag auf der Anrede Saddam Hussein al-Tikriti besteht, ein erheblich weltläufigerer Name.

Der Schulbesuch war für Saddam anfangs keine sehr angenehme Erfahrung. Dem rohen, fast wilden Straßenkind aus einem armen Dorf, das nicht einmal seinen eigenen Namen buchstabieren konnte, kann es gar nicht gefallen haben, in eine Gruppe Fünfjähriger gesteckt zu werden, die mehr wussten als er. Die Demütigungen und Hänseleien, die er in der Schule ertragen musste, hinterließen in Saddams Psyche höchstwahrscheinlich weitere Wunden, obwohl er sicher besser als die meisten dafür gerüstet war, auf solche Gemeinheiten zu reagieren. Es war unvermeidlich, dass er mit einigen Jungen Streit bekam. Er könnte tief gekränkt worden sein, denn als Erwachsener ist er angeblich nach Tikrit zurückgekehrt, um an seinen Peinigern Rache zu nehmen. Einige Berichte stellen ihn als einen ausgelassenen Jungen dar, der versuchte, seine besser ausgebildeten Klassenkameraden zu beeindrucken, indem er den Lehrern kleine Streiche spielte. Er nahm zum Beispiel seinen alten Koranlehrer besonders freundlich in den Arm und steckte ihm eine Schlange unter den Kaftan. Eine viel passendere Anekdote über Saddams Benehmen in der

Schule stammt von einem seiner Klassenkameraden: »Der Direktor erzählte mir, dass er Saddam von der Schule werfen wollte. Als Saddam von dieser Entscheidung erfuhr, ging er in das Büro des Direktors und drohte, ihn umzubringen. Er sagte: ›Ich werde dich töten, wenn du die Entscheidung, mich von der Schule zu jagen, nicht zurückziehst.‹«[19] Daraufhin war von einem Schulverweis nie mehr die Rede.

Saddam bekam viel Unterstützung von Khairallah und seinem jungen Vetter Adnan, was ihm die Schule leichter machte. Nach anfänglichen Schwierigkeiten gewöhnte Saddam sich an den Rhythmus des Lernprozesses. Fotos aus jener Zeit zeigen Saddam als ernsten Jungen mit einem prägnanten Kinn und scharfen, stechenden Augen. Er sieht wirklich aus, als könne er gut für sich selber sorgen. Saddam war kein Musterschüler, obwohl er ein ausgezeichnetes Gedächtnis hatte und sich mit fast fotografischer Genauigkeit an Details erinnerte. Der palästinensische Schriftsteller Said Aburish, der auch zu seinen Bewunderern gehört, schrieb: »Saddam war ein außergewöhnlich intelligentes Kind, er lernte schnell und war von Anfang an sehr berechnend und methodisch.«[20] Dieses Urteil über den Schüler Saddam erscheint allerdings fragwürdig angesichts der Tatsache, dass Saddam nicht einmal den einfachsten Anforderungen der Eingangsprüfung für die Militärakademie in Bagdad genügen konnte. Und es bestand kein Zweifel daran, dass Saddam ganz versessen darauf war, in die Akademie aufgenommen zu werden. Daher war er schwer gekränkt und ernannte sich 1976, nachdem er in der Regierung fest etabliert war, selbst zum General. Nachdem er Präsident geworden war, machte er sich zum ersten Feldmarschall des Landes. Außerdem ließ er den Sohn Mawlud Mukhlis', jenes legendären Offiziers, der die Seilschaften aus Tikrit in den irakischen Streitkräften aufgebaut hatte, von einem Exekutionskommando erschießen. Saddam gelang es, die Grundschule abzuschließen. 1955 verließ er die Schule von Tikrit und zog zusammen mit seinem Vetter Adnan und Khairallah nach Bagdad, wo die beiden Jungen sich an der weiterführenden Schule von Karkh einschrieben. Der Umzug von Tikrit nach Bagdad sollte für Saddams Entwicklung ebenso wichtig werden wie der Auszug aus Al-Ouja 1947. Bagdad summte in den fünfziger Jahren wie ein Bienenstock vor politischen Aktivitäten und Rivalitäten. Es war eine Zeit, in der die arabischen Nationalisten, ermutigt insbesondere durch Großbritanniens Rückzug aus dem Empire nach dem Zweiten Weltkrieg, glaubten, jetzt sei endlich der Moment gekommen, die fast schon kolonialen Fesseln abzuwerfen, mit denen man nach dem Ersten Weltkrieg gebunden worden war. Die Unabhängigkeitsbewegung fand in Ägypten unter dem charismatischen Führer Gamal Abdul Nasser am meisten Zulauf. Sein Entschluss, Kairo von der bedrückenden britischen Einflussnahme zu befreien, war mit ein Grund für die Suez-Krise von 1956, die sich als letzter Sargnagel für die britische Kolonialherrlichkeit erwies. Nassers diplomatischer Erfolg hatte Nachwirkungen im gesamten Nahen Osten und ermutigte andere nationalistische Gruppen, insbesondere im Irak, wo das von den Briten 1922 eingesetzte und ungeliebte Königshaus immer noch auf dem Thron saß. König Ghazi, der einzige König des Irak, der je echten Rückhalt im Volk gehabt und dadurch seine britischen Oberherrn verstimmt hatte, war 1939 bei einem mysteriösen Autounfall gestorben. Die Briten und ihre Verbündeten in der irakischen Regierung wurden, zu Recht oder zu Unrecht, für seinen Tod verantwortlich gemacht. Sein Nachfolger Faisal II. war bei seiner Thronbesteigung erst vier Jahre alt, daher wurde das Land in Wahrheit von seinem Onkel Abdul Ilah und dem altgedienten irakischen Politiker Nuri Said regiert, die beide treue Freunde der Briten waren. Nach Nassers Erfolgen in Suez waren die pro-britischen Sympathien von Said und Ilah kaum noch mit der nationalistischen Bewegung im Irak zu vereinen, und in Bagdad bildeten sich zahlreiche politische Gruppierungen, die hauptsächlich über die Abschaffung der Monarchie debattierten.

Die andere wichtige geopolitische Entwicklung, die damals die politische Lage in Bagdad beeinflusste, war der Aufstieg der Sowjetunion zur Supermacht. Die Sowjets waren nicht nur erpicht darauf, ihre Ideologie in den Nahen Osten zu exportieren, sondern auch darauf, das westliche Kontrollmonopol über die riesigen Ölvorkommen in der Region zu durchbrechen. Die kommunistische Bedrohung wurde als sehr ernste Gefahr betrachtet, sowohl in Washington, das sich nach der Intervention des amerikanischen Präsidenten Dwight D. Eisenhower in der Suez-Krise verstärkt im Nahen Osten engagiert hatte, als auch in London, denn die Briten wollten immer noch einen Rest von Kontrolle behalten. 1955 wirkte die irakische Regierung an der Ausarbeitung des Bagdad-Paktes mit, eines regionalen Verteidigungsbündnisses, das so ungleiche Partner wie Großbritannien, Türkei, Iran und Pakistan unter einen Hut brachte. Zweck des Paktes war es, der kommunistischen Bedrohung zu begegnen, obwohl Nuri Said insgeheim hoffte, er könne der arabischen Welt eine Alternative zu Nasser bieten. Nassers Antwort auf den Pakt bestand darin, dass er mit den Sowjets ein großes Waffengeschäft abschloss und im darauf folgenden Jahr den Suez-Kanal verstaatlichte. Nasser avancierte damit zum unbestrittenen Helden der arabischen Nationalisten, doch der Pakt ließ den Irak wieder als Handlanger westlicher Regierungen erscheinen.

Als einer der Veteranen – und in Saddams Augen einer der Helden – des Aufstandes von 1941 war Khairallah natürlich tief verstrickt in die politischen Händel der Zeit. Khairallahs Familie zog nach Karkh, in der Nähe von Bagdad, eine ungepflegte, heruntergekommene Wohngegend am westlichen Rand der Stadt. In Karkh lebten sowohl Sunniten als auch Schiiten, und es kam häufig zu gewalttätigen Auseinandersetzungen. Khairallah arbeitete als Lehrer und betrieb sehr viel politische Agitation. Seine wichtigsten politischen Kontakte fand er, was nicht sonderlich verwundert, bei Menschen aus der eigenen Schicht und mit ähnlichem Hintergrund. Einer von Khairallahs damaligen Freunden war Ahmad Hassan al-Bakr, ein Offizier aus Tikrit, der später Präsident des Irak werden und bei Saddams Aufstieg zur Macht eine zentrale Rolle spielen sollte. Bakr war einer der Vordenker der neu gegründeten Baath(= Wiedergeburt)-Partei, einer arabischen Nationalistenbewegung, die Ende der vierziger Jahre in Syrien entstanden war. Die Hauptziele dieser radikalen und weltlichen Partei waren die Schaffung eines vereinigten arabischen Staates, der die willkürlichen imperialistischen Grenzen neu festlegen sollte, die dem Nahen Osten nach dem Ersten Weltkrieg aufgezwungen worden waren. Außerdem sollte dieser Staat für eine gerechte Verteilung des ungeheuren Ölreichtums sorgen, der die Wirtschaft der Region veränderte. Die Baathisten mit ihrer nationalistischen und patriotischen Ausrichtung waren die erklärten Feinde der von der Sowjetunion unterstützten Kommunisten. Die Sowjets, so glaubten sie, wollten nur eine Form des Kolonialismus mit einer anderen vertauschen.

Saddams Erinnerungen an diese prägenden Jahre seiner politischen Entwicklung sind verschwommen. Einem seiner Biographen erzählte er, die Hauptmotivation seines Onkels sei »Widerstand und Kampf« gegen die herrschende Klasse gewesen, die sich um die Monarchie und ihre britischen Hintermänner scharte[21], während er einem anderen sagte, dass sein Onkel »in nationalistischen, aber nicht in kommunistischen Begriffen gesprochen« habe.[22] Eine leidlich erhellende Einsicht in die politische Entwicklung seines Onkels liefert ein von Khairallah selbst verfasstes Pamphlet mit dem Titel »Drei Lebewesen, die Gott nicht hätte erschaffen sollen: Perser, Juden und Fliegen«. Obwohl das Machwerk erst veröffentlicht wurde, nachdem Saddam 1981 Präsident geworden war, zeigt es in Grundzügen die Gedankengänge, die von einem begeisterten Anhänger der Nazis zu erwarten sind. Perser bezeichnete er als »Tiere, die Gott in der Gestalt von Menschen schuf«, und Juden als »eine Mischung aus Schmutz und den Abfällen verschiedenster Menschen«. Fliegen dagegen waren »arme, missverstandene Kreaturen, von denen wir nicht wissen, warum Gott sie erschuf«.[23] Dieser schwache irakische Versuch, *Mein Kampf* zu imitieren, hatte Einfluss auf Saddams zukünftige politische Strategie. Als Präsident des Irak war Saddams

Außenpolitik bestimmt durch seinen Hass auf die Iraner und die Israelis. 1980 provozierte er den verhängnisvollen achtjährigen Krieg mit dem Iran, der ungefähr eine Million Iraker und Iraner das Leben kostete, und im Golfkrieg von 1991 ließ Saddam Tel Aviv mit Scud-Raketen angreifen. Dass Khairallah Saddam indoktriniert hatte, zahlte sich in seiner Ernennung zum Bürgermeister von Bagdad aus, eine Position, in der er die Korruption so ausufern ließ, dass Saddam in den achtziger Jahren gezwungen war, ihn aus dem Amt zu entfernen, siebzehn seiner Unternehmen zu schließen und die Angestellten zu verhaften.

Es besteht wohl kaum ein Zweifel daran, dass Khairallahs Einfluss auf Saddam ebenso schädlich war wie der seines Stiefvaters, und es dauerte nicht lang, bis Saddam in Karkh seine eigene Straßenbande hatte, mit der er politische Gegner einschüchterte oder aber, als echter Sohn Tikrits, auch jeden anderen, der ihm missfiel. Am Ende seiner Teenagerzeit war Saddam zu eindrucksvoller Körpergröße herangewachsen. Mit fast 1,90 Meter war er ungewöhnlich groß für einen Araber und hatte auch einen sehr muskulösen Körperbau. Er sprach mit einem starken, bäuerlichen Akzent, und seine Sprache war durchsetzt mit umgangssprachlichen Ausdrücken aus Tikrit, sehr zum Vergnügen der gehobeneren Schichten von Bagdad, mit denen er mehr und mehr zu tun hatte. Diesen bäuerlichen Akzent oder Dialekt verlor Saddam nie, nicht einmal nachdem er Präsident geworden war. Seine öffentlichen Reden waren ebenso voller Grammatikfehler wie seine privaten Äußerungen, was Dolmetschern später eine Menge Probleme bereiten sollte. Seine Unfähigkeit, mit anderen Mitgliedern der irakischen Führungsschicht auf gleicher Ebene zu reden, trug natürlich nicht dazu bei, seine tief sitzende Unsicherheit abzubauen.

Ende der fünfziger Jahre mag Saddam in Bagdad auch mit der Futuwa zu tun gehabt haben, einer paramilitärischen Jugendorganisation nach dem Vorbild der Hitlerjugend, die unter der Regierung des extravaganten Königs Ghazi nach

1930 gegründet worden war. Die Futuwa wollte, dass der Irak die Araber so einte, wie es die Preußen mit den Deutschen gemacht hatten, und ihre Ideologie passte wunderbar zum Weltbild der Baathisten. Ermutigt von Khairallah war Saddam gewöhnlich an der Spitze jeder Demonstration und jedes Aufruhrs zu finden, der gegen die Regierung gerichtet war. In einer Umgebung, in der ständig Gewalt und Unruhe herrschten, war es nur eine Frage der Zeit, bis Saddam einen Menschen umbrachte.

Wie bei vielen anderen Dingen aus Saddams frühem Leben besteht eine gewisse Unsicherheit über die genaue Identität seines ersten Mordopfers. Obwohl er hauptsächlich in Bagdad wohnte, reiste Saddam häufig nach Tikrit, wo er am Rande der Politik mitwirkte, meist indem er Straßenkämpfe organisierte. Die Einwohner von Tikrit hätten von einem wie Saddam auch gar nichts anderes erwartet, denn in der Stadt kursierte der Spruch: Wenn Leute aus Al-Ouja an die Tür klopfen, ist es Zeit, den Laden dichtzumachen. Eine Vermutung geht dahin, dass Saddam sein erstes Kapitalverbrechen beging, als er einen Vetter ermordete, der unabsichtlich seinen Stiefvater Hassan al-Ibrahim beleidigt hatte. Es gibt jedoch keine Beweise, die diese Behauptung belegen, aber solche Morde waren an der Tagesordnung. Unwiderlegbare Beweise für Saddams Beteiligung gibt es allerdings bei der Ermordung Saadoun al-Tikritis; er war Mitglied der Kommunistischen Partei, fungierte vor Ort als Parteivorsitzender und wurde im Oktober 1958 ermordet. Die Baathisten waren erbitterte Feinde der Kommunisten, und Khairallah, der zu den wichtigsten Repräsentanten der Baath-Partei in Tikrit zählte, hätte sicher großen Anstoß daran genommen, wenn ein Kommunist in der Stadt eine wichtige Position erlangt hätte. Der wahre Grund für den Mord war allerdings der, dass Tikriti über Khairallahs unschönen Werdegang Bescheid wusste. Im Sommer des Jahres 1958 war es Khairallah gelungen, von der Regierung einen neuen Posten zu bekommen. Er wurde Direktor der Schulbehörde in Bagdad. Als der Kommunist Tikriti von Khairallahs Ernennung erfuhr, informierte er die Behörden über Khairallahs Vergangenheit, was zur Folge hatte, dass Khairallah einige Monate später seinen neuen Posten wieder verlor.[24]

Khairallah war wütend und reagierte, wie es ihm entsprach. Er behauptete, Tikriti habe ihn aus politischen, statt aus persönlichen Gründen angezeigt, und befahl seinem Neffen, Rache zu üben. Saddam führte den Befehl seines Onkels unverzüglich aus. Der Mord wurde in Tikrit begangen. Saadoun al-Tikriti war auf dem Nachhauseweg, nachdem er den Abend mit einigen Freunden in einem Kaffeehaus verbracht hatte. Sein Haus befand sich in einer unbeleuchteten Straße, und als er sich dem Tor näherte, trat Saddam hinter einem Busch hervor und tötete ihn mit einem einzigen Schuss in den Kopf. Die Pistole hatte er von Khairallah bekommen.

Direkt nach dem Attentat wurden Saddam und Khairallah verhaftet und sechs Monate lang festgehalten, aber schließlich wurden die beiden Männer aus Mangel an Beweisen wieder freigelassen. Es gab keine Tatzeugen, und niemanden in Tikrit schien der Mord an einem Kommunisten sonderlich zu interessieren. Nach seiner »Bluttaufe« genoss Saddam unter Iraks jungen Revolutionären nun ein gewisses Ansehen, und er ging zurück nach Bagdad, wo er seine Aktivitäten als politischer Agitator wieder aufnahm. Seinen Lebensunterhalt verdiente er damals als Busschaffner.

Einen kleinen Einblick in Saddams und Khairallahs Leben während ihrer Inhaftierung hat Hani Fkaiki geliefert, ein ehemaliger Beamter der Baath-Partei, der mit den beiden Männern in Tikrit eine Gefängniszelle teilte. »Am deutlichsten ist mir in Erinnerung geblieben, wie sehr Saddam und sein Onkel sich im Gefängnis von anderen fern hielten. Sie suchten sich immer eine abgelegene Ecke aus, weit weg von den anderen Insassen. Trotz der Enge der Zelle, in der wir alle festgehalten wurden, gaben uns die beiden nie Gelegenheit, eine Unterhaltung mit ihnen anzufangen. Ich versuchte, diese Barriere zwischen uns zu überwinden, indem ich ein anderes inhaftiertes Mitglied der Baath-Partei zu ihnen schickte, das sich mit ihnen anfreunden und etwas Genaueres über ihre Verhaftung herausfinden sollte.« Dieser Annäherungsversuch wurde zurückgewiesen.[25]

In seinem einzigen offiziellen Kommentar zu diesen Ereignissen deutete Saddam an, dass man ihm den Mord fälschlicherweise zur Last gelegt habe. »In Tikrit wurde ein Beamter ermordet: Die Behörden warfen Saddam Hussein vor, ihn getötet zu haben, und steckten ihn ins Gefängnis«, schrieb einer seiner Biographen.[26] Die Abschriften der Gerichtsakten von einem anderen Fall, die der Autor mit eigenen Augen gesehen hat, belegen allerdings, dass der Mann von Saddam ermordet wurde, weil er seinen Onkel angeschwärzt hatte. 1959 wurde Abdul Salam Arif – der nach der Revolution ebenfalls Präsident des Irak werden sollte – vor einem Militärgericht der Prozess gemacht. In der Verhandlung sagte Saadoun al-Tikritis Bruder für Arif aus und lieferte dabei nebenher einen detaillierten Bericht über den Mord. Er erzählte, wie Khairallah zum Leiter der Schulbehörde ernannt worden war, aber dann aufgrund von Saadoun al-Tikritis Intervention zum Inspektor degradiert wurde. In seiner Zeugenaussage erklärt Tikritis Bruder schlicht: »Also schickte Khairallah am 24. Oktober den Sohn seiner Schwester [Saddam], um meinen Bruder zu erschießen.«[27] Ein weiterer Hinweis auf Saddams Schuld kann auch in der Tatsache gesehen werden, dass Saddam zwanzig Jahre später die Schule eines Verwandten von Tikriti in Bagdad besuchte und ihm, wie es die Stammessitten verlangen, Blutgeld und eine Browning-Pistole gab.[28] Saddam war zu diesem Zeitpunkt in die Position des stellvertretenden Vorsitzenden des Revolutionären Kommandorates der Baath-Partei aufgestiegen.

Als Folge seiner mörderischen Aktivitäten in Tikrit hatte Saddam sich einen Namen gemacht, allerdings nicht, wie er einmal gehofft hatte, als schneidiger junger Offizier mit Ausbildung an der Militärakademie in Bagdad, sondern als ein politischer Agitator, der über Leichen ging, um sein Ziel zu erreichen. Die Baath-Partei war zwar klein (1958 hatte sie nur

300 Mitglieder), aber sehr ehrgeizig, und ihre Anführer brauchten nicht lang, um die besonderen Fähigkeiten ihres jungen Parteigängers zu erkennen. Wenn die Baath-Partei ihr Ziel, die Macht zu übernehmen, erreichen wollte, musste sie zuerst die Regierung stürzen. Deshalb bekam Saddam als nächste offizielle Aufgabe den Auftrag, den erst kürzlich ernannten Präsidenten des Irak umzubringen.

ZWEI

Der Attentäter

Der Sturz der irakischen Monarchie in der Revolution von 1958 war eine der blutrünstigsten Episoden in der jüngsten Geschichte des Nahen Ostens. Früh am Morgen des 14. Juli stürmten Armee-Einheiten, die sich »Freie Offiziere« nannten, den königlichen Palast in Qasr al-Rihab. Artilleriebeschuss zerstörte das Dach des Gebäudes; der junge König Faisal II., der Regent und ihre Familien wurden in den Hof getrieben, wo sie von Armeeoffizieren erwartet wurden. Sie erschossen nicht nur die Männer, sondern auch alle Frauen und Kinder. Nur die Frau des früheren Regenten überlebte das Blutbad, weil sie, in einem Leichenhaufen liegend, für tot gehalten wurde. Womöglich hatten sich die Anführer des Putsches die Ermordung der russischen Zarenfamilie durch die Bolschewisten zum Vorbild genommen, die ebenfalls kein Mitglied der Königsfamilie am Leben gelassen hatten, damit die Royalisten sich nicht wieder um Überlebende scharen konnten. Das Einzige, was von einem gewissen Respekt der irakischen Putschisten zeugte, war, dass sie den Leichnam des jungen Königs an einem geheimen Ort beerdigten.

Den Opfern nicht königlichen Geblüts hingegen wurden keinerlei letzte Ehren zuteil. Die Leiche des Onkels des Königs und früheren Regenten, Abdul Ilah, übergab man dem Mob. Ihm und dem Premierminister, Nuri Said, wurde im Allgemeinen die pro-britische Politik des Irak angelastet, ja man verdächtigte die beiden sogar, für den Tod von König Ghazi verantwortlich zu sein, dem einzigen Monarchen, dem das irakische Volk in seiner kurzen Regierungszeit in den dreißiger Jahren ein wenig Loyalität entgegengebracht hatte. Ilahs Leiche wurde an ein Auto gebunden, durch die Straßen geschleift und anschließend grausam zerstückelt. Die Leichenteile stellte man im Verteidigungsministerium an derselben Stelle zur Schau, wo die vier von den Briten wegen ihrer Beteiligung an der Revolte des Jahres 1941 gehenkten Offiziere gezeigt worden waren. Die Revolution von 1958 war ein Versuch, das Land von britischem Einfluss zu befreien, wie auch, sich der Monarchie zu entledigen. Der Premierminister Nuri Said überlebte den Putsch nur einige Tage, dann wurde auch er, als Frau verkleidet, auf der Flucht festgenommen und erschossen. Um ihrer Sache sicher zu sein, fuhren seine Mörder mehrmals mit ihren Autos über den Leichnam. Danach wurde er beerdigt, einige Tage darauf aber von einem Mob wieder ausgegraben und entsetzlich verstümmelt. Zuletzt wurden Leichenteile wie Trophäen durch die Straßen getragen.

Wo sich Saddam in den Tagen der Revolution von 1958 aufhielt, ist nicht bekannt; man kann jedoch annehmen, dass der junge Baath-Anhänger und sein vehement antibritischer Onkel bei den unmittelbar nach dem Sturz der Monarchie ausgebrochenen Gewalttätigkeiten des Mobs ebenfalls ihre Pflicht und Schuldigkeit taten. In dem darauf folgenden Blutvergießen starben Hunderte, wenn nicht Tausende Iraker, und die Baathisten, die den Militärputsch voll unterstützten, trugen viel zum Erfolg bei. In Saddams offiziellen Biographien werden seine damaligen Aktivitäten kaum erwähnt; es heißt lediglich, er sei damals einundzwanzig Jahre alt gewesen, und so muss man annehmen, dass er, von den üblichen politischen Umtrieben abgesehen, wohl nichts Wichtiges unternahm.

Am 14. Juli um sechs Uhr dreißig in der Frühe gab Abdul Salam Arif, einer der Putschisten, der verblüfften, aber auch erfreuten Bevölkerung des Irak in einer Radiosendung die neue Politik bekannt. Als Erstes proklamierte das neue Regime, die Armee habe »das geliebte Heimatland von der korrupten imperialistischen Besatzung« befreit. Der Putsch löste allgemeinen Jubel aus, und obwohl unverzüglich das Kriegsrecht und eine Ausgangssperre verhängt wurden, schien niemand Einwände zu erheben. Zunächst beseitigte die neue Regierung alle bedeutenden Institutionen ihrer Vorgänger, einschließlich der Monarchie, und stellte Haftbefehle für alle aus, die das alte Regime unterstützt hatten.

Die Notwendigkeit konstitutioneller Reformen im Irak hatte schon 1922 bestanden, als das Land noch britisches Mandatsgebiet gewesen war. Infolge der Unterstützung des Bagdad-Pakts durch den Irak (siehe Kapitel 1) und Nassers erfolgreichem Widerstand gegen Großbritannien und Frankreich in der Suez-Krise 1956 nahm der Wunsch nach Veränderung im Sommer 1958 stark zu. Von seinem diplomatischen Triumph ermutigt, versuchte Nasser 1958 sogar, die Sache der Baathisten selbst in die Hand zu nehmen, indem er eine Art Vorläufer für einen vereinten panarabischen Staat initiierte: Im Februar 1958 wurden Syrien und Ägypten politisch vereint. Einige Monate später trat auch der Jemen dieser neuen Konföderation bei, und es entstand die Vereinigte Arabische Republik (VAR) mit Kairo als Hauptstadt und Nasser als ihrem ersten Präsidenten. Die meisten der »Freien Offiziere« des Putsches vom 14. Juli befürworteten das Prinzip einer Föderation; vor allem die Baathisten glaubten, dies sei der richtige Weg, um ihr Ziel eines panarabischen Staates zu verwirklichen.

In der Folge unterstützte die Baath-Partei die neue, im Sommer 1958 von General Abdul Karim Qassem, dem Führer der »Freien Offiziere«, in Bagdad etablierte Regierung. Qassem, ein humorloser Armeeoffizier mit dünner Stimme, vergab zwölf der sechzehn Kabinettsposten an Baath-Mitglieder. Die Baathisten machten ihre Unterstützung für ihn jedoch davon abhängig, dass er unverzüglich Nassers panarabischer Nation beitrat. Einige der Freien Offiziere hatten Nasser versprochen, sich als Gegenleistung für seine Hilfe beim Umsturz der Monarchie der VAR anzuschließen. Doch sobald Qassem an der Macht war, überlegte er es sich anders – und agierte damit auf eine Art und Weise, die in den künftigen turbulenten Jahren auch viele spätere irakische Führer demonstrierten: In der Opposition unterstützten sie zumeist den Gedanken einer Allianz mit ihren arabischen Nachbarn; doch sobald sie an der Macht waren, verfolgten sie das Prinzip »Der Irak zuerst« und stellten die nationalen Interessen über alle anderen. So fiel es auch dem irakischen Nationalisten Qassem schwer, die hart erkämpfte Unabhängigkeit des Landes der Herrschaft Nassers zu unterstellen. Zudem argwöhnte er, einige Umstürzler, vor allem Arif, wollten die Aufnahme in die Konföderation mit Ägypten und Syrien lediglich dazu benützen, ihre eigenen politischen Positionen im Irak zu stärken. Wie so oft bei revolutionären Prozessen, waren sich die führenden Köpfe schon bald uneins über die Richtung, die die revolutionäre Entwicklung nehmen sollte. Zu Beginn des Herbstes lehnte Qassem den Anschluss an Nassers Konföderation bereits ab. Ferner ordnete er in einem Versuch, seine Autorität zu behaupten, die Verhaftung Arifs und einiger anderer Mitglieder der Freien Offiziere an, die dann wegen Verrats angeklagt wurden (in diesem Prozess wurde Saddams Beteiligung an der Ermordung von Saadoun al-Tikriti aufgedeckt). Arif und die mit ihm Angeklagten wurden zum Tode verurteilt, die Urteile jedoch später in lebenslange Haft umgewandelt.

In einem weiteren Versuch, seine Machtbasis zu stärken, ging Qassem ein Bündnis mit der kommunistischen Partei des Irak ein, die die Vereinigung mit Nassers Union arabischer Staaten aus ideologischen Gründen ablehnte: Die irakischen Kommunisten befürworteten einzig und allein eine Union mit Moskau. Qassems »Pakt mit dem Teufel«, wie zahlreiche Nationalisten dieses Bündnis bald bezeichneten, und die Schauprozesse gegen nicht kommunistische Iraker führten zu einer rapiden Verschlechterung der Beziehungen zwischen ihm und den Freien Offizieren, die den Umsturz der Monarchie unterstützt hatten: Sie wollten nicht hinnehmen, dass eine Diktatur durch eine andere ersetzt wurde. Der Augenblick der Entscheidung kam im März 1959. Eine Gruppe nationalistischer

Offiziere empörte sich gegen den wachsenden Einfluss der Kommunisten auf die nationalen Angelegenheiten und versuchte, Qassem zu stürzen. Der Coup erwies sich jedoch als absoluter Fehlschlag, und um den Putschisten eine Lehre zu erteilen, genehmigte Qassem den Kommunisten eine Hexenjagd auf ihre nationalistischen Gegner. Sogleich folgte eine weitere, sehr blutige Episode in der jüngsten Geschichte des Irak. Die Kommunisten töteten nicht nur all jene Offiziere, die für den Aufstand in Mosul verantwortlich gewesen waren, sondern auch viele arabische Nationalisten, die sie unterstützt hatten. Einige Freie Offiziere, die sich am Sturz der Monarchie beteiligt hatten, wurden als Verräter angeklagt. In Mosul selbst kam es zu einer siebentägigen Orgie von Gewalt, Plünderungen und Schauprozessen, nach denen die Angeklagten vor einer johlenden Menge mit Maschinengewehren erschossen wurden.

Für die Baathisten war Qassems Verhalten eindeutig Verrat. Sie hatten die Putschisten von 1958 unterstützt unter der Bedingung, dass der Irak nach der Abschaffung der Monarchie Nassers Union arabischer Staaten beitrete. Doch nun waren ihre Hoffnungen bereits nach weniger als einem Jahr zunichte gemacht worden. Solange Qassem an der Macht war, bestand keine Aussicht darauf, das Ziel einer panarabischen Nation zu verwirklichen. Die einzige Chance der Baathisten war, Qassem aus dem Amt zu entfernen, und dies wollten sie mit der altbewährten Methode des politischen Mordes realisieren.

Dass Saddam für diesen Auftrag in Betracht gezogen wurde, dürfte kaum überraschen. In diesem Stadium ihrer Entwicklung war die irakische Baath-Partei eher ein ideologisches Podium als eine Kampfmaschine. Die meisten ihrer dreihundert Mitglieder waren entweder Studenten oder Akademiker, die eine gerechte Gesellschaft schaffen wollten, in der die Regierung dem Volk dienen sollte anstatt den Interessen fremder Mächte. Doch wenn es um die Verwirklichung dieser hohen Ideale ging, zählte die Führung des Baath auf Gleichgesinnte, die dann die Schmutzarbeit erledigten. So hatte die Baath-Partei etwa den Sturz der Monarchie unterstützt, aber an der grausamen Ermordung der Königsfamilie war kein Mitglied beteiligt gewesen. Und die Baathisten hatten den Aufstand in Mosul befürwortet, doch sie hatten nicht aktiv daran mitgewirkt. Nun wollten sie Qassem aus dem Amt jagen, aber sie hatten nicht die notwendigen Mittel. Möglicherweise kam die Idee, Qassem zu ermorden, auch gar nicht von den irakischen Baathisten, sondern von Nasser, dem meisterhaften Manipulator, der die Kontrolle über den Baath an sich gebracht hatte, obwohl dessen Ziele gar nicht unbedingt seinen eigenen entsprachen. Womöglich fuhren einige der an dem Anschlag Beteiligten nach Damaskus, um sich dort von Nassers Polizei ausbilden zu lassen, doch wurden nie Beweise dafür gefunden, dass Nasser direkt an der Verschwörung beteiligt war.

Saddam behauptet, er sei dem Baath 1957 beigetreten, als er noch Schüler an der Karkh-Schule war, und es gibt keinen ersichtlichen Grund, dies anzuzweifeln. Überraschen mag allerdings, dass er sich für eine Partei entschied, die zu jener Zeit noch ziemlich unbekannt war und keinerlei Anzeichen dafür erkennen ließ, dass sie eines Tages eine dominierende Kraft in der arabischen Politik werden könnte. Einem seiner offiziellen Biographen zufolge trat er dem Baath bei, weil er »in dessen Grundsätzen seine eigenen nationalistischen Ideale wiedererkannte«. Der Biograph gibt auch noch einen zweiten Hinweis darauf, was den jungen Saddam zu den Baathisten hinzog: »Er sah sich als Nationalist, seit seine Mutter ihm Geschichten darüber erzählt hatte, wie sein Onkel [Khairallah] Tulfah gegen die Engländer gekämpft hatte.«[1]

Obwohl Khairallah der Baath-Partei niemals beitrat, war er mit Ahmad Hassan al-Bakr befreundet, der ebenfalls aus Tikrit stammte. Bakr war General in der irakischen Armee, sympathisierte mit den Baathisten und wurde später eine Schlüsselfigur des Baath und der erste irakische Präsident, der dieser Partei angehörte. Er stellte sich gern als bescheiden und anständig dar, doch hinter dieser Fassade verbarg sich ein grausamer und brutaler Charakter, der alsbald in Erscheinung trat, nachdem Bakr das Präsidentenamt übernommen hatte. In der Öffentlichkeit gab er sich als gesetzestreuer Offizier, doch er wusste durchaus zu schätzen, wie sehr Saddams brutale Gewalt ihm nutzen konnte. Von Khairallah ermutigt nahm er ihn unter seine Fittiche und etablierte mit ihm eine mächtige Partnerschaft, die letztlich in einer zehnjährigen Herrschaft der beiden über das Land resultierte. Bakr war es auch, der Saddam mit dem Baath bekannt machte. Doch in dieser Phase seines Werdegangs war Saddam lediglich Anhänger der Partei, aber noch kein Vollmitglied – die Mitgliedschaft wurde streng überwacht, und es wurden nur Personen aufgenommen, die ihre Loyalität und Ideologietreue unter Beweis gestellt hatten. Saddams Biograph schildert, wie dessen Engagement in der Partei begann und wie sein Nationalismus entstand.

»Die Briten hatten seine Verwandten getötet und ihre Häuser verbrannt; seine Vorfahren hatten tapfer gegen die Türken gekämpft. Mit diesem Hintergrund war sich Saddam des britischen Imperialismus und darüber, wie sehr die irakische Regierung ein Gefangener des imperialistischen Willens war, nur allzu bewusst. Und so beschloss er, politisch aktiv zu werden.«[2] Dieselben Gefühle hätte man ohne weiteres auch Khairallah Tulfah zuschreiben können.

Saddams Beteiligung an der Beseitigung und Ermordung Qassems hat stark zu seinem Kultstatus im Irak beigetragen, und niemand schildert diese Beteiligung dramatischer als Saddam selbst.[3] Seine Erzählung verfolgt die Spuren dieser Beteiligung zurück bis in das Gefängnis von Tikrit, wo er ab Ende 1958 ein halbes Jahr lang wegen des Verdachts der Ermordung von Saadoun al-Tikriti einsaß. Diesen Mord verübte er kurz nach Qassems Machtergreifung. Als Konsequenz wurde Saddam während der Gewaltorgie, in der das Land versank, mit Khairallah ins Gefängnis gesteckt. Saddam selbst behauptete, er habe seine Haft dazu benutzt, seine Baath-Brüder vor der

Ermordung durch die Kommunisten in Tikrit zu bewahren. Natürlich dürften einige dieser Kommunisten wohl versucht haben, Saddams Mord an Saadoun al-Tikriti zu rächen. Doch Saddams Version zufolge bestach er einige Beamte des Gefängnisses, damit sie unter Vorwänden Baath-Aktivisten verhafteten und sie »zu ihrem Schutz« ins Gefängnis steckten. »Auf diese Weise kam eine Reihe von Baathisten ins Gefängnis. An vielen Tagen blieben sie dort bis zum Abend und wurden dann freigelassen, damit sie ihren Aktivitäten nachgehen konnten. Vor Sonnenaufgang kehrten sie wieder ins Gefängnis zurück.«

Dies hat wohl im Verlauf von Qassems Säuberungen gegen die Baathisten Ende 1958 und Anfang 1959 stattgefunden. Saddam behauptete, er sei Anfang 1959 aufgrund einer »nationalen Dringlichkeit« entlassen worden. Der tatsächliche Grund war jedoch, dass die Behörden unfähig oder nicht willens waren, genügend Beweise für die Ermordung Saadoun al-Tikritis zu finden. Danach, so Saddam, sei er auf den Wunsch der Partei hin nach Bagdad zurückgekehrt, wo einer seiner »Parteigenossen« ihn gefragt habe, ob er bereit sei, Qassem zu ermorden. Dieses Angebot akzeptierte er ohne Zögern, »denn er betrachtete es als eine Ehre, dafür auserwählt zu werden«. Daraufhin begann er, den Umgang mit automatischen Waffen zu üben, »da er den Gebrauch des Revolvers bereits meisterhaft beherrschte« – was er mit der erfolgreichen Beseitigung al-Tikritis ja zur Genüge demonstriert hatte. Der Plan für Qassems Ermordung stammte von Fouad al-Rikabi, dem Generalsekretär der Baath-Partei, der kurze Zeit dem Kabinett des Opfers angehört hatte und später in einem von Saddams Gefängnissen umgebracht wurde.

Die Mörder sollten Qassem bei seiner routinemäßigen Heimfahrt von seinem Büro im Verteidigungsministerium durch die Al-Rashid-Straße, eine der Hauptverkehrsadern Bagdads, erschießen. Parteiaktivisten hatten festgestellt, dass er nicht über ausreichenden Schutz verfügte, und so wurde ein Angriffsplan ausgearbeitet: Einige Schützen sollten auf die im Fond des Wagens Sitzenden feuern und eine zweite Gruppe auf Fahrer und Beifahrer. Saddam sollte den fünf Attentätern Feuerschutz geben und so ihre Flucht ermöglichen.

Tatsächlich wurde Saddams Beteiligung an der Ermordung Qassems erst in letzter Minute beschlossen. Das ursprünglich vierköpfige Todeskommando bestand aus Vollmitgliedern des Baath und wurde von Abdul Karim al-Shaikhly angeführt, einem jungen Medizinstudenten aus Bagdad, der später einer der führenden Ideologen der Baath-Partei und einer von Saddams besten Freunden wurde. Doch als der Plan ausgearbeitet war, gab einer der Schützen zu bedenken, was seiner jungen Familie geschehen könnte, falls er bei dem Vorhaben getötet oder verletzt würde. Erst dadurch kam Saddams Name ins Gespräch.[4] Schon in diesen jungen Jahren stand er im Ruf, skrupellos zu sein. Neben seiner imposanten Größe und seinem kräftigen Körperbau hatte er mit der Ermordung al-Tikritis auch bewiesen, dass er einen Menschen mit einem einzigen Schuss niederstrecken und unerkannt entkommen konnte.

Als Datum für das Attentat wurde der 7. Oktober 1959 bestimmt. Um sich mit dem Terrain bekannt zu machen, mietete Saddam eine Wohnung, die als Basis für das Attentat diente. Mehrere Tage machte er sich mit dem Umfeld vertraut, notierte die besten Stellen für die Ausführung des Attentats und zeichnete die optimalen Fluchtwege auf. Am späten Nachmittag des geplanten Termins sollte die Operation wie geplant vonstatten gehen. Aber in der Erregung des Augenblicks zog Saddam unglücklicherweise zu früh sein Sturmgewehr unter dem Umhang hervor, den er sich von Khairallah geborgt hatte, und eröffnete das Feuer auf Qassems Wagen. Dadurch scheiterte der sorgfältig ausgearbeitete Plan, und Qassems Leibwächter traten in Aktion, noch bevor die anderen Attentäter feuern konnten. In der nun folgenden Schießerei kam Qassems Chauffeur ums Leben; der Regierungschef selbst wurde in Arm und Schulter getroffen. Auch ein Attentäter wurde getötet, und Saddam wurde durch einen Schuss ins Bein verletzt. Seine Fürsprecher versuchten den

Eindruck zu erwecken, er sei von einem von Qassems Leuten getroffen worden; wahrscheinlicher ist jedoch, dass er von einem seiner Kumpane verletzt wurde, der in Panik mit seiner automatischen Waffe wild um sich geschossen hatte.

Im Glauben, ihr Opfer sei tot und ihr Auftrag ausgeführt, flohen die Überlebenden des Kommandos zu einem Versteck der Partei in der Hauptstadt. Qassem wurde jedoch auf schnellstem Wege in ein Krankenhaus gebracht und überlebte. Saddams Darstellung zufolge verschlimmerte sich die Verletzung seines linken Beins stark. »Da es völlig unmöglich war, eine Klinik aufzusuchen, bat er einen seiner Kameraden, die Kugel mit Hilfe einer Rasierklinge, einer Schere und etwas Jod herauszuschneiden. Dabei fühlte er sich einige Minuten schwach, doch dann erholte er sich rasch.« Diese schauerliche Beschreibung ging als Beispiel für Saddams Heldentum in den Legendenschatz des Irak ein, wenngleich sie eher in den amerikanischen Wilden Westen passen würde als in das Bagdad des Jahres 1959. Mit Sicherheit lässt sie sich nicht mit Dr. Tahsin Muallahs Sicht der Dinge in Einklang bringen, dem Arzt, der den jungen Saddam bald nach dem misslungenen Attentat behandelte. »Es war nur eine kleine Fleischwunde, weiter nichts«, erinnerte sich Dr. Muallah, der wie so viele andere schließlich ins Exil gehen musste.

Muallah war ein Gründungsmitglied des Baath im Irak gewesen. Zur Zeit des Attentats hatte die Partei noch weniger als tausend Mitglieder. »Die Baath-Partei bestand damals praktisch nur aus Ärzten und Anwälten – Leuten, die mit Waffen nicht gut umgehen konnten«, sagte er. »Sie brauchten jemanden von der Straße, jemanden wie Saddam, der die Schmutzarbeit für sie erledigte. Dies war schließlich der erste bewaffnete Anschlag, den die Baath-Partei im Irak durchgeführt hatte.«

Am Tag des Attentats arbeitete Muallah in der ambulanten Station des Republikanischen Krankenhauses in Bagdad. Am Tag nach der Schießerei hielt ihn ein Mitglied der Baath-Führung auf der Straße an, teilte ihm mit, dass in einem sicheren

Haus einige Verwundete zu versorgen seien, und fragte, ob er dies übernehmen würde. Der Arzt erklärte sich einverstanden und wurde in ein Haus im Stadtteil El-Wiya gebracht. Am schwersten war Muallahs Angaben zufolge ein gewisser Samir al-Najm verwundet; er hatte einen Steckschuss in der Schulter. Der Arzt entfernte die Kugel und versorgte die Wunde. Danach teilte man ihm mit, im nächsten Zimmer warte noch ein Verletzter. »Als ich den Raum betrat, stand ich einem blassen jungen Mann gegenüber.« Es war Saddam, gekleidet in ein *Dishdasheh*, das traditionelle lange Gewand der arabischen Männer. »Er sagte, er habe eine Schusswunde, aber als ich ihn behandelte, stellte ich fest, dass er nur eine Schramme am Schienbein hatte.« Muallah behandelte die Wunde und kümmerte sich weiter um die Verletzten. Einige Tage darauf stürmten Sicherheitskräfte das Haus und verhafteten alle, die sich darin aufhielten, auch Muallah. Sie hatten einen Tipp von dem Schützen erhalten, der ursprünglich an dem Attentat teilnehmen sollte, dann aber gekniffen hatte. Saddam war zu diesem Zeitpunkt jedoch bereits geflohen. Muallah wurde von einem von Qassem einberufenen Militärgericht zu einer Haftstrafe verurteilt.

Obwohl Saddams Verletzung geringfügig war, wurde dieser Vorfall später von seiner Propagandamaschine derart ausgeschmückt, dass die meisten Iraker glaubten, er sei an seinen Wunden fast gestorben. In dem in den achtziger Jahren vom irakischen Informationsministerium hergestellten autobiographischen Film *The Long Days* über die frühen Jahre des Diktators wurde die Verletzung als so gravierend dargestellt, dass Saddam nicht mehr habe gehen können. Zudem wurde er als ein kühner Held porträtiert, der mit keiner Wimper zuckt, wenn ihm ein Kamerad die Kugel mit einer Schere aus dem Bein herausholt. Auch Saddam selbst pflegt diesen Mythos. Als ihn ein ägyptischer Journalist Jahre später einmal zu dem Vorfall interviewte, behauptete er, die Darstellung des Schauspielers habe ihm nicht gefallen, weil sie unrealistisch gewesen sei. »Ich wollte, dass der Regisseur die Szene noch einmal dreht, weil ich mich genau an den Tag erinnere, an dem es geschah. Ich habe das Gesicht nicht verzogen und mich nicht von der Stelle gerührt, bis die Kugel entfernt war.«[5]

Mit seiner Flucht aus Bagdad wurde die epische Erzählung von Saddams heroischen Taten des Jahres 1959 fortgeführt. Da er seiner Version nach kaum gehen konnte, »kaufte er einem Mann für zehn Dinar (etwa 33 €) ein Pferd ab« und ritt nach Tikrit. In einem Dorf erstand Saddam Heu für das Tier und Brot und Datteln für sich. Die Nacht verbrachte er bei einem Beduinen, und am nächsten Morgen machte er sich wieder auf den langen Weg nach Syrien. Drei Tage später wurde er in Samarra zu einer Verlobungsfeier eingeladen. »Ein Schaf war geschlachtet worden, und so bekam er eine herzhafte Mahlzeit, die ihn für die karge Kost aus Brot und Datteln entschädigte, und er konnte sicher und behaglich die Nacht verbringen.« Diese fast biblisch erzählte Flucht aus Bagdad wurde jedoch bald unterbrochen. Am vierten Tag wurde er von zwei mit bewaffneten Zollbeamten besetzten Wagen aufgehalten. Saddam versuchte, auf seinem Pferd zu fliehen, wurde jedoch bald überwältigt und von den Zöllnern mit Maschinenpistolen bedroht. »Er zügelte sein Pferd und stieg ab; dabei achtete er darauf, dass sein Umhang den Verband an seinem Bein bedeckte, denn seine Wunde hätte als Beweis dafür gegolten, dass er gesucht wurde.« Er schaffte es jedoch, sich aus dieser schwierigen Lage herauszureden. Zuerst wollte er nur mit dem Vorgesetzten sprechen, und dann bat er den Offizier, ihm zu erklären, weshalb er eine so schändliche Behandlung erdulden müsse. Der Vorgesetzte entschuldigte sich reumütig und erklärte, man habe ihn für einen Schmuggler gehalten. Als er Saddam aufforderte, seine Dokumente zu zeigen, erklärte dieser, derartige Papiere besitze er nicht, da er Beduine sei und sich Beduinen bekanntlich bürokratischen Vorschriften nicht beugten.

Saddam durfte seine Reise fortsetzen, er erreichte schließlich eine Stelle am Tigris, wo er nach Tikrit übersetzen wollte. Er bedrängte einen Bootsführer, doch dieser weigerte sich, weil bereits Sperrstunde war. In dieser verzweifelten Lage beschloss Saddam, sein Pferd aufzugeben und durch den Fluss zu schwimmen. Mitten in der Nacht, sein Messer zwischen den Zähnen, brach er auf. Das Wasser war eisig kalt, und als er das andere Ufer erreichte, brach er vor Erschöpfung fast zusammen. »Jedes Mal, wenn er gespürt hatte, dass ihn die Erschöpfung überwältigen wollte, hatte er seine Anstrengungen, das jenseitige Ufer zu erreichen, verdoppelt.« Doch endlich war es geschafft. »Es war so, wie man es im Kino sieht, nur schlimmer«, erinnerte sich Saddam später. »Meine Kleidung war nass und mein Bein verletzt, und ich hatte seit Tagen nicht richtig gegessen.«[6] Bald fand er auf der Suche nach Essen und einem Unterschlupf ein Haus. Als er an die Tür klopfte, dachte die Hausherrin jedoch, er sei ein Dieb. »Sie konnte nicht wissen, dass er ein Revolutionär war und kein Räuber.« Doch schließlich schaffte es Saddam, die Familie von seinen guten Absichten zu überzeugen, und man gewährte ihm Unterkunft. Am nächsten Morgen verabschiedete er sich und marschierte den ganzen Tag, bis er abends endlich sein Heimatdorf Al-Ouja erreichte, wo er von seinem Bruder mit Tränen in den Augen empfangen wurde. Damit hatte er den gefährlichsten Teil seiner Reise wohlbehalten hinter sich gebracht, und am nächsten Morgen brach er zusammen mit einigen Brüdern des Baath ins Exil nach Syrien auf. Einige Tage darauf erreichten sie die syrische Hauptstadt Damaskus.

Wenn man davon ausgeht, wie sehr andere Aspekte von Saddams Beteiligung an dem Attentat übertrieben wurden, ist es unwahrscheinlich, dass die Realität seiner Reise ins Exil der dramatischen Erzählung seiner Biographen entspricht. Die meisten Verschwörer konnten nach Damaskus entkommen. Der Anführer Shaikhly zum Beispiel nahm einfach einen Zug nach Mosul im Norden des Irak und gelangte von dort nach Syrien. Allerdings weisen die Berichte über Saddams Beteiligung an der versuchten Ermordung Präsident Qassems auf einige interessante Aspekte seiner Persönlichkeit hin. Obgleich er sich in nationalistischen Kreisen bereits einen Namen als Killer und zäher Kämpfer gemacht hatte, herrschte bezüglich des Attentats auf Qassem doch die Meinung vor, dass Saddam die Nerven verloren, das Feuer zu früh eröffnet und damit das Attentat vereitelt hatte. Einigen Darstellungen zufolge war er sogar direkt für den Tod von Abdel Wahab Ghoreiri verantwortlich, einem der Mittäter, dessen Leiche – obwohl Saddam Feuerschutz gegeben haben will, damit der Verwundete in Sicherheit gebracht werden konnte – in die Hände der Sicherheitskräfte gelangte, sodass die für die Tat Verantwortlichen rasch identifiziert werden konnten. Mit der Formulierung, die Organisation sei »rudimentär«[7] gewesen, gestattete Saddam sogar einem seiner Biographen das Eingeständnis, dass die Operation alles andere als ein Erfolg gewesen ist. Da er in späteren Jahren die Kunst des politischen Mordes stets meisterhaft übte, wird diese Erfahrung für ihn wohl eine heilsame Lehre gewesen sein.

Die große Bedeutung, die Saddam der Aufrechterhaltung des Mythos seiner Flucht im Jahre 1959 beimaß, wurde sehr viel später unterstrichen, als er 1998 zwei entlegenen Dörfern im Norden des Irak einen Überraschungsbesuch abstattete. Es war eines der ersten Male, dass er sich seit seiner Niederlage im Golfkrieg 1991 in der Öffentlichkeit zeigte, und der Grund des Auftritts war ein Versuch, Unterstützung zu gewinnen. Um seine Anerkennung für den freundlichen Empfang durch die verblüfften Dorfbewohner zu signalisieren, schoss er mit einem Gewehr in die Luft und erzählte ihnen dann von seinen Heldentaten, die ihn auf seiner Flucht unter anderem durch ihr Dorf Albu Dor geführt hatten: »Es war so, wie man es im Kino sieht, nur schlimmer. Meine Kleidung war nass und mein Bein verletzt, und ich hatte seit Tagen nicht richtig gegessen«, sagte er und fügte die rhetorische Frage hinzu: »Wie soll ich es beschreiben? Es ist schwer zu beschreiben, wie ich aus den Fluten wieder herauskam.«[8]

Die nächsten drei Jahre lebte Saddam im Exil, zunächst in Damaskus, dann in Kairo, das damals die unbestrittene Hauptstadt des arabischen Nationalismus war. Damaskus, das geistige Zentrum des Baathismus, war für die Attentäter aus Bagdad nach ihrer Flucht das nächstgelegene Ziel. Mit Anfang zwanzig fand sich Saddam nun plötzlich in einem Milieu wieder, das von den besten politischen Theoretikern jener Tage geprägt wurde. Der Nestor der syrischen Baath-Partei war Michel Afleq, einer der Gründer des Baath im Jahre 1944, der durch seinen unermüdlichen Einsatz für die Sache des Panarabismus für viele Araber einen beinahe gottähnlichen Status erlangt hatte. Anders als im Irak, wo sie nur eine Randgruppe darstellten, waren die Baathisten in Syrien eine ernst zu nehmende Macht und hatten durch ihre Verbindung mit Nasser mit der VAR bereits die erste panarabische Union ins Leben gerufen.

Obwohl viele Zeitgenossen in dem jungen Saddam kaum mehr als einen Kriminellen sahen, soll Afleq ein starkes Interesse für ihn entwickelt und dafür gesorgt haben, dass er als Vollmitglied in die Partei aufgenommen wurde.[9] Dieser Akt des Edelmuts mag auf Afleqs persönliche Bewunderung für Saddam zurückgehen; wahrscheinlich war er jedoch eine Dankesgeste für dessen Rolle bei der missglückten Liquidierung des prokommunistisch gesinnten Qassem. Mit Sicherheit wurden die irakischen Baathisten durch ihre ungeschickten Versuche, die Regierung in Bagdad zu stürzen, für die Nationalisten des Landes zu Helden. Die Verurteilung von Männern wie Dr. Muallah für ihre Unterstützung der Attentäter wurde in der gesamten arabischen Welt aufmerksam verfolgt, und der Widerstand einiger angeklagter Baathisten trug zur allgemeinen Bewunderung im Irak und außerhalb des Landes bei, gerade weil diese Männer mit ihrer Hinrichtung rechnen mussten. Sie verteidigten sich im Wesentlichen mit dem Argument, es sei ihre vaterländische Pflicht gewesen, Qassem zu ermorden, da er das Land den Kommunisten in die Hände spiele. Am Ende der Prozesse wurden sechs Angeklagte in der

Tat zum Tode verurteilt, doch die Urteile wurden nie vollstreckt.

Der neue Ruhm der irakischen Baathisten gefiel Afleq. Er wollte die politische Instabilität in Bagdad nach dem Attentat zu seinem eigenen Vorteil nutzen. Zu diesem Zeitpunkt spielte Afleq ein doppeltes Spiel. Er organisierte den Ausschluss von Fouad al-Rikabi und anderen aus der Führung der Baath-Partei in Bagdad mit dem Argument, sie hätten die Partei nicht in das Attentat involvieren dürfen. Dann ging er daran, eigene Anhänger in Schlüsselpositionen der Partei zu schleusen, und aus diesem Grunde arrangierte er Saddams Aufnahme als Vollmitglied. Wenngleich Afleq später behauptete, er könne sich nicht erinnern, Saddam vor 1963 getroffen zu haben,[10] gingen der verschwiegene Ideologe und der ruhelose junge Mörder schon bald eine symbiotische Verbindung ein. Es war hauptsächlich den Bemühungen Afleqs, der zeitweilig die syrische wie die irakische Baath-Partei kontrollierte, zu verdanken, dass Saddam 1964 in eine Schlüsselposition in der Führung der irakischen Baath-Partei gewählt wurde. Dieser bedankte sich dafür, indem er nach seiner Machtübernahme sicherstellte, dass der Baathismus zur offiziellen politischen Doktrin des Irak erhoben wurde. Ebenso wie Josef Stalin den Namen Lenin zur Legitimierung seiner Herrschaft heranzog, stützte sich Saddam auf Afleq, um seine Position im Irak zu legitimieren. Saddam hatte »einen lebenden Lenin, der bei passender Gelegenheit vorgezeigt werden konnte, um seine Entscheidungen und vor allem seinen Status als Wächter der Parteiorthodoxie gegen eventuell nachfolgende Gruppen zu rechtfertigen«.[11] Afleq musste später selbst in Bagdad um Asyl nachsuchen. Als er 1989 starb, bezahlte Saddam (oder besser gesagt der Staat) dafür, dass für den Begründer des Baathismus ein imposantes Grabmal errichtet wurde.

Nach zwei oder drei Monaten in Syrien gingen Saddam und die anderen Überlebenden des Kommandos nach Kairo, wo sie sich einer Gruppe von etwa fünfhundert exilierten jungen Baathisten anschlossen, die sich in der ägyptischen Hauptstadt zusammengefunden hatte. Die syrische Regierung als der »kleinere« Partner in der politischen Union zwischen Kairo und Damaskus hatte sie dorthin geschickt. Sie sollten in Kairo ihre Ausbildung fortsetzen. Saddam selbst hatte zur Zeit seiner Teilnahme an dem Attentat die höhere Schule noch nicht abgeschlossen. Nasser, der Präsident der ersten panarabischen Union, opponierte inzwischen gegen Qassem, da dieser sein Versprechen, den Irak in die VAR einzugliedern, nicht zu halten gedachte. Afleq und die anderen Führer des Baath glaubten, die jungen Attentäter würden unter Nassers Fittichen sicherer sein als in Syrien, wo die Regierung weniger stabil war. Das Ziel der Beseitigung Qassems wurde erfahreneren Baathisten übertragen.

Dies war der einzige Lebensabschnitt, den Saddam im Ausland verbrachte. Schon bald nach seiner Ankunft in Kairo 1960 schrieb er sich an der Qasr-al-Nil-Schule ein. Nach all den Aufregungen verbrachte er nun seine Zeit in Kairo vergleichsweise ruhig und gelassen. Doch er war Gamal Nasser nahe und erlebte all sein Gepränge, und Kairo war die unbestrittene Kapitale des arabischen Nationalismus. Saddam wurde zweifellos von diesem Zentrum politischer Aktivität bewegt und beinflusst. Neben der Schule widmete er sich so viel er konnte der Politik und trat in die ägyptische Baath-Partei ein. Nach wenigen Monaten wurde er Mitglied der regionalen Führung, doch Nassers überwältigende Dominanz setzte dem Einfluss der Baathisten in Ägypten Grenzen, ein Umstand, der letztlich 1961 zur einseitigen Aufkündigung der panarabischen Union durch Syrien führte. Die VAR zerfiel bereits drei Jahre nach ihrer Gründung wieder.

Saddams eigene Erinnerungen an seine Jahre im Exil sind ungewöhnlich bescheiden und zurückhaltend. Ein Biograph schreibt, er »eiferte Nasser nach, spielte häufig Schach, ließ sich nicht vom Nachtleben ablenken und las viel«.[12] Diese Darstellung bestätigte Abdel Majid Farid, Nassers Generalsekretär, der für die jungen Baathisten verantwortlich war. Die ägyptischen Behörden, so Farid, unterstützten Saddam bei seiner

Ausbildung und halfen ihm auch, eine Wohnung zu finden. »Er war einer der Führer des irakischen Baath. Ab und zu besuchte er mich, um über Entwicklungen in Bagdad zu sprechen. Er war ruhig und diszipliniert und bat nicht um zusätzliche Unterstützung wie die anderen Exilanten. Alkohol oder Mädchen interessierten ihn nicht sonderlich.«[13] Abdul Karim al-Shaikhly wurde in Kairo ein enger Freund Saddams. Er schrieb an seine Familie in Bagdad, Saddam verbringe die meiste Zeit damit, seine Bildung zu verbessern und die höhere Schule abzuschließen. Das Verhältnis zwischen Shaikhly, der später Außenminister des Irak wurde, und Saddam in Kairo wurde so eng, dass sich die beiden jungen Männer als Zwillingsbrüder betrachteten. Shaikhly beendete in Kairo sein Medizinstudium. Nach Saddams Machtübernahme wurde er eines von Saddams ersten Opfern. In einem Brief an seine Familie beschrieb er seinen neuen Freund als »einen ruhigen Mann, der wenig unter Leute geht und hart an der Vervollständigung seiner Bildung arbeitet«.[14]

Andere Zeitgenossen Saddams zeichnen jedoch ein weniger freundliches Bild von ihm. Ein Café-Besitzer etwa, der Saddam und seine Freunde häufig als Gäste hatte, beschrieb ihn als Unruhestifter, der seine Rechnung nicht bezahlte. »Er fing aus jedem erdenklichen Grund Streit an«, erinnerte sich Hussein Meguid, der Eigentümer des *Café Andiana*, in dem Saddam neben dem *Triumph* am liebsten verkehrte. »Wir wollten ihm Hausverbot erteilen.«[15] Doch die Polizei erklärte dem Café-Besitzer, dieser Gast stehe unter dem Schutz Nassers, und als Saddam endlich Kairo verließ, hatte er bei Meguid Schulden in Höhe von mehreren hundert Dollar. Erstaunlicherweise vergaß er diese Schulden jedoch nicht: Als er sich in den siebziger Jahren als Vizepräsident des Irak geschäftlich in Kairo aufhielt, tauchte er überraschend im *Café Andiana* auf, bezahlte seine Schulden in voller Höhe und gab dem Besitzer dreihundert Dollar Trinkgeld. Aber Saddam wäre nicht Saddam, gäbe es nicht auch schaurige Geschichten und Gerüchte über angebliche Untaten in Kairo. So wurde er beschuldigt, er solle 1960 einen Ägypter aus dem Fenster seiner Wohnung geworfen und getötet haben,[16] und 1963 soll er einen Landsmann ermordet haben.[17] Doch diese Vorwürfe sind nicht bewiesen, und Saddam durfte Ägypten jederzeit verlassen.

Saddam will seine Zeit in Ägypten als Idylle darstellen, aber man muss doch davon ausgehen, dass er das Leben in Kairo fast als eine Art Gefängnisaufenthalt empfand. Er beendete jedoch die höhere Schule und schrieb sich 1961 an der Universität in Jura ein. Die Abteilung für arabische Interessen des ägyptischen Geheimdienstes bezahlte ihm ein bescheidenes Stipendium. Saddam schloss sein Studium nie ab, doch mehrere Jahre später erwarb er einen akademischen Grad. Er erschien bei den jährlichen Jura-Examen der Universität in Bagdad in voller Uniform und legte eine Pistole auf das Pult, weil er sich so »wohler fühle«. Wie bei dem Rektor, der ihn einst von der Schule verweisen wollte, tat der Anblick der Waffe die erwünschte Wirkung: Saddam bestand das Examen »mit Erfolg«.

Zwei wichtige Ereignisse in seinem Leben fanden während Saddams Aufenthalt in Kairo statt: seine erste Ehe und seine geheimnisvollen Händel mit dem amerikanischen Geheimdienst CIA. Als Student an der Universität verlobte er sich mit seiner Cousine Sajida, der Tochter seines Onkels Khairallah. Eine Heirat innerhalb der Familie war für jemand seiner Herkunft die Norm; durch die Ehe mit Khairallahs Tochter folgte Saddam lediglich der Familientradition. Sajida wurde wahrscheinlich 1937 geboren (was erklären würde, dass Saddam seine Geburtsurkunde fälschte, um nicht jünger zu sein als seine Frau). Saddam hatte den Großteil seiner Kindheit mit ihr und ihrem Bruder Adnan in Khairallahs Häusern in Tikrit und Bagdad verbracht; die drei waren wie Geschwister erzogen worden. Saddam zufolge wurde diese Ehe arrangiert, weil sein Großvater ihn bereits im Kindesalter mit Sajida verlobt hatte. Seiner Stammespflichten bewusst, hielt er sich an den arabischen Brauch und bat seinen Stiefvater Hassan al-Ibrahim, seinen Onkel formell an seiner Statt um Sajidas Hand zu bitten. Die Beziehungen zwischen Hassan und Saddam hatten sich offenbar verbessert – vielleicht, weil der träge Stiefvater spürte, dass sein Stiefsohn zu Erfolg kommen und ihm von Nutzen sein würde. Hassan kam Saddams Forderung nach, Khairallah gab seine Zustimmung, und so kam es zur offiziellen Verlobung. Obwohl das Paar erst heiratete, als Saddam 1963 in den Irak zurückkehrte, feierte dieser seine Verlobung Anfang 1962 nach traditionell arabischer Sitte in Kairo, und um Sajida seiner aufrichtigen Absichten zu versichern, schickte er ihr einen Ehering. Das Verlobungsfest organisierte sein guter Freund Abdul Karim al-Shaikhly.

Die zweite bedeutende Entwicklung in Kairo war Saddams Beziehung zur CIA. Wie die meisten seiner Aktivitäten in Ägypten sind seine Geschäfte mit den Amerikanern in geheimnisvolles Dunkel gehüllt, vor allem auch deshalb, weil die meisten seiner unmittelbaren Zeitgenossen ermordet wurden.[18] Dennoch gibt es eine Anzahl von Indizien, die darauf hindeuten, dass Saddam mit dem Büro der CIA in Kairo Kontakt aufnahm. Die frühen sechziger Jahre waren eine Periode, in der sich der Kalte Krieg zwischen Washington und Moskau einem kritischen Stadium näherte, wie die Kubakrise von 1962 belegt. Die CIA sah ihre dringlichste Aufgabe darin, jeden Versuch der beiden kommunistischen Supermächte Sowjetunion und Rotchina zu vereiteln, die Sphäre ihres Einflusses über die bestehenden Grenzen hinaus zu erweitern. Die Aktivitäten Chinas in Südostasien waren letztendlich die Auslöser des für die Vereinigten Staaten verhängnisvollen Kriegs in Vietnam. Und Moskaus Wunsch, seinen Einfluss auf die islamische Welt von den zentralasiatischen Sowjetrepubliken bis zu den erdölreichen arabischen Staaten des Nahen Ostens auszudehnen, resultierte darin, dass sich die Region zu einem Pulverfass entwickelte, das durch die im Kalten Krieg entstandenen Rivalitäten leicht zur Explosion gebracht werden konnte.

Washington betrachtete den im Herzen der Nahostregion gelegenen Irak als strategisch überaus bedeutend. Aus diesem

Grunde hatten die USA den antisowjetischen Bagdad-Pakt befürwortet, ein 1955 von Großbritannien, der Türkei, dem Irak, dem Iran und Pakistan geschlossenes Verteidigungsbündnis. Tatsächlich waren die Amerikaner nach dem Sturz der irakischen Monarchie wegen der politischen Instabilität des Landes so sehr besorgt, dass Allen Dulles, der Chef der CIA, 1959 behauptete: »Der Irak ist das gefährlichste Land der Erde.«[19] 1961 veranlassten die politischen Entwicklungen in der Region die Amerikaner, tatsächlichen oder vermeintlichen Versuchen der Sowjetunion, den Nahen Osten ihrer Interessensphäre einzuverleiben, durch massive Aktivitäten ihrer Geheimdienste zuvorzukommen.

Der Westen sorgte sich wegen Präsident Nassers mittlerweile offenkundigen Waffengeschäfte mit Moskau, und man verdächtigte die Sowjets, auch an General Qassems Entscheidung, für seinen Machterhalt die Unterstützung der irakischen kommunistischen Partei in Anspruch zu nehmen, beteiligt zu sein. Qassems Entschluss, sich 1959 einseitig aus dem Bagdad-Pakt zurückzuziehen, was die Region für die sowjetische Infiltration leichter zugänglich machte, und sich zunehmend auf sowjetische Wirtschafts- und Militärhilfe zu stützen, konnte Washingtons Argwohn kaum besänftigen. Noch alarmierter reagierte der Westen, als Qassem 1961 versuchte, Kuwait zu besetzen, das die Iraker traditionell als irakisches Territorium betrachteten. Außerdem wollte er einen Teil der Irakischen Petroleum Company, die ausländischen Unternehmen gehörte, verstaatlichen – ein Schritt, der die Amerikaner unangenehm an Nassers Verstaatlichungsprogramm während seiner frühen Jahre als Präsident Ägyptens erinnerte.

Gamal Nasser war ebenso wie die Amerikaner darauf erpicht, die politische Entwicklung des Nahen Ostens mitzubestimmen, vor allem, weil das 1961 erfolgte Ausscheiden Syriens aus der VAR seinen Ambitionen bezüglich einer panarabischen Nation empfindlich geschadet hatte. Deshalb war der Irak, der nach Qassems Machtergreifung der VAR nicht beigetreten war, für die Ägypter von besonderem Interesse, und ihr Geheimdienst in Bagdad war bei dem Versuch, dort eine ihren Interessen dienliche Regierung zu etablieren, nicht weniger aktiv als die CIA.

Da sie schon einmal versucht hatten, Qassem zu stürzen, konnte es kaum überraschen, dass sich sowohl der ägyptische als auch der amerikanische Geheimdienst für Saddam und seine exilierten Baathisten interessierten. Saddam erhielt von den ägyptischen Behörden ein kleines Stipendium und durfte studieren. Doch die Beziehungen zwischen den Exil-Irakern und den Ägyptern verschlechterten sich beträchtlich, als sich ihre syrischen Brüder aus der VAR zurückzogen – ein Schritt, der überdies aktiv von Michel Afleq, dem Gründer des Baath und Mentor Saddams, unterstützt wurde. Saddams Biographen behaupten, er sei in Kairo streng observiert, immer wieder belästigt und seine Wohnung sei mehrmals durchsucht worden.[20] Das hätte natürlich auch mit dem Verdacht auf kriminelle Aktivitäten in Zusammenhang stehen können. Außerdem hätten die Ägypter ihn auch nach Waffen durchsuchen müssen, falls er seine Gegner auch in Kairo mit physischer Gewalt bedroht haben sollte.

Keiner seiner offiziellen Biographen erwähnt jedoch Saddams häufige Besuche in der amerikanischen Botschaft in Kairo zu jener Zeit. Die Amerikaner wollten Qassem ebenso stürzen wie Saddam, wenn auch aus anderen Gründen, und viele Indizien weisen darauf hin, dass dieser gegen Ende seines Aufenthalts in Kairo in engem Kontakt mit der CIA stand.[21] Said Aburish, ein weiterer Saddam-freundlicher Biograph, meint, der ägyptische Geheimdienst habe über Saddams Treffen mit der CIA hinweggesehen, obwohl Washington und Kairo gegenüber dem Irak eine diametral entgegengesetzte Politik betrieben. Obwohl das wahre Ausmaß von Washingtons Werben um Saddam wohl nie mehr festgestellt werden kann, lässt sich nicht von der Hand weisen, dass Saddam Hussein seine politische Karriere als Agent der CIA begann. Am nächsten kamen diesem faszinierenden Aspekt seiner Laufbahn Marion Farouk-Sluglett und Peter Sluglett. Ein hoher ehemaliger Mitarbeiter des US-Außenministeriums versicherte den beiden Autoren, »dass Saddam Hussein und andere Baathisten Ende der fünfziger und Anfang der sechziger Jahre mit den amerikanischen Behörden in Kontakt getreten waren.«[22] Für Saddam war diese Angelegenheit zweifellos sensibel genug, um im späteren Verlauf seiner politischen Karriere jene irakischen Zeitgenossen liquidieren zu lassen, die womöglich Licht in seine Verstrickungen hätten bringen können.

Qassem wurde 1963 durch einen von der CIA geplanten Staatsstreich gestürzt. Der sogar nach irakischen Maßstäben besonders grausame Putsch wurde von General Ahmad Hassan al-Bakr ausgeführt, einem weiteren Mentor Saddams, den er durch seinen Onkel Khairallah in Bagdad kennen gelernt hatte. Bakr, der ebenfalls aus Tikrit stammte, war während Saddams Exil in Kairo zu einem prominenten Mitglied des irakischen Baath aufgestiegen. Er war ein stiller, aber entschlossener Mensch, der Khairallahs brennenden Hass auf die Kommunisten teilte und von den Amerikanern entsprechend hoch geschätzt wurde. Dem Baath hatte er sich angeschlossen, als er wegen seiner Aktivitäten gegen Qassem im Gefängnis saß. Qassem fehlte die für ein Überleben in der irakischen Politik notwendige Skrupellosigkeit. Er entließ immer wieder politische Gegner aus der Haft, obwohl sie ihn schon einmal hatten beseitigen wollen. Einer von ihnen war Bakr, und sobald er in Freiheit war, tat er sich erneut mit anderen Baathisten zusammen, um Qassem zu stürzen.

Der Coup von 1963 folgte der blutigen Tradition, die mit dem Sturz der Monarchie 1958 etabliert worden war. Der Putsch gegen Qassem musste vorangetrieben werden, weil einige Verschwörer verhaftet worden waren, doch als er begann, verweigerten viele Einheiten der Armee die Mobilmachung zur Unterstützung der Baathisten. Mit vier Hunter-Hawker-Kampfjets ließ Bakr einen Angriff auf Qassems gut verteidigten Amtssitz im Verteidigungsministerium fliegen. Die Kämpfe dauerten zwei Tage an, im Zentrum Bagdads gab es Hunderte von Toten und Verwundeten, dann kapitulierte Qassem. Nach einer kurzen Verhandlung wurde er hingerichtet; eine Stunde nach seiner Kapitulation war er bereits tot. Um die Öffentlichkeit des Landes zu überzeugen, dass der Präsident tot war, zeigte man im Fernsehen wiederholt die mit Einschüssen übersäte Leiche. »Jeden Abend ... wurde die Leiche im Studio auf einen Stuhl gesetzt, und ein Soldat deutete auf die Einschüsse. Dann zeigte die Kamera Szenen der Verwüstung im Verteidigungsministerium. Danach folgten wieder Bilder aus dem Studio mit Nahaufnahmen der Ein- und Austritte der Kugeln in der Leiche, und am Ende dieser makabren Bildsequenz kam eine Szene, die jeder, der sie gesehen hat, nie mehr vergessen wird: Der Soldat packte den herabhängenden Kopf an den Haaren, näherte sich und spuckte dem Leichnam kräftig ins Gesicht.«[23]

Aber auch nach diesen bitteren Szenen durfte Qassem nicht in Frieden ruhen. Zuerst wurde er in einem nicht gekennzeichneten Grab verscharrt, doch Hunde gruben die Leiche aus und taten sich daran gütlich. Entsetzte Bauern bestatteten den Leichnam daraufhin in einem Sarg; dieser wurde jedoch von der Geheimpolizei exhumiert und Qassems sterbliche Überreste wurden in den Tigris geworfen. Trotz dieser grausamen Exzesse – Qassems Anhänger hatten 1958 immerhin die Monarchisten ähnlich behandelt – zeigte sich Washington mit dem Machtwechsel zufrieden. James Critchfield, damals Chef der CIA im Nahen Osten und Spezialist für kommunistische Infiltration, drückte im Nachhinein seine tiefe Befriedigung über den Gang der Ereignisse aus. »Wir sahen das als einen großen Sieg«, erklärte er noch Jahre später.[24]

Saddam war sehr zu seiner Enttäuschung während dieser dramatischen Ereignisse in Kairo, doch sobald das neue Regime im Sattel saß, kehrte er unverzüglich nach Bagdad zurück, um an den blutrünstigen Säuberungen teilzunehmen, die nun folgten. Mit ihm im Flugzeug saß sein Mitattentäter Abdul Karim al-Shaikhly und einige weitere Exil-Iraker. Am Flughafen von Bagdad wurde die Gruppe freudig von einer großen Menge Baathisten, Familienmitgliedern und Freunden empfangen. Bald nach seiner Ankunft machte sich Saddam erneut mit Bakr bekannt, der für seine Rolle beim Sturz Qassems vom neuen Präsidenten Abdul Salam Arif mit dem Posten des Premierministers belohnt worden war. Bakr verschaffte zahlreichen Freunden aus seiner Heimatstadt Tikrit hohe Posten; Saddam jedoch blieb noch von der großen Politik ausgeschlossen. Während seines dreijährigen Exils hatte sich die Partei weiterentwickelt, und die neue Führung erkannte seine in Kairo erworbene Mitgliedschaft nicht sofort an. Deshalb bekam er lediglich eine niedrige Stellung im Central Farmer's Office, der Zentralen Landwirtschaftsbehörde, wo er für die Verbesserung der Lage der irakischen Bauern wirken sollte. Trotz der Probleme, mit denen er sich nach seiner Rückkehr nach Bagdad konfrontiert sah, bemerkten seine Freunde und Bekannten eine deutliche Veränderung seiner Persönlichkeit. »Als er aus Bagdad floh, hatte er noch nicht einmal die Schule abgeschlossen. Damals war er ein Schläger, der gut mit den Fäusten war. Der Saddam, der aus Kairo zurückkam, war gebildeter und erwachsener.«[25]

Falls Saddam wegen unbefriedigter politischer Ambitionen enttäuscht gewesen sein sollte, dann boten ihm die blutigen Händel zwischen Baathisten und Kommunisten nach Qassems Sturz genügend Möglichkeiten, seine Frustration abzuagieren. Den Straßenkämpfen während des Putsches fielen in Bagdad zwischen 1500 und 5000 Menschen zum Opfer. Doch danach fanden noch mehrere Wochen lang Hausdurchsuchungen statt, um Kommunisten und andere Linke aufzuspüren. Sie wurden von der Nationalgarde (Haras al-Qawmi) durchgeführt, der paramilitärischen Organisation des Baath, die sich eifrig an den Straßenkämpfen beteiligt hatte. Ihre Mitglieder trugen grüne Armbinden und automatische Waffen und führten Listen mit kommunistischen Sympathisanten mit sich, von denen einige die CIA zur Verfügung gestellt hatte. In den ersten Wochen der neuen Regierung veranstalteten sie eine regelrechte Orgie der Gewalt.

Entgegen den Versicherungen der Baathisten gegenüber der CIA, dass alle Inhaftierten einen fairen Prozess bekommen würden, folterte und exekutierte die Nationalgarde zahllose Gefangene. Die Garde requirierte Sportanlagen, Kinos, einen ganzen Abschnitt der Kifah-Straße und eine große Zahl Privathäuser und benutzte sie als Gefängnisse und Vernehmungszentren. Die Liquidierung der Kommunisten in Bagdad war in vielerlei Hinsicht ein Vorläufer der gegen die Linke gerichteten »Säuberungen«, die in den siebziger und achtziger Jahren in Chile und Argentinien stattfanden. Ähnlich gingen auch Saddams Elitetruppen im August 1990 nach der Invasion Kuwaits vor, als sie Regierungsgebäude und Paläste beschlagnahmten und zu provisorischen Verhörzentren und Folterkammern umfunktionierten. Die offiziellen irakischen Quellen sprechen von 149 Kommunisten, die hingerichtet wurden; allgemein wird jedoch angenommen, dass Hunderte, wenn nicht Tausende Linker qualvoll unter den Händen baathistischer Folterknechte starben. Wie häufig unter solchen Umständen waren viele Opfer unschuldig oder wurden wegen lokaler Streitigkeiten denunziert, die mit politischen Ideologien nichts zu tun hatten.

Dr. Ali Karim Said, ein ehemaliger irakischer Diplomat und damals führendes Mitglied des Baath, räumte ein, dass bei den von der Regierung gesteuerten Säuberungen zahlreiche unschuldige Iraker starben: »Ich erinnere mich noch gut daran, wie eines Tages mein Bruder – er war damals stellvertretender Chef des militärischen Geheimdienstes und einer der hochrangigsten Vernehmungsbeamten – in mein Haus kam, die Maschinenpistole zu Boden warf und mit gequälter Stimme sagte: ›Ich kann das nicht mehr mitmachen, sie exekutieren ganz einfache Leute. Ich kann das nicht akzeptieren, das ist unerträglich. Die Opfer schreien alle: Bitte, Mohammed, und: Deinetwegen, Ali, und dann brüllen sie noch dreimal Gott ist groß, bevor sie sterben.‹ Dann fuhr mein Bruder fort: ›Wenn man diese einfachen und hilflosen Menschen unterdrückt, dann macht man sie doch erst zu Kommunisten!‹ Nach diesem Vorfall ... opponierte ich gegen jeden Exekutionsbefehl.«[26]

Eine der berüchtigtsten Folterkammern befand sich an einem Ort mit dem treffenden Namen »Palast des Todes« (Qasr al-Nihayah), so benannt, weil dort 1958 die Vertreter der Monarchie ermordet worden waren. Und einer der berüchtigtsten Folterknechte war Nadhim Kazzar, er wurde später Chef von Saddams nationalen Sicherheitskräften. Sein Sadismus übertraf alles, was im Irak der Neuzeit an Grausamkeiten bekannt wurde. Kazzar war der Baath-Partei als Student in den fünfziger Jahren beigetreten und rasch aufgestiegen. Er war ein harter und asketischer Mensch und einer der wenigen Schiiten, die in der Partei eine Machtposition erlangten. Nach dem Sturz Qassems tat er sich als gefürchteter Kommunistenverfolger hervor. Ferner wurde er dafür bekannt, Gewalt auch ohne Grund und selbst gegen Mitglieder seiner eigenen Partei einzusetzen. Besonders liebte er es, Verhöre persönlich durchzuführen und seine Zigaretten in den Augenhöhlen seiner Opfer auszudrücken.[27] Zumeist verübte er seine Grausamkeiten im Palast des Todes, den die Baathisten zu einem Labor für Verhörtechniken ausbauten und in dem sie eine Reihe grausamster Praktiken entwickelten, die später, als Saddam an der Macht war, übliche Praxis wurden. Der hervorragende Historiker und Irak-Spezialist Hanna Batatu hat aus offiziellen Regierungsunterlagen einen Bericht über entsetzliche Taten im Palast des Todes zusammengestellt, die dort 1963 unter Kazzar begangen wurden:

»Das Ermittlungsbüro der Nationalgarde hatte allein 104 Personen getötet. In den Kellern des *al-Nihayah*-Palasts, in denen sich das Hauptquartier des Büros befand, wurden alle möglichen Folterinstrumente gefunden, darunter Elektrodrähte mit Kneifzangen, spitze Eisenstangen, auf denen Gefangene sitzen mussten, und ein Gerät, an dem noch die Reste abgehackter Finger klebten. Überall lagen kleine Haufen blutgetränkter Kleidung herum, auf dem Boden waren Blutlachen und an den Wänden Flecken.«[28] Dies war das Werk der Partei, die als Sprungbrett für Saddams dramatischen Aufstieg an die Macht diente.

Was aber war Saddams Rolle bei diesen Gräueln? Es gibt nur wenige exakte Angaben darüber, wo er sich zu jener Zeit aufhielt. Sein einziger persönlicher Kommentar zu dieser Periode bezieht sich lediglich auf die Kämpfe, die damals innerhalb der irakischen Baath-Partei stattfanden. »Es herrschte eine Atmosphäre des Terrors, und in der Partei entstanden Blöcke und Gruppierungen; Kameraden, die gemäß den regulären Parteirichtlinien arbeiten wollten, wurden Steine in den Weg gelegt.«[29] Da Saddam später Kazzar zum Chef seiner Sicherheitskräfte ernannte und ihn ungehindert die teuflischen Verhörmethoden praktizieren ließ, die dieser im Palast des Todes entwickelt hatte, ist es mehr als wahrscheinlich, dass sich die beiden bei der Liquidierung der kommunistischen Opposition kennen gelernt haben. Saddam, der ja eben noch mit dem CIA in Kairo getändelt hatte, konnte womöglich sogar Namen und Adressen kommunistischer Sympathisanten in Bagdad beisteuern. Einige seiner Zeitgenossen jener Tage, die überlebten, meinten, neben seiner Funktion bei der Zentralen Landwirtschaftsbehörde habe er sich auch stark mit der Organisation der Nationalgarde – gewissermaßen die Braunhemden der Baath-Partei – befasst. So habe er Gefangenenlager in Bagdad besucht und bei der »Bestrafung« kommunistischer Inhaftierter mitgeholfen.[30] Einige Häftlinge wurden in landwirtschaftlichen Arbeitslagern festgehalten, was Einsicht in Saddams mögliche Pflichten bei der Zentralen Landwirtschaftsbehörde geben mag. Man könnte auch meinen, es sei seine Aufgabe gewesen, das Los der Bauern zu verbessern, solange sie nicht mit dem Kommunismus sympathisierten.

Als Belohnung für seine Kommunistenhatz wurde Saddam ins Geheimdienstkomitee der Baath-Partei aufgenommen, das für die Verhöre verantwortlich zeichnete. In den neunziger Jahren behauptete ein irakischer Kommunist, der im Palast des Todes gefoltert worden war, Saddam persönlich habe sein Verhör überwacht. »Meine Arme und Beine wurden mit einem

Seil gefesselt. Dann wurde ich an dem Seil an einen Haken in der Decke gehängt und wiederholt mit Gummischläuchen geschlagen, die mit Steinen gefüllt waren.«[31] Es wird behauptet, Saddam habe die Leichen seiner Folteropfer in mit Säure gefüllte Badewannen werfen lassen, um Spuren zu beseitigen. Ferner soll er mit den verschiedenen von Kazzar entwickelten Foltermethoden experimentiert haben, wobei er manchmal die Opfer wählen ließ, welche Verhörmethode sie bevorzugten. In der irakischen Film-Autobiographie *The Long Days* bemerkt Saddam bezüglich seiner Teilnahme an den Ereignissen von 1963: »Wir müssen die, die sich gegen uns verschwören, töten.«

Ein etwas anderes Bild Saddams in jenen Tagen zeichnet Baha Shibib, der 1963 der Führung der Baath-Partei in Bagdad angehörte und kurzzeitig Außenminister war. »Insgesamt gesehen war Saddam gar nicht so bedeutend«, meinte Shibib. »Er hatte mit den Verhören zu tun, war aber nicht mit politischen Entscheidungen befasst. Nach seiner Rückkehr aus Kairo ging es ihm hauptsächlich darum, eine regelmäßig bezahlte Arbeit zu finden. Er kam zu uns und bat um eine Anstellung, also gaben wir ihm eine Stelle in der Landwirtschaftsbehörde. Am besten erinnere ich mich daran, dass Saddam andauernd um Bakr herumstrich. Der Premierminister hatte natürlich sehr viel Einfluss, und Saddam, der ja auch aus Tikrit kam, war ständig in seinem Büro und versuchte, sich bei ihm lieb Kind zu machen. Er trieb sich auch immer mit Bakrs Leibwächtern herum und versuchte, den starken Mann zu spielen. Aber niemand nahm ihn allzu ernst. Wir waren viel zu sehr mit anderen Dingen beschäftigt.«[32]

Zum Glück für das irakische Volk hielt sich dieses baathistische Terror-Regime nicht lange. Aufgrund interner Kämpfe verlor die Partei im November 1963 die Macht, und damit endete zunächst auch das entsetzliche Blutvergießen im Palast des Todes. Der Baath, der in der von Präsident Arif im Februar etablierten Regierung die dominierende Partei gewesen war, wurde ein Opfer interner Fraktionskämpfe. Der Streit über die ideologische Frage, ob der Irak das baathistische Ziel einer panarabischen Einheit verfolgen und eine Föderation mit Syrien oder Ägypten oder aber mit beiden Staaten eingehen solle, hatte die Partei gespalten. Der bürgerliche Flügel unter Ali Salih al-Sadi favorisierte eine politische Union, nachdem der syrische Baath im März einen erfolgreichen Staatsstreich in Damaskus durchgeführt hatte. Doch der konservativere militärische Flügel opponierte gegen Sadi und wollte die traditionelle »Irak zuerst«-Politik verfolgen. Im Herbst 1963 zeigte sich das militärische Establishment des Irak bereits zunehmend verärgert über das undisziplinierte Verhalten der Nationalgarde, die Miliz der Baath-Partei, die von Sadi und seinen Banden baathistischer Schläger missbraucht wurde, um Gegner einzuschüchtern und Kommunisten zu verfolgen.

Anfang November führte der militärische Flügel des Baath einen Putsch der Parteiführung gegen Sadi und seine Verbündeten an. Sadi wurde ins Exil nach Spanien ausgewiesen. Aus Protest rückte die Nationalgarde aus und griff die wichtigste Militärbasis der Regierung an: die vor Bagdad liegende Rashid-Kaserne. Nun berief Bakr, der bisher versucht hatte, die ideologischen Differenzen zwischen den rivalisierenden Flügeln herunterzuspielen, eine Versammlung des Baath National Command, der Dachorganisation der Partei, ein, die die verschiedenen nationalen Gruppen wie zum Beispiel den syrischen oder den irakischen Baath kontrollierte. (Die einzelnen Regionalkommandos der Baath-Partei repräsentierten die Interessen der Baathisten in ihren jeweiligen Ländern; folglich waren das irakische und das syrische Regionalkommando dem in Damaskus ansässigen Nationalkommando untergeordnet.) In dieser ganzen Zeit unterstützte Saddam – allerdings mehr aus familiären Gründen denn aus ideologischer Überzeugung – den ebenfalls aus Tikrit stammenden Bakr und wurde de facto schon bald der Leibwächter des Premierministers. In der Öffentlichkeit trat Saddam ständig mit einem Revolver bewaffnet an Bakrs Seite auf.

Die Ankunft Michel Afleqs und einiger anderer prominenter syrischer Baathisten in Bagdad zur Teilnahme an der von Bakr einberufenen Konferenz zur Beilegung des internen Konflikts des irakischen Baath konnte jedoch die Stimmung im »Irak-zuerst«-Lager nicht verbessern. Die Chancen für eine Einigung schwanden noch mehr, als Afleq, der sich als Führer des panarabischen Baathismus betrachtete, auch noch vorschlug, die politischen Geschäfte des Irak in seine Hände zu legen. Da die Nationalgarde weiterhin eine Bedrohung der öffentlichen Ordnung darstellte, verlor Präsident Arif schließlich die Geduld mit dem Baath und beschloss zu handeln. Am 18. November mobilisierte er alle Armeeeinheiten, auf die er sich verlassen konnte. Mehrere desillusionierte militärische Mitglieder des Baath, darunter General Tahir Yahya, der Chef des Generalstabs, und Brigadekommandeur Hardan al-Tikriti, der Kommandeur der Luftwaffe, unterstützten Arif, als er Befehl gab, die Nationalgarde in Bagdad anzugreifen. Innerhalb weniger Stunden hatten Arifs Streitkräfte die Oberhand gewonnen, und der Präsident hatte die Stadt unter Kontrolle.

Präsident Arifs entschlossene Intervention beendete das erste kurze Liebäugeln der irakischen Baath-Partei mit der Macht. Die zwölf der Regierung angehörenden Baath-Mitglieder wurden entlassen und durch Offiziere ersetzt, denen Arif vertraute. Saddams Mentor Bakr verlor seinen Posten als Premierminister, und der Irak wurde nun von einer Militärdiktatur regiert. Die Nationalgarde wurde aufgelöst und durch die Republikanische Garde ersetzt, eine Eliteeinheit der Streitkräfte, die von einem Angehörigen von Arifs Stamm befehligt wurde. Die wichtigste Funktion der gut ausgerüsteten und aus strategischen Gründen unweit der Hauptstadt stationierten Truppe war, das Regime vor künftigen Revolten zu schützen.

Die für die Baath-Partei katastrophale Entwicklung des Jahres 1963 war jedoch kein wirkliches Desaster für Saddam Hussein. Die definitive Entlassung nicht eines, sondern zweier Parteiführer bedeutete, dass die Bakr-Fraktion, die er unterstützte, zur stärksten Kraft wurde. Im Verlauf der nächsten

Jahre stieg Bakr in den Rängen der Baath-Partei auf bis zum Generalsekretär des Regionalkommandos. Damit kontrollierte er die Parteisektion, die für den Irak verantwortlich war. Saddams Position in der Partei wurde umso stärker, je mehr sich Bakrs Stellung festigte. Seine in Kairo erworbene Vollmitgliedschaft wurde endlich auch in Bagdad anerkannt, und im Sommer 1964 wurde er – einigen Kommentatoren zufolge mit der Unterstützung Michel Afleqs – in das Regionalkommando der irakischen Baath-Partei berufen. Er nutzte diese Position sofort, um seine Kontrolle über die innere Sicherheit der Partei auszubauen. Aus der Krise des Jahres 1963, in der sich der militärische Flügel der Baath-Partei mit der Regierung ins Einvernehmen gesetzt hatte, um eine Militärdiktatur zu bilden, zog der zivile Flügel eine wichtige Lektion: Er musste sich in Zukunft besser organisieren, wenn er sich nicht der überlegenen Feuerkraft der Streitkräfte unterwerfen wollte.

Salim Shakir, ein ehemaliger General der irakischen Armee, der in dieser Zeit in der Baath-Partei aktiv war, erinnerte sich, dass Saddam sorgfältig Bakrs Schüchternheit ausnutzte, um seine eigene Machtposition zu stärken: »Bis 1963 war Saddam Hussein nur ein Gangster. Wenn man jemanden umbringen lassen wollte, dann holte man Saddam. Aber mit Bakrs Aufstieg in der Partei wurde Saddam sehr gewieft und hängte sich an ihn. Bakr war ein guter Politiker, aber für die Öffentlichkeit war er nicht zu gebrauchen. Er war einer, der im Hinterzimmer operierte. Er brauchte jemanden, der seine Befehle ausführte, und das besorgte Saddam. Da sie beide aus Tikrit stammten, glaubte er, Saddam halte zu ihm, und deshalb übertrug er ihm eine Menge Verantwortung. Deshalb konnte Saddam Bakr zur Stärkung seiner Position in der Partei nutzen.«[33]

Nun konzentrierte sich Saddam auf die Verbesserung seiner gesellschaftlichen Position und heiratete 1963 seine Verlobte Sajida. Obwohl die Heirat arrangiert worden war, schienen die beiden echte Zuneigung füreinander zu empfinden. Ein bald nach der Hochzeit aufgenommenes Foto zeigt ein attraktives junges Paar – Saddam noch ohne den später obligatorischen Schnurrbart, im eleganten dunklen Anzug mit Krawatte, und eine etwas ernst schauende, dunkelhaarige Sajida in einem einfachen Kleid mit Blumenmuster. Später entwickelte ihr Mann eine Vorliebe für blonde Frauen, und sie färbte ihr Haar, doch in diesen ersten, unschuldigen Tagen unterschieden sich die beiden nicht von jedem anderen jungen Paar, das sich anschickt, die Herausforderungen des Ehelebens zu meistern. Auch nach zwei Morden, einem gescheiterten Attentatsversuch und vier Jahren Exil in Kairo sah Saddam keineswegs bedrohlich aus; er wirkte vielmehr befangen und schüchtern – ein braver junger Mann, der sich vor der Kamera nicht sonderlich wohl fühlte. Saddams Unsicherheit bestätigte einer seiner Zeitgenossen im Baath, der ihn als »sehr schüchtern und introvertiert« beschrieb. In Gesellschaft »sprach er nicht viel. Wenn er jedoch etwas sagte, dann brachte er nur vehement antikommunistische Ansichten vor.« Aber auch Sajida beeindruckte die Gesellschaft von Bagdad nicht sehr. »Sie sah aus wie ihr Vater mit einer Perücke, und da niemand den Vater mochte, machte man auch um sie einen großen Bogen.«[34]

Doch vom Standpunkt seiner Karriereplanung aus war Saddams Entscheidung für Sajida von Vorteil. Khairallah Tulfah, ihr Vater und sein Onkel, hatte ein enges Verhältnis zu Bakr, wenngleich er die Sympathien der Baath-Partei für sozialistische Ideen nicht teilte. 1963 belohnte Bakr Saddams Onkel für seine Unterstützung der Baathisten, indem er ihn zum Generaldirektor des Bildungsministeriums ernannte. Saddams Verbundenheit mit Bakr wurde weiter gestärkt durch die Heirat eines Sohnes von Bakr mit einer Schwester Sajidas und die einer Tochter Bakrs mit einem Bruder Sajidas.[35] In dieser frühen Phase der Entwicklung der Baath-Partei benutzten die Clans von Tikrit zur Sicherung ihrer Machtbasis in Bagdad die traditionellen Bande von Ehe und Verwandtschaft.

Saddam widmete seine gesamte Energie dem Aufbau der inneren Sicherheitsstruktur der Partei, eine Abteilung, die zu einer der wichtigsten Ausgangsbasen für seinen Aufstieg zur

Macht werden sollte. Wie viele andere Baathisten vor allem des zivilen Flügels war auch er darüber entsetzt, dass mangelnde Parteidisziplin 1963 zu ihrem Ausscheiden aus der Regierung geführt hatte. Bakr ermutigte ihn zur Etablierung einer Organisationsstruktur, mit der sowohl Feinde von außen als auch Dissidenten innerhalb der Partei bekämpft werden konnten. Während seiner Jahre in Kairo hatte er sich eingehend mit dem Leben und Werk Stalins beschäftigt. Es mag schwer zu glauben sein, dass ein mittelmäßiger Student wie Saddam, der den Großteil seiner Zeit mit Straßenbanden und der Einschüchterung von Gegnern zubrachte, sich ernsthaft mit dem Studium des sowjetischen Despoten beschäftigte, doch der junge Baathist scheint an einigen skrupellosen Aspekten von Stalins Philosophie Gefallen gefunden zu haben. Jedenfalls verkündete Saddam nach der Demütigung vom November 1963 häufig stalinistische Maximen.

Saddam gehörte einer Gruppe engagierter Baathisten an, die 1964 für die Etablierung des Geheimdienstes der Partei mit dem blumigen Namen Jihaz Haneen, »Instrument der Sehnsucht«, verantwortlich war. Nach dem Putsch im November 1963, der zur Inhaftierung des Großteils der verbliebenen Führer des Baath – einschließlich Bakrs – führte, blieb Saddam in Bagdad, obwohl dies riskant war und zudem dem Wunsch des Oberkommandos der Partei in Damaskus widersprach, von dem er aufgefordert wurde, erneut nach Syrien zu fliehen. Dem hielt er entgegen, er werde als Feigling betrachtet, wenn er Bagdad verlasse, und als Verräter, wenn er mit einer Gruppe fremder Baathisten ins syrische Exil gehe. Mit einigen wenigen Baathisten, die Arif nicht inhaftiert hatte, formierte er eine im Untergrund operierende Sicherheitstruppe, die allerdings mehr an die Braunhemden der Nazis erinnerte als an die Roten Garden. Das wichtigste Ziel von Jihaz Haneen war, ein Gegengewicht zu der großen Zahl von Armeeoffizieren im Baath zu bilden, die sich 1963 auf die Seite Arifs gestellt und den zivilen Parteiflügel überrumpelt hatten. Doch mit Leuten wie Nadhim Kazzar in entscheidenden Positionen wurde die Organisation bald zu einem der gefürchtetsten Sicherheitsapparate des gesamten Nahen Ostens.

Saddams Freiheit im Jahre 1964 währte jedoch nicht lange. Da der Großteil der Führung des Baath entweder im Exil war oder im Gefängnis saß, war er auf sich gestellt und schon bald wieder in Pläne zum Sturz der Regierung verwickelt. Wie 1959 beim Attentat auf Qassem tat er sich erneut mit seinem »Zwillingsbruder« Abdul Karim al-Shaikhly zusammen. Mehrere mögliche Szenarios zur Ermordung Präsident Arifs im September 1964 wurden durchgespielt. Einem Plan zufolge sollte Arifs Flugzeug beim Start vom Flughafen Bagdad abgeschossen werden; ein anderer, den Saddam favorisierte, sah vor, dass dieser mit einer Gruppe Baathisten den Präsidentenpalast stürmte und in einem Sitzungszimmer Arif und das gesamte Kabinett mit einer automatischen Waffe niedermähte. Dieser Plan, bei dem Saddam die »Ehre« des Schützen gehabt hätte, musste jedoch aufgegeben werden, weil ein Angestellter, der den Verschwörern den Zugang zum Palast hätte ermöglichen sollen, auf einen anderen Posten versetzt wurde. Schließlich mussten sich die Verschwörer mit dem Vorhaben zufrieden geben, den Präsidentenpalast mit selbst gebauten Bomben aus handelsüblichem TNT anzugreifen. Aber auch dieser Plan wurde letztlich von den Sicherheitskräften vereitelt. Mitte Oktober umzingelten sie Saddams Versteck in einem Vorort von Bagdad. Nach einem kurzen Schusswechsel musste sich Saddam ergeben, weil ihm die Munition ausgegangen war. Einem seiner offiziellen Biographen zufolge gab er sich ganz gelassen, als die Angreifer in das Zimmer stürmten. »Meine lieben Kameraden, was soll das?«, fragte er. »Sturmgewehre? Haben wir denn keine Regierung?«[36]

Salim Shakir, der an einer Verschwörung zum Sturz Arifs beteiligt war und später einer der profiliertesten Generäle des Irak wurde, lernte Saddam in einem Haus in Bagdad kennen, in dem der Putsch geplant wurde. »Es war ein ziemlich komplizierter Plan, und Saddam wollte, dass ich einige Armeeeinheiten zur Unterstützung mobilmachte. Rückblickend muss ich gestehen, dass alles ziemlich lächerlich wirkte, aber ich muss zugeben, dass Saddam selbst großen Eindruck auf mich machte. Er kam in das Zimmer, in dem wir uns trafen, und sagte ganz einfach: ›Wir stürzen das Regime.‹ Er hatte etwas, das ihn von den meisten anderen Baathisten seiner Generation unterschied. Mein erster Eindruck war, dass ich es mit einem geborenen Führer zu tun hatte, einem Mann mit klaren Vorstellungen davon, was er wollte.«[37]

Wie bei vielen anderen Episoden aus Saddams frühen Tagen entwickelte sich auch zu seinen »heldenhaften« Versuchen, Arifs Regierung zu stürzen, und zu seinem Gleichmut während seiner zweijährigen Haft eine Art Mythos. Die Biographen erzählen, dass er lange Zeit in Einzelhaft saß und ihm die Behörden Sonderbehandlungen angedeihen ließen, weil er sich weigerte, mit ihnen zu kooperieren – ein eindeutiger Hinweis darauf, dass er gefoltert wurde. Einmal, so heißt es, musste er sieben Tage lang auf einem Stuhl sitzen, was an und für sich nicht die schlimmste aller Foltern ist; ferner habe die Regierung mehrmals versucht, ihn zum Überlaufen zu bewegen. Wie Stalin seine Zeit im Gefängnis mit Lesen verbracht haben soll, um sich zu bilden, und einer der bedeutendsten Redner der Gefangenengemeinschaft wurde, so verbrachte Saddam »seine Zeit im Gefängnis damit, die von der Folter Gebrochenen moralisch aufzurichten. Er las viele Bücher und ermutigte die anderen, seinem Beispiel zu folgen; und er sorgte für Diskussionen über die Partei und ihre Zukunft.«[38]

Diese anregende Erzählung über Saddams Zeit im Gefängnis deckt sich jedoch nicht mit den Erinnerungen überlebender Baathisten, die mit ihm einsaßen. So berichtet etwa Ayad Allawi, ein junger Medizinstudent und Aktivist der Baath-Partei, dass Saddam im Gefängnis durchaus nicht leiden musste, sondern von den Beamten bevorzugt behandelt wurde. »Die meisten von uns waren in einem Lager, in dem das Regiment besonders streng war«, so Allawi. »Und viele wurden gefoltert, manche wirklich schlimm.« Saddams »Zwillingsbruder« Abdul

Karim al-Shaikhly zum Beispiel traf es besonders hart. Einmal trieben ihm die Vernehmungsbeamten einen Nagel in den Rücken, um ihn zu einem Geständnis zu bewegen. Ein anderes Mal wurde er an einen Jeep gebunden und im Gefängnishof herumgeschleift, wobei er schwerste Verletzungen davontrug. Saddam hingegen war getrennt von den anderen Gefangenen in einem ehemaligen Gebäude der Polizei untergebracht, wo die Bedingungen laut Allawi im Vergleich zu denen der anderen Gefangenen »dem Aufenthalt in einem Ferienlager entsprachen. Obwohl die Sicherheitskräfte mindestens dreißig Hinweise von Zeugen hatten, die Saddam belasteten – einschließlich einem, dass er Waffen von Syrien in den Irak geschmuggelt hatte –, nahmen sie die Tatsachen nicht zur Kenntnis.«[39]

Die Vorzugsbehandlung, die Saddam während seiner Haft 1964 bis 1966 erhielt, erweckte in der Baath-Partei den Verdacht, er habe mit der Regierung Arif ein geheimes Abkommen getroffen. Einige ehemalige Mitglieder der Partei behaupteten sogar, Saddam habe mit der Regierung zusammengearbeitet und die Partei denunziert.[40] Im Sommer 1963, als er an der Verfolgung und Folterung von Kommunisten und anderen Linken beteiligt war, hatte er mit den staatlichen Behörden kooperiert. Möglich ist auch, dass er die CIA-Kontakte nutzte, die er in Kairo geknüpft hatte. Dies war mit Sicherheit der Verdacht, den viele Baathisten teilten, die vom Arif-Regime inhaftiert worden waren, aber keine Vorzugsbehandlung wie Saddam genossen. Obwohl Saddam aktiv an dem Putschversuch gegen die Regierung Arif beteiligt war, schien es, als habe er noch immer Freunde in der Regierung wie auch im Ausland, die dafür sorgten, dass er im Gefängnis gut behandelt wurde. Und so sehr er sich auch als ein zweiter Stalin sehen mochte, der sich um seine Mitgefangenen kümmerte und half, sie zu bilden bzw. zu indoktrinieren, er war bei ihnen keineswegs beliebt. Tatsächlich waren viele Gefangene gebildet und kamen aus besser gestellten Familien mit einem höheren gesellschaftlichen Status; nicht wenige waren

Armeeoffiziere. Sie behandelten den »Schläger« aus Tikrit eher mit Verachtung, kam er doch aus der Unterschicht, sprach eine bäurische Sprache und verfügte über eine relativ bescheidene Bildung. In der Tat war die einzige Qualifikation, die Saddam vorweisen konnte, sein Schulabschluss in Kairo, aber nicht einmal dieses Zeugnis hat er jemals vorgelegt. Wegen des herablassenden Tons, den seine Mitgefangenen ihm gegenüber anschlugen, entwickelte er einen Groll gegen viele von ihnen, und er rächte sich, sobald er in der baathistischen Regierung eine Machtposition errungen hatte.

Auch Khairallah Tulfah wurde zu jener Zeit inhaftiert, obwohl er nicht einmal der Baath-Partei angehörte. Für einige Zeit teilte er die Zelle mit Allawi, was für diesen keine erfreuliche Sache war. Khairallah, so Allawi, »war ein großer, gut gebauter Mann, sehr aggressiv und mit einer Sprache voller Kraftausdrücke«. Offenbar war er über seine Inhaftierung sehr erbost und beschwerte sich heftig bei den Wärtern. »Wieso haben Sie mich eingesperrt?«, brüllte er sie oft an. »Ich bin nicht gegen das Regime!« Ab und zu besuchte ihn seine Tochter Sajida, die gerade Uday, Saddams ersten Sohn, geboren hatte. Sie brachte ihrem Vater Lebensmittel und Bücher und besuchte in einem anderen Gefängnis auch Saddam. Seinen Biographen zufolge brachte sie ihrem Mann in der Kleidung des Babys versteckte Botschaften Bakrs, der aus der Haft entlassen worden war, sodass Saddam über die Baath-Partei immer auf dem Laufenden war.

Saddams zweite Haft (die erste hatte er 1958 für den Mord an Saadoun al-Tikriti verbüßt) endete am 23. Juli 1966. An diesem Tag floh er zusammen mit zwei weiteren Kameraden von der Baath-Partei. Der offiziellen Darstellung seiner Flucht[41] nach hatte er sich so gut mit seinen Bewachern angefreundet, dass er sie überreden konnte, mit ihm bei einem Transport vom Gefängnis zum Gericht (er war wegen des Versuchs, die Regierung zu stürzen, angeklagt) zum Mittagessen in ein Restaurant zu gehen. Dort entkam er mit seinen beiden Komplizen, einer war Shaikhly, durch eine Hintertür, vor der bereits ein von Saadoun Shakir gesteuerter Wagen wartete. (Shakir war aus der Armee desertiert und hatte sich mit Saddam angefreundet.) Laut einer zweiten Version seiner Flucht, die Teil des Heldenmythos ist, sollen Saddam und Shaikhly sich im Gefängnis krank gestellt und die Wachen überredet haben, sie in die nahe gelegene Klinik zu bringen. Von dort seien sie dann mit Hilfe Saadoun Shakirs geflohen. Dass die Flucht der beiden so problemlos vonstatten ging, warf natürlich die Frage auf, ob es wirklich eine Flucht war oder ob die Behörden »mithalfen«. Was immer die Wahrheit sein mag, Saddam war nun frei und konnte sich dem nächsten Plan zum Sturz der Regierung und zur Ergreifung der Macht widmen.

DREI

Der Revolutionär

Der Staatsstreich von 1968, mit dem die Baath-Partei im Irak endgültig die Macht an sich riss, war im Vergleich zu früheren Machtwechseln in Bagdad relativ unblutig verlaufen. Das geheime Passwort der Verschwörer in dieser historischen Nacht lautete *rashad*, oder »Führung«. In den frühen Morgenstunden des 17. Juli besetzten bewaffnete Einheiten, zusammen mit Kommandos der Baath-Partei, eine Reihe von Militär- und Regierungseinrichtungen in Bagdad, einschließlich der örtlichen Fernseh- und Radiosender, des Kraftwerkes und des Verteidigungsministeriums. An allen Brücken der Stadt und an verschiedenen Armeestützpunkten in der näheren Umgebung standen bewaffnete Einheiten. Die Telefonleitungen wurden gekappt, und um Punkt drei Uhr nachts begann der Sturm auf den Präsidentenpalast. Mehrere Panzer besetzten den Hof des Gebäudekomplexes und kamen mit rasselnden Ketten unter den Fenstern der Schlafgemächer des Präsidenten zum Stehen. Auf dem Turm des ersten Panzers saß in der Uniform eines irakischen Armeeleutnants, die Pistole in der Hand, kein Geringerer als Saddam Hussein.

Ein Mitstreiter Saddams in dieser Nacht war Saleh Omar al-Ali. Er gehörte wie Saddam zur Führungsriege der Baath-Partei im Irak und hatte an allen Geheimtreffen zur Vorbereitung des Umsturzes teilgenommen. In der jahrelangen Zusammenarbeit mit Saddam seit 1964, während der sich die beiden einst sogar eine Gefängniszelle geteilt hatten, war Ali zu einer hohen Meinung von Saddams Fähigkeiten gelangt. »Er strotzte vor Selbstbewusstsein. Er war tapfer und mutig«, erinnerte sich Ali später.[1] Die Verschwörer waren in verschiedene Gruppen mit jeweils getrennten Aufgaben aufgeteilt. Ali gehörte Saddams Gruppe an, die für die Besetzung des Präsidentenpalastes verantwortlich war. Die Führung der Baath-Partei hatte diese Aufgabe bewusst ihren eigenen Aktivisten vorbehalten, um zu verhindern, dass die Militärs, wie schon einmal beim Putsch gegen die Qassem-Regierung 1963, die eigene Führungsrolle zur Machtübernahme nutzen und die Baathisten in den Hintergrund drängen würden.

Nachdem sie sich mit Waffen aus geheimen Depots versorgt hatten, machten Saddam und seine Leute sich in privaten Autos auf den Weg zum Palast. Saddams Gruppe bestand zum größten Teil aus Zivilisten, doch wurden sie vom ehemaligen Luftwaffenkommandeur General Hardan al-Tikriti begleitet, der noch Ende 1963 Präsident Arif im Kampf gegen die Baathisten unterstützt hatte (siehe Kapitel zwei) und der nach wie vor großes Ansehen in Militärkreisen genoss. Auf dem Weg zum Palast stiegen sie in gepanzerte Fahrzeuge um, die ihnen von Sympathisanten aus der Armee zur Verfügung gestellt wurden. Die Fahrt ging weiter zum Hauptquartier der irakischen Streitkräfte in unmittelbarer Nachbarschaft des Palastes. Dort wurden sie von Saadoun Ghaydan erwartet, dem Kommandanten der Palastwache, der – obwohl selbst kein Mitglied der Baath-Partei – den Putsch unterstützte. Im Hauptquartier standen mehrere Panzer bereit. Die Verschwörer zogen Militäruniformen an und brachten die Panzer rings um den Palast in Stellung. »Saddam bebte vor Ungeduld«, sagte Ali. »Der Moment, auf den er so lange gewartet hatte, war gekommen, und er hätte am liebsten jeden Schritt der Operation selbst in die Hand genommen.«[2]

Das Erste, was der Präsident von dem drohenden Unheil mitbekam, waren Feuerstöße aus den automatischen Waffen der Republikanischen Garde, die in Vorfreude auf den Sieg in die Luft schoss. Saddams Ziehvater, General Ahmad Hassan al-Bakr, der die ganze Operation geplant hatte und sie vom Hauptquartier aus koordinierte, telefonierte über den heißen Draht mit dem Präsidenten und setzte ihn darüber in Kenntnis, dass seine Regierung gestürzt sei und er sich ergeben solle. Arif bat um Bedenkzeit und nahm zu verschiedenen Militäreinheiten Kontakt auf, um zu erfahren, auf wen er noch zählen konnte. Ihm wurde schnell klar, dass seine Lage aussichtslos war. Er teilte seine Entscheidung Bakr mit, der ihm im Gegenzug freies Geleit zusicherte. Bakr beauftragte Hardan al-Tikriti und Ali damit, den Präsidenten aus dem Palast fortzuschaffen. »Ich bin ermächtigt, Ihnen mitzuteilen, dass Sie Ihres Präsidenamtes enthoben sind«, war Hardans knapper Kommentar gegenüber Arif. »Die Baath-Partei hat die Kontrolle über das Land übernommen. Wenn sie sich freiwillig ergeben, kann ich für Ihre Sicherheit garantieren.« Arif war nur durch den Tod seines Bruders Abdul Salam Arif bei einem Hubschrauberabsturz 1966 Präsident geworden. Er war dem Amt kaum gewachsen und nahm seine Absetzung notgedrungen hin. Arif bat die Verschwörer lediglich, sein Leben und das seines Sohnes zu schonen, der als Offizier in der Armee diente. Unterdessen hatte Saddam einzig die Aufgabe, den Palast abzuriegeln und jedes Eingreifen regierungstreuer Truppen zu verhindern.

General Tikriti und Ali brachten Arif in Tikritis Haus in Bagdad. Gegen drei Uhr vierzig am Morgen war der Putsch geglückt. In den Straßen hatte es keinen einzigen Toten gegeben, was für irakische Verhältnisse an ein Wunder grenzte. Da die Baathisten mit Arif leichtes Spiel hatten, konnten sie es sich leisten, Gnade vor Recht ergehen zu lassen. Entgegen Tikritis sonstiger Art bot er Arif an, es sich in seinem Haus bequem zu machen. Er kochte ihm Kaffee und bat ihn sich hinzulegen und zu entspannen, bis er nach London geflogen würde, wo seine Frau in ärztlicher Behandlung war. Nach einigen Stunden Ruhe soll sich Arif mit den Worten verabschiedet haben: »Ich danke all meinen Getreuen und wünsche ihnen für die Zukunft alles Gute!«[3] Als die Irakis an diesem Morgen erwachten, hatten sie eine neue Regierung. In einer von den Baathisten ausgestrahlten Radioansprache hieß es, die Partei habe »die Macht übernommen und das korrupte und schwache Regime der Ignoranten und Analphabeten, der Halsabschneider, Diebe, Spione und Zionisten beendet«.

Seiner eigenen Version zufolge war Saddams Rolle beim Umsturz des 17. Juli, wie nicht anders zu erwarten, viel aufregender. Demnach habe er in der Hitze des Gefechtes um den Präsidentenpalast gelernt, eine Panzerkanone zu bedienen. Außerdem hob er besonders den Mut seines Halbbruders Barzan al-Tikriti hervor, der auf Saddams Panzer mit in den Präsidentenpalast eingefahren sein soll. (Viele Verschwörer des 17. Juli waren wie Saddam selbst aus Tikrit.) Andere Beteiligte sagten aus, dass bei der Stürmung des Präsidentenpalastes ganze zwei Granaten verschossen worden seien, und zwar als das Gerücht umging, Arif wolle sich verschanzen. Ansonsten kam es während der gesamten Operation nur zu vereinzelten Feuerstößen, weil Soldaten gemäß arabischer Tradition zum Zeichen des Sieges mit ihren Waffen in die Luft schossen.

Saddams Aufzug an diesem Tag, im Tarnanzug auf einem Panzer sitzend, sollte den Willen der Baath-Partei demonstrieren, alle wichtigen Regierungsposten nach dem Umsturz mit eigenen Leuten zu besetzen. Am liebsten hätten Saddam und seine Parteifreunde die ganze Aktion allein durchgeführt, doch in den letzten Wochen vor dem Tag X hatten sie einsehen müssen, dass der Putsch ohne das Militär zum Scheitern verurteilt gewesen wäre. Saddams geheime Sicherheitstruppe Jihaz Haneen, die offiziell die »Feinde des Volkes« bekämpfte, mochte mit ihrer Einschüchterungstaktik zwar Saddams Gegner beeindrucken, doch sie verfügte weder über den Einfluss noch über die militärischen Mittel, um die Macht im Land zu übernehmen. Die Baath-Führung nahm daher Kontakt zu hochrangigen Militärs auf, die bereit waren, ihre Sache zu unterstützen. Manche davon, wie Hardan al-Tikriti, waren ohnehin Mitglieder der Partei und standen Gewehr bei Fuß.

Bei anderen war mehr Überzeugungsarbeit zu leisten. Zwei der wichtigsten Figuren waren Abdul Razzak Nayif, der Vizechef des militärischen Abschirmdienstes, und Oberst Ibrahim Daud, Kommandeur der Republikanischen Garde. So sehr die Verschwörer auf die Kooperation der beiden angewiesen waren, so wenig Sympathien hegten diese für die Baathisten. Ihre Unterstützung war eher eine Frage des Opportunismus als der Ideologie. Mit einem schwachen Präsidenten wie Arif, so viel war klar, würde das Regime nicht lange überleben. Nayif und Daud waren sich zudem bewusst, dass der Putsch ohne sie nicht gelingen konnte. Entsprechend hoch war der Preis, den sie verlangten: Nayif wollte als Gegenleistung den Posten des Premierministers, Daud den des Verteidigungsministers.

Die Gerüchte, die in Bagdads Kaffeehäusern kursierten, erreichten sogar Präsident Arif, obwohl er sonst weit vom politischen Puls der Zeit entfernt war. Er ahnte das drohende Unheil und brachte den sorgfältig ausgearbeiteten Plan der Baathisten gehörig durcheinander, als er am Nachmittag des 16. Juli Nayif und Daud in den Präsidentenpalast bestellte und sie fragte, was an den Putschgerüchten dran sei. Die beiden Militärs bestritten unter Tränen, etwas von einem Putsch zu wissen, warfen sich zum Beweis ihrer Loyalität vor Arif auf die Knie und küssten seine Hände.

Als die Baathisten von den Vorkommnissen im Palast erfuhren, berief Bakr für denselben Abend eine Krisensitzung seiner Führungsriege in seinem Haus ein. Schnelles Handeln war nun angesagt, wollte man nicht riskieren, dass die Umsturzpläne in letzter Sekunde aufflogen. Der Fall machte deutlich, wie sehr man auf die Verlässlichkeit von Nayif und Daud sowie anderer hoher Militärs angewiesen war. Wohl oder übel willigten die Baathisten in die Forderungen von Nayif und Daud ein. Saddam war nach eigener Aussage bei diesem Treffen zugegen, als die Entscheidung für ein taktisches Bündnis mit den Kommandeuren gefällt wurde, und er zog seine eigenen, zynischen Schlüsse. Seinen Parteifreunden in Bakrs Haus sagte er: »Ich bin mir im Klaren darüber, dass die beiden ein notwendiges Übel für uns bedeuten. Bei der ersten Gelegenheit werden sie der Partei in den Rücken fallen, doch es hilft nichts, wir müssen auf ihre Forderungen eingehen. Aber wir sollten zusehen, dass sie am besten noch während oder gleich nach der Revolution aus dem Weg geräumt werden. Und ich melde mich freiwillig zur Erledigung dieser Aufgabe.«[4] Stalin persönlich hätte es nicht besser ausdrücken können.

Der Juli-Umsturz war ein klassischer Militärputsch, ein Staatsstreich und keine Revolution des Volkes, und so reagierte die irakische Öffentlichkeit denn auch zurückhaltend. Man hatte die Gewalttaten beim letzten Putschversuch durch die Baathisten 1963 noch nicht vergessen, und niemand wollte sich voreilig auf die Seite der neuen Regierung schlagen, ohne zu wissen, wer ihr angehörte und wie gut ihre Überlebenschancen waren. Wie in den folgenden zwei Wochen klar wurde, war der Putsch nur das Vorspiel für einen tief greifenderen Umbau der Machtstrukturen. Nach der Einnahme des Präsidentenpalastes gingen Saddam und die Seinen sofort dazu über, ihre Vormachtstellung in der neuen Regierung auszubauen. Die Dienste von Nayif und Daud wurden jetzt, da die Allianz von Bakr und Saddam Hussein am Ziel war, nicht länger benötigt, und man suchte nach Wegen, die beiden loszuwerden. Nayif und Daud hatten mit ihren Kampfgenossen freilich dasselbe im Sinn. Unmittelbar nach dem Putsch wurde General Ahmad Hassan al-Bakr zum neuen Präsidenten ernannt, Nayif und Daud traten ihre Ämter als Premier und Verteidigungsminister an. Bakr blieb auch weiterhin Generalsekretär der Baath-Partei und wurde außerdem Vorsitzender des Revolutionären Kommandorates, jenes Gremiums, das am Morgen nach dem Umsturz eingesetzt worden war und über umfangreiche Befugnisse in der Legislative und Exekutive verfügte. Für eine Partei, die sich früher im Kampf gegen den Kommunismus besonders engagiert hatte, steuerte sie nun mit großen Schritten auf einen Einparteienstaat zu. Als hochrangiges Baath-Mitglied mochte es für Saddam eine Enttäuschung gewesen sein, dass sein Name nicht auf der Kabinettsliste stand. Dafür wurde ihm jedoch die Verantwortung für die nationale Sicherheit übertragen, die für den Fortbestand der neuen Regierung von enormer Bedeutung war. Saddam war für diese Rolle geradezu prädestiniert, schließlich hatte er seine Lehrjahre mit dem Aufbau der paramilitärischen Jihaz-Haneen-Truppe verbracht, welche nun in einen echten Geheimdienst umgewandelt werden sollte. Auch wenn er zunächst noch im Schatten anderer stand, besaß Saddam damit eine sehr gute Ausgangsbasis für seinen späteren Aufstieg zum Staatschef.

Innerhalb weniger Tage nach dem Putsch kam es zum offenen Machtkampf zwischen Bakr und Nayif um die Vorherrschaft im Land. Beide glaubten inzwischen, nicht mehr auf die Dienste des anderen angewiesen zu sein. Als bekannte und angesehene Persönlichkeiten der militärischen Elite hatten Nayif und Daud an sich gute Karten. Bakr hatte großes politisches Geschick bewiesen, indem er Nayif und Daud für die Zwecke der Partei eingespannt hatte. Er verdankte dies nicht zuletzt den Überredungskünsten von Hardan al-Tikriti und Saadoun Ghaydan, der beiden wichtigsten Militärs in den Reihen der Baathisten. Deren Versprechen, die neue Regierung würde vom Militär gestellt werden und die Baath-Partei nur eine Nebenrolle spielen, hatte Nayif und Daud letztlich überzeugt. Doch kaum war Bakr zum Präsidenten ernannt worden, machte er sich daran, die neue Regierung mit eigenen Leuten zu besetzen, sehr zum Unwillen von Nayif und Daud. Diese hatten offenbar den Einfluss und die Organisation der Baath-Partei unterschätzt. Bakr betraute vor allem solche Offiziere, die gleichzeitig Baath-Mitglieder waren, mit wichtigen Ämtern und dehnte seine Machtsphäre zusätzlich aus, indem er über hundert Baathisten in den Offiziersrang der Republikanischen Garde erhob und ebenfalls Schlüsselpositionen mit ihnen besetzte. In der Zwischenzeit betrieb Saddam den Aufbau seines Sicherheitsapparates sowie weiterer paramilitärischer Einheiten der Baath-Partei, denen er eine große Bedeutung für den Machterhalt beimaß. Am 29. Juli machte sich

Daud, in völliger Fehleinschätzung der Situation in Bagdad, zu einer Truppeninspektion nach Jordanien auf, wohin nach dem Sechs-Tage-Krieg einige irakische Einheiten zur Grenzsicherung verlegt worden waren. Während Dauds Abwesenheit konnte Bakr endlich zuschlagen, und zwar mit Saddams Hilfe. Einer der offiziellen Saddam-Biographen kommentierte dies später mit den Worten: »Er [Saddam] betrachtete Abdul Razzak Nayifs Beteiligung [an der Regierung] als hinderlich.«[5]

Trotz Saddams Drohung bei dem Treffen in Bakrs Haus am Vorabend des Umsturzes verlief Nayifs Amtsenthebung unblutig. Am 30. Juli, dem Tag nach Dauds Abreise, wurde Nayif von Bakr zum Essen in den Präsidentenpalast geladen. Gegen Ende der Zusammenkunft stürmte Saddam, in seiner neuen Funktion als Sonderbeauftragter für die innere Sicherheit, mit gezogener Waffe in den Saal. Er wurde von drei Gefolgsleuten begleitet. Als Nayif in die Mündung des Revolvers blickte, schlug er die Hände vor die Augen und rief aus: »Ich habe vier Kinder.« Den offiziellen Biographen zufolge ließ Saddam Gnade vor Recht ergehen. »Keine Angst«, soll er gesagt haben. »Ihren Kindern wird kein Haar gekrümmt werden, wenn Sie vernünftig bleiben.« Danach wurde Nayif von Saddam über die Gründe seiner Amtsenthebung belehrt. »Sie haben sich der Revolution aufgedrängt, jetzt stehen Sie der Fortentwicklung der Partei im Weg. Wir haben für die Revolution unser Blut gegeben, jetzt ist sie gekommen. Die Partei hat beschlossen, dass ihre Person ab sofort unerwünscht ist. Sie werden auf dem schnellsten Weg das Land verlassen.«[6] Wessen Entscheidung es genau war, Nayif zu schassen, ist umstritten. Während Saddams Biographen ihm das alleinige Verdienst zuschreiben, sagten die meisten überlebenden Zeitzeugen, die eigentliche Initiative sei von Bakr ausgegangen. Bakr habe Saddam den Befehl zum Eingreifen gegeben. Nayif wurde auf einen Botschafterposten im Ausland abgeschoben und von Saddam persönlich zum Flughafen eskortiert. Beim Verlassen des Palastes hielt Saddam seine in der Jackentasche verborgene Waffe auf Nayif gerichtet, damit er nicht einem Wachsoldaten, auf deren Loyalität er hätte zählen können, ein Zeichen gab.

Hier der offizielle Bericht über diese Ereignisse: »Er [Saddam] warnte Nayif, dass er eine Waffe in der Jackentasche trage und ihn bei dem kleinsten Anzeichen, dass er sich seinen Befehlen widersetzte, auf der Stelle erschießen werde. Saddam ließ seine Leute im Palast zurück, damit sie Präsident Ahmad Hassan al-Bakr beschützten. Auf der Fahrt zum Militärstützpunkt Rashid saß Saddam die ganze Zeit neben Abdul Razzak Nayif. Das Flugzeug stand bereit. Als es abhob, traten Saddam Hussein Tränen in die Augen. Wäre auch nur ein einziger Schuss gefallen, hätte dies das Ende aller Bemühungen zur Absetzung Nayifs bedeuten können. Doch das Schicksal wollte es so, dass alles reibungslos verlief.«[7]

Saddams Tränen waren wohl eher Freudentränen über den geglückten Coup, der Abschied von Nayif dürfte ihm kaum besonders nahe gegangen sein. Die Gefahr, die mit Nayifs Absetzung am 30. Juli verbunden war, belegt etwa die Tatsache, dass die »Korrekturmaßnahme«, wie der Coup fortan genannt wurde, streng geheim behandelt worden war. Hätten jene Truppenteile, die Nayif und Daud gegenüber loyal waren, von dem Vorhaben Wind bekommen, dann wären sie ihm sicher zu Hilfe geeilt und hätten womöglich ein ähnliches Blutbad angerichtet wie 1963. Da besonders Daud viele Anhänger beim Militär hatte, war es keineswegs sicher, ob die Baathisten, die selbst nur über die mangelhaft ausgerüstete Jihaz-Haneen-Truppe Saddams verfügten, diese Kraftprobe überstanden hätten. Die Geschichte des Irak hätte durchaus eine ganz andere Wendung nehmen können. Doch das Schicksal verhalf den Baathisten zum Sieg, und Nayif ging ins Exil nach Marokko. (Die von Nayif eigentlich bevorzugten Orte Beirut und Algier wurden ihm verwehrt, da Nayif in diesen stark politisierten Hauptstädten zu leicht Gefolgsleute gefunden hätte, die seine Rückkehr in den Irak ermöglichen konnten.) In Jordanien wurde Daud von dem Kommandeur der irakischen Einsatztruppen, General Hassan Naquib, festgesetzt und mit einer Militärmaschine zurück nach Bagdad geflogen. Von dort wurde er nach Saudi-Arabien ins Exil geschickt. Nayif galt auch weiterhin als potentielle Gefahr, bis er zehn Jahre später (1978) auf Saddams Befehl hin in London erschossen wurde. Er hatte 1973 bereits ein Attentat überlebt.

Nachdem Nayif und Daud kaltgestellt waren, wurde für die Baathisten endgültig der Weg frei, sich in Opposition zum Militär als beherrschende politische Kraft des Landes darzustellen. Bakr baute seine Machtposition weiter aus. Neben der Präsidentschaft und dem Vorsitz des Revolutionären Kommandorates übernahm er auch noch die Ämter des Premierministers und des Oberkommandierenden der Streitkräfte. Um diese Zeit, nach Vollendung der »zweiten Stufe der Juli-Revolution«, wie es in den regimehörigen Geschichtsbüchern heißt, etablierten sich die Tikritis als stärkste Kraft in der Baath-Bewegung. Außer Bakr selbst besetzten zahlreiche weitere Vertreter dieser Gruppe hohe Ämter im neuen Staatsapparat. Hardan al-Tikriti, der 1964 Saddam zu einem der Entscheidungsträger innerhalb des zivilen Flügels der Baath-Partei gemacht hatte, wurde Verteidigungsminister. Abdul Karim al-Shaikhly, Saddams »Zwilling«, übernahm das Außenministerium. Selbst Saddams Onkel Khairallah, der gar nicht der Baath-Partei angehörte, wurde zum Bürgermeister von Bagdad ernannt. So bekleideten nicht nur eine große Zahl von Tikritis hohe öffentliche Positionen, viele von ihnen waren zudem Saddam persönlich verbunden.

Die bemerkenswerteste Personalie blieb allerdings Saddam selbst. Obwohl er, wie seine Biographen immer wieder hervorheben, eine Schlüsselrolle bei der Absetzung von Arif wie auch von Nayif gespielt hatte, wurde er als Einziger der führenden Verschwörer nicht mit einem Regierungsposten betraut. Saddam wurde mit dem Posten des stellvertretenden Vorsitzenden des Revolutionären Kommandorates bedacht, der eine übergeordnete Kontrolle der Regierung ausübte. Diese Entscheidung wurde, auf Saddams ausdrücklichen Wunsch hin, nicht öffentlich gemacht. Saddam behauptet, er selbst habe das Angebot eines Regierungspostens abgelehnt. Dass er damals erst zwischen neunundzwanzig und einunddreißig Jahre alt war, könnte ein Grund für diese Zurückhaltung gewesen sein. Wahrscheinlicher ist jedoch, dass Saddam es zunächst vorzog, im Hintergrund am Gelingen der Revolution und der Ausschaltung aller dem Bakr-Regime feindlich gesinnten Kräfte mitzuarbeiten. Saddams Biographen schreiben seine Ablehnung eines öffentlichen Amtes der Tatsache zu, dass er »seine Aufgabe mit der erfolgreichen Machtübernahme durch die Baath-Partei als erfüllt ansah«. Wie sehr sich Saddam im Hintergrund hielt, lässt sich daran ablesen, dass kein westlicher Diplomat, die damals alle lange Berichte über die turbulenten Ereignisse im Irak in die Heimat schickten, besondere Notiz von ihm nahm.

Ein Ereignis im Morgengrauen des 17. Juli, als der Putsch gerade begonnen hatte, liefert da schon ein deutlicheres Bild der Aktivitäten Saddams. Denn ganz unblutig verlief der Putsch nicht: Der Rechtsanwalt Harith Naji Shawkat wurde in seinem Haus in Bagdad erschossen. Zunächst schien es rätselhaft, auf wessen Konto Shawkats Tod ging. Er war ein unbescholtener Mann und Familienvater aus gutem Hause, der einige Zeit mit dem Gedanken gespielt hatte, der Baath-Partei beizutreten, mit den Umsturzplänen jedoch hatte er nicht direkt zu tun gehabt. Eine Untersuchung des Falles führte zu dem Schluss, dass Saddam seine neue Sicherheitstruppe mit der Ermordung des Anwalts beauftragt hatte. Wie sich herausstellte, hatte Shawkat eine beträchtliche Summe Spendengelder, rund 20 000 Dinar, für die Partei gesammelt. Nach seiner Flucht aus dem Gefängnis suchte Saddam 1966 Shawkat auf und forderte von ihm die Herausgabe des Geldes für die Parteikasse. Shawkat lehnte ab mit dem Hinweis, das Geld gehöre einer anderen, linksgerichteten Gruppe. Als Mann, der nie etwas vergaß, geschweige denn verzieh, nahm Saddam in dem Moment Rache an dem Anwalt, in dem die Baath-Partei wieder die Macht im Land ergriffen hatte. Einem anderen

Parteiaktivisten zufolge, der damals eng mit Saddam zusammenarbeitete, war diese Tat typisch für ihn. »Saddam war nie ein Ideologe. Er war der Mann fürs Grobe, er erledigte die Drecksarbeit. Dabei nahm ihn niemand in der Partei sonderlich ernst. Das war unser großer Fehler und der Grund, weshalb er hinter den Kulissen seine Drähte ziehen und uns am Ende alle überrumpeln konnte.«[8]

Ein weiteres Beipiel für Saddams Bereitschaft zur Gewalt berichtete Saadoun Shakir, ein Armeedeserteur, der 1966 am Steuer von Saddams Fluchtfahrzeug gesessen hatte und nach dem Juli-Umsturz in den Revolutionären Kommandorat berufen worden war. Er erinnerte sich, dass nach Saddams Plan Nayif »noch am Tag der Revolution« aus dem Weg geräumt werden sollte. In Vorbereitung der Tat erhielt Shakir von Saddam den Auftrag, »zehn verlässliche Parteimitglieder abzustellen, die Nayif ermorden sollten, sobald Saddam den Befehl dazu gab«. Obwohl Nayif der Baath-Partei zur Macht verholfen hatte, wurden ihm »Verbindungen mit ausländischen Mächten zum Zweck der antirevolutionären Sabotage« vorgeworfen.[9] Nach Saddams kurzem Flirt mit dem CIA in Kairo wollte er nicht das Risiko eingehen, dass jemand unliebsame Details über seine eigenen Verbindungen zu »ausländischen Mächten« ausplauderte.

Auch wenn Saddams Methoden nicht die feinsten waren, Bakrs neues Regime brauchte solche Leute. Das war für Bakr Grund genug, Saddam trotz seiner Jugend und Unerfahrenheit im Vergleich zu gestandenen Baathisten wie General Hardan al-Tikriti zu seinem Stellvertreter im Revolutionären Kommandorat zu machen. Diese Ernennung muss für Saddam eine besondere Genugtuung gewesen sein, weil er einst die Aufnahme in die Militärakademie von Bagdad nicht geschafft hatte und die angestrebte Karriere in der Armee gescheitert schien. Oft hatte Saddam mit ansehen müssen, wie seine Rivalen wie General Tikriti ihren militärischen Rang zur Durchsetzung politischer Ziele nutzten. Bakr allerdings, ein Experte in militärischen Fragen, brauchte vor allem einen

Stellvertreter, der sich eher zivilen Fragen widmete, wenn er die alte Vormachtstellung des Militärs in der irakischen Politik brechen wollte. Mit seinem Sicherheitsdienst und seinen paramilitärischen Einheiten war Saddam für diese Aufgabe bestens geeignet. Falls Bakr überhaupt Zweifel an Saddam gehegt haben sollte, wären diese gewiss von Onkel Khairallah Tulfah im Nu zerstreut worden, denn dieser ließ keine Gelegenheit aus, die besonderen Qualitäten seines Neffen zu preisen. »Glaube mir, Bakr, Saddam ist dein Sohn«, predigte Khairallah, der frisch gebackene Bürgermeister von Bagdad, immer wieder. »Verlass dich auf ihn. Du brauchst zu deinem Schutz eine Familie, keine Armee oder Partei. Armeen und Partei hängen in diesem Land ihre Fahne immer nach dem Wind.«[10]

Saddams dramatischer Aufstieg vom Gefängnisinsassen zu einem Anführer der Revolution innerhalb von nur zwei Jahren war eine bemerkenswerte Leistung. Mit Bakr als väterlichem Fürsprecher und dem Verlass auf seinen Sicherheitsapparat führte der Weg des jungen Mannes aus Tikrit steil nach oben. Es ist bezeichnend für Saddams Ehrgeiz und Skrupellosigkeit, dass er den beträchtlichen Nachteil seiner Herkunft und sozialen Stellung so schnell überwinden und bereits in jungen Jahren in die erste Reihe der irakischen Politik vordringen konnte. Kein anderer Protagonist des Putsches von 1968 war wie er als Halbwaise in bäuerlicher Armut und ohne Schulbildung aufgewachsen. Nachdem er mit seinem Onkel Khairallah Mitte der fünfziger Jahre nach Bagdad gekommen war, hatte Saddam als einzige Qualifikation die zweifelhafte Kunst des Gangstertums und politischen Ränkespiels erlernt. Seine Privatideologie bestand im Wesentlichen aus einem tief verwurzelten, an Xenophobie grenzenden Patriotismus, den ihm sein Onkel eingeimpft hatte, und einer profunden Einsicht darin, dass im Irak nur derjenige politisch erfolgreich war, der mit allen Mitteln nach unumschränkter Macht strebte, und sie dann rücksichtslos sicherte.

Bis zu seiner Inhaftierung 1964 hatte sich Saddam in der

Baath-Partei bereits einen Namen gemacht und war in die regionale Führungsriege aufgerückt, nachdem er sich durch besonderen Einsatz bei der Kommunistenhatz hervorgetan hatte. Die Spaltung der Baath-Partei um die Jahreswende 1963–1964 infolge heftiger Meinungsverschiedenheiten kam Saddam am Ende ebenso zugute wie eine Reihe weiterer Begebenheiten während und nach seiner Gefangenschaft. Die wohl wichtigste Entwicklung auf politischem Gebiet war die Verschlechterung der Beziehungen zwischen den syrischen und irakischen Baathisten. Die Situation spitzte sich zu, als im Februar 1966 der marxistische Flügel der syrischen Baath-Partei mit einem Militärputsch in Damaskus die Macht ergriff. Michel Afleq und andere eher gemäßigte Mitglieder wurden in Syrien verhaftet, und der Nationalrat der Partei, der im Grunde für die Baathisten in allen arabischen Staaten einschließlich des Irak die Marschrichtung vorgab, wurde aufgelöst. Der Sieg der Linken in Damaskus ließ nicht nur ein Wiedererstarken der Kommunisten in Bagdad befürchten. Die neue syrische Regierung machte außerdem deutlich, dass sie weiterhin universellen Führungsanspruch für alle Baathisten erhob, was eine Kontrolle der irakischen Partei durch Syrien bedeutet hätte.

Befehle von syrischen Kommunisten entgegenzunehmen kam für die Nationalisten in Bagdad jedoch nicht in Frage, und so machte sich Saddam gleich nach seiner Flucht aus dem Gefängnis an die Organisation eines so genannten Außerordentlichen Regionalkongresses der Partei. Dieser fand schließlich im September 1966 in Bagdad statt und gilt heute als ein Wendepunkt in der Geschichte der Baath-Bewegung, als der Moment der endgültigen Abspaltung der irakischen Baath-Partei von ihrer syrischen Schwester. Diese Spaltung sollte fortan das Verhältnis der Rivalen in Bagdad und Damaskus prägen. Der Regionalkongress beschloss, das System eines einzigen Führungsgremiums mit Sitz in Damaskus mit Untergremien in den einzelnen Mitgliedsländern abzuschaffen. Seither existierten zwei Nationalräte, einer im Irak und einer in

Syrien, die sich beide als rechtmäßige Erben der Gründungspartei und Vertretung aller Baathisten der arabischen Welt verstanden. Das Schisma wurde im Februar 1968 noch vertieft, denn die irakische Fraktion unter Bakr betonte nun ihrerseits den Führungsanspruch.

Neben dem Aufbau einer eigenständigen Baath-Partei im Irak beschäftigte sich Saddam in den folgenden zwei Jahren mit der Vorbereitung der Juli-Revolution von 1968. Ohne Zweifel war er Bakrs rechte Hand. Zuvor musste die Partei die traumatische Niederlage von 1963 verarbeiten und, so Saddams Überzeugung, die letzten linken Elemente ausmerzen. Zu diesem Zweck trieb Saddam den Aufbau und die interne Organisation der Parteimiliz Jihaz Haneen voran. Der geistige Vater dieser Miliz war zwar eigentlich Abdul Karim al-Shaikhly, doch der Ideologe und Denker Shaikhly überließ das Tagesgeschäft der Umsetzung seiner Ideen nur allzu gerne Saddam. Unter seiner Führung erfolgte die Gliederung der Jihaz Haneen als Verbund autonomer Zellen, bestehend aus überzeugten und loyalen Parteiarbeitern, die unabhängig voneinander agierten. Viele Vertrauensleute, die Saddam zu den Anführern der einzelnen Jihaz-Haneen-Zellen machte, hatten schon 1963 mit ihm in den Folterkellern des Präsidentenpalastes gearbeitet. Saddams Strategie bei der parteiinternen Kräfteverteilung lässt sich zum Beispiel daran ablesen, dass alle drei Halbbrüder Saddams – Barzan, Sabawi und Watban – die Trainingscamps seiner Miliz durchliefen, wo sie die übliche Terrorausbildung erhielten. Kopf einer jener Jihaz-Haneen-Zellen war, wie zu erwarten, Saddams enger Freund Saadoun Shakir. Bakr und Saddam gestalteten die Baath-Partei immer mehr als eine Art Familienunternehmen, wobei Saddam in der Hauptsache sicherstellen wollte, dass die Baathisten beim nächsten Griff nach der Macht diese nicht nur errangen, sondern auf Dauer behielten.

Obwohl Saddam emsig bemüht war, seine Ausgangsbasis für den weiteren Aufstieg zu einem der mächtigsten Männer des Irak zu festigen, blieb er sozial isoliert, ein Außenseiter, den die eigene Schüchternheit oft daran hinderte, sich unters Parteivolk zu mischen. Er war ein stattlicher Mann, aber mit seinem ländlichen Akzent und seinem groben, ungeschlachten Arabisch wirkte er befremdlich inmitten seiner feinen Parteifreunde in Bagdad. Einige Weggefährten erinnerten sich, dass Saddam bei seinen ohnehin raren öffentlichen Auftritten nur selten das Wort ergriff, und wenn, dann geißelte er stereotyp den Kommunismus. Zumeist wurde er bei solchen Gelegenheiten von seiner Frau Sajida begleitet, die kurz nach Saddams Flucht aus dem Gefängnis wieder schwanger geworden war. Insgesamt wurde Sajida von ihrem Mann jedoch ziemlich vernachlässigt; sie hatte sich zu Hause um den Nachwuchs zu kümmern, während Saddam jede freie Minute für seine Karriere nutzte. Die erste Zeit in der wiedererlangten Freiheit tauchte Saddam bei Freunden wie Abdul Karim al-Shaikhly oder anderen Parteiaktivisten unter. Selbst als das Versteckspiel überflüssig wurde, wechselte Saddam zum Schutz vor Racheakten immer wieder das Quartier. Auch nachdem er Präsident geworden war, hielt er an dieser Gewohnheit fest. Während des gesamten Golfkrieges 1991 zum Beispiel habe er, wie es hieß, jede Nacht an einem anderen Ort verbracht. Als Vollzeit-Angestellter der Baath-Partei erhielt Saddam ein bescheidenes Einkommen von 15 Dinar im Monat (rund 30 Dollar), das aus den Pflichtbeiträgen von monatlich fünf Dinar je Parteimitglied gezahlt wurde. Ein alter VW Käfer, der 1963 den Kommunisten gestohlen worden war, wurde ihm als Dienstwagen zur Verfügung gestellt und später durch einen alten Mercedes ersetzt, den man auf ähnliche Weise erworben hatte.

Saddam hielt sich während der ganzen ersten Monate nach seiner Flucht aus dem Gefängnis versteckt. Obwohl es Gerüchte gab, dass die Regierung an seiner Befreiung beteiligt gewesen sei, wollte Saddam möglichst wenig Aufsehen erregen. Bis zum Herbst wurden die gerichtlichen Anklagen gegen Saddam klammheimlich fallen gelassen, sodass er wieder ans Licht der Öffentlichkeit treten konnte. Manchem Parteiaktivisten galt Saddam als Bakrs »Ziehsohn«. Saddam genoss allgemein kein hohes Ansehen, sein Ruf war befleckt von den Gräueln, die im Namen des Baath 1963 an den Kommunisten begangen worden waren. Bakr dagegen, der Kopf einer Gruppe von einflussreichen Militärs in der Partei, galt als Garant für die erneute Machtergreifung, nachdem der allseits respektierte Präsident Abdul Salam Arif im April 1966 bei einem mysteriösen Hubschrauberabsturz umgekommen war. Sein wenig charismatischer Bruder folgte ihm ins Amt, wodurch binnen kurzem ein Machtvakuum entstand, das den Irak destabilisierte. »Wir glaubten, Bakr sei unsere beste Chance, die Regierung auf einem goldenen Tablett serviert zu bekommen«, kommentierte einer der damaligen Weggefährten Saddams. »Aus Treue zu Bakr kritisierte niemand dessen Verhältnis zu Saddam.«[11]

Außer dem Ruf eines Mannes, der über Leichen geht, hatten die Vorbehalte seiner Mitstreiter auch mit Saddams ehemals recht komfortablen Haftbedingungen zu tun. Die Erinnerung an die grausamen Szenen bei den Putschversuchen von 1958 und 1963 gemahnte Präsident Abdul Salam Arif daran, dass Gewalt nur mit Gewalt bekämpft werden könne, und entsprechend hart fiel die Bestrafung der 1964 wegen Verschwörung verurteilten Baathisten aus. Sie alle hatten zumindest damit zu rechnen gehabt, dass man ihnen die Arme straff hinter dem Rücken fesseln und sie dann mit einem dicken schwarzen Gummischlauch verprügeln und auf die Fußsohlen schlagen würde. Andere wurden mit Seilen an Lastwagen gehängt und über das Gefängnisgelände geschleift oder auf andere Weise gefoltert. Abdul Karim al-Shaikhly wurden Nägel in den Rücken getrieben. Doch trotz Saddams wichtiger und gut belegter Rolle in der Baath-Partei und beim Putschversuch gegen Arif 1964 wurde er in seiner Haft nicht misshandelt.

Dies führte natürlich zu Argwohn bezüglich seiner wahren Loyalität. Es war allgemein bekannt, dass Saddam bei den Säuberungen des Jahres 1963 großen Ehrgeiz entwickelt hatte, Kommunisten mit Hilfe von Listen der CIA ausfindig zu machen und zu liquidieren. Bei diesen Aktionen könnte er Kontakte zu hohen Beamten der Regierung Arif geknüpft haben. Saddam nahm es mit der Ideologie nie so genau und hatte sich stets an jene gehalten, die ihm bei seinem Aufstieg gerade dienlich waren. Denkbar ist aber auch, dass er andere aus den Reihen der Baath-Partei für die Regierung ausgehorcht hat.[12] Möglicherweise war er auch als Spitzel für den britischen oder amerikanischen Geheimdienst tätig. (Angesichts von Saddams Beziehungen zur amerikanischen Botschaft in Kairo kommt die CIA hierfür eher in Frage.) Jedenfalls waren viele seiner Parteigenossen damals überzeugt, eine ausländische Macht müsse sich während seiner Haft für ihn eingesetzt haben. Der Verdacht erhielt zusätzliche Nahrung, weil Saddam kurz nach seiner Flucht Kontakt zu Robert Anderson aufnahm, einem CIA-Agenten, der sich oft in Bagdad aufhielt, um die sowjetischen Aktivitäten zur Sicherung der irakischen Ölvorkommen auszuspionieren. Anderson war bekannt wie ein bunter Hund, und seine Besuche lösten mitunter regelrechte Demonstrationen auf Bagdads Straßen aus, bei denen Sprechchöre wie »Anderson, go home!« erschollen. Der CIA-Mann bevorzugte natürlich eine Regierung in Bagdad, die ein Gegengewicht zu dem jüngst in Damaskus entstandenen marxistischen Regime darstellte, und so war er auch an Propagandaaktionen mit Flugblättern beteiligt, die von Saddams Milizen unters Volk gebracht wurden. Der genaue Gegenstand von Saddams Besprechungen mit Anderson ist unbekannt, doch weiß man von der Existenz einer schriftlichen Anfrage Saddams beim britischen Konsulat der südirakischen Hafenstadt Basra, in der er um Hilfe beim Sturz der Regierung Arif bittet.[13]

Neben seiner Parteiarbeit lag Saddam aber auch seine berufliche Ausbildung am Herzen, weshalb er sich an der juristischen Fakultät der Universität von Bagdad einschrieb. Im September 1966 verlangte die Hochschule für die Einschreibung keinen besonderen Notendurchschnitt; das Abschlusszeugnis einer Oberschule war Qualifikation genug. Der einzige offizielle Ausbildungbeleg, den Saddam bis dahin überhaupt erworben hatte, war das Schulabschlusszeugnis, das allen Baathisten im Exil in Kairo ausgestellt wurde. Doch nicht einmal das musste Saddam in Bagdad jemals vorlegen. Der Studiengang war so überlaufen, dass in zwei Schichten unterrichtet wurde, und Saddam war unter diesen miserablen Bedingungen auch noch alles andere als ein Musterschüler. Aller Schüchternheit zum Trotz war er bei politischen Diskussionen auf dem Campus kaum zu bremsen, und zu seiner imponierenden Gestalt kam nun noch ein herrisches Auftreten hinzu. »Im Vergleich zu den anderen Studenten sprach er mit Schärfe und Ingrimm«, erinnerte sich ein früherer Kommilitone. »Er platzte fast vor Aggressivität.« Von seinen extremistischen Ansichten abgesehen, unterschied sich Saddam von den anderen Studenten schon dadurch, dass er meist in Begleitung von vier oder fünf »Leibwächtern« unterwegs war, allesamt Mitglieder der Jihaz Haneen, und dass er eine Pistole trug. »Saddam erweckte den Eindruck von Unnahbarkeit, weil er immer von einem Schlägertrupp umgeben war. Oft kam er in die Mensa der medizinischen Fakultät, einer seiner Lieblingsorte auf dem Campus, begleitet von seinen Leibwächtern. Diese Typen verstanden keinen Spaß und hatten den Körperbau von Gewichthebern. Keiner von uns wollte sich auf einen Streit mit Saddam einlassen, obwohl wir seine politischen Ansichten nicht teilten. Er war der einzige Baathist auf dem Campus, der sich so aufführte.«[14]

Saddams Leibwächter waren unter den Studenten als »Saddameen« bekannt, und wenn sie nicht gerade ihren Boss beschützten, vertrieben sie sich die Zeit mit der Einschüchterung derjenigen, die Bakrs rechtslastiges Baath-Programm nicht unterstützen wollten. In vielerlei Hinsicht hatten die Saddameen Gemeinsamkeiten mit Nazi-Braunhemden, in jedem Fall teilten sie deren Hass auf Kommunisten und andere Linke. Saddam benutzte sie, um alle einzuschüchtern, die seine politischen Ansichten nicht teilten. Sie brachen in die Häuser von linken Politikern ein und raubten sie aus. Manchmal schossen sie auch die Einrichtung mit ihren Sturmgewehren zusammen. Es gibt schlagende Beispiele für Saddams Skrupellosigkeit: Im Herbst 1967 betrat er ein Kaffeehaus, dass unter jungen Baathisten beliebt war. Ohne sich mit der Begrüßung seiner Bekannten aufzuhalten, verkündete er, dass er soeben einen linksgerichteten Baathisten namens Hussein Hazbar auf der Al-Jadiria-Brücke mitten in Bagdad umgebracht hatte. »Ich habe mit dem Revolver so lange auf seinen Kopf eingeschlagen, bis er sich nicht mehr gerührt hat«, protzte Saddam. »Den werdet ihr nicht wiedersehen.«[15] Wider Saddams Erwarten waren die anderen Baathisten im Kaffeehaus von seiner Eröffnung entsetzt und protestierten gegen diese Art, Meinungsverschiedenheiten auszutragen. Saddam lachte nur und verließ mit seinen Leibwächtern das Lokal. Die anderen Gäste eilten zum städtischen Krankenhaus, wo sie von der Einlieferung des schwer verletzten Hazbar erfuhren. Trotz zweier gebrochener Arme und einer Schädelfraktur überlebte er den Angriff. Die jungen Baathisten versuchten Hazbar zu beruhigen, so gut es ging, indem sie ihm versicherten, dass sie Saddams Tat verabscheuten. »Wir wollten ihm klar machen, dass wir nicht der Ansicht waren, dies sei im Sinne der Partei gewesen«, sagte einer der Augenzeugen später. »Nach dem, was Hazbar angetan worden war, konnten wir ihm kaum begreiflich machen, dass nicht alle in der Baath-Partei übergeschnappte Mörder waren.«[16]

Saddams Schlägertrupps trugen sicher dazu bei, den Boden für den Putsch von 1968 zu bereiten. Doch seine historische Wurzel hatte der Putsch zweifellos in der Krise, die die arabische Welt nach dem Sieg Israels im Sechs-Tage-Krieg im Juni 1967 erlebte. Die in Jordanien stationierten irakischen Truppen, die für einen gemeinschaftlichen Angriff der arabischen Staaten auf Israel bereitstanden, waren überrollt worden, ohne echte Gegenwehr leisten zu können. Der israelische Sieg traumatisierte die arabische Welt nicht zuletzt deshalb, weil er ein Schlag ins Gesicht des Präsidenten Nasser war, der immer wieder in säbelrasselnden Reden verkündet hatte, eine vereinte arabische Armee könnte mit einem einzigen Angriff das »zionistische Gebilde«, wie er Israel herablassend nannte, vernichten. Nasser selbst kam nie über die Schmach der Niederlage hinweg und starb 1970 als gebrochener Mann. In einigen Teilen der arabischen Welt kam es zu offenen Feindseligkeiten gegenüber den Regierungen, die für den Ausgang des Krieges und die Besetzung der West Bank, des Gaza-Streifens, der Golan-Höhen und des Sinai durch Israel verantwortlich gemacht wurden. In Bagdad richtete sich der Zorn der Irakis gegen Präsident Abdul Rahman Arif.

Die Niederlage im Sechs-Tage-Krieg nahmen die Baathisten zum Anlass, gegen die Regierung Stimmung zu machen. Vom Herbst 1967 an arbeitete Bakr, mit Saddams Unterstützung, an einem konzertierten Aktionsplan, der letzlich in dem Umsturz vom Juli 1968 gipfelte. In den letzen Monaten des Jahres 1967 und im Frühjahr 1968 organisierte die Baath-Partei eine Serie von Streiks und Demonstrationen, bei denen die Korruption und Unfähigkeit des herrschenden Regimes angeprangert und seine Ablösung gefordert wurden. Saddam trat bei solchen Streiks selbst mit in vorderster Front auf, besonders auf dem Universitätscampus von Bagdad. Bei einem der ersten Streiks, zu dem alle Oppositionsparteien außer den Baathisten aufgerufen hatten, tat sich Saddam umgekehrt eher als Streikbrecher denn als Vorkämpfer des Neuen hervor. Eine Partei, die im Irak erfolgreich sein wollte, musste vor allem auf die Ängste des kleinen Mannes Rücksicht nehmen, und so beschlossen die Baathisten Ende 1967, als die großen Oppositionsgruppen zum landesweiten Streik gegen die Regierung aufriefen, diesen Streik zu torpedieren. Dabei konnten sie ihre straffe Organisation unter Beweis stellen, indem sie die Streikenden von brutalen Schlägertrupps wieder zur Arbeit treiben ließen. Saddam war mit der Rückendeckung seiner »Saddameen« auf solche Aufgaben spezialisiert und setzte seine ganze Energie daran, die streikenden Studenten der Universität von Bagdad zurück in die Hörsäle zu prügeln. »Wenn Saddam auf dem Campus auftauchte, schoss er als Erstes mit seinem Gewehr in die Luft, um die Studenten in Angst und Schrecken zu versetzen«, erinnerte sich einer von Saddams alten Komilitonen. »Dann schwärmte er mit seinen Saddameen aus, um die Studenten unter Stockschlägen wieder zu den Vorlesungen ins Gebäude zu treiben. Die Methode erwies sich als wirksam, und binnen kurzem war der Streik an der Uni beendet.«[17]

Mit ihrem doppelten Spiel stieg die Baath-Partei rasch zur führenden Opposition im Land auf. Nachdem sie gezeigt hatte, dass es ein Leichtes für sie war, Streiks im Keim zu ersticken, machte sich die Partei nun daran, ihren politischen Einfluss bei der Organisation eigener Streiks und Demonstrationen geltend zu machen. Die erste Jahreshälfte 1968 war eine Phase hoher politischer Instabiliät in Bagdad. Die Regierung unter Arif kämpfte verzweifelt um den Machterhalt. In einem Memorandum vom April des Jahres verlangten dreizehn ehemalige Armeeoffiziere, darunter fünf Mitglieder der Baath-Partei, von Arif die Entlassung des Premierministers Tahir Yahya, die Einberufung einer gesetzgebenden Versammlung sowie die Bildung einer neuen Regierung. Es ist bezeichnend für die Schwäche der Regierung Arif, dass sie trotz alarmierender Hinweise auf die immer offensivere Taktik der Baathisten zu diesem Zeitpunkt nichts mehr zur Eindämmung ihrer Aktivitäten unternahm. Arif zog den Kopf ein und versuchte, Kompromisse zu den Forderungen auszuhandeln. Yahya traf sich insgeheim mehrmals mit den Baathisten, um die Chance für eine gütliche Einigung auszuloten. Auf Yahyas Initiative kam es von 1966 bis 1968 sogar zu regelmäßigen Begegnungen zwischen der Baath-Führung um Bakr, der offiziell einer verbotenen Organisation angehörte, und Regierungsvertretern im Präsidentenpalast. Dabei wurde die Möglichkeit der Bildung einer Regierung der nationalen Einheit diskutiert.[18] Die irakische Regierung war bereits so sehr in der Defensive, dass es nur eine Frage der Zeit war, bis Bakr und seine Gefolgsleute die Macht übernahmen. Gut möglich, dass

Bagdad schon im Sommer 1967 einen Putschversuch erlebt hätte, wenn nicht der Sechs-Tage-Krieg dazwischengekommen wäre.

Saddam arbeitete unermüdlich weiter am Ausbau seiner Machtposition in der Baath-Partei. Er war nun bereits eine feste Größe in der Hierarchie, und auf dem 9. Pan-Arabischen Kongress der Baath-Bewegung in Beirut im Dezember 1967 kandidierte Saddam bei der Wahl für das Internationale Führungsgremium der Partei. Das umfangreiche Tagungsprogramm war vor allem der Beilegung der innerparteilichen Streitigkeiten gewidmet, allen voran denen zwischen den linksgerichteten Syrern und den rechtsgerichteten Irakern. Dieser Versuch Saddams, auf der Karriereleiter weiter nach oben zu klettern, endete mit einer demütigenden Niederlage. Saddam konnte bei der Wahl nicht selbst zugegen sein, ließ sich aber durch seinen Freund Abdul Karim al-Shaikhly vertreten, der Saddams Namen auf die Wahlliste setzte. Doch Saddam eilte sein schlechter Ruf voraus, nicht zuletzt wohl wegen seiner Mithilfe bei den Säuberungen in der irakischen Baath-Partei, die Bakr im Jahr zuvor durchgeführt hatte. Die Delegierten verweigerten Saddam nicht bloß ihre Stimme; sie verhinderten sogar seine Aufnahme in die Liste der Kandidaten. Ein Teilnehmer des Kongresses in Beirut nannte als Hauptgrund für die Ablehnung, dass Saddam bei Baathisten allgemein kein Ansehen genoss und keine Glaubwürdigkeit besaß. »Der Mann hatte den Ruf eines Schlägers. Ihm wurden Verbindungen zu ausländischen Geheimdiensten nachgesagt. Er besaß kaum echten Rückhalt in der Partei, abgesehen von seiner Freundschaft mit Bakr. Niemand wollte ihm seine Stimme geben. Shaikhly glaubte, Saddam einen Gefallen zu tun, als er dessen Namen auf die Liste setzte, doch in Wirklichkeit sorgte er nur dafür, dass Saddam gedemütigt wurde.«[19] Durch diese Niederlage war Saddam zweifellos tief in seinem Stolz verletzt, und so etwas vergaß er nicht. Fortan hegte er auch noch einen lebenslangen Groll gegen jene, die ihm und seinen politischen Ambitionen bei dieser Wahl eine Abfuhr erteilt hatten.

Bis zum Sommer 1968 gewannen die Baathisten in der Öffentlichkeit immer mehr Sympathien. Ihre wachsende Popularität fand im Juni auf einer Großdemonstration in Bagdad anlässlich des ersten Jahrestages des Sechs-Tage-Kriegs sichtbaren Ausdruck. In diesem Jahr kam es bekanntlich an Universitäten überall in Europa und Amerika zu politischen Kundgebungen, und die jugendlichen Rebellen glaubten, den Lauf der Welt grundlegend verändern zu können. In Bagdad stand die Revolution kurz bevor. Für eine Demonstration dieser Tage war eine provisorische Rednerbühne in der Al-Rashid-Straße errichtet worden, von der aus Bakr, in Begleitung von Saddam, Shaikhly und fünf ehemaligen Armeeoffizieren zu den Massen sprach. In seiner Rede fuhr Bakr schwere Geschütze auf gegen einige arabische Regierungen wegen ihres Versagens im Krieg gegen Israel. Er warf ihnen vor, sie seien von jüdischen Spionen unterwandert. Diese Botschaft kündete bereits das spätere Unheil der anti-jüdischen Schauprozesse an, die kurz nach Bakrs Einzug in den Präsidentenpalast begannen. Bakrs Rede wurde begeistert aufgenommen. Sogar die Einsatzleiter der Polizei, die auf der Kundgebung für Ordnung sorgen sollten, stiegen auf die Bühne und applaudierten Bakr. Den beeindruckenden Rückhalt der Baath-Partei in der Bevölkerung bemerkten auch die Offiziere, die seit dem Sturz der Monarchie 1958 im Grunde entschieden hatten, wer das Land regieren durfte. Allmählich setzte sich bei ihnen die Einsicht durch, dass sie sich hinter die Baathisten stellen mussten, wenn sie nicht von der bevorstehenden Revolution weggespült werden wollten.

Ayad Allawi, ein junger Medizinstudent und Leiter einer Baath-Zelle in Bagdad, sah in der Entscheidung der Militärs, sich dem Umsturz anzuschließen, den entscheidenden Grund für den unblutigen Verlauf der Revolution. »Wir hatten die Kommandeure der Republikanischen Garde und des militärischen Abschirmdienstes auf unserer Seite, außerdem die Befehlshaber wichtiger Stützpunkte in und um Bagdad. Mindestens ein Viertel des Offizierskorps waren Mitglied der

Baath-Partei, und deren Unterstützung garantierte, dass der Putsch vom ersten Moment an wie ein Uhrwerk funktionierte.« Allawi leitete eine der drei Gruppen, die am Morgen des 17. Juli zuschlugen. Eine bestand vorwiegend aus Soldaten der Republikanischen Garde, aber auch einige Baathisten und Saddam gehörten dazu. Diese Gruppe besetzte den Präsidentenpalast. Eine zweite, unter Führung der 10. Armeebrigade, sollte das Stadtzentrum Bagdads unter Kontrolle bringen. Die dritte Gruppe schließlich hatte den Auftrag, die Fernseh- und Rundfunksender sowie die wichtigste Brücke der Stadt zu besetzen. »Eigentlich wusste jeder, dass die Revolution kommen würde. Das war der Grund für die geringe Gegenwehr. Die Frage war nur: wann.«[20]

Am Morgen nach dem Putsch traf Allawi zufällig Saddam. Er war in bester Laune unterwegs zu einer Radioansprache. »Im Rückblick muss man sagen, dass wir ihn alle unterschätzt haben«, sagte Allawi, einst Vorsitzender des Studentenausschusses der Baath-Partei. »Wir glaubten, Saddam sei das schwächste Glied in der Kette der Parteiführung und würde bestimmt bald ausgewechselt. Ich kannte niemanden, der die Männer des Tikriti-Klans sonderlich ernst nahm. Unser Ziel war, einen modernen, demokratischen Staat zu errichten. Zum damaligen Zeitpunkt hätte ich nicht im Traum daran gedacht, dass Saddam einmal zur wichtigsten Figur im Irak werden könnte. Da gab es doch viel geeignetere Kandidaten mit großer politischer Erfahrung.« Unter den jungen Baathisten herrschte eine so euphorische Grundstimmung, dass kaum Kritik an Bakrs »Korrekturmaßnahme« mit der Absetzung Nayifs laut wurde. In Allawis Erinnerung war dieser Schachzug allein die Idee Bakrs, auch wenn er in der Partei auf breite Zustimmung stieß. »Das ganze Spiel war ein Meisterstück«, meinte Allawi. »Bakr gab sich gerne umgänglich und bescheiden, doch tatsächlich hatte er zwei Gesichter. Er war ein erstklassiger Intrigant.« Für die Baathisten war die Zusammenarbeit mit Nayif und den anderen nicht baathistischen Militärs ein reines Zweckbündnis gewesen, und jetzt war die Scheidung angesagt. Ein altes irakisches Sprichwort sagt: Friss deinen Feind zu Mittag, dann frisst er dich nicht am Abend. Laut Allawi hatten die Baathisten noch einen Grund, sich von Nayif zu distanzieren. »Es galt als erwiesen, dass Nayif mit westlichen Mächten kollaboriert hatte. Wir mussten ihn schon deshalb absetzen, um vor dem irakischen Volk das Gesicht zu wahren.«

Das Schreckgespenst der CIA und der »Ausländer«, allen voran die Juden, wurde zu einer der meistgespielten Karten des Baath-Regimes nach der »Korrekturmaßnahme« vom 30. Juli, mit der Bakr und seine Seilschaft aus Tikrit ihre Machtbasis konsolidierten. Diese Entwicklung beunruhigte viele junge idealistische Baathisten wie Allawi. Sie hatten die Juli-Revolution unterstützt in dem naiven Glauben, sie könnten aus dem Irak einen modernen Staat machen. »Bis zum Umsturz lehnte die Baath-Partei Gewalt strikt ab«, sagte Allawi, der spätere Führer des Irakischen Nationalbunds, einer großen Oppositionsgruppe. »Die einzige Gewaltanwendung, die wir uns vorstellen konnten, war eines Tages einen Krieg gegen Israel zu führen.« Doch die Elite der Partei, in der Saddam eine Schlüsselrolle einnahm, hatte andere Pläne, und es dauerte nicht lange, bis die Ideale der Juli-Revolution unter Saddams tätiger Mitwirkung in Gewalt und Blutvergießen untergingen

Saddam stand unter dem Verdacht, für den einzigen Toten am Tag des Putsches verantwortlich zu sein. Vier Monate später war er wieder in einen Mordfall verwickelt. Auf Nasir al-Hani, der im Sommer 1968 kurze Zeit Außenminister unter Nayif gewesen war, wurde ein Anschlag verübt. Hani war ein Karriere-Diplomat ohne ausgeprägte politische Orientierung. Nachdem er aus dem Amt gejagt und Saddams lebenslanger Gefolgsmann Abdul Karim al-Shaikhly zu seinem Nachfolger bestimmt worden war, erhob Hani lautstark Kritik an der neuen Regierung, weil sie seiner Meinung nach die Revolution verraten habe. Hani wurden jedoch wie auch Nayif enge Kontakte zum CIA vorgeworfen. Der CIA wollte verhindern, dass die neue irakische Führung, unabhängig von politischen Inhalten oder Personen, mit den Sowjets paktierte. Politikern mit Kontakten ins Ausland begegnete man im Irak mit großem Argwohn, und falls Hani tatsächlich mit der CIA kooperiert hatte, wäre er sehr wohl in der Lage gewesen, Saddams eigene Kontakte mit dem amerikanischen Geheimdienst aufzudecken. Was auch immer die genauen Motive waren, Saddam wollte sich Hani vom Hals schaffen und ließ ihn in der Nacht des 10. November von einem bewaffneten Kommando entführen und ermorden.

»Die Leute, die Hani ermordeten, waren Mitglieder von Saddam Husseins Geheimdienst«, sagte Allawi. Er selbst hatte mehrere Anschläge dieser Killerkommandos überlebt. »In der Baath-Partei war man über die Ermordung Hanis entsetzt. Wir wollten ein neues Land aufbauen, und nicht in die Gewaltherrschaft früherer Jahre zurückfallen. Doch mit Männern wie Saddam an der Spitze bestand darauf wenig Hoffnung.«[22] Obwohl Saddam nie offiziell des Mordes angeklagt wurde, war jedem in Bagdad klar, dass er dahintersteckte, »weil Hani zu viel wusste«. Die Argumente, mit denen Saddam jede Beteiligung an dem Mord von sich wies, waren alles andere als überzeugend. Den Vorwürfen begegnete er mit einer rhetorischen Frage: »Wer war Nasir al-Hani und welche Gefahr ging von ihm für die Regierung und die Partei aus? Er war weder Politiker noch ein ernsthafter Konkurrent für uns ... Warum hätten wir uns die Mühe machen sollen, ihn umzubringen?«[23] Was auch immer der Grund für diesen Mord gewesen war, Saddams blutiger Kampf gegen alle, die ihm im Weg standen, legte ganz allmählich das Fundament für jene Terrorherrschaft, die zum Markenzeichen der neuen irakischen Führung werden sollte.

VIER

Der Rächer

Die öffentliche Hinrichtung von vierzehn Spionen war als Propaganda-Veranstaltung kaum zu übertreffen. Am Morgen des 27. Januar 1969 zog sich die Polizei aus dem Stadtzentrum von Bagdad zurück und überließ die Straßen den Anhängern der Baath-Partei. Unter der Anleitung der von den Baathisten eingesetzten Kommissare errichteten freiwillige Helfer Galgen im Abstand von jeweils siebzig Metern rund um den Platz der Befreiung. Neun Verurteilte waren irakische Juden, und der Prozess, in dem sie der Spionage für Israel angeklagt waren, war das Aufsehen erregendste Gerichtsverfahren in der Geschichte des Landes gewesen. Zu den Hinrichtungen erwarteten die Behörden massenhaften Zulauf, und sie wollten dafür sorgen, dass alle Schaulustigen das Spektakel bequem genießen konnten. Die Regierung hatte einen staatlichen Feiertag ausgerufen und sich großzügig bereit gefunden, etwa hunderttausend »Arbeiter und Bauern« mit Bussen nach Bagdad zu fahren. Als die Verurteilten schließlich zum Galgen geführt wurden, herrschte in der Stadt eine beinahe karnevalsähnliche Stimmung. Auf dem Platz der Befreiung saßen ganze Familien zum Picknick zwischen den Blumenbeeten. Wer nicht dabei sein konnte, hatte die Möglichkeit, das Ereignis in Rundfunk oder Fernsehen live zu verfolgen. Kurz vor dem geplanten Beginn der Hinrichtungen drehten Präsident Bakr und sein fähiger Stellvertreter Saddam Hussein in einer offenen Limousine und unter dem Beifall der studentischen

Baathisten, die die Straßen säumten, eine Ehrenrunde um den Platz.

Das grausige Schauspiel dauerte vierundzwanzig Stunden. Nach der Exekution ließ man die Leichen – darunter einen sechzehnjährigen Jugendlichen – an den Galgen hängen. Ein Augenzeuge erinnert sich, wie er vier Stunden nach der Vollstreckung von der Menge gegen die Gehenkten gedrängt wurde: »Man konnte sehen, dass ihr Genick gebrochen war und sich ihr Hals ungefähr dreißig Zentimeter in die Länge gezogen hatte.« Filmaufnahmen, die im irakischen Fernsehen gezeigt wurden, zeigten zahllose lächelnde Milizen und Baath-Anhänger, die jubelnd vor den Kameras tanzten. Später am Tag hielt Bakr vor einer johlenden Menge eine flammende antizionistische und antiimperialistische Rede, während die Leichen der kurz zuvor gehenkten »Spione« hinter ihm an den Galgen baumelten: »Wir werden sie gnadenlos und mit stählerner Faust schlagen, diese Ausbeuter und Schurken der fünften Kolonne, die Handlanger des Imperialismus und des Zionismus!« Weitere führende Köpfe der Baath-Partei stachelten die verwirrten Bauern an und rüttelten sie zu einer wütend skandierenden, spuckenden, Steine werfenden Meute auf. Ein gutes Beispiel für die Funken sprühende Rhetorik, die vom Podest ausging, lieferte Saleh Omar al-Ali, der bei dem Militärputsch vom 17. Juli des Vorjahres neben Saddam auf dem Panzer gesessen hatte (siehe Kapitel drei). Die Revolution hatte Ali, inzwischen »Führungsminister« der Baathisten und mit der erfolgreichen Verfolgung des »israelischen Spionagerings« betraut, Ansehen und Macht geschenkt. Er hatte die Verhöre persönlich überwacht und bei der Organisation der Schauprozesse mitgewirkt. »Großes Volk des Irak! Der heutige Irak wird Verräter, Spione, Agenten oder die fünfte Kolonne nicht mehr tolerieren! Findelkind Israel, imperialistische Amerikaner und Zionisten, hört mich an! Wir werden all eure schmutzigen Tricks aufdecken! Wir werden eure Agenten bestrafen! Wir werden alle eure Spione aufhängen, und wenn es Tausende sind! ... Großes Volk des Irak! Dies ist nur der Anfang!

Leichen von Verrätern und Spionen werden unsere großen und unsterblichen Plätze füllen! Wartet nur!«[1] Saddams Kommentar war kurz und prägnant. Man hatte die Spione aufgehängt, »um dem Volk eine Lehre zu erteilen«.

Der berüchtigte Prozess um die »israelischen« Spione war ein anschauliches Beispiel für eine Entwicklung in den Nachwehen der Revolution von 1968, die sich nur als Stalinisierung des Irak beschreiben lässt. Saddam mag von abgrundtiefem Hass gegen den Kommunismus durchdrungen gewesen sein, doch zweifellos schuldete er Stalin eine Menge, hatte ihm dieser doch das theoretische Rüstzeug verschafft, einen Einparteienstaat aufzubauen und zu führen. Die Baath-Partei, die 1968 die Macht ergriffen hatte, war hinsichtlich ihrer Organisation, Struktur und Methodik nach dem klassischen marxistisch-leninistischen Modell aufgebaut; ihre vorherrschenden Prinzipien waren Hierarchie, Disziplin und Geheimhaltung. Wie in der Sowjetunion wurde die Partei gleichgesetzt mit dem Staat. Der Aufstieg der Politiker verlief streng innerhalb der pyramidal strukturierten Parteihierarchie. Die unterste Ebene bildete der einzelne Zirkel (Halaqa), eine Nachbarschaftseinheit. Ihre Angehörigen waren, nach Parteizugehörigkeit gestaffelt, der Gruppe (Firqa), der Sektion (Shuba) und schließlich dem Zweig (Fa'r) unterstellt. 1968 gab es 21 Zweige (jeweils einer für die 18 Provinzen des Irak und drei für Bagdad). Die Spitze der Pyramide bildete der »Regional Command Council« (Regionaler Kommandorat), das höchste Exekutiv- und Legislativ-Gremium des Landes. Gemäß der 1970 von der Baath-Partei angenommenen Verfassung wurde der Revolutionäre Kommandorat (faktisch die im Regionalkommando herrschende Clique), dessen Vizepräsident Saddam war, zum »obersten Gremium des Staates«. Der RCC war ermächtigt, Gesetze und Verordnungen zu verabschieden, die Armee zu mobilisieren, den Haushalt zu verabschieden, Verträge zu ratifizieren, Kriegserklärungen abzugeben und Friedensverträge zu schließen. Er trug außerdem die Verantwortung für alle Bereiche der Staatssicherheit. Die Verfassung legte fest, dass der RCC seine Mitglieder selbst ernannte und wieder entließ, und dass alle Mitglieder aus dem Regionalen Kommandorat gewählt werden mussten. Saddam war unter den Angehörigen der neuen Baath-Regierung insofern eine Ausnahme, als er sich nicht in der Parteihierarchie hochgearbeitet hatte; sein Aufstieg beruhte allein auf der Förderung durch seinen Gönner Bakr, der ihn in Schlüsselpositionen in der Partei gehievt hatte.

Sobald Bakrs Stellung als Kopf der neuen Baath-Regierung gesichert war, oblag es Saddam, dafür zu sorgen, dass die Partei ihre Machtstellung behielt und dass es keine andere Partei im Land gab. Freilich war sie auch nach dem erfolgreichen Putsch von 1968 keineswegs eine Volksbewegung; die meisten Schätzungen gehen für Ende 1968 von insgesamt nicht mehr als fünftausend Mitgliedern aus. Und angesichts der engen, auf Stammeszugehörigkeit und geographischer Herkunft beruhenden Basis der Parteiführung, die sich aus einer kleinen Gruppe sunnitischer Moslemfamilien aus der Region um Tikrit rekrutierte, war es höchst unwahrscheinlich, dass sich die Baathisten-Bewegung zu einer echten Volkspartei entwickeln würde. Saddam war sich dieser Einschränkungen wohl bewusst, und als er sich erst einmal als Bakrs rechte Hand etabliert hatte, machte er es zu seiner persönlichen Aufgabe, sowohl potentielle Feinde der Partei als auch potentielle Konkurrenten um seinen Posten zu beseitigen. Zeitgenossen schreiben Saddam zahlreiche quasi-stalinistische Wahlsprüche zu. »Gib mir die Befugnis dazu, und ich gebe dir eine Partei, die fähig ist, dieses Land zu regieren«, soll er nach seiner Ernennung zum Vizepräsidenten des allmächtigen RCC zu Bakr gesagt haben. Bezeichnend für seine Vorstellung von einem autoritären politischen System ist eine der ersten öffentlichen Erklärungen, die er nach der Machtübernahme der Baath-Partei abgegeben hat: »Das ideale Revolutionskommando sollte faktisch alle Planungen und Ausführungen leiten. Es darf nicht zulassen, dass ein zweites Machtzentrum entsteht. Wir brauchen *einen* Kommandorat, der als Anlaufstelle und Befehlszentrale für alle untergeordneten Regierungsbehörden, einschließlich der Streitkräfte, fungiert.«[2]

Der Irak war vielleicht kein kommunistischer Staat, doch die Methoden, mit denen die Baathisten dem Land ihren Willen aufzwangen, waren fast die gleichen wie die von Stalin perfektionierten Methoden der Sowjets. Die Massen mussten »umerzogen« und in die Parteiorganisation integriert werden. Rivalen waren auszuschalten, dem gewöhnlichen Iraker mussten Angst und tiefer Respekt eingebläut werden. Für diese Aufgabe war Saddam als Chef des Sicherheitsapparats der Baath-Partei wie geschaffen. Zudem bot ihm dieser Posten die Möglichkeit, sich auf Kosten jener Offiziere zu profilieren, die mit ihm um den Aufstieg in der Partei konkurrierten. Säuberungen, Propaganda und Indoktrinierung liegen Männern der Tat für gewöhnlich nicht; sie sind eher die Domäne von Hinterzimmer-Apparatschiks wie Saddam.

Der Schauprozess gegen die Rädelsführer des angeblich bedeutenden zionistischen Spionagerings begann im Januar 1969. Er war ein krasses Beispiel dafür, wie sich das neue Baath-Regime der Justiz bediente, um seine Feinde zu vernichten und die Bevölkerung in Angst und Schrecken zu versetzen. In den Jahren nach dem Sechs-Tage-Krieg verbreiteten sich antizionistische Ressentiments in der gesamten arabischen Welt. Die in Jordanien stationierten irakischen Streitkräfte waren regelmäßig in Gefechte mit den Israelis verwickelt, bei denen sie meist den Kürzeren zogen, und die Regierung ließ keine Gelegenheit verstreichen, zionistischen Spionen und der fünften Kolonne die Schuld an Not und Elend im Land zu geben. Als zum Beispiel bei einem israelischen Luftangriff im Dezember 1968 sechzehn irakische Soldaten getötet wurden, sprach Bakr persönlich bei einer antiisraelischen Kundgebung vor dem Präsidentenpalast, bei der die Demonstranten mit den Leichen der toten Iraker durch die Straßen zogen. »Wir haben es mit den Umtrieben eines heimtückischen Gesindels aus fünfter Kolonne und den neuen Anhängern Amerikas und Israels zu tun«, erklärte er. »Sie verstecken sich hinter Fronten und Schlachtrufen, die die Menschen durchschaut und entlarvt haben.« Immer wieder unterbrach Bakr seine Rede und fragte die Massen: »Was wollt ihr?« Und sie antworteten: »Tod den Spionen, Hinrichtung aller Spione, und zwar sofort!«[3]

Die von den Baathisten geschürte Massenhysterie war Saddam höchst willkommen. Es war seine Aufgabe als Chef des Sicherheitsapparats, diejenigen aufzuspüren und zu vernichten, die in der Parteiliteratur – ohne ausdrücklichen Rückgriff auf Stalin – als »Staatsfeinde« bezeichnet wurden. Im Oktober 1968 behauptete das Regime, es habe zwingende Beweise für einen solchen internationalen Verrat, und verkündete, in Basra sei ein zionistischer Spionagering ausgehoben worden. Die »Entdeckung« des Spionagerings war in Wirklichkeit Bestandteil eines raffiniert ausgetüftelten Plans, mit dem Saddam einige seiner wichtigsten Rivalen ausschalten wollte. Sein Komplott, nicht aber die angeblichen Missetaten der Zionisten, nutzte ein zwei Jahre zurückliegendes Ereignis. Im Hotel Shattura in Bagdad war ein israelischer Agent ermordet worden. Bei dem Toten hatte man ein Notizbuch mit den Namen mehrerer führender Iraker gefunden. Das zunächst von Saddam nicht verwendete Notizbuch wurde wieder hervorgeholt, nachdem die Baath-Partei an der Macht war, doch inzwischen waren weitere Namen hinzugekommen – überwiegend Menschen, die Saddam beseitigt haben wollte, beispielsweise Saadoun Ghaydan, den Kommandanten des Panzerbatallions der Präsidentengarde, das am Juli-Putsch beteiligt gewesen war.

Kurz nach Aufdeckung dieser zionistischen Verschwörung richtete Saddam eigens ein »Revolutionsgericht« ein, um »Spione, Agenten und Volksfeinde« anzuklagen. Es bestand aus drei Militärs ohne jede juristische Ausbildung; wer vor einem solchen Tribunal erschien, konnte alle Hoffnungen auf eine faire und unparteiische Verhandlung begraben. Der Anwalt, der die siebzehn zionistischen Verschwörer vertrat, entschuldigte sich gleich zu Beginn seines Plädoyers dafür, dass er die »Spione« verteidigen müsse, und er gab zu Protokoll, er würde »die Verräter nicht gern ungestraft davonkommen sehen«.[4] Beim Auftakt der Verhandlung plädierten die Angeklagten auf »nicht schuldig«, doch ihre Worte gingen im Hohngelächter der Journalisten unter. Zwei Wochen später verurteilte man vierzehn Angeklagte als Spione zum Tod durch den Strang.

Mit der sorgfältig inszenierten Hinrichtung auf dem Platz der Befreiung wenige Tage nach dem Urteil warb Saddam um öffentliche Unterstützung für die Baath-Partei. Radio Bagdad rief die Menschen auf, »herbeizukommen und das Fest zu genießen«, und nannte die Hinrichtungen einen »mutigen ersten Schritt zur Befreiung Palästinas«. In einer Erwiderung auf die internationale Kritik an dem Spektakel erklärte Radio Bagdad: »Wir haben Spione aufgehängt, die Juden aber haben Christus gekreuzigt.« Der einzige Einwand aus der arabischen Welt kam von der ägyptischen Tageszeitung *Al-Ahram*: »Das Aufhängen von vierzehn Menschen auf einem öffentlichen Platz ist keineswegs ein erfreulicher Anblick und auch kein Grund zum Feiern.«

Das Verfahren gegen den so genannten zionistischen Spionagering bereitete den Boden für landesweite Säuberungen gegen Oppositionelle, die im Verdacht standen, gegen Saddam und die Baath-Partei auftreten zu wollen. Sie dauerten fast ein ganzes Jahr. Weitere öffentliche Hinrichtungen von Regimegegnern fanden am 20. Februar, am 14. und 30. April, am 15. Mai, am 21. und 25. August, am 8. September und am 26. November statt. Die Hinrichtungen auf dem Platz der Befreiung wurden zu einem so alltäglichen Anblick, dass er im Volksmund »Platz der Gehenkten« genannt wurde. Die Opfer wurden vor das Revolutionsgericht gestellt und gezwungen, ihre Verbrechen vor laufenden Fernsehkameras zu gestehen, um dann vor ein Erschießungskommando oder, bei Zivilverfahren, an den Galgen gebracht zu werden. Wenn Saddam ein Geständnis für unwahrscheinlich hielt, folterten paramilitärische Schläger die Angeklagten. Auch Nasir al-Hani, dem Außenminister aus dem ersten Kabinett der Juli-Revolution, wurde diese Sonderbehandlung zuteil. Die Säuberungen Saddams unterscheidet vom Terror Stalins nur, dass es im Irak keine Gulags gab; von wenigen Ausnahmen abgesehen, hatten die von Saddam anvisierten Opfer keinerlei Überlebenschance. – Die Säuberungen fielen im Wesentlichen in zwei Kategorien: Als regimefeindlich galten erstens Angehörige von Bevölkerungsgruppen wie Kurden, Kommunisten, Schiiten und sogar linke Anhänger der Baath-Partei, und zweitens jedes Mitglied der irakischen Regierung oder des Offizierscorps, das eine Bedrohung für Saddam darstellte. Die Hauptstütze der repressiven Regime, die den Irak von 1958 bis 1968 regiert hatten, war die Armee gewesen, die auch die Verhaftungen und Verhöre politischer Gegner durchführte. Einmal im Präsidentenpalast etabliert, nutzte Saddam seine Erfahrung als Leiter des Baath-Sicherheitsdienstes Jihaz Haneen für eine grundlegende Neuordnung der staatlichen Geheimdienste und verschaffte sich damit absolute Kontrolle über alle Bereiche der Staatssicherheit. Der Jihaz Haneen wurde durch eine dreigeteilte Struktur ersetzt:

Der Amn al-Amm (Allgemeiner Sicherheitsdienst, auch »State Internal Security«, manchmal »Security Police« genannt), ist für innenpolitische Belange zuständig und stammt aus der Zeit des britischen Mandats.

Der Mukhabarat begann seine Arbeit unter dem abwegigen Namen »Amt für Öffentlichkeitsarbeit« und wurde später als Partei-Geheimdienst oder Allgemeiner Geheimdienst bekannt. Dieser geheimdienstliche Arm der Baath-Partei ist bei weitem der mächtigste und gefürchtetste aller Geheimdienste.

Zuletzt der Istikhbarat, der Militärische Abschirmdienst, der – abgesehen von der Überwachung des Militärs innerhalb der Streitkräfte – auch Auslandsoperationen durchführt. Seine Spezialität ist die Ermordung von Dissidenten im Ausland.[5]

Später schuf Saddam noch eine weitere Behörde, den Amn al-Khas, den Besonderen Sicherheitsdienst, der den Mukhabarat ablöste, dem Präsidenten direkt unterstellt war und Saddams persönliche Geheimpolizei werden sollte. Um sich absolute Kontrolle über den neuen Sicherheitsapparat zu verschaffen, besetzte Saddam die Führungsposten von Mukhabarat oder Amn al-Khas hauptsächlich mit nahen Verwandten oder engen Freunden. Erster Chef des Mukhabarat wurde sein alter Gefährte Saadoun Shakir. Doch Saddam traute niemandem, und so ernannte er Barzan al-Tikriti, seinen Halbbruder, zu Schakirs Stellvertreter. Barzan übernahm den Mukhabarat zwischen 1974 und 1983, und Saddams anderer Halbbruder, Sabawi, leitete ihn ab 1989. Als Saddam Präsident wurde, stand Hussein Kamal Hassan, sein Schwiegersohn, dem Amn al-Khas vor.

Schon bald nach der Machtergreifung der Baathisten übernahm Nadhim Kazzar die Kontrolle über den Allgemeinen Sicherheitsdienst. Kazzar hatte seine »Qualitäten« als Folterer bereits bei den blutigen Kommunistenverfolgungen von 1963 unter Beweis gestellt (siehe Kapitel zwei). Die Baath-Anführer Bakr und Saddam waren sich wohl bewusst, mit welch teuflischen Methoden Kazzar die Regimegegner terrorisierte, ließen ihm aber freie Hand, um jede Opposition gegen das neue Regime – ob in der Partei oder von außen – im Keim zu ersticken. Hunderte, wenn nicht tausende Menschen starben durch Kazzars Sicherheitskräfte, viele von ihnen wurden im Palast des Todes zu Tode gefoltert. So gab zum Beispiel 1971 eine Splittergruppe der Irakischen Kommunistischen Partei eine Liste von 410 ihrer Mitglieder heraus, die angeblich im Palast umgekommen sind. Ein ehemaliger Baath-Aktivist, der in jener Zeit in Bagdad war, erinnert sich, dass Kazzar in der Regierung Bakr/Saddam eine Sonderstellung einnahm. »Er genoss höchstes Vertrauen. Er war das einzige Mitglied der Baath-Partei, dem es gestattet wurde, bewaffnet den Präsidentenpalast zu betreten. Er hatte so viele Feinde in der Partei, dass er meinte, sich gegen Mordanschläge schützen zu müssen.« Der ehemalige Ingenieur galt als stiller Mann, der nie lächelte. »In all den Jahren, die ich ihn kannte, habe ich ihn nicht ein einziges Mal lächeln sehen.«[6]

Ganz oben auf Saddams Racheliste standen seine langjährigen Feinde, die Kommunisten. Ab November 1968 gab es mehrere Zusammenstöße zwischen kommunistischen Sympathisanten und Saddams paramilitärischen Milizen. Die Kommunisten waren wie die Kurden zunehmend beunruhigt angesichts des entschieden autokratischen Stils der neuen Regierung Bakr und protestierten bei mehreren Demonstrationen für mehr Demokratie. Saddam reagierte auf ihre Forderungen mit dem ihm eigenen Zartgefühl: Im November 1968 wurden zwei Kommunisten getötet, als auf eine Gruppe streikender Fabrikarbeiter in Bagdad das Feuer eröffnet wurde, weitere drei wurden am folgenden Tag bei einer Kundgebung aus Anlass des 51. Jahrestags der Oktoberrevolution erschossen. In beiden Fällen wurden Saddams Milizen verantwortlich gemacht.[7] Die erbitterten Kommunisten bildeten kleine, bewaffnete Einheiten, mit denen sie das Regime stürzen wollten. Diese Guerillatrupps führten zur Geldbeschaffung eine Anzahl verwegener Überfälle auf Geschäfte in Bagdad und anderen Städten durch, sprengten einige Dienstfahrzeuge in die Luft und nahmen sogar Saddams Haus unter Beschuss. Saddam reagierte mit einer landesweiten Hatz auf die kommunistischen Zellen, die im Februar schließlich Erfolg hatte. Die verhafteten Männer wurden erwartungsgemäß zum Verhör in den Palast des Todes gebracht, mindestens zwanzig sollen an den Folgen der Folter gestorben sein, darunter zwei Mitglieder des Politbüros an der Spitze der IKP. Wie wirkungsvoll Kazzars Foltermethoden waren, zeigte Aziz al-Haj, Kopf des Politbüros, der zusammenbrach und im Fernsehen öffentliche Abbitte für seine Sünden »gegen die Revolution« leistete. Al-Haj, der schon 1963 die Gräuel des Todespalasts hatte erleben müssen, soll bei seiner Verhaftung gesagt haben: »Die Folter stehe ich nicht noch einmal durch, ich werde kooperieren.«[8] Innerhalb der folgenden zwei Jahre wurde eine Reihe prominenter Kommunisten entweder von Saddams »Sicherheitsbeamten« ermordet, oder sie starben unter den Händen seiner Folterer im Palast. Danach waren die Kommunisten nicht mehr in der Lage, eine schlagkräftige Opposition gegen die Baathisten aufzubauen.

Eine stärkere Bedrohung ging von dem großen schiitischen Bevölkerungsanteil aus, der – abgesehen von seiner Feindschaft gegenüber der sunnitischen Clique, die jetzt das Land beherrschte – enge Verbindungen zum Schah von Persien im Iran pflegte, dem Führer des größten schiitischen Volkes. Saddam ignorierte UN-Proteste gegen die Schauprozesse und setzte seine Hexenjagd nach Spionen und Verschwörern im ganzen Land fort: Im Februar 1969 wurden weitere sieben Menschen wegen Verschwörung gegen den Staat öffentlich hingerichtet, gefolgt von noch einmal vierzehn Personen im April. Die meisten Hinrichtungen fanden in der südirakischen Stadt Basra statt, der schiitischen Hauptstadt an der Grenze zum Iran. Der Schah hatte ein Bündnis mit den Israelis geschlossen, um den Irak schwach und instabil zu halten. Er nutzte die vermeintliche Schwäche des neuen Regimes nur zu gern aus, und im April 1969 erklärte seine Regierung – ohne jede Provokation durch die Irakis – den Vertrag von 1937, der dem Irak die Kontrolle der bedeutenden Wasserstraße Shatt al-Arab und damit Zugang zum Persischen Golf garantiert hatte, für null und nichtig. Obendrein zog er Truppen an der Grenze zum Irak zusammen und ließ Gebäude in Teheran mit Sandsäcken befestigen.

Die Ängste, die jene kriegerische Haltung des Schahs in Bagdad auslöste, wuchsen im Januar 1970 weiter. Saddam deckte triumphierend eine Verschwörung einer vom Iran unterstützten Gruppe irakischer Soldaten auf, die angeblich die Regierung Bakr stürzen wollten. Am 20. Januar, dem Tag des geplanten Putsches, marschierte Mahdi Saleh al-Samurrai, ein pensionierter irakischer Oberst, mit fünfzig Männern, die sich zuvor im Armee-Hauptquartier Rashid am Rande Bagdads versammelt hatten, zum Präsidentenpalast, um die Regierung zu stürzen. Nach Saddams Darstellung planten die Putschisten, angeführt von Major General Abed al-Ghani al-Rawi, einem pensionierten Offizier und früheren Protegé der beiden Präsidenten Arif, die Bildung kleiner Kommandos, die mit gezielten Angriffen wichtige Parteifunktionäre und Regierungsmitglieder ausschalten sollten. Tatsächlich kam es jedoch nur zu Samurrais Marsch auf den Präsidentenpalast, wo er zu seiner Überraschung von Colonel Fadhil al-Nahi und von Saleh Omar al-Ali herzlich empfangen wurde. Al-Ali hatte beim Putsch 1968 neben Saddam auf dem Panzer gesessen. In dem Glauben, Ali und Nahi wären in seine Pläne eingeweiht, ließ sich Samurrai gern von ihnen hereinbitten, und sogleich öffneten sich die Palasttore für seine Bande von Abenteurern. Doch zu ihrem Leidwesen fielen die Tore gleich darauf hinter ihnen ins Schloss – sie waren gefangen. Nach der offiziellen irakischen Version wurde Samurrai daraufhin in einen Saal im Palast geführt. Während die verwirrten Verschwörer noch ihre Chancen abwogen, flog die Tür auf, und Saddam erschien in Begleitung mehrerer Offiziere im Saal. Die Verschwörer erkannten die Falle, in die man sie gelockt hatte, eröffneten das Feuer und töteten zwei Palastwachen. Doch sie wurden rasch überwältigt und streckten die Waffen.

Noch am selben Tag rief Saddam ein Sondergericht zusammen. Den Vorsitz führte Captain Taha Yasin al-Jazrawi, RCC-Mitglied und enger Vertrauter Saddams, und zu den beiden anderen Mitgliedern des Gerichts gehörte Saddams Lieblings-Gefolgsmann, Nadhim Kazzar. Insgesamt 44 Verschwörer wurden verurteilt und hingerichtet[9], auch Samurrai. Die Todesurteile wurden zwischen dem 21. und dem 24. Januar vollstreckt. Die Offiziere wurden erschossen, die Zivilisten gehenkt. Angeblich erschoss man die Offiziere mit den Waffen, die sie von den iranischen Geheimdiensten zur Durchführung des Putsches bekommen hatten.[10] Fünfzehn weitere Männer wurden inhaftiert. Nayif, der Exil-Premier, der in die Angelegenheit verwickelt war, und General Rawi wurden in Abwesenheit zum Tode verurteilt. Dem iranischen Botschafter gab man vierundzwanzig Stunden Zeit, das Land zu verlassen, die iranischen Konsulate in Bagdad, Karbala und Basra wurden geschlossen, und alle Iraner wurden ausgewiesen.

Die Entlarvung und rasche Aburteilung der Verschwörer war für Saddam ein Triumph. Dass seine zivilen Sicherheitskräfte Putschisten in den Rängen der Militärs aufgedeckt hatten, bedeutete einen Sieg für die zivilen Baathisten über ihre militärischen Rivalen, ein Aspekt, der Präsident Bakr nicht entging. Sein stets wachsamer »Mr Deputy« – wie sich der titelbewusste Saddam gern nennen ließ – konnte darauf verweisen, dass er und seine gefürchtete Geheimpolizei die Sicherheit der Partei garantiert hatten, und nicht das Militär. Er nutzte die Aufdeckung des Putsches für brillante Propaganda, wie er es bereits bei dem »israelischen Spionagering« getan hatte. Noch das kleinste Detail des Vorfalls wurde veröffentlicht: die ungeheuren Finanzmittel, die modernen elektronischen Sender, die 130 Tonnen Waffen – die ganze Ausrüstung wurde in einem zentral gelegenen Saal in Bagdad liebevoll hinter Glaswänden präsentiert. Man ließ verlauten, die Verschwörung sei von der iranischen Botschaft in Bagdad angestiftet worden, und Auszüge aus der Korrespondenz des iranischen Botschafters mit General Rawi wurden veröffentlicht. Abgesehen von dem Streit mit dem Iran über den Shatt al-Arab nannte Saddam als Motiv für den Putschversuch, er sei Teil eines Komplotts, mit dem der Irak wieder unter die Kontrolle anglo-amerikanischer imperialistischer Mächte gebracht und das Land in seinem Kampf gegen Israel geschwächt werden sollte.

Große Demonstrationen wurden organisiert, um die »Unbesiegbarkeit« der Revolution zu verkünden, und für die beiden Soldaten, die bei der Schießerei im Palast getötet worden waren, richtete man ein Staatsbegräbnis aus. Tonaufnahmen mit Geständnissen und Fotos von riesigen Waffenarsenalen wurden überall verbreitet. Handgeschriebene Briefe mit Code-Wörtern wurden ausgestellt, und die Frauen der Verschwörer prangerten ihre Ehemänner öffentlich an. Man behauptete sogar, die Verschwörer hätten geplant, Bagdad und andere Städte überfluten zu lassen, falls sie die Führer der Baath-Partei nicht sofort hätten töten können. Die Behörden gaben vor, in den Taschen der Schuldigen Listen mit künftigen Ministern und anderen Kandidaten für Regierungsposten gefunden zu haben – reichlich Munition für Saddam und seine Anhänger, die sie gegen ihre Feinde verwenden konnten.[11] Nach der offiziellen Darstellung in der Regierungszeitung *Al-Thawra* (»Die Revolution«) war die Verschwörung bereits im Jahr zuvor aufgedeckt worden, zum selben Zeitpunkt, als die Regierung die zionistischen Verschwörer aburteilte. Statt sie sofort auszuheben, habe Saddam dreißig Agenten in die Bande eingeschleust. Saddam war erpicht darauf, aus der Affäre so viel politisches Kapital wie möglich zu schlagen: Er wollte nicht nur das irakische Volk überzeugen, dass ausländische Kräfte eine reale Bedrohung darstellten, sondern überdies dem Schah im Iran ein deutliches Signal geben, dass die Baathisten sich von der wachsenden Macht ihres Nachbarn nicht würden einschüchtern lassen.

Die andere mächtige Gruppe, welche die Baath-Regierung neutralisieren musste, waren die Kurden. Dieser Teil der irakischen Bevölkerung war ein großes Problem. In den letzten Jahren des Osmanischen Reiches hatten sie überwiegend im Gebiet der heutigen Türkei gelebt. Nach dem Ende des Ersten Weltkriegs verweigerten die siegreichen Alliierten den Kurden die Souveränität, die ihnen ihrer Auffassung nach versprochen worden war. Das Land, das ihnen seit Generationen gehört hatte, wurde unter Syrien, dem Irak, der Türkei und dem Iran aufgeteilt. Seit es den irakischen Staat gab, hatten alle Kurdenführer um Autonomie von Bagdad gekämpft – ein Feldzug, der mit weit mehr Enthusiasmus geführt wurde, nachdem sie entdeckt hatten, dass sich auf den kurdischen Gebieten um Mosul und Kirkuk im Nordirak einige der reichsten Ölvorkommen der Welt befanden. Die Entdeckung des Öls stärkte jedoch Bagdads Entschlossenheit, die Kontrolle über das Gebiet zu halten, und die »kurdische Frage« war ein ständiger Streitpunkt, der von Bagdad geschicktes Taktieren verlangte. Die Baathisten waren sich ihrer kleinen Machtbasis stets bewusst und konnten sich nicht mit allen rivalisierenden Gruppen gleichzeitig auseinander setzen; deshalb entschlossen sie sich fürs Erste, die Kurden versöhnlich zu stimmen.

Saddam bekam 1969 von Bakr den persönlichen Auftrag, das Kurdenproblem zu lösen. Von Anfang an wurden Saddams Bemühungen dadurch behindert, dass der wichtigste Kurdenführer, Mustapha Barzani, von der Sowjetunion unterstützt wurde. Die Sowjets, die ihre Einfluss-Sphäre in der Golfregion immer noch ausbauen wollten, zeigten sich nicht gerade beglückt über die Verfolgung der Irakischen Kommunistischen Partei durch die neue Baath-Regierung und setzten die Kurden als Druckmittel gegen Bagdad ein. Saddam suchte die Konfrontation auf dem Schlachtfeld. Im April 1969 mobilisierte er seine Truppen und die kleine irakische Luftwaffe. Am 8. August schleifte die Armee das Dorf Dakan nahe der nordkurdischen Stadt Mosul. Aber das unwegsame Gelände behinderte die Panzer und schweren gepanzerten Fahrzeuge der irakischen Truppen. Die kurdischen Guerillas, die so genannten *peshmergas* (»die dem Tod Geweihten«) machten sich die hohen Bergpässe und tief eingeschnittenen Täler zunutze. Wenn die Luftwaffe sie bombardieren wollte, gruben sie sich einfach ein oder versteckten sich in Höhlen. Die Täler waren so eng, dass die irakischen Piloten Schwierigkeiten beim Manövrieren hatten. Manchmal konnten sie ihre Maschine nicht mehr rechtzeitig hochziehen und prallten gegen einen Berghang. Und zu allem Überfluss taten sich auch noch die irakischen Kommunisten mit den Kurden zusammen. Die gleichzeitige Bedrohung durch Kurden und Kommunisten war für die Baathisten eine tödliche Gefahr.

Angesichts der drohenden Demütigung auf dem Schlachtfeld rang sich Saddam zu einer diplomatischen Initiative durch. Im Januar 1970 stattete er Moskau einen ersten Besuch ab. Die UdSSR war in den sechziger Jahren zum wichtigsten Waffenlieferanten des Irak geworden. Saddam hoffte nun auf ein Abkommen mit Regierungschef Alexej Kossygin über das Ende der sowjetischen Unterstützung für die Kurden. Die Russen lenkten ein, betonten aber, es dürfe nach ihrem Abzug kein Massaker an den irakischen Kurden geben. Widerwillig akzeptierte Saddam die sowjetischen Bedingungen und verkündete nach seiner Rückkehr aus Moskau triumphierend eine neue »Autonomie-Vereinbarung« für Kurdistan. Das so genannte Märzmanifest versprach den Kurden viele politische und kulturelle Rechte, die sie seit Jahren gefordert hatten. Doch der Haken an der Sache war, dass die Autonomievereinbarungen nicht vor Ablauf von vier Jahren in Kraft treten würden. Dieses Zugeständnis hatte Saddam dem Kurdenführer Barzani abgerungen. Saddam hatte keineswegs die Absicht, die Kontrolle über die drei ölreichen kurdischen Provinzen aufzugeben, doch die Vereinbarung machte ihm den Rücken frei für den Kampf gegen die anderen Bedrohungen: die Kommunisten, das Militär und die Schiiten, ganz zu schweigen von Israel und dem Iran.

Die Umsetzung der »Autonomie-Vereinbarung« erschien bald fragwürdig, denn im folgenden Jahr wurde ein gut geplantes Attentat auf Barzani verübt, das eindeutig die Handschrift von Saddams Sicherheitskräften trug. Die Beziehungen zwischen Saddam und Barzani waren rasch belastet worden, weil Saddam mit der Umsetzung des Märzmanifests zögerte und wahrscheinlich schon bei Vertragsabschluss nicht die Absicht gehabt hatte, sich an die Vereinbarungen zu halten. »Aus Sicherheitsgründen« war die irakische Armee nicht wie vereinbart aus der Region abgezogen worden. Saddam legte Barzani bei dessen Versuch, einen Teil des Vertrags umzusetzen, beispielsweise als dieser kurdische Politiker für Regierungsämter in Bagdad ernannte, zahlreiche Hindernisse in den Weg. Das Attentat brachte schließlich das Fass zum Überlaufen: Barzani bewirtete gerade acht religiöse Führer, die Saddam geschickt hatte, um über die Umsetzung der Vereinbarung zu beraten. Während Barzani sprach, erschütterten zwei Explosionen den Raum. Zwei Geistliche waren auf der Stelle tot. Die Leibwächter des Kurdenführers eröffneten das Feuer und töteten fünf weitere Geistliche. Barzani selbst entkam, und später sickerte durch, die Geistlichen seien durch einen Trick von Saddams Vertrautem Nadhim Kazzar als Attentäter missbraucht worden. Kazzar hatte ihnen Kassettenrekorder mitgegeben und sie gebeten, ihr Gespräch mit Barzani aufzuzeichnen. Als sie die Aufnahmetaste an den Geräten drückten, explodierten die Bomben. Barzani war empört – nicht nur, weil er sich erst nach einem Treffen mit Saddam zum Empfang der Geistlichen bereit erklärt hatte, sondern vor allem, weil Saddam Barzanis abtrünnigen Sohn Ubaidallah in das Komplott mit hineingezogen hatte. Dem Sohn war bereits die Nachfolge des Vaters versprochen worden. Angesichts von so eindeutigen Beweisen für Saddams Beteiligung erklärte Barzani: »Der Irak ist ein Polizeistaat, der von Saddam Hussein geführt wird, einem machtbesessenen Wahnsinnigen.«[12]

Barzanis Bemerkung traf bei vielen Irakern auf Verständnis. Sie wussten nur zu gut, dass die verderbliche Macht von Saddams Sicherheitskräften inzwischen in jeden Winkel der irakischen Gesellschaft vorgedrungen war. Unmittelbar nach der Revolution von 1968 waren alle Regierungsbehörden von allen Personen, die sich der neuen Ordnung widersetzten, gesäubert worden. Das Militär war eine härtere Nuss, doch Saddam brach den Widerstand des Offizierscorps, indem er sich von politischen Kommissaren über ihre Aktivitäten informieren ließ – ein Rückgriff auf das sowjetische System, das Lenin im Ersten Weltkrieg eingeführt hatte. Die Kommissare waren Saddam direkt unterstellt, wodurch er die offizielle Befehlskette umgehen konnte. Offiziere von zweifelhafter Loyalität wurden durch Baathisten oder deren Sympathisanten ersetzt. Viele Soldaten, die aus den Streitkräften entlassen worden waren, darunter einige Divisionskommandeure, wurden inhaftiert und gefoltert. Außerdem verschärfte Saddam auch die Kontrollen der gewöhnlichen Iraker. Baathistische Milizen patrouillierten durch die Straßen, und nächtliche Razzien in Privathäusern stellten unmissverständlich klar, dass niemand der Überwachung entkommen konnte. Der Irak verwandelte sich in ein totalitäres Regime, in »einen Ort, wo Menschen verschwanden und ihre Freunde vor Angst nicht zu fragen wagten, was mit ihnen geschehen war; wo Menschen, die wegen geringfügiger Vergehen verhaftet worden waren, im Gefängnis ›Selbstmord begingen‹, wo ehemalige Beamte auf mysteriöse Weise ermordet wurden und Politiker verschwanden«.[13]

Saddam erweiterte sein labyrinthisches Netz aus Spionen, Kommissaren, Folterern und Mördern immer weiter. Von Zeit zu Zeit informierte er sich auch über die grausigen Foltermethoden, die im Palast des Todes an seinen unglücklichen Opfern praktiziert wurden. Ein schiitischer Dissident, der die Folterkammern überlebte, gab eine bedrückende Beschreibung davon, wie Saddam einen anderen schiitischen Gefangenen namens Dukhail mit eigenen Händen umbrachte. »Er kam in die Zelle, packte Dukhail und warf ihn in ein Säurebad. Und dann sah er dabei zu, wie sich der Körper auflöste.«[14] Solche Berichte sind schwer zu überprüfen, doch sie haben eine unheimliche Ähnlichkeit mit Legenden, die im Zusammenhang mit Saddams Aktivitäten im Palast des Todes 1963 entstanden sind. Ob wahr oder falsch, aus Saddams Sicht kam es vor allem darauf an, dass solche Geschichten im Irak umliefen und weithin geglaubt wurden. So lange jeder Iraker in der Angst lebte, dass ihn jederzeit ein ähnliches Schicksal treffen konnte, blieb die Stellung der Baath-Partei unangefochten.

Abgesehen vom Terror gegen oppositionelle Bevölkerungsgruppen konzentrierte Saddam seine Energien auf die Beseitigung all derer, die entweder als potentielle Rivalen in Frage kamen oder über Informationen verfügten, mit denen sie seinen Aufstiegschancen schaden konnten. Das Motiv für den Mord an dem ehemaligen Außenminister Nasir al-Hani im November 1968 war wohl, dass Hani etwas über Saddams Beziehungen zum CIA gewusst haben dürfte. Die offizielle Verlautbarung war jedoch, Hani sei von Kriminellen umgebracht worden. Eine ähnliche Erklärung wurde vier Monate später nach der Ermordung von Colonel Abed al-Karim Mustafa Nasrat abgegeben, dem ehemaligen Kommandanten jenes Sicherheitsdienstes, der 1963 den Angriff auf das Verteidigungsministerium beim Putsch gegen General Qassem angeführt hatte. Sein Verbrechen war, dass er weiterhin mit der verhassten syrischen Baath-Partei sympathisierte. Um die Tatsachen zu verschleiern, legten Saddams Leute das »Geständnis« eines Kleinkriminellen vor, der Nasrat angeblich bei einem Einbruch in seinem Haus erstochen hatte. Saddam war auch in den Tod von Fouad al-Rikabi verwickelt, dem ehemaligen Generalsekretär der irakischen Baath-Partei. Rikabi war 1958, kurz nach dem missglückten Attentat auf General Qassem, von dem Baath-Ideologen Michel Afleq aus der Partei gedrängt worden und hatte sich daraufhin zum Bewunderer Nassers entwickelt. Nach der Revolution von 1968 hatte man ihn unter einem Vorwand für eineinhalb Jahre inhaftiert. Ein paar Tage vor seiner Entlassung »schleusten die Behörden einen Mann mit einem Messer ins Gefängnis. Er verpasste Rikabi mehrere Stiche in die Brust. Der Verletzte wurde ins Krankenhaus geschleift. Dort ließen sie ihn liegen, bis er starb.«[15]

Wie Saddam sich systematisch seiner Rivalen entledigte, hat etwas deprimierend Professionelles. Samir al-Khalil, dessen Buch *Republic of Fear* eine faszinierende Darstellung des repressiven staatlichen Sicherheitsapparates der frühen Baathisten bietet, stellte eine ausführliche Liste mit über dreißig ranghohen Offizieren, Parteifunktionären und Politikern ab Ministerrang zusammen, die nach der Juli-Revolution von 1968 den »Säuberungen« zum Opfer fielen, und zwar überwiegend auf Saddams Befehl.[16] Noch immer war der Schauprozess Saddams bevorzugte Form der Demütigung, sofern er sich einer Verurteilung sicher sein konnte, was durch die guten Dienste der Folterer im Palast des Todes oder die Willfährigkeit des Gerichtshofs die Regel war. So gestand der ehemalige Innenminister Rashid Muslih im Fernsehen, er habe für die CIA spioniert. Muslih wurde unverzüglich hingerichtet. Abed al-Rahman al-Bazzaz, der unter dem zweiten Präsidenten Arif als Premierminister gedient hatte und der Baath-Partei im großen Ganzen positiv gegenüberstand, wurde im Sommer 1969 zusammen mit dem Ex-Verteidigungsminister Abed al-Aziz al-Uquayli vor Gericht gestellt. Beide Männer verweigerten den Baathisten die Genugtuung öffentlicher Geständnisse, erhielten aber gleichwohl lange Gefängnisstrafen.

Saddams sadistische Ader zeigte sich auch in seiner Behandlung von Tahir Yahya, dem irakischen Ex-Premier. Yahya hatte dem Irak sein Leben lang als Offizier gedient und war einst sogar ein prominentes Mitglied der Baath-Partei und Vorgesetzter Saddams gewesen. Nachdem Saddam an der Macht war, hatte er den gebildeten Mann, den er um seine Kultiviertheit beneidete, ins Gefängnis werfen lassen. Auf seinen Befehl zwang man Yahya, eine Schubkarre von Zelle zu Zelle zu schieben und die Toiletteneimer seiner Mitgefangenen einzusammeln. Dazu musste er »Abfall! Abfall!« rufen. Saddam erzählte die Geschichte gerne seinen Freunden und lachte sich bei den Worten »Abfall! Abfall!« immer ins Fäustchen.[17]

Die Schauprozesse erfüllten ihren Zweck und überzeugten das Volk, dass ihr Land von Komplotten und Verschwörungen bedroht wurde. So hatte Saddam den Rücken frei und konnte mit ganzer Gerissenheit sich gefährlicher Rivalen entledigen.

Als Nächste an der Reihe waren der ehemalige Luftwaffenkommandeur General Hardan al-Tikriti, der Präsident Arif 1968 zur Aufgabe überredet hatte, und Salib Mahdi Ammash, ein altgedienter Baathist und enger Verbündeter des Präsidenten Bakr. Nach der Revolution brüstete sich Hardan, ein unwirscher, skrupelloser und arroganter Mann mit den Titeln Stabschef, Stellvertretender Verteidigungsminister und Stellvertretender Premierminister. Er war eine echte Bedrohung für Saddam. Und Ammash war immerhin Innenminister und ebenfalls Stellvertretender Premierminister geworden.

Hardan herrschte über die Streitkräfte wie ein Lehensfürst. Er wähnte sich sicher vor Saddams Intrigen, weil er als Held der Revolution ein enger Vertrauter Bakrs geworden war. Dabei unterschätzte er freilich Saddams tiefes Misstrauen gegenüber den hohen Offizieren. Saddam fürchtete stets, die

Armee könnte die zivile Regierung der Baathisten wieder absetzen. Doch ohne Hardan ging vom Militär keine Bedrohung mehr aus.

Ungeachtet seiner hohen Stellung in Regierung wie Armee hatte Hardan einen schwachen Punkt: Er stand zwar hinter der Baath-Partei, galt jedoch nicht als leidenschaftlicher Ideologe wie Bakr oder Saddam. Gleichwohl erkannte er als scharfsinniger Stratege die Bedrohung durch Saddam. Insgeheim versuchte er Bakr zu überreden, sich Saddams zu entledigen. 1969 hatte Hardan im Palast der Republik eine heftige Auseinandersetzung mit Saddam. Danach konnte der Ex-General den Präsidenten überreden, Saddam vorläufig ins Exil zu schicken. Er wurde in ein Flugzeug nach Beirut gesetzt, wo er eine Woche bleiben musste, bis Hardan sich abgeregt hatte – eine Demütigung, die Saddam niemals vergessen sollte.

Ammash hingegen war ein überzeugter Baathist, ein kleiner, untersetzter Offizier, der sich, anders als Saddam, Schritt für Schritt in der Partei hochgedient hatte. Der kultivierte Mann mit einer Vorliebe für Dichtung war Autor dreier Geschichtsbücher. Ammash wurden nach der Revolution administrative Aufgaben übertragen: die Leitung von Sitzungen über verschiedene Apekte der Regierungspolitik wie etwa Planung und Wiederaufbau. Er war ein enger Mitarbeiter des neuen Außenministers Abdul Karim al-Shaikhly, aber auch ein erfahrener Verschwörer. Deshalb schätzte Saddam ihn als Bedrohung ein, die beseitigt werden musste.

Zwar hatte Saddam großen Einfluss auf den hermetisch abgeschlossenen Sicherheitsapparat, doch bei ranghöheren Figuren der Baath-Regierung wie Hardan, Ammash und Shaikhly – denen trotz ihrer grundsätzlichen Unterstützung für die Säuberungsaktionen nicht klar war, welch ungeheure Machtbasis sich Saddam in aller Stille schuf – galt er immer noch als niedriger Funktionär. Zu diesem Zeitpunkt seiner Laufbahn genoss Saddam keines der üblichen Privilegien der Macht. Als Büro diente ihm immer noch ein kleiner Raum im

Präsidentenpalast nahe bei Bakrs Büro; er hatte weder Sekretariats-, noch Empfangspersonal. Die anderen Minister hielten ihn eher für Bakrs Laufburschen als für einen Politiker mit eigenen Befugnissen. Man begegnete ihm häufig in den diversen Ministerien, wo er sich im Eingangsbereich herumdrückte und wartete, bis der jeweilige Minister einen Augenblick Zeit für ihn hatte.

Gleichwohl gelang es Saddam, das Ansehen seiner Vorgesetzten allmählich zu untergraben. Dabei halfen ihm zwei Umstände: Er konnte sich der Dienste seiner Sicherheitskräfte sicher sein, und er genoss Bakrs Vertrauen. Ein Indiz für die alles durchdringende Präsenz seines Sicherheitsapparats bereits in den Anfängen des Baath-Regimes liefert ein ehemaliger Regierungsbeamter, der die institutionalisierte Paranoia der Baath-Partei zu spüren bekam. Als ranghohes Mitglied der Regierung Bakr erhielt der Mann eine Einladung vom Handelsattaché zu einer Cocktail-Party in der Britischen Botschaft. Die Einladung war vom irakischen Außenministerium überprüft worden, und so nahm er pflichtschuldigst an dem gesellschaftlichen Ereignis teil und versuchte, die diplomatischen Vertreter Großbritanniens davon zu überzeugen, dass die Baath-Partei sich der Modernisierung der irakischen Wirtschaft verpflichtet fühlte. Einige Tage später erhielt der Beamte eine weitere Einladung, in diesem Fall von Geheimdienstchef Saadoun Shakir. Die beiden Männer trafen sich im Jagdclub zum Dinner. Nach einer halben Stunde Konversation holte Saadoun Shakir plötzlich einen Stapel Fotos hervor und bat den Beamten, sie sich anzusehen. Die Fotos (angefertigt von einem Fotografen der irakischen Nachrichtenagentur) zeigten den Beamten im Gespräch mit britischen Diplomaten auf der Cocktail-Party, die er einige Tage zuvor besucht hatte. »Erkennen Sie diese Personen?«, fragte Shakir. Der Beamte bejahte. »Dann sollten Sie sich künftig in Acht nehmen«, fuhr Shakir fort. »Wir würden es vorziehen, wenn Sie in Zukunft nicht mehr zu solchen Veranstaltungen gingen. Sie ziehen damit nur unseren Verdacht auf sich.« Der Beamte verstand und beschloss, nie wieder an einem Empfang in einer ausländischen Botschaft teilzunehmen.[18]

Unter Saddams Führung richteten die Baathisten ein alle Bereiche umfassendes Netz ein, mit dem die Aktivitäten aller Regierungsbeamten überwacht wurden. Wie zur Überwachung der Streitkräfte wurden auch den Regierungsämtern zivile Kommissare zugeordnet, um die Minister und Beamten auszuspionieren. Sie hatten meist eine akademische Ausbildung und genossen das Vertrauen der Baath-Partei, der sie auch angehörten. Sie lieferten Berichte sowohl über das Verhalten der Minister selbst als auch über das ihrer beruflichen und sozialen Kontakte. Außerdem wurden die Beamten durch einen zweiten Ring von Informanten überwacht, die als Sekretärinnen oder Boten arbeiteten. Der gesamte Telefon- und Postverkehr wurde ausgewertet, sodass alle Regierungsbeamten sich an eine Atmosphäre der totalen Überwachung gewöhnen mussten. »Vom ersten Tag an waren die Baathisten versessen darauf, Abhörgeräte jeder nur erdenklichen Art zu kaufen«, erinnert sich ein hochrangiger Beamter. »Sie besorgten sich die modernsten Geräte aus Ländern wie Deutschland. Sie waren überzeugt davon, dass sich alle und jeder gegen sie verschwören würde, wenn sie nichts dagegen unternahmen. Wir lernten schnell, dass wir überall beobachtet wurden und dass wir jedes Mal, wenn wir den Hörer abnahmen, abgehört wurden.«[19]

Zuletzt gelang es Saddam wohl, Bakr davon zu überzeugen, dass Hardans und Ammashs Ehrgeiz letztlich die Stellung des Präsidenten selbst gefährden könne. Bakr schwenkte auf Saddams Linie ein: Im November 1969 wurde eine Neuordnung der Baath-Partei verkündet, bei der Saddams Stellung als Stellvertretender Vorsitzender des RCC, die er faktisch schon seit Anfang des Jahres innehatte, offiziell bestätigt wurde. Zugleich wurden die Ämter der beiden Stellvertretenden Premierminister abgeschafft, was Hardan und Ammash des Privilegs beraubte, in Bakrs Abwesenheit Kabinettssitzungen zu leiten (Präsident Bakr war zugleich Regierungschef). Im April

1970 wurden sie zu Vizepräsidenten ernannt, jedoch von ihren anderen Pflichten entbunden; ihre Kabinettsposten wurden von zweien ihrer wichtigsten militärischen Rivalen übernommen: von Hammad Shihab als Verteidigungsminister und Saadoun Ghaydan als Innenminister. Es war nur noch eine Frage der Zeit, bis Saddam Hardan und Ammash den Gnadenstoß geben konnte.

Hardans Stunde schlug im Oktober 1970. Unter dem Vorwand, er habe den Palästinensern bei den Unruhen des Schwarzen September gegen König Hussein von Jordanien nicht geholfen, wurde er aller Posten enthoben – obwohl es die offizielle, von Bakr und Saddam persönlich gebilligte Politik des Irak gewesen war, sich nicht einzumischen. Hardan erhielt die Nachricht, als er auf einer diplomatischen Mission in Madrid war, die Saddam eigens zu diesem Zweck ersonnen hatte. Saddam selbst hatte Hardan zum Flugplatz gefahren und ihn mit Küssen auf beide Wangen verabschiedet. Am nächsten Tag zeigte die regierungseigene Zeitung auf der Titelseite Fotos dieser Umarmung. Hardan war jedoch kaum in Madrid angekommen, als er erfuhr, dass man ihn seines Regierungsamtes enthoben hatte und er Botschafter in Marokko werden sollte. Saddam hatte für die Veröffentlichung der Fotos gesorgt, damit die Anhänger des allseits beliebten Hardan ihn nicht persönlich für dessen Amtsenthebung verantwortlich machten. Hardan war außer sich vor Wut und flog zurück nach Bagdad, weil er sich zum Kampf stellen wollte. Bei seiner Ankunft wurde er jedoch von Saddams Sicherheitsleuten überwältigt, in ein wartendes Flugzeug gesetzt und ins algerische Exil geflogen. Sein Schicksal ist ein Zeichen von Saddams eigenartigem Humor. Der Mann, der am 17. Juli 1968 die Panzer gegen den Präsidentenpalast gelenkt hatte, sollte nun dasselbe Schicksal erleiden wie sein Mitverschwörer und erster Regierungschef der Baath-Partei, Abdul Razzak Nayif. Letzterer wurde 1978 in London ermordet, und auch Hardan sollten Saddams Schergen am Ende erwischen. Im März 1971 wurde er in Kuwait erschossen. Er war dorthin gezogen, um in der Nähe seiner Kinder zu sein, die in Bagdad zur Schule gingen.

Hardans Ermordung war typisch für die Baathisten – das Attentat gründete in der Furcht, er könne in Kuwait unzufriedene irakische Offiziere um sich scharen. Am Morgen des 20. März machte er sich in Begleitung des irakischen Botschafters in Kuwait auf den Weg zu einem Termin im Regierungskrankenhaus. Als das Auto am Krankenhaus vorfuhr, wurde es aus dem Hinterhalt von vier bewaffneten Männern überfallen. Während einer der Attentäter die Autotür aufriss, wurden von einem zweiten hinter ihm aus nächster Nähe fünf Schüsse auf Hardan abgegeben. Er war sofort tot. Die Täter konnten unerkannt flüchten. Ein nervöser Saddam hatte einst das Attentat auf General Qassem vermasselt, doch inzwischen hatte die Baath-Partei ihre Methoden erheblich verfeinert.

Verglichen mit Hardans blutigem Abgang von der politischen Bühne wurde Ammash auf elegantere Weise erledigt. Nach diesem Mord wusste Ammash genau, dass seine Position nicht mehr zu halten war. Mit ätzenden Bemerkungen über seine Parteikollegen isolierte er sich noch zusätzlich. Im September 1971 wurde er dann seiner Regierungsämter enthoben und als Botschafter in die UdSSR geschickt. Anders als Hardan akzeptierte Ammash seinen Sturz bereitwillig – zweifellos kannte er die Umstände von Hardans Ermordung – und machte das Beste aus seinem neuen Posten in Moskau. Er setzte seine diplomatische Karriere sogar so erfolgreich fort, dass er drei Jahre später als Botschafter nach Paris entsandt wurde und dann einen letzten Posten in Finnland übernahm, wo er angeblich eines natürlichen Todes starb. Doch viele Iraker glaubten, man habe Ammash während eines Besuchs in Bagdad, als Saddam bereits Präsident war, mit Thallium vergiftet. Dieses Schwermetall ist in handelsüblichem Rattengift enthalten und gilt als »Hausmittel« der irakischen Sicherheitskräfte, mit dem sie sich ihrer Feinde entledigen.[20]

Hardan und Ammash hatten beide Karriere in den irakischen Streitkräften gemacht. Ihre Beseitigung war ein Triumph für Saddam und den politischen Flügel der Baath-Partei über die Militärs. Fortan waren die Streitkräfte fest in der Hand der Regierung. Nach dem Tod der beiden Männer wurden mehrere führende Offiziere, die man der Unterstützung oder der Freundschaft mit ihnen verdächtigte, entlassen oder inhaftiert. Da das übrige Offizierskorps unter der ständigen Aufsicht durch Saddams Kommissare und Geheimdienste stand, fühlte sich Saddam nun sicher genug und erklärte: »... aufgrund der Methoden unserer Partei hat niemand, der nicht mit uns übereinstimmt, eine Chance, sich auf einen Panzer zu schwingen und die Regierung zu stürzen.«[21] Saddam wusste ganz genau, wovon er sprach.

Nachdem er die Streitkräfte unter Kontrolle hatte, konnte sich Saddam den hochrangigen Zivilisten in der Baath-Partei widmen, die seinem brennenden Ehrgeiz im Wege stehen könnten. Er unterdrückte die Kommunisten, er täuschte die Schiiten, er destabilisierte die Kurden und er knechtete die Streitkräfte, doch nebenbei fand er immer noch Zeit für die eine oder andere Säuberungsaktion in der Partei. Im März 1970 wurde Abdullah Sallum al-Samurrai, Kultur- und Informationsminister und einer von Saddams Gefährten seit Ende der fünfziger Jahre, aus dem Amt entfernt und als Botschafter nach Indien entsandt. Mehrere andere Mitglieder des RCC, auch Leute aus Tikrit, die auf ihre Verwandtschaft mit Präsident Bakr pochten, schloss man im Sommer 1970 aus der Partei aus. Doch der bei weitem wichtigste und bedeutendste Kopf, den Saddam forderte, war der des Außenministers Abdul Karim al-Shaikhly, seines langjährigen Waffenbruders.

Abdul Karim al-Shaikhly hatte Saddam sogar vor einer Verhaftung bewahrt. 1964 saßen sie in seiner Wohnung in Bagdad beisammen. »Es war erst ein Uhr morgens. Saddam erhob sich und wollte gehen.

›Wo willst du hin?‹, fragte Shaikhly.

›In das Versteck, wo wir die Waffen gelagert haben‹, erwiderte Saddam.

›Die Polizeipatrouillen sind im Moment ziemlich aktiv‹, sagte Shaikhly. ›Bleib lieber über Nacht hier.‹

In jener Nacht gab es eine Razzia, das Waffenlager wurde ausgehoben, und ohne Shaikhlys Rat wäre Saddam auf frischer Tat ertappt worden.«[22]

Manchmal fühlte Saddam sich Shaikhly so nahe, dass er ihn in aller Öffentlichkeit als »meinen Zwillingsbruder« bezeichnete. Kurzum, wenn es überhaupt jemanden gab, der einen Loyalitätsbeweis von Saddam erwarten durfte, dann war es – vielleicht mit Ausnahme seines Onkels Khairallah Tulfah – Abdul Karim al-Shaikhly.

Die verschiedenen persönlichen Fehden aus den Anfängen der Baath-Partei zu entwirren, ist ungefähr so kompliziert, wie die Beziehungen zwischen Al Capone und seinen Rivalen im Chicago der Prohibitionsjahre zu beschreiben. Die wenigsten Anhänger der Baath-Partei interessierten sich ernsthaft für ideologische Fragen. Allenfalls Shaikhly könnte man als Ideologen bezeichnen. Er wurde 1935 geboren und stammte aus einer angesehenen Familie in Bagdad, deren Vorfahren bereits unter osmanischer Herrschaft die Stadt verwaltet hatten. Als eines der ersten Mitglieder der Baath-Partei war der Akademiker Shaikhly bei den Gründervätern der Partei hoch angesehen und galt als jemand, der ihre Prinzipien kannte. Im Sommer 1971 war er jedoch für Saddams Geschmack auf der Karriereleiter zu hoch aufgestiegen. Als Außenminister und hochrangiger Funktionär im RCC wurde Shaikhly in manchen Kreisen schon als künftiger Regierungschef oder sogar Staatspräsident gehandelt. Nach Saddam war er sogar der hochrangigste Zivilist des Regimes.

Anders als Saddam nahm Shaikhly seine Parteizugehörigkeit jedoch nicht übermäßig ernst. Als Junggeselle von Anfang dreißig lag dem intelligenten jungen Außenminister die Welt zu Füßen, und er erwarb sich gerade einen gewissen Ruf als Frauenheld. Viele Taten der neuen Baath-Regierung missfielen seinem sensiblen Charakter, beispielsweise die Hinrichtungen auf dem Platz der Befreiung. »So etwas gefiel uns nicht.

Wir betrachteten es als unzivilisiert, wie auch die Folterungen und das Verschwinden von Menschen«, erinnert sich ein Zeitgenosse Shaikhlys. »Aber er war zu sehr mit sich selbst beschäftigt, um etwas dagegen zu tun. Und er war von seiner eigenen Bedeutung so überzeugt, dass er sich wegen seiner Stellung in der Partei keine Sorgen machte.«[23]

Am selben Tag, an dem Saddam Ammash kaltstellte, wurde Shaikhly seines Amtes als Außenminister enthoben und auf den Posten des Botschafters bei den Vereinten Nationen abgeschoben. Es wird allgemein angenommen, der Hauptgrund für seine Entmachtung sei ideologischer Natur gewesen: Saddam habe seinen Freund verdächtigt, eine Versöhnung zwischen der irakischen und der syrischen Baath-Partei herbeiführen zu wollen, was in Saddams Augen seine Position untergraben hätte, da er selbst diesen Zwist überhaupt erst herbeigeführt hatte. Shaikhlys Posten in New York kam einer Entsendung ins Exil gleich, denn von dort konnte er die Ereignisse im Irak nicht beeinflussen. Als er sich schließlich zur Ruhe setzte, kehrte er nach Bagdad zurück. Nach Saddams Amtsübernahme als Präsident wurde Shaikhly 1980 in Bagdad vor einem Postamt ermordet.[24]

Eine andere Erklärung für seine Amtsenthebung hat allerdings Shaikhlys Vetter Salah al-Shaikhly. Er bietet einen faszinierenden Einblick in die Familienintrigen, die den innersten Zirkel der Baath-Partei in dieser Zeit prägten. Nach seiner Version waren Saddam und Shaikhly so enge Freunde, dass Saddam gehofft hatte, Shaikhly würde eines Tages seine jüngere Schwester Siham heiraten, was bei arabischen Männern durchaus Brauch ist. Die Familie Shaikhly habe es bislang rundweg abgelehnt, dass einer ihrer Söhne eine Bauerntochter aus Al-Ouja heiratete. Doch nun sei Shaikhly von den Familienältesten sogar ermuntert worden, die Verbindung mit Saddams Schwester ernsthaft zu erwägen. Sie seien nämlich der Ansicht gewesen, dass sich die Machtverhältnisse ohnehin von der traditionellen Elite hin zu den Bauern verschoben hätten.

Shaikhly und Saddam hatten damals eher berufliche als private Beziehungen. Der weltgewandte, intelligente Shaikhly wusste Saddams Mut und physische Ausstrahlung zu schätzen und sah ihn als jemanden, der den Erfolg der Baath-Partei sichern würde, doch außerhalb der Politik suchte er Saddams Gesellschaft nicht.

Shaikhly wäre vielleicht geneigt gewesen, Saddam glücklich zu machen und dessen Schwester zu heiraten, doch auch Präsident Bakr wollte gern eine seiner fünf Töchter mit einem Aufsteiger in der Regierung verheiraten. Bei mehreren Gelegenheiten ließ Bakr unmissverständlich durchblicken, Shaikhly solle eine seiner Töchter heiraten.

Zwischen allen Fronten entschloss sich Shaikhly, eine Frau seiner Wahl zu heiraten, die weder mit Saddam noch mit Bakr verwandt war. Saddam soll über diese Entscheidung so wütend gewesen sein, dass er zwar bei der Hochzeit erschien, beim anschließenden Empfang jedoch nur eine halbe Stunde blieb. Und drei Wochen nach seiner Hochzeit war Shaikhly bereits seines Amtes enthoben und wurde ins Exil geschickt.[25] Die Tatsache, dass die politische Karriere eines der angesehensten Leistungsträger der Baath-Partei wegen solcher Kinkerlitzchen scheitern konnte, zeigt die Macht der Familien- und Stammesbindungen, die die Führungsriege zusammenschweißte – Bindungen, deren Macht sich noch bei vielen Krisen mit schwer wiegenden Folgen für die künftige Stabilität des Regimes offenbaren sollte.

Anders als bei der Entlassung Hardan al-Tikritis scheint Shaikhlys Amtsenthebung keine Bitterkeit ausgelöst zu haben. Am Abend der Entlassung wurden die beiden Männer im Restaurant *Farouk* in Bagdad fotografiert. Am folgenden Tag erschienen auf den Titelseiten Fotos von Saddam und Shaikhly, wie sie einträchtig miteinander speisten. Saddam war darauf bedacht, sich von jeder Schuld an der Amtsenthebung seines Freundes reinzuwaschen. Doch selbst wenn Shaikhly mit der Auswahl seiner Braut ihre Beziehung nicht belastet hätte, ist es unwahrscheinlich, dass er viel länger im Amt geblieben wäre. Nach Ansicht von Salah al-Shaikhly hatte die Entlassung seines Vetters ebenso viel mit seinem Erfolg in der Regierung Bakr zu tun wie mit der Beleidigung, die er Saddam durch die Ablehnung einer Ehe mit dessen Schwester zugefügt hatte. »Karim stellte für Saddam eine zu große Bedrohung dar. Er war sehr beliebt und begabt. Aber wie so viele von uns hätte er es kommen sehen müssen. Hätte er damals etwas gegen Saddam unternommen, wäre die Geschichte des modernen Irak vielleicht weniger unglücklich verlaufen.«[26]

Shaikhlys Amtsenthebung und Abschiebung war ein Schock für die regierende Elite des Landes und rückte Saddams Position als bedeutender Machtfaktor hinter dem Präsidenten Bakr ins Rampenlicht. Wenn Saddam einen Shaikhly absägen konnte, dann war auch kein anderer Baathist vor ihm sicher. Als letzten oppositionellen Parteigenossen schaltete Saddam im Juli 1973 Abdul Khaliq al-Samurrai aus. Er hatte – wie Shaikhly – einen Ruf als führender »Theoretiker« und wurde als künftiger Kandidat für die Parteiführung gehandelt. Saddam ließ ihn inhaftieren, und so vegetierte er sechs Jahre lang unter furchtbaren Bedingungen in Einzelhaft. Ein paar Tage, nachdem Saddam sein ehrgeiziges Ziel, Staatspräsident des Irak zu werden, erreicht hatte, wurde al-Samurrai aus seiner Zelle gezerrt und erschossen.

Samurrais Verhaftung hing mit einem sehr gefährlichen Angriff auf die Allianz von Bakr mit Saddam zusammen. Dank Saddams Bemühungen waren bis 1973 die meisten bekannten Regimegegner kaltgestellt oder tot. Dass Saddam seine Rivalen mit derartiger Effizienz vernichtete, sorgte jedoch bei den Überlebenden in der Partei verständlicherweise für Unruhe, weil sie mit einem ähnlichen Schicksal rechnen mussten. Der aberwitzige Verfolgungswahn, den Saddam der Regierung hatte einimpfen können, führte zu einer der abstrusesten, darum aber nicht weniger gefährlichen Episoden in den Anfängen der Baath-Regierung.

Der Putschversuch Ende Juni 1973 ist umso bemerkenswerter, weil er von Nadhim Kazzar angeführt wurde, einem von Saddams engsten Mitstreitern und einem der brutalsten Folterer im Palast des Todes. Kazzar war in ähnlich armseligen Verhältnissen aufgewachsen und hatte denselben skrupellosen Ehrgeiz und dieselbe Zielstrebigkeit wie Saddam. Er war der Sohn eines Polizeibeamten aus Al-Amara, einer der ärmsten Regionen des Landes. Als einer der wenigen Schiiten, die in höhere Ränge der Baath-Partei aufstiegen, hatte er sich 1959 während seines Studiums an der Technischen Hochschule in Bagdad der Partei angeschlossen. Als Parteimitglied tat er sich bei den Kommunistenverfolgungen nach dem Putsch von 1963 hervor, aufgrund seiner Aktivitäten als Folter-Chef im Palast des Todes wurde er 1969 – nach persönlicher Intervention Saddams – zum Chef der Sicherheitspolizei ernannt. In gewisser Hinsicht war Kazzar der Berija der Baath-Partei. Furchtlos und impulsiv, war er für die Verhaftung, Folterung und heimliche Hinrichtung mehrerer Hundert Oppositioneller verantwortlich. Unter den Opfern waren Kommunisten, Kurden, Nasser-Anhänger, abweichende Baathisten und Vertreter aller Gruppen, die tollkühn genug waren, Saddams Flügel der Baath-Partei herauszufordern.

Es überrascht also wenig, dass auch Kazzar Gewalt als legitimes Mittel der Politik ansah. Er glaubte, nur mit Gewalt könne man mit den Kurden und den Kommunisten fertig werden. Mehrfach forderte er, das militärische Potential der Kurden zu vernichten. Deshalb geriet er in Konflikt mit jenen Baathisten, darunter auch Saddam, die sich für einen weniger harten Kurs aussprachen, vor allem gegenüber den Kurden. Auch wenn Saddam nicht die Absicht hatte, die Verträge mit den Kurden zu erfüllen, vertrat er doch offiziell eine gemäßigte Linie.

Hinter Kazzars Umtrieben verbarg sich jedoch wachsender Unmut in der Baath-Partei, weil das Land von einem kleinen Zirkel aus Offizieren und Seilschaften aus Tikrit beherrscht wurde, obwohl es die ursprüngliche Intention der Baath-Partei gewesen war, eine Regierung auf breiter Basis zu bilden. Kazzar und seine Anhänger, zu denen langjährige Parteiideologen wie Samurrai gehörten, wollten eine Sonderkonferenz einberufen, um eine neue Führung zu wählen. So gut Kazzars Gründe für die Entfernung der Bakr-Saddam-Clique auch waren – die Art und Weise, wie er sich diesem Ziel näherte, verhieß nichts Gutes. Sogar unter den Verhältnissen im revolutionären Irak war sein Plan ausgesprochen verrückt. Er glaubte, er könne als Chef der Sicherheitspolizei zunächst die Armeeführung und die Führer der zivilen Polizeikräfte verhaften und dann die Macht über den gesamten staatlichen Sicherheitsapparat an sich reißen. Wenn es ihm gelingen sollte, Bakr und Saddam zu ermorden, so dachte er, dann wäre es ein Leichtes, die Gefangenen in seinen Folterkellern dazu zu bringen, ihn zu unterstützen.

Der erste Akt dieser blutigen Posse begann am Morgen des 30. Juni 1973. Kazzar lud den Verteidigungsminister General Hammad Shihab und den Innenminister Saadoun Ghaydan ein, neue elektronische Überwachungsgeräte zu besichtigen, die er in einem jüngst außerhalb von Bagdad errichteten Spionage- und Gegenspionage-Zentrum installiert hatte. Ghaydan erinnert sich, wie überrascht er über Kazzars Anruf war, weil er das Zentrum bereits gesehen hatte.[27] Trotzdem konnte ihn Kazzar zu einem Besuch überreden, und Ghaydan verließ sein Büro in Begleitung seines Leibwächters. Diesen ließ er draußen vor dem Zentrum warten, »da ich Kazzar als Parteimitglied vertraute«. Kaum war er eingetreten, wurde er jedoch von vier mit Sturmgewehren bewaffneten Sicherheitspolizisten umringt, die ihm mitteilten, er sei unter Arrest gestellt. Sie brachten ihn in eine Gefängniszelle im Keller und hielten ihn dort in Handschellen bis spät in den Abend hinein fest. Nach einer Weile merkte Ghaydan, dass Shihab in der Zelle neben ihm saß. Als er ihn nach ihrer Verhaftung fragte, informierte ihn der Verteidigungsminister, es sei ein Aufstand ausgebrochen, und sie würden »zu ihrem eigenen Schutz festgehalten«.[28]

Inzwischen ging Kazzar zum zweiten Teil seines Plans über: Präsident Bakrs Flugzeug sollte nach einem Staatsbesuch in

Polen um vier Uhr am selben Nachmittag in Bagdad eintreffen. Saddam würde zu Bakrs Begrüßung am Flughafen sein. Ein Kommando von Kazzars Sicherheitspolizei sollte Bakr und Saddam in dem Augenblick töten, in dem Bakr aus dem Flugzeug stieg. Der Plan misslang, weil die Präsidentenmaschine beim Abflug in Warschau Verspätung hatte und beim Auftanken in Bulgarien abermals aufgehalten wurde. Die bulgarische Regierung hatte nämlich für Bakr eine kleine Begrüßungszeremonie arrangiert. So war es fast zwanzig Uhr, als das Flugzeug endlich in Bagdad landete. Zu diesem Zeitpunkt hatte der Chef des Sicherheitskommandos in der Annahme, die Verschwörung sei aufgedeckt worden, seine Männer bereits weggeschickt und sich selbst aus dem Staub gemacht.

Kazzar saß derweil zu Hause und wollte sich das Attentat im Fernsehen anschauen. Das Staatsfernsehen musste das Programm für einen Bericht über die Aktivitäten des Präsidenten stets unterbrechen – selbst wenn er nur von einem Routinebesuch in einem Land wie Polen zurückkehrte. Kazzar sah, wie Bakr mit Saddam in einem bewaffneten Konvoi davonfuhr. Er vermutete, das Komplott sei aufgedeckt worden, und entschloss sich zur Flucht. Shihab und Ghaydan nahm er vorsichtshalber als Geiseln mit. Die Gruppe verließ Bagdad in einem Konvoi aus gepanzerten Fahrzeugen und nahm Kurs auf die iranische Grenze – Kazzar glaubte, die Iraner würden ihnen wegen ihres Streits mit Bagdad über den Shatt al-Arab Asyl gewähren. Unterwegs setzte er sich mit Bakr in Verbindung und bot ihm ein Treffen an, um die Meinungsverschiedenheiten zu erörtern und friedlich beizulegen. Zu seinen Forderungen gehörte eine Säuberung der Baath-Partei von »opportunistischen Elementen«, ein deutlicher Hinweis auf Saddam. Kazzar drohte, Shihab und Ghaydan zu töten, wenn seine Forderungen nicht erfüllt würden. Bakr verhandelte jedoch nicht, sondern befahl Saddam, Kazzar herbeizuschaffen, tot oder lebendig. Saddam sollte Kazzar festnehmen lassen, und er übernahm diesen Auftrag mit Freuden. Bagdad wurde abgeriegelt, und Heer und Luftwaffe angewiesen, Kazzar noch vor der Grenze zu stoppen. Der Konvoi wurde von Militärhubschraubern und -flugzeugen eingeholt und gestellt. Bevor Kazzar sich ergab, befahl er seinen Soldaten noch, Shihab und Ghaydan zu erschießen: Shihab wurde getötet, doch Ghaydan überlebte schwer verletzt.

Kazzar wusste, welches Schicksal ihn erwartete; sein einziger Trost war, dass ihm die Gräuel, die normalerweise im Palast des Todes an Verrätern verübt wurden, erspart blieben. Ein Sondergericht aus vier RCC-Mitgliedern wurde einberufen. Kazzar, acht Sicherheitsbeamte und dreizehn Offiziere wurden am 7. Juli zum Tode verurteilt und noch am selben Tag hingerichtet. Tags darauf kamen weitere 36 Menschen vor Gericht, unter anderem zwei Mitglieder des Regionalkommandos, Abdul Khaliq al-Samurrai und Muhammad Fadil. Es war ihr Verhängnis, dass Kazzar sie während des Putschversuchs angerufen hatte, um sie zu informieren. Das Sondergericht vertrat die Auffassung, sie hätten diese Information an die zuständigen Behörden weiterleiten müssen. Dass sie das nicht getan hatten, war eindeutig Hochverrat. Sie wurden zusammen mit zwölf anderen Männern zum Tode verurteilt. Das Urteil gegen Samurrai wurde wegen seiner Bedeutung als einer der Hauptideologen der Partei und seiner bis dato untadeligen Leistungen in lebenslänglich umgewandelt, doch die anderen wurden sofort nach Urteilsverkündung hingerichtet.

Saddams Position als zweitmächtigster Mann des Irak nach Präsident Bakr war abermals gefestigt, eine beachtliche Leistung, wenn man bedenkt, dass er bei vielen Baathisten unmittelbar nach der Revolution als »schwächstes Glied« gegolten hatte. Innerhalb von nur fünf Jahren hatte er seine wichtigsten Rivalen, ob Freund oder Feind, besiegt oder beseitigt und Baath-feindliche Gruppen wie die Kurden und die Schiiten neutralisiert. Von einem prominenten Parteimitglied, das Saddam Jahre nicht gesehen hatte und ihm damals zufällig in Bagdad begegnete, wurde er gefragt, warum man ihn so selten in der Öffentlichkeit gesehen habe. »Ich habe mich um all die Schakale gekümmert«, gab Saddam rätselhaft zurück.

Nach der Aufdeckung der Verschwörung verlor die Baath-Partei keine Zeit, sondern bildete sofort die Regierung um, damit die Macht der herrschenden Elite unangreifbar wurde. Noch während der Gerichtsverhandlung gegen Kazzar und seine Mitverschwörer wurde eine Sondersitzung der Parteiführung einberufen, bei der man sich auf Neuwahlen einigte, um Kandidaten in den regierenden Rat wählen zu können, die gegenüber Saddam loyal waren. Die Sicherheitspolizei sollte gesäubert und Saddam unterstellt werden, weil sie den Putschversuch nicht hatte verhindern können. Man beschloss, den Palast des Todes niederzureißen, weil die Partei überzeugt war, sie benötige Kazzars Folterkammern nicht mehr. Die Regierung verabschiedete eine neue Initiative zur Lockerung der Einschränkung bürgerlicher Freiheiten, um ihre Position zu stärken, sowie ein Programm zur sozialen und wirtschaftlichen Entwicklung, das dem Wohl des Landes dienen und neues Vertrauen in die Regierung schaffen sollte.

FÜNF

Der Erbauer der Nation

Mit der Macht kam der Reichtum. In den ersten zwei Jahren nach der Juli-Revolution hatte Saddam, wie es seiner Stellung entsprach, ein kleines Nebenbüro im Präsidentenpalast. Als er in der Partei aufstieg, bekam er auch bessere Räumlichkeiten, und Anfang der siebziger Jahre war er dann in ein größeres Büro im Gebäude des Nationalrats umgezogen, in dem auch das Außenministerium untergebracht war. Der Gebäudekomplex des Nationalrats, der auf demselben Gelände wie der Präsidentenpalast stand, war in den späten fünfziger Jahren in Auftrag gegeben worden, als die Idee in Mode war, im Irak demokratische Institutionen zu schaffen. 1970, nachdem Salih Mahdi Ammash aus der Regierung beseitigt worden war, bezog Saddam Ammashs Büro, das vormals irakische Ministerpräsidenten benutzt hatten und bei dem die komplette Infrastruktur aus Sekretären, Beratern, Fachleuten und Assistenten mitgeliefert wurde. Saddam arbeitete weiterhin sehr viel; er kam im Morgengrauen ins Büro und blieb dort bis spät in die Nacht, aber sein Fleiß, zusammen mit seinem alles beherrschenden Geheimdienstnetzwerk, verlieh ihm den entscheidenden Vorteil, seinen Kollegen immer einen Schritt voraus zu sein.

Zum ersten Mal in seiner Laufbahn wurde Saddam finanziell reich belohnt, und schnell entwickelte er einen exklusiven Geschmack, der zu seinem Status als starker Mann der Nation passen sollte. Wie bei vielen reichen Männern einfacher Herkunft interessierte er sich vor allem für teure Kleidung und teure Autos. Er ging zu einem der gediegensten Schneider Bagdads, Haroot, der sein Geschäft im Chaakia-Viertel der Stadt betrieb und Preise verlangte, die für die meisten Iraker unerschwinglich waren. Später, nachdem er Präsident geworden war, erfreute sich Saddam daran, seinem Schneider sehr oft, bis zu einmal die Woche, einen Besuch abzustatten und gleich mehrere Anzüge zu bestellen. Drei- oder viermal im Jahr kaufte er in Kuwait einen Mercedes der S-Klasse, natürlich immer mit Klimaanlage wegen der Sommerhitze in Bagdad.

Außerdem musste Saddam sich um eine Unterkunft für seine wachsende Familie kümmern. Bis 1972 waren nach seinen zwei Söhnen Uday (1964) und Qusay (1966) noch drei Töchter geboren worden: Raghda wurde 1967, Rana 1969 und Hala 1972 geboren. In den ersten Jahren nach der Revolution von 1968 wohnten Saddam und seine Familie in einem großen Haus auf dem Gelände des Präsidentenpalastes. Dieser große, stark gesicherte Komplex bot auch Wohnraum für die meisten führenden Mitglieder des Regimes. Saddams Familie lebte komfortabel, die meisten Häuser hatten einen Swimmingpool, und Dienstboten standen bereit. Das Gelände konnte man nur über zwei stark bewachte Brücken erreichen: die Muallak- oder Hinrichtungs-Brücke (wegen ihrer Nähe zum Platz der Befreiung) oder die al-Jamhuriyya-Brücke über den Tigris.

Zu dieser Zeit begann Saddam auch, Land außerhalb von Bagdad zu erwerben, auf dem er Häuser für sich und seine Familie errichten lassen wollte. Der Bau des ersten Hauses begann 1970, und Saddam nutzte seine enge berufliche Verbindung zu Bakr, um bestes Bauland zu ergattern. Im Laufe der Zeit wurden die Häuser so protzig, dass sie eher Palästen als normalen Wohnhäusern glichen, und später dienten sie einem ganz anderen Zweck, als dem, für den sie ursprünglich vorgesehen waren: Sie dienten als Depots für Saddams illegales Arsenal von Massenvernichtungswaffen. Natürlich roch es bei dem persönlichen Reichtum, den die neue Baath-Elite anhäufte, gewaltig nach Korruption. Saleh Omar al-Ali, der nach der Revolution Informationsminister wurde, sagte, er habe mit einer Beschwerdeflut von Parteimitgliedern aus der Tikrit-Region zu kämpfen gehabt, die sich darüber beklagten, wie viel Land Bakr, Saddam und Khairallah Tulfah in Beschlag nahmen. »Es begann ganz allmählich, aber später nahmen sie sich einfach, was sie wollten«, erinnerte sich Ali. »Die Leute wurden von ihrem Land vertrieben und ihrer Existenzgrundlage beraubt. Khairallah Tulfah war der Schlimmste, aber Bakr und Saddam taten es ihm bald gleich. Sie sorgten bei den normalen Baath-Mitgliedern für böses Blut.«[1]

Da er keine Gelegenheit zur Propaganda ausließ, präsentierte Saddam die Stabilität seines Familienlebens, das in den irakischen Regierungsmedien als Vorbild gezeigt wurde, nach dem die gesellschaftlich mobile irakische Mittelschicht streben sollte. Saddam war besonders wichtig, dass seine Frau Sajida halbtags als Lehrerin arbeitete und fünf Kinder großzog. Bilder von Saddam und seiner Familie tauchten in der staatlichen Presse auf, beispielsweise wie er im Urlaub mit seinen Kindern am Meer spielte. Der Aufbau eines Personenkults um Saddam war ein wichtiger Teil seiner Strategie zur Machtergreifung, und am Anfang seiner Laufbahn konzentrierte sich die Propaganda vor allem auf sein vorbildliches Familienleben. Auf den Porträts, die in der irakischen Presse veröffentlicht wurden, macht Saddams Familie einen durchweg glücklichen Eindruck, und es nützte ihm bestimmt, dass er als das Oberhaupt der irakischen Musterfamilie posierte.

Sogar seine Essgewohnheiten veränderte er. Der arme Bauernsohn aus Al-Ouja, der mit einer kargen Kost aus Reis und Bohnen groß geworden war, entwickelte nun eine Vorliebe für amerikanisches Essen, das in der aufsteigenden irakischen Mittelschicht immer beliebter wurde. Besonders das Grillen hatte es Saddam angetan, und sein Lieblingsgericht waren Rippchen. Die spülte er mit seinem Lieblingsgetränk, einem Mateus Rosé aus Portugal, hinunter, ein süßes Allerweltsgetränk und nicht gerade die passende Wahl eines zukünftigen Staatschefs. Als junger Mann rauchte Saddam Pfeife, eine Angewohnheit, die er sich wohl während seines Aufenthalts in Kairo zugelegt hatte. Nach und nach wechselte er dann aber zu Zigarren und blieb dabei. Wenn er nicht gerade fleißig in seinem Büro arbeitete, ging er häufig in schicke Restaurants, die vor der Machtergreifung der Baathisten viel zu teuer für ihn gewesen wären. Seine bevorzugten Stammlokale waren das *Dananir* und das *Matam al-Mataam*. Zur Entspannung ging er gerne auf die Jagd. In den frühen siebziger Jahren waren seine Jagdgefährten auch seine politischen Gefährten, so der Chef der Geheimpolizei, Saadoun Shakir, und sein Halbbruder Barsan. Ihre liebsten Reviere waren Kut, Swaika, Samara, al-Dour und Tikrit, und die Jagdausflüge stellten einen wöchentlichen Fixpunkt in Saddams Alltag dar. Für gewöhnlich wurde er von einem seiner Leibwächter und einigen Mitgliedern der Baath-Partei begleitet. Die Jagdgesellschaft schoss meist Fasane, die dann später gegrillt wurden. Saddam galt als guter Schütze und lud gerne seine Familie und seine Freunde zum Picknick ein. Zu einer dieser Jagdpartys gebeten zu werden, hieß für einen jungen Baathisten aber noch lange nicht, dass sein Glück gemacht war; Saddam konnte das Zusammentreffen auch dazu nutzen, einen zukünftigen Rivalen zu erkennen oder, indem er Vorteil aus der entspannten Atmosphäre zog, ideologische Gegenpositionen zu analysieren. Mindestens zwei von Saddams Jagdgefährten wurde der vertrauliche Umgang zum Verhängnis: Tahir Ahmed Amin wurde 1969 wegen Verrats hingerichtet, und Saad al-Samurai wurde 1982 ermordet.

Saddam ging auch gern in den *Nadi-al-Said Club*, wörtlich übersetzt »der Jagdclub«, der sich im Mansour-Viertel von Bagdad befindet. Seit der Errichtung der Monarchie rühmte sich Bagdad einiger Jagdclubs. Die Briten hatten sich während der Glanzzeit der Monarchie im *al-Alwiya Club* getroffen, außerdem gab es einige andere Clubs, die meist nahe am Tigris lagen und von Vertretern der verschiedenen Bevölkerungsgruppen besucht wurden: im *Hindya Club* zum Beispiel waren

Christen Stammgäste, während die Mitglieder des neueren *al-Mansour Clubs* hauptsächlich aus der gerade aufsteigenden Mittelschicht Bagdads kamen. Seit 1970 wurde der *Nadi-al-Said Club* mit der neuen regierenden Elite des Landes in Verbindung gebracht. Neben einem komfortablen Clubhaus befanden sich auf dem weitläufigen, perfekt gepflegten Grundstück des Clubs ein Swimmingpool, Tennisplätze und Reitplätze. Um seine Mitglieder zu unterhalten, organisierte der Club außerdem Jagdpartys und Wohltätigkeitsveranstaltungen. Er war ein Ort, an dem sich die regierende Elite des Landes in ihrer Freizeit einfinden konnte, um dringend nötige Entspannung zu genießen.

Nachdem Saddam seine Macht konsolidiert hatte, nutzte er den Club fast wie sein persönliches Lehen, und er bewilligte um 1970 sogar ein Erschließungsvorhaben, durch das die Clubanlage ausgeweitet werden sollte. Saddam verfolgte das Bauprojekt mit einem solchen Interesse, als betrachte er sich als der Besitzer, und man sah ihn oft an einem Freitagnachmittag, mitten im islamischen Wochenende, auf der Baustelle, wo er den Fortgang der Arbeiten inspizierte. Zu dieser Zeit saßen im Club bürgerliche Iraker und hohe Beamte der Baath-Partei zusammen mit ihren Familien am Mittagstisch. Ehemalige Clubmitglieder erinnern sich, dass bei Saddams Kontrollbesuchen die Zahl seiner Leibwächter besonders auffällig war. »Mindestens acht bewaffnete Männer standen um ihn herum. Meist hatte er zwei Leibwächter neben sich und vier hinter sich. Kein anderes Mitglied der Baath benötigte einen solchen Schutz, und die Anwesenheit der Leibwächter verlieh Saddams Auftreten etwas Unheilvolles.«[2]

Trotz seiner einschüchternden Art gab sich Saddam Mühe, den Clubmitgliedern zu gefallen. Die Schüchternheit, die seine früheren Versuche im Umgang mit der besseren Gesellschaft behindert hatte, hatte anscheinend einer eher weltmännischen Haltung Platz gemacht. Saddam kam meist mit einigen engen Mitarbeitern in den Club, so Abdul Karim al-Shaikhly oder Saddoun Shakir, und den stets wachsamen

Leibwächtern. Er setzte sich dann an einen Ecktisch, unterhielt sich leise mit seinen Freunden und trank Johnnie Walker Black Label Whisky. Meist zog er es vor, in der Gesellschaft seiner Freunde zu verweilen, deshalb hatte er wenig Umgang mit den anderen Clubmitgliedern. Anders als die meisten männlichen Mitglieder, die zum Mittag- oder Abendessen oft von ihren Frauen begleitet wurden, brachte Saddam Sajida niemals mit, selbst dann nicht, wenn der Club abendliche Wohltätigkeitsveranstaltungen wie Tanz oder Varieté anbot. Die einzigen Familienangehörigen Saddams, die in den Club kamen, waren seine Kinder, vor allem seine Söhne Uday und Qusay, die, als sie älter waren, an Wochenenden mitgenommen wurden und dort mit den anderen Kindern spielten. Aber Sajida, die wohl mit ihren fünf Kindern alle Hände voll zu tun hatte, wurde in der Öffentlichkeit so gut wie nie gesehen und tauchte nur gelegentlich in Bagdader Zeitungen auf. Trotz seiner zurückhaltenden Art kannte Saddam die meisten Clubmitglieder und führte höfliche Unterhaltungen mit ihnen, wenn dies nötig war. Da die meisten von ihnen bereits damals über die Aktivitäten von Saddams Geheimpolizei Bescheid wussten, konnte Saddam selbst dann, wenn er versuchte, einen Witz zu machen, missverstanden werden. Ein ehemaliges Clubmitglied, das mit einer Engländerin verheiratet war, erinnerte sich, wie er eines Tages mit seinen beiden Töchtern im Club saß und sich mit ihnen auf Englisch unterhielt. Saddam bekam das mit, ging auf den Mann zu und sagte: »Ich glaube, es ist höchste Zeit, dass Sie Arabisch mit ihnen sprechen.« Saddam lächelte das kleine Mädchen an, als er diese Bemerkung machte, aber der Mann, der eine hohe Stellung in der Baath-Regierung innehatte, glaubte nicht, dass Saddam sie im Spaß gemacht hatte. Er beschloss, künftig in der Öffentlichkeit nur noch Arabisch mit seinen Töchtern zu sprechen.[3]

In dieser Zeit strebte Saddam danach, ein positives Image zu pflegen, und viele Iraker waren die Begünstigten von spontanen »großzügigen« Gesten des »Herrn Stellvertreters«. Nahe des Präsidentenpalastes liegt eine kleine Insel im Tigris, die von den Einheimischen »Insel der Gefräßigen« genannt wird und auf der im Sommer gerne Familien picknicken. Wegen ihrer Nähe zum Palast wurde die Insel jedoch ständig bewacht, aus Angst, dass Regimegegner sie als Basis für einen Angriff auf die Schaltzentrale der Regierung benutzen könnten. Mehrere Male erlebten irakische Familien, die an einem gesetzlichen Feiertag auf der Insel ein Picknick machten, wie Saddam mit seinen Leibwächtern vom Präsidentenpalast in einem Motorboot herüberfuhr. Saddam ging dann von einer Gruppe zur anderen, ließ sich die Namen der Versammelten sagen und erkundigte sich nach ihrem Befinden. Obwohl er durch seinen Besuch vor allem sichergehen wollte, dass die Insel nicht für subversive Aktionen genutzt wurde, versuchte er, einen guten Eindruck zu hinterlassen. Als er zum Beispiel sah, dass einige Männer zu ihrem Picknick Whisky tranken, schickte er einen Leibwächter zum Boot und ließ eine Kiste Hochprozentiges für die Ausflügler holen. Am anderen Ende der Insel traf er auf eine Gruppe, die Wein trank, und also ließ er seine Leibwächter eine Kiste Wein vom Boot holen. Dies mögen leere Gesten gewesen sein, aber sie verschafften ihm unter den Bewohnern Bagdads den Ruf, ein Mann zu sein, der sich um die normalen Bürger kümmert.

Doch sein aufwändiger Lebensstil musste finanziert werden, und Saddam zeigte sich geschickt darin, unkonventionelle Einnahmequellen anzuzapfen, mit denen er seine wachsenden persönlichen Ansprüche und seine Geheimpolizei bezahlen konnte. Eine erste Unternehmung in dieser Richtung war die Wiedereinführung von Pferderennen. Unter der Monarchie waren Pferderennen ein Nationalsport, und obwohl das Wetten im Islam untersagt ist, verschaffte es der Regierung ein schönes Einkommen. Der sittenstrenge Präsident Qassem hatte Pferderennen untersagt, aber nachdem die Baathisten die Macht erobert hatten, hob Saddam das Verbot auf. Pferdewetten wurden toleriert, und der gerissene Saddam entwickelte ein System, durch das ein Teil der Gewinne aus den neuen Wettbüros in seine Kassen floss.

Der wichtigste Schritt Saddams und der Baath-Partei, ihre großartigen Pläne zur Modernisierung des Irak zu finanzieren, war jedoch die Verstaatlichung der irakischen Ölindustrie. Der Irak besitzt nach Saudi-Arabien die zweitgrößten Ölreserven. Um 1970 schätzte man die bekannten Reserven des Irak auf 130 Milliarden Barrel, gegenüber 150 Milliarden Barrel in Saudi-Arabien. Man schätzte außerdem, dass der Irak in der richtigen Marktsituation elf Millionen Barrel am Tag produzieren könnte. Das irakische Öl lässt sich sehr kostengünstig fördern – für ungefähr sechs amerikanische Cent pro Barrel, verglichen mit acht Cent pro Barrel in Saudi-Arabien. Nach der Gründung des modernen Irak lag die Kontrolle der Ölindustrie bei der Iraq Petroleum Company (IPC), die in den siebziger Jahren eigentlich ein Konsortium aus fünf der weltweit größten Erdölfirmen war: BP, Shell, Esso, Mobil und die Compagnie Française des Pétroles (CFP). Dass die wichtigste Ressource des Irak in ausländischem Besitz war, war für Generationen von irakischen Nationalisten ein Affront, und viele Staatsstreiche waren von dem Wunsch motiviert gewesen, die Regierung solle die Kontrolle über den sagenhaften Ölreichtum des Landes wiedererlangen. Einige irakische Führer haben verschiedene Versuche unternommen, die Macht der IPC einzuschränken, insbesondere Präsident Qassem, der 1961 der IPC die Kontrolle über 99,5 Prozent des Landes entriss, weil diese sich weigerte, es zu erschließen. 1964 gründete Präsident Arif die Iraq National Oil Company (INOC), um die Ölreserven des Landes zu fördern und auf dem freien Markt zu verkaufen, aber dies wurde durch die internationalen Ölkonzerne vereitelt, die sich, neben anderen Gegenmaßnahmen, weigerten, Öl an Länder zu liefern, die direkt mit der irakischen Regierung verhandelten. Dies war im Wesentlichen die Situation, als die Baath-Partei 1968 an die Macht kam, und Saddam beschloss, diese Angelegenheit, die von der Mehrheit im Land als nationale Schmach empfunden wurde, mit Bakrs Rückendeckung endgültig zu regeln.

Ab 1971 übernahm Saddam zusammen mit Murtada al-

Hadithi, dem Ölminister, die Zuständigkeit für die Verhandlungen mit dem Ölkonsortium. Kurz danach konnte er den Konfrontationskurs einschlagen, auf den die Baathisten gewartet hatten, denn die IPC beschloss, die Ölförderung im Irak zugunsten der Förderung in anderen Ländern einzuschränken. Diese Entscheidung der IPC bedeutete im Grunde, dass ausländische Konzerne die Staatseinnahmen des Irak kontrollierten, was eine unerträgliche Situation für jede ernst zu nehmende Regierung darstellte, und besonders für eine, die den Neoimperialismus verabscheute. Diese Provokation konnte der nationalistische Flügel der Baath-Partei, repräsentiert durch Bakr und Saddam, nicht hinnehmen. Sieht man sich an, wie Saddam bei der Verstaatlichung der irakischen Industrie taktierte, so erkennt man, dass er bereits in dieser frühen Phase seiner politischen Karriere die Abläufe so beeinflussen konnte, dass sie seinen Zielen dienten.

Die Baath-Partei hatte eine Zeit lang erwogen, ein Bündnis mit einer »nicht imperialistischen« Macht einzugehen, wobei der nahe liegendste Kandidat die Sowjetunion war. Seltsamerweise unterstellten die Baathisten der Sowjetunion keinerlei imperialistische Ambitionen. Obwohl Saddam und Bakr antikommunistisch eingestellt waren, erkannten sie, dass ein Bündnis mit Moskau es ihnen ermöglichen würde, jedem Druck standzuhalten, den Washington auf Bagdad ausüben könnte. Bakr und Saddam hatten die Mitglieder der Irakischen Kommunistischen Partei stets brutal verfolgt, aber eine Allianz mit Moskau erschien den Baathisten diplomatisch sinnvoll. Der jahrhundertealte Ehrgeiz von Generationen von Russen, Zugang zu den warmen südlichen Meeren zu erlangen, war ein ständiges Ärgernis für den Schah im Iran, dem Land, mit dem der Irak eine 1600 Kilometer lange Grenze teilte. Ein Bündnis mit Moskau würde dazu beitragen, alle aggressiven Gelüste zu zügeln, die der Schah gegen den Irak hegen mochte, besonders bei so heiklen Themen wie dem Shatt el-Arab-Seeweg, dem einzigen Zugang des Irak zum Golf, der für den Ölexport von entscheidender Bedeutung war. Wenn der Irak gute Beziehungen mit den Sowjets unterhielt, könnte er außerdem massive Waffenkäufe tätigen und die Schlagkraft seiner Armee stärken. Dies war für die Baathisten die erste Priorität, denn ihnen war klar, dass sie aufrüsten mussten, um die Iraner abzuschrecken, um für einen künftigen Krieg gegen Israel gerüstet zu sein und um innenpolitische Konflikte zu unterdrücken. Bekanntlich drohten die Kurden immer wieder, ihre Unabhängigkeit zu erklären. Der Grundstein zu einer Allianz mit den Sowjets war 1970 bei Saddams Besuch in Moskau gelegt worden, wo er das Kurdenproblem erörtern wollte. Im Februar 1972 kam Saddam als persönlicher Abgesandter Bakrs erneut nach Moskau, um eine Reihe von Gesprächen mit dem sowjetischen Ministerpräsidenten Kossygin zu führen. Saddams Mission muss erfolgreich verlaufen sein, trotz der sowjetischen Vorbehalte angesichts der Maßnahmen der Baath-Partei gegen die irakischen Kommunisten, denn der Besuch wurde im folgenden April erwidert. Kossygin flog nach Bagdad und unterzeichnete schließlich ein bilaterales Abkommen zu Freundschaft und Zusammenarbeit. Nachdem die Formalitäten abgeschlossen waren, lud man Kossygin zu einer Besichtigung der Marmorsäle des Präsidentenpalastes ein, in Begleitung einer hübschen blonden Frau, die Saddam ausgesucht hatte.

Saddam war gezwungen, den Sowjets viele unangenehme Zugeständnisse zu machen. Der Vertrag garantierte den Sowjets Zugang zu den irakischen Luftstützpunkten. Im Gegenzug erklärten sich die Sowjets bereit, Tausende irakische Offiziere in sowjetischen Militärakademien auszubilden. Außerdem sprach man von einer »Harmonisierung« der sowjetischen und irakischen Außenpolitik, ein höflicher Ausdruck dafür, dass die Baathisten den Anordnungen Moskaus Folge leisten sollten, wenn es zum Beispiel um die Stimme des Irak bei den Vereinten Nationen ging. Dafür versprachen die Sowjets, den Baathisten dabei zu helfen, ihre Macht auszubauen und ihre Verstaatlichungspläne zu verwirklichen. Als Saddam Jahre später über das Abkommen sprach, beurteilte er die Zugeständnisse an Moskau eher pragmatisch. »Wir haben nie erwartet, dass die Sowjets uns ohne die Garantie unterstützen würden, dass unsere Freundschaft ihren strategischen Interessen dient.«[4] Saddam gefiel es gar nicht, an eine Supermacht gebunden zu sein, und die Bedingungen, die von den Sowjets gestellt wurden, sollten in den späteren Beziehungen zu Moskau eine wichtige Rolle spielen.

Dennoch versetzte der Pakt mit Moskau Saddam in eine viel stärkere Position gegenüber dem ausländischen Ölkonsortium. Das Bündnis gab ihm genug Selbstvertrauen, die Ölmultis anzugreifen. Er war sich natürlich der Tatsache bewusst, dass jeder Versuch, die Vormachtstellung der IPC über die irakische Ölindustrie zu brechen, feindselige Reaktionen hervorrufen musste und dass die Ölkonzerne versuchen würden, die Iraker in die Knie zu zwingen, wie sie es in der Vergangenheit bereits mehrmals getan hatten. Aber das Bündnis mit Moskau und die Zusicherung der Sowjets, dass sie alle Überschüsse der Ölförderung des Irak kaufen würden, vergrößerten Saddams Erfolgschancen. Außerdem wurde er durch Hinweise ermutigt, die irakische Ölfunktionäre von Valéry Giscard d'Estaing, dem französischen Wirtschaftsminister bekommen hatten: Frankreich wolle sich einem Boykott gegen den Irak nicht anschließen, solange die französischen Interessen nicht verletzt würden.

Am 1. Juni 1972, zwei Monate nach der Unterzeichnung des Paktes mit Moskau, verstaatlichte die Baath die Iraq Petroleum Company. Die Bedeutung dieses Ereignisses kann kaum überschätzt werden. Die Auswirkung auf den Irak und seine zukünftige Entwicklung war enorm, und die Machtposition der Baath-Partei wurde außerordentlich gestärkt. Ohne Öl war der Irak verarmt, mit Öl konnte er zu einem der weltweit reichsten Staaten aufsteigen. Die Verstaatlichung des Öls hatte Generationen von irakischen Nationalisten auf der Seele gebrannt, und ihre Verwirklichung war wohl das einzige wahrhaft revolutionäre Ereignis in der Geschichte des Irak. Wegen des Bündnisses mit den Sowjets und des doppelten Spiels der

Franzosen konnten die ausgeschlossenen Mitglieder des Konsortiums kaum Protest einlegen, besonders nachdem Saddam Ende Juni nach Frankreich reiste und einen Vertrag mit Georges Pompidou abschloss. Pompidou erklärte sich bereit, die Verstaatlichung zu akzeptieren, wenn die französischen Konzerne an der künftigen Erschließung und Nutzung der irakischen Ölfelder teilhätten und irakisches Öl zu einem fest vereinbarten, niedrigen Preis kaufen könnten.

Nachdem die von der IPC auferlegten Zwänge wegfielen, konnte der Irak eine Reihe von Ölfeldern ausbeuten, die die IPC nicht hatte erschließen wollen. Der plötzliche Anstieg der irakischen Ölförderung brachte der Regierung gewaltige Einnahmen. Die Baath-Partei konnte nun ihre ehrgeizigen Bauvorhaben in Angriff nehmen, durch die das Land in eine moderne Nation verwandelt und der allgemeine Lebensstandard der irakischen Bevölkerung gehoben werden sollte. Außerdem finanzierten sie die massive Aufrüstung der irakischen Streitkräfte, deren Stärke zwischen 1970 und 1975 nahezu verdoppelt wurde.

Niemand erkannte die revolutionäre Bedeutung der Verstaatlichung der irakischen Ölindustrie besser als Saddam, der sogleich auch den größten Teil der Lorbeeren für sich einheimste. Doch er blieb stets darauf bedacht, dabei nicht das Ansehen von Präsident Bakr zu schmälern. Schließlich hatte Saddam die entscheidenden Verhandlungen mit den Sowjets und der IPC geführt. Nachdem er und Bakr alle Alternativen durchgesprochen hatten, hatte Saddam persönlich das Ultimatum entworfen, das der IPC in dem Wissen gestellt wurde, dass sie ablehnen und damit der Regierung keine andere Wahl lassen würde, als die Verstaatlichung durchzuführen. Radio Bagdad übertrug laufend revolutionäre Schlagworte wie »Arabisches Öl den Arabern«, und Saddam nannte den 1. Juni 1972 den »Siegestag«. Er sagte: »Unser Besitz gehört wieder uns.« Einige Jahre später betonte Saddam gegenüber einem Biographen nochmals die wichtige Rolle, die er bei der Übernahme der IPC gespielt hatte. »Alle Experten und Berater warnten mich vor der Verstaatlichung; nicht einer war dafür. Aber die Entscheidung wurde dennoch getroffen ... Wenn ich auf den Ölminister gehört hätte, wäre sie nie gefällt worden.«[5]

Saddams persönliches Engagement bei der Verstaatlichung der IPC beweist eindrücklich, dass er bereits 1972 ein besonderes politisches Geschick an den Tag legte. Die Verstaatlichung kam bekanntlich nicht über Nacht. Tatsächlich, so jene Iraker, die an dem Prozess eng beteiligt gewesen waren, wurde der Plan, die IPC unter irakische Kontrolle zu bringen, bereits 1970 entworfen, und der größte Teil der Vorarbeit wurde von Murtada al-Hadithi, dem Ölminister, geleistet, und nicht etwa von Saddam. Das erklärt vielleicht auch, warum Murtada später bei einer von Saddams Säuberungen sterben sollte. Den Baathisten war klar, dass sie vorsichtig vorgehen mussten, denn sie wussten, dass jeder voreilige Schritt ihrerseits den Westen, den größten Abnehmer des irakischen Öls, dazu hätte bewegen können, sich zusammenzuschließen und den wichtigsten Exportartikel des Irak zu boykottieren, womit sie das Land schnell in die Knie gezwungen hätten. Die Baathisten wurden durch eine Expertenuntersuchung des Ölministeriums gebremst, die zu dem Ergebnis kam, dass der Irak nicht in der Lage sei, die Ölindustrie selbst zu kontrollieren. Zahllose Wirtschaftsstudien wurden durchgeführt, anhand derer man klären wollte, wie der Irak mit einem bestimmten Prozentsatz seiner Einkünfte aus dem Öl überleben könnte. Zu Saddams Gunsten muss man zugeben, dass der Rat der Experten bis kurz vor der Verstaatlichung lautete, der Irak sei für einen solch dramatischen Schritt nicht bereit. Der Schlüssel zum Erfolg beim Poker um die Verstaatlichung war die Unterstützung der Sowjets, die sich Saddam als Verdienst anrechnen konnte, und die Unterstützung der Franzosen, die Saddam jedoch nicht für sich verbuchen konnte.

Sobald Saddam glaubte, die Verstaatlichung sei möglich, setzte er Murtada an die Luft und übernahm selbst die Kontrolle über das Vorhaben. »Saddam wollte den Ölreichtum des Landes in den Griff bekommen, weil er absehen konnte, dass dies sein Tor zum Ruhm werden würde«, erinnerte sich ein ehemaliger irakischer Funktionsträger, der an dem Programm zur Verstaatlichung eng beteiligt war. »Nachdem alle Expertengutachten vorlagen, traf Saddam persönlich die politische Entscheidung.«[6] Doch obwohl die politische Entscheidung bei Saddam lag, versicherte er sich vor dem maßgeblichen Schritt der vollen Unterstützung durch Präsident Bakr. Die Tatsache, dass ein so wichtiger Beschluss von Saddam und nicht von Bakr getroffen wurde, sagt eine Menge darüber aus, wie sich das Machtverhältnis in Bagdad zugunsten des Stellvertretenden Vorsitzenden verschoben hatte. Nachdem er mit der Unterstützung von Bakr rechnen konnte, war Saddam darauf bedacht, dass sein Beschluss volle Rückendeckung von der wichtigsten Entscheidungsinstanz der Baath-Partei erhielt: dem Revolutionären Kommandorat (RCC), dessen zweiter Vorsitzender er war. Eine Sitzung des RCC wurde einberufen, in der Saddam volle Unterstützung für sein Projekt der Verstaatlichung ausgesprochen wurde. Saddam wollte sicherstellen, dass nicht er allein, sondern die gesamte Baath-Partei für die Konsequenzen verantwortlich wäre, falls sein ehrgeiziges Vorhaben scheitern sollte. Aber wenn der Coup gelingen sollte, wollte er allein die Lorbeeren einheimsen. Im Laufe seiner politischen Karriere sollte Saddam wiederholt die Taktik anwenden, die politische Verantwortung zu teilen, wenn die Gefahr des Scheiterns bestand.

Saddams Rolle bei den Verhandlungen mit Moskau und den Konzernen machte ihn zum ersten Mal über die Grenzen des Irak hinaus bekannt. Der Kalte Krieg hatte seinen Höhepunkt erreicht, und die Bemühungen des »Zweiten Vorsitzenden des Revolutionären Kommandorats, Tikriti« (wie Saddam in der *New York Times* von 1972 genannt wurde), ein »stabiles strategisches Bündnis« mit der UdSSR einzugehen, wurden von US-amerikanischen Diplomaten mit größter Besorgnis verfolgt.[7] Fragen zum eigentlichen Zweck des neuen Bündnisses zwischen Bagdad und Moskau wurden wieder laut, als im Frühling 1973 irakische Truppen einen Grenzposten in Kuwait besetzten, um wieder einmal Bagdads irredentistische Ansprüche auf das Scheichtum zu verkünden. Washington betrachtete die irakische Aktion als Teil einer sowjetischen Verschwörung, die zum Ziel habe, den amerikanischen Ölinteressen am Golf zu schaden – eine Befürchtung, die Politiker der USA seit über zwanzig Jahren hegten. Der amerikanische Verdacht blieb selbst dann noch bestehen, als der Konflikt durch die Vermittlung der Sowjets gelöst wurde, während Saddam im März 1973 zu Besuch in Moskau war, um mit Kossygin weitere Gespräche zur Verbesserung der sowjetisch-irakischen Beziehungen zu führen. Die Schlüsselrolle, die Saddam bei der Verstaatlichung der Ölindustrie spielte, blieb nicht unbemerkt. Als Washington und London, wutentbrannt über die französische Vereinbarung, die Präsident Pompidou mit Bagdad ausgehandelt hatte, Paris mit Strafmaßnahmen drohten, erklärte Saddam in einem Interview mit *Le Monde*: »Wir werden nicht zulassen, dass Frankreich Unrecht getan wird … Jeder Versuch, französische Interessen zu verletzen, wird als ein Akt der Feindseligkeit gegen den Irak aufgefasst werden.«[8] Saddams Auftreten als Schlüsselfigur der irakischen Machtpolitik wurde sowohl vom US-amerikanischen als auch vom britischen Außenministerium wahrgenommen, und zwar lange bevor Artikel in den westlichen Zeitungen erschienen, in denen Saddam schmeichelhaft als Iraks »Nasser« bezeichnet wurde.[9]

Während die Außenwelt begann, von Saddam Notiz zu nehmen, beschrieben ausländische Beobachter nur die politische Realität, die in Bagdad seit Ende der siebziger Jahre herrschte. Saddam hatte sich damals seiner größten politischen Rivalen Tikriti, Ammash und Shaikhly bereits erfolgreich entledigt. In den zwei Jahren, die Ammash das Amt des Stellvertretenden Ministerpräsidenten innegehabt hatte, pflegten enge Berater der irakischen Regierung persönlichen Kontakt zu Bakr, und im Präsidentenpalast waren fast jede Woche Versammlungen abgehalten worden. Offiziell war Bakr Chef aller Ministerien und Regierungsausschüsse und verantwortlich für sämtliche administrative Aufgaben wie Bildung, Gesundheit und Verkehr. Tatsächlich überließ er das Tagesgeschäft Ammash, und er selbst führte den Vorsitz in den Versammlungen, um die neuesten Entwicklungen zu verfolgen. Aber nachdem Saddam in das Büro von Ammash eingezogen war, fanden die Versammlungen im Präsidentenpalast immer unregelmäßiger statt und wurden schließlich ganz eingestellt. Saddam übernahm die alleinige Verantwortung für alle wichtigen Ministerien und den Vorsitz in den wichtigen Planungsgesprächen, und Bakr wurde immer weiter aus dem Regierungsapparat gedrängt.

In dieser Phase seiner Karriere trat Saddams Sicherheitswahn immer deutlicher hervor. Die Funktionsträger, die zu Besprechungen in sein Büro kamen, mussten mehrere Sicherheitschecks durchlaufen. Saddam betrat sein Büro durch einen versteckten Eingang. Obwohl er nach und nach Bakrs Position als Mittelpunkt der Regierung an sich riss, gab sich Saddam Mühe, nicht den Eindruck zu vermitteln, seine Stellung sei der von Bakr in irgendeiner Weise überlegen. Sein Büro war kleiner als Bakrs, und wenn er im Land herumreiste, bestand er darauf, weniger Leibwächter zu haben. Bei allem, was er tat, achtete Saddam darauf, seinen Mentor nicht zu verärgern. Wenn ein Ministerium eine Entscheidung treffen musste, ging Saddam zu Bakr und schlug ihm im freundlichen Ton vor, welche Handlungsweise er anordnen solle. Bakr hörte sich Saddams Darlegung der jeweiligen Situation an und übernahm dann stets Saddams Meinung. Wenn Bakr aus irgendeinem Grund einmal nicht einverstanden war, vermied Saddam eine direkte Konfrontation, sondern beeinflusste Bakr über einen längeren Zeitraum – wenn nötig, über Wochen –, bis er schließlich seinen Willen bekam.

Saddams Wirken als die treibende Kraft hinter Bakrs Regime war vor allem durch die Unterstützung und Ermutigung seitens des Präsidenten und Tikriter Freund möglich, und Saddam war sich bewusst, dass er Bakrs Popularität und Macht nicht unterschätzen durfte. Bakr war bereits weit über fünfzig und schien sich mit der Rolle des Patriarchen zufrieden zu geben. Als einer der letzten Überlebenden der Freien Offiziere, die 1958 die Monarchie gestürzt hatten, genoss er überall im Land hohes Ansehen. Da Bakr von Natur aus nicht besonders durchsetzungsfähig war, übernahm er die repräsentativen Aufgaben seines Amtes und ließ Saddam freie Hand bei der Festigung des Regimes und der Beseitigung seiner Gegner. Es wurde auch vermutet, Bakr habe sich schon zu Beginn der Baath-Regierung nicht gerade bester Gesundheit erfreut. Bereits 1971 wurde er wegen einer »leichten Unpässlichkeit«, wie es in den irakischen Medien hieß, im Krankenhaus behandelt. Dies mag erklären, warum Saddam, der kerngesund war, viel größere Macht erlangen konnte, als einem Stellvertreter normalerweise zukommt. Sehr bald wurde er für Bakr unentbehrlich. Dies war natürlich genau die Rolle, die Khairallah Tulfah, Saddams Onkel, ins Auge gefasst hatte, als er Bakr in den sechziger Jahren ermunterte, seinen Neffen in die Regierung zu holen. Bakr ernannte einen Stellvertreter, der zwanzig Jahre jünger war als er, weil er damit rechnete, dass er noch einige Zeit an der Macht bleiben würde, bevor sich die Frage der Nachfolge stellen würde. Aber im Nachhinein ist klar, dass Saddam bereits damals nur einen Plan verfolgte: so schnell wie möglich das Amt des Präsidenten an sich zu reißen. Bakr ließ Saddam zwar mehr Handlungsfreiheit als es sonst bei einem Stellvertreter üblich ist, aber dabei übersah er nicht, welche Intrigen Saddam spann und welche Beweggründe ihn dabei leiteten. Bakr wusste, welche Infrastruktur des institutionalisierten Terrors Saddam unter seiner Schirmherrschaft errichtet hatte, und nahm die Anwendung von Gewalt gegen die Feinde des Regimes stillschweigend hin – auch die Grausamkeiten im Palast des Todes. Als Saddam eine Schneise durch die Reihen seiner politischen Rivalen zog, wurde der Öffentlichkeit allmählich klar, dass der Irak von zwei Führern regiert wurde: Bakr und Saddam. Diese beiden Männer trafen die wichtigen Entscheidungen, und Saddam hatte die Initiative ergriffen. In einer im Radio übertragenen Rede Ende 1971 bemühte Saddam sich jedoch, Vermutungen entgegenzutreten, er habe bereits Bakrs Platz eingenommen. »Ich weiß, dass manche behaupten, Saddam Hussein sei der erste Mann im Irak«, sagte er, »aber wir haben einen Präsidenten, der seine verfassungsmäßige Macht ausübt. Nach unserer Ansicht ist er der erste Mann, und mehr als das, wir betrachten ihn als den Vater und den Führer.«[10]

Die Phase, die auf die Verstaatlichung der Ölindustrie folgte, war entscheidend für die künftige Entwicklung des Irak, und Saddam wollte alle Punkte des Gesamtplans der Baath-Partei zur Modernisierung des Landes mitgestalten. Die Baath-Partei genoss nun allgemeine und weit verbreitete Unterstützung im ganzen Land. Die Mehrheit des irakischen Volks glaubte, dass es zum ersten Mal in seiner Geschichte eine Regierung hatte, die weder eine Monarchie noch eine Militärjunta war, sondern eine, die sich ernsthaft dafür einsetzte, ihr Los zu verbessern. Saddam und die Baath-Partei waren noch selbstsicherer geworden. Saddam hatte die meisten seiner Rivalen zermalmt, und die Partei hatte die meisten politischen Gegner unschädlich gemacht. Saddams Stellung als Kopf der Sicherheitsorganisation wurde durch eine Vereinbarung gestärkt, die er mit Juri Andropow, dem Chef des KGB, getroffen hatte, um die Qualität der irakischen Überwachungstechniken zu verbessern.

Gleich nachdem die Baath-Partei 1968 die Macht ergriffen hatte, wollte sie ihr Versprechen einer gerechteren Verteilung des Landesreichtums einlösen, aber ihre Bemühungen wurden durch die begrenzten Einkommen aus dem Ölgeschäft behindert. Selbst nach der Verstaatlichung wurden die Budgets aller Ministerien stark gekürzt, um sie auf die erwarteten Gegenreaktionen des Westens vorzubereiten. Der Anstieg des Ölpreises in der OPEC um 400 Prozent als Folge des Jom-Kippur-Kriegs von 1973 verschaffte der irakischen Regierung schließlich die lang ersehnte Gelegenheit, in ihrem neuen Ölreichtum zu schwelgen.

Saddam, der Erbauer der Nation, war Vorsitzender aller

wichtigen Komitees und persönlich verantwortlich für den ehrgeizigen Plan der Baath, das Land zu modernisieren. Besser als jeder andere erkannte er, dass die Steigerung seiner eigenen Popularität und des Ansehens der Baath-Partei davon abhing, wie der neue Ölreichtum verteilt werden würde. 1980 verfügte der Irak über Öleinkünfte von 26 Milliarden Dollar, während es kurz nach dem Machtantritt der Baath lumpige 476 Millionen Dollar gewesen waren[11], und dieser phänomenale Anstieg der Staatseinnahmen war einzig und allein Saddams Verstaatlichung der Ölindustrie zu verdanken. 1968 lieferte das Öl 22 Prozent der Staatseinnahmen, 1980 war sein Anteil auf 50 Prozent gewachsen. Dies ermöglichte dem Regime, das riesige Sanierungsprogramm zu finanzieren, das schon zahlreiche Regierungen versprochen, aber niemals vollendet hatten. Die Neuordnung der Wirtschaft durch die Baath-Partei wurde jedoch auf totalitäre Weise durchgesetzt. Die Partei bestimmte drei Hauptziele: 1. Die Beseitigung einer privilegierten, wohlhabenden Ober- und sogar Mittelschicht und eine gleiche Verteilung von Einkommen und Rechten, 2. Die Einführung einer sozialistischen Wirtschaft, wobei Ressourcen und Produktionsmittel Eigentum des Staates sind und 3. Die Diversifizierung der Wirtschaft, die dem Irak möglichst viel wirtschaftliche Unabhängigkeit bringen sollte.

Jedes Vorhaben, ob es nun der Bau einer Schule oder eines Krankenhauses war, oblag Saddams persönlicher Überprüfung, und alle beabsichtigten Ausgaben mussten von der Planungskommission genehmigt werden, deren Vorsitz Saddam führte. Saddam unterzeichnete Verträge mit der UdSSR, um die irakische Ölindustrie auszubauen. Er unterzeichnete Verträge mit den Franzosen über große, schlüsselfertige Fabrikanlagen, in denen jedes Detail von den Maschinen und der Fertigungsausstattung bis zum Bleistift auf dem Schreibtisch des Fabrikleiters beschrieben war. Er verhandelte mit den Brasilianern, die ihm Eisenbahnstrecken bauen sollten, mit den Belgiern, die eine Phosphatfabrik errichten sollten und mit den Jugoslawen, Bulgaren und Deutschen um neueste Technologien, Facharbeiter und Fachwissen. Er errichtete Schulen und ein leistungsstarkes Radio- und Fernsehnetzwerk, mit dem die baathistische Propaganda in der ganzen arabischen Welt verbreitet werden konnte. Er baute das irakische Elektrizitätsnetz bis in die abgelegensten Gebiete des Landes aus. Diese Unternehmungen bewirkten, dass ausländische Beobachter den Irak als Erfolgsmodell für die Dritte Welt priesen. Im Gegensatz zu Afrika, wo das Geld nur zu oft in nutzlose Prestigeobjekte floss, verbesserte Saddams großer Gesamtplan zur Errichtung einer modernen Nation tatsächlich die Lebensbedingungen der Menschen im Irak.

Trotz des neuen Ölreichtums verlangte Saddam etwas für sein Geld. Seine bevorzugte Taktik bestand darin, westliche und sowjetische Firmen vor einem Vertragsabschluss gegeneinander auszuspielen, damit der Irak das günstigste Angebot bekam. Diese Vorgehensweise nannte Saddam »Nicht-Anpassung«, und ihr Hauptziel war, Handlungsfreiheit zu erhalten. Seine Erfahrungen mit den Sowjets hatten ihn gelehrt, wie gefährlich es sein kann, wenn man zu abhängig von einem Markt ist. Saddam sorgte dafür, dass die hereinströmenden Ausländer, die bei den verschiedenen Bauvorhaben mitarbeiteten, die baathistische Revolution nicht gefährdeten. Seine Sicherheitskräfte waren angewiesen, sich darum zu kümmern, dass die irakischen Bürger keinen Kontakt zu »kontaminierenden Einflüssen« hatten. Ausländische Arbeiter wurden observiert und gelegentlich auch verhört, wobei ihnen geraten wurde, keinen privaten Umgang mit Irakern zu pflegen. Ausländische Zeitungen und Zeitschriften wurden beschlagnahmt, und alle ausländischen Arbeiter mussten, bevor sie das Land verließen, Ausreisevisa beantragen, die manchmal zurückgehalten wurden, um die Leute einzuschüchtern. 1974 legte Saddam seine Haltung zu ausländischen Firmen einer Gruppe arabischer Journalisten dar. »Wir haben keine Bedenken, mit Firmen aus aller Welt zusammenzuarbeiten, solange der Respekt vor unserer Souveränität garantiert ist und beiden Parteien ein angemessener Gewinn gesichert ist. Unser

Land hat große Pläne, gewaltige Pläne, und wir haben hohe Ziele. Die Vorstellung, wir könnten uns von der Welt absondern, ist uns fremd, und wir weisen sie entschieden zurück.«[12]

Die meisten irakischen Experten und Funktionsträger wussten, dass Saddam sich sehr auf seinen Sicherheitsapparat verließ, um seine Macht zu festigen. Dennoch waren sie beeindruckt von seiner Fähigkeit, selbst die kompliziertesten Sachverhalte zu meistern. Salah al-Shaikhly, der Cousin des abgesetzten Außenministers Abdul Karim al-Shaikhly, war ein in Großbritannien ausgebildeter Ökonom, der als stellvertretender Planungsleiter für die Baath arbeitete, bis er 1977 aus dem Land fliehen musste. Sieben Jahre lang nahm er an wöchentlichen Besprechungen unter dem Vorsitz Saddams teil, und trotz des Leids, das Saddam seiner Familie zugefügt hatte, wich er nicht von seiner Überzeugung ab, dass Saddam ein begabter Organisator sei. »Er konnte eine Argumentation schneller erfassen als die meisten Experten«, sagte er. »Er konnte Fragen stellen, die nicht mal jene mit einem Doktortitel beantworten konnten. Wir konnten nur annehmen, dass er viel Zeit damit verbrachte, die Sachlage zu studieren. Aber selbst dann war es eine beeindruckende Leistung.« Wenn Saddam ein Detail nicht verstand, bat er darum, dass es noch einmal erläutert werden solle, »für den Rest der Versammelten, die, wie ich, eine kurze Klarstellung sicher schätzen würden«. Die Versammlungen wurden geschäftsmäßig abgehalten, und man spürte die Bedrohung nicht, die im Irak so viele andere Lebensbereiche betraf. »Wir fühlten uns nicht eingeschüchtert«, sagte Shaikhly. »Nur wenn die Leute offensichtlich nicht die volle Leistung brachten, gab es Probleme.«

Die Kampagne zur Modernisierung Iraks wurde streng nach den von Saddam festgelegten Bestimmungen durchgeführt. Der »Stellvertreter« machte sich keine Illusionen über die Bedeutung der potentiellen Reichtümer, die das Land bald für immer verändern sollten, und genauso wenig unterschätzte er die Bedeutung der irakischen Ölreserven für die restliche Welt. »Solange wir Öl haben, haben wir Macht«, sagte er gerne zu seinen Mitarbeitern. »Ich möchte, dass der Irak die letzte Tonne Öl auf der Welt hat. Je länger wir unser Öl erhalten, desto länger werden wir als Weltmacht angesehen.« Aus diesem Grund tat er auch den Vorschlag eines engen Beraters verächtlich ab, der meinte, man könne auch Solarenergie nutzen – kein abwegiger Gedanke, wenn man an die Sonneneinstrahlung in den Wüstenregionen des Irak denkt. »Wenn wir das tun, wird das Öl überflüssig«, war Saddams Kommentar.

Saddam war von moderner Technologie begeistert und wollte die neuesten Errungenschaften für den Irak nutzen. Im Gegensatz zu den anderen durch Öl reich gewordenen Golfstaaten wollte er die Technologien aber nicht einfach importieren, sondern den Irak technologisch selbständig machen. Saddams Enthusiasmus war anscheinend ansteckend, und die Funktionsträger und Wissenschaftler, die an diesem Neuanfang mitwirkten, wurden durch Saddams Führerschaft angespornt. »Wir alle fanden es grandios«, erinnerte sich Shaikhly. »Das Gute überwog das Schlechte. Wir wussten, dass es Zensur gab und wir wussten auch, dass unangenehme Dinge geschahen, wenn man mit den Sicherheitskräften in Konflikt geriet. Aber für jene von uns, denen die Möglichkeit gegeben wurde, das Land neu zu organisieren, war das alles enorm spannend.« Saddam suchte ständig nach neuen Talenten. Wenn er den Vorsitz einer Versammlung führte, zu der ein Neuling eingeladen worden war, um einen Vortrag zu halten, war er immer besonders aufmerksam. In diesem Fall war der erste Eindruck entscheidend. Jeder, der einen guten ersten Eindruck machte, konnte einen schnellen Aufstieg erwarten. »Saddam suchte im Wesentlichen nach jungen Leuten mit guter Ausbildung, die klug und mutig waren«, sagte Shaikhly. »Diese Leute sollten ihm dabei helfen, das Land zu modernisieren. Loyalität setzte er voraus. Schließlich observierte sein ausgedehnter Sicherheitsapparat jeden zu jeder Zeit. Wenn jemand das leiseste Anzeichen von Untreue zeigte, wusste Saddam ganz genau, wie mit ihm zu verfahren war.«[13]

Wenn Saddam jemand missfiel, zeigte er dies auf eine

besonders eigentümliche Weise. Auf dem Rücken seiner linken Hand trägt er seit seiner Kindheit drei kleine Tätowierungen, die Punkten ähneln und das Erkennungszeichen einer Sippe aus Tikrit sind. Saddam drehte mit einer Handbewegung die Tätowierung in Richtung der unerwünschten Person, um ihr damit zu zeigen, dass sie schnellstens verschwinden solle. Ab einem späteren Zeitpunkt in Saddams Karriere galt diese Geste dann als Zeichen für die Sicherheitskräfte, den Unglücklichen zu verhaften. Er wurde dann verhört und ward oft nie wieder gesehen.

Eine Priorität der Baath war eine Agrarreform, und die Partei leitete eine umfassende Neuverteilung des Landes ein, durch die die großen Landbesitze aufgegliedert und ein Netz aus kleinen, selbständigen Höfen geschaffen wurde, die sich alle Kooperativen anschließen mussten. Den Landeigentümern wurde keine Entschädigung gezahlt. Bis 1976 waren mehr als 71 Prozent des staatlichen Landbesitzes an 222 000 neue Bauern verteilt, die mit modernen Maschinen ausgerüstet wurden, und die Zahl der Kooperativen stieg von 473 im Jahr 1968 auf 1852 im Jahr 1976. Das Gleichheitsprinzip des Regimes zeigte sich auch in der Bildung, die Saddam besonders am Herzen lag. Zwischen 1970 und 1980 verdoppelte sich die Zahl der Neueinschreibungen an Bildungsinstituten. Saddam setzte sich vor allem dafür ein, den Analphabetismus unter Erwachsenen auszurotten.

Doch 1977 musste er einsehen, dass seine verschiedenen Bildungspläne den Anteil der erwachsenen Analphabeten nicht hatten senken können. Er führte einen Tag des Wissens ein, um die Iraker für die landesweiten Kurse im Lesen und Schreiben zu begeistern. Um sicherzugehen, dass die Kurse auch wirklich belegt wurden, drohte Saddam jenen, die sein Angebot nicht wahrnahmen, mit Gefängnisstrafen. Diese Maßnahme war so erfolgreich, dass die UNESCO Saddam den Kropeska-Preis verlieh, weil er ihre Kampagne zur weltweiten Bekämpfung des Analphabetismus unterstütze.[14]

Das Land war weiterhin abhängig vom Öl, und Saddam

war an den Bemühungen der Baath-Partei beteiligt, die Wirtschaft zu diversifizieren und dem Land mehr Eigenständigkeit zu erkämpfen. Ab 1975 stellte die Regierung Investitionsbudgets auf, mit denen die Schwerindustrie, wie Petroleum- und Petrochemiefabriken, ausgebaut werden sollte. Saddams Büro wirkte entscheidend an der Entstehung einer 45 Milliarden Dollar teuren Dünger-, Stahl- und Chemiefabrik in al-Zubair mit sowie an einer riesigen petrochemischen Anlage in Basra. Saddam beanspruchte Anerkennung für den Bau eines landesweiten Systems von Öl-Pipelines, das durch Stationen in Syrien, der Türkei und in Basra ergänzt wurde. Sogar entlegene Dörfer wurden an das Elektrizitätsnetz angeschlossen. Die Baathisten schenkten armen Familien, besonders jenen in schiitischen Gemeinden im Süden des Landes, Fernseher und Kühlschränke. Als Teil ihrer Politik der gesellschaftlichen Liberalisierung widmeten sich die Baathisten der Emanzipation der Frau und verabschiedeten Gesetze, die gleichen Lohn garantierten und eine berufliche Diskriminierung aufgrund des Geschlechts unterbinden sollten. Das Familienrecht wurde dahingehend überarbeitet, dass Polygamie erschwert und den Frauen ermöglicht wurde, ihren Ehemann selbst zu wählen. Außerdem konnten sie sich von nun an scheiden lassen. Als Frauen im benachbarten Saudi-Arabien nicht einmal allein auf die Straße gehen durften, konnten irakische Frauen sich zum Militär und zur Volksarmee melden.

Dieses gewaltige Entwicklungsprogramm, das eine echte soziale und wirtschaftliche Revolution für den Irak darstellte, zog natürlich die Aufmerksamkeit auf jene, die es durchgesetzt hatten, und Saddam, der die Bedeutung des Personenkults zu schätzen gelernt hatte, profitierte am meisten. Bilder von ihm und seiner Familie zierten nun regelmäßig die irakischen Zeitungen, und die Geschichte seines Aufstiegs aus den einfachen Verhältnissen in Tikrit bis an die Macht wurde ein Mythos. Kinder wurden nach ihm benannt, und es heißt, dass junge Parteimitglieder seinen Gang, seine Kleidung und sogar seine Art zu sprechen nachahmten. Saddam trat ständig im irakischen Fernsehen auf, wo er lange, ziemlich zusammenhanglose Monologe hielt, die bis zu vier Stunden dauern konnten und die verschiedensten Themen von der Bildung bis zur Familienplanung behandelten. Der Inhalt mag die Zuschauer nicht gerade gefesselt haben, aber Saddams häufige Fernsehauftritte verstärkten den Eindruck bei der Bevölkerung, dass er das Land regierte. Außerdem waren die wirklich fortschrittlichen Entwicklungen in der irakischen Gesellschaft vor allem Saddam Hussein zu verdanken. Um sicherzugehen, dass alle Ziele, die er steckte, auch erreicht wurden, organisierte er überall im Land »Effektivitätsversammlungen«, und besuchte persönlich verschiedene Orte, um zu überprüfen, ob die Projekte, die er in Bagdad plante, auch landesweit verwirklicht wurden.

Die Verstaatlichung der Ölindustrie und das Abkommen mit Moskau stärkten das Selbstvertrauen der Baathisten enorm. Sie konnten nun die aktuellen ungeklärten Probleme der Politik anpacken, allen voran den Kurdenkonflikt und das beunruhigende Verhältnis zum Iran. Als Teil des Kuhhandels mit den Sowjets hatten Bakr und Saddam in einer eher zynischen Aktion die Überreste der verfolgten Kommunistischen Partei wieder in die Regierung gebracht, indem sie die »Nationale Front für den Fortschritt« gründeten. Bakr und Saddam hatten keineswegs die Absicht, führenden kommunistischen Politikern des Irak ein Mitbestimmungsrecht in der Regierung zu geben, aber die Geste der Versöhnung kam bei den Sowjets so gut an, dass sie im Gegenzug die Kurden drängten, ihre Auflehnung gegen die Baath einzustellen. Die Beziehung zwischen den Kurden und der Baath waren bereits gestört, weil Saddam 1971 vergeblich versucht hatte, Barzani umbringen zu lassen. Sie verschlechterten sich noch infolge der Verstaatlichung der IPC, denn die Kurden machten geltend, dass die Baathisten sich die Ölfelder in Kirkuk angeeignet hatten, was ihrer Ansicht nach einen eindeutigen Bruch des Märzmanifests von

1970 darstellte. Um die Baathisten unter Druck zu setzen, machte Mustapha Barzani ermutigende Bemerkungen gegenüber den Amerikanern, die über die neue strategische Allianz von Bagdad und Moskau nicht sonderlich erfreut waren und immer noch wegen der Verstaatlichung der IPC grollten. Barzani stellte klar, dass US-amerikanische Firmen die Erlaubnis bekämen, die Ölfelder in Kirkuk zu erschließen, wenn die Vereinigten Staaten die Kurden in ihrem Bestreben nach Autonomie unterstützten. Die Bedrohung, die die Kurden für die Hegemonie der Baath-Partei darstellten, wurde noch verstärkt durch die Tatsache, dass der Schah, der angesichts des neuen Bündnisses zwischen Moskau und Bagdad beunruhigt war und von den Vereinigten Staaten mit Waffen versorgt wurde, seinerseits den kurdischen Führern militärische und logistische Unterstützung gab.

Saddam sah in der Bedrohung durch die Kurden nichts anderes als einen Versuch der »imperialistischen Kräfte«, alle Errungenschaften der Revolution im Irak zunichte zu machen.[15] Er befürchtete, dass Barzani nicht etwa an einer Kompromisslösung interessiert sei, sondern volle Unabhängigkeit anstrebe, und dass ein unabhängiges Kurdistan sich dann mit Ländern verbünden würde, die dem Irak feindlich gesinnt waren, also mit dem Iran, Israel und den Vereinigten Staaten. Da die Positionen auf beiden Seiten festgefahren waren, eskalierte der Konflikt, und die Feindseligkeiten begannen im Frühling 1974. Die Kurden rebellierten gegen den Versuch Bagdads, Saddams Plan zur teilweisen Autonomie umzusetzen, den Barzani bereits abgelehnt hatte. Zuerst hatten die irakischen Truppen Erfolge, aber Ende 1974 wurden sie in die Defensive gedrängt, weil ihnen die Guerillataktiken der gut ausgerüsteten und entschlossenen kurdischen Kämpfer zu schaffen machten. Die irakischen Anstrengungen wurden zudem behindert, weil die Sowjets sich weigerten, weitere Waffen und Munition zu liefern. Moskau sah darin eine Gelegenheit, die Baathisten für ihre Säuberungsaktionen gegen die irakischen Kommunisten zu bestrafen. Da die Amerikaner

Barzani unterstützten und die Sowjets sich entschlossen, dem Irak nicht zu helfen, war die Baath-Regierung durch die unwahrscheinliche Einigung zwischen USA und UdSSR bedroht. Die irakische Position wurde im Januar 1975 weiter geschwächt, als die iranische Armee auf der Seite der Kurden in die Kämpfe eingriff und sogar zwei Regimenter im Irak einsetzte.

Nach den diplomatischen Triumphen von 1972 wurde der Krieg in Kurdistan schnell zur schlimmsten Bedrohung für die Baathisten. Saddam war für den Plan verantwortlich, der das leidige Kurdenproblem hatte lösen sollen. Er wurde nun angreifbar, besonders weil die irakischen Verluste weiter stiegen und kein Zeichen für einen Durchbruch sichtbar wurde. Saddam war bemüht, das Geschick der Partei in ein positives Licht zu rücken. Im Februar 1975 erklärte er: »Die politische und militärische Situation in den nördlichen Gebieten war nie so gut.«[16] Aber inzwischen waren über 60 000 Soldaten gefallen, und die Kosten des Konflikts drohten, die irakische Wirtschaft zu ruinieren. Drastische Maßnahmen waren erforderlich, wenn die Baathisten nicht die Macht verlieren wollten.

In dieser Lage suchte Saddam den Dialog mit dem Schah. Wenn er die Iraner veranlassen konnte, sich aus dem Konflikt zurückzuziehen, würden seine Streikkräfte den kurdischen Aufstand schon unter Kontrolle bekommen. Der Dialog mit dem Schah war eine heikle Sache. Die Behörden in Teheran wussten, welche brutalen Taktiken die Baathisten anwendeten, um an der Macht zu bleiben, und der Schah hatte das Regime in Bagdad öffentlich als »eine Bande verrückter, blutdürstiger Wilder« bezeichnet. Außerdem war der Schah sehr mächtig und entschlossen, harte Verhandlungen zu führen. Er wollte schon lange ein Abkommen, in dem der Irak die iranische Kontrolle über den Shatt el-Arab, die strategisch wichtige Wasserstraße zum Persischen Golf, formell anerkannte. Der Irak hatte sich der iranischen Forderung heftig widersetzt, weil dieses Zugeständnis die irakische Ölausfuhr hätte gefährden können. Saddam muss sich Anfang 1975 wirklich in einer besonders schwierigen Lage befunden haben, denn auf einer OPEC-Konferenz in Algier willigte er ein, mit dem Schah über den Shatt el-Arab und andere umstrittene Gebiete zu verhandeln. Die Verhandlungen waren erfolgreich, besonders aus der Sicht des Schahs, und am 6. März 1975 vereinbarten Saddam und der Schah das Abkommen von Algier. Als Gegenleistung für die Kontrolle über den Shatt el-Arab entzogen die Iraner den Kurden ihre Unterstützung.

In Bezug auf den kurdischen Konflikt war Saddams Rechnung aufgegangen. Innerhalb von 24 Stunden nach der Unterzeichnung des Abkommens zog der Iran seine Truppen zurück, und innerhalb von zwei Wochen wurde der kurdische Aufstand niedergeschlagen. Saddam wurde sogar vom Schah gelobt, der nach dem Abschluss der Verhandlungen meinte: »Saddam Hussein hat mich positiv beeindruckt. Er ist jung und hat mutige Ideen.«[17] In jeder anderen Hinsicht aber stellte das Abkommen von Algier für Saddam und die Baathisten eine nationale Schande dar, denn nun hatte der Iran tatsächlich die Kontrolle über den kurzen Küstenstreifen am Golf. Dies war eine untragbare Situation für den Irak, die schließlich zum blutigsten Konflikt führen sollte, den der Nahe Osten je erlebt hat. Iraks Außenminister Saaddoun Hammadi fasste Bagdads wahre Ansichten zum Shatt el-Arab passend zusammen: »Entweder wir verloren den Zugang zur See oder den Norden des Landes.« Aber Saddam brauchte das Abkommen, denn es beendete nicht nur den kurdischen Aufstand, sondern rettete zudem seine politische Karriere. In Bagdad wusste man, dass Saddam die persönliche Verantwortung für die Lösung der Kurdenfrage übernommen hatte. Nach dem Aufstand von 1974 hätte ihn ein Fehlschlag ruiniert. Er stand vor der Wahl, nationale Interessen oder seine persönliche Karriere zu opfern, und er entschied sich für die Lösung, die sein Überleben garantierte.

Trotz aller Nachteile konnte Saddam die Vereinbarung mit dem Schah in einen persönlichen Triumph verwandeln. In vielerlei Hinsicht ist das Jahr 1975 der Zeitpunkt, an dem Saddams unaufhaltsamer Weg in den Präsidentenpalast begann. Er brüstete sich mit diplomatischen Triumphen, seine bekannten Feinde im militärischen und zivilen Flügel der Baath waren beseitigt, und sein Sicherheitsapparat war allgegenwärtig. Als Bakrs offizieller Vertreter wurde er in allen Angelegenheiten der Innen- und Außenpolitik befragt. Dennoch nahm Saddam an, dass es noch zu früh sei, in den Präsidentenpalast einzuziehen.

Damit ist nicht gesagt, dass er nicht daran gedacht hat. Später erklärte er einem Biographen: »Sicherlich wären die Ziele schneller erreicht worden, wenn ich fünf Jahre früher Präsident der Republik geworden wäre. Das war auch die Überzeugung Präsident Bakrs. Aber ich widersprach ihm, denn ich wollte nicht, dass er das Präsidentenamt aufgibt.«[18] Saddam wollte Bakr 1975 nicht verdrängen, weil er fürchtete, ein solcher Schritt könnte als skrupelloser Opportunismus betrachtet werden – auch wenn er selbst davon überzeugt war, dass es die richtige Handlungsweise gewesen wäre. »Wenn ich nicht so ehrenhaft gehandelt hätte, was hätte ich dem Volk sagen sollen? Meine Situation wäre genau wie jede andere revolutionäre Situation auf der Welt oder bei den arabischen Völkern gewesen, ohne einen klaren moralischen Unterschied. Wenn der, der besser ist, den Platz des Freundes einnimmt und alle Anerkennung für sich beansprucht, dann wären wir wie so viele andere revolutionäre Bewegungen, aber das ist bei uns nicht der Fall.«[19] Diese Bemerkung, die er kurz nach seinem Amtsantritt als Präsident machte, kann man kaum für bare Münze nehmen, wenn man bedenkt, wie er Bakr anschließend behandelte. Die Wahrheit lautet einfach, dass Saddam sich zu diesem Zeitpunkt seiner kometenhaften Karriere noch nicht sicher genug fühlte, um einen Putsch gegen Bakr zu wagen. Einer seiner überraschenden Charakterzüge ist eine tief sitzende Vorsicht.

Die stetige Zunahme von Saddams Reichtum und Ansehen nach 1975 wurde von einem Machtzuwachs der Baath-Partei begleitet. Die Volksarmee, die Miliz der Baath-Partei, die von Izzat al-Douri, Saddams Stellvertreter im RCC befehligt wurde, konnte die Zahl ihrer Mitglieder auf circa 150 000 erhöhen. In die Baath-Partei, die 1968 nur 5000 Mitglieder zählte, traten in Massen Bürger ein, die sich von der Mitgliedschaft persönliche Vorteile versprachen. Ende der siebziger Jahre, so schätzt man, überstieg die Zahl der Mitglieder in der irakischen Baath die Eine-Million-Marke, eine beeindruckende Zahl in einem Land mit nur zwölf Millionen Einwohnern.[20]

Saddam wusste, dass er nun die besondere Unterstützung der breiten irakischen Öffentlichkeit für sich gewinnen musste, wenn er Präsident werden wollte. Eine interessante Einsicht in Saddams Denkweise zu diesem Zeitpunkt seiner Karriere wird uns von einem britischen Journalisten gegeben, der 1975 Bagdad besuchte. Von seinem Regierungsdolmetscher erfuhr er: »Saddams Halbbruder und Chef des Geheimdiensts, Barsan al-Tikriti, hatte ihn gebeten, Bücher über Nazideutschland zu besorgen. Er glaubte, Saddam selbst interessiere sich für dieses Thema, und nicht etwa aus Gründen, die mit Rassismus oder Antisemitismus zu tun hatten, sondern als ein Beispiel für die erfolgreiche Organisation einer ganzen Gesellschaft durch den Staat, in der Absicht, nationale Ziele durchzusetzen.«[21] Nachdem er Stalin als Vorbild gewählt hatte, um ein totalitäres Regime zu errichten, blickte Saddam nun auf Hitler, weil er nach Hinweisen suchte, wie er seine Popularität steigern könne.

Um den Weg für seine kommende Machtübernahme zu ebnen, wollte Saddam sich Mehrheiten sichern. Jede Opposition gegen ihn sollte zum Scheitern verurteilt sein, wenn er den entscheidenden Schritt wagte. Die erste wichtige Maßnahme, mit der Saddam Bakrs Position schwächen wollte, ergriff er im Januar 1977. Er sorgte dafür, dass zehn neue Mitglieder in den Regionalen Kommandorat der Partei berufen wurden, womit er eine bequeme Mehrheit von 14 zu 21 Stimmen innehatte.

Sieben Monate später wurden die Neulinge auch in den RCC aufgenommen, und Saddam bekam die ausschlaggebende Mehrheit im wichtigsten Entscheidungsgremium des Landes. Zu jenen, die neu in die regierende Elite der Partei aufstiegen, gehörte auch einer der wenigen christlichen Anhänger der Baath, Tarig Aziz. Nach dem Studium an der Universität von Bagdad, wo er einen Magister in Englischer Literatur erlangte, hatte Aziz zunächst als Lehrer gearbeitet. In den sechziger Jahren war er der Baath beigetreten, dann wieder ausgetreten, doch 1968 hatte er sich der Bewegung wieder angeschlossen. Als ein gebildeter und kultivierter Mann, der es geschafft hatte, sich aus der Gewalt und dem Blutvergießen herauszuhalten, das die Baath-Partei immer mehr prägte, hatte er ein besonderes Interesse an der internationalen Politik und genoss, wie Saddam, den Ruf, ein erbitterter Antikommunist und überzeugter arabischer Nationalist zu sein. 1969 ernannte man Aziz zum Herausgeber der Baath-Parteizeitung *al-Thawra*, und im November 1974 wurde er Informationsminister. Während seiner Zeit als Herausgeber der *al-Thrawa* hatte sich Aziz als ein Verbündeter Saddams hervorgetan und lobende Artikel zu Saddams Politik geschrieben. 1976 beispielsweise, während Saddams ewiger Streitereien mit den Kommunisten, schrieb Aziz: »Für die kommunistische Partei gibt es in unserem Land keinen Platz.«[22] Als Tarig Aziz ein paar Jahre später einen Sohn bekam, erwies er seinem Mentor die Ehre, sein Kind Saddam zu nennen.

Nachdem er den zivilen Flügel des Regimes unter Kontrolle hatte, richtete Saddam seine Aufmerksamkeit darauf, dass ihm keine Gefahren von Seiten des Militärs drohten. Dies erreichte er im Oktober 1977 damit, dass er seinen Lieblingscousin Adnan Khairallah auf den Posten des Verteidigungsministers bugsierte. Adnan war wie Tarig Aziz im Januar des Jahres in den Regionalen Kommandorat berufen worden, und von allen Maßnahmen, die Saddam in die Wege leitete, um seine Machtbasis auszubauen, war die Ernennung Adnans zweifellos die wichtigste. Saddam hatte seit seiner Schulzeit zu Adnan aufgeschaut. Nach Saddams Umzug in das Haus seines Onkels Khairallah in Tikrit waren die beiden fast wie Brüder aufgewachsen. Sie waren zusammen nach Bagdad gegangen, aber Adnan, der bessere Abschlüsse vorweisen konnte, hatte sich den Traum jedes irakischen Schuljungen erfüllt und sich an der Militärakademie von Bagdad eingeschrieben, während Saddam sich mit einer Karriere in der wenig glanzvollen Baath-Partei begnügen musste. Saddam hatte Adnans Schwester Sajida geheiratet, und Adnan hatte auf das Betreiben seines Vaters und Saddams eine von Bakrs Töchtern geheiratet. Man kann sich kaum ein inzestuöseres Arrangement für die herrschende Elite einer modernen Republik denken. 1978 triumphierten die Familienbande und die Blutsverwandtschaft, und Adnan kam zu Saddam in die Regierung. Diese Karriere muss für Adnan problematisch gewesen sein, denn er untergrub damit die Position seines Schwiegervaters. Vor Adnans Amtsantritt hatte Bakr neben seinen anderen Regierungsbefugnissen den Bereich der Verteidigung selbst kontrolliert. Adnans Aufstieg beraubte seinen Schwiegervater einer wichtigen exekutiven Funktion. Und außerdem waren nun auch die Streitkräfte in Saddams Hand.

Adnans Ernennung zum Verteidigungsminister war nur eine von vielen Amtsübernahmen, die Saddam in die Wege leitete, bis seine Sippe aus Tikrit nach und nach die totale Kontrolle über die Sicherheits- und Verteidigungsstrukturen des Landes hatte. Sein Halbbruder Barsan war nach der Kazzar-Affäre bereits Vorsitzender des Generalrats des Geheimdienstes geworden und hatte die Befugnisse einiger anderer Sicherheitsabteilungen übernommen. Das Sicherheitsministerium leitete Saddams Freund Saadoun Shakir. Er hatte Saddam 1966 geholfen, aus dem Gefängnis freizukommen, und war als Mitglied seiner Saddameen-Gang Saddam direkt unterstellt gewesen. Saddams anderen Halbbrüder Watban und Sabawi waren jeweils zum Gouverneur und stellvertretenden Polizeichef der kürzlich ausgeweiteten Provinz Tikrit ernannt worden. Und Khairallah Tulfah, der Vater des neuen Verteidigungsministers, war Bürgermeister von Bagdad. Je größer Saddams Macht wurde, desto mehr lag die Regierung in der Hand einer hermetischen Clique aus Tikrit.

Nachdem Adnan den Befehl über die Streitkräfte hatte, wurde eine weitere Reihe von Säuberungen eingeleitet, um die letzten Überreste einer Opposition im Offizierskorps auszurotten. Im Sommer 1978 führte Adnan seine persönliche »Säuberungsaktion« durch, Dutzende von Offizieren wurden liquidiert, darunter der Befehlshaber der Luftwaffe und einige Divisionschefs, und an die 60 Bedienstete des Militärs wurden erschossen.[23] Im Juli 1978 erließ der Revolutionäre Kommandorat ein Dekret, mit dem politische Aktivitäten außerhalb der Baath für Armeeangehörige zur todeswürdigen Straftat erklärt wurden. Zur selben Zeit finanzierte Saddam eine umfassende Aufstockung der Truppen, um der Bedrohung durch die Kriegslust des Schah zu begegnen. Saddam hatte wohl schon vorher in Betracht gezogen, die Stärke der irakischen Truppen zu erhöhen, aber er hatte gezögert, weil er glaubte, den Militärs nicht ganz trauen zu können. Der vorsichtige Saddam befürchtete, er könnte mit einem Rüstungsprogramm nur seine politischen Feinde unterstützen. Obwohl Saddam die Aufnahmeprüfung der Militärakademie von Bagdad nicht geschafft hatte, ernannte Bakr ihn 1976 zum Generalleutnant, was der Position eines Stabschefs entspricht. (Saddam bestand später darauf, er sei bereits 1973 ernannt worden.) Bald nach seinem Amtsantritt als Präsident ernannte Saddam sich selbst zum Feldmarschall.

Saddam hatte nun die Kontrolle über das Militär und stürzte den Irak in der Zeit von 1977 bis 1979 in einen wahren Rüstungswahn. Er erwarb einige der modernsten Waffensysteme der Sowjets, darunter 450 T-52-Panzer, zahlreiche 122- und 152-Millimeter-Haubitzen, Tu-22-Bomber, Mi-24-Hubschrauber und Il-76-Transportflugzeuge. Aber Saddam hatte im Kurdenkonflikt seine Lektion gelernt und wollte sich nicht mehr nur auf die Sowjets verlassen. Deshalb suchte er neue Lieferanten, und die nahe liegende Alternative zu den

Sowjets waren die Franzosen. Immerhin hatten sie in der Ölkrise die dringend benötigte moralische Unterstützung geleistet. Also nahm die irakische Luftwaffe 40 hochmoderne Mirage-F1-Kampfflugzeuge entgegen, und Iraks Panzerabwehr wurde durch den Kauf von 60 Kampfhubschraubern entscheidend verstärkt.[24] Die meisten Waffenkäufe wurden von einem Spezialkomitee aus drei Männern ausgehandelt, das Saddam Ende 1974 einsetzte und dessen langfristiges Ziel es war, den Irak auf Dauer unabhängig von Waffenlieferungen zu machen. Den Vorsitz des Komitees führte Saddam, die anderen Mitglieder waren sein Cousin Adnan Khairallah und Adnan Hamdani, der Vizepräsident des Irak, der eine entscheidende Rolle spielen sollte, als es darum ging, das irakische Arsenal mit Massenvernichtungswaffen aufzustocken. Die Übernahme des Militärs durch Saddam und Adnan schränkte die Macht und den Einfluss Präsident Bakrs erheblich ein. Er wurde nun zu einer Art Galionsfigur. Das ging so weit, dass die Iraker Ende der siebziger Jahre den Präsidentenpalast »das Grab des wohlbekannten Soldaten« nannten.

1977 war Saddams Macht kaum noch zu erschüttern. Offiziell wurde das Land durch das Triumvirat Bakr, Saddam und Adnan regiert. Die Dominanz von Männern aus Tikrit in führenden Positionen hatte die Regierung 1976 sogar veranlasst, die Verwendung eines Namens, der auf ihren Clan deutete, für Personen des öffentlichen Lebens unter Strafe zu stellen. Bakr wurde ab 1974 durch seine angeschlagene Gesundheit und durch persönliche Schicksalsschläge zu einer Randfigur, und Saddams Büro stieg zur Schaltzentrale der Macht und Autorität auf. Die weit verbreitete Organisation der Baath-Partei, die jedes Dorf und jede Stadt erreichte, der Geheimdienst, die wichtigsten Minister, die nach der Verfassung Bakr Loyalität schuldeten: Sie alle unterstanden jetzt Saddams Büro.[25] Saddam war sich der Bedeutung seiner Stellung im Land bewusst, und er bestand nicht nur darauf, immer »Herr Stellvertreter« genannt zu werden, sondern achtete bei seinen öffentlichen Auftritten besonders auf die Wahrung des Protokolls. Wenn er zum Beispiel vor Bakrs Büro wartete, verlangte er, von einem Mitarbeiter Bakrs formell hereingebeten zu werden. Es war nur noch eine Frage der Zeit, bis er in dieses Büro einziehen würde.

SECHS

Der Terrorist

Erst der Irak, dann die Welt. Nachdem Saddam den Irak fest im Griff hatte, sah er keinen Grund, warum er nicht auch in der internationalen Politik ganz vorne mitspielen sollte. Schon als Bakrs Stellvertreter hatte er Geschmack an der Diplomatie gefunden; nun glaubte er fest daran, dass dem Irak mit seinem neu erworbenen Ölreichtum in der Politik des Nahen Ostens eine Führungsposition zustehe. Und je mehr Macht er selbst im Irak gewinne, desto ernster werde man ihn auf der internationalen Bühne nehmen.

Sein Verhandlungsgeschick hatte er bei den Vereinbarungen mit den Sowjets, den Iranern und den Kurden bewiesen, auch wenn er die Vereinbarungen in allen drei Fällen später nicht einhielt. Saddam wollte das Erbe Nassers antreten und als einflussreiche Galionsfigur die gesamte arabische Welt hinter sich einen. Doch um den gewünschten nachhaltigen Ruhm zu erlangen, brauchte er mehr als nur Verhandlungsgeschick. Um den Supermächten USA und UdSSR Paroli bieten zu können, musste der Irak militärische Stärke erlangen. Und diese lag in Saddams Augen in einem Arsenal aus biologischen, chemischen und nuklearen Waffen.

Saddam baute in den siebziger Jahren das militärische Potential des Irak mit solchen Waffen aus. Dass er dies so ungehindert tun konnte, lag auch an der Nachsichtigkeit, die der Westen dem Baath-Regime entgegenbrachte, zumal die irakischen Ministerien nach der Verstaatlichung der Erdölgesellschaften in Petrodollars schwammen. Der Irak war ein wohlhabendes Land, und Firmen aus dem Westen – auch Produzenten von Wehrtechnik – standen in Bagdad Schlange, um Geschäfte zu machen. Wie sich der neue Ölreichtum auf den Irak auswirkte, illustriert der sprunghafte Anstieg des Militärhaushalts von 500 Millionen Dollar im Jahr 1970 auf 4,5 Milliarden im Jahr 1975. Westliche Firmen ergriffen die Chancen, die der neue irakische Waffenmarkt bot, zumal Saddam erkannt hatte, dass seine strategische Allianz mit Moskau – eine Voraussetzung für die listenreiche Verstaatlichung der Erdölgesellschaft IPC – ausgedient hatte. Nun wollte sich Saddam aus der seiner Ansicht nach erdrückenden Abhängigkeit von der Sowjetunion beim Waffenkauf befreien. Zu diesem Zweck bildete er Mitte der siebziger Jahre ein dreiköpfiges Komitee unter seiner Leitung, das die Beschaffung der irakischen Waffen diversifizieren sollte. Als der sowjetische Außenminister Andrej Gromyko sich über die neue Haltung des Iraks beschwerte, antwortete Saddam offen: »Mir ist es egal, wo meine Waffen herkommen. Es zählt allein, dass sie ihren Zweck erfüllen.«[1] Dieser Kommentar gibt Saddams Philosophie treffend wieder, und zwar nicht nur, was Waffengeschäfte angeht.

Das Regime trat die Menschenrechte mit Füßen, was anscheinend niemanden besonders beunruhigte, und Ende der siebziger Jahre kaufte der Irak Waffen in Frankreich, Italien, der Bundesrepublik Deutschland, Belgien, Spanien, Portugal, Jugoslawien und Brasilien. Die Sowjetunion blieb der Hauptwaffenlieferant des Irak, der Anteil fiel jedoch von über 95 Prozent im Jahr 1972, als der Freundschaftsvertrag geschlossen wurde, auf 64 Prozent kurz vor Ausbruch des iranisch-irakischen Kriegs 1980. Frankreich, das nach der Verstaatlichung der Erdölgesellschaft IPC dem Irak als erstes westliches Land Versöhnungsbereitschaft signalisiert hatte, war der Hauptnutznießer dieser Entwicklung und stieg bald zum zweitgrößten Lieferanten nach der Sowjetunion auf. Im Sommer 1977 schlossen der Irak und Frankreich zunächst einen Vertrag über die Lieferung von Mirage-F1-Kampfflugzeugen, dem ein Jahr später Vereinbarungen über den Kauf von Alouette-Kampfhubschraubern, Crotale-I-Boden-Luft-Raketen und elektronischen Geräten folgten.

Schon in dieser frühen Phase der Aufrüstung war Saddam an konventionellen Waffen nicht sonderlich interessiert; stattdessen konzentrierte er sich ab Mitte der siebziger Jahre auf den Aufbau der Voraussetzungen zum Bau nicht konventioneller Waffen. Die Versuche des Irak, chemische und biologische Waffen zu erwerben, lassen sich bis ins Jahr 1974 zurückverfolgen, als Saddam sein dreiköpfiges Komitee bildete, das dieses Ziel verfolgte und dem er persönlich vorstand. Die anderen Mitglieder waren Adnan Khairallah und Adnan al-Hamdani, ein ausgebildeter Jurist, der Saddams Vertreter und Verhandlungsführer wurde. Hamdani war ein Protegé des Abdul Karim al-Shaikhly, des ehemaligen Außenministers, den Saddam 1971 an die UN in New York abgeschoben hatte, weil er sich weigerte, seine Schwester Siham zu heiraten (siehe Kapitel vier). Saddam hatte Hamdani in einem Planungskomitee kennen gelernt und ihn, beeindruckt von seinem scharfen Verstand und seinem technischen Wissen, zu seinem Adjutanten befördert.

Als Erstes nahm Hamdani Kontakt zu der Firma Arab Projects and Developments (APD) in Beirut auf, die von zwei palästinensischen Unternehmern geführt wurde und hoch qualifizierte arabische Mitarbeiter vermittelte. Schätzungen gehen davon aus, dass die Iraker zwischen mehreren Hundert und 4000 arabische Wissenschaftler einstellten. Ägypter, Marokkaner, Palästinenser, Algerier, Syrer und andere Araber ließen sich überreden, ihre Arbeitsplätze in den USA, in Großbritannien, Kanada, Brasilien und Dutzenden anderer Länder aufzugeben, um ihr reiches Fachwissen dem Irak zur Verfügung zu stellen. Die meisten arbeiteten in der Petrochemie und für Infrastrukturmaßnahmen, einige fanden sich aber auch in heikleren wissenschaftlichen Projekten wieder. Der zweite wichtige Beitrag, den die APD zur Entwicklung des Irak beisteuerte, war die Hilfe beim Aufbau eines Hochschulsystems, das Saddam mit eigenem Nachwuchs für seine verschiedenen Waffenprojekte versorgte.

Zunächst konzentrierte sich Saddam auf biologische Waffen der bakteriologischen Variante, die billig, in der Herstellung relativ unkompliziert und absolut tödlich sind. Ein einziges Fläschchen des Milzbrandvirus kann unter entsprechenden Bedingungen eine Epidemie auslösen. Wenn es je eine Terrorwaffe gab, dann diese. Auf Geheiß Saddams reiste Izzat al-Douri, hochrangiger Baath-Funktionär und Agrarminister im Revolutionären Kommandorat, im November 1974 nach Paris und unterzeichnete einen Vertrag mit dem französischen Institut Mérieux über den Bau des ersten bakteriologischen Labors im Irak. Die Iraker rechtfertigten die Einrichtung mit der unglaubwürdigen Behauptung, sie wollten im großen Stil Impfstoffe für die Landwirtschaft herstellen. Als Käufer trat offiziell eine irakische Behörde für tiermedizinische Dienste auf.[2] In Frankreich hegte offenbar niemand das geringste Misstrauen. Douri wurde nach seiner Rückkehr nach Bagdad mit einer Beförderung belohnt und bald zum Innenminister ernannt, wobei er weiterhin für die Entwicklung der »Landwirtschaft« verantwortlich blieb.

Nachdem Saddams Komitee den Grundstein für das Biowaffenprogramm gelegt hatte, nahm es 1975 das nächste Vorhaben in Angriff: die Produktion von Giftgas. Bei dem Treffen führte Adnan Khairallah aus, chemische Waffen vervielfältigten die militärische Schlagkraft. Im Gegensatz zu den hoch entwickelten elektronischen Systemen der Supermächte könne ein Entwicklungsland wie der Irak die Technik und das Wissen für die Produktion chemischer Waffen durchaus erwerben. Das Komitee wollte daher alles daransetzen, Produktionsanlagen für verschiedene Giftgastypen, darunter Lungen schädigende Kampfstoffe wie Senfgas und Nerven schädigende Kampfstoffe wie die etwas komplizierteren Verbindungen Tabun und Sarin, zu erwerben. Tabun war 1937 von Forschern der deutschen Firma I.G. Farben entwickelt worden, die international dafür bekannt wurde, dass sie im

Zweiten Weltkrieg das Gas für die Vernichtungslager der Nazis lieferte. Die Forscher der I.G. Farben entdeckten, dass man bestimmte phosphororganische Verbindungen, die leicht herzustellen sind, in ein tödliches Gas umwandeln kann, das auf das zentrale Nervensystem wirkt. Hitlers Drittes Reich produzierte diesen neuen Kampfstoff in großen Mengen, setzte ihn jedoch an den Fronten nie ein. Nach dem Krieg patentierte die I.G. Farben die Verbindung unter dem Namen Tabun.

Tabun und das verwandte Gift Sarin sind von der Zusammensetzung her fast mit der organischen Phosphatverbindung Parathion identisch, einem bekannten und sehr gefährlichen Insektizid. Tabun und Sarin wirken allerdings so stark, dass bereits ein einziger Tropfen für einen Menschen tödlich ist. Sie sind leicht herzustellen und zu verbreiten, sie töten schnell und effizient. Beide Mittel werden aus phosphororganischen Verbindungen gewonnen, die wiederum von verschiedenen Phosphormineralen abgeleitet sind. Und zu Saddams Freude verfügt der Irak über große Phosphorlagerstätten nahe der syrischen Grenze.

Um den C-Waffen-Plan zu realisieren, versetzte Saddam Adnan al-Hamdani Ende 1975 ins allmächtige Planungsministerium, wo er für die gesamte industrielle Entwicklung des Irak verantwortlich war. Hamdani musste nun die Finanzierung von Projekten für strategische Waffen in großen Posten verstecken, die nach außen hin mit der Entwicklung der zivilen Industrie oder der Landwirtschaft zusammenhingen. Dabei wurde er von zwei leitenden Mitgliedern des Revolutionären Kommandorats unterstützt, Izzat al-Douri, dem neuen Innenminister (der ja nach wie vor für die »Entwicklung der Landwirtschaft« zuständig war) und Taha al-Jazrawi, Minister für Industrie und Mineralien. Mit ihrer Hilfe tarnte Hamdani die Waffenprojekte geschickt im zweiten Fünfjahresplan des Irak. Unter der Überschrift »Entwicklung der Landwirtschaft« war unauffällig »die Schaffung von sechs Labors für chemische, physiologische und biologische Analysen« vorgesehen. Für den Betrieb der Labors empfahl der Plan,

5000 Techniker ausländischer Firmen heranzuziehen. Unter der Überschrift »Chemische Industrie« war der Bau einer Pestizidfabrik bei Samarra mit einem Ausstoß von 1000 Tonnen Phosphorverbindungen pro Jahr vorgesehen.[3] Die meisten westlichen Länder setzten diese Verbindungen wegen ihrer hohen Toxizität zur Schädlingsbekämpfung nicht mehr ein. Doch ebendiese phosphororganischen Verbindungen bilden die Grundlage für Nervengase wie Sarin und Tabun.

Obgleich die APD viele technische Fachleute anwerben konnte, wurde den Irakern bald klar, dass sie zunächst Hilfe von außen benötigten, wenn sie selbständig chemische und biologische Waffen herstellen wollten. Zu diesem Zweck gründete Saddam das Al-Haythem-Institut in Masbah, einem Stadtteil von Bagdad. Das Institut unterstand Saddam direkt, doch es wurde von Saadoun Shakir und dem Mukhabarat geleitet. Das Institut knüpfte enge Kontakte zur Volksfront zur Befreiung Palästinas (PFLP) und anderen palästinensischen Dissidentengruppen, die den Irakern beim Ankauf heiklen Materials aus der DDR und anderen Ländern halfen.[4]

Beschaffungsteams, getarnt als Handelsvertreter verschiedener Scheinfirmen, schwärmten in Europa und in den USA aus. Einmal ließ sich ein Land fast dazu übertölpeln, dem Irak eine Giftgasanlage zu bauen: Französische Vermittler sprachen die Firma Pfaulder aus Rochester, New York, an, die Anlagen für die Herstellung toxischer Stoffe baut. Da die Firma Pfaulder glaubte, es gehe um eine Pestizidfabrik, schickte sie zwei Ingenieure nach Bagdad, die mit einer Delegation aus dem Landwirtschaftsministerium zusammentrafen. Ein liebenswerter irakischer Vertreter erklärte den Amerikanern in allen Einzelheiten, alle Versuche, die Produktivität der irakischen Landwirtschaft zu steigern, scheiterten daran, dass die Bauern ihre Felder nicht vor Verheerungen durch Heuschrecken und andere Schädlinge schützen könnten. »Eine moderne Pestizidfabrik würde das ändern«, sagte er. Den Amerikanern leuchtete das durchaus ein, aber sie wussten, wie heikel die Herstellung hochgiftiger Pestizide in der Dritten Welt ist. Daher schlugen sie vor, eine Pilotfabrik zu errichten, in der Arbeitskräfte geschult und mögliche Problemstellungen erkannt werden sollten.

Pfaulder unterbreitete daher im Januar 1976 ein detailliertes Angebot für eine Pilotfabrik, das nicht nur einen genauen Konstruktionsplan enthielt, sondern auch die Spezialausrüstung aufführte, die für das Mischen der Komponenten nötig ist. Die Iraker waren mit dem Bau einer Pilotfabrik nicht zufrieden, sondern wollten sofort in die Produktion einsteigen. Diese Ungeduld machte die beiden Ingenieure stutzig, und ebenso irritierte sie, dass die Iraker darauf beharrten, bei Produktionsbeginn vier hochgiftige Verbindungen herzustellen: Amiton, Demeton, Paraoxon und Parathion. Alle vier Stoffe können für die Produktion von Nervengiften verwendet werden und ermöglichen den Bau tödlicher Waffen. Den letzten Hinweis auf die wahren Absichten dieser Agrarexperten erhielten die Amerikaner, als die Iraker andeuteten, dass die Anlagen, die sie bauen wollten, pro Jahr 1200 Tonnen dieser Stoffe ausstoßen sollten. Bei einem hitzigen Treffen Mitte 1976 im New Yorker Hotel Waldorf-Astoria forderten die Iraker den Bau einer richtigen Anlage, und als die Amerikaner bei ihrer Pilotfabrik blieben, brachen die Iraker die Verhandlungen ab.[5] Das irakische Team ging jedoch nicht mit leeren Händen nach Hause. Die Entwürfe und Pläne für das Pilotprojekt der Firma Pfaulder reichten für den Bau einer Fabrik bereits aus.

Die Iraker suchten nun Hilfe in Europa. Saddam war nach wie vor überzeugt, der Irak könne durch die C-Waffen-Herstellung von seinen Waffenlieferanten unabhängig werden. Ende 1976 besuchten seine Beschaffungsteams zwei britische Unternehmen, Imperial Chemical Industries (ICI) und Babcock and Wilcox. Wieder erzählten sie die Mär von der Pestizidfabrik für Amiton, Demeton, Paraoxon und Parathion. Sie präsentierten sogar die Pläne für die korrosionsbeständigen Reaktorbehälter, die Rohrleitungen und Pumpen für die Gasproduktion, die Pfaulder im Jahr zuvor angefertigt hatte. Die Vertreter von ICI wurden sofort misstrauisch und lehnten »wegen der Gefährlichkeit der Materialien und des Missbrauchspotentials« ein Angebot ab. Außerdem gab die Firma dem Nachrichtendienst SIS in London einen Hinweis. Nach dem Misserfolg in Großbritannien besuchten die Iraker zwei italienische Firmen, den Chemieriesen Montedison und die Maschinenbaufirma Technipetrole. Beide bestreiten, den Irakern bei der Beschaffung von chemischen Waffen geholfen zu haben, doch beide stehen seither auf der Liste der C-Waffen-Lieferanten des Irak, die der amerikanische Senatsausschuss für auswärtige Beziehungen führt. Die Iraker, die noch immer dringend Fachwissen und technische Ausrüstung brauchten, wandten sich am Ende Deutschland zu, dem Land, in dem das Giftgas erfunden worden war.

Bei einem Treffen in der DDR mit Karl-Heinz Lohs, dem Direktor der Leipziger Forschungsstelle für chemische Toxikologie, versuchten die Iraker gar nicht erst, ihre Absichten zu beschönigen. »Ihr Deutschen«, bemerkte ein Vertreter, »habt ein großes Fachwissen, wie man Juden vergast. Das interessiert auch uns. ... Wie [kann man] dieses Wissen ... einsetzen, um Israel zu zerstören?« In der Folge besuchte Lohs den Irak noch häufig und hielt Vorträge über die schrecklichen Folgen des Einsatzes chemischer Waffen. Später erklärte er allerdings, seine Besuche hätten der DDR als Vorwand gedient, um Experten nach Bagdad zu schleusen, die bei der Entwicklung des C-Waffen-Programms halfen.[6]

Der letzte Mosaikstein in diesem C-Waffen-Puzzle hat mit den Phosphorlagerstätten im Westirak zu tun, die für die Nervengasproduktion erschlossen werden sollten. Das belgische Ingenieurbüro Syberta war bereits beauftragt, eine riesenhafte Phosphormine bei Akashat einzurichten. Der Phosphatabbau ist für ein Entwicklungsland wie den Irak eine durchaus rentable Unternehmung; wie viele andere Länder exportiert unter anderem Marokko im großen Stil Düngemittel, deren Rohstoffe aus Phosphorlagerstätten in der Sahara kommen. Als die Mine einsatzbereit war, unterzeichneten die Iraker einen zweiten Vertrag über eine Düngemittelfabrik 150 Kilometer weiter bei al-Qaim. Um das Rohmaterial von Akashat nach al-Qaim transportieren zu können, beauftragte man eine brasilianische Firma mit dem Bau einer Eisenbahnlinie. Für Saddams Lieblingsprojekt wurden keine Kosten gescheut. Niemand, der mit dem Projekt zu tun hatte, störte sich offenbar an den ungewöhnlichen Sonderwünschen der Iraker, etwa dem nach einem zusätzlichen Betonmantel für bestimmte Gebäude. Britische, französische, amerikanische, österreichische, deutsche, Schweizer, dänische und schwedische Firmen – sie alle brachten im Akashat-al-Qaim-Projekt ihr Fachwissen ein, wobei sie alle glaubten, sie seien am Bau einer Düngemittelfabrik beteiligt. Doch die Technik hatte, wie es sich herausstellte, einen doppelten Verwendungszweck. Amerikanische und britische Nachrichtenoffiziere haben bestätigt, dass bei Akashat für geschätzte 40 Millionen Dollar die erste irakische Nervengasfabrik erbaut wurde und dass eine zusätzliche Einrichtung bei al-Qaim entstand.

Etwa zu der Zeit, als die Fabrik fertig war, wurde Saddam Präsident. In den folgenden zehn Jahren konnte er dank des Fachwissens vieler ausländischer Firmen größere Mengen chemischer Waffen herstellen, darunter eine komplizierte Senfgasvariante (HD), den Nerven schädigenden Kampfstoff Tabun und das noch wirksamere VX. Auch die Herstellung biologischer Waffen wurde ausgebaut, sodass der Irak in der Lage war, die Erreger für Milzbrand, Typhus und Cholera zu produzieren. Die UN-Waffeninspektoren, die nach dem Golfkrieg 1991 die Abrüstung der Massenvernichtungswaffen überwachen sollten, empfanden es durchaus als Ironie, dass viele Kampfstoffe, die sie aufspüren sollten, ihren Ursprung in Europa oder den USA hatten.

Von allen Projekten, die auf die Entwicklung nicht konventioneller Waffen abzielten, lag Saddam jedoch der Aufbau eines nuklearen Arsenals besonders am Herzen. Seit Mitte der siebziger Jahre hatten Saddam und andere führende Baathisten gepredigt, der Irak müsse die jüngsten wissenschaftlichen Entwicklungen möglichst intensiv nutzen, um sich zu einer modernen Nation zu entwickeln. »Für die arabische Nation ist der wissenschaftliche Fortschritt lebensnotwendig, denn einer Nation, die weder Achtung vor den Naturwissenschaften noch eine klar definierte Rolle bei ihrer Erforschung und Nutzung hat, ist eine würdevolle Existenz nicht möglich«, hatte Saddam erklärt. Den Naturwissenschaften kam im Irak Saddams für eine Vielzahl an wirtschaftlichen Unternehmungen eine Schlüsselrolle zu, sei es die Entwicklung der petrochemischen Industrie oder der umfangreiche Wiederaufbau von Straßen, Häusern und öffentlichen Einrichtungen. Saddams Faszination war so groß, dass sie sich auch auf seine Kinder übertrug. Im Jahr 1980 erhielt einer von Saddams offiziellen Biographen die Gelegenheit, seine Familie kennen zu lernen. Bei seinem Besuch traf er auch Saddams ältesten Sohn Uday, einen frühreifen Sechzehnjährigen. Uday erklärte seinem Interviewer, er sei gut in Physik und Chemie, wolle auf die Universität gehen und Kernphysik studieren. Der Grund für diesen speziellen Karrierewunsch sei, dass »der Irak, wenn er erst im Atomclub aufgenommen ist, auf diesem Gebiet Wissenschaftler brauchen wird«.[7]

Bei einer Zusammenkunft seines dreiköpfigen Aufrüstungskomitees hatte Saddam 1975 das Ziel gesteckt, innerhalb von zehn Jahren – also bis 1985 – Kernwaffen herzustellen. Abgesehen vom Ansehen, das ihm aus dem Besitz von Atomwaffen erwachsen würde, gab es viele Gründe dafür, dass er dieses spezielle Arsenal anstrebte. Zunächst war man in der arabischen Welt entschlossen, die Voraussetzungen für den Bau von Atomwaffen zu schaffen, über die, wie man glaubte, Israel bereits verfügte, nachdem es in den fünfziger Jahren von den Franzosen den Dimona-Kernreaktor erworben hatte. Außerdem wäre es ein nützliches Instrument der Abschreckung gegen den Iran, ein Land, das dreimal so groß ist wie der Irak. Wenn der Irak sich im elitären »Atomclub« zu den USA, Großbritannien, Frankreich, China und der Sowjetunion gesellte, dann würde Saddam, so seine Überzeugung, unbestrittener Führer der arabischen Welt werden.

Die irakischen Behörden beschäftigten sich seit Ende der

sechziger Jahre mit der Atomtechnik. Damals hatte die Arif-Regierung der Sowjetunion einen Forschungsreaktor abgekauft. Ihr erstes Atomforschungszentrum bauten die Iraker in der Wüste bei al-Thuwaitha, rund fünfzehn Meilen südlich von Bagdad, mit einem kleineren IRT-2000-Leichtwasserreaktor. Die Sowjets rüsteten den Reaktor später auf und bildeten mindestens 100 irakische Kernphysiker aus. Doch als die Iraker im April 1975 modernere Technik erwerben wollten, schlugen Breschnew und Kossygin die Bitte höflich, aber bestimmt aus. Nach Aussage des palästinensischen Publizisten Said Aburish, der nicht abstreitet, Saddam in den Siebzigern bei der Aufrüstung geholfen zu haben, autorisierte Saddam seine Leute höchstpersönlich, weltweit auf die Suche nach geeignetem Material zu gehen. Aburish selbst wurde angewiesen, mit der Firma Atomic Energy of Canada Geschäfte anzubahnen, was aber misslang.[8] Opportunisten wie Aburish, der nicht nur eine ordentliche Provision erhielt, sondern bei seiner Arbeit auch »ein besonders erhebendes Gefühl« verspürte, hätten Saddam sehr wohl dabei helfen können, ein »Gleichgewicht des Schreckens« zwischen Israel und den Arabern herzustellen.[9] Doch er und seine Gefährten erreichten nicht viel.

Nachdem die Russen und alle anderen potentiellen Partner nicht so richtig mitgezogen hatten, bekam Saddam schließlich doch, was er wollte, weil er sich seinem internationalen Lieblingspartner Frankreich zuwandte. Saddam verstand sich persönlich hervorragend mit dem französischen Premierminister Jacques Chirac. Seine Versuche, im Irak ein totalitäres Regime zu errichten, hatten sich zwar stark an Stalin orientiert, doch im Grunde blieb Saddam immer der Nationalist, zu dem ihn sein Onkel Khairallah erzogen hatte. Daher überrascht es nicht, dass er sich von dem überzeugten Gaullisten Chirac angezogen fühlte. General de Gaulle, der Frankreich lieber aus der militärischen Kommandostruktur der NATO herausgelöst hatte, als die französischen Atomwaffen unter NATO-Kontrolle zu stellen, war ein Mann nach Saddams Herzen. Die

Gaullisten predigten, ebenso wie Saddams Flügel der Baath-Partei, die Heiligkeit der nationalen Souveränität, und die Kerntechnik war, wie Chirac und seine Berater unermüdlich betonten, eine Voraussetzung dieser Souveränität.

Saddam und Chirac waren sich 1975 bei den langwierigen Verhandlungen über den Erwerb der neuen Mirage-F1-Kampfflugzeuge näher gekommen, einer neueren Version des Flugzeugs, mit dem die israelische Luftwaffe die Araber 1973 besiegt hatte. Anlässlich eines Besuchs in Paris im September 1975, bei dem der Mirage-Handel abgeschlossen werden sollte, unternahm Chirac mit Saddam eine Tour durch die Provence. Auf dem Weg zu den Stierkämpfen in Les Baux machte Chirac auch einen kleinen Abstecher, damit Saddam das Atomforschungszentrum in Cadarache, wenige Kilometer nördlich von Marseille, besichtigen konnte. Das Commissariat à l'Énergie Atomique (CEA) hatte soeben seinen ersten experimentellen Schnellen Brüter mit Namen Rapsodie in Betrieb genommen. Das Grundprinzip eines Schnellen Brüters ist, dass er mehr atomare Brennstoffe »ausbrütet«, als er verbraucht. Dabei verwandelt er große Mengen Uran in Plutonium um, das dann für den Bau von Kernwaffen verwendet werden kann. Das Interesse des Irak am Schnellen Brüter war klar: Er wollte an Plutonium kommen und Kernwaffen bauen.

Wie zuvor bei den chemischen und biologischen Waffen, behaupteten die Iraker wieder, dass sie diese Anlagen für friedliche Zwecke bräuchten. Obgleich sie die weltweit zweitgrößten Erdölreserven haben, gaben die Iraker vor, sie seien an der Entwicklung einer eigenen Atomindustrie interessiert. Die französischen Vertreter akzeptierten Saddams Erklärung und boten ihm einen Osiris-Forschungsreaktor sowie ein kleineres Modell namens Isis an, die beide kleine Mengen waffentaugliches Plutonium erzeugen konnten. Saddam war einverstanden – unter einer Bedingung: Frankreich müsse zusätzlich Reaktorbrennstoff fürs erste Jahr liefern. Bei richtigem Einsatz des Brennstoffs hätte man daraus genügend Material gewinnen können, um mehrere Waffen von der Sprengkraft der Hiroshima-Bombe herzustellen.

Der Reaktor war ähnlich wie der, den die Franzosen den Israelis 1956 verkauft hatten. Da es die französischen Sozialisten waren, die Israel den Dimona-Atomforschungsreaktor geliefert hatten, hielt es Chirac als Gaullist durchaus für angemessen, die Araber mit vergleichbarer Technik zu versorgen. Während der Rest der Welt verzweifelt versuchte, den Nahen Osten atomwaffenfrei zu halten, machten die Franzosen auf ihre unvergleichliche Art unbekümmert Geschäfte mit untereinander verfeindeten Ländern, damit sie sich gegenseitig in Schutt und Asche legen konnten. Chirac war nur am Geschäft interessiert, als er Saddam einen hoch entwickelten Reaktor »für friedliche Zwecke« verkaufte; im Gegenzug sollten den Franzosen in Bagdad günstige Handelsbedingungen eingeräumt werden, etwa Preisnachlässe beim Öl, die bevorzugte Einfuhr französischer Autos und die Zusage, dass der Irak auch die neue Mirage-Generation kaufen werde. In der französischen Regierung schien niemanden der Widerspruch stutzig zu machen, warum ein mit Erdöl reich gewordenes Land wie der Irak nun Atommacht werden wollte. Saddam selbst ließ gar keinen Zweifel an seinen wahren Absichten. In einem Interview mit dem libanesischen Wochenmagazin *Al Usbu al-Arabi*, das er im September 1975 kurz nach dem Reaktordeal gab, erklärte er stolz: »Die Übereinkunft mit Frankreich ist der erste konkrete Schritt zu einer arabischen Atombombe.«

Die Iraker tauften die Reaktoren zunächst Osirak, änderten den Namen aber später in Tammuz I und Tammuz II – nach dem Monat, in dem die Baath-Partei die Macht ergriffen hatte. Man sagt, die Iraker änderten den Namen Osirak zu Tammuz auf Wunsch der französischen Regierung, nachdem die satirische Presse Frankreichs ihn auf den Namen des Premierministers gereimt hatte (»Osirak – O Chirac«). Als Saddams Delegation nach Paris zurückkehrte, bestand er darauf, den Handel mit einem speziellen Fest für seinen speziellen französischen Verbündeten zu feiern. Chirac hatte im

Jahr zuvor Bagdad besucht, wo ihm der Tigris-Fisch Masgouf besonders gemundet hatte. Saddam beauftragte nun seinen Koch, mit dem Präsidentenflugzeug in den Irak zu fliegen und eineinhalb Tonnen Fisch mitzubringen. Als der Koch zurückkehrte, überredete Saddam den Mâitre d'hôtel des Hôtel Marigny, in dem die irakische Delegation logierte, ein Grillfest für Chirac vorzubereiten. Während also Saddams Sicherheitskräfte mit Sturmgewehren in den Küchen patrouillierten, grillten die Köche den riesigen fettigen Fisch über dem offenen Feuer. Chirac musste die Demütigung ertragen, vom französischen Fernsehen dabei gefilmt zu werden, wie er mutig den Fisch vertilgte, der im Stile Bagdads in der Alufolie serviert wurde. Einem Berater vertraute er später an, dass die irakische Delegation im Hôtel Marigny für erhebliches Aufsehen gesorgt hatte. »Im ganzen Haus roch es nach verbranntem Fisch. Es war amüsant, aber doch ein fürchterliches Chaos.«[10]

Den französischen Unternehmen bescherte Saddams Besuch reiche Beute mit Aufträgen von vermutlich mehreren Milliarden Dollar. Allein das Geschäft mit dem Atomreaktor, das im November 1975 in Bagdad abgeschlossen wurde, war drei Milliarden Dollar wert. Dazu kamen Verträge für petrochemische Fabriken, Entsalzungsanlagen, einen neuen Flughafen und sogar ein U-Bahn-Netz für Bagdad – zusätzlich zu den umfangreichen Waffengeschäften, die bereits vereinbart worden waren. Die französischen Unternehmer waren so überwältigt von den großzügigen Gaben, die ihnen Chirac durch seine Verhandlungen mit Saddam beschert hatte, dass sie ihm den Beinamen »Mr Irak« gaben. Kurz vor Saddams Rückreise hielt Chirac eine Rede von großer Eloquenz. »Die französische Politik«, erklärte er, »wird nicht nur von materiellen Interessen gelenkt, sondern auch vom Herzen. Frankreich liegt daran, zwischen den Produzenten und den Konsumenten eine Beziehung aufzubauen, die den Interessen beider Parteien entspricht.«[11] Der gesamte Text des franko-irakischen Freundschaftsvertrags wurde erst acht Monate später veröffentlicht. Eine der Vertragsklauseln besagte, dass »alle Personen der jüdischen Rasse und mosaischer Religion« aus dem Programm auszuschließen seien, im Irak wie in Frankreich. Außerdem verpflichtete der Vertrag die Franzosen, 600 irakische Kerntechniker auszubilden, mehr als genug für ein Atombombenprogramm.

Khidhir Hamza war einer der irakischen Wissenschaftler, die von Beginn an am Atomprojekt mitarbeiteten. Nachdem er 1994 in den Westen geflohen war, stellte er fest, es habe nie Zweifel an den wahren Absichten der Iraker gegeben. Laut Hamza übernahm Saddam persönlich Mitte der siebziger Jahre, nachdem er ein Wissenschaftlerteam für den Bau der Bombe zusammengestellt hatte, die Leitung der irakischen Atomenergiekommission (AEC).[12] Die meisten irakischen Wissenschaftler, die dem Projekt zugewiesen wurden, hatten in Großbritannien, den USA und Kanada studiert. Bei ihrer Arbeit wurden sie großzügig von der Atomenergiekommission der USA unterstützt, denn 1956 hatte diese im Rahmen des damaligen Programms *Atoms for Peace* der AEC die vollständigen Berichte des Manhattan-Projekts überlassen, bei dem 1945 die weltweit erste Atombombe gebaut worden war. Hamza zufolge beschlossen die Iraker wie die Israelis einen kleinen Forschungsreaktor zu bauen und ihn dann für die Produktion waffentauglichen Materials zu nutzen.

Saddam war zweifellos die treibende Kraft hinter dem Atomprojekt des Irak. Er saß den Treffen des AEC mit der gleichen Professionalität vor, mit der er alle anderen Regierungskomitees zur Modernisierung des Landes leitete. Er verlangte, dass die Wissenschaftler ihm genauestens berichteten, wie sie die Atombombe entwickeln wollten. Er las die Berichte sorgfältig, hatte die Lagebesprechungen fest im Griff und stellte den Wissenschaftlern kluge und sachkundige Fragen. Durch Saddams persönliche Initiative sicherte sich der Irak einen Sitz im Vorstand der Internationalen Atomenergiebehörde IAEA, die für die Politik der internationalen Atomindustrie verantwortlich ist. Saddam rechnete sich aus, die IAEA werde der »Forschung« des Irak weniger Misstrauen entgegenbringen, wenn er konstruktiv in der Organisation mitwirkte. Den Vorschlag seiner Wissenschaftler, eine »Atomstadt« zu bauen, lehnte Saddam jedoch ab: Bei einer Konzentration aller nationalen Kernforschungseinrichtungen an einem Ort würde dieser zu einem allzu leichten Ziel. Wie beim C-Waffen-Programm wollte Saddam die Einrichtungen auf mehrere geheime Standorte über das ganze Land verteilen, um sie vor Angriffen aus der Luft zu schützen.

Nachdem Saddam mit Chirac vereinbart hatte, einen französischen Reaktor zu kaufen, schickte er Hamza und eine kleine Gruppe irakischer Spezialisten nach Saclay ins Hauptquartier der französischen Atomenergieagentur am Stadtrand von Paris, um technische Daten zu klären. Als die Iraker ihren französischen Gesprächspartnern nicht plausibel erklären konnten, wofür sie den nuklearen Forschungsreaktor eigentlich brauchten, reagierten die Franzosen damit, dass sie einfach den Preis verdoppelten. Die Franzosen fanden das Geschäft zwar ganz in Ordnung, doch bei Bekanntwerden hagelte es internationale Proteste insbesondere von Seiten Israels, Großbritanniens, Saudi-Arabiens und Syriens. Um seine Kritiker zu beschwichtigen, beauftragte Präsident Giscard d'Estaing die französische Atomkommission, einen »sauberen« Brennstoff für den Tammuz-Reaktor zu entwickeln, mit dem sich der Reaktor betreiben ließ, der für die Waffenproduktion jedoch nutzlos war. Saddam kochte vor Wut und drohte, alle anderen Handelsverträge rückgängig zu machen, sollte Frankreich die Vertragsbedingungen nicht erfüllen. Am Ende kam man zu dem Kompromiss, dass Frankreich das gewünschte Material lieferte, allerdings in kleineren Mengen. Um weiteren Problemen mit den Franzosen vorzubauen, handelte Saddam 1979 mit Brasilien ein Freundschaftsabkommen über zehn Jahre aus, das die Brasilianer verpflichtete, den Irak mit großen Mengen natürlichem und niedrig angereichertem Uran, Reaktortechnik, Ausrüstung und Ausbildung zu versorgen. Zusätzlich, so behaupten amerikanische Nachrichtenoffiziere, traf Saddam geheime Abkommen mit China und Indien; allerdings wurden dazu keine Details bekannt. Was Saddam zur Krönung seines atomaren Abenteuers nun noch fehlte, war eine Wiederaufbereitungsanlage, in der das Plutonium vom restlichen Uran der verbrauchten Brennstäbe abgeschieden wird. Dieser Mangel wurde im April 1979 behoben, denn die italienische Firma Snia Techint, eine Tochtergesellschaft der Fiat-Gruppe, erklärte sich bereit, der irakischen Atomenergiekommission vier Nuklearlabore zu verkaufen. Nach diesem Geschäft hatten die Iraker innerhalb eines Jahres genügend Plutonium für den Bau einer Bombe. Die Technik sollte Ende 1981 einsatzbereit sein.[13]

Die Arbeit an der irakischen Atombombe ging in den siebziger Jahren weiter, und die Wissenschaftler, die mit dem Projekt befasst waren, wurden von Saddams Sicherheitsagenten sorgfältig überprüft und überwacht. Einmal kam Saddam ins Forschungshauptquartier und schärfte den Wissenschaftlern ein, dass sie ihre Arbeit absolut geheim halten müssten. »Ein Wissenschaftler muss sich der Sicherheitsfrage bewusst sein, sonst ist er wertlos«, erklärte Saddam, »und wir brauchen ihn nicht. Die Sicherheit muss für Sie ganz oben stehen und das kann auf unterschiedliche Weise geschehen. Eine Möglichkeit ist: Sie geben vor, nicht viel zu wissen.«[14] Dass die Wissenschaftler gemäß Saddams Wunsch im Geheimen arbeiteten, behinderte das Fortschreiten des Projekts, denn dadurch waren sie von ihren Kollegen im Ausland sowie von aktuellen naturwissenschaftlichen Veröffentlichungen und Entwicklungen abgeschnitten. Die Erfolgschancen des Projekts stiegen nicht gerade, als im April 1979 die Kerne der beiden irakischen Reaktoren im Werk bei La Seyne-sur-Mer in der Nähe von Toulon, wo die Montage stattfand, durch Sabotage schwer beschädigt wurden. Dieser Sabotageakt war das Werk des israelischen Geheimdienstes Mossad, der zu diesem Zweck sieben Spezialisten nach Frankreich eingeschleust hatte. Die Israelis platzierten ihre Bomben so, dass an den Reaktorkernen der größtmögliche Schaden entstand, während der Rest des Komplexes nahezu unversehrt blieb.

Behindert wurde das Projekt auch dadurch, dass nicht alle Wissenschaftler über das Ziel ihrer Arbeit unterrichtet waren. Dieser Umstand offenbarte sich Ende 1979, als Saddam, kurz nachdem er Präsident geworden war, dem AEC-Hauptquartier, das damals in einem Militärkomplex südlich von Bagdad lag, einen Überraschungsbesuch abstattete. Die Wissenschaftler hatten eben erfahren, dass Saddam in Kürze eintreffen würde, als bewaffnete Wachen die Türen verschlossen und sich in den Hallen sammelten. Bombenspürhunde suchten das Gebäude nach Sprengladungen ab. Schließlich rollte die Wagenkolonne der schwarzen Mercedes-Limousinen mit zahllosen Sicherheitsagenten in Zivil auf das Gelände. Saddam marschierte direkt in das Büro des AEC-Vorsitzenden Abdul Razzaq al-Hashimi und forderte ihn auf, alle führenden Mitarbeiter des Projekts herbeizurufen. Als alle da waren, kam Saddam gleich zur Sache. »Wann liefern Sie das Plutonium für die Bombe?«, wollte er wissen. Plutonium war die entscheidende Voraussetzung für das Gelingen des Projekts, und die Iraker hatten die französischen Reaktoren gekauft, um das international nicht frei verkäufliche Material selbst vom Uran abzuscheiden. Die Verantwortung für diese hoch komplizierte Aufgabe lag bei Hussein al-Shahristani, einem brillanten Wissenschaftler und Experten für Neutronenaktivierung. Nun war Shahristani zwar für die Gewinnung des Plutoniums zuständig, doch ihm hatte niemand gesagt, dass er am Bau einer Bombe beteiligt war. »Bombe? Wir können keine Bombe bauen«, antwortete der Wissenschaftler nervös. Er erklärte Saddam, dass es unmöglich sei, mit den französischen Reaktoren waffenfähiges Plutonium zu gewinnen, denn dies »fällt unter den Non-Proliferationsvertrag, und man wird uns für den Bruch dieses Vertrages zur Verantwortung ziehen«. Saddam blickte den unglückseligen Wissenschaftler verächtlich an. »Verträge«, sagte er, »sind unsere Sache. Sie, als Wissenschaftler, sollten sich mit diesen Dingen nicht belasten. Sie sollten Ihre Arbeit machen und keine Ausreden erfinden.« Saddam nickte seinen Wachen kurz zu, die Shahristani aus dem Raum führten. Als der zitternde Wissenschaftler durch die Tür war, ging Saddam zur Tagesordnung über.[15] Shahristani brachte man ins Hauptquartier des Mukhabarat, wo er so schwer gefoltert wurde, dass seine Kinder sein geschwollenes und aufgedunsenes Gesicht nicht wiedererkannten, als sie ihn besuchen durften. Ein Sondergericht verurteilte ihn in einem Schauprozess zu lebenslänglicher Haft.

Ursprünglich wollte Saddam Massenvernichtungswaffen, weil der Irak unabhängig von Waffenlieferungen aus dem Ausland werden sollte. Dadurch sollte er sowohl in der Region als auch in der Welt zu einer führenden Macht werden. Chemische und biologische Waffen sollten es ihm ermöglichen, sich gegen Angriffe zu wehren. Atomwaffen jedoch sollten den Aufstieg des Irak zur ersten arabischen Supermacht ermöglichen, die ihre Nachbarn unter sich einen, und somit die alte Baath-Doktrin der Schaffung einer arabischen Republik, natürlich unter der Führung Saddam Husseins, umsetzen sollte. Obgleich Saddam Mitte der siebziger Jahre noch in erster Linie die Konsolidierung der Baath-Revolution im Irak im Auge hatte, war ihm doch auch daran gelegen, sie unter seiner Ägide über die irakischen Grenzen zu tragen.

»Der Ruhm Arabiens gründet auf dem Ruhm des Irak«, erklärte er einmal. »Immer florierte die arabische Nation, wenn der Irak mächtig und wohlhabend war. Deshalb streben wir danach, dass der Irak mächtig werde, gewaltig, tüchtig und hoch entwickelt, und deshalb werden wir keine Mühen scheuen, sein Wohl zu befördern und dem Ruhm der Iraker Glanz zu verleihen.« Saddam wollte weiterhin Nasser als radikalen arabischen Führer beerben, war sich aber der Beschränkungen des Irak, insbesondere in der Konfrontation mit Israel, wohl bewusst. Für den Moment war Saddam pragmatisch und räumte öffentlich ein, dass die Befreiung Palästinas mit militärischen Mitteln ohne den Aufbau eines »wissenschaftlich, wirtschaftlich und militärisch starken Irak« nicht durchführbar sei.[16]

Wenn er in der arabischen Politik den Ton angeben wollte, musste sich Saddam in die Ränke des arabisch-israelischen Konflikts hineinziehen lassen. Bislang hatte sich der Irak in den zahlreichen Kriegen gegen Israel nicht besonders hervorgetan. Die Truppen, die bei der Gründung des Staates Israel 1948 den palästinensischen Arabern helfen sollten, hatten so schlecht gekämpft, dass ihnen vorgeworfen wurde, sie hätten mit den Briten gemeinsame Sache gemacht, um Palästina den Händen Israels auszuliefern. Ein irakisches Expeditionskorps konnte die Israelis 1967 nicht am Bombenkrieg gegen die Araber hindern, und im Jom-Kippur-Krieg 1973 erging es den Irakern kaum besser. Der Irak schickte den Syrern, die die Israelis von den Golan-Höhen vertreiben wollten, 30 000 Mann und eine Division gepanzerter Einheiten, doch weil es zu wenig Panzertransporter gab, kamen die Panzer zu spät. Die Syrer, die Kampfhandlungen aufgenommen hatten, ohne die Iraker davon zu informieren, empfingen diese äußerst kühl. Die Iraker hatten nicht einmal Karten und wussten nur vage, in welcher Richtung die Front lag. Als die Israelis angriffen, gaben sie gute Ziele ab und verloren über 100 Panzer und viele Männer. Saddam beschwerte sich, weil er über die Schlacht und das Schicksal der irakischen Truppen nur durch das Radio informiert wurde, und als die Kämpfe vorüber waren, zog er seine Truppen beleidigt aus Syrien ab.

Die Befreiung Palästinas von der zionistischen Herrschaft blieb jedoch das drängendste Problem, und da keine militärische Lösung in Sicht war, wandten sich die arabischen Staaten in den siebziger Jahren einer billigeren und dabei höchst effektiven Kriegführung zu – dem Terrorismus. Wie chemische Waffen sind auch Terrorzellen relativ preiswert und gleichzeitig für den Feind überaus zerstörerisch. Palästinensische Organisationen spielten zwar bereits seit Ende der sechziger Jahre im internationalen Terrorismus eine Rolle, doch der Irak hatte nur am Rande mit ihnen zu tun gehabt. Dass es dem Irak beispielsweise nicht gelungen war, 1970 Jassir Arafats Fatah-Bewegung im Bürgerkrieg Schwarzer September in Jordanien zu unterstützen, hatte der PLO-Führer ihm nicht vergessen. Zudem hat ja der Irak, anders als Jordanien, Syrien, der Libanon und Ägypten, keine gemeinsame Grenze mit Israel, was gegen ein Eingreifen in den Kampf zur Befreiung Palästinas sprach. Den palästinensischen Gruppen war es lästig, ihre Operationen von Bagdad aus zu steuern, denn sie mussten ein anderes Land durchqueren, bevor sie ein israelisches Ziel angreifen konnten.

Der Wendepunkt für Saddam kam nach dem Jom-Kippur-Krieg 1973, nachdem der amerikanische Außenminister Henry Kissinger mit seiner berühmten Reisediplomatie erreicht hatte, dass der ägyptische Präsident Anwar Sadat in einen Friedensdialog mit Israel eintrat; am Ende dieses Prozesses stand das Abkommen von Camp David. Auch Arafat schien die ägyptische Initiative zunächst zu unterstützen. Doch die irakische Regierung, der daran lag, die Ägypter zu isolieren und sich selbst einen möglichst radikalen Anstrich zu geben, wollte eine Allianz mit den Palästinensern bilden. Zu diesem Zweck boten die Iraker Jassir Arafat sogar an, als Palästina-Minister ihrem Kabinett beizutreten. Außerdem versprachen sie den Palästinensern beträchtliche Finanzhilfen. Doch Arafat lehnte ab. Er verübelte den Baathisten noch immer, dass sie ihn im Schwarzen September nicht unterstützt hatten, und er wollte den Irakern nicht die Führung der palästinensischen Sache überlassen. Saddam raste vor Wut. Er befahl, Arafats Büros in Bagdad zu schließen, und unterstützte fortan mehrere radikale Palästinensergruppen, die allesamt sowohl Arafats Fatah-Organisation als auch Verhandlungen mit Israel radikal ablehnten.

Zum ersten Mal also mischte Saddam im internationalen Terrorismus mit. Zuvor hatten sich seine Terroraktionen vorwiegend auf sein eigenes Volk und Land beschränkt. Wenn seine Leute den Irak verließen, dann hatten sie meist irakische

Dissidenten im Visier, etwa 1971, als sie in Kuwait den oppositionellen General Hardan al-Tikriti und in Beirut General Mahdi Saleh Samurrai ermordeten. Doch mit dem berüchtigten palästinensischen Terroristen Sabri al-Banna, auch bekannt als Abu Nidal oder »Vater des Kampfes«, förderte Saddam ein ausgeklügeltes Netzwerk fanatischer Terroristen. Selbst im Terrorismus des Nahen Ostens hatte sich Abu Nidal mit seinen Heldentaten einen fast legendären Ruf erworben. Im Dezember 1985 war er für Bombenanschläge auf die Schalter der israelischen Luftlinie El Al auf den Flughäfen in Rom und Wien verantwortlich, bei denen 18 Menschen getötet und 110 verletzt wurden, darunter viele Amerikaner. Abu Nidal verantwortete auch die Ermordung der britischen Diplomaten Ken Whitty in Athen und Percy Norris in Bombay Ende 1984 sowie die brutale Ermordung des britischen Journalisten Alec Collett im Jahr 1986, ein Racheakt für den Bombenangriff der Amerikaner auf Libyen. Alec Colletts Exekution wurde gefilmt und als Video an seine Verwandten geschickt.[17]

Abu Nidal hatte sich 1970 als Vertreter von Jassir Arafats Fatah-Organisation, der beherrschenden Kraft innerhalb der PLO, zum ersten Mal in Bagdad niedergelassen. Zunächst hatte er mehr mit Bakr als mit Saddam zu tun, doch als Saddam seine Macht ausbaute, mussten die beiden Männer zusammenarbeiten. Das Verhältnis zwischen ihnen war stets gespannt, weil beide spürten, dass sie den gleichen rücksichtslosen Ehrgeiz in sich trugen. Abu Nidal war mit Tarig Aziz und Saadoun Shakir befreundet, dem Chef des irakischen Geheimdienstes. Shakir erhielt seine Weisungen direkt von Saddam und arbeitete mit Sicherheit seit Mitte der siebziger Jahre eng mit Nidal zusammen. Damals war Abu Nidal gerade mit der Ermordung seiner Gegner in der palästinensischen Bewegung befasst. Mit Saddams Unterstützung führte Nidal Ende der siebziger Jahre sowohl in Europa als auch im Nahen Osten Krieg gegen die PLO. Der PLO-Vertreter in London, Said Hammadi, der für einen Dialog mit Israel plädierte, fiel 1978 einem Attentat zum Opfer, andere PLO-Delegierte wurden in Paris und Kuwait ermordet. Sicherheitshalber richtete Abu Nidal, der sein Verhältnis zu Bagdad als »enge Allianz« bezeichnete, auch eine Reihe von Terroranschlägen gegen das benachbarte Baath-Regime in Syrien, das damals mit Saddam verfeindet war. Zwei Anschläge galten dem syrischen Außenminister Abdul Halim Khaddam, und 1976 jagten Abu Nidals Terroristen das Semiramis-Hotel in Damaskus in die Luft.

Auch der berüchtigte palästinensische Terrorist Dr. Wadi Haddad, Gründungsmitglied der PLO-Gruppe Volksfront zur Befreiung Palästinas (PLFP), die Anfang der siebziger Jahre die palästinensische Sache zum Vehikel des internationalen Terrorismus machte, fand zu dieser Zeit Unterschlupf bei Saddam. Gemeinsam mit Dr. George Habash, dem zweiten Gründungsmitglied der PLFP, organisierte er die Entführung dreier Flugzeuge in Jordanien auf einem Wüstenflugfeld nahe Amman und das Massaker an 26 Menschen am Flughafen Lod in Israel. Die Taten der Gruppe waren so ungeheuerlich, dass sowohl die Sowjetunion als auch China sie verurteilten. Überdies macht man die PLFP dafür verantwortlich, dass König Hussein von Jordanien die PLO im Schwarzen September aus dem Land vertrieb. Die PLFP ließ sich in Damaskus nieder, doch als sich Habash gegen internationale Terroranschläge aussprach, zog Haddad 1972 nach Bagdad, wo er eine Splittergruppe der PLFP gründete. Von Bagdad aus organisierte er im Dezember 1975 die Geiselnahme der OPEC-Erdölminister bei ihrem Treffen in Wien und die Entführung eines israelischen Passagierflugzeugs nach Entebbe in Uganda. Einer von Haddads engsten Partnern war zu dieser Zeit der legendäre venezolanische Terrorist »Carlos, der Schakal«. Haddads Organisation führte nicht nur Anschläge aus, sondern vernetzte sich gleichzeitig mit europäischen Terrorgruppen, etwa der deutschen Baader-Meinhof-Gruppe und der japanischen Roten Armee. Im Jahr 1977, als Saddam den Irak inoffiziell bereits regierte, galt Haddad als »Spinne im Netz der miteinander verwobenen Terrorgruppen aus aller Welt«. Als Haddad 1978 – eines natürlichen Todes – starb, wurde er in Bagdad mit allen militärischen Ehren beigesetzt. Ein irakischer Dissident, der früher Geheimdienstmitarbeiter mit besonderer Verantwortung für die Ausbildung ausländischer Terrorgruppen war und Ende 2000 aus Bagdad floh, sagte aus, bis Ende der neunziger Jahre hätten sich im Irak mindestens 50 PLFP-Mitglieder aufgehalten, die auch die Terroristen-Trainingscamps des Mukhabarat rege nutzten.[18]

Die irakischen Kontakte zu Terrorgruppen wie denen des Abu Nidal und des Wadi Haddad liefen über Saddams Büro. Weil der Irak in den siebziger Jahren international geächtete Terrorgruppen förderte, nahm ihn das US-Außenministerium in die Liste der Staaten auf, denen finanzielle Unterstützung des Terrorismus vorgeworfen wird. David Mack zufolge, der Ende der siebziger Jahre als politischer Beamter in der US-Botschaft in Bagdad arbeitete, machten die Iraker aus ihrem Engagement für die verschiedenen Terrorgruppen auch gar kein Geheimnis. »Wir wussten alle genau, wo Abu Nidals Haus lag, durften aber natürlich nicht hingehen«, sagte er. »Saddam gab gern mit den Gruppen an.«[19]

Dem Eingeständnis seiner Unterstützung der palästinensischen Terrorgruppen am nächsten kam Saddam in einem Interview der *Newsweek* im Juli 1978. Auf die Frage, warum Bagdad ein Sammelbecken sowohl für palästinensische als auch für europäische Terrorgruppen geworden sei, antwortete Saddam: »Was die Palästinenser angeht, ist das kein Geheimnis: Der Irak steht ihnen offen; sie dürfen hier trainieren und [Terroranschläge] planen.«[20] Bis zum Sommer 1978 verging kaum eine Woche, in der nicht eine der mit Bagdad verbandelten Terrorgruppen die eine oder andere Gräueltat beging, gleich, ob in Paris, London oder Islamabad. Einem ehemaligen CIA-Offizier zufolge, der in den siebziger Jahren für den Irak zuständig war, gab es für die amerikanischen Behörden nie einen Zweifel daran, dass Saddam Befehle für Terroranschläge auch persönlich erteilt hatte. »Seit Mitte der siebziger Jahre kontrollierte Saddam in Bagdad alles. Und wenn Saddam diesen Gruppen Zuflucht bot, erwartete er eine Gegenleistung. Bei Saddam gibt es freie Kost und Logis nicht.« Ende der siebziger Jahre hatte Saddams Ruf als großzügiger Förderer viele radikale Gruppen in den Irak gelockt: Die kompromisslose kurdische PKK, Angehörige der Muslimbruderschaft Syriens und sogar der Ayatollah Khomeini, die größte Bedrohung für den Schah im Iran – sie alle erfreuten sich Saddams Unterstützung. »Saddam benutzte diese Gruppen, weil ihn das überaus flexibel machte«, so der ehemalige CIA-Referent. »Er konnte sie nach Belieben an- und ausschalten. Solange sie taten, was er wollte, unterstützte er sie gern.«[21] Abu Nidals Gruppe und Saddam gerieten häufig aneinander, vor allem, weil Saddam darauf bestand, dass die palästinensischen Terroristen weiter gegen Syrien vorgingen. Abu Nidal verstand sich als zentrale Figur der palästinensischen Politik und widersetzte sich bisweilen Saddams Befehlen. Deshalb schloss er auch vorübergehend sein Büro in Bagdad und zog unter anderem nach Tripolis in Libyen, wo er die Einmischung von Seiten Oberst Gaddhafis als weniger hinderlich empfand. Am Ende jedoch versöhnten sich Saddam und Abu Nidal und der Palästinenser kehrte nach Bagdad zurück.

Nicht alle terroristischen Aktivitäten Saddams dieser Zeit wurden von Söldnern durchgeführt, die auf der Gehaltsliste der irakischen Nachrichtendienste standen. Dr. Ayad Allawi, ein ehemaliges Baath-Mitglied, war aus Protest gegen Saddams Regime nach London geflohen. Eines Nachts erwachten er und seine Frau in ihrem Haus in Epsom, als ein mit einer Axt bewaffneter Attentäter Saddams vor ihrem Bett stand. »Wir waren beide den fürchterlichen Hieben dieses maskierten Mannes ausgesetzt«, erinnert sich Dr. Allawi, einer der Streiter für den Sturz Saddams. »Er traf uns mehrfach und ging, weil er uns für tot hielt. Glücklicherweise konnte ich mich, nachdem er weg war, zum Telefon schleppen und Hilfe rufen.«[22] Abdul Razzak Nayif, der frühere irakische Premierminister, der den Baathisten 1968 zur Macht verholfen hatte, hatte weniger Glück. Im Juli 1978 wurde er ermordet, als er gerade das InterContinental-Hotel in London verließ.

Die Attentäter feuerten aus kürzester Entfernung zwei Kugeln auf ihn ab. Die Polizei verhaftete später zwei Iraker, die wegen des Mordes angeklagt wurden. Dann wurde bekannt, dass sie dem Istikhbarat angehörten, dem irakischen Gegenstück zum britischen Special Air Service (SAS), der auf Auslandseinsätze spezialisiert ist. Das Attentat löste eine diplomatische Krise zwischen London und Bagdad aus, zumal die britische Regierung die nächste Runde der Friedensgespräche zwischen Israel und Ägypten ausrichten sollte. Die Briten wiesen acht irakische Agenten aus und ließen drei weitere nicht einreisen; sie äußerten eine »wachsende Besorgnis, was die Bedrohung durch Terroranschläge in London, insbesondere auf arabische Ziele, angeht. Da sich eine Reihe bekannter irakischer Nachrichtenoffiziere in London aufhält, beschloss man, dass sie ausreisen sollten.«[23] Die Iraker nahmen dies nicht tatenlos hin, sondern wiesen ihrerseits eine Anzahl britischer Diplomaten aus Bagdad aus. Sie verhafteten britische Geschäftsleute, klagten sie wegen konstruierter Spionagevorwürfe an und verurteilten sie zu langjährigen Gefängnisstrafen. Außerdem gab Saddam die Weisung an Ministerien und staatliche Organisationen aus, keine Geschäfte mit Großbritannien mehr zu machen, und verhängte ein sofortiges Handelsembargo über sämtliche britischen Waren.

Als schließlich die diplomatischen Kanäle zwischen London und Bagdad wieder geöffnet wurden und die britischen Diplomaten unter Protest die Freilassung der inhaftierten Geschäftsleute forderten, stellten die Iraker klar, dass sie mit den Briten erst wieder Geschäfte machen würden, nachdem diese die beiden für den Mord an Nayif verurteilten irakischen Nachrichtenoffiziere freigelassen hätten. »Wir empfingen mehrere irakische Delegationen in London, die nicht verstanden, warum wir die Mörder nicht laufen lassen wollten«, erinnert sich ein britischer Diplomat, der damals die Verhandlungen führte. »Für sie ging es nur um ein Tauschgeschäft. Doch die britische Regierung konnte keinesfalls in ein ordentliches Gerichtsverfahren eingreifen.«[24] Über zwanzig Jahre später sitzen die beiden Attentäter noch immer ihre Strafe in britischen Gefängnissen ab.

Saddams Flirt mit der Welt des internationalen Terrorismus neigte sich 1978 seinem Ende zu. Die Unterzeichnung des Abkommens von Camp David im September 1978 zwischen dem ägyptischen Präsidenten Anwar Sadat und dem israelischen Premierminister Menachem Begin markierte einen Wendepunkt in der Geschichte des Nahen Ostens. Während die Welt den Friedensvertrag zwischen Ägypten und Israel lobte, nahm ihn Saddam zum Anlass, den Irak zur Galionsfigur der arabischen Opposition gegen Israel zu stilisieren und endlich die frühere Rolle Nassers zu übernehmen. Im Jahr zuvor hatte Saddam in einem seiner seltenen Interviews mit einem amerikanischen Nachrichtenmagazin die Friedensinitiative der Carter-Regierung aufs Schärfste verurteilt. Die bei weitem wichtigste Aussage in diesem Interview betraf Saddams Verhältnis zum Staat Israel. Er betonte zwar, dass er persönlich nichts gegen das jüdische Volk habe, bezeichnete sich jedoch als überzeugten Anti-Zionisten. »Wir werden das Recht Israels auf einen separaten zionistischen Staat niemals anerkennen«, erklärte er.[25] Ein Jahr später nahm er Sadats »Verrat« zum Anlass, seine eigene Position in der arabischen Politik geltend zu machen, und Ende 1978 organisierte er einen Gipfel in Bagdad, auf dem mögliche Reaktionen auf das Verhalten Ägyptens diskutiert werden sollten. Zuvor musste Saddam seine Beziehungen zu Saudi-Arabien und den Golfstaaten verbessern und sich mit dem syrischen Präsidenten Assad verständigen, um die Baath-Spaltung, die das Verhältnis zwischen beiden Ländern in den siebziger Jahren vergiftet hatte, zu überwinden. Außerdem war Saddam daran gelegen, sein Verhältnis zu Jassir Arafat zu verbessern, der noch immer als unbestrittener Führer der palästinensischen Sache galt. Arafat fühlte sich durch den Abschluss des Abkommens von Camp David natürlich ausgetrickst, hatte man ihn doch glauben lassen, dass im Rahmen der Friedensgespräche auch die Palästinenserfrage gelöst werden würde. Stattdessen hatte sich

Sadat für einen unilateralen Friedensvertrag mit den Israelis entschieden. Auf dem Gipfel rief Saddam Arafat in sein Büro und umriss ihm seine neue Politik. Palästinensischen Vertretern zufolge, die ebenfalls an dem Treffen teilnahmen, versprach Saddam, er werde Abu Nidal die Unterstützung aufkündigen (Nidal ermordete nach wie vor emsig Arafats Gefolgsleute), wenn Arafat die irakische Anti-Sadat-Initiative unterstützte. »Ich versichere dir hier und jetzt, dass wir in Bagdad keine weiteren Operationen gegen dich sanktionieren werden«, beteuerte Saddam Arafat. »Wir übernehmen für seine [Abu Nidals] Aktionen keine Verantwortung mehr – und haben ihm das bereits mitgeteilt.«[26]

Nachdem Saddam sein Engagement für die Terrorgruppen reduziert hatte, gelang es ihm, das internationale Ansehen des Irak zu heben. Das diplomatische Zerwürfnis mit Großbritannien im Sommer 1978 hatte dazu geführt, dass Bagdad von zwei der wichtigsten westlichen Mächte isoliert war, denn die Beziehungen zu den USA hatte er bereits nach dem Sechs-Tage-Krieg 1967 abgebrochen. Seit Mitte der siebziger Jahre jedoch war eine Neuorientierung der irakischen Diplomatie erkennbar. Saddam hatte 1972 den sowjetischen Freundschaftsvertrag ausgehandelt, doch nachdem die Sowjets ihn bei seiner Kurdenoffensive 1974 bis 1975 so schändlich im Stich gelassen hatten, kamen ihm nun zusehends Zweifel, ob er die guten Beziehungen zu Moskau weiterhin brauchte. Erste Anzeichen einer milderen Haltung Bagdads gegenüber den USA gab es im April 1975, als Saddam dem angesehenen *New-York-Times*-Korrespondenten C. L. Sulzberger ein Interview gewährte. Offiziell blieb der Irak zwar bei seiner unerschütterlich anti-amerikanischen Haltung, da Washington weiterhin Israel unterstützte. Dennoch wollte Saddam Entgegenkommen signalisieren, weil er die hervorragende westliche Technik, insbesondere aus den USA, für die Modernisierung des Irak gut gebrauchen konnte. Auch ohne dass offizielle diplomatische Beziehungen bestanden, hatte sich der Handel mit den USA zwischen 1971 und 1975 fast verzehnfacht. Saddam empfand es nicht als Widerspruch, dass der Irak sich als erbitterter Kritiker der US-Politik gerierte und gleichzeitig einer der wichtigsten Konsumenten amerikanischer Güter im Nahen Osten war. »Unser Feind ist die gegenwärtige amerikanische Politik«, sagte er Sulzberger. »Die Araber, zu denen auch wir gehören, sind nicht gegen den amerikanischen Staat oder das amerikanische Volk, sondern nur gegen die amerikanische Politik. Wir registrieren mit Unbehagen, dass sich die USA in unsere inneren Angelegenheiten einmischen, in die regionale Politik des Nahen Ostens. Wenn sich das ändert, werden wir sofort reagieren.«[27] Bei einem *Newsweek*-Interview im Jahr 1978 griff Saddam dieses Thema erneut auf. Auf die Frage nach einer Wiederaufnahme diplomatischer Beziehungen zwischen Bagdad und Washington wiederholte Saddam seine Forderung, die USA müssten ihr Engagement für Israel herunterschrauben. »Es gibt weitere wichtige Punkte, die normalen Beziehungen im Weg stehen, etwa Ihre bedingungslose Unterstützung der zionistischen Eigenständigkeit [Israel] und Ihre Strategie, die arabische Welt spalten zu wollen.«[28] David Mack, der als Diplomat vor Ort aus dem Flirt Bagdads mit Washington schlau zu werden versuchte, fiel es schwer zu entscheiden, wie ernst man Saddam nehmen sollte. »Auf der einen Seite unterstützten sie jede Terrorgruppe, die mit Bomben durch Europa zog, und ließen keine Gelegenheit aus, uns für unsere Israel-Politik zu schelten. Auf der anderen Seite war ihnen sehr an Geschäften mit den USA gelegen. Unser Hauptproblem war damals aber doch, dass der Irak all diese Terrorgruppen unterstützte. Solange das nicht geklärt war, wollten wir nicht mit ihm zusammenarbeiten, und das machten wir auch deutlich.«[29] Erst im Sommer 1984, als der ruinöse Iran-Irak-Krieg Saddam dazu zwang, seinen Widerstand gegen die pro-israelische Haltung Washingtons aufzugeben, nahmen Washington und Bagdad wieder diplomatische Beziehungen auf.

Ende der siebziger Jahre war Saddams Position als »starker Mann von Bagdad« in der Welt gefestigt; jeder westliche Diplomat oder Journalist, der sich mit der Baath-Führung treffen wollte, landete nicht bei Bakr, sondern bei Saddam. Zu diesem Zeitpunkt hatte Saddam die Außenpolitik vollständig in der Hand und stellte das auch in den spannungsgeladenen Gesprächen mit den Sowjets klar. Saddam war entschlossen, den Irak aus der Abhängigkeit von Moskau herauszuführen, und im Mai 1978 verpasste er den Sowjets einen Schuss vor den Bug. Er ließ 21 kommunistische Offiziere der irakischen Streitkräfte, die seit 1975 in Gefängnissen geschmachtet hatten, hinrichten. Die Baath-Partei hatte erklärt, in den Streitkräften werde nur politisches Gedankengut der Partei geduldet.

Die Kommunisten waren zwar vor der Verkündung dieses Grundsatzes verhaftet worden, doch Saddam beschloss, ihn in ihrem Fall rückwirkend anzuwenden, und ließ die Offiziere kurzerhand exekutieren. Der sowjetische Botschafter war außer sich vor Zorn und überbrachte Saddam seinen Protest persönlich. Als Reaktion auf seinen Besuch wurden weitere zehn Offiziere erschossen. Daraufhin befahlen die Sowjets den Leitern der anderen Ostblockgesandtschaften, um Gnade zu bitten. Aber auch sie fanden kein Gehör, und die letzten fünf Häftlinge wurden an die Wand gestellt. Saddam reichte diese Demütigung der Sowjets jedoch nicht aus. Er verbot den sowjetischen Transportflugzeugen, die militärischen Nachschub nach Äthiopien brachten, den irakischen Luftraum zu überfliegen. Moskau unterstützte damals Äthiopien im Krieg gegen die eritreischen Rebellen, Saddam hingegen unterstützte die Eritreer und ließ deren Rebellengruppen in Bagdad ausbilden. Zuletzt forderte Saddam die Sowjets auf, ihre Botschaft, die direkt neben dem Präsidentenpalast lag, zu verlegen. Er verdächtigte den KGB (sicher zu Recht), Gespräche im Palast und im angrenzenden Hauptquartier der Baath-Partei abzuhören. Als sich die Sowjets weigerten, ließ Saddam der sowjetischen Botschaft Wasser und Strom abstellen. Wenige Tage später gaben die Russen bekannt, dass sie nun doch neue Räumlichkeiten beziehen wollten.

Die Verschlechterung der Beziehungen zu Moskau war ein

Hauptthema in einem Interview, das Saddam zum Jahrestag der Revolution vom 17. Juli gab, genau ein Jahr, bevor er Bakr die Macht entriss. Auf die Frage, ob er die sowjetischen Offiziere habe hinrichten lassen, um Moskau vor einer Einmischung in die inneren Angelegenheiten des Irak zu warnen, entgegnete Saddam, ohne zu zögern: »Ja.« Dann ließ er seinem Hass auf den Kommunismus, der auch seine Baath-Karriere geprägt hatte, freien Lauf: »Sie [die Sowjets] werden erst Ruhe geben, wenn die ganze Welt kommunistisch ist.« Und auf die Frage, ob er mit Blick auf die kompromisslose Feindseligkeit des Irak gegenüber Israel glaube, Krieg sei die einzige Lösung, antwortete Saddam schlicht: »Ganz recht.« Er kündigte außerdem an, in zehn Jahren – also bis 1988 – seien die arabischen Staaten stark genug, Israel zu besiegen. »Die Araber werden nicht immer so schwach ein. Ihre Stärke wächst mit jedem Tag. In zehn Jahren wird sich die Situation ganz anders darstellen.«[30] Dieser Hinweis bezog sich ohne Zweifel auf das geheime, in der Welt noch weitgehend unbekannte Vorhaben des Irak, Atomwaffen zu entwickeln.

Außenpolitisch hatte Camp David den Irak veranlasst, seine Ziele neu auszurichten. Innenpolitisch gab der Niedergang des Schah im Iran den Ausschlag, dass Saddam nun doch beschloss, gegen Präsident Bakr vorzugehen. Saddam war überzeugt, dass der alternde Bakr der Gefahr, die von dem neuen, radikal islamischen Regime in Teheran ausging, nicht begegnen konnte. Alle Reformen der Baathisten in den siebziger Jahren hatten darauf abgezielt, den Irak in einen modernen, weltlichen, wenn auch autokratischen Staat umzuwandeln. Die Aussicht auf eine islamische Revolution im benachbarten Iran erfüllte die irakischen Baathisten mit großer Besorgnis. Die weltweit größte schiitische Nation würde unweigerlich die große schiitische Volksgruppe im Südirak zu Aufständen ermutigen, die das sunnitische und weltlich ausgerichtete Baath-Regime in Bagdad verurteilte. Trotz aller zynischer Versuche, sie mit Fernsehgeräten und Kühlschränken zu bestechen, blieben die Schiiten wie die Kurden und

Kommunisten ein Pfahl im Fleische des Regimes. Im Jahr 1977 waren blutige Auseinandersetzungen in der heiligen schiitischen Stadt Najaf ausgebrochen, in der damals der exilierte iranische Islamführer Ayatollah Ruhollah Khomeini lebte. Bei den Kämpfen zwischen Schiiten und Einheiten der Regierung wurden acht irakische Geistliche festgenommen, vor ein Revolutionsgericht gestellt und hingerichtet. Mehr als 2000 Schiiten wurden von Saddam verhaftet und schätzungsweise 200 000 in den Iran vertrieben, weil sie angeblich keine Iraker waren. Im Oktober 1978 wies der Irak Ayatollah Khomeini, der seit den sechziger Jahren im Südirak gelebt hatte, auf Bitten des Schahs aus. Saddam demonstrierte Einigkeit mit dem Schah und empfing Kaiserin Farah mit großem Pomp in Bagdad. Der Schah war dem Baath-Regime zwar nicht immer gewogen gewesen, doch hatte er gemeinsam mit Saddam den Vertrag von Algier unterschrieben, in dem der Zugang des Iraks zum Golf über den Shatt al-Arab geregelt wurde. Saddam hielt es nun für überlebenswichtig, das Abkommen einzuhalten und dem Schah die Macht zu sichern.

Doch all diese Gesten der Unterstützung nützten nichts, als deutlich wurde, dass die Pahlavi-Dynastie untergehen würde. Im Februar 1979 kehrte Khomeini im Triumph nach Teheran zurück und leitete damit die Revolution ein, die im Iran eines der weltweit rigidesten islamischen Regime etablierte. Sowohl die Zwänge, die sich aus dem Abkommen von Camp David ergaben, als auch der Aufstieg einer islamischen Regierung im Iran machten Saddam deutlich, dass er das Land nicht länger nur als Stellvertreter führen konnte. Die Aufgaben, die vor ihm lagen, erforderten eine starke Regierung, und Bakr verfügte nicht mehr über die notwendige Führungsstärke. Bakr war, da Saddam seine Autorität nach und nach ausgehöhlt hatte, zu einer jammervollen Gestalt verkommen und unterzeichnete nur noch die Papiere, die Saddam ihm vorlegte. Bakr war so entmachtet, dass Saddam lautstark beklagte, er verdiene sein Gehalt nicht mehr. Wie sehr Saddam Bakr am Ende ihrer Zusammenarbeit verachtet haben mag, wird aus der Schilderung eines Biographen ersichtlich: »Der Militär verbringt seine Zeit mit Dingen, die mit Staatsgeschäften nichts zu tun haben. Er wacht früh auf und geht in den Garten; er gießt die Blumen und schneidet die Sträucher. Wenn er müde wird, ruht er sich in der Gesellschaft seiner Enkel aus. Er lebt in seinen Erinnerungen.«[31]

SIEBEN

Der Präsident

All die Geduld und harte Arbeit, all das Intrigieren und Ränke schmieden, all die Verrate, Morde, Exekutionen und Anschläge zahlten sich endlich aus. Im Juli 1979 wurde Saddam Präsident des Irak. Sein aus dem Amt scheidender Vorgänger Hassan al-Bakr kündigte das Ereignis genau zum richtigen Zeitpunkt an. Am Vorabend der jährlichen Feiern anlässlich der Revolution des 17. Juli wurde der Machtwechsel verkündet. Saddam selbst hatte diesen Termin ausgewählt; er sollte die Fortführung der Revolution symbolisieren und war der Höhepunkt monatelanger, sorgfältiger Planungen. Die genauen Einzelheiten des Amtsantritts hütete Saddam wie ein Geheimnis, wusste er doch genau, dass geringfügige Probleme in letzter Minute seine Pläne vereiteln konnten. Sein Meisterstück war jedoch, dass Bakr Saddams Ernennung zustimmte und obendrein auch noch die folgende Säuberung als ganz natürliche Begleiterscheinung der Machtübernahme darstellte. »Lange Zeit«, sagte der fünfundsechzigjährige Präsident im irakischen Fernsehen, »habe ich mit meinen Kameraden im Kommandorat, vor allem mit dem geschätzten Kameraden Saddam Hussein, über mein Befinden gesprochen, das es mir nicht länger erlaubt, die Verantwortung auf mich zu nehmen, mit der ich beehrt wurde. Mein Gesundheitszustand erlaubte mir seit einiger Zeit nicht mehr, dieser Verantwortung in einer Weise gerecht zu werden, die ich mit meinem Gewissen hätte vereinbaren können.« Mit vor Rührung bebender Stimme nominierte Bakr sodann Saddam als »den für die Führung des Staats am besten geeigneten Mann«. Mit folgenden Worten zollte er seinem ehemaligen Protegé Saddam vor seinem Scheiden aus dem politischen Leben einen letzten Tribut:

»Während der bitteren Jahre des Kampfes vor der Revolution war Kamerad Saddam Hussein ein tapferer und getreuer Mitstreiter, der den Respekt und das Vertrauen der Parteikämpfer genoss. Am Vorabend der Revolution stand er an der Spitze der Tapferen, die die Bastionen von Diktatur und Reaktion erstürmten. Auf dem revolutionären Marsch erwies er sich als hervorragender Führer, der mit allen Schwierigkeiten fertig wurde und jegliche Verantwortung auf sich nehmen konnte.«[1]

Mit circa zweiundvierzig Jahren hatte Saddam die Herrschaft über eine der reichsten Nationen des Nahen Ostens an sich gerissen. Der Irak entwickelte sich durch sein Öl rasch zu einer dominierenden politischen, militärischen und wirtschaftlichen Macht der Region. Die Regierung verfügte über rund 35 Milliarden Dollar Devisenreserven, und die immensen Einkünfte aus dem Ölgeschäft begannen, das ganze Leben im Land zu verändern. Die Streitkräfte wuchsen rapide und wurden mit moderner Wehrtechnik aus Ländern wie Spanien und Frankreich aufgerüstet. Die Baathisten hatten den ersten Wohlfahrtsstaat der arabischen Welt geschaffen mit kostenloser Bildung für alle vom Kindergarten bis zur Universität und einem vom Staat finanzierten Gesundheitswesen. Der Lebensstandard stieg langsam, aber stetig an; Grundnahrungsmittel waren billig und in großen Mengen vorhanden. Wer das baathistische System nicht herausforderte, lebte im Irak besser als jemals zuvor. Der Erfolg der Baathisten bei der Schaffung eines modernen, militärisch starken und politisch vereinten Industriestaates mit Hilfe des neuen Ölreichtums veranlasste einige Kommentatoren, den Irak als »das Preußen der ostarabischen Welt« zu bezeichnen. Saddam hätte für die Übernahme des Präsidentenamtes keinen besseren Zeitpunkt wählen können. Aber anders als sein Vorgänger beabsichtigte er nicht, die Macht zu teilen; er wollte als unumschränkter Herrscher mit diktatorischer Befehlsgewalt regieren. Neben seiner Position als Präsident der Republik hatte Saddam auch alle anderen Spitzenfunktionen des Landes übernommen: er war Vorsitzender des Revolutionären Kommandorates (RCC), Generalsekretär des Regionalkommandos der Baath-Partei, Premierminister und Kommandeur der Streitkräfte. Wie sein Vorbild Stalin war er zum alleinigen Führer des Landes geworden.

Wie Saddam es genau geschafft hat, Bakr zum Rücktritt zu bewegen, ist noch immer ein Geheimnis. Bakrs schlechter Gesundheitszustand, der offiziell als Grund genannt wurde, muss zweifellos berücksichtigt werden. In den diplomatischen Kreisen Bagdads waren ständig Gerüchte über Bakrs Befinden im Umlauf. Schon 1971 war er wegen einer »leichten Unpässlichkeit«, wie sich die irakischen Medien damals ausdrückten, im Krankenhaus gewesen. 1974 soll er eine Gehirnblutung gehabt haben, weshalb er am Begräbnis seiner Frau nicht teilnehmen konnte.[2] Seine angeschlagene Gesundheit hatte ihn auch daran gehindert, den französischen Premierminister Jacques Chirac zu empfangen, als dieser Bagdad einen Besuch abstattete; Saddam, der große Frankophile, war für ihn in die Bresche gesprungen. Im Mai 1977 war ein Team hervorragender Ärzte der George Washington University nach Bagdad gereist, um einen »irakischen Spitzenpolitiker« zu behandeln; man war allgemein davon ausgegangen, dass Bakr der Patient war.[3] Außerdem erlitt Bakr auch noch schwere Schicksalsschläge. Er musste über den Tod seiner Frau, seines Sohnes und seines Schwiegersohnes hinwegkommen.

Dennoch ist es unwahrscheinlich, dass er das Feld kampflos räumte, und ehemaligen Mitgliedern des Baath zufolge, die für dieses Buch erstmalig interviewt wurden, kam es in der Sitzung, in der er zum Rücktritt aufgefordert wurde, rasch zu einer erbitterten Auseinandersetzung. Saddam wollte die Macht am Jahrestag der Revolution übernehmen. Sein Cousin Adnan, der Verteidigungsminister, und sein Onkel Khairallah Tulfah suchten Bakr am Abend des 16. Juli 1979 im Präsidentenpalast auf. »Sie stellten ihn mehr oder weniger vor vollendete Tatsachen«, erinnerte sich einer der vormaligen Baathisten. »Sie sagten zu ihm: Wenn du freiwillig zurücktrittst, wird dir nichts passieren. Aber wenn wir aktiv werden müssen, könnte es für dich sehr unangenehm werden.« Nach dieser Drohung zog Bakrs anwesender Sohn Haytham seine Pistole, gab einen Warnschuss in die Decke ab und bezeichnete die drei als Verräter. Doch er wurde rasch überwältigt und entwaffnet; Saddam hatte sich durchgesetzt.[4] Am nächsten Tag übernahm er das Präsidentenamt, und Bakr hielt eine würdevolle Abschiedsrede.

Bakr hatte diesen Schritt Saddams vielleicht sogar vorausgesehen. Er hatte zahlreiche Warnungen bezüglich dessen Bestreben, ihn aus dem Amt zu drängen, erhalten, und Anfang des Jahres den Gedanken einer Vereinigung der syrischen und irakischen Baath-Partei wiederbelebt – ein Plan, mit dem auch die Position des strikt antisyrischen Saddam geschwächt werden sollte. Aber der wichtigere und dringendere Grund für die geplante Union war der Wunsch der Regierungen in Damaskus und Bagdad, eine vereinte arabische Front zu schaffen, die gegen Ägyptens historischen Separatfrieden mit Israel antreten konnte, der in Camp David ausgehandelt worden war. Irak und Syrien, die ideologisch vehement gegen die Existenz eines israelischen Staates protestierten, betrachteten das Abkommen von Camp David als Verrat an den Palästinensern. Da Ägypten nun kein Verbündeter im Kampf gegen Israel mehr war, hatten sich die syrische und die irakische Baath-Partei im Oktober 1978 geeinigt, ihre alten ideologischen Differenzen beizulegen und eine »gemeinsame Charta für nationales Handeln« zu etablieren, und die sollte gegen Israel gerichtet sein.

Saddam wurde die Verantwortung für die Verhandlungen mit dem syrischen Präsidenten Assad zur Union der beiden Länder übertragen. Im Januar besuchte er als erster ranghoher irakischer Politiker seit zehn Jahren Damaskus und unterzeichnete ein Abkommen, die Außen-, Verteidigungs- und Informationsministerien der beiden Länder zusammenzulegen. Dies sollte der erste Schritt zu einer vollständigen Vereinigung sein, die für den April des folgenden Jahres geplant war. Abgesehen von den Folgen von Camp David für den Nahen Osten wollte der Irak seine Beziehungen mit Syrien aber auch zum Schutz gegen die neue Bedrohung festigen, die im Februar 1979 durch die islamische Revolution Ayatollah Khomeinis im Iran entstanden war. Bald nach Khomeinis Machtergreifung sprach Saddam enthusiastisch über die vorgeschlagene Union mit Syrien und erklärte, sie sei »nicht nur eine Vereinigung, sondern vielmehr ein wesentlicher Bestandteil der gesamten arabischen Revolution«. Doch auch gegenüber dem neuen Regime in Teheran machte er eine versöhnliche Geste mit der Bemerkung, der Irak werde »alles unterstützen, was das iranische Volk beschließt«.[5] Zweifellos hatte die iranische Revolution die Baathisten sehr beunruhigt; sogar Saddam selbst zeigte sich nun bereit, seine Antipathien gegen Syrien aufzugeben, um eine geeinte Front gegen die islamischen Extremisten zu bilden, die in Teheran an die Macht gekommen waren.

Allerdings konnte Saddam seine starken Vorbehalte gegen die Vereinigung des Irak und Syriens nicht einmal als Verantwortlicher für die Verhandlungen zwischen den beiden Ländern überwinden; sie wurden sogar noch stärker, je länger sich die Gespräche hinzogen. Sein größte Befürchtung war wohl, dass durch dieses Vorhaben seine Macht beschnitten wurde. Deshalb begann er insgeheim, den Plan zu unterlaufen, gleichzeitig erweckte er jedoch nach außen den Anschein, den Plan voll und ganz zu unterstützen. Als Präsident Assad beispielsweise am 16. Juni 1979 zur Erörterung der neuesten Vorschläge nach Bagdad kam, brüskierte ihn Saddam, indem er sich weigerte, ihn am Flughafen zu empfangen. Bakr übernahm diese Aufgabe für ihn, und nach drei Gesprächstagen veröffentlichten Bakr und Assad eine gemeinsame Erklärung, der zufolge ihre beiden Länder zu einer »Front gegen den von

Sadat unterstützten zionistisch-imperialistischen Angriff«[6] vereint werden sollten. Syrien und der Irak sollten eine lose Föderation bilden, der Bakr, Assad als dessen Stellvertreter und an dritter Stelle Saddam vorstehen sollten. Doch dieses Arrangement lehnte Saddam ab, und er war zu diesem Zeitpunkt bereits de facto die Nummer eins in Bagdad. Die Aussicht, in dem neuen Staatsgebilde den dritten Platz einzunehmen, missfiel ihm vor allem deshalb, weil Assad angesichts von Bakrs angegriffener Gesundheit relativ gute Aussichten hatte, bald die Führung der neuen Union zu übernehmen. Mehr noch, sollte die Union Bestand haben, so würde Assad Saddam ebenso zum Opfer einer »Säuberung« machen, wie dieser selbst sich seiner Rivalen entledigt hatte. Der einzige Weg für Saddam, die Föderation und damit die Bedrohung seiner Karriere zu verhindern, war also, selbst die Macht zu ergreifen. So sehr Bakr die Union zwischen Syrien und dem Irak also auch herbeisehnen mochte, die Initiative kam zu spät; Saddam regierte das Land nun schon seit Mitte der siebziger Jahre, und sein brennender Ehrgeiz war durch die neuen konstitutionellen Vorschläge, die seine baathistischen Kameraden vorbrachten, nicht zu bremsen. Der Schriftsteller Patrick Seale schrieb, Bakr habe kurz vor Saddams Machtantritt eine Nachricht an Assad gesandt mit der Aufforderung, die syrisch-irakische Union rasch zu vollziehen, »da es hier eine Strömung gibt, die darauf bedacht ist, sie im Keim zu ersticken, noch bevor sie Früchte trägt«.[7] Wer mit der »Strömung« gemeint war, bedarf wohl keiner weiteren Erklärung.

Die hässliche Wahrheit ist, dass Bakr bereits im Sommer 1979 nicht mehr über genügend Macht und Autorität verfügte, da er sie im Verlauf des vergangenen Jahrzehnts sukzessive an Saddam abgegeben hatte. Ehemalige Baathisten beharren darauf, dass die Unterstützung, die Saddam bei seinem Machtstreben von Khairallah Tulfah und seinem Cousin Adnan erhielt, ausschlaggebend für Bakrs Rücktritt gewesen sei. Sie konnten ihn zwingen, »zum Vorteil für den Clan« auf sein Amt zu verzichten.[8] Jedenfalls trat am 11. Juli 1979 der

Revolutionäre Kommandorat zu einer Sitzung unter Ausschluss der Öffentlichkeit zusammen, bei der entschieden wurde, Bakr in der folgenden Woche seines Amtes und der meisten seiner Titel zu entheben und an seiner Stelle Saddam Hussein zu ernennen. Doch Bakrs Demütigung endete nicht mit seiner Entfernung aus dem Amt. Drei Monate nach Saddams Machtübernahme wurde ihm auch der letzte verbliebene Titel als stellvertretender Generalsekretär der Baath-Partei aberkannt, obwohl er diesen Ehrentitel erst nach seinem Ausscheiden aus dem Präsidentenamt erhalten hatte; ebendiese Position hatte er selbst Ende der sechziger Jahre dem jungen Saddam verschafft. Drei Jahre später starb er unter höchst obskuren Umständen in einem der dunkelsten Momente des Irak. Der Krieg mit dem Iran tobte, und Gerüchte kursierten, Bakr wolle die Macht wieder übernehmen. Dem Autor vorliegenden, jedoch unveröffentlichten Informationen zufolge wurde Bakr von einem Ärzteteam getötet, das für Saddams Sicherheitsapparat arbeitete und Bakr behandelte, als man zu munkeln begann, dass er ein politisches Comeback vorbereite. Neben Herzbeschwerden litt er aber auch an Diabetes, Bluthochdruck und Funktionsstörungen der Nieren. Die Ärzte, die ihn bisher behandelt hatten, durften ihn einen Monat lang nicht aufsuchen. In dieser Zeit injizierte ihm das von Saddam beauftragte Team eine starke Dosis Insulin. Bakr fiel ins Koma und erlangte das Bewusstsein nicht mehr; Saddams Ärzte blieben bei ihm, bis sie sicher waren, dass er gestorben war.[9] Das war Saddams Dank für die Großmut, die Ermutigung und die Unterstützung seines Mentors und Verwandten, des Mannes mit dem größten Einfluss auf sein Leben und seine Karriere.

Saddam hatte den Aufstieg zum Präsidentenamt geschafft, doch das bedeutet nicht, dass er keine Gegner gehabt hätte. In der Sondersitzung des RCC, in der Bakrs Ablösung beschlossen wurde, brachte etwa dessen Generalsekretär Muhie Abdul Hussein Mashhadi den Mut auf, gegen Saddam zu stimmen. Im Verlauf der Diskussion »stand Mashhadi plötzlich auf und forderte eine Abstimmung über die Frage, ob Präsident Bakr seine Verantwortlichkeiten in Partei und Staat auf Saddam Hussein übertragen solle. Er bestand darauf, dass diese Entscheidung einstimmig gefällt werden müsse. ›Es ist unvorstellbar, dass Sie aufhören‹, sagte er zu Bakr. ›Wenn Sie krank sind, warum machen Sie dann nicht einmal eine Pause?‹«[10] So ein Widersacher musste natürlich eliminiert werden, und Saddam handelte rasch. Am 15. Juli, einen Tag vor Bakrs geplantem Rücktritt, wurde bekannt gegeben, Mashhadi sei all seiner Pflichten im Revolutionären Kommandorat enthoben worden.

Selbst wenn man Saddams eiskaltes Vorgehen gegen jeden, der sich seinem Amtsantritt entgegenstellte, an Stalins großen Säuberungen der dreißiger Jahre misst, fügt es dem Konzept des Staatsterrors noch eine völlig neue Dimension hinzu. Mashhadi war nicht der Einzige, der sich Saddam widersetzte; viele altgediente Baathisten hatten Bakrs Versuche, die Union mit Syrien wieder zu beleben, unabhängig von ihren Ansichten über das Abkommen von Camp David als ein Mittel unterstützt, um gegen Saddam vorzugehen. Sie hatten Bakr gebeten, ihnen genügend Spielraum zu geben, damit sie eine Strategie gegen Saddams anscheinend unaufhaltsamen Marsch auf die Präsidentschaft entwickeln konnten, doch Bakr war zu alt, schwach und erschöpft, um die Konfrontation mit seinem Stellvertreter zu suchen. Durch diesen letzten Versuch der Baath-Partei, das Ungeheuer Saddam zu stoppen, wurde ihm letztlich nur bewusst, dass er nicht bei allen Parteimitgliedern populär war.

Seinem Charakter gemäß gewährte Saddam seinen Feinden keine Gnade, und wie er nun die Partei säuberte, demonstrierte nicht nur eine meisterhafte Beherrschung der Psychologie des Terrors, sondern auch ein hervorragendes Organisationstalent. Sein erster Schritt war die Entlassung Mashhadis aus dem Amt des Generalsekretärs des RCC. Dies war ein kluger Schachzug, denn Mashhadi war der einzige gegen Saddam opponierende Baathist, der den Kommandorat zu einer Diskussion über Bakrs Nachfolger einberufen konnte. Nachdem er aus dem Weg geräumt war, wurde es für die Partei erheblich schwieriger, Saddam herauszufordern. Ferner wurde Mashhadi der üblichen Befragung unter Anwendung der Folter ausgesetzt. Seine Familie wurde in den Raum gebracht, in dem der mit Drogen ruhig gestellte ehemalige Generalsekretär des RCC saß. Man stellte ihn vor die Wahl, zu kooperieren und die Namen zu nennen, die Saddam haben wollte, oder die Folterknechte würden seine Frau und seine Töchter vor seinen Augen vergewaltigen und dann töten, und er selbst würde als israelischer Spion angeklagt und hingerichtet werden. Mashhadi kooperierte. Er »gestand« nicht nur eine ganze Anzahl von Verschwörungen und Konspirationen, sondern nannte auch Komplizen, die, bequem für den neuen Präsidenten, just dieselben waren, die gegen Saddams Amtsantritt gestimmt hatten.[11]

Nun war die Bühne bereit für Saddams großes Drama des Staatsterrors. Er war sichtlich erfreut über die Arrangements, die er für seine große Säuberung getroffen hatte, und er ließ den gesamten Ablauf für die Nachwelt filmen – wohl als Warnung an künftige Gegner, aber auch, um seine meisterhafte Beherrschung der politischen und geheimdienstlichen Strukturen des Regimes zu demonstrieren. Der Schauplatz für die brutalste und umfassendste Säuberung seiner gesamten Karriere war das Al-Khuld-Konferenzzentrum in Bagdad, das gegenüber dem Präsidentenpalast liegt und einem riesigen Kino ähnelt. Am 22. Juli, fünf Tage nach seiner Amtseinführung, berief Saddam eine außerordentliche Konferenz ranghoher Mitglieder der Baath-Partei ein. Die meisten der etwa tausend aus dem ganzen Land angereisten Teilnehmer gingen wohl davon aus, dass die Parteiführung einmal mehr in innere Kämpfe verwickelt sei; niemand konnte ahnen, welche dramatischen Ereignisse ihre Schatten vorauswarfen.

Der eigens für ihn angefertigte Film der Konferenz zeigt zu Beginn Saddam, wie er nonchalant und ganz entspannt auf einem Stuhl auf der Seite der Bühne sitzt und eine große kubanische Zigarre genießt. Die Konferenz wird eröffnet mit einer Rede von Taha Yassin Ramadan, einem engen Verbündeten Saddams und neu ernannten Vizepräsidenten und Chef der Parteimiliz, auch Volksarmee genannt. Mit Saddam auf der Bühne sind weitere treu ergebene Paladine zu sehen, etwa Izzat al-Douri, sein erster Stellvertreter im Baath und stellvertretender Generalsekretär des RCC; der neue Außenminister Tariq Aziz und General Adnan Khairallah, der Generalstabschef und der Vetter, mit dem Saddam von seinem Onkel erzogen wurde.

Während Saddam, das Gesicht in eine dichte Rauchwolke gehüllt, das Geschehen verfolgt, verkündet Ramadan die Aufdeckung »einer entsetzlichen und abscheulichen Verschwörung«. Er spricht mit trauriger, melancholischer Stimme und versucht den Eindruck zu vermitteln, als würde der Verrat einiger besonders prominenter Mitglieder der Partei ihm persönlich Kummer bereiten. Sodann erfahren die gespannt lauschenden Zuhörer, dass sich die Verschwörer in der Tat alle unter ihnen befinden und eingeladen wurden, ohne zu wissen, dass sie nun als Verräter entlarvt würden. Nach einer Pause zur Steigerung der Dramatik bittet Ramadan sodann Saddam, das Wort an die Versammlung zu richten. Saddam legt die Zigarre weg und tritt an das Rednerpult. In einem eleganten, einreihigen Maßanzug, die Hände locker hinter dem Rücken, wendet er sich selbstbewusst und mit gemessener Stimme an sein Publikum. Er spricht frei und langsam, er macht lange Pausen zwischen den Sätzen, um die Wirkung seiner Rede zu steigern. In der Vergangenheit, so Saddam, habe er sich immer auf seinen sechsten Sinn verlassen können, der ihn gewarnt habe, wenn sich Unheil zusammenbraute. Dieses Mal jedoch habe er trotz seines Wissens, dass die Partei – wegen der geplanten Union mit Syrien – in Gefahr sei, den rechten Augenblick für Maßnahmen gegen die Verschwörer abgewartet. »Wir konnten eine Verschwörung mit dem Herzen spüren, bevor wir Beweise dafür sammelten«, sagt er. »Trotzdem waren wir geduldig, und einige unserer Kameraden tadelten uns, weil wir Bescheid wussten, aber nichts unternahmen.«[12] Nun aber glaube er, genügend Beweise in der Hand zu haben, um die Verräter zu nennen. Damit bittet er Mashhadi auf die Bühne, der aus dem Gefängnis gebracht wurde, um die Details des »entsetzlichen Verbrechens« darzulegen. Auch Mashhadi, ein Mann mittleren Alters mit ergrauendem Haar und einem kleinen Schnurrbart, ist gut gekleidet. Er spricht mit gemessener Stimme und erklärt alle Einzelheiten der Verschwörung, dabei erhebt er gelegentlich zur Betonung den Zeigefinger.

Aller Wahrscheinlichkeit nach hatte Saddam ihm versprochen, sein Leben zu schonen, wenn er vor die Konferenz treten und seine ehemaligen Kollegen denunzieren würde. Hätte Mashhadi gewusst, welches Schicksal ihn erwartete, dann hätte er sicherlich nicht so überzeugend auftreten können. Während seiner Ansprache schwenkt die Kamera auf Saddam. Er lehnt sich in seinem Stuhl zurück, pafft an seiner Zigarre und macht einen fast gelangweilten Eindruck, als habe er das alles schon einmal gehört.

Mashhadis Rede ist gut geprobt. Er liefert seinen Zuhörern kleinste Details der Verschwörung: Daten, Versammlungsorte und, was am schockierendsten ist, die Namen der Teilnehmer. Mashhadi, ein Schiit, der zwanzig Jahre lang der Baath-Partei angehört hatte, eröffnet dem Publikum, er sei seit 1975 an einer syrischen Verschwörung zum Sturz Saddams und Bakrs beteiligt, die den Weg für eine syrisch-irakische Union ebnen sollte. Als die Verschwörer erkannten, dass Bakr im Begriff sei, zugunsten seines Stellvertreters zurückzutreten, hätten sie versucht, den Präsidenten zu einer Meinungsänderung zu bewegen, da sie wussten, dass die Chancen auf eine Vereinigung mit Syrien zunichte gemacht würden, wenn Saddam an die Macht käme. Präsident Assad persönlich habe sich mehrmals mit den Verschwörern getroffen, um ihnen zu raten, wie sie mit Saddam verfahren sollten.

Als Mashhadi seine Rede beendet hat, tritt Saddam erneut ans Pult. Er teilt dem Publikum mit, wie verblüfft er gewesen sei, als er entdeckte, dass er von seinen engsten Kollegen verraten worden sei. »Nach der Verhaftung der Verbrecher«, so Saddam, »ging ich zu ihnen, weil ich versuchen wollte, das Motiv ihres Handelns zu verstehen. ›Welche politischen Differenzen bestehen zwischen euch und mir?‹, fragte ich sie, ›oder fehlte es euch an Macht oder Geld? Wenn ihr anderer Meinung wart, weshalb habt ihr sie nicht der Partei vorgetragen, zu deren Führung ihr doch gehört?‹ Doch sie hatten nichts zu ihrer Verteidigung vorzubringen, sie gestanden lediglich ihre Schuld.« Schließlich beendet Saddam seine Rede mit der Erklärung: »Diejenigen, deren Namen ich nun vorlese, sollten den Wahlspruch der Partei wiederholen und den Saal verlassen.«[13] Er holt eine Liste hervor, die von einem der Sicherheitsbeamten vorgelesen wird. Eine Welle des Entsetzens erfasst den Raum, als der Erste der angeblichen Verräter hinausgeführt wird, eskortiert von ausgesuchten, bewaffneten Männern des Sicherheitsapparats der Baath-Partei. Die »Sicherheitsoperation« wird beaufsichtigt von Barzan al-Tikriti, Saddams Halbbruder, der die Vorbereitungen für die Säuberung in enger Zusammenarbeit mit ihm getroffen hat. Einer nach dem anderen werden die denunzierten Delegierten von Barzans Wachen aus dem Konferenzsaal geführt, während Saddam seelenruhig auf seinem Stuhl sitzt und gelegentlich an seiner Zigarre pafft.

Insgesamt sechsundsechzig Personen, darunter einige von Saddams engsten Kollegen aus der Baath-Partei, werden denunziert. Vor dem Verlassen des Raums muss jeder den Wahlspruch der Partei rezitieren: »Eine arabische Nation mit einer heiligen Botschaft! Einheit, Freiheit und Sozialismus!« Nur ein einziges Mal zeigt Saddam Interesse an dem ganzen Prozedere – als einer der Beschuldigten versucht, gegen die Ungerechtigkeit dieser Behandlung zu protestieren. Ohne die Stimme zu erheben, unterbricht ihn Saddam und sagt mit Verweis auf Mashhadis Rede: »Der Zeuge hat uns soeben eingehend über die Führer der Organisation informiert. Ähnliche Geständnisse wurden von den Rädelsführern abgegeben.«

Dann fügt er mit einem plötzlich bedrohlichen Ton in der Stimme hinzu: »Hinaus! Hinaus!«

Das Publikum erkennt im Verlauf dieses grotesken Rituals zunehmend die Bedeutung dessen, was hier geschieht: Die uneingeschränkte Macht des neuen Staatsführers wird mit brutalem Zynismus zur Schau gestellt. Der Irak entwickelt sich unerbittlich von einer Militärdiktatur zu einem totalitären Regime, in dem der Wille des Machthabers über allem steht. Während die denunzierten baathistischen Kollegen gewaltsam aus dem Saal gebracht werden, erhebt sich die Menge und ruft dem unumstrittenen Herrscher zu: »Lang lebe Saddam!«, »Gott rette Saddam vor Verschwörern!« und »Lasst mich sterben! Lang lebe der Vater Udays!« Einige der Delegierten werden so von Emotionen gebeutelt, dass sie zu weinen beginnen. Auch Saddam selbst scheint von diesen plötzlichen Loyalitätsbezeugungen bewegt zu sein; er greift nach einem Taschentuch, um sich eine Träne abzuwischen, während die andere Hand die Zigarre hält.

Sobald die entlarvten Verschwörer den Saal verlassen haben, fordert Saddam das verbliebene Publikum auf, die Ereignisse des Tages zu diskutieren – der Hinweis für die unterwürfigen Mitglieder, sich bei ihm einzuschmeicheln. Einer der Delegierten erklärt: »Saddam Hussein ist zu nachsichtig. Schon seit langem besteht in der Partei ein Problem. Es gibt Unterschiede zwischen Zweifel und Terror und unausgewogener Demokratie. Das Problem zu großer Nachsicht muss von der Partei erörtert werden.« Bei dieser Bemerkung lässt sich Saddam zu einem gequälten Lächeln hinreißen. Ein anderer der Redner ist einer seiner Cousins, Ali Hassan al-Majid, der 1988 wegen des Einsatzes chemischer Waffen gegen die Kurden den Spitznamen »Chemie-Ali« bekommen wird. »Alles, was du in der Vergangenheit getan hast, ist gut, und alles, was du in der Zukunft tun wirst, ist gut. Ich sage das aufgrund meines Glaubens an die Partei und an deine Führerschaft.«[14] Nach einigen weiteren Reden, in denen verlangt wird, noch mehr »Verräter« zu entlarven, beendet Saddam die Konferenz mit der

Erklärung: »Wir brauchen hier keine stalinistischen Methoden, um mit Verrätern fertig zu werden. Wir brauchen baathistische Methoden.« Dann steigt er von der Bühne herab und setzt sich mit demonstrativer Solidarität ins Auditorium zu den verbliebenen RCC-Mitgliedern. Als krönenden Abschluss lädt er sie ein, bei der Aufstellung der Exekutionskommandos für die Verschwörer mitzuhelfen.

An jenem Tag wurden altgediente Baathisten, die vielfach seit langem Parteigenossen Saddams gewesen waren und ihn sogar bei seinem Aufstieg zur Macht unterstützt hatten, verhaftet und abgeführt. Es wird unvergessen bleiben in der Geschichte des modernen Irak, dass fünf der einundzwanzig Mitglieder des RCC mit der Verschwörung in Zusammenhang gebracht wurden, darunter auch Mashhadi.[15] Murtada al-Hadithi, der ehemalige Ölminister, der die Grundlagen für die Verstaatlichung der IPC 1972 geschaffen hatte, zählte ebenfalls zu den Verhafteten. Doch der Name, der am meisten überraschte, war Adnan Hussein al-Hamdani, denn Saddam hatte ihn erst vor fünf Tagen zum stellvertretenden Premierminister und Chef des Büros des Präsidenten ernannt. Hamdani, ein strebsames und ergebenes Mitglied des Baath, hatte seinen Aufstieg an die Parteispitze Saddams Protektion verdankt. Nach der Säuberung von 1973 im Gefolge der Kazzar-Affäre hatte er die Leitung von Saddams Privatbüro übernommen und an einer Reihe bedeutender Projekte mitgearbeitet, unter anderem an der Erstellung des irakischen Programms für Massenvernichtungswaffen. Einem seiner ehemaligen Kollegen zufolge betrachtete Saddam Hamdani als den wichtigsten Mann für die Lösung von Problemen: »Hamdani war Saddams Mädchen für alles. Wenn Saddam jemand brauchte, um ein Problem zu lösen, dann wandte er sich an Hamdani. Der wusste mehr darüber, wie man das Land regiert, als Saddam selbst.«[16] Er war ein mustergültiger Diener Saddams gewesen, und dieser hatte ihm so sehr vertraut, dass Hamdani und seine Frau Sanaa häufig bei Saddam und Sajida zu Abend aßen.

Aber wie so viele fähige Beamte des Baath erregte Hamdani Saddams Argwohn umso stärker, je mehr Erfolge er aufweisen konnte. Mehrere Theorien wurden vorgebracht für den Tod dieses Mannes, der in den späten siebziger Jahren eine so wichtige Rolle spielte, nicht zuletzt, weil er den gesamten Plan für Saddams Programm zur Entwicklung von Massenvernichtungswaffen entworfen hatte. Angeblich wurde Hamdani bei seinen Geschäften mit zweifelhaften Waffenhändlern zu korrupt. Doch es wurde auch vermutet, er sei als einer der wenigen Schiiten in Saddams engstem Kreis verdächtigt worden, heimlich mit seinen rebellischen Glaubensbrüdern zu sympathisieren.[17] Weshalb Saddam ihn unmittelbar vor seiner Vernichtung noch beförderte, ist ein Geheimnis. Saddams Funktionäre behaupteten, sie seien über die »syrische Verschwörung« schon lange informiert gewesen, bevor sie handelten; Saddam müsste also gewusst haben, dass er Hamdani absevieren würde, als er ihm seinen neuen Posten übertrug. Die wahrscheinlichste Erklärung dürfte sein, dass Saddam bezüglich des makabren Spektakels, das er plante, um seine unumschränkte Macht über den Baath zu demonstrieren, keinerlei Verdacht erregen wollte. Einer von Hamdanis ehemaligen Kollegen behauptete, zwei von Saddams nächsten Verwandten hätten hinter dem Sturz gestanden: »Ich glaube, der Hauptgrund für seine Beseitigung war, dass er sich mit Barzan al-Tikriti und Adnan Khairallah – Saddams Halbbruder und Cousin – überworfen hatte. Die hassten und fürchteten ihn, weil er so mächtig war. Also ließen sie ihn denunzieren.«[18] Vielleicht hatte Hamdani auch seine Vorbehalte bezüglich der Amtsenthebung Bakrs geäußert, weil er glaubte, Saddam gegenüber kein Blatt vor den Mund nehmen zu müssen. Hamdani befürwortete die Union mit Syrien und befürchtete, Saddams Machtübernahme würde sie verhindern. Mit Sicherheit hatten weder er noch seine Familie eine Ahnung, dass er Saddam tödlich beleidigt hatte. Am Tag seiner Hinrichtung befand sich seine Frau mit Sajida auf einem Einkaufsbummel in Paris.

Am selben Tag, an dem Saddam die »Verschwörung« bekannt gab, wurde ein Sondergericht, bestehend aus sieben der überlebenden Mitglieder des RCC, zusammengestellt. Die Leitung oblag dem stellvertretenden Premierminister Naim Haddad. Insgesamt fünfundfünfzig Baathisten wurden wegen Teilnahme an einer Verschwörung verurteilt, einundzwanzig davon zum Tode durch »demokratische Exekutionen«. Diese von Saddam eingeführte Form der Todesstrafe zwang loyale Baathisten, an der Erschießung ihrer verräterischen Kollegen aktiv mitzuwirken. Als Termin für die Hinrichtungen wurde der 8. August bestimmt, und die Regionalverbände des Baath wurden eingeladen, je einen Delegierten in das Erschießungskommando zu entsenden. Die Urteile wurden im Hof des Gebäudes vollstreckt, in dem die Beschuldigten angeblich ihren Verrat geplant hatten. Allen an den Exekutionen Beteiligten händigte Saddam persönlich eine Handfeuerwaffe aus, anschließend übernahm er selbst das Kommando bei der Massenhinrichtung.

Das Video über die Denunziation, das Saddam später veröffentlichen ließ, zeigt auch die Exekutionen. Man sieht die Verurteilten, die mit verbundenen Augen und auf den Rücken gefesselten Händen am Boden knien. Dann schwenkt die Kamera auf Hände mit einem Gewehr, ein Schuss trifft die Schläfe eines Delinquenten. Die Opfer sacken zusammen; aus den Köpfen rinnt Blut in den Staub. In einigen Fällen sind die Schüsse schlecht gezielt, die Opfer sind nicht sofort tot. Einige Schützen verfehlen entweder das Ziel oder verlieren im letzten Moment die Nerven. Dann zeigt die Kamera einen professionellen Henker, der mit einer Pistole den Gnadenschuss in den Kopf ausführt. Später wurde berichtet, auch Hamdani sei nicht sofort tot gewesen. Saddams Halbbruder Barzan al-Tikriti, der Hauptverantwortliche für die Denunziation, tötete ihn mit zwei Kopfschüssen.[19]

Die Idee, die Führung des Baath zur Teilnahme an den »demokratischen Exekutionen« einzuladen, war ein schlauer Schachzug Saddams, mit dem er das Abschlachten der angeblichen Verschwörer gleichzeitig zu einer Art Stammesbund umfunktionierte. Im Irak ist die Blutrache an der Tagesordnung. Saddam hatte die überlebenden Spitzenfunktionäre des Baath gezwungen, Blut zu vergießen, und sie dadurch zu totaler Loyalität ihm gegenüber gezwungen. Naim Haddad, einer der führenden Schiiten in der neuen Regierung, musste zwei andere prominente Schiiten des Baath, nämlich Mohammed Ayesh und Hamdani, aburteilen. Saddam erreichte damit Haddads Ächtung durch dessen eigene Gemeinschaft und zwang ihn so in totale Abhängigkeit. Diese Taktik wurde ein Wesenszug von Saddams Herrschaft; er zwang immer wieder Offiziere und Staatsdiener, an barbarischen Akten teilzunehmen, und verkettete so ihr Schicksal untrennbar mit dem des Regimes.

Nachdem er sich der letzten Rivalen entledigt hatte, begann Saddam, sein Vorgehen auch noch für einen Propagandafeldzug zu nutzen. Kopien des Videos von der Sondersitzung wurden an Baath-Mitglieder im ganzen Land verteilt; Details der »Verschwörung« selbst wurden allerdings erst am Morgen der Exekutionen durch eine Ansprache im staatlichen Rundfunk publik gemacht. Die Hinrichtungen, so wurde berichtet, an denen Hunderte von Delegierten, der Präsident und der gesamte RCC teilgenommen hatten, seien ein »beispielloses Ereignis in der Geschichte der Partei« gewesen. Sie seien »ausgeführt worden unter Beifallsrufen für das Wohlergehen der Partei, der Revolution und ihres Führers, Präsidenten und Streiters Saddam Hussein«.[20] Wenige Stunden nach den Hinrichtungen hielt Saddam eine Ansprache, in der er der Nation die Aufdeckung der Verschwörung mitteilte. In seiner Rede wurde die ganze Paranoia des Baath deutlich. Die Aufdeckung der »Verschwörung«, so Saddam, sei nicht nur ein großer Fortschritt für die Revolution, sondern auch eine demütigende Niederlage für die »fremden Kräfte« gewesen. »Wir bedauern die Verräter und Verschwörer außerhalb des Irak«, sagte er der riesigen Menge, die sich in den Gärten des Präsidentenpalasts versammelt hatte, »die über fünf Jahre lang geschuftet haben und am Ende nicht mehr als diese fünfundfünfzig Abtrünnigen für sich gewinnen konnten.«[21] Wie die Sowjets nach der Revolution von 1917 versuchte auch Saddam, die Nation hinter sich zu einen, indem er Fremdenhass schürte.

Der syrische Präsident Assad war sehr beunruhigt, dass Saddam die Entente zwischen Syrien und dem Irak seinem brennenden Ehrgeiz opferte. In der Rede beschuldigte Saddam ihn als Urheber der Verschwörung gegen den irakischen Baath. Assad protestierte wütend und verlangte Beweise für diese Unterstellung. Er entsandte seinen Außenminister Abdul Halim Khaddam und den syrischen Generalstabschef nach Bagdad und ließ Saddam versichern, die Verantwortlichen würden bestraft werden, falls der Irak Beweise für seine Behauptungen habe. Doch die beiden brachten nur eine wirre Tonbandaufnahme von Mashhadis Geständnis mit nach Damaskus. Assads Vorschlag, die irakischen Behauptungen durch ein Komitee der Arabischen Liga prüfen zu lassen, lehnte Saddam ab. Saddams Behauptungen waren vermutlich nicht ganz aus der Luft gegriffen, aber Assad hätte sich wohl an der Spitze des benachbarten Baath-Regimes eher einen Führer wie Bakr gewünscht. Doch nach seinem Aufstieg an die Macht wäre es staatsmännisch klüger von Saddam gewesen, die Vergangenheit ruhen zu lassen und Syriens Bereitschaft zu einer Verbesserung der Beziehungen zu nutzen. Saddam wollte Damaskus brüskieren, zerstörte damit jedoch die Chancen auf eine Union. Das war der Hauptgrund für Assads Bündnis mit Ayatollah Khomeini, eine Allianz, die Saddam in den kommenden Jahren noch schwer zu schaffen machen sollte.

Der vernichtende Schlag gegen den Revolutionären Kommandorat im Juli 1979 markierte den Beginn einer landesweiten Säuberung in den Reihen von Partei und Militär. Saddam schaltete zu Beginn seiner Herrschaft entschlossen jede Bedrohung durch Partei und Streitkräfte aus. Es existieren zwar keine genauen Zahlen, doch geht man davon aus, dass

Hunderte von Parteimitarbeitern und Offizieren des Militärs von ihren Posten entfernt wurden; einige wurden gefoltert und hingerichtet, und viele erhielten lange Haftstrafen. In Anbetracht der Tatsache, dass Saddams Sicherheitskräfte bereits Anfang der siebziger Jahre eine umfassende Säuberung der Baath-Partei und des Militärs durchgeführt hatten, war es verwunderlich, dass er überhaupt noch Opfer fand, die es »wert« waren, verfolgt zu werden. Der grundsätzliche Unterschied zwischen den Säuberungen von 1969 und 1979 besteht jedoch darin, dass die Ersteren gegen Feinde des Baath gerichtet waren, während Letztere einzig und allein auf Personen zielte, die der Opposition gegen Saddam Hussein verdächtigt wurden.

Saddams Aufstieg zur Allmacht im Staat ermöglichte es ihm, alte Rechnungen zu begleichen. Dies war auch der Augenblick, den er zur Ermordung seines alten Kampfgefährten Abdul Karim al-Shaikhly wählte, der bereits 1971 aus der Politik ausgeschieden war. Doch selbst bei den Vereinten Nationen in New York schenkte Shaikhly den Lektionen keine Beachtung, die er bei seinem Playboy-Leben in Bagdad in den frühen siebziger Jahren hätte lernen sollen. So hätte er wissen müssen, dass auch im fernen Amerika alles, was er sagte – in der Öffentlichkeit wie privat –, aufgezeichnet wurde und nach Bagdad zurückgelangte. Doch Shaikhly blieb beispiellos indiskret und zögerte nie, offen auszusprechen, was der Baath seiner Meinung nach unter Saddam geworden war. Vielleicht dachte er, die enge Freundschaft, die ihn einst mit Saddam verbunden hatte, würde ihn schützen. Aber 1978 war Saddams Geduld erschöpft; Shaikhly wurde nach Bagdad zurückbeordert und bereits am Flughafen verhaftet. Da er immer noch viele Anhänger in der Partei und im Land hatte, beschloss die Regierung, ihn nicht in einem Schauprozess vor einem Militärgericht zu verurteilen, sondern ihm vor einem zivilen Gericht den Prozess zu machen. Als das Verfahren eröffnet wurde, konnte die irakische Öffentlichkeit das einzigartige Schauspiel bewundern, dass ein Angeklagter eine glaubwürdige Verteidigung vorbrachte. Nach zehn Tagen, in denen eine Reihe von Zeugen für Shaikhly aussagten, sah er die Chance auf einen Freispruch zum Greifen nah. Doch nun schritten die Regierungsbehörden ein; in einer geheimen Mitteilung an den Vorsitzenden befahlen sie, das Gericht müsse umgehend ein Urteil fällen. Daraufhin wurde Shaikhly vorgeworfen, er habe die Regierung verächtlich gemacht, und er wurde zu sechs Jahren Haft verurteilt. Ein Jahr später, als Saddam Präsident wurde, kam er jedoch wieder frei. Im Glauben, der Konflikt mit Saddam sei ausgestanden, versuchte er, wieder ein normales Leben zu führen. Einige Wochen nach seiner Entlassung aus dem Gefängnis machte er sich zusammen mit seiner schwangeren Frau auf den Weg, um die Telefonrechnung zu bezahlen. Beim Aussteigen aus seinem Wagen wurde er vor dem Postamt von zwei Killern erschossen.

Ähnliches widerfuhr auch anderen ehemals hohen Baath-Mitgliedern. Murtada Saad Abdul Baqi al-Hadithi war trotz des Verlustes seiner Mitgliedschaft im RCC 1974 irakischer Botschafter in der UdSSR gewesen; er wurde im Juni 1980 in Bagdad hingerichtet. Wie Shaikhly hatte man ihn im Juli 1979 aus Moskau zurückbeordert und verhaftet. Saddam wollte seine Herrschaft auf die Basis absoluten Terrors stellen, und er verfolgte diese Politik rigoros. Kein Dissens war in seinen Augen zu geringfügig. Jegliche Opposition gegen seinen Willen sollte unbarmherzig und mit äußerster Brutalität zerschlagen werden.

Der irakische Armeeoffizier Salim Shakir jedoch überlebte die Säuberungen des Jahres 1979. Er war 1973 durch seine Rolle im Jom-Kippur-Krieg zum Nationalhelden geworden. Salim Shakir war seit Ende der fünfziger Jahre aktives Mitglied des Baath und hatte Saddam stets unterstützt. Im Jom-Kippur-Krieg befehligte er eine Panzereinheit, die der Irak gegen Israel schickte. Nach dem Krieg war er als Militärattaché im Ausland, und 1979 wurde er Botschafter im Senegal. Doch unmittelbar nach Saddams Amtsübernahme sah er sich, wie seiner Einschätzung nach noch Tausende weitere Offiziere und Beamte, mit dem Vorwurf des Verrats konfrontiert. Shakir wurde zu »Konsultationen« mit Saddam nach Bagdad zurückbeordert, wie viele andere Botschafter des Irak auch. Er glaubte, er solle lediglich über die diplomatischen Ziele der neuen Regierung unterrichtet werden, doch nach seiner Landung wurde er verhaftet und zum Verhör gebracht. Shakir war ein kleiner, elegant gekleideter, freundlicher Mann mit einer Vorliebe für englischen Tweed. Jahre später litt er an Schwerhörigkeit und Tinnitus als Folge der Schläge bei den Verhören in einem Folterkeller. Er sagte in einem Interview: »Es ist schwer, den Horror dieses Orts zu beschreiben. Alle Insassen wurden gefoltert, der eine mehr, der andere weniger. Für Saddam war die Folter eine Art Lebensstil. Ich hatte ja noch Glück, weil ich nur geschlagen wurde; einigen anderen erging es wesentlich schlechter. Ich glaube, mich schlugen sie nur, weil ich als Kriegsheld bekannt war und weil sogar diese Leute ein wenig Respekt vor mir hatten.«

Shakir wurde der Verschwörung gegen Saddam beschuldigt und vor das Revolutionsgericht unter Vorsitz von Naim Haddad gestellt. Das Verfahren ging rasch über die Bühne; er bekam nicht einmal die Erlaubnis, sein Geständnis zu lesen, und er kann sich nicht erinnern, es unterschrieben zu haben. »Ich hatte keine Gelegenheit, mich zu verteidigen«, sagte er bei dem Interview. »Das Tribunal hatte bereits entschieden, wie mit meinem Fall zu verfahren sei. Ich war als Verräter denunziert worden, das genügte ihnen als Beweis.« Shakir wurde zu sieben Jahren Arbeitslager verurteilt. Er weiß bis heute nicht, was er Saddam »angetan« hat. »Saddam sagte mir immer wieder, wie stolz er auf meine Leistungen und auf meine Rolle im Krieg von 1973 war«, erinnerte sich Shakir. »Aber vielleicht war er auch eifersüchtig. Er war sehr empfindlich hinsichtlich der Tatsache, dass er nie beim Militär gewesen war, und es kann durchaus sein, dass er mich insgeheim beneidete.« Doch es gibt noch eine andere Erklärung für Shakirs Schicksal. Im Jahre 1969 traf er Saddam und wurde von ihm aufgefordert, eine Namensliste von Offizieren zu erstellen, die befördert werden sollten. Saddam strich einen Namen von der Liste mit der Begründung, der Betreffende hege Sympathien für Syrien. Daraufhin versuchte Shakir, seinen Kollegen zu verteidigen, doch Saddam unterbrach ihn mit der Bemerkung: »Das Problem zwischen Syrien und uns ist nicht politischer, wirtschaftlicher oder philosophischer Natur; es ist eine Angelegenheit von Leben und Tod.« Shakir meinte, womöglich habe Saddam wegen dieses Vorfalls einen Groll gegen ihn gehegt. »Sie dürfen nicht vergessen, dass er keine Freunde hatte. Er war von Leuten umgeben, die alle Angst vor ihm hatten. Jeder, der Saddam nahe stand, musste unablässig seine Loyalität beweisen.« Einer von Saddams Lieblingssätzen, so Shakir, sei gewesen: »Ich kann mit einem einzigen Blick in die Augen erkennen, ob jemand loyal oder ein Verräter ist.« Saddam brach aber auch unverhofft in Tränen aus, zum Beispiel wenn eines seiner Kinder sich geringfügig verletzte. »Saddam hatte eine gespaltene Persönlichkeit. Er konnte wegen seiner Kinder weinen und dabei gleichzeitig das Urteil für die Hinrichtung von fünfzig Leuten unterschreiben.« Einmal fragte Shakir ihn, ob er nicht fürchte, versehentlich einen Unschuldigen exekutieren zu lassen. »Es ist weitaus besser, einen Unschuldigen zu töten, als einen Schuldigen leben zu lassen«, war die eindeutige Antwort.[22]

Saddam ging nun daran, im Zuge einer Regierungsumbildung seine Machtposition weiter auszubauen. Als ersten Schritt erweiterte er die Befugnisse des Kabinetts, dessen Größe er gleichzeitig auf eine Hand voll ihm ergebener Minister reduzierte. Viele Ministerien wurden zusammengelegt, und schon am Tag seines Amtsantritts schuf Saddam den Posten eines ersten stellvertretenden Premiers und fünf weitere Posten für stellvertretende Premierminister. Den Posten des ersten stellvertretenden Premiers übernahm Taha Yassin Ramadan; die fünf weiteren wurden an den bereits als Verteidigungsminister fungierenden Adnan Khairallah, Tariq Aziz, dem gleichzeitig das Außenministerium unterstand, Naim Haddad, Saadoun Ghaydan und den unglücklichen Hamdani vergeben. Die Umbildung des Kabinetts, das regelmäßig unter Saddams Vorsitz zusammentreten sollte, schwächte die Autorität des RCC, den Saddam nach wie vor und trotz der erfolgten Beseitigung seiner Gegner mit Argwohn betrachtete.

Im März 1980 veranlasste Saddam eine weitere bedeutende Änderung der Verfassung. Die Nationalversammlung, die gesetzgebende Körperschaft des Irak, war nach dem Sturz der Monarchie 1958 aufgelöst worden. Saddam ließ nun wieder eine Nationalversammlung einberufen. Das neue Gesetz sah 250 Abgeordnete vor, die alle vier Jahre gewählt werden sollten. Doch wenngleich die Versammlung – vor allem für das Ausland – den Eindruck erwecken sollte, das neue irakische Regime hege demokratische Ambitionen, war dies keineswegs der Fall. Der Selektionsvorgang für die potentiellen Kandidaten wurde durch strenge Bestimmungen geregelt. Jeder Wahlbezirk bekam nur eine Wählerliste, sodass eine Konkurrenz zwischen Parteien oder anderen Gruppen von vornherein ausgeschlossen war. Um zugelassen zu werden, musste jeder Kandidat eine Reihe von Kriterien erfüllen, sich zu den Grundsätzen der Revolution von 1968 bekennen und sich der Prüfung durch eine Wahlkommission stellen. Damit die Wähler wussten, wem sie ihre Stimme zu geben hatten, erklärte Saddam: »Wir müssen dafür Sorge tragen, dass die dreizehneinhalb Millionen Menschen [das ist die Zahl der Wahlberechtigten] denselben Weg beschreiten. Wer den verschlungenen Weg wählt, den trifft das Schwert.«[23] Der Urnengang fand am 20. Juni 1980 statt. Nur wenige Wähler entschieden sich für den »verschlungenen Weg«, sodass in der Nationalversammlung fast nur Baath-Kandidaten saßen. Saddam bemerkte dazu sardonisch, der triumphale Wahlsieg seiner Partei sei ein Hinweis dafür, dass das irakische Volk den Kandidaten wie den Grundsätzen des Baath begeistert seine Zustimmung gegeben habe.

Saddams Machtergreifung folgte eine beträchtliche Zunahme der Aktivitäten der irakischen Geheimdienste. Eine besonders geschickte Umstrukturierung gelang ihm mit der

Schaffung des Sicherheitsdienstes Amn al-Khas, der der allmächtige geheimdienstliche Arm des Staates wurde. Der Amn al-Khas trat an die Stelle des Mukhabarat, dessen Größe und Befugnisse erheblich reduziert wurden. Letztlich wurde der Amn al-Khas der persönliche Geheimdienst Saddams; er berichtete direkt an das Büro des neuen Präsidenten, das ebenfalls rasch expandierte, um die allumfassenden Pflichten des Präsidenten übernehmen zu können. Ende der siebziger Jahre beschäftigte diese Behörde schätzungsweise 58 000 Mitarbeiter.[24]

Gefängnisse wurden gebaut und neue Foltertechniken entwickelt, um sicherzustellen, dass das Terrorregime effektiv funktionierte. Genau genommen war die Folter im Irak aufgrund von Artikel 22(a) der Verfassung und Artikel 127 der Strafprozessordnung verboten. Doch Schätzungen zufolge wandte das Regime circa 107 verschiedene Foltermethoden an. Zu den manuellen Prozeduren zählten Schläge, an den Haaren ziehen, Bastonade (Stockschläge auf die Fußsohlen) und das Verdrehen von Gliedmaßen, bis sie brachen. Zur Erzwingung von Geständnissen wurden häufig Elektroschocks eingesetzt, aber auch eine breite Palette psychologischer Foltermethoden war im Einsatz. Die »mildeste« Form der Folter war lange Einzelhaft. Manche Gefangenen wurden in kalte Zellen gesperrt und erlitten Erfrierungen, andere wurden mit heißen Eisen gequält. Beliebt war auch die Vergewaltigung weiblicher wie männlicher Verwandter der Gefangenen vor deren Augen, und Geräte zum Abtrennen von Gliedmaßen von Fingern bis zu den Beinen wurden entwickelt.

In einem 1981 veröffentlichten Bericht fasste Amnesty International die Aussagen von fünfzehn Exilirakern – zwölf Männer und drei Frauen – zusammen, die von den Sicherheitskräften gefoltert worden waren. Alle waren später in London von Ärzten untersucht worden, die feststellten, dass in jedem Fall »die beschriebenen Folterungen mit den bei der jeweiligen Untersuchung identifizierten Symptomen übereinstimmten«. Dieser Bericht legt ein beredtes Zeugnis ab von der bestialischen Behandlung, die einem Opfer zuteil wurde. »In den ersten beiden Tagen wurde er in verschiedene Räume gebracht, wo er mit Fäusten verprügelt, mit Ruten geschlagen und ausgepeitscht wurde ... In einem Raum wurde er liebkost und sexuell erregt und unmittelbar darauf geschlagen und getreten. Danach wurde er alle zwei Stunden systematisch gefoltert. Er bekam so schwere Schläge auf den Kopf, dass er das Bewusstsein verlor ... Einmal bemerkte er nach Wiedererlangen des Bewusstseins, dass man ihn ausgezogen und vergewaltigt hatte. Danach musste er sich auf ein kaltes, flaschenförmiges Objektsetzen, das gewaltsam in das Rektum eingeführt wurde. Ferner wurde er mit einem harten Objekt etwa von der Größe eines Bleistifts gebrannt.«[25]

Mit wachsender Institutionalisierung der Folter wurden Saddams Sicherheitsdienste immer wahlloser bei der Auswahl ihrer Opfer. Eine weitere Untersuchung von Amnesty International berichtet über eine irakische Mutter, die im September 1982 ihren toten Sohn im Leichenschauhaus von Bagdad abholen sollte. Der Junge war im Dezember 1981 verhaftet und ohne Anklage oder Urteil sowie ohne eine Mitteilung an die Familie über seinen Verbleib inhaftiert worden. Als die Frau das Leichenschauhaus betrat, traute sie ihren Augen nicht. »Ich sah neun Leichen mit ihm am Boden liegen ... aber mein Sohn war nicht ausgestreckt, sondern in einer sitzenden Position. Er war über und über voller Blut, und sein Körper war schrecklich zugerichtet. Ich schaute auf die anderen, die neben ihm ausgestreckt lagen ... alle verbrannt ... ich weiß nicht, womit ... einer hatte am ganzen Körper Abdrücke eines Bügeleisens, vom Kopf bis zu den Füßen.«[26] Die Inhaftierung von Frauen und Kindern war ein verbreitetes Mittel, das Saddams Sicherheitskräfte vor allem dann einsetzten, wenn sie Männer nicht verhaften konnten. Gut dokumentierte Fälle berichten von Frauen, die vor ihren Familien misshandelt wurden, oder von Ehemännern oder Kindern, die vor den Augen ihrer Frauen oder Mütter gefoltert wurden. Dem Baby einer festgenommenen irakischen Journalistin verweigerten die Folterer die Nahrung, um Druck auf sie auszuüben. Eine andere Überlebende von Saddams Folterkammern berichtete, gegen Frauen und auch Kinder seien häufig sexuelle Folterpraktiken eingesetzt worden; Kinder habe man auch oft in einen Sack mit halbverhungerten Katzen gesteckt.[27]

Mitte der achtziger Jahre räumten die irakischen Behörden offiziell ein, dass insgesamt vierundzwanzig Delikte mit der Todesstrafe geahndet wurden: zehn Vergehen, die die äußere Sicherheit des Staates betrafen, weitere zehn, die gegen die innere Sicherheit gerichtet waren, und vier für »Straftaten, die eine Gefahr für die Öffentlichkeit« darstellten. Die Definitionen dieser Kapitalverbrechen wurden bewusst vage gehalten, damit jegliche unbefugte Weitergabe von Informationen als Verrat interpretiert werden konnte. Artikel 177 der irakischen Strafprozessordnung etwa erlaubte die Todesstrafe für »die Aufdeckung eines Staatsgeheimnisses« durch einen Beamten »zu Kriegszeiten oder zur Unterstützung der Interessen eines fremden Staates«. Aber nahezu alle Informationen über Regierung, Wirtschaft und Gesellschaft wurden im Irak als Staatsgeheimnisse betrachtet, und die Preisgabe praktisch jeder Information an einen ausländischen Diplomaten oder Journalisten konnte als Verrat bewertet werden. Der militante Anti-Zionismus des Regimes wird auch aus Artikel 201 des Strafgesetzesbuches ersichtlich, der die Todesstrafe vorsieht für jeden, »der zionistische oder freimaurerische Grundsätze propagiert oder sich einer zionistischen oder freimaurerischen Institution anschließt oder eine solche fördert«. Zusätzlich kam die Todesstrafe bei einer ganzen Reihe ziviler Straftaten zur Anwendung, zum Beispiel für Mord, Vergewaltigung, Brandstiftung, bewaffneten Raubüberfall und Sodomie. In den neunziger Jahren wurden alle mit dem Aids-Virus infizierten Iraker kurzerhand exekutiert.

Wer eines Kapitalverbrechens bezichtigt wurde, hatte kaum eine Chance auf einen fairen Prozess. Die Religions-, Zivil-, Straf- und Militärgerichte blieben zwar bestehen, doch verhandelten sie nur geringfügige Fälle. Jeder Tatbestand hingegen, der eine politische Dimension hatte, wurde mit hoher Wahrscheinlichkeit vor das 1969 eingerichtete Revolutionsgericht in Bagdad gebracht, das aus drei militärischen oder zivilen Richtern bestand. Die Urteile dieser Institution waren rechtskräftig, und eine Revision war nicht möglich. Schließlich gab es noch die temporären Sondergerichte, die direkt dem Büro des Präsidenten unterstanden. Dort saßen nicht Juristen, sondern Angehörige des Revolutionären Kommandorates. Solche Gerichte waren es, die zur Verurteilung von an Umsturzversuchen Beteiligten eingerichtet wurden, und Saddam bekam stets das Urteil, das er haben wollte.[28] Amnesty International waren die Namen von mehr als 520 zwischen 1978 und 1981 wegen politischer Delikte hingerichteter Personen bekannt, und 1982 fanden über 300 Exekutionen statt.

Wenn die Sicherheitskräfte ausnahmsweise einmal politische Gegner nicht verhaften konnten, wurde Gift eingesetzt, am häufigsten Thallium, das geruch-, farb- und geschmacklos ist. Ab 1980 erschien eine Reihe von Berichten, denen zufolge irakische Aktivisten durch Thallium zu Tode kamen. Im Mai dieses Jahres gelangten zwei Dissidenten nach London, die im Irak in Haft gewesen waren. Ärzte stellten fest, dass sie an Thalliumvergiftung litten. Einer von ihnen, Majidi Jehad, sagte kurz vor seinem Tod aus, seiner Überzeugung nach sei ihm das Gift in einem Orangengetränk verabreicht worden, das er beim Abholen seines Passes in einer Polizeistation in Bagdad erhalten habe.[29]

Die Medien unterlagen der absoluten Kontrolle der Regierung, Meinungsfreiheit wurde nicht toleriert. 1968 setzte sich die Baath-Partei zum Ziel, die Medien gleichzuschalten und als Werkzeuge der Propaganda zur Verbreitung ihrer Ideologie zu nutzen. Doch in einem Bericht aus dem Jahr 1974 räumte sie ein, sie habe dieses Ziel noch nicht erreicht, es gebe noch »zu viele reaktionäre Elemente« in den Medien und zu wenig »kompetente und revolutionäre Kräfte«. In den späten siebziger Jahren wurden diese »Mängel« behoben. Die Mitgliedschaft in der Jugendorganisation der Baath-Partei wurde zur

Bedingung für die Zulassung zu einer journalistischen Ausbildung gemacht. 1980 etablierte Saddam dann den »Allgemeinen Akademiker- und Schriftstellerverband«, dem alle Schriftsteller, Künstler und Journalisten beitreten mussten; alle noch existierenden unabhängigen kulturellen und literarischen Organisationen wurden abgeschafft. Die gesamte künstlerische Produktion einschließlich der Musik wurde einer rigorosen staatlichen Kontrolle und Zensur unterworfen. »Konformismus wird großzügig belohnt«, schrieb ein Menschenrechtler 1981 über den Irak. »Zum ersten Mal in der Geschichte des Landes gibt es unter den wenigen Reichen auch Dichter.« Doch der Preis der Konformität war, »Verse für offizielle Anlässe und Festivitäten zu schreiben und die regierende Baath-Partei und ihre Führer zu loben ... und Hymnen auf Saddam Hussein zu singen«. Wer diesen Forderungen nicht nachkam, landete häufig im Gefängnis und wurde gefoltert, und Hunderte irakischer Schriftsteller und Intellektueller bezahlten für eine missliebige Meinung mit dem Leben.[30] Eine im Dezember 1986 in der libanesischen Zeitung *As Safir* veröffentlichte Petition arabischer Intellektueller besagte, im Irak seien »mehr als 500 kreative Schriftsteller und Denker Verhören und Foltern unterzogen worden, um ihnen Geständnisse abzupressen oder eine Meinungsänderung zu erzwingen«.[31]

Da Justiz und Medien direkt von der Regierung kontrolliert wurden, blieb den Bürgern als Abhilfe für Missstände lediglich die Baath-Partei. Doch da Saddams Sicherheitskräfte alle Aktivitäten überwachten, wurde nur die Verherrlichung der Leistungen der irakischen Führung gestattet. Der Baath war nach klassisch marxistisch-leninistischen Prinzipien der Hierarchie und Disziplin organisiert und bereits ein Staat im Staate, als Saddam die Macht übernahm. Er verfügte über eigene Bildungseinrichtungen, die so genannten »Vorbereitungsschulen«, in denen Jungmitglieder in Ideologie, Ökonomie und Politik unterrichtet wurden. Parallel zu den jeweiligen Regierungsbehörden unterhielt die Partei ferner »Büros«, um Konformität und Loyalität zu den Grundsätzen des Baath sicherzustellen. Andere Büros waren mit der Aufgabe betraut, wichtige Teile der Arbeitswelt wie Militär, Arbeiter, Bauern und Akademiker zu organisieren und indoktrinieren. Neben dem Militär waren vor allem die Lehrer eine wichtige Zielgruppe für die Baath-Partei, um die kontinuierliche Indoktrination der jungen Iraker zu gewährleisten. 1979 mussten alle Lehrer der Partei beitreten; wer sich weigerte oder als ungeeignet galt, verlor seine Stelle. Als Gegengewicht zum Militär verfügte die Partei ferner über eine eigene Miliz, die so genannte Volksarmee, die von den Baathisten trotz der vielen Säuberungen noch immer mit massivem Argwohn betrachtet wurde. Saddam war der Volksarmee jedoch ganz besonders zugetan; im ersten Jahr seiner Präsidentschaft wuchs sie von 100 000 auf 250 000 Mann an.

Eine Gruppe gemäßigter oppositioneller, im Exil lebender irakischer Schriftsteller fasste die Situation in ihrem Heimatland unter Saddams Herrschaft in einem den Vereinten Nationen vorgelegten Memorandum wie folgt zusammen:

»Die Diktatur Saddam Husseins ist eines der härtesten, grausamsten und skrupellosesten Regimes der Welt; ein totalitäres Einparteiensystem, das auf dem Personenkult von Saddam Hussein beruht. Dieser Mann und seine Familie und Verwandten kontrollieren die Streitkräfte, die Volksarmee, die Polizei und die Geheimdienste. Zudem unterliegen alle Medien der strengen Überwachung des Regimes, und es besteht keine Möglichkeit einer freien Meinungsäußerung. Die politische Organisation ist beschränkt auf die Baath-Partei sowie einige unbedeutende, servile Verbände; Gewerkschaften existieren nicht. Die Mitgliedschaft in jedweder Oppositionspartei kann mit dem Tode bestraft werden. Dasselbe gilt auch für jegliche Kritik am Präsidenten. Folterungen sind an der Tagsordnung. Das System der Geheimdienste ist allmächtig, omnipräsent und mit uneingeschränkten Machtbefugnissen ausgestattet.«

Seit 1980 dient jede irakische Institution, jede Regierungsbehörde, jeder Aspekt öffentlichen, privaten und individuellen Bestrebens einzig und allein zum Ruhme Saddam Husseins. Er versuchte bereits seit Mitte der siebziger Jahre ganz bewusst, einen Personenkult aufzubauen. Doch nach seiner Installierung im Präsidentenpalast entwickelte dieses Bestreben eine gewisse Eigendynamik. Der Führerkult unter Saddam übertraf alles in der arabischen Welt bisher Dagewesene, und mit der Ausnahme Nordkoreas, auch im Rest der Welt. Die Glorifizierung des irakischen Präsidenten wurde zur wichtigsten Aufgabe von Presse, Rundfunk und Fernsehen des Landes; es entstand eine blühende Industrie zur Produktion von Postern, Bildern und anderen Devotionalien zum Ruhme des »Vaters der Revolution«. Ausländische Journalisten, die 1980 zur Berichterstattung über die »Wahlen« zur Nationalversammlung eingeladen wurden, staunten über die Vielzahl der Plakate von Saddam, die selbst in den unbedeutendsten Amtsstuben hingen. Jeden Tag brachten die Zeitungen auf der ersten Seite ein großes Bild des Präsidenten, unabhängig davon, ob ein Artikel über ihn erschien oder nicht. Zudem existierten Anfang der achtziger Jahre bereits mehr als zweihundert Lieder zu Saddams Lobpreis. Die Abendnachrichten im Fernsehen begannen täglich mit dem so genannten »Saddam-Lied«, das vor dem Hintergrund siegreicher Soldaten und explodierender Feuerwerkskörper von einer lächelnden Gestalt gesungen wurde:

Oh Saddam, unser Sieger,
Oh Saddam, unser Geliebter;
Du trägst das Erwachen der Nation
In deinem Blick …
Oh Saddam, alles ist gut
An dir …
Allah, Allah, wir sind glücklich;
Saddam erleuchtet unser Leben …

Wer es wagte, sich gegen Saddam zu erheben, bekam den institutionalisierten Horror der Folterkammern zu spüren; wer ihm salutierte, dem wurde ein Anteil am Ruhm und Erfolg von Saddams Irak versprochen. Jede Maßnahme der Regierung wurde als persönliche Initiative Saddams dargestellt. Er steigerte seine Popularität auf clevere Weise, indem er zum Beispiel bestimmten Gruppen der arbeitenden Bevölkerung wie auch den Streitkräften materielle Anreize oder Gehaltserhöhungen zukommen ließ. Häufig besuchte er unangemeldet Fabriken, Schulen, Krankenhäuser und landwirtschaftliche Einrichtungen und ließ den gesamten Ablauf seines Überraschungsbesuches im Fernsehen zeigen. Zahllose öffentliche Plätze wurden nach ihm benannt, und zu jener Zeit wurden auch die offiziellen Biographien verfasst, in denen der Verherrlichung seiner frühen Jahre – etwa der Teilnahme an dem Attentat auf General Qassem 1959 – besondere Aufmerksamkeit gewidmet wurde. Saddam hatte eine hohe Meinung von seiner Sendung. Er sagte einem Biographen, es kümmere ihn nicht so sehr, was die heutigen Menschen über ihn dachten; ihn interessiere vielmehr, »was man in 500 Jahren über uns sagen wird«.[32] Die in Bagdad erscheinende Zeitung *Al-Jamhuriyya* widmete seiner Lebensgeschichte eine Sonderausgabe, und in der Hauptstadt wurde eine ständige Ausstellung zu seiner Person eingerichtet. Die Presse des Landes bejubelte seinen Familiensinn und den täglichen Umgang mit seinen Kindern. Auch mit Hobbys ihres Führers wie Angeln und Gartenarbeit wurden die Iraker bekannt gemacht. Mit allem, was er tat und sagte, präsentierte sich Saddam als das perfekte Rollenmodell für jede irakische Familie. Die Hysterie um ihn erreichte sogar die Vereinigten Staaten: Am 17. Juli 1980 platzierten seine Propagandisten zur Feier des Jahrestages seiner Präsidentschaft eine Anzeige in der *New York Times*. Der Text verhieß, unter Saddams Führung sei der Irak im Begriff, »den Ruhm vergangener Tage« wiederzuerlangen. Der Präsident wurde mit den abbassidischen Kalifen Al-Mansur und Harun al-Rashid, großen Kriegshelden des frühen Islam, verglichen.

Die Indoktrination trug Früchte. Westliche Diplomaten, die zu jener Zeit im Irak Dienst taten, berichteten, Saddam sei ein wirklich populärer Führer, obwohl die meisten Iraker sehr wohl über das brutale Vorgehen der Sicherheitskräfte Bescheid wüssten. »Bei der politischen Basis war er überaus beliebt«, erinnerte sich ein ehemaliger Botschafter. »Er machte gerne Überraschungsbesuche in den Städten, die überall im Irak neu gebaut wurden. Für viele Menschen hatte sich die Lebensqualität unglaublich verbessert. Es gab Schulen, Krankenhäuser, Straßen, Wasser und Elektrizität, und das gefiel den einfachen irakischen Bauern sehr. Oberflächlich betrachtet war alles bestens, und man war Saddam sehr dankbar für das, was er getan hatte.«[33] Doch wer bei diesen Überraschungsbesuchen seine Anerkennung für Saddam zeigen wollte, musste auf der Hut sein: Schon bald begannen seine Leibwächter jeden, der dem »Knecht«, »Führer«, »Kämpfer« und »Sohn des Volkes« des Iraks zu nahe kam, mit Stöcken und Elektroschocks zu traktieren.[34]

Der Personenkult und die begrenzte Zeit, die ein Mann mit derart vielen Aufgaben für Besuche bei seinem Volk erübrigen konnte, brachten ein groteskes Merkmal des Regimes hervor: Saddam ließ sich von Doubles vertreten. Ein irakischer Exilant, der sich Mikhael Ramadan nannte, behauptete, er habe vor seiner Flucht in den Westen mehr als zehn Jahre lang als Saddams Doppelgänger fungiert. Kurz nach dessen Machtübernahme sei er aus seinem Dorf im Süden des Irak nach Bagdad beordert worden, nachdem Sicherheitsbeamte seine starke Ähnlichkeit mit Saddam festgestellt hätten. Man habe ihn, so Ramadan weiter, zu Saddams Haus gebracht, und dieser sei bei ihrer ersten Begegnung so erstaunt über ihre Ähnlichkeit gewesen, dass er ihn scherzend gefragt habe, ob sein Vater sich wohl einer außerehelichen Verbindung mit Ramadans Mutter erfreut habe. Dann habe Saddam ihn gefragt, ob er bereit sei, bei weniger bedeutenden offiziellen Auftritten die Rolle des Präsidenten zu übernehmen. »Ich weiß, das Volk des Irak verehrt seinen Präsidenten, aber meine Pflichten erlauben mir einfach nicht, so viel Zeit mit meinem Volk zu verbringen, wie ich es wünschte… Würden Sie mir, und natürlich dem großen irakischen Volk, einen außerordentlichen Dienst erweisen und gelegentlich meinen Platz einnehmen?«[35] Ramadan erklärte sich einverstanden und wurde daraufhin monatelang trainiert; unter anderem musste er Videos von Auftritten Saddams studieren, bis er schließlich erste kleine Szenen als Doppelgänger des Führers aufführen durfte.

Saddam lebte mit seiner Familie in Saus und Braus. Sie bewohnten den Präsidentenpalast und gewöhnten sich an den damit verbundenen Luxus. Dennoch arbeitete Saddam nach wie vor sechzehn bis siebzehn Stunden pro Tag in einem kleinen Büro, das er sich auf dem Palastgelände eingerichtet hatte. Er trug von seinen Lieblingsschneidern in Bagdad und Genf gefertigte Maßanzüge und nahm leicht dandyhafte Züge an. Einer seiner ehemaligen Baath-Kollegen behauptete, er besitze mehr als vierhundert Gürtel. Doch was seine Arbeit anging, blieb Saddam trotz seiner Vorliebe für das süße Leben eher spartanisch. Der kurdische Politiker Dr. Mahmoud Othman berichtete von einem Besuch bei dem neuen Führer des Irak, kurz nachdem dieser in den Präsidentenpalast eingezogen war. Das Treffen war für sieben Uhr morgens angesetzt, und bei Othmans Ankunft war Saddam noch im Schlafanzug – der Präsident hatte fast die ganze Nacht über in seinem kleinen Büro gearbeitet. Othman war überrascht, in einer Ecke ein Feldbett zu sehen, auf dem Saddam geschlafen hatte. Neben dem Bett standen zwölf Paar teure Schuhe; ansonsten war das Büro mit Literatur über Stalin voll gestopft. Als Othman die Bücher sah, bemerkte er: »Sie scheinen Stalin zu mögen«, worauf Saddam freundlich erwiderte: »Ja, es gefällt mir, wie er sein Land regiert hat.« Daraufhin wollte Othman wissen, ob er Kommunist sei, doch Saddam fragte zurück: »Stalin, ein Kommunist?«, woraus Othman schloss, dass er Stalin wohl eher als Nationalisten betrachtete.

1980 waren Saddams Söhne Uday und Qusay sechzehn und vierzehn Jahre alt und besuchten die Karkh High School, die einst seine Frau Sajida geleitet hatte. Ehemalige Klassenkameraden der beiden beschrieben Uday als laut und vulgär, Qusay hingegen als still und berechnend. Beide genossen als Schüler eine bevorzugte Behandlung und mussten sich nicht wie die anderen an die Regeln halten. Vor allem Uday war anscheinend sehr schwierig. Natürlich wurden beide ständig von Sicherheitsbeamten begleitet, was Uday häufig ausnutzte, um sich ungehörig zu benehmen. Nach Aussage ehemaliger Mitschüler war es nicht ungewöhnlich, dass er den Unterricht mit einem vollen Patronengurt über der Brust besuchte. Außerdem war er ein Autonarr, und so befahl er seinen Bewachern oft, den Wagen der Familie eines Mitschülers in Beschlag zu nehmen, wenn er ihm gefiel. Nachdem er sich ein Bein gebrochen hatte, musste seine Klasse in einen tiefer gelegenen Raum umziehen. Dann begann er, seinen Vater zu imitieren und Zigarren zu rauchen. Auch sein hinlänglich bekanntes Interesse am anderen Geschlecht soll er bereits als Schüler demonstriert haben; mehrfach wurde die Vermutung geäußert, dass die Mädchen seine Werbung nicht ablehnen dürften.

Sajida Hussein, die während des zehn Jahre dauernden Aufstiegs ihres Gatten zum Präsidenten sehr zurückhaltend gewesen war, hatte Geschmack am Leben des Jetsets gefunden. Ab 1981 begann die schüchterne ehemalige Lehrerin, den Präsidentenjet für private Einkaufstrips ins Ausland zu benutzen. So reiste sie einmal heimlich mit einem Gefolge von zwanzig Personen nach London, wo sie den Großteil der Zeit bei Hermès in der Bond Street verbrachte (Exiliraker behaupteten, sie habe dort mehrere Millionen britische Pfund ausgegeben). Einige Monate später flog Sajida mit einer privaten Boeing 747 der irakischen Regierung nach New York. Mit ihr reisten ihr Cousin und künftiger Schwiegersohn Hussein Kamel al-Majid und dreißig weitere Personen. Dieses Mal »verliebte« sie sich in das berühmte Kaufhaus Bloomingdale's, wo sie ein Vermögen für Kleidung ausgab. Während ihres Aufenthalts in New York rief ihr ergebener Ehemann Saddam sie täglich an, um sich nach ihrem Wohlbefinden zu erkundigen.

ACHT

Der Kriegsherr

Am 22. September 1980, kurz vor Tagesanbruch, flogen mehrere Geschwader irakischer Kampfflugzeuge Angriffe gegen die Militärenklave am Flughafen von Teheran und neun weitere iranische Luftstützpunkte. Ziel war die Zerstörung der iranischen Luftwaffe am Boden und die Vorbereitung einer Invasion durch irakische Bodentruppen. Diese Taktik war im Sechstagekrieg für die Israelis aufgegangen, und Saddam Hussein, der frisch gebackene – selbst ernannte – Feldmarschall, war zuversichtlich, dass sie auch seine Truppen zum ruhmreichen Sieg führen würde. Den ganzen Tag flogen die irakischen Piloten mit ihren neuen, französischen Mirage-Jets einen Einsatz nach dem anderen, zerstörten iranische Flughäfen und Frühwarnradarstationen. Die Iraner wurden von dem Angriff überrascht, gingen jedoch bald zum Gegenangriff über und schickten ihre F-4-Kampfflugzeuge amerikanischer Herkunft in den Irak, wo sie zwei Flughäfen und vier im Golf stationierte Schnellboote zerstörten. Außerdem griffen sie eine Anlage zur Verarbeitung von Erdgas und mehrere Ölraffinerien in der Nähe der iranisch-irakischen Grenze an. Unbeirrt davon, wie beherzt sich die Iraner zur Wehr setzten, befahl Saddam am nächsten Tag seinen Panzerkommandeuren die Invasion am Boden. Sechs motorisierte Divisionen der irakischen Armee überquerten die iranische Grenze und begannen einen der blutigsten, längsten und kostspieligsten Kriege nach dem Zweiten Weltkrieg. Als der Erste Golfkrieg acht Jahre später zu Ende ging, waren über eine Million Tote zu beklagen und die Wirtschaft von zwei der weltweit reichsten Ölnationen lag am Boden.

Der Einmarsch im Iran machte die von der Baath-Partei durchgeführte Modernisierung des Irak komplett wieder zunichte, und die Verantwortung dafür lag allein bei Saddam. Die beiden Golfstaaten hatten sich seit Khomeinis Aufstieg zur Macht auf Kollisionskurs befunden. Nachdem Khomeini die irakischen Schiiten aufgerufen hatte, das Baath-Regime zu stürzen, hatte es ab April 1980 entlang der 1600 Kilometer langen gemeinsamen Grenze immer wieder Scharmützel gegeben. Offiziell wurden die zunehmenden Spannungen mit dem Streit über den Shatt al-Arab begründet. Dieser Punkt war eigentlich 1975 im Vertrag von Algier geklärt worden, den Saddam mit dem Schah geschlossen hatte, doch in Saddams Augen war der Irak damals übervorteilt worden, weil er seinem mächtigeren Nachbarn nicht Paroli bieten konnte. Mit dem Regimewechsel in Teheran sah Saddam die Gelegenheit gekommen, die Vereinbarung zugunsten des Irak zu revidieren, was der Iran sogleich energisch zurückwies. Die Beziehungen zwischen den beiden Ländern verschlechterten sich zusehends. Schließlich, am 17. September 1980, berief Saddam eine Dringlichkeitssitzung der neu geschaffenen Nationalversammlung ein, in der er den Vertrag von Algier einseitig aufkündigte und den Iran »wiederholter und dreister Verletzungen der irakischen Souveränität« bezichtigte. Saddam sprach langsam, unterstrich seine Aussagen mit dem Zeigefinger und ließ keinen Zweifel an seinen Absichten. »Dieser Fluss«, erklärte er, »muss seine historische irakisch-arabische Identität wieder erhalten.«[1] Fünf Tage später führte der Irak Krieg gegen den Iran.

Saddam hatte im Verlauf seines rücksichtslosen Aufstiegs zur Macht zahlreiche Erfolge gefeiert, doch als Kriegsherr war er denkbar ungeeignet. Trotz seiner Uniformen und selbst verliehenen Ehrenränge und Titel hatte Saddam keinerlei militärische Erfahrung. Wahrscheinlich hatte er noch nie ein militärisches Handbuch gelesen oder über die Finessen von Strategie und Taktik nachgedacht. Auch an einem bewaffneten Konflikt hatte er noch nie teilgenommen. Darüber hinaus hegte der Mann, der als Student die Aufnahme an der Militärakademie von Bagdad nicht geschafft hatte, ein tiefes, von Neid vergiftetes Misstrauen gegen die Militärs, das im gesamten Krieg den Umgang mit den irakischen Kommandeuren belastete. Um Saddams offensichtliche Inkompetenz als Kriegsherr zu verschleiern, lief fortan die Propagandamaschinerie immer auf Hochtouren und präsentierte ihn dem irakischen Volk als strahlenden Oberkommandeur.

Saddam wollte weit in den Iran vorstoßen und ausreichend Gebiete erobern, die in Verhandlungen mit Teheran um den Shatt al-Arab als Faustpfand eingesetzt werden sollten. Exil-Generäle des Schahs berieten ihn und behaupteten, das neue iranische Regime befinde sich in einem derart chaotischen Zustand, dass ein schneller Sieg zu erwarten sei – wahrscheinlich in zwei oder drei Wochen. Der Invasionsplan basierte auf einer Stabsübung, die britische Militärausbilder bereits 1941 an der Militärakademie von Bagdad durchgeführt hatten.[2] Saddam wollte dem Iran das Ostufer des Shatt al-Arab und das von Arabern bewohnte Gebiet Khusistan entreißen. Dabei hoffte er, dass nicht persische Volksgruppen zur Revolte gegen das Regime Khomeinis angestachelt werden könnten. Sollte ihm all das gelingen, standen die Chancen für einen Zusammenbruch des Khomeini-Regimes gut.

In den ersten Wochen der Kampagne sah es ganz danach aus, als könnten die Iraker ihr Kriegsziel erreichen. Durch das Chaos, das die iranische Revolution ausgelöst hatte, waren die Streitkräfte des Landes wie vermutet auf einen Krieg nicht vorbereitet und keineswegs in der Lage, eine groß angelegte Invasion zurückzuschlagen. Die Iraker stießen schnell vor, nahmen mehrere wichtige iranische Grenzstädte ein und bombardierten die Stadt Dezful in den nördlichen Ölfeldern, die ein bedeutender Verkehrsknotenpunkt zwischen Teheran und dem Süden ist. Im Süden überquerten die Iraker den Fluss

Karun, drangen nach Abadan vor und eroberten Ende Oktober Khorramshahr nach erbitterten Häuserkämpfen mit schweren Verlusten auf beiden Seiten. Die iranischen Verteidiger, die nur über leichte Waffen und Molotow-Cocktails verfügten, leisteten erbitterten Widerstand. Bei diesen Kämpfen gab es 7000 Tote und schwer Verwundete, und die Iraker verloren 100 Panzer und gepanzerte Fahrzeuge. Als Khorramshahr den Irakern am 24. Oktober in die Hände fiel, nannten beide Seiten die Stadt »Khunistan«, die »Stadt des Blutes«. Der Irak besetzte nun im Süden einen 600 Kilometer langen und zehn bis 40 Kilometer breiten Streifen iranischen Gebiets. Saddam ließ sich von seinem Mangel an militärischer Erfahrung nicht davon abhalten, persönlich die Führung des Krieges zu übernehmen. Wie Hitler gab er den Generälen die Ziele und Zeitpunkte der Angriffe vor. Von Anfang an ging er an die Front und leitete aus vorgeschobenen Stabsstellen militärische Operationen. Wann immer er sich in die Nähe der Front wagte, wurde jede Bewegung gefilmt und am Abend vom irakischen Fernsehen ausgestrahlt.

Obgleich der Krieg für Saddam durchaus erfolgreich begann, gab es erste Anzeichen dafür, dass mit der Offensive das angestrebte Ziel nicht zu erreichen war. Die Angriffe der irakischen Luftwaffe hatten wenig bewirkt; ein Großteil der iranischen Flugzeuge blieb einsatzbereit und flog nun Gegenangriffe. Die Iraker mussten erkennen, dass ihre Luftabwehrsysteme nichts taugten. Und die Armee des Iran war zwar nicht kampfbereit, doch die irakischen Invasoren stellten erstaunt fest, dass sich die Zivilbevölkerung erbittert zur Wehr setzte. Weil sie beim Angriff auf Khorramshahr so schwere Verluste erlitten hatten, konnten die Iraker die 15 Kilometer südlich gelegene Stadt Abadan fatalerweise nicht einnehmen. Sie hatten ihr Hauptziel – die Besetzung des Shatt-al-Arab-Ostufers und die Kontrolle über die strategisch wichtige Wasserstraße – nicht erreicht.

Nun beendete Saddam die irakische Offensive und befahl der Armee, in die Defensive zu gehen. Dies war einer von vielen strategischen Fehlern, die Saddam später zu verantworten hatte. Als sich nämlich die Iraker in ihren neuen Stellungen eingruben, signalisierten sie damit ihren Gegnern, dass sie nicht weiter vorstoßen wollten. Saddam glaubte, er habe genügend Gebiete besetzt, um die Iraner an den Verhandlungstisch zu zwingen. Vielleicht suggerierten ihm seine Eroberungen sogar, der Sturz des Khomeini-Regimes stehe unmittelbar bevor. Doch er hatte die Situation falsch eingeschätzt. Den Irakern war es nicht gelungen, Dezful oder Abadan zu nehmen, und dadurch blieben die Kommunikationsverbindungen der Iraner intakt, sodass sie sich neu formieren konnten. Trotz schwerer Verluste blieb die Moral in der iranischen Armee und in den irregulären Truppen der Revolutionsgarden gut. Die irakische Offensive hatte darüber hinaus das Khomeini-Regime nicht geschwächt, sondern vielmehr dazu beigetragen, dass die militanten Fraktionen im politischen System Teherans die Oberhand gewannen.

Saddam musste die Schwächen seiner Strategie bald erkennen. Obgleich er sonst wenig Respekt vor Menschenleben zeigte, hielten ihn die schweren Verluste der ersten Offensive – in den ersten beiden Kriegsmonaten sollen 45 000 Iraker getötet worden sein – davon ab, mit einem Angriff auf Abadan weitere Verluste zu riskieren. Die Moral in der irakischen Armee war schwer einzuschätzen, zumal ungewiss war, ob die schiitischen Einheiten des Irak bei einem Angriff auf die iranischen Schiiten loyal bleiben würden. Viele Iraker waren gegen den Krieg, weil sie glaubten, Saddams Ziele ließen sich auch mit anderen Mitteln erreichen. Im Verlauf des Krieges musste Saddam außerdem erkennen, wie eklatant er die Auseinandersetzung mit einem Land, das dreimal so groß ist wie der Irak, unterschätzt hatte. Es war fraglich, ob der Irak die Kommunikation zwischen seinen Einheiten, die bei einem Vordringen ins Landesinnere nötig war, würde aufrechterhalten und die unvermeidlichen Verluste ausgleichen können. Westliche Militärexperten vermuten darüber hinaus, dass Saddam durch seine rigide zentralistische Führung die Kommandeure an der Front in ihrer Handlungsfreiheit einschränkte. Deshalb sei er mit daran schuld, dass sie weder Terrain verteidigen noch gutmachen konnten. Der Irak hatte vor allem im Luftkrieg strategische Nachteile. Nur die Anlagen in Khusistan lagen in unmittelbarer Reichweite, sonst musste die irakische Luftwaffe Hunderte von Kilometern in den Iran hineinfliegen, wenn sie strategische Ziele treffen wollte. Die iranische Luftwaffe dagegen erreichte schon 150 Kilometer nach der Grenze alle wichtigen Ziele im Irak. Nach sechs Monaten Krieg fand sich Saddam schließlich mit den geostrategischen Gegebenheiten ab und erklärte: »Unser Feind ist die Geographie.«

Vor allem jedoch lässt sich Saddams Scheitern damit erklären, dass die Offensive gestoppt wurde und die Ziele nicht klar definiert waren. Nur die Hälfte der irakischen Armee – sechs von zwölf Divisionen – war an der eigentlichen Invasion beteiligt, und von Anfang an versuchte Saddam den Krieg durch Einschränkungen bei den strategischen Zielen, den eingesetzten Einheiten der Streitkräfte und den operativen Zielen unter seiner Kontrolle zu behalten. Besonders wichtig war es ihm, Opfer in der iranischen Zivilbevölkerung zu vermeiden, hoffte er doch, die irakische Invasion würde die Iraner veranlassen, sich gegen Khomeini zu erheben. In Wahrheit wollte Saddam wohl das Khomeini-Regime stürzen, bevor das Khomeini-Regime ihn stürzte. Er zettelte einen Krieg mit dem Iran an und versuchte dem iranischen Volk gleichzeitig zu signalisieren, dass er nicht mit allen Mitteln Krieg führen wollte. Tarig Aziz, mittlerweile Saddams stellvertretender Premierminister, umriss die irakische Position so: »Unsere militärische Strategie spiegelt unsere politischen Ziele wider. Wir wollen den Iran weder zerstören noch dauerhaft besetzen, denn das Land ist ein Nachbar, mit dem uns auch in Zukunft geographische und historische Bande sowie gemeinsame Interessen verbinden. Daher sind wir entschlossen, irreversible Schritte zu vermeiden.«[3] Es ist kein Wunder, dass diese Ziele des Irak die Iraner nur verwirrten und sie ihrer eigenen Regierung die Treue hielten.

Fatal für den irakischen Blitzkrieg war auch die Tatsache, dass die Iraner den irakischen Kriegsplan bereits zwei Monate vor der Offensive in Händen hielten. Nach Aussage Abolhassan Bani-Sadrs, des früheren iranischen Präsidenten, der kurz nach der Invasion zum Vorsitzenden des Verteidigungsrats gewählt wurde, hatte der iranische Außenminster den Plan für 200 000 Dollar in Lateinamerika erworben. Die lateinamerikanischen Vermittler wiederum hatten ihn von den Sowjets erhalten, die glaubten, der Irak habe für die Invasion von den USA grünes Licht erhalten. »Alles geschah so, wie in diesem Dokument dargelegt. In Paris fand ein Treffen statt. An diesem Treffen nahmen Amerikaner, Israelis und auch iranische Royalisten teil: Dort wurde der eigentliche Angriffsplan ausgearbeitet.«[4]

Die wirtschaftlichen Folgen des Kriegs waren für beide Seiten verheerend, doch den Irak trafen sie schlimmer als den Iran. Die iranische Raffinerie bei Abadan war ebenso wie die meisten Anlagen bei Bandar Abbas fast völlig zerstört worden. Die Pumpstationen des Irak bei Kirkuk und Mosul waren schwer beschädigt, ebenso wie die petrochemische Anlage, die Saddam bei Basra hatte bauen lassen. Beide Länder mussten den Ölexport stoppen, und als sie ihn wiederaufnahmen, lieferten sie deutlich niedrigere Mengen als vor dem Krieg. Bei den Ölausfuhren während des Krieges hatte der Iran dank seiner mehrere Tausend Kilometer langen Küste sowohl am Golf als auch am Indischen Ozean dem Irak gegenüber einen großen strategischen Vorteil. Der Irak war, zumal er Abadan nicht eingenommen hatte, praktisch ohne Zugang zum Meer.

Dann wendete sich das Kriegsglück. Im Mai 1981 begannen die Iraner an der Zentral- und Nordfront eine Gegenoffensive und zwangen die irakischen Truppen zum Rückzug nach Khorramshahr. Bis zum Oktober drängten die Iraner sie über den Karun zurück und im November folgte eine neue Offensive, bei der die Iraner die irakischen Soldaten mit neuartigen Streitkräften in Angst und Schrecken versetzten: Hunderttausende schlecht ausgebildeter und leicht bewaffneter

Freiwilliger der Revolutionsgarden, erfüllt von religiösem Fanatismus, griffen in den Kampf ein. Die Freiwilligen, die von Ayatollahs geführt wurden, zeigten keinerlei Todesfurcht, denn man hatte sie gelehrt, dass sie als Märtyrer direkt in den Himmel kämen. Diese Lehre predigten in den Palästinensergebieten während der zweiten *Intifada* militante Islamisten auch jungen arabischen Selbstmordattentätern. Die irakischen Soldaten wichen vor dieser Armee todesbereiter Freiwilliger zurück. Ein irakischer Offizier berichtete später einem britischen Militärbeobachter: »Sie kamen auf uns zu, als strömten sie an einem Freitag aus der Moschee. Bald feuerten wir auf tote Männer – manche hingen über Stacheldrahtzäunen, andere waren auf Minen getreten, überall lagen Haufen von Leichen.«[5] Ein anderer irakischer Offizier erzählte, wie demoralisierend diese Gemetzel auf seine Soldaten wirkten. »Meine Männer waren achtzehn, neunzehn, nur wenige Jahre älter als diese Kinder. Ich sah sie weinen, und die Offiziere mussten sie manchmal an ihre Waffen zurückprügeln. Einmal radelten iranische Kinder mit Fahrrädern auf uns zu, und meine Männer begannen zu lachen, doch diese Kinder warfen in hohem Bogen Handgranaten, und wir hörten auf zu lachen und schossen.«[6] Im Verlauf der iranischen Offensive wurden die Iraker nach und nach zurückgedrängt. Im Dezember eroberten die Iraner einen Verkehrsknotenpunkt und hielten danach die einzige Straßenverbindung des gesamten südlichen Kriegsschauplatzes besetzt. Die Iraker versuchten einen Monat lang, den Verkehrsknotenpunkt zurückzuerobern, doch obwohl Saddam persönlich an die Front eilte, um den Gegenangriff zu leiten, hatten sie keinen Erfolg. Ende März 1982 errangen die Iraner einen weiteren wichtigen Sieg: Sie drängten die irakische Armee 45 Kilometer zurück und nahmen 15 000 Iraker gefangen. Doch der größte militärische Triumph folgte im Mai 1982: Die Iraner vertrieben innerhalb eines Monats die Iraker aus den verbliebenen Stellungen, eroberten die Stadt Khorramshahr zurück, und 20 000 Iraker gingen in Gefangenschaft.

Saddam Husseins Mutter, Subha Tulfah.

Die Stadt Tikrit in den 1930er Jahren, wo Saddam einen Großteil seiner Kindheit und Jugend verbrachte.

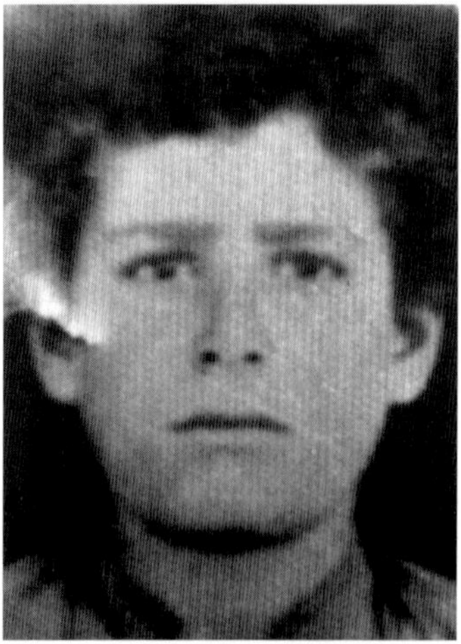

Passbild des zwölfjährigen Saddam Hussein.

Saddam Hussein mit sechzehn Jahren.

Das mit Gewehrkugeln durchsiebte Auto von General Qassem nach dem Attentatsversuch. (Sammlung des Autors)

Nach seinem Attentatsversuch gegen Abdul Karim al-Qassem (1959) hatte Saddam Hussein vor der Flucht nach Syrien alle seine Fotos verbrannt. Dieses Bild aus der Karkh High School wurde an die Sicherheitsbehörden im ganzen Land geschickt; für die Ergreifung Saddams setzte man eine Belohnung aus.

Saddam Hussein am Nilufer während seiner Zeit im Exil (1960).

Saddam Hussein in Ägypten (1960).

Saddam Hussein (hintere Reihe, Zweiter von rechts) und seine Kameraden auf einem Foto, das kurz vor seiner Entlassung aus dem Gefängnis aufgenommen wurde. Sein Mitverschwörer Abdul Karim al-Shaikhly ist vorne rechts zu sehen. Wenig später wurden fast alle anderen Gefangenen, auch Shaikhly, auf Saddams Befehl getötet.

Saddam Hussein im Gefängnis 1965 (jeweils ganz links).

Das erste Foto von Saddam Hussein und seiner Frau Sajida, die er im Anschluss an seine Rückkehr aus Kairo nach der 1963er Revolution heiratete.

Saddam Hussein in seinem Wohnzimmer mit seiner Frau Sajida, den beiden Söhnen Uday und Qusay und seinen drei Töchtern Hala (der jüngsten), Rana und Raghda (der ältesten).

Saddam Hussein besucht als Vizepräsident mit seiner Familie eine Bauernfamilie in einem Vorort von Bagdad. Die Kunde von dem hohen Besuch lockte weitere Familien an.

Hingerichtete Juden in Bagdad, kurz nach der Machtergreifung der Baath-Partei im Februar 1969. (Sammlung des Autors)

Saddam Hussein (mit weißer Schirmmütze) schwimmt in Salahuddin bei Tikrit im Tigris. Der offiziellen irakischen Nachrichtenagentur zufolge durchquerte Saddam dreimal »den unsterblichen Tigris«, um die Teilnehmer eines landesweiten Schwimmturniers zu ermutigen. Der Mann hinter ihm ist sein Leibwächter.

Saddam Hussein mit Zigarre auf der berüchtigten Sitzung des Revolutionären Kommandorats der Baath-Partei 1979, bei der hochrangige Parteimitglieder denunziert und anschließend hingerichtet wurden. (Sammlung des Autors)

Saddam Hussein beim Beten in Kuwait nach der Invasion von 1999.
(Titelfoto der von Uday Hussein geleiteten Zeitschrift *Babel*)

Saddam Hussein mit Stuart Lockwood, einer siebenjährigen britischen Geisel, während des 1. Golfkriegs 1990. (Sammlung des Autors)

Saddam Hussein (sitzend) im Kreise seiner Familie, u. a. seine Schwiegersöhne General Hussein Kamel al-Majid (ganz links) und sein Bruder Colonel Saddam Kamel al-Majid (Zweiter von links). Der General und sein Bruder wurden am 23. Februar 1996 in Bagdad von Verwandten erschossen, die die Familienehre wiederherstellen wollten.

Saddam Hussein feiert in einem Dorf bei Bagdad den letzten Tag des Eid al-Fitr, des dreitägigen Festes am Ende des Fastenmonats Ramadan.

Saddam Hussein zwischen seinen beiden Söhnen Uday (links) und Qusay. Die Aufnahme wurde am 13. Dezember 1996 von der irakischen Regierung veröffentlicht. Uday war tags zuvor bei einer Fahrt durch den eleganten Bagdader Stadtteil al-Mansour angeschossen worden. Dies war der erste Anschlag auf Uday, der offiziell bekannt gegeben wurde.

Straßengemälde in Bagdad, das Saddam Hussein bei der
Befreiung Jerusalems darstellt.

In Bagdad ging das Gerücht um, die Iraner hätten in der Märzoffensive auch Saddam gefangen genommen. Saddams Konvoi sei nahe der irakischen Grenze hinter der Front von iranischen Truppen umzingelt worden, die jedoch von Saddams Anwesenheit nichts wussten. General Maher Abdul Rashid, ein Tikriti und einer der besten Soldaten des Irak, habe die einzige irakische Einheit in Reichweite dorthin geschickt. General Rashid hatte jedoch eine Rechnung mit Saddam offen, weil dieser einige Jahre zuvor bei den Säuberungen Rashids Onkel ermorden ließ. Bevor Rashid ihm zu Hilfe eilte, musste Saddam ihn angeblich anflehen und auf den Namen des ermordeten Verwandten schwören. Unter heftigem Beschuss – seine Leibwächter hatten sich als Schutz über ihn geworfen – erfüllte Saddam die Forderungen des Generals, und Rashid rettete den Präsidenten. Obgleich seine Tochter später Saddams Sohn Qusay heiratete, hassten sich die beiden Männer von Herzen. Vor Kriegsende stellte Saddam Rashid auf seinem Gut nahe Tikrit sogar jahrelang unter Hausarrest.[7]

Saddams Kriegsplan scheiterte zusehends, und es war zu befürchten, dass die Iraner ihn mit einer Offensive beseitigen könnten. Der Sommer 1982 war eine der schwersten Krisen für Saddams Alleinherrschaft. Die Propaganda hatte unablässig getrommelt, dies sei Saddams Krieg: Bei einem Sieg gehörte der Triumph ihm; aber dann war er auch für eine Niederlage verantwortlich. Doch nun reagierten die Iraner nicht so auf die irakischen Angriffe, wie Saddam es sich ausgerechnet hatte, und das ärgerte ihn maßlos. Er beklagte sich darüber, dass die iranische Führung einfach nicht nach seinen Regeln spielen wollte. »Unbeeindruckt von der militärischen Niederlage im Jahr 1980, blieb das Regime in Teheran bei seiner aggressiven und expansiven Haltung«, erklärte er.[8] Im Juni 1982 rief Saddam eine einseitige Waffenruhe aus; als wenig überzeugende Begründung behauptete er, der Irak habe sein Ziel, die militärische Macht des Iran zu zerschlagen, erreicht. Weder im Irak noch im Ausland und erst recht nicht in Teheran ließ sich jemand davon täuschen. Schließlich hatte der Iran damit gedroht, den Spieß umzudrehen und den Krieg in den Irak zu tragen, um Saddam Hussein zu stürzen und eine islamische Republik an die Stelle des Baath-Regimes zu setzen, die sich am Staat des Ayatollah Khomeini in Teheran orientierte. Saddam muss damals bitter bereut haben, dass er in den Iran einmarschiert war, denn nun folgte auch noch ein blutiger Zermürbungskrieg wie in den Gräben des Ersten Weltkriegs.

Der Erste Golfkrieg setzte in vielerlei Hinsicht den jahrhundertealten Zwist zwischen Persern und Arabern um die Vorherrschaft am Golf fort. Dieser Konflikt lässt sich bis zur arabisch-islamischen Eroberung Persiens im siebten Jahrhundert zurückverfolgen, und er schwelte mit wechselnder Intensität bis ins zwanzigste Jahrhundert, in dem die Entdeckung der großen Ölvorkommen die Feindschaft nur noch steigerte. Die kulturellen Unterschiede zwischen den beiden Völkern sind geprägt von der erbitterten Rivalität zwischen den beiden großen, islamischen Religionen. Die Iraner sind Schiiten mit einer starken religiösen Hierarchie, in der die Ayatollahs, also die schiitischen Religionsführer, allmächtig sind. Die Araber dagegen sind vorwiegend Sunniten, die sich am Koran und am religiösen Recht orientieren und Gemeinschaften mit eher säkularen Strukturen bilden. Im modernen Irak klafft seit seiner Gründung eine tiefe Kluft: Die Bevölkerung besteht mehrheitlich aus Schiiten, doch die Regierung stellen seit der Monarchie sunnitische Führungsriegen wie Saddams Tikritis.

Die irakische Propagandamaschinerie hatte diesen historischen Aspekt weidlich ausgeschlachtet. Saddam verglich den Ersten Golfkrieg mit der Schlacht bei Kadisija im Jahr 635, als die zahlenmäßig unterlegene arabische Armee den Persern eine demütigende Niederlage beibrachte und sie zwangsweise zum Islam bekehrte. Er hatte immer gern darauf hingewiesen, dass in seinem Geburtsort auch der große Sultan Saladin geboren wurde, der die Kreuzritter aus dem Heiligen Land jagte. Nun sah er sich in der Tradition des siegreichen Saad ibn-Abi Waqqad, der die Araber gegen die Perser geführt hatte. Der Krieg gegen den Iran wurde auch in den irakischen Medien zu »Saddams neuem Kadisija« stilisiert. Gern ließ sich Saddam auch mit legendären historischen Figuren aus vorislamischer Zeit vergleichen. Aus dem großen mesopotamischen Reich auf dem Gebiet des heutigen Irak schätzte er besonders den babylonischen König Nebukadnezar, der 587 v.Chr. Jerusalem erobert, den Tempel zerstört und die Juden in die Babylonische Gefangenschaft gezwungen hatte.

Die Kriegsschuld lag eindeutig bei Saddam. Er hatte angenommen, er könne aus der Schwächung des religiös fanatisierten Iran profitieren und den Irak als bedeutende militärische Macht sowohl im Nahen Osten als auch am Golf etablieren. Doch abgesehen davon, dass Saddam Opfer seiner eigenen Überheblichkeit wurde, war der Konflikt nach der Machtübernahme des Ayatollah Khomeini im Iran doch sehr wahrscheinlich geworden. Die schiitische Bevölkerung im Irak hatte wiederholt aufbegehrt und mehr Mitspracherecht in der Regierung gefordert. Als im Iran ein schiitischer Gottesstaat entstand, verstärkten die irakischen Ayatollahs ihre anti-sunnitische Agitation. Viele hatten sich mit Khomeini während seines Exils angefreundet, und sie forderten nun lautstark die Gründung einer islamischen Republik in Bagdad. Saddam musste Khomeini daher als Bedrohung für die Baath-Partei und seine eigene Person betrachten. Beim Zwist zwischen Saddam und Khomeini prallten Ideologien und Persönlichkeiten aufeinander: der säkulare arabische Nationalismus der Iraker mit der islamischen Revolution der Iraner, aber auch Saddam mit Khomeini, die sich gegenseitig stürzen wollten.

Der offizielle Anlass für den Golfkrieg war zwar der Streit wegen des Shatt al-Arab, doch der Iran setzte sich auch über andere Vereinbarungen des Vertrags von Algier hinweg. Beide Länder hatten sich 1975 verpflichtet, sich nicht in die inneren Angelegenheiten des jeweils anderen Landes einzumischen und strenge Grenzkontrollen durchzuführen. Nach der Khomeini-Revolution brachen die Iraner beide Vereinbarungen. Da adäquate Grenzkontrollen fehlten, konnten sich die kurdischen Rebellen im Nordirak wieder bewaffnen, und im Juli 1979 ließen die Iraner die exilierten irakischen Kurdenführer sogar nach Kurdistan zurückkehren. Diese schlossen sich nun mit den schiitischen Ayatollahs im Süden zusammen und forderten den Umsturz des Baath-Regimes. Im Gegenzug unterstützte die irakische Regierung wieder die arabischen Dissidentengruppen in der ostiranischen Provinz Khusistan.

Man muss Saddam zugestehen, dass er nach dem Machtwechsel in Teheran große Mühe darauf verwandt hatte, sich der neuen iranischen Regierung aufgeschlossen zu präsentieren. Bald nach seinem Amtsantritt als Präsident hatte er sein Interesse an engen Beziehungen zum Iran bei »gegenseitigem Respekt und unter Nichteinmischung in die inneren Angelegenheiten« des jeweils anderen bekundet. Obgleich Teheran auf seine Erklärung abweisend reagierte, blieb Saddam bei seiner optimistischen Rhetorik. Er erklärte, jede islamische Revolution »muss eine Freundin der arabischen Revolution sein« – also des Baath in Bagdad. Saddam war von Natur aus eher weltlich orientiert, doch nun ging er häufiger zum Gebet und ließ das auch vom irakischen Fernsehen dokumentieren. Er ergriff eine Reihe pro-islamischer Maßnahmen, die darauf abzielten, die irakischen Schiiten und Ayatollahs zu besänftigen: Radio Bagdad sendete Koranlesungen; Saddam besuchte die heiligen Stätten der Sunniten und der Schiiten; der Geburtstag des Imam Ali, Stifter der schiitischen Tradition, wurde zum Feiertag erklärt; islamische Symbole tauchten häufiger auf. Saddam verpflichtete sich sogar, »die Ungerechtigkeit mit den Schwertern der Imame« zu bekämpfen, und forderte gleichzeitig »eine Wiederbelebung der himmlischen Werte«.[9] Aus dem weltlichen Saddam wurde Saddam, der Muslim.

Doch die Mullahs blieben unbeugsam. Schon vor Saddams Amtsantritt als Präsident hatten führende islamische Ayatollahs ihn als Erzfeind ausgemacht. Als Khomeini 1978 ins Exil nach Paris gehen musste, antwortete er in einem Interview auf die Frage nach seinen Feinden: »Erstens der Schah, dann der amerikanische Satan, dann Saddam Hussein und seine gottlose Baath-Partei.«[10] Nach der Machtübernahme durch die Ayatollahs erklärte ein militanter Angehöriger der neuen Führung, Hujjat al-Islam Sedaq Khalkhali, Saddam behindere ihre Versuche, den Islam nach außen zu tragen. »Wir haben den Pfad des wahren Islam eingeschlagen und wir beabsichtigen, Saddam Hussein zu besiegen, weil er der Ausbreitung des Islam in der Region im Wege steht.« Seit Juni 1979 drängte das Regime Khomeinis das irakische Volk – und vor allem die Schiiten, die rund 60 Prozent der Bevölkerung stellen –, sich zu erheben und das Saddam-Regime zu stürzen.

Die Anti-Saddam-Kampagne wurde im Herbst fortgesetzt. Khomeinis wichtigster Verbündeter im Irak war Mohammed Bakr al-Sadr, Anführer der schiitisch-islamischen Dawa-Partei, mit dem er sich in Najaf im Exil angefreundet hatte. Sadr war ein Pfahl im Fleische der Baath-Regierung. Er war mehrfach inhaftiert worden, zuletzt bei der blutigen Unterdrückung der Schiiten 1977 (siehe Kapitel sechs), doch die Baath-Regierung musste erleben, dass Sadr mit jeder Verhaftung – 1972, 1974 und 1977 – populärer wurde. Nun verkündete Sadr, er betrachte Khomeini als Führer der Schiiten und fungiere selbst als offizieller Stellvertreter des iranischen Ayatollah, und damit überspannte er den Bogen endgültig. Diese Erklärung und die immer häufigeren Anti-Baath-Demonstrationen in Najaf stellten eine Gefahr dar, die Saddam nicht mehr ignorieren konnte. Im April 1980 erschütterten blutige Unruhen das Land: Die Mitglieder von Sadrs Dawa-Partei, die bereits 1979 zwanzig Regierungsbeamte ermordet hatten, verübten ein Attentat auf Tariq Aziz, Saddams stellvertretenden Premierminister und führendes Mitglied des Revolutionären Kommandorats. Aziz selbst wurde nur leicht verletzt, doch es gab eine unbekannte Anzahl von Toten und Verletzten. Wenige Tage später attackierten fanatisierte Dawa-Anhänger eine Beerdigungsprozession für die Opfer des Anschlags auf Aziz, und töteten weitere Menschen.

Saddam reagierte erwartungsgemäß brutal und kompromisslos. Die Zeit der Friedensangebote an die Ayatollahs war vorbei. »Unser Volk ist bereit, für seine Ehre und Souveränität zu kämpfen und den Frieden unter den arabischen Nationen zu bewahren«, erklärte er. Nachdem er die Dawa-Mitgliedschaft bei Todesstrafe verboten hatte, ließ er Hunderte von verdächtigen militanten Islamisten verhaften und hinrichten. Außerdem entsandte er seine Spezialeinheiten nach Najaf, um Sadr und seine Schwester festzunehmen. Sie überwältigten Sadrs Wachen und brachten die Gefangenen nach Bagdad. Sehr wahrscheinlich wurden der Ayatollah und seine Schwester von Saddams Bruder, dem Geheimdienstchef Barzan al-Tikriti, gefoltert, danach wurden sie im Schnellverfahren abgeurteilt und gehenkt. Das Protokoll dieses Verfahrens ist nie veröffentlicht worden. Als die Nachricht von der Hinrichtung das schiitische Kernland im Südirak erreichte, brachen großflächige Unruhen aus, die von Saddams Sicherheitskräften brutal niedergeschlagen wurden. Hunderte wurden getötet, Tausende wurden verhaftet und verschwanden spurlos. Saddam knüpfte an die Massenvertreibung des Jahrs 1977 an, jagte 35 000 irakische Schiiten aus ihren Häusern und trieb sie in den Iran. Khomeini war erzürnt, als er von der Hinrichtung seines Freundes und Kollegen Sadr erfuhr. »Der Krieg, den die irakische Baath-Partei entfachen will, ist ein Krieg gegen den Islam … Das Volk und die Armee des Irak müssen sich gegen das Baath-Regime stellen und es stürzen …, denn das Regime greift den Iran an, greift den Islam und den Koran an.«[11] Von diesem Moment an eskalierten die Scharmützel an der Grenze; die beiden Länder gingen auf einen Kollisionskurs, der im Krieg enden musste.

Der Konflikt beschränkte sich allerdings keinesfalls auf Bagdad und Teheran. Als iranische Revolutionäre am 17. Dezember 1979 die amerikanische Botschaft in Teheran stürmten und 66 amerikanische Botschaftsangestellte als Geiseln nahmen, reagierte die internationale Gemeinschaft mit Entsetzen und Empörung. Im folgenden Jahr erreichten die Spannungen

London, wo im Mai sechs pro-irakische Rebellen aus Khorramshahr die iranische Botschaft besetzten und die Angestellten als Geiseln nahmen. Die Geiselnahme wurde von Männern der britischen Eliteeinheit SAS beendet. Sie stürmten die Botschaft, nachdem die Terroristen eine Geisel erschossen hatten. Fünf Terroristen wurden von dem Kommando getötet, einer überlebte. Als dieser im Jahr 1981 im Londoner Old Bailey vor Gericht gestellt wurde, war Khorramshahr unter irakischer Kontrolle. Der Mann wurde wegen terroristischer Verbrechen angeklagt und zu einer lebenslangen Gefängnisstrafe verurteilt. Später drang durch, dass die gesamte Operation vom irakischen Geheimdienst geplant war und die bewaffneten Iraner im Irak trainiert worden waren; von ihren irakischen Ausbildern hatten sie auch gefälschte Pässe erhalten.

Außergewöhnliche Situationen erfordern bisweilen außergewöhnliche Mittel. Da ein Ende des verheerenden Kriegs mit dem Iran nicht absehbar war, ließ sich Saddam auf ein riskantes Glücksspiel ein, mit dem er die Supermächte zum Eingreifen und die Kämpfe zum Erliegen bringen wollte. Im Sommer 1982 brannte die israelische Begin-Regierung darauf, im Libanon eine Offensive gegen die PLO zu beginnen. Die PLO war sich der Gefahr bewusst, betrug sich mustergültig und ging den Israelis aus dem Weg, um ihnen ja keinen Grund für einen Angriff zu geben. Am Abend des 3. Juni 1982 wurde jedoch auf Shlomo Argov, den israelischen Botschafter in London, vor dem Dorchester-Hotel ein Attentat verübt. Argov hatte im Dorchester einen Vortrag über die aktuelle Situation im Nahen Osten gehalten. Er wurde durch einen Schuss schwer verletzt. Die britischen Behörden konnten die Attentäter festnehmen. Die Untersuchung brachte zutage, dass die drei Attentäter Mitglieder der Terrororganisation Abu Nidals waren, die noch immer ihren Sitz in Bagdad hatte; einer war mit Abu Nidal verwandt. Geplant hatte das Attentat ein Oberst des irakischen Geheimdienstes. Außerdem stellte sich heraus, dass die meisten Waffen der Attentäter vom Büro eines Militärattachés der irakischen Botschaft in London bereitgestellt worden waren.[12]

Saddam muss von dem Attentat gewusst haben – Abu Nidal stand noch immer in engem Kontakt mit Saddams privatem Büro und hing von dessen Unterstützung ab. Sowohl Saddam als auch Abu Nidal wussten sehr wohl, welche Konsequenzen der Mordversuch an einem israelischen Botschafter wahrscheinlich nach sich ziehen würde. Weder der israelische Premierminister Menachem Begin noch der Verteidigungsminister Ariel Scharon waren Politiker, die tatenlos zusahen, wie den Attentätern in London der Prozess gemacht wurde. In ihren Augen mussten die Verdächtigen in der einen oder anderen Weise mit der PLO in Verbindung stehen; außerdem lieferte ihnen das Attentat den Vorwand, auf den sie gewartet hatten. Am Morgen des 6. Juni 1982 befahl Begin der israelischen Armee, in den Libanon einzumarschieren. Am 10. Juni erklärte Saddam eine einseitige Waffenruhe mit dem Iran und befahl seinen Truppen, sich aus den iranischen Gebieten, die sie noch hielten, zurückzuziehen. Er schlug vor, sowohl der Irak als auch der Iran sollten die Feuerpause nutzen, um den Palästinensern bei der Verteidigung gegen den israelischen Angriff zu helfen. Nun war es Saddam zwar gelungen, einen neuen Krieg im Nahen Osten vom Zaun zu brechen, doch sein Plan, sich damit aus dem Konflikt mit dem Iran herauszuwinden, scheiterte kläglich: Am 14. Juli wies der Ayatollah Khomeini Saddams Angebot zurück und begann eine neue Offensive. Für Khomeini ging es bei diesem Krieg jetzt um alles oder nichts.

Das Attentat auf Argov war nicht der einzige verzweifelte Versuch Saddams, den Krieg zu beenden. Als feststand, dass der Iran nicht so einfach zu besiegen war, erwog Saddam den Einsatz von nicht konventionellen Waffen. Wie immer interessierte er sich besonders für das Atomforschungsprojekt. Vor Kriegsbeginn hatte man Saddam versprochen, der Reaktor werde im Juli 1981 waffenfähiges Material liefern. Die Franzosen, die international unter Druck standen, hatten sich mit der Lieferung des angereicherten Urans für die Tammuz-Reaktorkerne Zeit gelassen. Doch im Juli 1980 trafen die ersten Sendungen bei al-Thuwaitha am Rande Bagdads ein, wo gerade das Atomforschungszentrum entstand. Außerdem versuchten die Iraker weltweit Uran zu erwerben. Einhundertzwanzig Tonnen kauften sie 1980 von Portugal, weitere 200 Tonnen vom Niger. Ende 1981 oder Anfang 1982, so hoffte Saddam, würde er über die Atombombe verfügen. Hätten seine Wissenschaftler ihr Ziel erreicht, hätte er zweifellos Atomwaffen gegen den Iran eingesetzt. Als Saddam in den achtziger Jahren weiter versuchte, Atomwaffenfähigkeit zu erlangen, äußerte auch der britische Secret Intelligence Service (SIS) die Vermutung, dass Saddam, wäre er in den Besitz von Atomwaffen gelangt, den Krieg mit dem Iran zu einem schnellen Ende gebracht hätte.[13]

Nun jedoch wurde Saddams Hoffnung auf ein atomares Arsenal von Israel zunichte gemacht, das als Angriffsziel seiner Atombombe wohl ganz oben auf der Liste stand. Israelische Agenten hatten nicht nur 1979 in Frankreich die im Bau befindlichen Reaktorkerne schwer beschädigt, sondern sollen im Juni 1980 in einem Pariser Hotel auch den gebürtigen Ägypter Yahya al-Meshad ermordet haben, einen Atomwissenschaftler, der für die Arbeit am irakischen Atomprojekt eingestellt worden war. Von solchen Rückschlägen ließ sich Saddam allerdings nicht beirren. Er ließ die Entwicklung der Tammuz-Reaktoren fortsetzen. »Wer immer uns anfeindet, soll wissen, dass die Nation, die er anfeindet, in fünf Jahren anders dastehen wird.«[14] Drei Monate später und kurz nachdem die Franzosen die erste Lieferung angereicherten Urans geschickt hatten, flogen die Iraner am 10. September einen überraschenden Luftangriff gegen al-Thuwaitha. Der Angriff misslang, doch am 7. Juni 1981 vollendeten die Israelis das Werk und bombardierten den Reaktor einen Monat vor der geplanten Inbetriebnahme. Der Reaktor wurde vollständig zerstört, das angereicherte Uran jedoch, das in einem unterirdischen

Gang gelagert wurde, blieb erhalten. Das erlaubte es Saddam, sein geliebtes Atomwaffenprojekt zu einem späteren Zeitpunkt wieder aufzunehmen.

Auch nach diesem katastrophalen Rückschlag ließ Saddam keineswegs von seinem Ziel ab, Massenvernichtungswaffen zu erwerben. In seiner alljährlichen Ansprache zur Feier der Baath-Revolution im Juli erklärte er: »Wir werden uns der zionistischen Aggression nicht unterwerfen und wir werden den Krieg, für den wir uns entschieden haben, weiterführen.«[15] In einem Interview, das er Barbara Walters vom amerikanischen Nachrichtensender ABC gab, behauptete er, Israel wolle »die Araber in einem Zustand der Unterentwicklung halten, um sie zu beherrschen und zu unterdrücken«.

Das Atomprojekt musste er zwar auf Eis legen, doch bei der Herstellung chemischer und biologischer Waffen war Saddam erfolgreich. Er interessierte sich ausschließlich für Waffen »mit strategischer Reichweite«, die einen Feind wie den Iran oder Israel empfindlich treffen könnten. Die von Adnan al-Hamdani im Fünfjahresplan versteckten C-Waffen-Projekte hatten zum Großteil geruht. Nach dem israelischen Luftangriff auf die Tammuz-Reaktoren holte sie Saddam wieder aus der Schublade und befahl seinen Wissenschaftlern, mit doppeltem Einsatz die Entwicklung von chemischen und biologischen Waffen voranzutreiben. Dieses Mal wurden sie von westdeutschen Firmen unterstützt, die in den folgenden Jahren Schulter an Schulter mit den irakischen Chemikern, Raketentechnikern und Atomwissenschaftlern eines der weltweit differenziertesten Arsenale nicht konventioneller Waffen entwickelten. Der US-amerikanische Senator Jesse Helms, dessen Mitarbeiter Monate brauchten, um diese Firmen ausfindig zu machen, bezeichnete sie und ihresgleichen als »Saddams Fremdenlegion«.[16] Diese »Fremdenlegion« deutscher Firmen führte den Bau des Salman-Pak-Militärkomplexes in Suwaira durch, er liegt vierzig Kilometer von Bagdad entfernt in der Nähe der antiken Stadt Ktesiphon. Die Arbeit an der Anlage begann im Jahr 1981, und der Irak behauptete zwar, es handle sich um ein »Universitätsprojekt«, doch zwei Jahre danach hatte Saddam seine erste Nervengasfabrik.[17] Auch für den Bau der zweiten wichtigen C-Waffen-Fabrik in Samarra war eine deutsche Firma verantwortlich. Offiziell hieß es, die Anlage in Samarra sei von dem neu gegründeten irakischen Staatsbetrieb für Pestizidherstellung SEEP in Auftrag gegeben worden, um die Erträge der Landwirtschaft zu erhöhen. Obgleich ihnen klar sein musste, dass das ein Märchen war, halfen die Deutschen den Irakern in Samarra beim Bau von sechs Produktionseinheiten für C-Waffen: Ahmed, Ani, Mohammed, Iesa, Meda und Ghasi. Die Erste war 1983 fertig, die Letzte 1986. Diese Anlagen produzierten von Senfgas und Blausäure bis hin zu den Nervengasen Sarin und Tabun einfach alles. Mit typisch deutscher Gründlichkeit wurde die Fabrik so konstruiert, dass man die Giftgase aus den Produktions-»Reaktoren« direkt in eine unterirdische Anlage leiten konnte, wo sie in Artilleriegeschosse, Granaten, Raketen und andere Trägersysteme gefüllt wurden. Nach Fertigstellung der Anlage konnte sich der Irak einer der weltweit größten C-Waffen-Fabriken rühmen.[18] Die dritte derartige Anlage wurde aus gutem Grund in der Wüste bei Rutbah nahe der syrischen Grenze errichtet.

Die Iraker begannen sogleich, sich mit ihrer neuen Errungenschaft zu brüsten. Im April 1983 schickte das irakische Oberkommando, dem Saddam als Oberbefehlshaber vorsteht, den Iranern eine deutliche Warnung: Der Irak verfüge nun über »moderne Waffen, [die] im Krieg erstmalig zum Einsatz kommen«, und die »aus humanitären und ethischen Gründen bislang nicht eingesetzt wurden«. In einem verzweifelten Versuch, weitere iranische Angriffe zu verhindern, hieß es in der Warnung weiter: »Wenn Sie die Befehle des Khomeini-Regimes ausführen … wird das Ihr sicherer Tod sein, denn dieses Mal werden wir eine Waffe anwenden, die an den Fronten alles Leben auslöscht.«[19]

Deutschland war nicht das einzige westliche Land, das Saddam im Krieg gegen die Ayatollahs unterstützte. Die Franzosen, erzürnt über den Bombenangriff der Israelis auf die Tammuz-Reaktoren, versprachen sogleich, sie wieder aufzubauen. Der neue französische Präsident François Mitterrand hatte sich mit pro-arabischen Ministern umgeben, die Amerikas »einseitiger« Unterstützung Israels entgegenwirken wollten. Die ersten neuen Mirage-F1-Kampfflugzeuge, die Saddam mit Jacques Chirac ausgehandelt hatte, waren im Februar 1981 nach Bagdad geliefert worden. Es folgten zwei neue Maschinen pro Monat. Da aufgrund des US-Embargos gegen Teheran die iranische Luftwaffe mit ihren amerikanischen Flugzeugen zum überwiegenden Teil am Boden bleiben musste, waren die neuen Kampfbomber für die irakische Kriegführung eine enorme Hilfe. Im Februar 1982 schloss Präsident Mitterrand mit Bagdad ein weiteres Geschäft über 2,6 Milliarden Dollar ab. Und auch die Italiener hatten 1980, wenige Tage bevor die Iraker im Iran einmarschierten, Saddam für 2,6 Milliarden Dollar mit neuen, für diesen Zweck wie geschaffenen Kriegschiffen ausgestattet.

An den neuen Waffengeschäften lässt sich erneut ablesen, dass Saddam nicht von einem Lieferanten abhängig sein wollte. Der Grund waren die gravierenden Schwierigkeiten, die er in den siebziger Jahren mit seinem damaligen Hauptlieferanten, der Sowjetunion, gehabt hatte. Auch zu Beginn der Feindseligkeiten mit dem Iran hatten sich die Sowjets als wenig verlässliche Verbündete erwiesen und alle Waffenlieferungen eingestellt. Offiziell wahrte Moskau in dem Konflikt Neutralität, doch tatsächlich wollte Leonid Breschnew Saddam für die Verfolgung der irakischen Kommunisten bestrafen.[20] In Moskau nahm man Saddams Wiederannäherungsversuche an den Westen mit Unwillen zur Kenntnis, gefährdeten sie doch die Pläne der Russen, ihren Einfluss in der Golfregion auszubauen. Das mag auch der Grund dafür sein, dass die Sowjets den Iranern angeblich den Invasionsplan der Iraker besorgten (siehe oben).[21] Auch die Vereinigten Staaten und Großbritannien wahrten gegenüber den Kontrahenten offiziell Neutralität, doch vieles deutete darauf hin, dass sowohl London als auch Washington Bagdad näher standen als Teheran. Besonders Präsident Carter, dessen Wiederwahl im Herbst 1980 nach der Geiselkrise in Teheran gefährdet war, brauchte dringend einen Verbündeten, der ihm aus der politischen Patsche half. Zwar stand der Irak immer noch auf der Liste der Länder, die den Terrorismus finanzierten, und nach dem Sechs-Tage-Krieg 1967 waren die diplomatischen Beziehungen nicht wieder aufgenommen worden. Doch seit Mitte der achtziger Jahre gab es unter der Carter-Regierung einen deutlichen Kurswechsel. Saddam galt nicht nur als mögliches politisches Gegengewicht zu den Ayatollahs, sondern auch als Verbündeter gegen den sowjetischen Expansionismus im Golf. Präsident Bani-Sadr und der *New York Times* zufolge führte Carters Wunsch nach einer heimlichen Allianz mit Saddam zu einem streng geheimen Treffen im jordanischen Amman, das in der ersten Juliwoche 1980 zwischen Carters nationalem Sicherheitsberater Zbigniew Brzezinski und Saddam Hussein stattfand. Der *Times* zufolge wollten die beiden beraten, wie sich die Aktionen der USA und des Irak gegen die »rücksichtslose iranische Politik« besser koordinieren ließen.[22] Brzezinski, der wie seine Berater diese Begegnung bis heute bestreitet, traf sich außerdem mit König Hussein von Jordanien, der sich mit sicherem Überlebensinstinkt bereits an seinen Namensvetter und Nachbarn angenähert hatte. Möglicherweise war auch ein hoher irakischer Gesandter dabei. Wie auch beim Einmarsch in Kuwait zehn Jahre später behaupten mehrere ehemalige Vertreter der Carter-Regierung, darunter der frühere nationale Sicherheitsberater Gary Slick, die Amerikaner hätten Saddam den Eindruck vermittelt, er habe im Sommer 1980 für seinen Einmarsch im Iran grünes Licht. Von diesem Moment an herrschte in den Beziehungen zwischen den USA und dem Irak ein frischer Wind. Der US-Senat blockierte zwar weiterhin jeden Versuch, militärische Güter nach Bagdad zu liefern, doch im Juli genehmigte Carter den Verkauf von fünf Boeing-Maschinen für die nationale irakische Luftlinie – das erste größere

Geschäft, das die Amerikaner seit der Machtergreifung durch die Baath-Partei tätigten.

Im Sommer 1982 war Saddams Hoffnung auf ein zweites, ruhmreiches Kadisija wie eine Seifenblase geplatzt. Die Niederlagen in diesem Krieg, der nach seiner eigenen Voraussage nicht länger als zwei oder drei Wochen dauern sollte, wuchsen sich am Ende des zweiten Jahres zu einer Krise für den irakischen Führer aus. Angesichts von 100 000 toten Irakern, zigtausenden Verwundeten und dem Umstand, dass der klägliche Rest seiner Invasionstruppe in den iranischen Kriegsgefangenenlagern schmachtete, stand zum ersten Mal Saddams politisches Überleben ernsthaft in Frage.

Die ersten Anzeichen für Saddams sinkende Popularität wurden im April erkennbar, als ein Attentat auf seinen Informationsminister Latif Jasim misslang. Die Attentäter waren Mitglieder der militanten schiitischen Dawa, die den Mordanschlag wohl als Racheakt für die Hinrichtung des Dawa-Führers Sadr und seiner Schwester geplant hatten. Saddam reagierte wie gewohnt mit der Festnahme Hunderter von Schiiten; viele verschwanden spurlos. Wenige Monate später versuchte die Dawa, Saddam zu ermorden, als er den Ort Dujail im irakischen Balad-Distrikt besuchte. Über zwei Stunden lang saß der Präsident mit seinen Leuten fest, doch dann konnte ihn die Armee retten. Zahlreiche Begleiter Saddams und acht Attentäter starben bei dem Überfall. Die Attentäter nannten ihre Operation nach der von Saddam hingerichteten Schwester des Ayatollah Sadr *Um Al Hada*. Wenige Tage später wurden die Bewohner von Dujail aus ihren Häusern getrieben und in eine andere Stadt umgesiedelt; Dujail wurde von der Armee zerstört. Hubschrauber sollen über dem Dorf Napalm abgeworfen haben. Anschließend machten es Bulldozer dem Erdboden gleich. Das gescheiterte Attentat beeinflusste Saddams Herrschaftsstil nachhaltig. War er davor gern überraschend im ganzen Land aufgetaucht, um sein Image zu pflegen, gab es nach diesem Zeitpunkt keine unangekündigten Auftritte mehr.

Seit Kriegsbeginn hatte sich Saddam bemüht, die irakische Bevölkerung gegen die Vorgänge an der Front abzuschotten. Vor allem fütterte er sie mit der beständigen und monotonen Kost der Pro-Saddam-Propaganda. Egal, ob die Menschen morgens die Zeitung zur Hand nahmen, ob sie zur Arbeit gingen oder sich abends vor den Fernseher setzten – unweigerlich wurde ihnen die übermächtige Figur des »kämpfenden Präsidenten« präsentiert. Sie sahen ihn vor einem Raketenwerfer posieren oder väterlich kleine Kinder umarmen; er wurde ihnen als Staatsmann vorgeführt, der andere Staatsoberhäupter trifft, und als militärischer Führer, der Kriegspläne diskutiert, als tüchtiger Politiker im eleganten Anzug oder als einfacher Bauer, der anderen Bauern mit der Sense in der Hand bei der Ernte hilft. Das Land war so zugekleistert mit seinen Porträts, dass man sich gern den Witz erzählte, der Irak habe 26 Millionen Einwohner: 13 Millionen Iraker und 13 Millionen Fotos von Saddam.[23]

Doch auch im Krieg sorgte Saddam mit Hilfe des Ölreichtums dafür, dass sich der Lebensstandard auf hohem Niveau hielt. Gern wurde eine Aussage Saddams zu Kriegsbeginn zitiert, nach der das Land einen Vorrat aller wichtigen Bedarfsgüter für zwei Jahre habe.[24] Statt die Finanzmittel voll in den Krieg zu investieren und wie der Iran die Askese zur Pflicht zu erheben, versuchte der irakische Führer seinem Volk zu beweisen, dass er Krieg führen und gleichzeitig Normalität bewahren konnte. Ehrgeizige Projekte zur Stadtentwicklung, die vor dem Krieg begonnen worden waren, liefen weiter, und die öffentlichen Ausgaben stiegen von 21 Milliarden Dollar im Jahr 1980 auf 29,5 Milliarden 1982. Der Löwenanteil dieses Budgets ging in zivile Importe, die verhinderten, dass Waren knapp wurden. Dank dieser Kanonen-und-Butter-Politik blieben die meisten Iraker von dem Krieg, der auf dem Schlachtfeld tobte, relativ unberührt. Ja, zur Freude ausländischer Unternehmen boomte das Land geradezu. Die Bauprojekte schritten rasch voran, und Bagdad wandelte sich in rasender Geschwindigkeit von einer mittelalterlichen zu einer modernen Stadt.

Der Alltag in der Hauptstadt blieb vom Krieg weitgehend unberührt. Die Niederlagen der Anfangsphase waren bald vergessen, als klar wurde, dass die schrumpfende iranische Luftwaffe amerikanischer Herkunft, für die es aufgrund des US-Embargos keine Ersatzteile gab, den Krieg im irakischen Hinterland nicht würde fortsetzen können. Die meisten Nahrungsmittel waren erhältlich, und schwarze Trauerkleidung sah man in den Straßen Bagdads nur selten.

Saddam hüllte nicht nur die Zivilbevölkerung in einen rosa Schleier, sondern er kümmerte sich auch intensiv um diejenigen, die in die Kämpfe verwickelt oder vom Krieg betroffen waren. Da die irakischen Behörden zugeben mussten, dass sich die Verluste auf 1200 Menschen pro Monat beliefen, sorgte Saddam dafür, dass alle großzügig entschädigt wurden. Der bereits hohe Lebensstandard des Offizierskorps wurde weiter angehoben, und Angehörige der Streitkräfte erhielten Privilegien beim Kauf von Autos oder Häusern. Offiziere, die sich durch Heldenmut ausgezeichnet hatten, wurden mit Rolexuhren beschenkt, die natürlich Saddams Porträt auf dem Zifferblatt trugen. Die Familien der Gefallenen erhielten ein Auto, ein Stück Land und einen zinsfreien Baukredit. Um sicherzustellen, dass man die Baathisten eindeutig mit dem Krieg identifizierte, befahl Saddam seinen Parteifunktionären, ihre maßgeschneiderten Anzüge in den Schrank zu hängen und sich in olivgrüne Kampfanzüge zu werfen, die bald zum Markenzeichen für die im Fernsehen übertragenen Treffen der Baath-Partei wurden.

Wie sehr Saddam darum bemüht war, die Fassade der Normalität aufrechtzuerhalten, zeigt sich auch darin, dass er im Herbst 1982 unbedingt die Konferenz der blockfreien Staaten in Bagdad abhalten wollte. Die 1950 gegründete Bewegung repräsentiert die Interessen der Entwicklungsländer, die von den Supermächten unabhängig bleiben wollen. Saddams Interesse daran geht auf das Jahr 1978 zurück, als er die alle vier Jahre stattfindende Konferenz in Havanna auf Kuba besuchte. Trotz seines Hasses auf den Kommunismus soll er sich mit

Fidel Castro angefreundet haben und auf den Geschmack der edlen Havanna-Zigarren gekommen sein, die er fortan nach Bagdad importieren ließ. Da er den Irak aus dem Einflussbereich der Supermächte heraushalten wollte, war es nur konsequent, sich den blockfreien Staaten zuzuwenden. Als Gastgeber der Konferenz im Jahr 1982 wollte Saddam auf die Delegierten einwirken, ihn nach dem Ende von Castros Amtszeit zu dessen Nachfolger zu wählen. Ein Großteil der rasanten Bautätigkeit Anfang der achtziger Jahre galt der Errichtung neuer Hotels und Konferenzzentren für das geplante Treffen. Millionen, wenn nicht Milliarden Dollar flossen in Neubauprojekte, bestehende Gebäude und Einrichtungen wurden von Grund auf renoviert.

Mitte 1982 jedoch griff der Iran den Irak entschlossen an, und die Kanonen-und-Butter-Politik, die wichtigste Stütze der guten Moral im Land, war nicht mehr aufrechtzuerhalten. Die Geldreserven des Irak reichten nicht mehr aus, neben dem Krieg auch die florierende Wirtschaft zu finanzieren. Ursache der Finanznot war die weitgehende Zerstörung der irakischen Erdölanlagen rund um Basra durch die Iraner. Hinzu kam die Entscheidung der mit Bagdad verfeindeten Baathisten in Damaskus, die durch Syrien verlaufende irakische Pipeline nach Banias am Mittelmeer zu schließen. Präsident Assad hatte nur auf eine Gelegenheit gewartet, sich für die Hinrichtung pro-syrischer Baathisten nach Saddams Amtsantritt 1979 zu rächen, und für die Dauer des Ersten Golfkriegs blieb Damaskus einer der treuesten Verbündeten Teherans. Als die Auslandsreserven des Irak von 35 Milliarden Dollar vor dem Krieg auf nur drei Milliarden Dollar Ende 1983 sanken, musste Saddam alle nicht zwingend notwendigen Ausgaben kürzen. In der Folge fielen die zivilen Importe von 21,5 Milliarden Dollar 1982 auf 12,2 Milliarden 1983 und zehn bis elf Milliarden zwischen 1984 und 1987. Saddam musste sogar die Konferenz der blockfreien Staaten in Bagdad absagen. Das Treffen wurde nach Neu-Delhi verlegt, und in Saddams Beisein übernahm die Inderin Indira Gandhi für die nächsten vier Jahre den Vorsitz.

Die militärischen Niederlagen und der dramatische wirtschaftliche Abschwung nährten erstmals ernsthafte Zweifel an Saddams Führungsqualitäten. Für die Misserfolge der Iraker nach der iranischen Gegenoffensive machte man Saddam persönlich verantwortlich. Überdies warf man ihm vor, bereits mit dem Angriff auf den Iran wenig politisches Gespür gezeigt zu haben. Da er persönlich die militärische Führung übernommen hatte, blieb ihm nichts anderes übrig, als nun auch die Verantwortung für die Niederlagen zu übernehmen. Zu Kriegsbeginn hatte Saddam befohlen, das militärische Oberkommando der Kontrolle der Baath-Partei zu unterstellen. In den ersten Wochen hatte Saddam persönlich die Operationen aus dem Bunker unter dem Präsidentenpalast in Bagdad überwacht. Jeder Befehl wurde nach Rücksprache mit ihm ausgegeben, und Saddam bestand darauf, an jeder militärischen Entscheidung – vom kleinsten Vorstoß bis hin zur Bombardierung großer militärischer Ziele – beteiligt zu werden. Sogar Adnan Khairallah, sein Cousin, Schwager und Gerenalstabschef, musste den Feldmarschall Saddam wegen kleinster Details konsultieren.

Im Verlauf des Krieges baute Saddam den Revolutionären Kommandorat zum persönlichen Hauptquartier um, sodass die Kontrolle über alle Kriegsoperationen bei ihm lag. Aus diesem Grund konnten jedoch die irakischen Kommandeure vor Ort nicht flexibel und eigenverantwortlich handeln und nicht schnell und effektiv genug auf neue Taktiken der Iraner reagieren. Ein Beispiel von vielen für Saddams dilettantische Behinderung seiner Offiziere ist seine Order, aus politischen Gründen die irakischen Verluste möglichst niedrig zu halten. Damit reduzierte er nicht etwa die Zahl der Toten, sondern erreichte das Gegenteil. Weil die Iraker nicht an ihre anfänglichen Erfolge im Südiran anknüpfen konnten und die Iraner ihre Abwehr verstärkten, mussten die irakischen Truppen unter immer schlimmeren Bedingungen kämpfen, und Tausende starben sinnlos. Saddam hatte vollkommene Macht über die Streitkräfte. Auch die erfahrensten Bataillons- und Brigadekommandeure trafen keine Entscheidungen mehr, weil sie fürchteten, sie könnten den Oberkommandeur verärgern. Stattdessen ließen sie sich alle Entscheidungen vom Hauptquartier der Division oder des Armeekorps bestätigen, das wiederum die Oberste Kommandospitze in Bagdad konsultierte. Man darf nicht vergessen, dass die politischen Kommissare, die im Auftrag der Baath-Partei das militärische Oberkommando überwachen sollten, dem Revolutionären Kommandorat Berichte über das Verhalten einzelner Offiziere lieferten.

Saddam wusste nur zu gut, dass seine Popularität in der irakischen Bevölkerung nur oberflächlicher Natur war. Er blieb sich daher treu und traf die Maßnahmen, die für seinen Machterhalt notwendig waren. Der Sicherheitsapparat umfasste schätzungsweise 208 000 Menschen – zweimal so viele wie die britische Armee –, er beschäftigte rund 15 Prozent aller Regierungsangestellten.[25] Der Geheimdienst des Präsidenten, Amn al-Khass, unterstand der wachsamen Kontrolle von Saddams Bruder Barzan al-Tikriti. Saddams Henker leisteten auch während des Krieges ganze Arbeit: 1981 und 1982 wurden über 3000 Zivilisten hingerichtet, nicht eingerechnet diejenigen, die wegen politischer Verbrechen exekutiert wurden.

Das zunehmende Misstrauen, das die Atmosphäre verpestete und bis ins Innerste der Baath-Regierung vordrang, illustriert eine infame Tat im März 1982. Saddam erschoss in der wöchentlich stattfindenden Kabinettsrunde einen seiner Minister. Die Regierung behauptete später, der Minister sei wegen persönlicher Bereicherung hingerichtet worden – auf die die Todesstrafe steht. In Wahrheit hatte der Gesundheitsminister Riyadh Ibrahim Hussein die Stirn, vorzuschlagen, Saddam solle seinen Platz zugunsten des früheren Präsidenten Ahmad Hassan al-Bakr räumen, damit dieser eine Waffenruhe mit dem Iran aushandeln könne. Der Krieg hatte sich zu diesem Zeitpunkt zu einem Kampf zwischen den mit einem übersteigerten Selbstbewusstsein ausgestatteten Titanen Saddam und Khomeini zugespitzt; hätte sich Saddam von der Macht zurückgezogen, wären die Chancen für eine Waffenruhe eventuell größer gewesen. Als der Minister seinen Ratschlag vorbrachte, zeigte Saddam kein Anzeichen der Verärgerung. Er unterbrach lediglich die Kabinettssitzung und bat den Minister, ihn zu begleiten. »Lassen Sie uns nach nebenan gehen und die Sache bereden«, sagte er. Der Minister willigte ein und die beiden verließen den Raum. Einen Augenblick später war ein Schuss zu hören, und Saddam kehrte ins Kabinett zurück, als sei nichts geschehen.[26] Als die irakische Nachrichtenagentur von der Hinrichtung des Ministers berichtete, gab sie an, der »Verräter« sei dafür bestraft worden, dass er Medikamente eingeführt habe, an denen unschuldige Iraker gestorben seien. Die Witwe bat um die Herausgabe der Leiche, und sie wurde zerstückelt geliefert. Kurz nach diesem Ereignis schickte Saddam seinem kranken Vorgänger Bakr ein Ärzteteam seiner Sicherheitskräfte, damit er ihm zukünftig keine Scherereien mehr machen konnte (siehe Kapitel sieben).

Da Saddam die militärischen Operationen selbst kontrollieren wollte, musste er sich auch persönlich um die Unzufriedenheit kümmern, die in der Truppe aufkam. Die Begeisterung für den Krieg war von Anfang an nicht besonders groß gewesen, doch vor allem die irakischen Offiziere mit ihrer Ausbildung im britischen Sandhurst monierten, dass ihre Offensive keine klar definierten Ziele hatte. Immer wieder hörte man von Offizieren, die hingerichtet wurden, weil sie Saddams Entscheidungen öffentlich kritisierten. Im Sommer 1982 eskalierte die Situation, als eine Gruppe von Offizieren ihre, wie sie meinten, konstruktive Kritik vorlegten und andere Ziele vorschlugen. Saddam, der den höheren Rängen nach wie vor mit einem Minderwertigkeitskomplex begegnete, sah die Sache anders und ließ 300 hochrangige Offiziere sowie einige Parteifunktionäre, die sich ihnen angeschlossen hatten, hinrichten. Auch Offiziere, die Saddam verdächtigte, an der Front ihren Pflichten nicht nachzukommen, hatten keine Gnade zu erwarten. Einmal soll Saddam persönlich einen Offizier hingerichtet haben, weil er einen taktischen Rückzug befohlen hatte. Der Mann wurde Saddam vorgeführt. Dieser zog in aller Ruhe die Pistole und schoss ihn in den Kopf.[27]

Die Baathisten sahen sich mit einer wachsenden Zahl von Deserteuren konfrontiert. Die Sicherheitskräfte lösten das Problem auf ihre Art: Am Anfang schickte man Deserteure, die man wieder einfing, nach Hause, wo sie später hingerichtet wurden. Später brachte man sie in das Abu-Ghraib-Gefängnis am Rande Bagdads, das sich schnell den Ruf einer irakischen Lubjanka einhandelte und den Palast des Todes als Geheimdienstgefängnis der Baathisten ablöste. Einem Insassen zufolge, der die Schrecken des Gefängnisses überlebte, besteht »der Abschnitt des Abu Ghraib, der den Todeskandidaten vorbehalten ist, aus einer Halle, umgeben von vier mal vier Meter großen Räumen, in die jeweils 15 bis 20 Häftlinge gepfercht werden. Diese Räume dienen als Toiletten und Mülleimer zugleich. Die meisten Häftlinge sind keine normalen Verbrecher, sondern Militärangehörige, die sich gegen den Golfkrieg gestellt haben.«[28] Andere Häftlinge erwähnten eine Abteilung für »Spezialfälle«, also Mitglieder der Dawa, der Kommunistischen Partei und anderer Oppositionsparteien. Viele wurden in Kerkern im Keller eingesperrt und durften nur einmal im Monat im Hof frische Luft schnappen.

Um die Verantwortung für das Scheitern seiner Kriegspläne anderen in die Schuhe zu schieben, ergriff Saddam im Juni eine Reihe von Maßnahmen, mit denen er sicherstellte, dass die herrschenden Mitglieder der Baath-Partei ihren Teil der Verantwortung übernehmen mussten, und diejenigen, für die er keine Verwendung mehr hatte, beseitigt wurden. Zunächst berief er ein Treffen des Revolutionären Kommandorats ein und forderte dessen Mitglieder auf, den Iran als Gremium um eine Waffenruhe zu bitten. Die Iraner lehnten ab, womit bewiesen war, dass der Krieg auch ohne Saddam weitergeführt werden würde. Beim nächsten Treffen unterzog Saddam den Revolutionären Kommandorat einer Art Mini-Säuberung und entfernte acht von sechzehn Mitgliedern. Die symbolträchtigste Veränderung betraf General Saadoun Ghaydan, den letzten der Offiziere, die einst die Baath-Partei an die Macht gebracht hatten. Dass Saddam im Sommer 1982 besonders blutrünstig gestimmt war, deutet auch ein Vorfall an, der sich bei einer Sitzung der Nationalversammlung abgespielt haben soll. Saddam sprach vor der Versammlung und bemerkte, wie ein Zuhörer einem anderen einen Zettel zusteckte. Unverzüglich zog der Präsident seine Pistole und tötete sie beide. Saddam nahm an, dass sie ein Attentat auf ihn ausheckten, und als man das Stück Papier untersuchte, stellte sich heraus, dass er Recht hatte. Ob die Geschichte wahr ist oder nicht – in den Kaffeehäusern von Bagdad wurde sie jedenfalls gern erzählt, illustriert sie doch, dass der irakische Präsident nicht mit sich spaßen ließ.

Die größte Gefahr drohte Saddam im folgenden Jahr aus der eigenen Familie. Er war gezwungen, seine drei Halbbrüder Barzan, Watban und Sabawi unter Hausarrest zu stellen. Wie genau dieser Familienstreit zustande kam, hat man nie genau klären können. Eine Vermutung geht dahin, dass Barzan an einem Putschversuch mit einer Gruppe von Offizieren beteiligt gewesen sei. Sie sollen ihm die Präsidentschaft angeboten haben, wenn er sie gegen Saddam unterstützte. Eine andere Version lautet, dass es dem Sicherheitschef Barzan nicht gelungen war, ein Komplott gegen Saddam aufzudecken – eine Variante, die nicht der Ironie entbehrt: Barzan hatte im Jahr zuvor ein Buch veröffentlicht, in dem er detailliert von sieben angeblichen Komplotten berichtete – einige aus der Zeit vor Saddams Präsidentschaft – und die unterschiedlichsten Mächte von Syrien über Israel bis hin zu den USA als Drahtzieher verdächtigte. Wahrscheinlicher ist es, dass Saddam und seine Halbbrüder in eine Familienfehde verwickelt waren. Es ist wohl kein Zufall, dass die Spannungen bald nach dem Tod von Saddams geliebter Mutter im Jahr 1983 begannen, die ihre Söhne aus zweiter Ehe immer bevorzugt hatte. Die Rivalität zwischen den al-Majids, Saddams Verwandten väterlicherseits, und den al-Ibrahims, den Verwandten aus der zweiten Ehe der Mutter, führte im Regime zu besonders großen Spannungen. Als Subha Tulfah noch lebte, hatte sie die Interessen aller ihrer Söhne vertreten; dass alle drei Halbbrüder Saddams in der Regierung solch hohe Ämter bekleideteten, war Subhas Überredungskünsten ebenso zu verdanken wie Saddams Neigung, Schlüsselpositionen mit Tikritis und Familienmitgliedern zu besetzen. Die wahrscheinlichste Erklärung für Saddams Zerwürfnis mit seinen Brüdern Ende 1983 ist die Wahl eines Bräutigams für seine älteste Tochter Raghda. Aller Baath-Propaganda über die Emanzipation der Frau zum Trotz gilt in Saddams Familie alter Väter Sitte, und es ist Pflicht des Vaters, einen geeigneten Schwiegersohn zu wählen. Saddam hatte sich für Hussein Kamel al-Majid entschieden, einen seiner Cousins. Dem wenig begabten Offizier Hussein war es gelungen, sich sowohl bei Saddam als auch bei Sajida einzuschmeicheln. Er begleitete Sajida auf ihren Einkaufstrips nach New York und nahm dank seiner Familienbande mehrere Schlüsselpositionen in Saddams Sicherheitsapparat ein. Saddams Wahl stellte jedoch für Barzan, der gehofft hatte, sein eigener Sohn werde Raghda heiraten, eine tiefe Kränkung dar. Barzan war so erbost, als er davon hörte, dass er in der typischen Art der Tikriti drohte, lieber werde er Hussein umbringen, als zuzulassen, dass er seinem Sohn die erwählte Braut wegnehme. Ein Land, das sich mitten in einem verheerenden Krieg befand und dabei war, chemische, biologische und atomare Waffen zu entwickeln, wurde von einem Familienkrach wegen einer arrangierten Heirat lahm gelegt.

Dass dies der wirkliche Grund war, zeigte sich wenige Tage, nachdem die drei Brüder unter Hausarrest gestellt worden waren. Saddam gab eine öffentliche Erklärung ab, in der er Barzans Loyalität betonte. Das hätte er sicher nicht getan, wenn es auch nur den kleinsten Hinweis auf ein Komplott gegeben hätte. Hätten solche Beweise existiert, dann wären die drei wie alle anderen Verschwörer von Saddams Erschießungskommandos hingerichtet worden. Als sich die Wogen etwas geglättet hatten, erhielt der aufsässige Barzan die gleiche Behandlung wie andere hochrangige Baathisten, die aus dem einen oder anderen Grund in Ungnade gefallen waren. Barzan wurde als Botschafter ins Exil geschickt und zwar nach Genf, wo er – etwas unpassend – offizieller Repräsentant des Irak bei der UNESCO wurde. Die anderen beiden Brüder wurden zwei Jahre später rehabilitiert. Sabawi übernahm Barzans Position als Leiter des Amn al-Khass, und Watban wurde Chef der inneren Staatssicherheit. Die erste schwere Familienkrise war ohne Blutvergießen überwunden. Doch das sollte in den unruhigen Jahren, die nun folgten, nicht immer so bleiben.

NEUN

Der Sieger

Der Krieg forderte seinen Tribut von Saddam Hussein. Die militärischen Rückschläge von 1982 und die ersten Zeichen von Unruhe im Volk nagten an ihm. Saddam hatte Bagdad schon immer als Brutstätte von Intrigen und Verschwörungen betrachtet, aber die unablässigen Belastungen durch den Krieg gaben seinem tief sitzenden Verfolgungswahn weitere Nahrung. Dahin waren die sorglosen Tage, als er sein Volk noch mit Überraschungsbesuchen beglücken konnte. Keinem Menschen und keiner Institution – nicht einmal der eigenen Familie – durfte er trauen. Er errichtete ein kompliziertes, weit reichendes Sicherheitsnetz zum Schutz gegen die zahllosen Attentäter aus dem In- und Ausland, die es, wie er sich einredete, auf ihn abgesehen hatten. Bei jeder Ausfahrt und jeder Reise wurden Konvois aus gepanzerten Limousinen mit verdunkelten Fenstern, umringt von schwer bewaffneten Sicherheitsbeamten, ausgesandt, um die potentiellen Attentäter aus ihren Löchern zu locken. Saddam hatte schließlich selbst genug Erfahrung mit Verschwörungen und Attentaten, und er wollte die Attentäter unbedingt mit ihren eigenen Waffen schlagen.

Auch Saddams Besucher mussten sich einer langwierigen Sicherheitsüberprüfung unterziehen, bevor sie in seine Nähe gelassen wurden. Niemand, nicht einmal seine engsten Berater, konnten mit Sicherheit voraussagen, wo er sich zu einem bestimmten Zeitpunkt aufhalten würde. Wenn iranische Jagdbomber in die Reichweite Bagdads kamen, was sie nur selten schafften, war Saddam sicher, dass die Bomben ihm persönlich galten. Daher gewöhnte er sich an, in verschiedenen »sicheren Häusern« in den Vorstädten Bagdads zu übernachten, eine alte Gewohnheit, die er als Untergrundkämpfer der Baath-Partei in den sechziger Jahren praktiziert hatte und auch später noch häufig wieder aufnehmen würde, wenn er sich für gefährdet hielt. Saddams wachsende Paranoia trieb seltsame Blüten. Wenn er seine Lieblings-Jagdkleidung anlegte, gehörte dazu ein mit kugelsicherem Kevlar-Material gefütterter Hut. Seit Ende der siebziger Jahre beschäftigte er eigene Köche, die jedoch nun von seinen persönlichen Vorkostern verdrängt wurden, die ihn stets begleiteten. Und statt sich irakischen Ärzten anzuvertrauen, die durchaus im Dienst seiner Feinde stehen konnten, beschäftigte Saddam ausländische Mediziner. Ehemalige Funktionäre behaupten, er habe sich zunehmend auf Doppelgänger verlassen, die ihn bei offiziellen Zeremonien vertraten; einer von ihnen soll 1984 mit dem echten Saddam verwechselt und erschossen worden sein. Selbst Saddams ältester Sohn Uday hatte angeblich ein eigenes Double. General Wafic al-Samurrai behauptete, bei unbedeutenden offiziellen Veranstaltungen seien mehrmals Doppelgänger für Saddam aufgetreten.

Einen eigenen Geheimdienst, den Amn al-Khas, hatte Saddam bereits aufgebaut, und 1984 wollte er auch noch eine eigene Armee haben. Zu diesem Zweck erneuerte er die Republikanische Garde, die es bereits seit den sechziger Jahren gab. Die Baath-Partei brüstete sich damals mit einer eigenen Miliz, der Volksarmee, die zu Beginn des Krieges eine Stärke von circa 250 000 Mann hatte. In Wirklichkeit war diese Miliz kaum mehr als ein Sammelbecken begeisterter Baath-Amateure. Diese Miliz hatte in den ersten Kriegsjahren lediglich zivile Aufgaben ausgeführt; die Männer mussten keineswegs befürchten, bei militärischen Operationen eingesetzt zu werden. 1984 beschloss Saddam dann, die Volksarmee durch seine eigenen Truppen zu ersetzen, die ausschließlich dem Präsidenten

Gehorsam schuldeten. In der Folgezeit entwickelte sich die Republikanische Garde von einer Stärke von nur zwei Brigaden rasch zu einer Armee in der Armee. Sie war mit dem besten verfügbaren militärischen Gerät ausgestattet: sowjetische T72-, T62- und T55-Panzer, französische 155-Millimeter-Geschütze und moderne Boden-Luft-Raketen. Die Mitglieder der Garde, wie Saddam sunnitisch-bäuerlicher Herkunft, waren imposante Gestalten. Sie erhielten eine besondere Ausbildung und besseren Lohn als die anderen Soldaten und waren von Saddam existenziell abhängig. Sollten die Iraner je Bagdad angreifen, erwartete Saddam von der Republikanischen Garde, dass sie ihn bis zum letzten Blutstropfen verteidigte wie einst die Prätorianer die römischen Kaiser. Doch auch die regulären Streitkräfte wurden komplizierten Sicherheitsregelungen unterworfen, um Attentats- und Putschversuche zu verhindern. Es war den Einheiten verboten, näher als bis auf 160 Kilometer an Bagdad heranzukommen, und wenn sie ihren Standort verlegten, geschah dies ohne Munition. Politische Kommissare und Sicherheitsagenten lieferten Berichte über die Leistungen einzelner Offiziere direkt an das Büro des Präsidenten, und die Offiziere wurden häufig versetzt, damit sie keine zu engen Bindungen zu ihrer Truppe aufbauen konnten.

Der israelische Luftangriff, der im Jahr zuvor den irakischen »Forschungsreaktor« zerstörte, hatte Saddam einen schweren Schlag versetzt. Jetzt lancierte er ein teures Programm zum Bau eines unterirdischen Bunkersystems, in dem er sich und die strategisch wichtigen Ressourcen des Landes vor künftigen Angriffen aus der Luft schützen konnte. Er behauptete zwar, der Plan läge im Interesse der nationalen Sicherheit, doch es wies einiges darauf hin, dass er vor allem Saddams »Bunker-Mentalität« entsprungen war. Britische Firmen lieferten die Pläne für Bunker, in denen 48 000 Soldaten untergebracht werden konnten. Ein persönlicher Schutzbunker wurde sogar unter einem Kino im Erdgeschoss des Verwaltungskomplexes Al-Sijood in der Nähe des Präsidentenpalastes angelegt. Die für die Verhältnisse des Präsidenten kleine Unterkunft (etwa vierzig Quadratmeter) enthielt genügend elektronische Geräte, Computer, Fernschreiber und Glasfaserkabel für die Kommunikation mit seinen Truppen im ganzen Land.

Ein weiterer Saddam-Bunker entstand in der Nähe des kürzlich begonnenen neuen Präsidentenpalastes. Dieser von einer deutschen Firma gebaute Komplex lag etwa hundert Meter unter dem Flussbett des Tigris. Die Wände bestanden aus 1,80 bis 2,40 Meter dicken Stahlbetonmauern, und das Bauwerk ruhte auf riesigen Federn von 60 Zentimeter Durchmesser auf einem gegossenen Fundament aus federndem Material. Wenn eine Bombe mit der Sprengkraft der Hiroshima-Bombe nur einen halben Kilometer entfernt explodierte, »würde Saddam nur ein leichtes Beben spüren«. Aus dem Bunker führten zwei Fluchtwege, einer in einen erdbebensicheren Fahrstuhl. Beide Eingänge zu diesem Versteck, das einer James-Bond-Fantasie Ehre gemacht hätte, wurden von videogesteuerten MG-Nestern bewacht.[1] Saddam befahl außerdem, für die VIP-Lounge des im Bau befindlichen Saddam International Airport spezielle Sicherheitsvorkehrungen zu treffen. Das französische Unternehmen musste einen unterirdischen Fluchtweg und eine separate Zufahrtsstraße bauen. »Wenn der Flughafen angegriffen worden wäre«, erinnert sich einer der Ingenieure, »hätte Saddam durch einen fünfzehn Kilometer langen Tunnel unterhalb der VIP-Lounge zu einem geheimen Hubschrauberlandeplatz in der Wüste fliehen können.«[2]

Einige Angehörige Saddams erreichten allmählich das Alter, in dem sie verantwortungsvolle Posten in der Regierung übernehmen konnten. Viele arabische Despoten haben ihre Söhne als politische Nachfolger aufgebaut. Bashir Assad wurde nach dem Tod seines Vaters syrischer Staatspräsident, und sowohl Präsident Mubarak in Ägypten als auch Oberst Gaddhafi in Libyen gaben ihren Söhnen hohe Regierungsämter in der Hoffnung, sie könnten sich als würdige Nachfolger erweisen.

Bei Saddam war dies nicht anders, und als Uday 1984 sein Ingenieursdiplom von der Universität Bagdad erhielt, belohnte ihn sein Vater mit der Ernennung zum Direktor des Irakischen Olympischen Komitees. Freilich war dieser Posten eher eine Spielwiese, auf der sich der zwanzigjährige Uday in der Kunst des Herrschens üben konnte. Zuständig war er hauptsächlich für die Jugendarbeit, eine Aufgabe, für die Uday angesichts seines aufsässigen, selbstsüchtigen und gewalttätigen Verhaltens in Schule und Universität vollkommen ungeeignet war. Seine Examensnote entsprach einem Durchschnitt von 98,5 Prozent, was angesichts seiner bekannten Vorliebe für Nachtklubs ganz unglaublich erscheint. Gerüchte liefen um, dass Dozenten, die ihm nicht Bestnoten gaben, ihre Posten verloren und gefoltert wurden.[3]

Mit zwei Söhnen im heiratsfähigen Alter konnte sich Saddam nun auch den dynastischen Ambitionen seiner Familie widmen. Ende 1984 arrangierte er eine Ehe zwischen Uday und dessen Cousine Saja, der Tochter von Saddams Halbbruder Barzan. Saddam selbst hatte eine leibliche Cousine geheiratet, was für einen Iraker nicht ungewöhnlich war. Zwar hatte die Baath-Partei in ihrer sechzehnjährigen Amtszeit große Anstrengungen unternommen, die ökonomischen und sozialen Strukturen des Irak zu modernisieren, doch Stammes- und Familienbande spielten nach wie vor eine große Rolle, und arrangierte Ehen waren die Norm. Barzan lebte nach der Familienfehde im vergangenen Jahr immer noch in Genf. Mit der Eheschließung ihrer Kinder hoffte Saddam wohl, den Zwist zu beenden und Barzan zur Heimkehr zu bewegen, damit dieser ihm in den dunklen Kriegsjahren die dringend benötigte moralische Unterstützung geben konnte.

Uday und Saja wurden also vermählt, und alles schien für eine offizielle Versöhnung zwischen Saddam und seinem Halbbruder zu sprechen. Doch Saddam hatte nicht berücksichtigt, welche Gefahren der unberechenbare Charakter seines ältesten Sohnes barg. Uday und Qusay waren nicht gerade zu Anstand und Höflichkeit erzogen worden, und in den Kaffeehäusern und Basaren von Bagdad ergötzte man sich regelmäßig mit Geschichten über die neuesten Schandtaten der beiden. Ihr Lieblings-Treffpunkt war die Diskothek auf dem Dach des Melia-Manour-Hotels. Qusay, der in Bezug auf seine Gefährtinnen etwas wählerischer war als sein Bruder, hat angeblich Blondinen aus Skandinavien für sich einfliegen lassen. Bekanntlich waren beide Söhne Playboys, doch Udays Ehe scheiterte innerhalb von drei Monaten, und das war für die Iraker ein echter Skandal. Gründe für die Trennung wurden nicht bekannt, doch gilt es im Irak als erwiesen, dass Udays Impotenz der Hauptgrund war.[4] Trotz seiner Leidenschaft für schnelle Autos und flotte Nachtklubs hielten sich Gerüchte, dass er nur selten sexuelle Erfüllung erlangte, was die psychologische Ursache für seinen aufbrausenden Charakter sei. Saja kehrte betrübt zu ihrem Vater nach Genf zurück, und überall wurde gemunkelt, die Ehe sei nicht vollzogen worden. Saja kam mit Schnittverletzungen und blauen Flecken nach Hause. Ihr junger Gatte hatte sie zum Abschied brutal verprügelt. Nun wollte Barzan von einer Versöhnung mit seinem Halbbruder erst recht nichts mehr hören.

Mit der Ehe seines anderen Sohnes hatte Saddam mehr Glück. Qusay war ruhiger und lerneifriger als sein älterer Bruder. Ausnahmsweise wurde es ihm gestattet, außerhalb der Familie zu heiraten, wenn auch nicht außerhalb des Tikrit-Clans: Qusay nahm Sahar zur Frau, die Tochter des Generals Maher Abdul Rashid, eines echten Helden des iranisch-irakischen Krieges. Dem irakischen Offizier wurde nachgesagt, er habe Saddam 1982 vor der Gefangennahme durch die Iraner gerettet. Zwar hatten Saddam und Rashid ihre Meinungsverschiedenheiten (siehe Kapitel acht), doch er stammte aus Tikrit, und die Verbindung mit der Familie eines hoch angesehenen Generals war für Saddam und seine Frau Sajida durchaus ehrenvoll. Doch nachdem zwei Kinder produziert waren, wurde die Verbindung gelöst. Ein Grund für das Scheitern dieser Ehe mag gewesen sein, dass Saddam den General gegen Ende des Krieges unter Hausarrest gestellt hatte. Ebenfalls 1985 heiratete seine zweitälteste Tochter Rana einen anderen Cousin Saddams: Saddam Kamel al-Majid, den jüngeren Bruder des Ehemanns ihrer älteren Schwester, Hussein Kamel al-Majid. Saddam stärkte also die Verbindung der Herrscherfamilie zu den al-Majids, den Angehörigen seines leiblichen Vaters, und entfremdete sich dadurch von den al-Ibrahims, der Familie seines Stiefvaters. Zweifellos hatten sich seine drei Halbbrüder Hoffnungen gemacht, einen ihrer Söhne mit einer Tochter Saddams vermählen zu können.

Diese Lustbarkeiten mitten in den Nöten des Krieges machten Saddam bei den Irakern nicht gerade beliebter. Täglich tauchten neue Gerüchte über die Käuflichkeit seines Clans auf, vor allem über ihre Gier nach Immobilien. Um den Bedarf seiner wachsenden Familie zu decken, soll Saddam 1985 am Ufer des Euphrat eine ganze Stadt konfisziert haben. Den Besitzern wurden für den wertvollen Grundbesitz und ihre Häuser Preise gezahlt, die von Saddams Familie diktiert wurden. Als Saddam zu Ohren kam, dass die vertriebenen Eigentümer mit ihrer Entschädigung unzufrieden waren, explodierte er: »Vorher hatten sie nicht einmal Jacken und Schuhe.«[5] Nach und nach kamen immer mehr grausige Geschichten über Saddams Familie in Umlauf. So wurde allgemein angenommen, wenn auch nie bestätigt, dass ein junger Mann, der eine Schwäche für Saddams jüngste Tochter Hala entwickelt hatte – seine Lieblingstochter und das einzige seiner fünf Kinder, das noch unverheiratet war –, bis zum Hals eingegraben und gesteinigt worden sei. Und obgleich Saddam drakonische Gesetze zur Bekämpfung der Korruption erlassen hatte, um die Iraker davon abzubringen, bei Geschäften mit ausländischen Firmen Schmiergelder zu kassieren, hatte seine Führungsriege keine Skrupel, mit ihrem Reichtum zu protzen. Saddams Schwager, der Verteidigungsminister Adnan Khairallah, hatte einen riesigen Fuhrpark mit teuren Autos. Er importierte Mercedes dutzendweise und leistete sich zu jedem Auto einen neuen Chauffeur. Seine Gier beeindruckte seine Neffen Uday und Qusay zutiefst, und sie begannen ebenfalls mit dem Sammeln von Autos, wobei sich die jüngeren Mitglieder des Clans mehr für Sportwagen interessierten. Saddam fand, der von seiner Familie angehäufte Reichtum sei genau das, was sie verdiene. »Wir haben uns die Sonnenstrahlen gegriffen«, erklärte er einmal, »und wir werden nicht weichen.«[6] Aus Saddams Sicht gebührte der ungeheure Ölreichtum des Irak vor allem seiner Familie.

Die Verschwendungssucht der Elite stand in krassem Gegensatz zu den Opfern, die dem irakischen Volk abverlangt wurden, um die Kriegsanstrengungen zu finanzieren. So rief Saddam beispielsweise 1983, als die Ölexporte des Irak auf einem Tiefpunkt angelangt waren, die irakischen Zivilisten dazu auf, ihren Schmuck und ihre Ersparnisse zu spenden, »damit Frauen und ältere Menschen auf diese Weise ebenfalls in der Schlacht für das Heimatland kämpfen, und zwar alle nach ihren Möglichkeiten«. Der Stellvertretende Premierminister Taha Yassin Ramadan drückte es prägnant aus: »Dies ist ein Volksentscheid für die Partei ... für die Revolution und ihren Führer Saddam Hussein.« Die Reaktion war überwältigend – Bauern spendeten ihre Spargroschen, und elegante Damen aus Bagdad trugen ihre Schmuckschatullen aus marokkanischem Leder zu den Sammelstellen. Der Finanzminister war von dem Ergebnis der Sammlung so beeindruckt, dass er behauptete: »Das gesammelte Gold wird als zusätzliche Rücklage die irakische Währung stützen.« Theoretisch sollten das Geld und die Wertgegenstände nur eine Leihgabe für die Kriegszeit sein und nach Kriegsende zurückgegeben werden. Die meisten Iraker sahen jedoch ihre Spenden nie wieder.

Doch auf die Tiraden über den »freiwilligen Rückzug«, wie das Regime die Niederlagen gegen die Iraner im Sommer 1982 genannt hatte, war niemand hereingefallen. Das »zweite Kadisija« wurde nunmehr »Saddams Krieg« genannt, und die Verantwortung für das totale Versagen der irakischen Streitkräfte hatte der Präsident persönlich. Die Rückschläge bestärkten ihn jedoch nur in seiner Entschlossenheit, sich als der unumschränkte Herrscher zu behaupten. Mit den Säuberungen gegen hochrangige Militäroffiziere in dem unglückseligen Sommer 1982 sowie der Neuordnung des RCC hatte Saddam seine Stellung als höchster Führer des Landes gefestigt. Ende des Jahres berief er eine Sondersitzung des Regionalkommandos der Baath-Partei ein und ließ sich von ihm seine absolute Kontrolle über den Regierungsapparat bestätigen. Der Schlussbericht des Neunten Parteikongresses hielt denn auch unmissverständlich fest, Saddam Hussein sei »das Symbol für Freiheit, Unabhängigkeit, Stolz, Integrität und die Hoffnung auf eine bessere Zukunft für den Irak und die arabische Nation«. Doch mit der absoluten Macht ging auch absolute Verantwortung einher, und die Verantwortung für die gefährliche Bedrohung des Irak durch die Ayatollahs lastete schwer auf Saddams Schultern.

Im Sommer 1982 richtete sich die iranische Gegenoffensive hauptsächlich gegen Basra, die zweitgrößte Stadt des Irak und Hauptstadt der schiitischen Gemeinschaft. Ziel der Iraner war es, die wichtige Straßenverbindung zwischen Bagdad und Basra zu kappen und das schiitische Kernland zu besetzen. Die Iraker schlugen sich in der Verteidigung besser als in der Offensive; sie konnten die Angriffe der Iraner abwehren und ihnen schwere Verluste zufügen. So entstand eine Pattsituation, bei der keine Seite den wichtigen Durchbruch schaffte. Die irakischen Pioniere bauten ein aufwändiges System aus Gräben und Stellungen, das stark an den Stellungskrieg 1914–18 erinnerte. Saddam hoffte, den Feind durch Abnutzung zum Aufgeben zu zwingen. Die Iraner jedoch setzten die Waffe erneut ein, mit der sie ihre Feinde aus Khorramshahr vertrieben hatten: die *basi*. Junge Märtyrer rannten in Minenfelder, um sich einen Platz im Paradies zu verdienen. »Menschenwellen« brandeten gegen die irakischen Stellungen. Doch die Iraker hatten in Khorramshahr ihre Lektion gelernt und konnten die Angriffe leicht zurückschlagen, und bei den seltenen Durchbrüchen der Iraner behielt der Irak durch seine Kampfhubschrauber und Jagdbomber die Oberhand.

Der iranische Angriff auf irakisches Territorium machte möglich, was der irakischen Regierung in den ersten Kriegsjahren nicht gelungen war: Er einte die Nation. Bei der Verteidigung des Landes machte das irakische Volk eine Wandlung durch. Die Armee kämpfte erbittert, und die kritischen Stimmen verstummten fast. Einem westlichen Diplomaten zufolge, der sich an seine Zeit in Bagdad erinnerte, hatten die Iraker ganz einfach mehr Angst vor den Iranern als vor Saddam. »Das irakische Volk wusste sehr wohl, dass Saddam ein Diktator war und Leute beseitigen ließ, aber die Aussicht, der Iran könne die islamische Revolution in den Irak exportieren, schreckte sie noch mehr. Sie wollten Saddam stark sehen, sie wollten seinen Sieg.«[7]

Dem Angriff auf Basra mit drei Spitzen im Spätsommer 1982 sollten Dutzende nach demselben Muster folgen. Die Iraner machten Boden gut – in diesem Fall sechs Kilometer –, wurden dann aber aufgehalten und zurückgeschlagen und erlitten dabei hohe Verluste. Die in ihren Stellungen gut geschützten Iraker zeigten eine erstarkte Kampfmoral; statt einer ihnen unverständlichen Offensive im Iran verteidigten sie nun geschickt und entschlossen ihre Heimat. Saddam verkaufte diese militärische Leistung erfolgreich als großen Sieg, der in Bagdad und im ganzen Land gefeiert wurde. Er und die Baath-Führer betonten in ihren Reden, die Schuld für den Ausbruch der Feindseligkeiten 1980 trage der Iran. Ihre zu Anfang des Krieges erhobenen Forderungen wie die Korrektur der Grenze entlang des Shatt al-Arab und die Annexion arabischer Gebiete im Iran wurden stillschweigend fallen gelassen. Saddam strebte jetzt nur noch danach, den Status quo ante von 1980 wiederherzustellen.

Die Erfolge des Irak bei der Abwehr der iranischen Menschenwellen beeindruckten die Ayatollahs in Teheran jedoch nicht besonders. Ihr Hauptziel blieb die Einnahme Basras und der Sturz Saddams. Ihre Strategie bestand darin, entweder die Stadt zu belagern und ihre Garnison zu vernichten oder zur Kapitulation zu zwingen, oder Basra zu umgehen, in den Westen vorzustoßen und damit den Irak faktisch zu teilen. Sie spekulierten darauf, nach der Eroberung eines größeren Territoriums im schiitisch dominierten Südirak eine provisorische Regierung ausrufen zu können, der sich Saddams Gegner anschließen sollten. (Nach der Operation Desert Storm 1991 war die Befürchtung der Siegermächte, die Iraner könnten eine ähnliche Strategie verfolgen, einer der Gründe dafür, dass die Alliierten dem Aufstand der Schiiten gegen Saddam die Unterstützung verweigerten.)

Die Iraner versuchten weiterhin, Basra zu erobern. Sie unternahmen mehrere Vorstöße in verschiedenen Sektoren zugleich, wobei sie jeweils ein wenig Land gutmachten und die irakischen Grenzgebiete »anknabberten«. Die Ayatollahs wollten ihr Ziel nicht aufgeben, aber ein Durchbruch gelang nicht, und auf beiden Seiten gab es furchtbare Verluste. Bis 1984 hatte der Irak mindestens 65 000 Todesopfer zu beklagen sowie mindestens drei- bis fünfmal so viele Verwundete. Zwischen 50 000 und 60 000 Kämpfer wurden gefangen genommen. Im Vergleich dazu hatte der Iran circa 180 000 Tote und eine halbe Million Verwundete.[8] Es gab kaum eine Familie im Irak, die nicht mindestens einen Toten zu beklagen hatte. Gegen Jahresende 1984 war das Problem der Truppenstärke so akut geworden, dass die Regierung Siebzehnjährige einziehen musste. Saddam versuchte, die Hinterbliebenen durch großzügige Zahlungen und Beihilfen zu beschwichtigen. Gleichwohl wurde in der Öffentlichkeit weiterhin Besorgnis wegen der Höhe der Verluste geäußert, und unter diesem Druck befahl Saddam ab 1984 eine andere Taktik. Fortan stützte sich der Irak verstärkt auf schwere Artillerie und Luftangriffe, um die Menschenwellen der Iraner zurückzuwerfen. Und er brachte es fertig, die Iraner durch Vorstöße tief in iranisches Territorium zu zermürben, mit denen er demonstrieren wollte, dass die Führung in Teheran das iranische Volk nicht schützen konnte.

Den einzigen größeren Erfolg in diesem Abnutzungskrieg errangen die Iraner Anfang 1984. Sie eroberten die Majnun-

Inseln, zwei schmale, ölreiche Landzungen in einem Sumpfgebiet nördlich von Basra. Die Durchführung der Operation war brillant. Die Iraner griffen nachts in kleinen Fiberglasbooten an, die leise durch die Howeiza-Sümpfe glitten. Die wenigen irakischen Bewacher der Deiche wurden überrascht. Bis zum Morgengrauen hatten die Iraner beide Inseln unter Kontrolle, und sie hatten sich bereits eingegraben. Sie bauten eine Pontonbrücke, über die sie mit Nachschub und frischen Truppen versorgt werden konnten.

Binnen weniger Tage bauten sie einen Damm von den Majnun-Inseln zum iranischen Festland und verstärkten den Brückenkopf auf rund 30 000 Mann. Mit mehreren Gegenangriffen wollten die Iraker den Gegner in die Sümpfe und zurück über die Grenze treiben. Doch das verschilfte Marschland machte ihnen einen Strich durch die Rechnung. Die Wasserpflanzen verstopften die Antriebe ihrer Amphibienpanzer und machte sie zum leichten Ziel für die iranischen Geschütze. Saddam war außer sich und meinte, er habe nur noch ein letztes Mittel – das Giftgas aus seinen neuen Chemiewaffenfabriken, die in Salman Pak und Samarra bereits produzierten.

Die Kanister wurden von irakischen Piloten aus Hubschraubern sowjetischer, deutscher und französischer Produktion abgeworfen. Beim Aufprall wurde die kleine elektrische Pumpe in den Behältern gestartet, und die tödliche Wolke entwich. Außerdem wurden die Iraner mit einer schmierigen, gelben, nach Knoblauch riechenden Flüssigkeit besprüht. Die Iraner hatten keine Schutzanzüge. Nach wenigen Minuten erbrachen sie eine gelbliche Flüssigkeit, und ihre Haut rötete sich. Bis die Sanitäter das Schlachtfeld erreicht hatten, war ein Teil der Männer bereits tot, mit vom Gas schrecklich geschwärztem Gesicht. Andere litten unter Atemnot und hatten am ganzen Körper Blasen.[9]

Die Iraker bestritten natürlich den Einsatz von Chemiewaffen, doch im März 1984 besuchte eine Gruppe von UN-Experten den Iran. Die Kontrolleure kamen zu dem Schluss, dass der Irak Senfgas und das chemische Nervengift Tabun eingesetzt hatte. Tabun war von den Nazis entwickelt worden und wurde nun in dem mit Hilfe mehrerer deutscher Firmen errichteten Militärkomplex Salman Pak in Suwaira produziert. Hitler hatte Tabun nicht eingesetzt, doch Saddam kannte keinerlei Skrupel.

Doch der Einsatz chemischer Kampfstoffe erwies sich als Fehlschlag. Zwar hatte der erste Giftgas-Angriff die Iraner überrascht und ihnen hohe Verluste zugefügt, doch das Wetter war nur selten günstig, und wenn der Wind drehte, wurde das Gas oft zu den irakischen Truppen zurückgeweht. »Giftgas war den Irakern ein Gräuel«, sagte ein westlicher Militärattaché, der damals im Irak stationiert war. »Es war schwer zu handhaben und stellte für ihre eigenen Truppen eine ebenso große Bedrohung dar wie für den Feind.«[10] Die Iraner stellten sich außerdem geschickt auf die neue Bedrohung ein. Als der Irak im folgenden Jahr chemische Kampfstoffe einsetzte, trugen alle Fronttruppen westdeutsche Gasmasken, und jeder Soldat hatte Ampullen mit Atropin bei sich, einem schnell wirkenden Gegengift. Und die Bestätigung der UN-Inspektoren, dass der Irak gegen den Iran chemische Waffen einsetzte, führte dazu, dass die meisten westlichen Länder den Irak nur noch zögernd unterstützten.

Vor dem Einsatz dieser Waffen hatte Saddam den Krieg auch gegenüber dem Ausland geschickt propagandistisch genutzt. Der Standpunkt der internationalen Gemeinschaft wurde am besten vom ehemaligen US-Außenminister Henry Kissinger wiedergegeben. Er hatte beklagt, dass keine der beiden Seiten verlieren konnte. Dank Saddams bemerkenswerten propagandistischen Fähigkeiten jedoch hatten sich 1984 die meisten westlichen Mächte ebenso wie die Mehrheit der arabischen Länder hinter den Irak gestellt. Man kann behaupten, dass zu Anfang des ersten Golfkriegs kaum jemand außerhalb der Zirkel der internationalen Diplomatie von Saddam jemals gehört hatte, und zwar trotz dessen riesigen Propagandarummels. Doch die meisten Menschen wussten von der iranischen Revolution und dem Fanatismus von Khomeinis »Revolutionswächtern«. Die Besetzung der amerikanischen Botschaft in Teheran und der katastrophale Militäreinsatz zur Befreiung der Geiseln Ende 1980 hatte Jimmy Carter die Präsidentschaft gekostet. Die Versuche der Iraner, ihre Revolution in die Golfstaaten und in den Libanon zu tragen, wo die von den Revolutionswächtern finanzierte, ausgerüstete und ausgebildete Hisbollah-Miliz die westlichen Interessen im östlichen Mittelmeerraum direkt bedrohte, hatten den Iran isoliert. Obwohl Saddam den Krieg vom Zaun gebrochen hatte, konnte er schon Anfang 1983 durchaus mit Berechtigung behaupten, dass die Iraner die volle Verantwortung für die Fortsetzung des Krieges trugen.

Obwohl Saddams Regime auf die Welt abstoßend gewirkt haben muss, gelang es Bagdad, Unterstützung von zahlreichen Staaten zu bekommen, weil sie den Irak als wichtiges Bollwerk gegen die Bedrohung durch den islamischen Fundamentalismus in Gestalt der Ayatollahs betrachteten. Der erste Durchbruch gelang Saddam bei den Sowjets, die traditionell zu Bagdads größten Waffenlieferanten zählten und auf die Invasion mit einer Neutralitätserklärung und einem Waffenembargo reagiert hatten. Vor dem Krieg waren die Beziehungen zwischen Moskau und Bagdad durch Saddams Verfolgung der irakischen Kommunisten belastet gewesen. Doch verglichen mit der fanatischen antikommunistischen und antisowjetischen Rhetorik aus Teheran, die 1983 in der Hinrichtung der Führer der iranisch-kommunistischen Tudah-Partei kulminierte, konnte man mit Saddams Antikommunismus umgehen. Schon 1981 hatte die Sowjetunion ihre Waffenlieferungen an Bagdad in mäßigem Umfang wieder aufgenommen, und 1983 erklärte sich Moskau bereit, den Irakern hochmoderne Systeme wie etwa ihre SS-12-Marschflugkörper zu verkaufen, die aufgrund ihrer Reichweite von achthundert Kilometern auch Ziele tief im Iran treffen konnten. Außerdem schickten sie zwölfhundert militärische Berater in den Irak.

Die Beziehungen zu Ägypten, die sich nach dem Abkommen von Camp David verschlechtert hatten, wurden nach dem Anschlag auf Präsident Sadat 1981 wieder aufgenommen. Hosni Mubarak, der neue ägyptische Präsident, der seine eigenen islamistischen Brandherde unter Kontrolle halten musste, sagte dem Irak Ersatzteile für seine sowjetischen Waffensysteme sowie für Panzer und andere Geräte zu. Die Franzosen, die seit Mitte der siebziger Jahre lukrativen Waffenhandel mit Bagdad trieben, handelten für den Irak einen Darlehensvertrag für fünf Super-Étendard-Kampfflugzeuge aus. Sie waren mit Raketen mit Infrarot-Suchköpfen und Avioniksystemen bestückt und sollten vor allem für Angriffe auf Öltanker im Golf eingesetzt werden.

Ab 1983 erhielt der Irak beträchtliche Unterstützung von den Golfstaaten, weil sie die drohende Gefahr durch die iranische Revolution eindämmen wollten. Die irakischen Einnahmen aus dem Ölgeschäft waren eingebrochen, weil die Ausfuhr über den Golf nach der Schließung der Pipeline zum Mittelmeer durch Syrien nicht mehr möglich war. Die Öleinnahmen des Iran hingegen stiegen, weil seine südlichen Häfen in der ersten Kriegsphase offen blieben. Sie verdreifachten sich zwischen 1981 und 1983 nahezu.[11] Da die Kriegsanstrengungen den Irak schätzungsweise eine Milliarde Dollar pro Monat kosteten, waren die Zahlungen der Golfstaaten für die irakische Wirtschaft lebenswichtig, auch nachdem Saddam 1982 die Ausgaben für Importe von Bedarfsgütern heruntergefahren hatte. Sollte den Iranern ein Durchbruch durch die irakischen Linien gelingen, das wussten die unzureichend gerüsteten Golfstaaten, dann stünden sie als Nächste auf Khomeinis Liste. Daher leisteten sie dem Irak Zahlungen im Wert von 25 Milliarden Dollar, die überwiegend für die Ausrüstung der Streitkräfte verwendet wurden.

Die Westmächte gaben sich – mit Ausnahme Frankreichs – in der Öffentlichkeit betont neutral, während sie insgeheim die Iraker unterstützten. Man war sich allgemein darüber einig, dass ein iranischer Sieg furchtbare Konsequenzen für die Sicherheit und Stabilität in der Golfregion haben würde.

Die überraschendste Entwicklung in dieser Phase war die Annäherung zwischen Bagdad und Washington. Das US-Außenministerium betrachtete den dramatischen Verlauf der Kampfhandlungen mit wachsender Sorge. Die anfängliche Hoffnung der Regierung Carter, eine irakische Invasion könnte die Iraner daran hindern, ihre Revolution in den gesamten Nahen Osten zu exportieren, hatte sich zerschlagen. Washington ging sogar ernsthaft davon aus, dass der Iran den Krieg gewinnen würde, wenn sie Saddam nicht unterstützten. Als erstes Zeichen der Annäherung nach fünfzehn Jahren Feindschaft strich das State Department den Irak 1982 von seiner Liste der Länder, die verdächtigt wurden, den internationalen Terrorismus zu unterstützen. Die Länder auf dieser Liste unterlagen »außenpolitischen Kontrollen«, im Klartext: der Handel mit ihnen war beschränkt. Nach dieser Entscheidung hatten die Vereinigten Staaten mehr Handlungsfreiheit, wenn sie Bagdad unterstützen wollten. Noch im selben Jahr genehmigte die Regierung Reagan den Verkauf von sechzig Hughes-Hubschraubern, die für militärische Aufklärung ausgerüstet waren. Als die neuen Hubschrauber 1983 im Irak eintrafen, wurden sie unverzüglich mit TOW-Raketen zur Panzerbekämpfung bestückt und als Offensivwaffen gegen iranische Stellungen eingesetzt.

Washingtons diplomatisches Getändel mit Bagdad wurde im Sommer 1983 mit einem Washington-Besuch des irakischen Staatssekretärs für Ausländische Angelegenheiten, Ismat Kattani, fortgesetzt. Im Gegenzug reiste im Dezember Donald Rumsfeld, damals Ronald Reagans Sonderbotschafter für den Nahen Osten, nach Bagdad. Rumsfeld ist heute einer der Hauptbefürworter eines Militärschlages gegen Saddam nach den Terroranschlägen vom 11. September 2001. Es entbehrt nicht einer gewissen Ironie, dass Rumsfeld bei dem Versuch, den Irak damals aus der diplomatischen Isolation herauszuholen, eine Schlüsselrolle gespielt hat. Laut dem ehemaligen US-Diplomaten David Mack, der Rumsfeld bei seinem Bagdad-Besuch begleitete, war diese neue Gesprächsbereitschaft der USA Ausdruck ihrer gewandelten geopolitischen Prioritäten für den Nahen Osten. »Wir wollten Druck auf Syrien ausüben, und da fanden wir die Idee gut, unsere Differenzen mit Bagdad beizulegen.« Das syrische Regime, das sich bester Beziehungen zu Moskau erfreute, unterstützte damals die radikalen Organisationen schiitischer Moslems wie die Hisbollah im Libanon, die im selben Jahr die Anschläge auf die amerikanische Botschaft und den Stützpunkt der US-Marines in Beirut verübt hatten. »Die Beziehungen zu Bagdad hatten sich seit Ende der siebziger Jahre verbessert, aber das war ein schwieriger und langwieriger Prozess. Es war für uns sehr schwierig, die Signale aus Bagdad zu deuten. Doch nachdem der Krieg für Saddam so schlecht lief und uns die Syrer in Beirut viel Kummer machten, fanden wir es sinnvoll, uns mit Saddam zu beschäftigen. Wir wollten eine Achse Kairo–Amman–Bagdad aufbauen, die Präsident Assad in die Zwickmühle bringen sollte.«[12]

Tatsächlich gaben die Anschläge auf die US-Botschaft und die Kaserne der Marines in Beirut letztlich den Ausschlag für die Entscheidung, bessere Beziehungen zu Bagdad aufzubauen. Im April 1983 wurden von der Bombe die Leiter aller CIA-Residenturen im Nahen Osten getötet, als sie eine Besprechung abhielten. Auf einen Streich war die Mehrzahl der besten Nahost-Experten des CIA ausgelöscht worden. Innerhalb weniger Wochen bestätigten Erkenntnisse aus abgehörten Telefongesprächen den amerikanischen Verdacht: Die für den Bombenanschlag verantwortlichen Terroristen waren von Teheran aus gesteuert worden. Jetzt befanden sich die Vereinigten Staaten inoffiziell im Krieg mit dem Iran. Sie reagierten schnell, und im folgenden Monat traf Außenminister George Shultz in Paris mit dem irakischen Außenminister Tariq Aziz zusammen. Shultz und Aziz kamen überein, dass es sinnvoll sei, ihre Ressourcen im Kampf gegen die Ayatollahs zu vereinigen. Die Vereinigten Staaten zögerten jedoch noch mit einer Normalisierung der Beziehungen, weil Saddam immer noch Abu Nidal Unterschlupf gewährte. Abu Nidal war für das missglückte Attentat auf Shlomo Argov, den israelischen Botschafter in London, verantwortlich (siehe Kapitel acht). Voraussetzung einer Normalisierung der Beziehungen sei, dass Saddam sich zuerst Abu Nidals entledige. Der irakische Führer tat, wie ihm geheißen. Bald nach dem geheimen Treffen von Shultz und Aziz verkündeten die irakischen Medien feierlich, Abu Nidal sei an einem Herzinfarkt gestorben. Die Meldung wurde von »Quellen« aus dem Umkreis des Terroristen bestätigt. Einen Monat später, als die Nachricht in internationalen Geheimdienstkreisen bereits an Glaubwürdigkeit gewonnen hatte, verkündete Oberst Gaddhafi, Abu Nidal sei am Leben und befinde sich in Tripolis, womit er Saddams Täuschungsmanöver aufdeckte.

Die Annäherung beschleunigte sich im Dezember 1983. Rumsfeld flog nach Bagdad, traf sich mit Saddam und überreichte ihm einen persönlichen Brief von Präsident Reagan. Der Besuch muss ein Erfolg gewesen sein, denn nach Rumsfelds Rückkehr begannen die Vereinigten Staaten, Druck auf ihre Verbündeten auszuüben, um deren Waffenlieferungen an den Iran zu stoppen. Im November 1984 verkündeten die USA und der Irak die volle Wiederherstellung der diplomatischen Beziehungen. Amerikanische Firmen wurden angeregt, sich am Bau der neuen irakischen Pipelines durch Jordanien und Saudi-Arabien zu beteiligen, über die Bagdad künftig Öl exportieren wollte. Saddam sandte im Gegenzug seinen Außenminister Tariq Aziz mit einer Nachricht nach Washington. Seit 1979 betrieben die Vereinigten Staaten vermutlich in aller Stille ein CIA-Büro in Bagdad[13]; mit Sicherheit war die CIA dort ab 1984 aktiv. In jener Zeit hielten sich die Vereinigten Staaten jedoch mit einer direkten Bewaffnung der Iraker noch zurück und wahrten ihre Politik der Neutralität. Eine Ausnahme waren die sechzig Hughes-Hubschrauber, die 1982 »für die Verwendung in der Landwirtschaft« verkauft wurden. David Mack beharrte darauf, Washington habe dem Irak keine Waffen verkauft. »Wir haben dem Irak niemals militärisches Gerät verkauft«, sagte er. »Die einzigen US-amerikanischen

Waffen, die je nach Bagdad geschickt wurden, waren zwei Revolver mit Perlmuttgriffschalen, um die Saddam ausdrücklich gebeten hatte, weil er sie verschenken wollte. Aber das war's. Sonst nichts.«

Die wichtigste Hilfe für den Irak brachte das erstklassige Geheimdienstmaterial über die iranischen Truppenbewegungen, das die Spionagesatelliten des CIA lieferten. Bald darauf schickten die Amerikaner CIA-Leute mit Satellitenfotos und von AWACS-Aufklärungsflugzeugen beschafften Informationen nach Bagdad. Die amerikanischen AWACS waren im Nachbarland Saudi-Arabien stationiert. Die Informationskanäle zwischen Langley, Virginia (dem CIA-Hauptquartier), und Bagdad wurden binnen kurzem so regelmäßig in Anspruch genommen, dass Saddam drei hochrangige Offiziere des militärischen Abschirmdienstes Istikhbarat als ständige Verbindungsmänner für die Amerikaner abstellte. Die amerikanische Hilfe zeitigte bald Ergebnisse: Saudi-arabische Soldaten schossen im Juni 1984 eine iranische F-4 ab, die über saudischen Hoheitsgewässern ein Ziel anzugreifen versuchte. Washington bestätigte, dass die Zielerfassung von einem »saudischen« AWACS-Flugzeug mit amerikanischer Besatzung geleitet worden war.

General Wafic al-Samurrai, einer der irakischen Verbindungsoffziere, erinnert sich, dass diese Informationen für die irakische Kriegführung von unschätzbarem Wert waren. Bei der Vorbereitung für einen Angriff ersuchten seine Offiziere die Amerikaner regelmäßig um spezielle Informationen. »Ich habe zum Beispiel gesagt: ›Gebt uns Informationen über den Basra-Sektor.‹« Doch Saddam betrachtete die Beziehung nach wie vor mit tiefstem Misstrauen, er ließ sogar Samurrai vom Amn-al-Khass-Geheimdienst überwachen. Er gab seinen Generälen persönlich Anweisungen, wie sie bei ihren Anfragen beim CIA vorgehen müssten. Brauchte er zum Beispiel Erkenntnisse über den Basra-Sektor, so sagte er zu Samurrai: »Fragen Sie sie nach Informationen vom Nordirak bis in den Süden hinein, denn wenn wir ihnen sagen, dass es um Basra geht, erzählen sie es den Iranern.« Manchmal legte Samurrai Memos über seine amerikanischen Kontaktleute an, die Saddam immer wieder von ihm anforderte. Wenn er sie zurückbekam, fand Samurrai am Rand warnende Bemerkungen in Saddams charakteristischer Krakelschrift: »Sehen Sie sich vor, die Amerikaner sind Verschwörer.«

Die amerikanischen Geheimdienste waren in der Tat doppelzüngig. Saddams Verdacht bestätigte sich Ende 1986, als die berüchtigte Iran-Contra-Affäre aufgedeckt wurde. Washington brachte die Affäre sehr in Verlegenheit. Seit 1985 lieferte die US-Regierung Panzerabwehrraketen an den Iran, obwohl die USA offiziell den Irak unterstützten. Lieutenant Colonel Oliver North vom Nationalen Sicherheitsrat hatte den Plan für den Deal ersonnen. In der Irangate-Affäre sollte die Freilassung der im Libanon festgehaltenen amerikanischen Geiseln erkauft werden. Der Plan wurde jedoch fallen gelassen, als Einzelheiten des Deals an die Öffentlichkeit drangen. Einige der TOW-Raketen gelangten jedoch trotzdem an die Front und ermöglichten dem Iran den strategischen Durchbruch bei Basra.

Großbritannien versuchte Anfang der achtziger Jahre noch, seine neutrale Haltung zu wahren. Laut Sir John Moberly, von 1982 bis 1985 als britischer Botschafter im Irak, glaubten die Briten nicht, dass der Irak vom Iran hätte überrannt werden können. »Die amerikanische Auffassung war, dass diese Gefahr durchaus bestand; deshalb mussten sie alles tun, um die Iraker zu stärken. Wir sahen die Sache allerdings eher skeptisch.« Moberly traf Saddam nur gelegentlich, doch er war beeindruckt von ihm: »Er war eindeutig ein Mann mit einer starken Persönlichkeit, der das Geschehen unbestreitbar unter Kontrolle hatte. Im Irak wusste jeder, woran er war. Und jeder wusste genau, falls er ausscheren sollte, wäre das sein Tod. Die meisten Iraker haben akzeptiert, dass ihr Land einen starken Führer braucht, um Recht und Ordnung aufrechtzuerhalten und das Land zusammenzuhalten. Saddam erfüllte diese Kriterien.« In ständiger Verbindung stand Moberly freilich mit

Außenminister Tariq Aziz, der den britischen Gesandten unablässig wegen der Haltung der Regierung Thatcher bedrängte. »Aziz beschwerte sich immer, er würde von den Amerikanern besser aufgenommen als von den Briten, obwohl wir, die ehemalige Kolonialmacht, die Iraker doch besser verstehen müssten. Oft sagte er: ›Ihr solltet uns eigentlich verstehen, aber in Wirklichkeit können wir uns bei den USA leichter Gehör verschaffen als beim Vereinigten Königreich.‹«[14]

Grundlage der britischen Position zum Golfkrieg waren die Rüstungsexport-Richtlinien, die Außenminister Geoffrey Howe 1985 dem Unterhaus vorlegte. Darin stellte Howe fest, er wolle »alles tun, um dafür zu sorgen, dass dieser tragische Konflikt so bald wie möglich beendet wird«. Deshalb verweigere Großbritannien die Lieferung von »letalem Verteidigungsmaterial«. Gegen Ende 1984 hatten sich die Hinweise gemehrt, dass die Iraker gegen die Menschenwellen Chemiewaffen einsetzten, und mehrere Menschenrechtsorganisationen hatten begonnen, den Gerüchten nachzugehen. Die Berichte der Vereinten Nationen fanden besonders in London Gehör. Sie bewogen im Verein mit dem schlechten Ruf des Irak in Bezug auf Menschenrechtsfragen die Regierung Thatcher dazu, die britischen Handelsbeziehungen zum Irak strengen Restriktionen zu unterwerfen. Nur wenige Geschäfte wurden von der britischen Regierung genehmigt, beispielsweise wurde elektronisches Radar – also nicht letales Material – geliefert. Erst kurz vor Kriegsende ging man stillschweigend zu einer großzügigeren Interpretation dessen über, was als »nicht letales« Material zu gelten hatte. Die Entscheidung, der britischen Firma Matrix-Churchill den Export von Geräten zur Herstellung von Hightech-Waffen in den Irak zu gestatten, sollte die »Irakgate-Affäre« auslösen.

Bagdad bekam ab 1984 Geld und Waffen, und der Krieg trat in eine neue Phase ein. Mit dem Hintergedanken, die Iraner an den Verhandlungstisch zu zwingen, suchte Saddam die Moral ihrer Zivilbevölkerung zu brechen. Im Februar 1984 setzte er zum ersten Mal seine eben importierten sowjetischen Raketen gegen iranische Städte ein. Dies war der Auftakt zur ersten »Schlacht der Städte«, und die Iraner revanchierten sich prompt. Die zweite »Schlacht der Städte« fand im März und April 1985 statt. Saddams Rechnung schien aufzugehen: Die unablässigen Einschläge von Raketen in Teheran provozierten Demonstrationen gegen die iranische Regierung.

Mitte der achtziger Jahre wollte Saddam den Konflikt zusätzlich internationalisieren. Er hoffte, er könne mit Unterstützung des Westens den Krieg gewinnen. Im März 1984 ließ er mit den neu erworbenen französischen Super-Étendard-Kampfflugzeugen Angriffe auf die Ölterminals und Tanker im Golf fliegen. Zunächst konzentrierte er sich auf Tanker, die iranische Häfen ansteuerten, vor allem den Umschlaghafen Khar Island. In den ersten Monaten wurden rund siebzig Schiffe von den leistungsstarken Exocet-Raketen getroffen, mit denen die Étendards bestückt waren.

Doch die Iraner schafften im Februar 1986 einen überraschenden Durchbruch im Bodenkrieg. Sie eroberten die Halbinsel Fao südlich von Basra, was die zweitgrößte Stadt des Irak ernstlich bedrohte. Zwar war die Fao-Halbinsel selbst militärisch unbedeutend, doch stellte der Durchbruch für Saddam einen politischen Prestigeverlust dar. Er trübte die Freude über die jüngsten Fortschritte an der Front. Saddam vergrößerte den Schaden noch, weil er die Rückeroberung der Halbinsel befahl, obwohl es zu diesem Zeitpunkt dazu schon zu spät war. Die Iraner hatten ihre Stellungen bereits befestigt. Doch die Generäle führten Saddams Befehl aus. Sie rückten mit ungeheurem Einsatz an Truppen und Geschützen auf die Halbinsel vor und erlitten entsetzliche Verluste. Insgesamt betrugen die irakischen Verluste Anfang 1986 zwischen 8000 und 10 000 Mann, und Sonderzüge mussten zum Abtransport der Verwundeten eingesetzt werden; der Iran hatte 20 000 Gefallene zu beklagen.[15]

Diese Niederlage verleitete Saddam zu einem weiteren strategischen Fehler. Er brauchte einen Sieg und ordnete eine

Offensive in der Mitte der Front an, um die iranische Stadt Mehran einzunehmen. Damit verfolgte er eine Doppelstrategie: Er wollte dem irakischen Volk zeigen, dass seine Streitkräfte noch immer zu einer Offensive in der Lage waren, und er wollte iranisches Territorium besetzen, das sich als Faustpfand für Verhandlungen um Foa eignete. Im Mai griff er mit vier Divisionen an und hatte zunächst auch Erfolg. Bei der Einnahme der Stadt wurde die Schutztruppe von fünftausend Mann rasch, jedoch mit schweren Verlusten, geschlagen. Dieser Erfolg stärkte sicherlich die Moral der Streitkräfte, und Saddam nutzte ihn weidlich für propagandistische Zwecke. Doch die Freude war nur von kurzer Dauer. Die Iraner lehnten Saddams Angebot, Mehran gegen Fao einzutauschen, ab und überrumpelten die irakischen Besetzer Ende Juni mit einer Gegenoffensive. Anfang Juli war die Stadt wieder unter iranischer Kontrolle, und die Iraker mussten weitere Verluste hinnehmen.

Der Verlust Faos und die schweren Verluste, die der Irak hinnehmen musste, kränkten Saddam zutiefst. Das Mehran-Abenteuer war ein weiteres Beispiel für die Probleme, die entstehen, wenn Zivilisten militärische Operationen leiten. Dass Saddam auf seinem persönlichen Oberkommando beharrte, hatte nicht unwesentlich dazu beigetragen, dass der Irak mit seiner überlegenen militärischen Feuerkraft auf den ersten iranischen Angriff unangemessen reagiert hatte. Der irakische Präsident ergriff in seiner Not Maßnahmen, die geradezu aberwitzig waren. Alle Iraker wurden aufgefordert, Geld und Blut zu spenden und Überstunden zu leisten. Rund hunderttausend Männer, Frauen und Kinder mussten in den südlichen Sumpfgebieten Schilf schneiden, um die geplanten militärischen Operationen zu erleichtern. In einem Versuch, die überwältigende demografische Übermacht des Iran aufzuholen, initiierte Saddam persönlich eine landesweite Fortpflanzungskampagne: »Unser Motto muss sein, dass jede Familie fünf Kinder zeugt. Familien, die nicht mindestens vier Kinder haben, verdienen eine strenge Rüge.« Studentinnen wurden gedrängt, Kinder zu bekommen, statt zu studieren. Die bei der Fao-Gegenoffensive erlittenen Verluste veranlassten die irakischen Behörden zu verzweifelten Maßnahmen: Sie versuchten, das Personal einiger führender Touristenhotels zu rekrutieren, und zwangen Taxifahrer, die von Basra aus eine Leerfahrt nach Norden hatten, im Auto oder auf dem Dachgepäckträger Leichen abzutransportieren.

Die Generäle waren frustriert von Saddams ständiger Einmischung und einer Meuterei bereits sehr nahe. Im Winter 1986 hatte Saddam einen Streit mit General Maher Abdul Rashid. Der Schwiegervater von Qusay Hussein gehörte zu den erfolgreichsten irakischen Offizieren. Er stand in dem Ruf, zu sagen, was er dachte, und der ungeheure Verlust an Menschenleben bei Fao, der seiner Auffassung nach vermeidbar gewesen wäre, veranlasste ihn zu öffentlicher Kritik an Saddam. In einem freimütig geführten Interview, das in der kuwaitischen Presse erschien, stellte Rashid unmissverständlich fest, dass die hohen Verluste in der Schlacht um Fao unnötig gewesen waren. Saddam beorderte Rashid wutentbrannt nach Bagdad. Rashids Offiziere wussten sehr wohl, was das bedeutete, und schickten Saddam eine Warnung, aus der hervorging, dass sie den Dienst verweigern würden, falls ihrem Kommandeur etwas zustoßen sollte. Bei seiner Ankunft im Präsidentenpalast wurde Rashid denn auch von einem strahlenden Saddam empfangen. Er hatte seine Rache auf später verschoben und zeichnete Rashid für seine Leistungen aus. Nach dem Krieg musste Rashid dann sein Offizierspatent zurückgeben und wurde unter Hausarrest gestellt.

Bedeutsam an dieser Konfrontation ist, dass die Offiziere im Gegensatz zu früheren Putschversuchen nicht die politische Macht wollten; sie wollten einfach nur ihren Krieg professionell führen. Fürs Erste hatten sie damit Erfolg. Bis zum Ende des Krieges leiteten künftig die Kommandeure die Kampfhandlungen und nicht die Politiker. Saddam ließ sich bei den Sitzungen des Obersten Verteidigungsrates immer seltener sehen, und obwohl er seine Besuche an der Front fortsetzte, war es offensichtlich, dass sie nur noch die Moral der Truppe stärken sollten. Die Fiktion, dass Saddam erfolgreiche Operationen persönlich leitete, wurde stillschweigend fallen gelassen.

Saddams Verhalten wurde zunehmend irrational, und das nicht nur auf militärischem Gebiet. Mitte der achtziger Jahre wurde berichtet, er habe seinen Außenminister Hamed al-Jubari entlassen, nachdem er zweimal im Büro des Ministers angerufen und niemanden erreicht hatte. In der Annahme, er sei zu spät zur Arbeit erschienen, entließ Saddam den Minister auf der Stelle. Er weigerte sich sogar, seine Entscheidung rückgängig zu machen, als der Minister ihm mitteilte, er habe auf dem Flughafen von Bagdad eine offizielle Delegation begrüßt. Ungeachtet der Bestechlichkeit seiner eigenen Familie hatte Saddam eine umfassende Antikorruptionskampagne gegen Iraker eingeleitet, die beschuldigt wurden, gegen Schmiergelder Regierungsaufträge zu vergeben. Seit den siebziger Jahren hatten die Baathisten Korruption als schweres Vergehen geahndet, doch während des Booms Ende der siebziger und Anfang der achtziger Jahre war gegenüber irakischen Unternehmern, die bei Großaufträgen mit Schmiergeldern von ausländischen Firmen ein Vermögen verdienten, meist ein Auge zugedrückt worden. Im Zuge der Sparmaßnahmen Mitte der achtziger Jahre aktivierte Saddam jedoch viele Antikorruptionsgesetze wieder. Im Zuge dieser Maßnahmen wurde Abdul Wahab Mufti, der Nachfolger von Khairallah Tulfah als Bürgermeister von Bagdad, beschuldigt, er habe Bestechungsgelder von einer britischen Firma für Müllfahrzeuge und Löschzüge angenommen. Er wurde hingerichtet.

Der Einbruch der Öleinnahmen führte dazu, dass die Iraker bei ihren Rüstungsimporten in Zahlungsverzug gerieten. Bislang hatte Bagdad als pünktlicher Zahler gegolten, einer der Hauptgründe dafür, dass westliche Regierungen gern mit dem Baath-Regime ins Geschäft kommen wollten. Mitte der achtziger Jahre war das Geld jedoch knapp geworden, und Saddam konnte den Zahlungsverpflichtungen für seine dringend benötigten Waffenimporte nicht mehr nachkommen. Am schlimmsten traf es die Franzosen und die Russen, auch wenn ihre ständigen Beschwerden in Bagdader Diplomatenkreisen auf wenig Mitgefühl stießen. »Ich glaube, wir waren alle der Ansicht, dass ihnen Recht geschah, vor allem den Franzosen«, war der Kommentar eines westlichen Ex-Diplomaten.[16]

Als Saddams Lage immer verzweifelter wurde, bemühte er sich noch einmal um Friedensverhandlungen. Doch die Ayatollahs bestanden auf einer ihrer Hauptbedingungen für einen Waffenstillstand: Saddams Ablösung. Doch aus bekannten Gründen stand diese Forderung nicht zur Debatte. Saddam reagierte mit einem wütenden Luftangriff gegen die wichtigsten Bevölkerungszentren des Iran – Teheran, Isfahan und Kermanshah – und setzte die Zerstörung der ökonomischen Infrastruktur des Feindes nach Kräften fort.

Im August 1986 flog die irakische Luftwaffe den ersten erfolgreichen Luftangriff auf den iranischen Ölterminal auf den Sirri-Inseln. Das Ziel lag nur 250 Kilometer nördlich der Straße von Hormus an der Mündung des Persischen Golfs. Der Irak demonstrierte Teheran damit, dass kein strategisches Ziel im Iran außerhalb seiner Reichweite lag. Dass Saddam den Konflikt auf diesen Teil des Persischen Golfs ausdehnte, war ein weiterer Versuch, ihn bis hin zu einer internationalen Intervention eskalieren zu lassen. Insbesondere hoffte er, die Iraner zu einer Reaktion zu verleiten, mit der sie den Lebensnerv der industrialisierten Welt getroffen hätten: den Transport von Öl im Persischen Golf. Zunächst ließen sich die Iraner nicht in diese Falle locken, und die Straße von Hormus blieb offen. Doch als Saddam seine Angriffe auf ihre Infrastruktur fortsetzte, kamen die Iraner zu der Auffassung, dass ihnen nichts anderes übrig blieb, als sich zu wehren. Ende 1986 setzten sie die Kuwaiter, die den Ölexport des Irak unterstützten, so vehement unter Druck, dass die Kuwaitis beide Supermächte um Schutz baten. Die Sowjetunion reagierte zuerst, und die Aussicht, die sowjetische Marine könne sich dem Schutz der Schifffahrt im Persischen Golf widmen, veranlasste die Vereinigten Staaten augenblicklich, zugunsten Kuwaits zu intervenieren. Bereits Anfang 1987 hatten die Supermächte und einige westliche Länder wie Großbritannien und Frankreich rund fünfzig Kriegsschiffe in den Golf beordert. Saddam hatte es geschafft, die Weltmächte in einen Konflikt zu treiben, dem sie unbedingt hatten aus dem Weg gehen wollen. Außerdem hatte er die geballte Macht der Seestreitkräfte der Welt zu seinem Schutz vor der Küste des Iran aufgestellt, während er selbst iranische Ziele fast ungehindert angreifen konnte. Auch als eine irakische Super Étendard versehentlich zwei Exocet-Raketen auf die amerikanische Fregatte USS *Stark* abfeuerte (37 amerikanische Soldaten wurden getötet), wurde der internationale Einsatz zum Schutz des Irak nicht zurückgezogen.

Die internationale Intervention zum Schutz der irakischen Ölexporte sowie die mit unveränderter Intensität fortgesetzte Bombardierung iranischer Städte untergruben nach und nach die iranische Moral, und das Regime in Teheran geriet zunehmend in die Isolation. Die Zahl der jungen Iraner, die sich freiwillig meldeten, ging rapide zurück, vor allem nach der verlustreichen Schlacht um Basra Ende 1987. Viele Iraner waren vor dem Raketenbeschuss aus den Großstädten geflohen. Je mehr aus der Defensive gegen die irakischen Eindringlinge eine Offensive wurde mit dem Ziel, irakisches Territorium zu erobern und Saddam zu stürzen, umso lautstarker machte sich die Friedenslobby in Teheran bemerkbar. Deshalb spekulierte Saddam darauf, dass es nur noch einer einzigen Großoffensive bedürfe, um die Iraner an den Verhandlungstisch zu zwingen. Im Februar 1988 startete der Irak den erbittertsten Angriff des gesamten Krieges. Innerhalb der nächsten zwei Monate trafen rund 150 Raketen die größten iranischen Bevölkerungszentren, und zahllose Luftangriffe wurden geflogen. Im April begann die erste irakische Bodenoffensive seit fast sechs Jahren, und der Irak konnte die Fao-Halbinsel zurückgewinnen. Neben Informationen über feindliche Stellungen erhielten die Iraker von den Amerikanern auch direkte Hilfen durch militärische Berater, die den höchsten irakischen Offizieren an der Front zur Seite standen. Durch ihren Erfolg ermutigt, begannen die Iraker im Verlauf des Frühjahrs weitere Offensiven und konnten die Iraner aus allen Gebieten vertreiben, die diese seit 1982 erobert hatten. Anfang Juli warfen die irakischen Streitkräfte die restlichen iranischen Truppen aus Kurdistan hinaus, und es gelang ihnen sogar, einen kleinen Streifen Feindesland an der Grenze zu erobern – der erste irakische Vorstoß in den Iran seit den ungestümen ersten Tagen des Konflikts im Jahr 1980.

In dieser Phase hatten die Iraner dem irakischen Ansturm kaum etwas entgegenzusetzen. Ihr Mangel an Freiwilligen bedeutete, dass eine Bodenoffensive nicht in Betracht kam, und ihrer Luftwaffe fehlten Ersatzteile. Sie konnten nur noch irakische Schiffe im Golf angreifen, doch das barg das Risiko einer direkten Konfrontation mit den Vereinigten Staaten und ihren Verbündeten. Kleine Trupps der Revolutionären Garde griffen mit Schnellbooten mehrere Schiffe an, und es gelang ihnen sogar, die Hauptfahrrinnen zu verminen. Damit bedrohten die Iraner die Interessen der Industrienationen, und die amerikanischen Streitkräfte wurden sofort in hohe Alarmbereitschaft versetzt. In dieser angespannten Lage schoss die USS *Vincennes* Anfang Juli versehentlich ein irakisches Verkehrsflugzeug ab, über dreihundert Menschen starben.[17]

In Teheran bestürmten die Befürworter des Friedens Ayatollah Khomeini, die Feindseligkeiten endlich zu beenden; der alternde Herrscher fand sich widerwillig damit ab, dass er zu seinen Lebzeiten seinen Todfeind Saddam Hussein nicht würde stürzen können. Und so stimmte der Iran am 18. Juli 1988 der UN-Resolution 598 zu. Ein Waffenstillstand wurde beschlossen und einen Monat später verstummten die Waffen. Khomeini behauptete, seine Zustimmung zu dem Waffenstillstand käme dem Trinken aus einem Giftkelch gleich, während sich Saddam schlicht und einfach zum Sieger erklärte. Ein Krieg, der schätzungsweise eine Million Tote gekostet und die irakische Wirtschaft ruiniert hatte, sollte nun plötzlich ein Triumph für das irakische Volk sein. Und in vielerlei Hinsicht war die Beendigung des Krieges tatsächlich eine bedeutende Leistung. Trotz des brutalen, totalitären Charakters seines Regimes war es Saddam gelungen, den Rest der Welt davon zu überzeugen, dass ein säkularer und progressiver Irak unendlich viel besser war als die Fanatiker der iranischen Revolution. Er hatte die finanzielle und moralische Unterstützung seiner Nachbarn am Golf gewonnen und sogar die Supermächte für seine Zwecke eingespannt. Innenpolitisch hatte er demonstriert, dass er selbst in Kriegszeiten nicht vor Repressionen zurückschreckte. Er hatte keinen Zweifel daran gelassen, dass ihm für den Machterhalt kein Opfer zu groß war.

Der einzige Makel, der an ihm haftete, war der Einsatz chemischer Waffen. Er hatte sich zwar weitgehend zurückgehalten, weil er die Isolation fürchtete. Doch gegen die Menschenwellen oder um die Iraner von den Majnun-Inseln zu vertreiben, hatte er geächtete Waffen eingesetzt. Die Vereinten Nationen hatten schon 1984 über die Verwendung von Senfgas und Tabun berichtet, und auch 1986 und 1987 ähnliche Beschuldigungen gegen den Irak erhoben. Die UN-Inspektoren kamen zu dem Schluss, dass »von den irakischen Streitkräften erneut Chemiewaffen gegen die iranischen Streitkräfte eingesetzt wurden, was viele Opfer forderte«. Weil er aber beim Einsatz nicht konventioneller Systeme relativ zurückhaltend blieb, unterstützten ihn die meisten Westmächte weiterhin. Sie nahmen die Berichte der UN-Inspektoren einfach nicht zur Kenntnis.

Sein eigenes Volk behandelte Saddam weniger rücksichtsvoll. Die Kurden hatten gehofft, in ihrem Kampf um die Autonomie von den Feindseligkeiten zwischen dem Irak und dem Iran zu profitieren. Einmal war Saddam darüber derart erbost, dass er sogar mit der Türkei und den Vereinigten Staaten paktierte und einer türkischen Offensive auf kurdischem Territorium zustimmte. Der Iran war sich der Verwundbarkeit von Saddams Truppen im Nordirak bewusst und bündelte seine Kräfte ab 1983 teilweise für einen Durchbruch in Kurdistan.

Als erste Reaktion erneuerte Saddam sein Angebot einer begrenzten Autonomie an die Kurden. Es wurde verschmäht, und Saddam reagierte mit einem brutalen Feldzug, um die Kurden zu unterwerfen. Geleitet wurde der Angriff von Saddams Vetter General Ali Hassan al-Majid, dem berüchtigten »Chemie-Ali«.

Der Feldzug begann mit der Hinrichtung von achttausend kurdischen Gefangenen, die sich seit 1983 in Saddams Gewalt befanden. Die Regierung griff sodann eine alte Strategie wieder auf und siedelte die rebellischen Kurden in Gebiete um, wo sie eine geringere Bedrohung für Bagdad darstellten. Schätzungen zufolge wurden bis Kriegsende im Jahr 1988 über die Hälfte der kurdischen Dörfer und Ortschaften dem Erdboden gleichgemacht und ihre Bevölkerung in die großen Städte oder auch in Konzentrationslager in der Wüste im südwestlichen Irak deportiert. Als die Kurden Widerstand leisteten, setzte Majid ein breites Spektrum von Chemiewaffen gegen die Zivilbevölkerung ein.

Die ersten Angriffe wurden im Mai 1987 gemeldet: Die Bewohner von zwanzig kurdischen Dörfern wurden mit Giftgas getötet, weil die Gefahr bestand, dass sie sich mit den vorrückenden iranischen Streitkräften vereinigten. Der schlimmste Angriff fand jedoch im März 1988 statt, als ein Durchbruch iranischer Truppen in Kurdistan drohte. »Chemie-Ali« ließ das kurdische Dorf Halabja mit chemischen Waffen bombardieren. Als sich die dichte Gaswolke verzogen hatte, beeilten sich die Iraner, westliche Fernsehteams vor Ort zu bringen und der Welt das ganze Ausmaß des Massakers zu zeigen. Fünftausend Menschen – Männer, Frauen und Kinder – wurden an jenem Tag mit einer Wasserstoffzyanid-Verbindung getötet, fast zehntausend wurden verwundet. Dieses Gift hatten die Iraker mit Hilfe ihrer deutschen Berater in ihrer neuen Chemiewaffenfabrik in Samarra produziert.[18] Saddam hatte als erster Kriegsherr den Einsatz von Nervengas befohlen (in der Schlacht um die Majnun-Inseln), nun konnte er sich auch noch damit brüsten, als erster Staatschef chemische Waffen gegen sein eigenes Volk eingesetzt zu haben. Jetzt endlich war die Welt gezwungen, den Realitäten im Irak Saddams ins Auge zu sehen.

Grausame Maßnahmen hatten auch den Widerstand der Schiiten gebrochen, doch Saddam beunruhigten nach wie vor die Aktivitäten des Ayatollah Sayyed Mahdi al-Hakim, eines hoch geehrten und einflussreichen schiitischen Geistlichen, der mit seiner Frau und vier Kindern in London lebte. Er hatte 1969 ins Exil flüchten müssen, weil ihn die Baathisten der Spionage bezichtigt hatten. Siebzehn Mitglieder seiner Familie, Männer und Frauen, jung und alt, waren im Irak hingerichtet worden. Während des iranisch-irakischen Krieges hatte Hakim versucht, die Opposition im Ausland zu mobilisieren, um Saddam zu stürzen. Seine Aktivitäten waren jedoch von Saddams stets wachsamen Geheimdiensten registriert worden. Gegen Ende 1987 erhielt Hakim eine Einladung zu einem Vortrag auf einer moslemischen Konferenz im Sudan, wo er am 17. Januar 1988 eintraf. Der Gelehrte wartete im Foyer des Hilton-Hotels in Khartoum, als drei Mitglieder eines irakischen Mordkommandos auf ihn zutraten. Einer von ihnen erschoss ihn aus kürzester Entfernung, während die anderen jeweils zwei Schüsse in die Luft abgaben. Die drei Attentäter spazierten danach seelenruhig aus dem Hotel und stiegen in ein wartendes Auto mit einem Kennzeichen der diplomatischen Dienste. Der Wagen brachte sie zur irakischen Botschaft, und wenige Tage später flogen sie zurück nach Bagdad.

ZEHN

Der Aggressor

Saddam hatte den Krieg gewonnen, und nur das zählte für ihn. Das Land war so gut wie bankrott, die Infrastruktur war zerstört, und die Bevölkerung war erschöpft von den Anstrengungen des Kriegs. Aber Saddam war nur daran interessiert, den Sieg zu seinem Vorteil zu nutzen. Die Waffen an der Front hatten kaum geschwiegen, da stand schon Saddams »Triumphbogen« im Zentrum von Bagdad. Das Monument besteht aus zwei riesigen gekreuzten Krummsäbeln, die von zwei großen, in Beton gebetteten Fäusten aus Bronze gehalten werden. Damit auch niemand Zweifel daran haben könnte, wer für den Triumph über den Iran verantwortlich sei, standen für die beiden Fäuste die Hände des irakischen Präsidenten Modell.[1] Während des Kriegs hatte Saddams Propagandamaschine ständig versucht, die heroischen Taten des irakischen Präsidenten mit denen der frühen Helden des Islam zu vergleichen. Als der Krieg beendet war, bemühte sich Saddam, den ruhmreichen Ahnen Tribut zu zollen, indem er offizielle Begräbniszeremonien für die sterblichen Überreste der babylonischen Könige abhielt und neue Monumente auf ihren Gräbern errichten ließ. Zur selben Zeit ordnete er eine groß angelegte Rekonstruktion des antiken Babylon an. Große Teile der antiken Ruinen wurden abgerissen, um Platz für gelbe Backsteinmauern zu machen. Zehntausende der Steine, die für den Bau gebraucht wurden, trugen eine besondere Inschrift, die künftige Generationen daran erinnern sollte: »Das

Babylon Nebukadnezars wurde in der Ära des Präsidenten Saddam Hussein neu errichtet.«

Trotz Saddams Bemühungen um einen Heldenkult gab es klare Anzeichen dafür, dass acht Jahre Krieg sein Selbstbewusstsein angeknackst hatten. Sein Verfolgungswahn erreichte neue Höhepunkte, und die Gefahren für seine Herrschaft während des Kriegs hatten ihn noch misstrauischer gemacht. Seine öffentlichen Auftritte wurden seltener, und er nutzte ausgiebig das Netz von Bunkern und Palästen, das im Krieg errichtet worden war, um ihn vor Attentätern zu schützen. Die Iraker zogen nach dem Waffenstillstand zu Hunderttausenden durch die Straßen von Bagdad, um das Ende des Kriegs zu feiern, doch Saddam ahnte, dass die Euphorie nicht lange anhalten würde und es nicht lange dauern konnte, bis das Volk grundsätzliche Fragen zum Standpunkt ihres Präsidenten stellen würde. Die Iraker würden bald darüber nachdenken, wofür sie diese acht Jahre der Entbehrungen und Opfer erduldet hatten. Saddam nahm zu Recht an, dass seine politischen und militärischen Gefolgsleute bald Pläne schmieden würden, wie sie ihn stürzen könnten. Ausländischen Diplomaten, die nach der Beendigung des Kriegs in Bagdad arbeiteten, fiel auf, dass Saddam immer menschenscheuer wurde. Ihrer Ansicht nach freute er sich nicht an den Früchten des Sieges, sondern entzog sich den Blicken der Öffentlichkeit. Ein ehemaliger Diplomat meinte: »Nach dem Krieg fand man in Bagdad wenig Anzeichen für ein Triumphgefühl.«[2]

In der Endphase des Kriegs hatte Saddam die Gewohnheit entwickelt, jeweils nach ein paar Tagen von einem Präsidentenpalast in den anderen zu ziehen. Die Paläste ähnelten sich stark und besaßen alle Obst- und Gemüsegärten, womit für Nahrung gesorgt war. Die Mauern der Paläste waren besonders verstärkt, um einem Angriff mit kleinen Raketen standzuhalten, und alle Anwesen verfügten über einen eigenen Sicherheitstrakt. Man weiß nicht genau, wie viele Paläste in den achtziger Jahren gebaut wurden, aber einen Hinweis auf ihre große Zahl bekommt man durch die bekannte Tatsache, dass im Norden von Kurdistan allein in einem Umkreis von 50 Kilometern fünfzehn von Saddams Palästen standen. Ein westlicher Diplomat, der den Irak Ende der achtziger Jahre bereiste, berichtete, dass er fast an jedem Ort, den er besuchte, auch in den entlegensten Ecken des Landes, Baustellen entdeckte, auf denen große Festungen mit hohen Mauern entstanden. Alle zeigten eine ähnliche Architektur, und als er die Leute im Ort fragte, was es mit diesen Bauwerken auf sich hätte, meinten sie, es seien regionale Regierungseinrichtungen. Später erfuhr der Diplomat dann, dass es sich bei den Festungen tatsächlich um Saddams neue Paläste handelte: Orte, an denen er Schutz vor seinen Feinden suchte. Neben ihrer Funktion als Zufluchtsort für den Präsidenten dienten die stark befestigten Paläste auch als geheime militärische Arsenale, insbesondere für chemische und biologische Waffen. Alle Paläste waren durch mehrere verschiedene Kommunikationssysteme miteinander verbunden, damit beim Ausfall eines Systems mindestens zwei oder drei andere zur Verfügung standen.

Ende der achtziger Jahre berief Saddam ein Treffen der wichtigsten Minister des Landes ein, bei dem ein erschreckendes Bild seiner nervlichen Verfassung entstand. Alle Funktionsträger wurden angewiesen, sich um acht Uhr morgens an einem bestimmten Ort zu versammeln. Als sie alle bereitstanden, wurden sie in einen Bus mit verdunkelten Fenstern verfrachtet und durch Bagdad kutschiert. Zweimal wechselten sie den Bus, und die Tour wurde wiederholt. Schließlich wurden die Männer zu einem Palast am Rande der Stadt gebracht, wo sie durchsucht wurden. Der Inhalt ihrer Taschen wurde in Umschläge gesteckt, auf denen der Name der Gefilzten stand. Dann bestiegen sie wieder den Bus und wurden zu einem anderen Palast gefahren, wo sie nach einer nochmaligen Durchsuchung sich die Hände mit einem Desinfektionsmittel waschen mussten. Sie wurden in einen großen Saal geführt und angewiesen, Platz zu nehmen. Dort warteten sie dann drei Stunden. Inzwischen war es später Nachmittag, und niemand hatte etwas zu essen bekommen oder zur Toilette gehen dürfen. »Wir hatten einfach Angst, zu fragen«, erinnerte sich ein Funktionär. »Wir dachten, Saddam würde einen neuen Krieg erklären oder etwas Ähnliches. Seine Leibwächter machten eine so ernste Miene.«

Um achtzehn Uhr betrat Saddam endlich den Raum, und die Männer standen prompt auf und klatschten. Saddam hielt eine kurze, unzusammenhängende Rede über die Lage der Nation und die Notwendigkeit, dass die Mitglieder der Regierung ihre Pflicht gewissenhaft erfüllten. »Er sagte nichts, was interessant oder neu gewesen wäre.« Nach einer halben Stunde ging er wieder. Die verwirrten Männer wurden dann gebeten, am Rande einer Tribüne eine Schlange zu bilden. Als sie ihre Plätze einnahmen, bemerkten sie, dass sich große Haufen irakischer Dinare auf einem Tisch am Rand der Bühne stapelten. Jeder der Funktionsträger wurde heraufgebeten und erhielt ein Bündel Dinare im Wert von einigen tausend Dollar. Mit Saddams »Geschenk« in den Taschen wurden sie in einen Garten neben dem Saal begleitet, wo sie ein festlich gedeckter Tisch erwartete. Aber die Köche hatten sich wohl wenig Gedanken über das Arrangement gemacht, denn Kuchen und Nachspeisen standen zwischen Lammkeulen und gefülltem Huhn, und der ganze Mischmasch machte keinen besonders appetitlichen Eindruck. Die ausgehungerten Männer schlangen das Essen trotzdem hinunter, wurden anschließend aus dem Palast geführt, in den Bus verfrachtet und nach mehreren Umwegen zurück zu ihrem ersten Treffpunkt gebracht. »Als Regierungsmitarbeiter kannten wir alle das Land recht gut, aber niemand hatte die leiseste Ahnung, wo wir gewesen waren«, sagte einer der Staatsdiener über das Treffen. »Der einzige Zweck der Übung war Einschüchterung. Saddam wollte uns daran erinnern, wer der Boss war. Das Geld und das Festessen schenkte er uns, um uns zu zeigen, dass wir belohnt würden, wenn wir gehorsam waren.«[3]

Saddams persönliche Sicherheit vergrößerte sich nach dem Krieg eher, als dass sie sich verringerte. Solange der Irak sich im Krieg befand, rechnete Saddam nicht mit einem Volksaufstand, und nachdem er seinen Gesundheitsminister bei einer Kabinettssitzung 1982 ermordet hatte, war er überzeugt, dass seine engsten Mitarbeiter nicht einmal wagen würden, über den Versuch eines Putsches auch nur zu sprechen. Doch er behielt das Nomadendasein bei, das er sich in den Kriegsjahren angewöhnt hatte. Die große Ähnlichkeit seiner Paläste war ein großer Vorteil. Wenn er ein Fernsehinterview gab, konnte man am Hintergrund nicht erkennen, wo er sich befand. Wenn Saddam öffentlich auftrat, was immer seltener geschah, wurden die Einzelheiten des Ereignisses erst dann in der irakischen Presse veröffentlicht, nachdem alles vorüber war. Wenn seine Feinde ihn erledigen wollten, mussten sie ihn erst einmal finden.

Doch am meisten machte Saddam am Ende des Kriegs seine Familie zu schaffen. Während des Krieges hatte Saddam die rivalisierenden Clans innerhalb seiner Sippe noch im Zaum halten können. Die verschiedenen Clans versuchten sich gegenseitig aus der Tikriter Führungsriege zu verdrängen, um mehr Macht und Einfluss zu erlangen. Das Verhältnis zwischen den Ibrahims und Majids hatte zwar noch nicht die Stufe der Montagues und Capulets in Shakespeares *Romeo und Julia* erreicht, aber Saddam hatte alle Hände voll zu tun, den Bruch mit seinen drei Halbbrüdern zu kitten, der durch die Wahl des Bräutigams für seine älteste Tochter Raghda entstanden war (siehe Kapitel acht). Saddam war es damals gelungen, sich mit den Ibrahims seiner Familie zu versöhnen, und seine drei Halbbrüder – Barzan, Watban und Sabawi – wurden rehabilitiert und bekamen hohe Posten in der Regierung. Sabawi übernahm Barzans ehemaliges Amt als Chef der Mukhabarat, und Watban wurde Leiter des Allgemeinen Sicherheitsdiensts, während Barzan Gesandter bei der UN in Genf blieb.

Saddam behielt nur kurz die Kontrolle über seine Familie. Der Grund eines neuen Streits im Oktober 1988, gerade einmal zwei Monate nach dem Waffenstillstandsabkommen mit dem Iran, war Saddams angebliche eheliche Untreue. Gerüchte über Saddams Seitensprünge waren in Bagdad während des Kriegs alltäglich geworden. Es war bekannt, dass Saddam eine Vorliebe für Blondinen hatte, und Sajida hatte sich Mitte der achtziger Jahre ihrem Mann zuliebe die Haare blond gefärbt. Getuschelt wurde über Affären mit der Frau eines armenischen Händlers in Bagdad und mit der Tochter eines ehemaligen irakischen Botschafters. Aber erst sein Verhältnis mit Samira Shahbandar, der Frau des Chefs der irakischen Fluggesellschaft, sollte Wirbel auslösen.

Man weiß nicht, wann die Affäre begann, vielleicht bereits 1986. In diesem Jahr war Saddam in einen Machtkampf mit seinen hohen Militärs verwickelt, und es machten sich erste Anzeichen für seine psychische Labilität bemerkbar. Samira erfüllte alle seine Anforderungen an eine Geliebte: Sie war groß, blond, redegewandt, Mitte dreißig und verheiratet. Zahlreiche Iraker im Exil, die damals noch in die Regierung eingebunden waren, haben berichtet, dass Saddams Seitensprünge ab Mitte der achtziger Jahre einem bestimmten Muster folgten. »Er hatte besonderes Vergnügen an Affären mit verheirateten Frauen, weil er auf diese Weise ihre Männer demütigen konnte«, meinte ein Funktionsträger, der mehrere Jahre im Präsidentenpalast tätig war.[4] Die Frau wurde gegen ihren Willen aus ihrem Haus geholt, während ihr Mann abwesend war, und zu einem besonderen Treffpunkt gebracht, der im Mansour-Viertel Bagdads lag, nicht weit entfernt von dem Jagdclub, den Saddam Anfang der siebziger Jahre gerne besucht hatte. Nach dem Rendezvous wurde die Frau in derselben Nacht zurück nach Hause gefahren.

Die meisten Liebschaften Saddams wurden von Kamel Hana Geogeo, einem seiner Leibwächter, arrangiert, der fast zwanzig Jahre mit unterschiedlichen Funktionen für ihn gearbeitet hatte. Geogeo war der Sohn von Saddams persönlichem Chefkoch, einige Zeit war er auch Vorkoster gewesen: Saddam rechnete damit, dass der Koch seinen eigenen Sohn nicht vergiften wollte. Durch Geogeo lernte Saddam auch Samira kennen. Im Gegensatz zu seinen früheren Affären ging Saddam dieses Mal eine ernsthafte Beziehung mit Samira ein, die, anders als seine Frau, aus einer angesehenen Familie in Bagdad stammte. In der Vergangenheit hatte Sajida, die Mutter von Saddams fünf Kindern, die Seitensprünge ihres Mannes toleriert und war nur eingeschritten, wenn eine von Saddams Eroberungen ihre Ehe zu gefährden drohte. Dann rief sie Saddams Halbbrüder zu Hilfe, und entweder Barzan oder Sabawi, der den allmächtigen Sicherheitsdienst leitete, griff ein. Einmal ließ Barzan sogar eine Geliebte Saddams verhaften und in die Türkei verbannen.

Als Sajida erkannte, dass Saddam an Samira ernsthaft interessiert war, wollte sie das Verhältnis unterbinden. Da Barzan in Genf war, beging sie den Fehler, ihren ältesten Sohn Uday um Hilfe zu bitten. Gerüchten zufolge war Sajida so eifersüchtig, dass sie kurz vor einem Nervenzusammenbruch stand. Sie sagte Uday, er müsse schnell etwas unternehmen, sonst würde Saddam Samira heiraten, und dann sei ihr Erbe in Gefahr. Uday handelte, wie es seinem Charakter entsprach. Er erfuhr, dass Geogeo zu einem Fest eingeladen war, das ein irakischer Staatsmann auf der »Insel der Gefräßigen« gab. Die Feier war zu Ehren der Frau des ägyptischen Präsidenten Hosni Mubarak organisiert worden, als Teil der irakischen Bemühungen, die Beziehungen zur arabischen Welt nach dem Krieg wieder zu verbessern. Uday kam mit seinen Leibwächtern zur Feier, ging direkt auf Geogeo zu, streckte ihn mit einem schweren Knüppel nieder und schlug weiter auf das am Boden liegende, bewusstlose Opfer ein. Geogeo starb im Krankenhaus.[5]

Bis dahin hatte Saddam die Exzesse seiner Kinder immer ignoriert. Seine Söhne hatten in ihrer Kindheit wenig Disziplin gelernt. Auch nachdem Uday 1984 das Olympische Komitee übernommen hatte, bemühte er sich kaum um Sympathien im irakischen Volk, obwohl er als designierter Nachfolger Saddams galt. Im ganzen Krieg hatte er vor allem das Nachtleben Bagdads genossen, während die meisten Iraker seines Alters an der Front kämpften. Ständig hörte man, dass er an

Schlägereien mit Betrunkenen in Nachtklubs beteiligt gewesen sei, und er war mindestens in zwei Mordfälle verwickelt, bevor er den Vorkoster seines Vaters tötete. Sein erstes Opfer war ein Oberst, der verhindern wollte, dass Uday seine minderjährige Tochter verführte. Das zweite Opfer war ein Offizier, der protestiert hatte, als Uday in einer Diskothek seine Frau angemacht hatte.[6] Die beiden Morde fanden im Präsidentenpalast auch noch Anerkennung, denn Udays Vater war anscheinend stolz darauf, dass sein Sohn und Erbe nun »blutbefleckt« war.

Saddam hatte bisher zu den Verbrechen seines Sohnes geschwiegen, doch er konnte nicht dulden, dass sich der Sohn in das Liebesleben des Vaters einmischte. Der Mord an Geogeo versetzte Saddam in heftigste Wut, er denunzierte seinen Sohn im Fernsehen und befahl, Uday wegen Mordes anzuklagen. Die arabische Presse war schnell voller reißerischer Berichte darüber, wie Saddam zum Haus seines Sohns gegangen sei, Uday verprügelt habe, und auch seine Frau geschlagen habe, als sie ihrem Sohn zu Hilfe gekommen sei.[7] Nach dem Bericht eines Mannes, der zuweilen als Udays Doppelgänger agierte, soll Uday seine Tat so schmerzlich bereut haben, dass er Schlaftabletten schluckte und in dasselbe Krankenhaus eingeliefert wurde, in das auch Geogeo gebracht worden war. Doch die Mediziner konnten Udays Leben retten. Als sie gerade seinen Magen auspumpten, trat Saddam in die Notaufnahme, schob die Ärzte beiseite, schlug Uday ins Gesicht und brüllte: »Dein Blut wird fließen wie das Blut meines Freundes.«[8]

Im Irak nach dem Krieg trug der innenpolitische Skandal um den Mord am Vorkoster des Präsidenten nicht gerade zu Saddams Popularität bei. Saddam war sich bewusst, dass er harte Maßnahmen ergreifen musste, wenn er eine Chance haben wollte, das Ansehen der herrschenden Familie zu retten. Er ordnete an, dass sowohl Uday als auch seine Frau aus dem öffentlichen Leben verschwinden mussten. Für Sajida war die Sache besonders peinlich, denn sie hatte gerade Staatsfeierlichkeiten zu Ehren von Präsident Mubaraks Frau Suzanne ausgerichtet. Als Frau Mubarak am 21. Oktober zum Flughafen fuhr, um den Rückflug nach Ägypten anzutreten, war Sajida bei der offiziellen Verabschiedung nicht zu sehen. Am Tag nach dem Mord verschwand Udays Name aus dem Impressum der lokalen Sportzeitung, deren Herausgeber er nominell gewesen war. Ein paar Tage später wurde er seiner Ämter als Vorsitzender des Irakischen Olympischen Komitees und des Irakischen Fußballbundes enthoben. In einer Erklärung hieß es, er sei »aus persönlichen Gründen« ausgeschieden. Udays Rücktritt aus dem Fußballbund war besonders peinlich, weil ihn die Mitglieder – die alle der Baath-Partei angehörten – gerade erst einstimmig für weitere vier Jahre gewählt hatten. Außerdem musste er seinen neu erworbenen Posten als Rektor der Saddam-Universität für Naturwissenschaft und Technologie in Bagdad verlassen.

Anfangs versuchte Saddam, den Skandal unter den Teppich zu kehren, aber bald erschienen Berichte in ausländischen Zeitungen, und er musste sich an die Öffentlichkeit wenden. Uday wurde verhaftet, und man richtete eine spezielle Kommission ein, die in dem Mordfall ermitteln sollte. Saddam erklärte, Uday würde unter Mordanklage gestellt, wenn die Kommission Uday für schuldig halten sollte. Die Zusammenstellung des Gerichts und die Hintergrundaktivitäten der Lobby, die sich erfolgreich für Udays Freilassung einsetzte, demonstrieren eindrücklich, welch verzweigte Vetternwirtschaft in Saddams Regime herrschte. Der zuständige Richter hieß Abdel Wahab al-Douri und war der Vetter des Stellvertretenden Vorsitzenden im Revolutionären Kommandorat, Izzat Ibrahim al-Douri. Der Kommission wurde die Entscheidung schnell erleichtert, als Geogeos Vater, schließlich immer noch Saddams Leibkoch, darum bat, die Anklage fallen zu lassen. Außerdem berief er sich auf den Brauch, Saddam zu bitten, Udays Leben zu schonen. Saddam wurde von der Gruppe, die sich für Uday einsetzte, erheblich unter Druck gesetzt, vor allem von Sajida und ihrem Bruder Adnan Khairallah (Saddams Vetter und Verteidigungsminister). Sajida wollte nicht verstehen, warum Saddam Uday bestrafen wollte, weil er auch nach den früheren Morden seines Sohnes nichts unternommen hatte. »Warum willst du ihn verhaften lassen?«, soll sie ihren Mann gefragt haben. »Schließlich ist es nicht das erste Mal, dass er jemanden getötet hat. Außerdem ist er nicht der Einzige in seiner Familie, der gemordet hat.«[9] Der letzte Satz war zweifellos eine Anspielung auf Saddams Verdienste in der Kunst des Mordens.

Da die Kommission den Präsidenten nicht ärgern wollte und Udays Verwandte für seine Freilassung kämpften, wurde die Anklage schließlich fallen gelassen. Saddam war weiterhin wütend auf seinen Sohn, weil der die Frechheit besessen hatte, sich in sein Liebesleben einzumischen. Er schickte Uday ins Exil nach Genf zu seinem Halbonkel Barzan al-Tikriti. Udays Verbannung in ein Land wie die Schweiz, die auf ihre öffentliche Ordnung stolz ist, geschah zweifellos in der Absicht, seinen wilden Charakter zu zügeln. Aber Saddams Hoffnung, in Genf würde seinem aufsässigen Sohn Anstand beigebracht werden, war von kurzer Dauer. Berichte über Udays Benehmen in Bagdad hatten die Schweizer Behörden erreicht, und als Barzan und Uday eine Aufenthaltserlaubnis für Diplomaten beantragten, wurde sie nur Barzan bewilligt. Bei Uday wurde die Entscheidung verschoben. Ein paar Wochen später wurde Uday offiziell aufgefordert, die Schweiz zu verlassen. Obwohl sein Antrag auf Diplomatenstatus noch anhängig war, hatte Uday bereits eine tätliche Auseinandersetzung mit einem Polizeibeamten. Bei einem Streit in einem Genfer Restaurant hatte er ein Messer gezogen. Danach machten die Schweizer Behörden nicht viel Federlesens mit Uday. Während er im Flugzeug nach Bagdad saß, flog seine Mutter in die Schweiz, weil sie ihn besuchen wollte. Uday ging zurück nach Bagdad, wo eine Art Versöhnung mit seinem Vater stattfand. Er wurde vom Präsidenten begnadigt, man wählte ihn einstimmig wieder zum Vorsitzenden des Irakischen Olympischen Komitees, und er bekam die Erlaubnis, viele seiner früheren Aktivitäten wieder aufzunehmen. Ehemalige irakische Funktionsträger, die nach dem Golfkrieg ins Exil gingen, berichteten, dass Uday zum Ebenbild seines Vaters geworden war. »Er ist unhöflich und rücksichtslos. Er ist ein Rüpel und ein Schläger.«[10]

Saddam war bereit, sich mit seinem Sohn zu versöhnen, aber nicht mit seiner Frau. Schließlich war es Sajidas Eifersucht gewesen, die Uday dazu gebracht hatte, Geogeo umzubringen. Als First Lady des Irak war Sajida praktisch immun, außerdem hatte die Presse klargestellt, dass Saddam und nicht seine Frau für den Skandal verantwortlich war, denn schließlich hatte ja er eine Affäre gehabt. Da er sich an ihr nicht rächen konnte, beschloss Saddam, sich an Adnan Khairallah, ihrem Bruder und seinem Freund aus Kindertagen, zu rächen.

Damals waren Saddam und Adnan seit über dreißig Jahren Freunde und Gefährten. Adnan hatte Saddam auf seinem Weg an die Macht als treuer Gefolgsmann unterstützt. Seine Berufung zum Verteidigungsminister im Jahr 1977 war ein entscheidender Schritt in Saddams Vorbereitungen für die Übernahme der Macht, denn danach musste Saddam das militärische Establishment nicht mehr fürchten. Adnan hatte während des Kriegs eng mit Saddam zusammengearbeitet. Wie sein Vater Khairallah Tulfah war er nicht abgeneigt, seine Stellung zu persönlicher Bereicherung zu nutzen. Neben dem Vermögen, das er und sein Vater durch Landkäufe erworben hatten, hatte Adnan bei den Waffenlieferungen, die er im Auftrag der Regierung ausgehandelt hatte, Millionen Dollar eingesackt. Adnan besaß 1989 schätzungsweise 500 Autos für den privaten Gebrauch.

Die Beziehung zwischen Saddam und Adnan war bereits getrübt, bevor der Streit um Uday öffentlich wurde. Als Verteidigungsminister hatte Adnan einen Teil des Ruhms für den »Sieg« über den Iran für sich beansprucht und betrachtete sich immer mehr als rechtmäßiger Erbe Saddams. Saddam brachte Mitarbeitern, die ihn vielleicht herausfordern könnten, tiefstes Misstrauen entgegen. Im Gegensatz zu Saddam hatte Adnan als junger Mann die angesehene Militärakademie in Bagdad besucht und sich den Ruf eines hoch kompetenten Offiziers erarbeitet. Adnan war langjähriges Mitglied der Baath-Partei, er war kultiviert und konnte seine Gedanken in professioneller, militärischer Weise ausdrücken. Bevor er Verteidigungsminister geworden war, hatte er in der 10. Panzerdivision des Irak, der »Goldenen Brigade«, gedient, und anders als die meisten Mitarbeiter des Regimes war er nicht in die Gräuel verwickelt, die Saddams Sicherheitsapparat verübte. Aus diesen Gründen war er bei seinen Kollegen sehr beliebt. Im Krieg mit dem Iran sorgte Adnans überragendes militärisches Wissen und Können ständig für Rivalitäten mit Saddam. Wenn sich zum Beispiel ein irakischer Offizier aus den Kämpfen mit dem Gegner zurückzog, begriff Adnan die strategischen Gründe für die Entscheidung. Saddam aber, der keine militärische Ausbildung hatte, betrachtete Rückzug grundsätzlich als Feigheit und verlangte, der verantwortliche Offizier solle hingerichtet werden. Das Verhältnis der beiden Männer war während des gesamten Kriegs derart angespannt, dass Adnan ernsthaft darüber nachdachte, sein Amt als Verteidigungsminister niederzulegen. Aber er wurde von seinem Vater Khairallah Tulfah zum Bleiben überredet, der, obwohl er inzwischen alt und gebrechlich war, seine Stellung als inoffizieller »Pate« des Regimes genoss, und zwar bis zu seinem Tod in den neunziger Jahren.

Als nach dem Krieg Kritik an Saddams Führungsqualitäten laut wurde, erschienen in der arabischen Presse Artikel, in denen die Möglichkeit erwogen wurde, Adnan Khairallah könne Saddam als Präsident ablösen. Die Argumente glichen sich: Adnan habe eine bessere Ausbildung, handle professioneller und vernünftiger als Saddam und sei besser geeignet, die Geschicke des Landes zu lenken. Außerdem hatten den Irak schon früher erfolgreiche Militärs regiert. Saddams Geheimdienst hielt ihn auf dem Laufenden über die Meinungen in der ausländischen Presse und ihren Einfluss auf die herrschende Elite in Bagdad. Sein Misstrauen gegenüber Adnan wurde noch durch Berichte verstärkt, in denen Adnan unterstellt wurde, er habe einen besonders guten Kontakt zu Mitarbeitern des CIA aufgebaut, die während des Kriegs in Bagdad tätig gewesen waren und den Irak mit wichtigen Geheimdienstinformationen versorgt hatten.[11]

Adnans öffentlicher Schulterschluss mit seiner Schwester Sajida beim Streit um Saddams Geliebte brachte das Fass zum Überlaufen. Saddam wurde klar, dass Adnan nach arabischer Tradition immer seinen Blutsverwandten die Treue halten würde. Und als Verteidigungsminister war Adnan für Saddams persönliche Sicherheit verantwortlich. Auch in dieser Hinsicht konnte Adnan keine Pluspunkte sammeln, denn Saddam war im Januar 1989 gezwungen, die alljährliche Militärparade abzusagen, die zum ersten Mal nach dem Krieg wieder stattfinden sollte. Seine stets wachsamen Agenten hatten eine Verschwörung aufgedeckt, deren Ziel es war, ihn bei den Feierlichkeiten zu töten. Dissidenten aus den Reihen des Militärs hatten geplant, während der Parade die Ehrentribüne anzugreifen. Man hatte sogar daran gedacht, Kampfflugzeuge einzusetzen, die im Tiefflug die Tribüne unter Beschuss nehmen sollten. Obwohl die Verschwörung rechtzeitig aufgedeckt wurde, ließ die Tatsache, dass sie nicht früher ans Licht gebracht worden war, den Eindruck entstehen, Adnan sei nachlässig bei der Erfüllung seiner Pflicht. Er musste nicht lange auf Saddams Rache warten. Vier Monate später starb er bei einem Hubschrauberabsturz. Die offizielle Erklärung lautete, Adnan sei als Pilot des Hubschraubers auf dem Rückweg von einer Inspektionsreise in Kurdistan gewesen, als er in einen Sandsturm geriet, die Orientierung verlor und schließlich abstürzte.

Die Wahrheit über Adnans Tod berichtete ein paar Jahre später Hussein Kamel al-Majid, Saddams Vetter und Schwiegersohn. Nach Hussein Kamels Angaben war Adnan auf einem Familientreffen in der Nähe von Mosul im Norden des Irak gewesen, zu dem auch Saddam und Sajida gekommen waren.

Mit dem Treffen wollte Saddam den Bruch in der Familie heilen, der durch die Auseinandersetzung um Uday entstanden war. Doch bei der Zusammenkunft entbrannte ein Streit zwischen den beiden Männern, und Adnan wollte das Familientreffen verlassen. Darauf sagte Saddam zu Hussein Kamel, er solle sich »um die Angelegenheit kümmern«. Hussein Kamel gab zu, dass er einen Sprengsatz mit Zeitzünder an Adnans Hubschrauber angebracht hatte; das Ergebnis ist bekannt.[12]

Die Ermordung Adnans markiert auch das Ende von Saddams Beziehung zu seiner ersten Frau. Kurz bevor Adnan in den Hubschrauber steigen wollte, es wurde bereits dunkel, hatte Sajida eine böse Vorahnung. Saddam wollte sie mit den Worten beruhigen: »Wir müssen auf Gottes Schutz vertrauen.« Nach Adnans Ermordung hatte Sajida keinen Zweifel, wer für den Tod ihres Bruders verantwortlich war, und sie schwor, nie wieder mit Saddam zu sprechen. Später wurde die offizielle Trennung vereinbart, und Sajida bekam den offiziellen Titel »Lady of the Ladies«, während Samira, die bald darauf Saddams zweite Frau wurde, zur »First Lady« avancierte.

Saddams häusliche Schwierigkeiten wirkten sich zweifellos auf die Politik aus, die er nach dem Krieg verfolgte. Zum ersten Mal sah sich Saddam in der Defensive. Er erkannte, dass seine Macht bedroht war, und zwar sowohl von seiner eigenen Führungsriege als auch vom Militär. Zwischen dem Kriegsende und 1990 wurden mehrere Attentate auf ihn geplant. Im November 1988 war angeblich geplant, Saddams Flugzeug auf der Rückreise von einem Staatsbesuch in Ägypten abzuschießen. Das zweite Attentat sollte bei der Militärparade ausgeführt werden. Dieser Plan beunruhigte Saddam besonders, denn an ihm waren Soldaten seiner Republikanischen Garde beteiligt, jener Elitetruppe zu seinem Schutz. Dutzende, wenn nicht Hunderte dieser Prätorianer wurden in der folgenden Säuberung liquidiert. Ein dritter Mordversuch wurde im September 1989 vereitelt, als Saddam bei einer Nationalfeier im rekonstruierten Babylon als der neue Nebukadnezar bejubelt wurde. Und im Januar 1990, als er in seinem Auto durch Bagdad fuhr, entkam Saddam nur knapp einem Anschlag von Armeeoffizieren.

Saddam wusste, dass seine Popularität stark gesunken war, und nahm eine Art irakischer Perestroika in Angriff, durch die einige staatliche Institutionen liberalisiert werden sollten. Ein erster Schritt waren im April 1989 die Neuwahlen des Nationalrates, jenem Gremium, das am ehesten eine demokratische Plattform darstellen könnte. Aber wie auch bei den früheren Wahlen wurden die Kandidaten einer genauesten Untersuchung durch den Geheimdienst unterzogen. Politiker, die nicht der Baath-Partei angehörten, wurden als »Unabhängige« zugelassen, und viele dieser unabhängigen Kandidaten wurden auch gewählt. Die Behörden schwiegen sich aber darüber aus, dass alle potentiellen Kandidaten, die man als »staatsgefährdend« einstufte – und dieser Begriff wurde sehr weit gefasst –, nicht zugelassen wurden. Während der Ausrichtung der Wahlen kündigte die Regierung an, sie wolle in Zukunft mehr Kritik an Ministern und Entscheidungen zulassen. Doch sie betonte zugleich, dass diese Kritik nur an den Ministern geübt werden dürfe, also den Ausführenden, die für die alltäglichen Regierungsgeschäfte zuständig waren. Der Präsident, seine Familie und andere Mitglieder der Führungsriege genossen absolute Immunität, was angesichts der jüngsten Eskapaden einiger Verwandter Saddams weiß Gott nötig war.

An der Universität von Bagdad wurde eine »Freiheitsmauer« aufgestellt, an der die Studenten ihre Beschwerden vorbringen konnten. Die staatlich kontrollierte Presse veröffentlichte einige Artikel, in denen Probleme des Alltags angesprochen wurden. So konnte der Minister für Information und Kultur ohne jede Spur von Ironie erklären: »Im Irak gibt es keine Zensur. Niemand wird zu dem befragt, was er geschrieben hat. Die einzigen Beschränkungen beziehen sich auf Themen der nationalen Sicherheit.«[13] Um der Welt zu zeigen, welche Veränderungen im Irak vor sich gingen, wurden einige westliche Journalisten ins Land geholt, die den florierenden »Demokratisierungsprozess« vor Ort beobachten sollten. Saddam ließ bei der arabischen Presse seinen ganzen Charme spielen, und führende Redakteure aus Ägypten, die nach Bagdad eingeladen wurden, bekamen angeblich »nagelneue rote, weiße, blaue und hellbraune 230er Mercedes ... Weniger bedeutende Persönlichkeiten bekamen Toyotas.«[14]

Die Bemühungen, die politischen Institutionen des Landes zu reformieren, wurden von einer systematischen Säuberung in den Streitkräften begleitet. Bis 1988 hatte der Irak die viertgrößte Armee des Nahen Ostens aufgebaut. Seine Fehler während des Kriegs, insbesondere seine überstürzten Interventionen während der Krise um die Fao-Halbinsel Ende 1986, hatten dazu geführt, dass das Oberkommando der Streitkräfte Saddams Entscheidungsbefugnis einschränkte (siehe Kapitel acht). Rückblickend wäre dies der ideale Zeitpunkt für die Generäle gewesen, gegen Saddam vorzugehen. Aber nach mehr als einem Jahrzehnt strengster Überwachung durch den Geheimdienst und das besonders wirkungsvolle Netzwerk der Baath-Kommissare waren die irakischen Offiziere vollkommen eingeschüchtert und hatten keinerlei politische Ambitionen. Saddam hatte die Zurechtweisung von Seiten seiner militärischen Befehlshaber weder vergessen noch vergeben, obwohl ihr Einschreiten dazu beigetragen hatte, dass der Irak den Krieg schließlich gewonnen hatte.

Die Aufdeckung mehrerer Putschversuche unter Beteiligung von Offizieren 1988 und 1990 gab Saddam Gelegenheit, seine Autorität gegenüber der Armee wieder zu festigen. Er ließ alle Offiziere hinrichten, die der Beteiligung an den Putschversuchen verdächtigt wurden, und zudem starben binnen eines Jahres mehr Offiziere bei Hubschrauberabstürzen als in den acht Jahren des Kriegs mit dem Iran. Saddam wollte die kameradschaftlichen Bindungen zerstören, die im Krieg entstanden waren und die seiner Ansicht nach eine ernste Gefahr für seine Macht darstellten. Deshalb wurde die Säuberungsaktion in den Streitkräften mit besonderer Brutalität durchgeführt. Zum Beispiel wurde der Generalleutnant Omar al-Hazzaa zum Tode verurteilt, nachdem man ein Telefonat mitgeschnitten hatte, in dem er abfällig über den Präsidenten gesprochen hatte. Saddam ordnete an, dass ihm vor der Vollstreckung die Zunge herausgeschnitten werden solle. Sicherheitshalber ließ er gleich auch noch Hazzaas Sohn Farouk ermorden. Das Haus der Familie Hazzaa wurde dem Erdboden gleichgemacht, und seine Frau und Kinder wurden ohne Einkünfte ihrem Schicksal überlassen.

Sogar jene Offiziere, die aus derselben Gegend wie Saddam stammten oder durch Blutsverwandtschaft oder Heirat mit der Führungsriege des Präsidenten verbunden waren, mussten Verfolgung fürchten. General Maher Abdul al-Rashids Schicksal ist nur ein Beispiel von vielen. Rashid kam ebenfalls aus Tikrit, und seine Tochter war mit Saddams zweitältestem Sohn Qusay verheiratet. Aber in Saddams Augen war Rashid viel zu einflussreich geworden, und er beschloss, ihn in die Schranken zu verweisen. Zuerst kam Rashids Bruder bei einem mysteriösen Autounfall ums Leben. Dann wurde Rashid gezwungen, sein Amt niederzulegen. In seinem Landgut außerhalb von Tikrit wurde er anschließend unter Hausarrest gestellt, wodurch er keinen Kontakt mehr zu den zahlreichen Offizieren unterhalten konnte, die ihn unterstützten. Obwohl Saddam andere Gründe hatte, seinen Cousin und Verteidigungsminister Adnan Khairallah zu beseitigen, rundete doch sein Tod bei einem Hubschrauberabsturz die Säuberungsaktion auf passende Weise ab.

Die größte Herausforderung jedoch war die Sanierung der desolaten Wirtschaft. Der Krieg hatte das Land ruiniert. Zu Kriegsbeginn war der Irak eines der wohlhabendsten Länder der Welt gewesen, am Kriegsende war er eines der ärmsten: 80 Milliarden Dollar Schulden waren aufgelaufen, und die Kosten des Wiederaufbaus wurden auf weitere 230 Milliarden geschätzt. Die jährlichen Einnahmen aus dem Öl von 13 Milliarden Dollar deckten die Staatsausgaben nicht, der Irak benötigte zusätzlich zehn Milliarden Dollar pro Jahr, um den Haushalt auszugleichen.[15] Da Saddam sich das Volk mit Geschenken aus der Staatskasse gewogen machte, führte der Geldmangel in der konsumorientierten Gesellschaft des Irak zu allgemeiner Unzufriedenheit, und der Regierung wurde Inkompetenz vorgeworfen. Die Höhe der Schulden bedeutete nun, dass Saddam vom Wohlwollen seiner Gläubiger abhängig war, womit das Bild des allmächtigen Führers weitere Risse bekam.

Bei dem Versuch, die Wirtschaft wieder anzukurbeln, leitete Saddam einige Maßnahmen in die Wege, die den wirtschaftlichen Liberalisierungsprozess beschleunigen sollten, der bereits während des Kriegs begonnen hatte. Die Regierung hob Preiskontrollen auf, unterstützte unternehmerische Aktivitäten und verkaufte einige Fabriken und Liegenschaften des Staates an Privatleute. Diese Veränderungen erweckten den Eindruck, als sei Saddam entschlossen, den großen öffentlichen Sektor des Irak zu zerlegen.[16] Es wurden Lizenzen für private Industrieprojekte vergeben, was dazu führte, dass der private Sektor schließlich für fast ein Viertel der Einfuhren zuständig war. Das Regime bemühte sich, lukrative Investitionen aus den benachbarten Ölstaaten zu bekommen. Diese Maßnahmen führten aber nur dazu, dass eine kleine Gruppe reicher Unternehmer entstand, die zum größten Teil enge Verbindungen zur Führungsriege hatte und in der Lage war, die Chancen der Privatisierung zu nutzen.

Saddams Reformen änderten an der wirtschaftlichen Gesamtlage des Irak wenig. Die hohen Erwartungen, die durch die Reformen geweckt wurden, provozierten eine Inflation, und Saddam war gezwungen, erneut Preiskontrollen einzuführen. Im Frühjahr 1989 trachtete er danach, die Schuld an der finanziellen Misere des Landes seinen Ministern in die Schuhe zu schieben, und zwei von ihnen wurden wegen Unfähigkeit entlassen. Da 50 Prozent der Einnahmen aus dem Öl für die Zurückzahlung von Krediten benötigt wurden, verschlechterte sich die wirtschaftliche Lage weiter. Saddam musste eine Reihe von Sparmaßnahmen durchsetzen, er reduzierte das Personal des Regierungsapparats und entließ Tausende von Soldaten und Offizieren, wodurch Arbeitslosigkeit und wachsende Unruhe in der Bevölkerung zunahmen. Dennoch waren die Jahre nach dem Krieg für die Baath-Partei eine Zeit großer Ambitionen. Saddam kündigte sogar an, er wolle für Bagdad in einem Milliardenprojekt ein U-Bahn-Netz von Weltklasse bauen lassen, und dazu ein hochmodernes nationales Eisenbahnnetz. Das einzige Hindernis bei der Verwirklichung dieser hochfliegenden Projekte war das leidige Geld. Das Land war schlicht und einfach pleite.

Nach Ansicht von Saad al-Bazzaz, dem früheren Redakteur der größten Tageszeitung Bagdads, waren Saddams Liberalisierungsmaßnahmen im Grunde kosmetisch. 1989 wurde al-Bazzaz unerwartet zu Saddam gerufen (er war Leiter der Behörde, die alle Fernseh- und Radioprogramme des Landes überwachte). Sicherheitsbeamte fuhren ihn zu einer großen Villa am Stadtrand von Bagdad. Bei dem folgenden Gespräch beschwerte Saddam sich über eine ägyptische Komödie, die im irakischen Fernsehen gelaufen war. »Sie ist albern, und wir sollten unserem Volk so etwas nicht zeigen«, sagte er. Pflichtbewusst notierte sich Bazzaz dies. Dann sprach Saddam das Thema an, das ihm am meisten Sorgen bereitete.

Auch in der neuen Phase der Liberalisierung brachten die staatlichen Sender täglich Gedichte und Lieder zu Ehren Saddams. Die meisten waren dilettantische Machwerke und stammten von Irakern, deren Bewunderung für den Präsidenten bedeutend größer war als ihre Begabung. Die Verse wurden weiterhin gesendet, aber Bazzaz und seine Regisseure hatten ihre Zahl eingeschränkt und gingen bei ihrer Auswahl strenger vor. Saddam hatte diese Veränderung registriert und meinte beiläufig: »Ich habe mitbekommen, dass Sie einige Lieder, die von mir handeln, nicht mehr senden lassen.« Bazzaz bekam plötzlich furchtbare Angst und antwortete: »Herr Präsident, wir senden die Lieder weiterhin, aber ich habe einige von ihnen abgelehnt, weil sie so schlecht geschrieben sind. Sie taugen nichts.« Saddam ließ diese Erklärung unbeeindruckt. »Sie haben hier kein Urteil abzugeben«, belehrte er den verängstigten Programmleiter, der schon dachte, er würde nun abgeführt und erschossen. »Warum halten Sie die Leute davon ab, ihre Ansichten über mich zu äußern?« Bazzaz konnte nur noch »Ja« sagen und schrieb eifrig die neuen Anweisungen des Präsidenten auf, wie die Medien künftig zu verfahren hätten. Später durfte Bazzaz dann in sein Büro nach Bagdad zurückkehren, wo er sofort alle Veränderungen rückgängig machte. An diesem Abend wurde wieder das ganze Programm mit Liedern und Gedichten zu Ehren Saddams gesendet.[17]

Besonders am Herzen lag Saddam damals das internationale Ansehen des Irak vor allem in den arabischen Staaten, die den Irak im Krieg unterstützt hatten. Im Februar 1989 setzte er sich für die Gründung des Arabischen Kooperationsrats (ACC; Ägypten, Nordjemen, Jordanien und Irak) ein. Zusätzlich zur Förderung der wirtschaftlichen Zusammenarbeit sollte der ACC eine geschlossene Einheit gegen die Expansionsabsichten des Iran bilden, die Sache der Palästinenser unterstützen und Syrien, den erklärten Feind Saddams, isolieren. Der Westen begrüßte die Gründung des ACC, denn er witterte eine Kursänderung in der irakischen Politik zur Palästinenserfrage. Die Allianz mit Ägypten und Jordanien wurde so gedeutet, dass auch Saddam künftig das Existenzrecht Israels anerkennen werde. Immerhin hatte Arafat selbst im Dezember 1988 in Genf verkündet, die PLO werde ab sofort das Existenzrecht Israels anerkennen.

Der Westen, die meisten gemäßigten arabischen Regierungen und die Sowjetunion hatten dem Irak am Ende des Kriegs gegen den Iran geholfen, und die Furcht vor den extremistischen Ayatollahs in Teheran bewog viele Länder dazu, den Irak auch weiterhin zu unterstützen, wenn auch nur in seiner Funktion als Bollwerk gegen die Ausbreitung des islamischen Fundamentalismus im Nahen Osten. Obwohl die meisten westlichen Länder weiter mit Bagdad Geschäfte machten, verhinderten zwei Probleme die Normalisierung der Beziehungen: der erschreckende Bericht zu den Menschenrechten und die Entwicklung von Massenvernichtungswaffen.

1975 hatte das Abkommen mit dem Schah Saddam einen verheerenden Schlag gegen die Kurden ermöglicht, und 1988 konnte er nach dem Waffenstillstand mit dem Iran erneut gegen die Kurden vorgehen. In der Endphase des Krieges wurden innerhalb weniger Monate mindestens 65 kurdische Dörfer mit chemischen Waffen bombardiert wie im März das Dorf Halabja. Ungefähr 5000 Menschen starben, 100 000 flüchteten in Richtung Iran und Türkei. Im Herbst 1989 flohen 250 000 Kurden in den Iran und die Türkei. Die Verfolgung der Kurden rief internationale Empörung hervor. In den Vereinigten Staaten entsandte der Senatsausschuss für Auslandsbeziehungen zwei seiner Mitglieder, Peter Galbraith und Christopher Van Hollen, um die Situation in den Kurdengebieten zu beobachten. Als die beiden im Oktober 1988 berichteten, der Irak strebe nach einer Endlösung und wolle offensichtlich die Region mit chemischen Waffen entvölkern, forderte der Kongress in Washington Sanktionen. In Frankreich nahm sich Danielle Mitterrand, die Frau des Präsidenten, unter der Ägide ihrer Association France-Libertés der Kurden an und organisierte im Oktober 1989 in Paris eine Konferenz. In Großbritannien gab der Außenminister Sir Geoffrey Howe eine Stellungnahme ab und verurteilte Saddams Vorgehen gegen die Kurden.

Die Besorgnis angesichts dieser Verletzung der Menschenrechte wuchs noch, als bekannt wurde, dass Saddam trotz der katastrophalen Finanzlage die Rüstungsausgaben aufstockte, statt die finanziellen Mittel für den Wiederaufbau einzusetzen. 1989 lagen die Militärimporte des Irak bei fünf Milliarden Dollar pro Jahr und schluckten damit fast die Hälfte der Einnahmen aus dem Öl. Nach dem Ende des Krieges wurde ein neues Komitee, die Organisation für Militärische Industrialisierung (MIO), ins Leben gerufen. Sie sollte die Entwicklung der irakischen Waffenproduktion vorantreiben. Hussein Kamel al-Majid, der Mann, der den Sprengsatz an

Adnan Khairallahs Hubschrauber montiert hatte, wurde die Verantwortung für die MIO und ihr großes Budget übertragen. Saddam hatte erfahren müssen, dass der Irak sich zu Krisenzeiten nicht auf seine ausländischen Waffenlieferanten verlassen konnte. Deshalb wollte er den Plan, den er Mitte der siebziger Jahre ins Auge gefasst hatte, weiterverfolgen: Es galt, den Irak durch die Herstellung von Waffen, insbesondere von Massenvernichtungswaffen, militärisch autark zu machen.

Anscheinend war er sehr erfolgreich, denn im Oktober 1989 veröffentlichte das Washingtoner Institut für Nahostpolitik, eine private Forschungsstiftung, einen Bericht mit dem Titel »The Genie Unleashed«, in dem die irakischen Produktionsanlagen für chemische und biologische Waffen aufgelistet wurden. Der Bericht legte den Schluss nahe, dass der Westen den Kampf gegen die Proliferation solcher Waffen bereits verloren habe. So hieß es: »Der Irak hat seine Bestrebungen nach der Beendigung der Kämpfe mit dem Iran im Juli 1988 nicht nur weiterverfolgt, sondern ausgeweitet.« Außerdem wurde in dem Bericht die Meinung vertreten, dass die internationalen Bemühungen, die Produktion von chemischen Waffen dadurch einzudämmen, dass man die benötigten Rohstoffe nicht lieferte, nichts mehr nützen würden, weil der Irak sehr bald von Lieferanten unabhängig sein werde. »Bagdads Bereitschaft, erhebliche Geldmittel in die Produktion von chemischen und biologischen Waffen zu investieren, lässt vermuten, dass seine Führer glauben, diese Rüstungsprogramme würden auch in Zukunft große strategische Bedeutung haben.« Weitere Hinweise bestätigten, dass auch die Entwicklung biologischer Waffen im Irak sehr weit fortgeschritten war. Es hieß, die Salman-Pak-Anlage 30 Kilometer südöstlich von Bagdad stelle Lebensmittelgifte her. In der zweiten biologischen Fabrik in Samarra sollte angeblich erforscht werden, wie man die Erreger von Typhus, Cholera, Milzbrand, Tularämie und Enzephalitis militärisch einsetzen könnte.

Die nukleare Aufrüstung des Irak blieb zu dieser Zeit weitgehend unbeachtet, da die meisten Experten glaubten, nachdem Israel 1981 den Osirak-Reaktor zerstört hatte, habe der Irak die Pläne zum Bau der Atombombe aufgegeben. Aber Ende der achtziger Jahre gelangten der amerikanische und der britische Geheimdienst zu der Erkenntnis, dass der Irak weiterhin Fortschritte bei der Entwicklung nuklearer Waffen machte und bis Anfang der neunziger Jahre in der Lage sein würde, eine eigene Atombombe zu bauen. Eine Bestätigung dafür, dass der Irak immer noch die erste arabische Atommacht werden wollte, folgte 1989. Britische und amerikanische Geheimdienste deckten irakische Pläne auf, eine Reihe von Kryotonen zu erwerben, Supraleitern, die man als Schaltelemente für die Zündung von Atombomben braucht.

Die Fortschritte bei dem Programm, durch das der Irak bei der Herstellung von Massenvernichtungswaffen selbständig werden sollte, wurden durch den irakischen Erfolg bei der Entwicklung eigener Raketensysteme ergänzt. Im Krieg mit dem Iran hatten es die Iraker mit ägyptischer Hilfe geschafft, eine verbesserte Version der sowjetischen Scud-B-Rakete zu entwickeln, die eine Reichweite von 300 Kilometern hatte und somit den Iran erreichen konnte. Der Irak arbeitete außerdem an der Entwicklung der Badr-2000, einer Rakete mit einer Reichweite von 600 Kilometern, die auf der argentinischen Condor-2 basierte. Um sein technisches Know-how zu demonstrieren, verkündete der Irak im Dezember 1989, er habe eine Dreistufenrakete gestartet, die in der Lage sei, einen Satelliten ins All zu schießen. Außerdem habe er zwei Flugkörper mit einer Reichweite von 2000 Kilometern getestet. Aber das eigenartigste militärische Projekt, an dem die Iraker damals arbeiteten, war die Entwicklung einer »Superkanone«, die angeblich eine Reichweite von mehreren tausend Kilometern haben sollte. Das Projekt wurde im März 1990 unerwartet abgebrochen, weil Dr. Gerald Bull, der kanadische Ballistikexperte, der die »Superkanone« bauen wollte, in Brüssel ermordet wurde. Der israelische Geheimdienst Mossad wurde lange Zeit für den Mord verantwortlich gemacht, obwohl es an anderen Verdächtigen nicht fehlte. Ein paar Wochen später beschlagnahmten britische Zollbeamte acht große Stahlrohre, die nach Bagdad geliefert werden sollten. Womöglich waren sie Bauteile für die geniale »Superkanone«. Andere Bauteile sollen später in Griechenland und der Türkei aufgetaucht sein.

Trotz aller Erkenntnisse darüber, dass der Irak sich schwerster Menschenrechtsverletzungen schuldig machte und Massenvernichtungswaffen entwickelte, unternahm der Westen zu diesem Zeitpunkt keine ernsthaften Schritte gegen Saddam. Während westliche Politiker Erklärungen abgaben, in denen sie die Verbrechen des Irak verurteilten, waren westliche Unternehmer erpicht darauf, mit Bagdad Geschäfte zu machen. Die amerikanische Regierung unter Reagan blockierte weiterhin jeden Versuch des Kongresses, Maßnahmen gegen Bagdad zu ergreifen. In Großbritannien genehmigte der Wirtschaftsminister Tony Newton eine Verdopplung der britischen Exportkredite an den Irak: 1988 waren es 175 Millionen Pfund gewesen, 1989 waren es 340 Millionen. Und als Saddam im April 1989 eine Messe für Wehrtechnik in Bagdad veranstaltete, entsandten Hunderte westlicher Firmen ihre Vertreter in der Hoffnung auf lukrative Geschäftsabschlüsse.

Sir Harold Walker, der im Februar 1991 zum britischen Botschafter in Bagdad ernannt wurde, erinnerte sich, dass er Anweisung hatte, die britischen Beziehungen zum Irak auf einem gleich bleibenden Niveau zu halten, damit britische Firmen »gute Geschäfte« machen könnten. Der Westen fürchtete weiterhin eher den Iran als den Irak, und man gelangte allmählich zu der befremdlichen Überzeugung, der Irak könne im Nahostkonflikt eine stabilisierende Rolle spielen. »Ich bedaure, dass die Frage der Menschenrechte unter den Teppich gekehrt wurde. Im Vordergrund stand der Handel«, sagte Sir Harold.[18] Doch diplomatische Beziehungen mit dem irakischen Regime waren kein Honiglecken. Ab Mitte der achtziger Jahre empfing Saddam keine neuen ausländischen Botschafter mehr, weil er angeblich zu sehr mit dem Krieg beschäftigt war. Dies blieb auch nach dem Waffenstillstand so, und neue Botschafter stellten sich im Präsidentenpalast nun beim Außenminister Tarig Aziz vor. Walker erinnert sich, dass er, als er Anfang 1991 zum Präsidentenpalast ging, sehr erstaunt über die Sicherheitsmaßnahmen war. Er musste mehrere Sicherheitschecks durchlaufen, und als er zur letzten Schleuse kam, sah er, dass alle Wachen Gasmasken trugen, als würden sie damit rechnen, der Präsidentenpalast könne Ziel eines Gasangriffs werden.

Saddam war sehr verärgert über die negative Presse, die er im Westen hatte. Botschafter aus dem Westen, die irgendwann doch zu ihm bestellt wurden, durften sich bei diesen seltenen Gelegenheiten lange Beschwerden zur Berichterstattung über den Irak anhören. Besonders der Arabic Service der BBC war Saddam ein Ärgernis, und die britischen Botschafter wurden stets über die voreingenommene Berichterstattung der BBC in Bagdad belehrt.[19] Außerdem konnte Saddam das internationale Entsetzen nicht verstehen, das der Einsatz von chemischen Waffen gegen die Kurden hervorgerufen hatte. Er betrachtete die Kritik als »zionistische Verschwörung«, deren Ziel es sei, den »glorreichen Sieg« über den Iran in den Schmutz zu ziehen, und er rief eine Propagandakampagne ins Leben, in der die Wiederansiedlung der Kurden als humanitärer Akt dargestellt werden sollte.

Doch dann wurden alle Hoffnungen, die Saddam auf Rehabilitation im Westen gehegt haben könnte, mit einem Schlag zunichte. Im September 1989 wurde in Bagdad der britische Journalist Farzod Bazoft verhaftet. Der geborene Iraner arbeitete als freier Journalist für den *Observer* in London und war einer rätselhaften Explosion in einer Waffenfabrik bei al-Hillah im Süden von Bagdad nachgegangen. Die Explosion war so heftig gewesen, dass man sie in Bagdad hatte hören können, und obwohl Saddam befahl, der Vorfall solle geheim gehalten werden, sickerte bald durch, dass die Explosion sich in einer Raketenfabrik ereignet hatte. Viele ägyptische Techniker, die an dem streng geheimen Raketenprojekt mitgearbeitet hatten, waren ums Leben gekommen. Bazoft hoffte auf eine heiße Story, verkleidete sich als indischer Arzt und fuhr nach al-Hillah. Kurz nach seiner Rückkehr wurde er auf dem Weg zum Flughafen festgenommen, und der Spionage angeklagt. In einem im Fernsehen übertragenen Geständnis, das er eindeutig unter Zwang ablegte, sagte Bazoft, er habe als Spion für Israel gearbeitet. Vermutlich hatte er auf Gnade gehofft, als er das Geständnis machte, aber das war nicht Saddams Art. Im Laufe seiner Herrschaft hatte er häufig Geständnisse durch Folter erzwungen, um die Hinrichtung seiner Gegner zu rechtfertigen. Am 15. März 1990, nach einer eintägigen Verhandlung, in der die Anklage keine überzeugenden Beweise für Bazofts Schuld vorlegen konnte, wurde er von einem Erschießungskommando hingerichtet.

Alle Barbareien seit 1968 hatte der Westen geflissentlich übersehen, doch die Hinrichtung Bazofts wurde endlich international verurteilt. Aus welchen Gründen auch immer – weil er Journalist war oder weil die Diskussion über die Menschenrechtsverletzungen im Irak geführt wurde –, eines steht fest: Bazofts Tod markiert einen Wendepunkt in den Beziehungen des Westens zu Bagdad. Die britische Premierministerin Margaret Thatcher drückte diesen Wandel in knappen Worten aus: »Der Irak ist ein Land, das chemische Waffen eingesetzt hat – nicht im Krieg, sondern gegen das eigene Volk. Saddam Hussein ist nicht nur ein internationaler Verbrecher, er ist außerdem ein Verlierer, der der palästinensischen Sache und den Arabern großen Schaden zugefügt und über acht Jahre lange vergebens Scharen von jungen Irakern in den Krieg gegen den Iran geschickt hat.«[20]

Die Wirtschaft lag am Boden, die Versuche, Massenvernichtungswaffen zu bauen, wurden ständig durch Sabotage vereitelt, und immer neue Pläne für Attentate wurden aufgedeckt. Saddam war im Frühjahr 1990 eindeutig in der Defensive. Mit Bazofts Hinrichtung wollte er wie früher ein deutliches Signal an seine Feinde im In- und Ausland senden und klarstellen, dass jeder, der an einer Verschwörung gegen ihn teilnehmen sollte, diese Tat mit dem Leben bezahlen müsste. In seinem Verfolgungswahn glaubte Saddam tatsächlich an eine internationale Verschwörung. Er dachte über neue, spektakuläre Maßnahmen nach, durch die das Land saniert werden und das Volk neues Vertrauen zu seinem Führer fassen sollte.

In der ersten Jahreshälfte 1990 hatte Saddam den diplomatischen Druck auf die Golfstaaten erhöht, besonders auf Kuwait und Saudi-Arabien, weil sie ihm aus der ökonomischen Patsche helfen sollten. Seit Kriegsende hatten die Iraker die Golfstaaten bearbeitet, ihnen 40 Milliarden Dollar Finanzhilfe zu erlassen. Der niedrige Ölpreis Ende der achtziger Jahre war für die Iraker ein ernstes Problem. Im Februar 1990, auf dem Gipfeltreffen des Arabischen Kooperationsrats zur Feier seines einjährigen Bestehens, forderte Saddam Schuldenerlass von den Golfstaaten und neue Kredite in Höhe von 30 Milliarden Dollar für den Wiederaufbau des Landes. »Die Golfstaaten sollen wissen«, erklärte er, »dass ich, wenn sie mir das Geld nicht geben, Mittel und Wege finden werde, wie ich es bekomme.«[21]

Die Spannungen zwischen dem Irak und den Golfstaaten nahmen im Frühjahr 1990 zu, weil Saddam zu der Überzeugung gelangte, Israel wolle mit amerikanischer Hilfe seine Fabriken für Massenvernichtungswaffen zerstören wie 1981 den Reaktor von Osirak. Aber die Golfstaaten ignorierten nicht nur Saddams Drohungen, sie blieben auch noch bei ihrer Politik, ihr OPEC-Ausfuhrkontingent zu überschreiten, wodurch der Ölpreis fiel, und das konnte Saddam kaum verkraften. Auf einem arabischen Gipfel im Mai 1990 in Bagdad sollte eigentlich das Thema behandelt werden, welchen Einfluss der Zustrom von sowjetischen Juden nach Israel auf die Region hatte. Bei dieser Gelegenheit griff Saddam die Führer der Golfstaaten direkt an, besonders aber die Kuwaiter, weil sie das Ausfuhrkontingent der OPEC absichtlich überschritten. Dieses Verhalten, so Saddam, komme einer

Kriegserklärung an den Irak gleich. Aber die Golfstaaten ließen sich nicht einschüchtern. Der Emir von Kuwait drosselte die Ölförderung nicht, erließ dem Irak die Schulden aus Kriegszeiten nicht, und er gewährte auch keine weiteren Kredite.

Obwohl sich Saddams Zorn gegen alle Öl produzierenden Golfstaaten richtete, war er besonders verärgert über die Haltung der Kuwaiter, die seiner Ansicht nach die historische Verpflichtung hatten, Bagdad zu helfen. Solange der Irak existierte, hatten alle irakischen Regierungen Ansprüche auf das Staatsgebiet des Emirats erhoben. Wegen seines eingeschränkten Zugangs zum Golf blickte der Irak begehrlich auf den langen Küstenstreifen von Kuwait, in dem dann auch Ölfelder entdeckt worden waren. Die Grenze zwischen dem Irak und Kuwait, die in den zwanziger Jahren von Sir Percy Cox festgelegt worden war, blieb ein weiterer Stein des Anstoßes. Die Iraker beklagten, Kuwait sei dadurch völkerrechtswidrig in den Besitz des Ölfelds von Rumaila gelangt.

In der Vergangenheit hatte der Irak mehrmals mit Maßnahmen gegen Kuwait gedroht. 1937 hatte der irakische König Ghazi seine britischen Oberherren provoziert, weil er die Annexion Kuwaits befürwortete. Als Großbritannien dem Emirat 1961 die Unabhängigkeit garantierte, bestand Präsident Qassem darauf, das Gebiet sei ein wesentlicher Teil des Irak. Er kündigte sogar an, er werde einen neuen irakischen Vorsteher für die »Provinz« ernennen. Anfang der siebziger Jahre führte ein Streit zwischen dem Irak und Kuwait über die zwei kuwaitischen Inseln Warbah und Bubiyan zu ihrer Besetzung durch irakische Truppen. Die Inseln liegen vor der Flussmündung, die zu dem südlich gelegenen irakischen Hafen Umm Qasr führt. Ihr Besitz hätte den Irakern besseren Zugang zum Golf verschafft und ihnen ermöglicht, am Golf einen tiefen Hafen für große Tanker zu bauen. Die irakischen Truppen wurden durch das Einschreiten der Arabischen Liga und Saudi-Arabiens schließlich dazu gebracht, die

Inseln zu räumen, aber der Irak erhielt seinen Gebietsanspruch aufrecht.

Bei einem letzten Versuch, die Kuwaiter einzuschüchtern, übergab Saddam ihnen im Juli, zum 21. Jahrestag der Baath-Revolution, eine Liste von Forderungen. Er verlangte die Stabilisierung des Ölpreises, den Erlass der irakischen Schulden aus Kriegszeiten und die Entwicklung eines arabischen Projekts, das, ähnlich wie der Marshall-Plan, den Wiederaufbau des Irak fördern sollte. Falls die Kuwaiter auf diese Forderungen nicht eingehen sollten, warnte Saddam: »Wir werden keine andere Wahl haben, als zu wirksamen Mitteln zu greifen, um die Sache zu bereinigen und für die Wiederherstellung unserer Rechte zu sorgen.«[22]

Dr. Ghazi Algosaibi, ein saudi-arabischer Diplomat, der während der Krise im Sommer 1990 als enger Berater König Fahds arbeitete, berichtete, dass der saudische Monarch wegen Saddams Haltung gegenüber Kuwait und seinen anderen arabischen Nachbarn tief beunruhigt war. »Der König machte sich Sorgen wegen Saddams Geisteszustand. Er war überzeugt, dass Saddam kurz davor war, eine Katastrophe anzurichten.« Nach Algosaibis Aussage erwarteten weder die Saudis noch die Kuwaiter, dass der Irak seine Schulden zurückzahlen würde, aber sie befürchteten, das falsche Signal zu geben, wenn sie öffentlich erklärten, sie hätten die Schulden erlassen. Doch angesichts der unverhohlenen Drohungen und der Tatsache, dass Saddam die viertgrößte Armee in der Region befehligte, war Saudi-Arabien bereit, eine Ausnahme zu machen und drängte Kuwait, dasselbe zu tun. Den ganzen Juli über stand König Fahd in ständigem Kontakt mit dem Emir, und zuletzt konnte er den Emir überreden, Saddams Forderungen zu akzeptieren. Der König rief Saddam an und sagte: »Ich habe unglaubliche Neuigkeiten für Sie. Der Emir erklärt sich mit all Ihren Bedingungen einverstanden.« Aber zu seiner Überraschung war Saddam völlig unbeeindruckt von der saudischen Großmut. »Da erkannte der König, dass Kuwait verloren war«, sagte Algosaibi.[23]

Aller Wahrscheinlichkeit nach hatte Saddam bereits vor dem Ultimatum vom 18. Juli beschlossen, in Kuwait einzufallen. Am 21. Juli marschierten circa 30 000 irakische Soldaten nahe der Grenze zu Kuwait auf. Das Einzige, was den Irak von der Invasion des Emirats noch abhielt, war Saddams Wunsch, wenigstens eine stillschweigende Billigung von Washington für sein Unternehmen zu bekommen. Nach dem Zusammenbruch der Sowjetunion im Jahr zuvor glaubte Saddam, dass ihn nur die Vereinigten Staaten an seinem Vorhaben hindern könnten. Auch nach der Hinrichtung Bazofts sendete Washington noch widersprüchliche Signale nach Bagdad. Während es im Senat eine Mehrheit für Sanktionen gegen den Irak gab, zeigte Präsident George Bush weiterhin Interesse an bilateralen Beziehungen zu Bagdad. Im Juni sprach sich John Kelly (Abteilungsleiter im Außenministerium mit Zuständigkeit für den Nahen Osten) gegen die vom Kongress geforderten Sanktionen aus, weil sie den nationalen Interessen der USA nicht entsprächen.

Am 25. Juli bestellte Saddam April Glaspie, die amerikanische Botschafterin in Bagdad, um dreizehn Uhr zu sich in den Präsidentenpalast. Saddam wollte ihre Reaktion auf die geplante Invasion in Kuwait testen. Glaspie war bereits einmal in einen diplomatischen Streit mit Saddam verwickelt gewesen, der wegen einer »Voice of America«- Sendung im vorangegangenen Februar entbrannt war. In der Sendung war ein direkter Vergleich zwischen Saddams Irak und Rumänien unter Ceauşescu gezogen worden, und es hieß: »Der Erfolg einer Diktatur und Tyrannei hängt von der Existenz einer Geheimpolizei ab, während der Erfolg einer Demokratie von der Abschaffung dieser Institution abhängt.« Glaspie hatte auf Saddams Proteste mit einer Entschuldigung reagiert und betont, die Vereinigten Staaten hätten nicht die Absicht, sich in die »inneren Angelegenheiten des irakischen Volkes und seiner Regierung« einzumischen.

Bei dem Treffen im Juli machte Saddam deutlich, dass die Differenzen mit Kuwait sich zum militärischen Konflikt ausweiten könnten. Er warf den Vereinigten Staaten vor, den »kuwaitischen Wirtschaftskrieg gegen den Irak« zu unterstützen, obwohl sie doch eigentlich dankbar dafür sein müssten, dass Bagdad den fundamentalistischen Iran im Zaum hielt. Saddam ging so weit, den USA mit terroristischen Vergeltungsschlägen zu drohen, falls sie ihre feindselige Politik gegen den Irak fortsetzen sollten. »Wenn Sie Druck ausüben, werden wir Druck und Stärke einsetzen«, sagte Saddam. »Wir können nicht alle zu Ihnen in die USA kommen, aber einzelnen Arabern könnte es gelingen.«

Der Irak hat Einzelheiten des Protokolls der Unterredung durchsickern lassen, denen das US-Außenministerium nie widersprochen hat. Die Botschafterin April Glaspie soll, anstatt Saddam ein wenig zu dämpfen, nur gesagt haben: »Wir beziehen keine Position zu arabischen Konflikten wie Ihren Grenzstreitigkeiten mit Kuwait.« Dann sprach sie Saddam Lob für seine »außerordentlichen Bemühungen« um den Wiederaufbau des Irak aus. Und als Saddam den Vorwurf wiederholte, die USA unterstütze die kuwaitischen Bestrebungen, die irakische Wirtschaft zu schädigen, antwortete sie: »Präsident Bush ist ein kluger Mann. Er wird nicht zum Wirtschaftskrieg gegen den Irak aufrufen.« Glaspie meinte, sie sei »im Geist der Freundschaft« angewiesen worden, Saddams Absichten in Bezug auf Kuwait zu klären, was ja das eigentliche Anliegen der US-Regierung bei dem Treffen war. Saddam behauptete erneut, Kuwait sei ein Aggressor, da es gezielt den Ölpreis gedrückt habe und dadurch die Existenzgrundlage der Iraker bedrohe. Kuwait gefährde »die Milch, die unsere Kinder trinken, die Rente der Witwe, die ihren Mann im Krieg verloren hat und die Renten für die Waisen, die ihre Eltern verloren haben«. Saddam schloss das Gespräch mit der Bemerkung ab, dass die Iraker, wenn es mit Kuwait nicht zu einer Einigung kommen sollte, »natürlich nicht auf den Tod warten werden«.

Glaspie verließ das Treffen vermutlich in dem Glauben, Saddam habe nur ein wenig mit dem Säbel gerasselt. Fünf

Tage später flog sie nach Washington, um Präsident Bush zu berichten. Drei Tage später fielen die irakischen Truppen in Kuwait ein. Als die Details über Glaspies Gespräch mit Saddam von den Irakern veröffentlicht wurden, beschuldigte man die 48-jährige Diplomatin, die langjährige Erfahrungen in der arabischen Welt gesammelt hatte, sie sei bestenfalls leichtgläubig gewesen, schlimmstenfalls aber habe sie Saddam »grünes Licht« für den Angriff auf Kuwait gegeben. Diese Kritik wies Glaspie vehement zurück. In einem Interview, das Ende der neunziger Jahre in der *New York Times* abgedruckt wurde, sagte sie: »Ich habe, wie jeder andere auch, nicht geglaubt, dass die Iraker sich ganz Kuwait einverleiben würden. Doch alle Kuwaiter, alle Saudis, alle westlichen Experten irrten sich.«

Sir Harold Walker, damals britischer Botschafter, verstand April Glaspies Haltung. Seiner Ansicht nach nahm keine der westlichen Vertretungen Saddams Säbelrasseln ernst. Außerdem hatte der ägyptische Präsident Mubarak in Washington und London persönlich versichert, Saddam habe nicht die Absicht, Kuwait zu besetzen, die Krise könne durch die arabische Diplomatie überwunden werden. »Aus diesem Grund«, sagte Walker, »glaubten wir alle, dass Saddam ein Spiel mit dem Feuer wagte, das schließlich durch einen Kompromiss beendet werden würde, nach dem dann jeder weitermachen könnte, als sei nichts geschehen.« Glaspie machte seelenruhig Urlaub, und auch Walker verreiste, ohne einen Augenblick zu zögern.[24]

Glaspies Bemerkung, sie habe nicht geglaubt, Saddam wolle »ganz Kuwait« erobern, ist jedoch entlarvend. Vor der Invasion hatte man wohl erwartet, Saddam werde nur die Ölfelder von Rumaila und die umstrittenen Inseln besetzen. Hätte er die militärische Operation auf diese Ziele begrenzt, dann hätten die Vereinten Nationen wahrscheinlich nur Sanktionen beschlossen und die USA hätten keinen einzigen Soldaten in die Region entsandt.

Aber mit dieser Vermutung unterschätzte man die panarabischen Grundsätze der Baath-Partei, die alle Grenzen beseitigen wollte, die im Nahen Osten nach dem Ersten Weltkrieg von den Kolonialmächten gezogen worden waren. Saddams Annexion des Emirats entsprach also voll und ganz der Ideologie der Baath-Partei. Entsprechend begeistert war das irakische Volk, als seine Truppen über Kuwait herfielen.

ELF

Der Verlierer

Um zwei Uhr in der Nacht zum 2. August 1990 begann ein irakisches Heer von 100 000 Soldaten, unterstützt durch 300 Panzer, mit dem Sturm auf Kuwait. Die 16 000 Mann starke Armee des Scheichtums wurde überrannt, und das Land binnen kurzem unter irakische Kontrolle gebracht. Anders als beim Krieg gegen den Iran zehn Jahre zuvor, trafen die Iraker nicht auf nennenswerte Gegenwehr. Die kuwaitischen Grenzeinheiten ergaben sich widerstandslos, und erst beim Einmarsch in Kuwait-City kam es hier und da zu Schusswechseln mit Verteidigern, die das Vorrücken der irakischen Truppen verhindern wollten. Doch der überlegenen Streitmacht des Irak hatten sie nichts entgegenzusetzen. Vom kuwaitischen Luftwaffenstützpunkt hoben Kampfjets ab, aber sie wurden nur in Saudi-Arabien in Sicherheit gebracht, und die kuwaitischen Kriegsschiffe blieben im Hafen vor Anker.

Der einzige Wermutstropfen für Saddam war, dass der Emir Kuwaits sowie alle seine Minister entkommen waren, und zwar dank eines Monate im Voraus ausgeklügelten CIA-Planes. Eine Eliteeinheit der Republikanischen Garde hatte Befehl gehabt, noch während des Vorrückens den Dasman-Palast zu stürmen und die Herrscherfamilie gefangen zu nehmen. In diesem Fall wäre der Emir vor die Wahl gestellt worden, mit den Besatzern zu kooperieren und seinen Soldaten die Kapitulation zu befehlen, wofür man ihm im Gegenzug das Leben seiner Frau geschenkt und ihn zum Chef einer Marionettenregierung unter dem Diktat Bagdads gemacht hätte. Wenn der Emir das Angebot wie erwartet abgelehnt hätte, wäre er noch im Palast exekutiert worden. Als einziges Mitglied der Herrscherfamilie war Scheich Fahd zurückgeblieben, der Bruder des Emirs und Betreuer des kuwaitischen Fußballnationalteams. Er hatte sich bei Ankunft der ersten Iraker mit einigen Wachleuten an der Eingangstreppe zum Palast postiert und versperrte den Soldaten mit vorgehaltener Waffe den Weg. Er wurde kurzerhand erschossen.

Nach sieben Stunden war die Invasion abgeschlossen und Kuwait fest in irakischer Hand. Die gesamte Regierung war geflohen, wie schätzungsweise 300 000 weitere Kuwaitis, der letzte Verteidigungswille der Armee war gebrochen, der Flughafen geschlossen. Zudem war Saddam eine Verkehrsmaschine der British Airways in die Hände gefallen, die zufällig zeitgleich mit dem irakischen Einmarsch einen Tankstopp in Kuwait eingelegt hatte. Es handelte sich um einen Linienflug von London nach Delhi, und obwohl westliche Geheimdienste über die Truppenbewegungen in Kuwait informiert gewesen waren, hatte offenbar niemand daran gedacht, die Fluggesellschaft zu warnen. Saddam ließ, kaum dass die Maschine gelandet war, Crew und Passagiere gefangen nehmen und später die Männer nach Bagdad schaffen, um sie als menschliche Schutzschilde gegen drohende Luftangriffe zu benutzen.

Saddams anfängliche Freude über die Eroberung Kuwaits währte nur kurz. Er hatte gewiss nicht internationalen Applaus für seine Militäraktion erwartet, doch war er wohl davon ausgegangen, dass sich der Protest in Grenzen halten würde. In der Tat zeigen Bilder amerikanischer Aufklärungssatelliten, die kurz nach der Invasion aufgenommen wurden, dass auch an der irakisch-saudischen Grenze starke Panzerverbände konzentriert waren. Es ist eines der großen Rätsel in Saddams Invasionsplan, warum er seine Truppen in Kuwait stoppte, statt weiter nach Süden vorzudringen und auch die Ölfelder der Vereinigten Arabischen Emirate zu besetzen. Wie sich schon im Krieg gegen den Iran gezeigt hatte, war Saddam in militärischen Dingen kein kühner Stratege, sondern taktierte meist eher vorsichtig. Er glaubte, aus der amerikanischen Botschaft »grünes Licht« für die Besetzung Kuwaits bekommen zu haben, und wollte nach vollbrachter Tat zunächst die Reaktion der internationalen Gemeinschaft abwarten, bevor er über weitere Schritte nachdachte. Dies dürfte der Grund für die widersprüchlichen Signale aus Bagdad unmittelbar nach der Invasion gewesen sein.

Als Erstes setzte Saddam eine »Provisorische Revolutionsregierung« ein. Damit erweckte er den Eindruck, der Irak werde sich wieder aus Kuwait zurückziehen, sobald seine strategischen Ziele erreicht wären. Dazu zählte die Annektierung der Warbah- und Bubiyan-Inseln sowie einiger Gebiete entlang der Grenze zu Kuwait, zum Beispiel die südlichen Rumaila-Ölfelder. Es ist jedoch sehr fraglich, ob Saddam jemals im Ernst vorhatte, Kuwait-City wieder zu verlassen. Selbst nach Einsetzung einer Bagdad treuen Regierung wäre dies keine Option gewesen. Arabische Fürsprecher Saddams argumentierten, er hätte sich in jedem Fall umgehend aus Kuwait zurückgezogen und sei erst durch die kompromisslose Haltung des Westens in dieser Frage zum Verbleib im Land gezwungen worden. Angesichts früherer Erfahrungen mit Saddam mag man allerdings kaum glauben, dass er freiwillig den Rückzug angetreten hätte.

Schon immer hatte der Irak Kuwait als irakisches Territorium betrachtet, als die »neunzehnte Provinz«, die dem Land durch die willkürliche Grenzziehung der Briten in den zwanziger Jahren entrissen worden sei. Im Osmanischen Reich war das Gebiet Kuwaits der Provinzregierung in Basra unterstellt gewesen, und es zählte zu den festen Glaubenssätzen der Iraker, Kuwait gehöre ihnen.

Saddams Invasion wird als militärisches Abenteuer mit fatalem Ausgang in die neuere Geschichte eingehen. Es war ein Angriff aus heiterem Himmel auf einen unvorbereiteten Nachbarn, und deshalb wurde die Invasion nahezu einhellig verurteilt. Die internationalen Reaktionen waren von einer außergewöhnlichen Schärfe. Bereits wenige Stunden nach dem Einmarsch verhängte Präsident George Bush ein Wirtschaftsembargo über den Irak und beorderte den Flugzeugträger *Independence* vom Indischen Ozean in den Persischen Golf. Alle kuwaitischen und irakischen Guthaben und Anteilswerte in amerikanischen Banken und Unternehmen wurden eingefroren, der Waren- und Flugverkehr mit dem Irak wurde gestoppt. Die britische Premierministerin Margaret Thatcher, die an diesem Tag an einer Konferenz in Aspen, Colorado, mit Präsident Bush als Gastgeber teilnahm, verglich in einer ersten Stellungnahme Saddams Einmarsch in Kuwait mit Hitlers Annektierung des Sudetenlandes in den dreißiger Jahren. Sie kündigte eine britische Antwort nach dem Grundsatz an: »Keine Zugeständnisse an Aggressoren!«[1] Die Vereinigten Staaten und die Sowjetunion verurteilten in einer gemeinsamen Erklärung die Invasion, die Vereinten Nationen, und die Arabische Liga schlossen sich an. Der UN-Sicherheitsrat verhängte ein absolutes Wirtschafts- und Handelsembargo gegen den Irak, dessen Rohölexport über Pipelines in der Türkei und Saudi-Arabien umgehend gestoppt wurde. Außerdem baten die Saudis, beunruhigt vom irakischen Truppenaufmarsch an ihrer Grenze, die Vereinigten Staaten um militärische Unterstützung. Zur Durchsetzung eines bedingungslosen Abzugs des Irak aus Kuwait richteten die Amerikaner eine Luftbrücke ein, über die im Verlauf der nächsten sechs Monate rund 600 000 Soldaten nach Saudi-Arabien geflogen wurden. Offenbar hatte Saddam mit seinem Militärcoup diesmal zu hoch gepokert.

Die harsche Antwort auf die Invasion kam für Saddam zweifellos überraschend. Zwar hatte er mit harscher Kritik von anderen Staaten gerechnet, doch war er wohl davon ausgegangen, er werde letztlich mit seiner Politik Erfolg haben. Selbst wenn er zum Rückzug gezwungen würde, hätte er doch das eine oder andere Zugeständnis an ihn erwartet, wie die Erlassung von Auslandsschulden oder die Anerkennung des irakischen Anspruches auf die Ölfelder von Rumaila oder die

Inseln Warbah und Bubiyan. Zumindest jedoch hätte die Forderung des Irak nach Verlängerung seiner nur fünfzig Kilometer langen Küstenlinie am Golf endlich Gehör finden sollen. In die Liste der möglichen Optionen hatte Saddam eine harte Haltung des Westens offenbar nicht aufgenommen.

Ein wichtiger Faktor, den Saddam unterschätzt hatte, war die politische Neuausrichtung der Weltgemeinschaft nach dem Ende des Kalten Krieges. Die Öffnung des Eisernen Vorhangs im Herbst 1989 hatte eine Reihe osteuropäischer Staaten in die Freiheit entlassen, die mehr als vierzig Jahre lang unter der Kontrolle der Kommunisten in Moskau gewesen waren. Nach dem Zusammenbruch der alten Regime in Osteuropa waren die Westmächte noch viel weniger bereit, das Erstarken eines neuen Regimes im Nahen Osten zu tolerieren.

Als Antwort auf die wachsende internationale Kritik behauptete Saddam, die irakischen Truppen seien einer Revolutionsbewegung in Kuwait zu Hilfe geeilt, welche gegen den herrschenden Al-Sabah-Klan opponierte. Diese Mär wurde spätestens unhaltbar, als die Nationalisten in Kuwait es ablehnten, die Figuren für eine Marionettenregierung zu stellen. Davon unbeeindruckt stellten die Iraker jedoch bis zum 4. August unter Hochdruck ein vorläufiges Kabinett zusammen, das drei Tage später die Republik Kuwait ausrief. Am 6. August, während man in Washington über den besten Schutz für Saudi-Arabien nachdachte, traf Saddam in Bagdad mit dem amerikanischen Diplomaten Joseph Wilson zusammen. Wilson war Glaspies Stellvertreter in der US-Botschaft und hatte den Auftrag, Sicherheitsgarantien für Saudi-Arabien einzuholen. Saddam gab sie nur allzu bereitwillig, indem er über Wilson den Saudis ausrichten ließ: »Wer uns nicht angreift, den greifen auch wir nicht an; wer uns nichts tut, dem tun auch wir nichts.«

Am 7. August gab Präsident Bush in einer Fernsehansprache bekannt, dass die 82. Airborne Division nach Saudi-Arabien verlegt würde. Dies markierte den Beginn der Operation »Desert Storm«, des größten amerikanischen Militäreinsatzes seit dem Ende des Vietnam-Kriegs. In seiner Rede schlug Bush unversöhnliche Töne an und machte Saddam für eine »ungeheuerliche und brutale Aggression« verantwortlich. In deutlicher Anspielung auf die Gefühle, die schon Margaret Thatcher zum Ausdruck gebracht hatte, verglich auch er Saddam indirekt mit Hitler. »Die Politik der Zugeständnisse ist vorbei«, erklärte er. »Wie schon einmal in den dreißiger Jahren haben wir es wieder mit einem aggressiven Diktator zu tun, der seine Nachbarn bedroht.« Damit machte Bush gleichzeitig klar, dass der Westen etwas unternehmen würde, um Saddam aus Kuwait zu vertreiben. Andernfalls wäre zu befürchten, dass der Aggressor versuchen würde, die gesamte Golfregion unter seine Kontrolle zu bringen, und damit über 50 Prozent der bekannten Ölvorkommen der Welt. Sodann zählte der US-Präsident die vier Leitlinien auf, die seine Politik in den nächsten sechs Monaten bestimmen sollten: 1. der sofortige und bedingungslose Rückzug aller irakischen Truppen aus Kuwait, 2. die Wiederherstellung der rechtmäßigen kuwaitischen Regierung, 3. die Stärkung der US-Präsenz am Golf zur Stabilisierung der Region und 4. entschlossene Schritte zum Schutz amerikanischer Staatsbürger. Saddam antwortete am folgenden Tag mit der Verkündung der Annexion Kuwaits. Es war die erste Annexion eines souveränen Staates seit dem Zweiten Weltkrieg. Am 8. August begrüßte der Revolutionäre Kommandorat die Heimkehr des »Astes, Kuwait, zum Stamm, Irak«, und drei Wochen später, am 28. August, wurde Kuwait offiziell zur 19. Provinz des Irak erklärt. Die Ausrufung einer »einvernehmlichen und untrennbaren Verbindung«, wie es genannt wurde, erwies sich als weiterer, schwerer strategischer Fehler. Selbst die mutmaßlichen Verbündeten im Sicherheitsrat, wie der Jemen oder Kuba, konnten Saddam nun kaum noch Rückendeckung geben.

Im Verlauf des Herbstes 1990, als Saddam der größere Rahmen seiner Kuwait-Politik allmählich deutlich wurde, startete er eine Reihe diplomatischer Initiativen, deren einziger gemeinsamer Nenner darin bestand, sein eigenes Überleben zu sichern. Inzwischen hatte er seinen Cousin Ali Hassan al-Majid, der die Giftgasattacken gegen die Kurden in Halabja 1988 zu verantworten hatte, als Gouverneur von Kuwait eingesetzt. Saddam war fortan nach Kräften bemüht, sich selbst aus der Kuwait-Affäre herauszuhalten, ohne dabei in der arabischen Welt seinen Ruf als großer nationalistischer Führer aufs Spiel zu setzen. Schon früh wurde Saddam dabei von unerwarteter Seite Hilfe zuteil. Der jordanische König Hussein vertrat bei Gesprächen mit London und Washington immer wieder die Ansicht, die Kuwait-Krise sei ein arabisches Problem und solle als solches am besten von den Arabern untereinander geregelt werden. Auch Jassir Arafats PLO stellte sich hinter Saddam, eine umso überraschendere Entwicklung, als Saddam einst emsig daran gearbeitet hatte, Arafats Machtbasis zu untergraben. Mit dem ihm eigenen Opportunismus spekulierte Arafat darauf, dass Saddam in seiner neuen Rolle als Speerspitze der arabischen Sache seine eigene Position gegenüber Israel stärken könnte. Ein schwerer Irrtum, wie sich bald herausstellen sollte.

Deutlich erkennbar war Saddams Bestreben, die Kuwait-Frage mit dem Nahost-Konflikt zu verknüpfen. In den Monaten vor der Invasion war er zu der Überzeugung gelangt, Israel plane einen Angriff auf die militärische Infrastruktur des Irak. Saddams Hang zu Verschwörungstheorien hatte ihn auf die Idee gebracht, die Vereinigten Staaten würden Israel zu einem Angriff auf den Irak ermutigen, während gleichzeitig von Kuwait aus die irakische Wirtschaft geschwächt werden sollte. Diesen Verdacht einer amerikanischen Doppelstrategie äußerte Saddam in einem Gespräch mit Joseph Wilson Anfang August. In der Folgezeit war die politische Rhetorik aus Bagdad von Vergleichen zwischen der irakischen Besetzung Kuwaits und der Befreiung Jerusalems geprägt. Mit der Annektierung Kuwaits, so die Argumentation, habe Saddam »ein hehres Ziel aller Araber verwirklicht … nämlich rückgängig zu machen, was der Kolonialismus unserem Land diktiert hat«.[2] Diese ehrenvolle Tat werde nun jedoch von den »Imperialisten« in Amerika als Verbrechen hingestellt, weil sie zusammen mit Israel ihre Dominanz in der Region sichern wollten, indem sie den Arabern ihr angestammtes Recht verwehrten. Am 12. August legte Saddam seine Version einer Friedensinitiative vor, in der er einen irakischen Rückzug aus Kuwait für den Fall in Aussicht stellte, dass alle besetzten Gebiete im Nahen Osten befreit würden. Israel sollte zunächst die besetzten Gebiete in Palästina, Syrien und im Libanon räumen, und die syrischen Truppen sollten den Libanon verlassen. Zwar lehnte der Westen den Vorschlag strikt ab, doch Saddams Versuch, seine eigene Zwangslage mit dem Nahost-Konflikt zu verquicken, blieb nicht ohne Erfolg. Bis September wurde in den Vereinigten Staaten, in Großbritannien und Frankreich gleichermaßen die Forderung nach einer Nahost-Friedenskonferenz laut, allerdings unter der Voraussetzung, dass die irakischen Truppen zuvor aus Kuwait abzögen.

Saddam wollte Meinungsverschiedenheiten innerhalb der internationalen Koalition, die sich gegen ihn formierte, taktisch ausschlachten. Vor nunmehr fast zwanzig Jahren, bei der Vorbereitung zur Verstaatlichung der irakischen Erdölproduktion in den siebziger Jahren, hatte Saddam schon einmal erfolgreich die Supermächte gegeneinander ausgespielt und Allianzen mit der Sowjetunion und Frankreich zur Durchsetzung seiner Ziele geschmiedet. Jetzt, im Herbst 1990, verfuhr er wieder auf ähnliche Weise, um auf diplomatischem Weg einen Keil in die von Amerika geführte Anti-Irak-Koalition zu treiben. Der sowjetische Staatschef Gorbatschow hatte sich sogleich für eine nicht militärische Lösung der Krise stark gemacht. Primakow, Gorbatschows Sonderbeauftragter und ehemaliger KGB-Experte für den Nahen Osten, war einer der Ersten, der die Verbindung der Kuwait-Frage mit dem Nahost-Konflikt begrüßte und sich dafür aussprach, Saddam »mehr Gestaltungsspielraum zu lassen«.[3] Saddam bot dafür den Sowjets, deren Land nach 70 Jahren kommunistischer Misswirtschaft vor dem Kollaps stand, freie Öllieferungen an.

Die Franzosen wurden mit Verweis auf ihre »besonderen Beziehungen« zu Bagdad ebenfalls von Saddam hofiert. Im September brüskierte Präsident Mitterrand in einer Rede vor der Generalversammlung der UN die Amerikaner, indem er den territorialen Anspruch des Irak auf Kuwait ausdrücklich anerkannte. Ende November versuchte Saddam aus dem vermeintlichen Wohlwollen Frankreichs gegenüber dem Irak Profit zu schlagen. Er schickte 327 französische Arbeiter nach Hause, die seit der Besetzung Kuwaits als »Gäste« im Land festgehalten worden waren. Die Freilassung erfolgte bewusst zeitgleich mit einem Besuch von US-Außenminister James Baker in Paris, bei dem die strategische Planung der Koalition gegen den Irak erörtert werden sollte. Saddams Geste des guten Willens ließ sofort den Verdacht aufkommen, die Franzosen hätten ein separates bilaterales Abkommen mit Saddam geschlossen, wie schon einmal bei den Verhandlungen über die Ölförderrechte. Während die Franzosen dies entschieden verneinten, verbreiteten die Iraker gezielt Informationen über ein Geheimtreffen zwischen den Außenministern der beiden Länder in Tunis.[4] Damit wollte Saddam die Gräben zwischen den Mitgliedern der Anti-Irak-Koalition vertiefen. Das Gegenteil war jedoch der Fall, denn die französische Regierung sah sich nach den peinlichen Enthüllungen moralisch nicht mehr in der Lage, die Ziele der Koalition in Frage zu stellen.

Die bei weitem schlimmste Maßnahme Saddams zur Verhinderung eines Militärschlages des Westens war die Aufstellung »menschlicher Schutzschilde« in wichtigen irakischen Einrichtungen. Saddam war der Überzeugung, dass der Kampfeswille des Westens schwinden würde, sobald zahlreiche Opfer zu beklagen wären. Mit diesem Kalkül hatte er schon bei einem Treffen mit Botschafterin Glaspie im Juli gespielt. Damals bemerkte Saddam mit Bezug auf die vielen irakischen Gefallenen im Krieg gegen den Iran: »Ihre Gesellschaft kann 10 000 Tote in einer einzigen Schlacht nicht tolerieren.« Saddam erinnerte sich sehr gut daran, dass westliche

Regierungen, darunter auch die amerikanische, in den achtziger Jahren zu Geheimverhandlungen bereit gewesen waren, um ihre im Libanon in Geiselhaft genommenen Bürger freizubekommen.

Noch im August gab Saddam Befehl, alle ausländischen Arbeitskräfte im Land festzuhalten, bis die Gefahr eines Angriffs auf den Irak gebannt sei. Dies warf für die Regierungen in der Anti-Irak-Koalition ernste Fragen auf. Saddams Missbrauch von Menschen als »Schutzschilde« hatte den Zweck, die Zerstörung sensibler Infrastruktur im Irak zu verhindern. Er ging davon aus, dass der Westen keine Bomben auf wichtige Einrichtungen von Militär und Regierung im Land werfen würde, wenn sich dort ausländische Geiseln befanden. Mit dieser Maßnahme erregte Saddam weltweit großes Aufsehen, doch die Absicht, diese Aufmerksamkeit in Verständnis für den irakischen Einmarsch in Kuwait umzumünzen, schlug eklatant fehl. Wie sich rasch abzeichnete, hing das Schicksal der Geiseln stark von der Haltung ihrer jeweiligen Regierungen gegenüber Saddam ab. Die meisten Franzosen wurden, da ihre Regierung nach wie vor gute Beziehungen zum Irak zur Wahrung ihrer Wirtschaftsinteressen erhalten wollte, nach kurzer Zeit freigelassen. Die Briten dagegen, deren Premierministerin ein Einlenken gegenüber Saddam entschieden ablehnte, wurden von einer irakischen Einrichtung zur anderen geschafft. Den Gipfel der Heuchelei erklomm Saddam mit einem »Dankesbesuch« bei einer Gruppe britischer Geiseln. Er betonte den Geiseln gegenüber die friedenserhaltende Rolle ihrer Anwesenheit im Irak. Bei diesem Besuch, der von Fernsehteams live in alle Welt übertragen wurde, ging Saddam auf einen siebenjährigen englischen Jungen namens Stuart Lockwood zu, tätschelte seinen Kopf und fragte auf Arabisch: »Hat Stuart heute schon seine Milch bekommen?« Der verängstigte Gesichtsausdruck des Jungen spiegelte die Gefühle aller Menschen wider, die von Saddam im Irak festgehalten wurden.

Seine Einschüchterungstaktik mochte über die Jahre hinweg im eigenen Land tatsächlich den gewünschten Erfolg gehabt haben. Im Westen jedoch verspielte Saddam dadurch die letzten Sympathien, die er vielleicht noch gehabt hatte. Dennoch gelang es ihm, durch die Strategie der »menschlichen Schutzschilde« viele Prominente und Politiker nach Bagdad zu locken, von denen immerhin einige, wenn nicht für Saddam, so doch für seine Sache Verständnis zeigten. Den Anfang machte der Bundespräsident Österreichs, Kurt Waldheim, der eine gemeinsame Pressekonferenz mit Saddam gab und dafür mit der Freilassung von 140 österreichischen Bürgern belohnt wurde. Ihm folgte Reverend Jesse Jackson, der amerikanische Frauen, Kinder und Männer mit angeschlagener Gesundheit nach Hause holte. Weitere Besucher waren der Boxer Muhammad Ali und die ehemaligen Regierungschefs von Deutschland und Großbritannien, Willy Brandt und Sir Edward Heath, die allesamt mit entlassenen Geiseln in die Heimat zurückkehrten. Der von Saddam erhoffte Meinungsumschwung im Westen blieb allerdings aus. Vor allem die Regierungen Bush und Thatcher beharrten auf ihrer Forderung nach bedingungslosem Rückzug aus Kuwait. Mit dem zunehmenden Druck auf den UN-Sicherheitsrat, den Alliierten ein Mandat zur gewaltsamen Vertreibung Saddams zu erteilen, schlug dieser notgedrungen leisere Töne an. Er versprach die Freilassung aller Geiseln innerhalb von drei Monaten, falls die Androhung von Militäraktionen fallen gelassen würde. Am Vorabend der entscheidenden Abstimmung im Sicherheitsrat setzte er 1000 Sowjetbürger auf freien Fuß, um Moskau zur Ablehnung der Resolution zu bewegen. Der Versuch scheiterte. Am 29. November erließ der Sicherheitsrat die Resolution 678, die den bedingungslosen Rückzug des Irak bis zum 15. Januar 1991 verlangte und die Anwendung militärischer Gewalt billigte, falls der Irak dieser Forderung nicht nachkommen sollte.

Saddams Lage wurde immer aussichtsloser, auch wenn er öffentlich weiterhin den Unbeugsamen spielte. In den irakischen Medien verbreitete die Propaganda wie schon zu Zeiten des Krieges gegen den Iran Lobeshymnen auf den Helden Saddam. »Oh großer Irak, unter der Führung von Saddam Hussein, der jeden Angriff deiner Feinde abwehrt, wirst du stolz und fest stehen und dem Bündnis des Bösen und der Tyrannei trotzen.«[5] Das Land litt noch immer unter den Folgen des acht Jahre dauernden Krieges mit dem Iran, doch nun musste es sich wieder für einen neuen Krieg rüsten. Tausende von Reservisten wurden einberufen, und die Invasionstruppen versuchten in aller Eile, Kuwait in eine uneinnehmbare Festung zu verwandeln. Per Erlass wurde das Horten von Lebensmitteln unter Todesstrafe gestellt.

In Kuwait, Iraks »19. Provinz«, wie es inzwischen hieß, arbeitete die Provinzregierung unter Ali Hassan al-Majid fieberhaft daran, alle Anzeichen der früheren Autonomie des Landes zu beseitigen. Gut 300 000 Einwohner, knapp ein Drittel der Bevölkerung, waren geflohen, und wer geblieben war, sah sich systematischem Terror ausgesetzt. Die Keller verlassener Häuser wurden von Saddams Geheimdienst in provisorische Folterkammern umgewandelt. Gewöhnliche Werkzeuge wie Schraubstöcke und Elektrosägen ebenso wie die Drähte elektrischer Leitungen wurden als Folterinstrumente zweckentfremdet. Straßen wurden umbenannt, und neue Dokumente und Nummernschilder an die Bevölkerung ausgegeben. Selbst die Zeitverschiebung zwischen Bagdad und Kuwait wurde aufgehoben. Ein Dekret verbot den Kuwaitis das Tragen von Bärten und drohte bei Zuwiderhandlung das Ausreißen der Barthaare mit Zangen an.[6]

Die bitterste Konzession, zu der sich Saddam wegen der Kuwait-Krise gezwungen sah, war das Friedensangebot an den Iran. Zwar hatte bereits seit 1988 ein Waffenstillstand zwischen beiden Seiten bestanden, doch ein Friedensvertrag war nie unterzeichnet worden. Saddam konnte ein Abzug seiner Truppen von der Grenze zum Iran, so dringend nötig dieser angesichts der Bedrohung durch die Alliierten war, teuer zu stehen kommen. Daher wandte sich Saddam zwei Wochen nach dem Einmarsch in Kuwait, als sich der Widerstand der internationalen Gemeinschaft abzuzeichnen begann, an den iranischen Präsidenten Ali Akbar Hashemi Rafsandjani. Er bot ihm einen Friedensschluss auf der Basis des 1975 mit dem Schah ausgehandelten Abkommens an. In der Vergangenheit hatte Saddam stets betont, im Abkommen von Algier 1975 sei dem Irak zu Unrecht der Anspruch auf den Shatt al-Arab verwehrt worden, was ein Hauptvorwand für den Krieg gegen den Iran gewesen war. Nach dem Ende einer der blutigsten Auseinandersetzungen des 20. Jahrhunderts war Saddam, der nominelle Sieger, nun zum Entgegenkommen in allen strittigen Punkten bereit. Der Handel mit dem Iran lieferte ein weiteres Beispiel dafür, dass Saddam jede Politik nur unter dem Aspekt betrachtet, ob sie seinem eigenen Überleben dient.

Dies war sicherlich auch Saddams Hauptsorge bei der Vorbereitung auf den Militärschlag des Westens, der unausweichlich schien. Zu Beginn des Kuwait-Abenteuers hatte er zumindest einen profitablen Rückzug vor Augen gehabt, bei dem ein gewisser Vorteil für Bagdad herausspringen und eine pro-irakische Regierung in Kuwait installiert bleiben sollte. Die Verhärtung der diplomatischen Fronten im Herbst 1990 aufgrund des Druckes aus Washington und London machte diese Hoffnungen immer unwahrscheinlicher. Da ein Krieg nun unmittelbar bevorstand, schwenkte Saddam von einer Politik des profitablen Rückzugs um zu einer – wie man es nennen könnte – des »überlebenssichernden Rückzugs«.[7]

Die Alleinherrschaft im Irak lag Saddam mehr am Herzen als das Wohl seines Landes. Ali Hassan al-Majid wurde aus Kuwait zurückbeordert, um am Verteidigungsplan für das Mutterland mitzuarbeiten. Ein anderer Gefolgsmann, Hussein Rashid al-Tikriti, wurde seines Postens als Kommandeur des Präsidentenpalastes und der Republikanischen Garde enthoben und zum Oberbefehlshaber der Streitkräfte befördert. Die einzelnen Divisionen wurden so aufgestellt, dass sowohl das Herz des Regimes im Zentrum und im Norden des Irak geschützt als auch eine Invasion des Landes von Süden verhindert werden sollte. Saddams Halbbrüder Barzan, Watban und Sabawi besetzten alle wichtige Funktionen im Geheimdienst, um die Gefahr eines Aufstandes im Irak zu bannen. Auf diese Weise nach allen Seiten gesichert, glaubte Saddam, jeden Angriff überstehen zu können; wenn es sein musste, würde er sogar seine Streitkräfte in Kuwait zum Schutz des Mutterlandes opfern.

Einen letzten Versuch, den Konflikt auf diplomatischem Wege zu lösen, unternahmen die Vereinigten Staaten Ende November. Nach dem UN-Mandat für ein militärisches Eingreifen bot Präsident Bush an, seinen Außenminister James Baker nach Bagdad zu entsenden und seinerseits Tariq Aziz in Washington zu Gesprächen zu empfangen. Diese unerwartete Initiative eröffnete Saddam einen Ausweg, bei dem er trotz des amerikanischen Beharrens auf einem bedingungslosen Abzug sein Gesicht hätte wahren können. Saddam hatte von Beginn an direkte Verhandlungen mit Washington gefordert, und er hätte nun Bushs Angebot sehr gut als Zugeständnis an Bagdad verkaufen können. Stattdessen versuchte er aus dieser Geste, die er als Einknicken der US-Regierung interpretierte, weiteren Gewinn zu schlagen, und ordnete die Freilassung aller noch im Irak und in Kuwait festgehaltenen Ausländer an. Doch das Angebot der US-Regierung war keineswegs ein Zeichen von Schwäche. Saddam glaubte, als Gegenleistung für einen Rückzug aus Kuwait würde man ihm zumindest eine Korrektur der Grenzverläufe zugunsten des Irak anbieten. Ein bedingungsloser Abzug wäre für ihn eine zu große Schmach in den Augen seiner arabischer Brüder gewesen. Also versteifte er sich darauf, sein Ansehen und damit sein politisches Überleben retten zu wollen, indem er auf Konfrontation mit dem Westen ging. Da Washington jedoch jedes Zugeständnis an den Irak kategorisch ablehnte, war die bewaffnete Auseinandersetzung vorprogrammiert. Der Diktator ließ sich nichts diktieren.

Mit Beginn der alliierten Angriffe am 16. Januar 1991 wurde der Irak zum Schauplatz eines der heftigsten Dauerbombardements der Militärgeschichte. Sechs Wochen lang bombardierten amerikanische und britische Kampfjets ununterbrochen militärisch, politisch, strategisch und wirtschaftlich bedeutsame Ziele im Irak und in Kuwait. Der Irak hatte – trotz sechststärkster Luftwaffe der Welt und zahlreicher Luftabwehrstellungen – der alliierten Übermacht nichts entgegenzusetzen. Das irakische Oberkommando versuchte erst gar nicht, die Angreifer herauszufordern; eigene Jets wurden allenfalls auf Stützpunkten im Nordirak in Sicherheit gebracht.

Der Kriegsplan der Anti-Irak-Koalition sah zunächst eine einmonatige Offensive aus der Luft, zu Wasser und zu Land vor, die in vier Phasen gegliedert war. In Phase 1 von »Desert Storm«, wie die Operation getauft wurde, sollte die Verteidigungsfähigkeit des Irak so weit geschwächt werden, dass die Entsendung von Bodentruppen zur Befreiung Kuwaits möglich wurde. Nach Erringung der unumschränkten Lufthoheit nahmen die alliierten Bomberpiloten ein breites Spektrum von Zielen ins Visier. Dies waren anfangs Radar- und Kommunikationsbasen, Einrichtungen der militärischen Frühwarnung sowie Luftabwehrstellungen. Es folgten gezielte Einzelattacken mit Bordraketen und Cruise Missiles auf strategisch wichtige Objekte wie Rollfelder, Kommando- und Kontrolleinrichtungen, Truppenkonzentrationen der irakischen Armee in und um Kuwait, Ölraffinerien sowie Abschussbasen für Boden-Boden-Raketen mit großer Reichweite. In den ersten Tagen war vor allem Bagdad das Ziel der Angriffe. Als die Iraker nach der ersten Bombennacht dort ihre Schutzräume verließen, sahen sie, dass der Präsidentenpalast, das Hauptquartier der Baath-Partei und das Verteidigungsministerium schwer getroffen worden waren.

Die Offensive war kaum zwei Stunden alt, da verkündete Saddam in einer trotzigen Ansprache, »die Mutter aller Schlachten« sei gekommen. Er rief sein Volk auf, seinem Ruf als Nation von Helden gerecht zu werden. Einige Stunden später zeigte das irakische Fernsehen Bilder des Präsidenten bei der Besichtigung von Bombenschäden in einer Straße in Bagdad. Eine ältere Dame verneigte sich ehrfürchtig vor dem großen Führer und ergriff seine Hand. Saddam hatte sein Volk sorgfältig auf den Krieg vorbereitet. Es waren Broschüren verteilt worden, die ausführlich darüber informierten, wie man sich bei Giftgas- oder Nuklearangriffen zu verhalten habe. Die Bürger wurden angehalten, ihre Wohnungen und Häuser abzudunkeln und stets einen Verbandskasten bereitzuhalten. Hausbesitzer, Firmen und Behörden waren aufgefordert worden, potentielle Schutzräume sofort nutzbar zu machen und Notvorräte anzulegen. Sogar Zivilschutzübungen wurden abgehalten für den Fall, dass mehrere Hundertausend Einwohner Bagdads evakuiert werden mussten.[8]

Allen Kampfparolen zum Trotz machte sich Saddam keine Illusionen über die harte Zeit, die ihm bevorstand. Dieser neue Konflikt war von anderer Qualität als der Krieg gegen den Iran. Von sporadischen Luftangriffen oder Raketenbeschuss aus dem Iran abgesehen, waren Bagdad und der Großteil der Bevölkerung nicht von den Kämpfen betroffen gewesen. Es herrschte Hunger, und die meisten Familien hatten Gefallene zu beklagen, doch es war Saddam recht gut gelungen, das Volk hinter sich zu sammeln. Was ihm nun seitens der hochgerüsteten, internationalen Allianz drohte, die Präsident Bush unter dem Dach des UN-Mandates geschmiedet hatte, hatte eine völlig neue Dimension. Die Alliierten waren in der Lage und willens, den Krieg bis tief in den Irak hineinzutragen, und Bagdad wurde vom ersten Tag an massiv bombardiert. Je länger das Bombardement anhielt, umso größer wurde der Schaden an der Infrastruktur des Landes. Saddam war nicht zuletzt auch deshalb in Kuwait einmarschiert, um von der katastrophalen Wirtschaftslage des Irak abzulenken, die Folge des acht Jahre währenden Kriegs gegen den Iran war. Die Operation Desert Storm musste die wirtschaftliche und militärische Lage des Landes weiter verschlimmern, was wiederum nach Ende der Auseinandersetzung auf Saddam zurückfallen konnte, vorausgesetzt es gab für ihn ein Danach. Aus diesen Gründen musste Saddam alles daransetzen, die Alliierten so bald wie möglich in einen Krieg am Boden hineinzuziehen. Saddam war nach wie vor der Überzeugung, die er schon im Juli gegenüber Botschafterin Glaspie geäußert hatte: Er erwartete, dass die westlichen Industrienationen einen Krieg mit hohen Verlusten nicht lange durchhalten könnten. Saddam hoffte auf Kämpfe zwischen Bodentruppen, weil dann die Zahl der Opfer auf beiden Seiten hochschnellen würde. Auf diese Weise, so Saddams Kalkül, könnte er die Alliierten zu einem Waffenstillstand zwingen und seine Verhandlungsposition stärken. In einer seiner ersten großspurigen Reden nach Beginn der Angriffe verkündete Saddam: »Nicht ein paar Blutstropfen, Ströme von Blut werden fließen. Und dann wird Bush als Lügner dastehen, der Amerika getäuscht hat, der die amerikanische Öffentlichkeit getäuscht hat und das amerikanische Volk und das amerikanische Parlament.«[9]

Einen Eindruck von Saddams damaligen Gedanken vermittelte General Wafic al-Samurrai, der Chef der militärischen Aufklärung im Golfkrieg und einer der engsten militärischen Berater Saddams.[10] Saddam berief kurz vor Beginn der Operation Desert Storm ein Treffen seines Generalstabes in Basra ein, auf dem er seine Taktik skizzierte, berichtet al-Samurrai. Er schlug vor, amerikanische Soldaten als Geiseln zu nehmen und sie als menschliche Schutzschilde an irakische Panzer zu fesseln. »Die Amerikaner werden niemals auf ihre eigenen Kameraden feuern«, erklärte er triumphierend. In den bevorstehenden Kämpfen, so meinte Saddam, würden Tausende von feindlichen Soldaten gefangen genommen, die man für diese Zwecke einsetzen könnte. Mit solchen Mitteln sollten Saddams Truppen die Alliierten zurückdrängen und ungefährdet in den östlichen Teil Saudi-Arabiens vorrücken.

Al-Samurrai und die anderen Generäle waren entsetzt angesichts dieser Mischung aus Einfalt und Barbarei. Schließlich konnten die Iraker auf keinen Fall feindliche Soldaten aus ihren gut geschützten Militärbasen in Saudi-Arabien entführen. Und selbst wenn es gelänge, allein die Vorstellung, Soldaten als menschliche Schutzschilde zu benutzen, war den altgedienten Soldaten ein Gräuel. Diese Schandtat würde gegen das Völkerrecht und die Genfer Konvention verstoßen, und sie könnte überdies beim Feind einen solchen Hass wecken, dass die Gefahr nicht konventioneller Vergeltungsschläge bestand. Obwohl Saddams Generäle wussten, dass sein Plan irrational, gefährlich und ohne Realitätsbezug war, erhoben sie keinen Einspruch. Sie nickten nur und machten pflichtbewusst Notizen. Saddams Strategie in Frage zu stellen, hätte bedeutet, sich des Defätismus, der Illoyalität und Feigheit verdächtig zu machen. Und alle wussten, was die Folge sein konnte.

Als Chef der Militäraufklärung hielt es einzig al-Samurrai für seine Pflicht, den Oberbefehlshaber der Armee vor dem enormen Risiko einer Konfrontation mit der aus mehr als dreißig Staaten bestehenden Anti-Irak-Koalition zu warnen. Am späten Nachmittag des 14. Januar, einen Tag vor Beginn der Bombardements, erschien der General in Saddams Büro im Präsidentenpalast zum Rapport. Saddam saß im maßgeschneiderten schwarzen Anzug hinter seinem Schreibtisch, während Samurrai seine pessimistische Einschätzung kundtat. Es sei beinahe unmöglich für den Irak, sich gegen die drohenden Angriffe zu verteidigen, sagte er. Dass ihnen feindliche Soldaten in die Hände fielen, sei unwahrscheinlich. Die irakische Armee sei zu schlecht ausgerüstet, um der Anzahl und Vielfalt der gegnerischen Waffensysteme etwas entgegenzusetzen. Die Stellungen im Irak seien besonders schwer zu verteidigen, weil das in Kuwait stationierte Invasionsheer eigentlich im Mutterland dringend benötigt würde. Nach Samurrais Ansicht hatte der Irak zu wenig Stellungen in der Wüste, als dass sie ein großes Hindernis für die Amerikaner bei ihrem Vormarsch auf Bagdad hätten darstellen können. Zur Verdeutlichung seiner Argumente legte der General verschiedene Fotos und Berichte vor. Dem Irak, so sein Schluss, stehe nur eine blamable Niederlage bevor, und dann müsse man damit rechnen, dass der Iran diese Schwäche auszunutzen versuche und von Norden her ins Land einmarschiere.

Als Samurrai seine Litanei des drohenden Unheils beendet hatte, fragte ihn Saddam: »Ist das Ihre persönliche Meinung, oder sind das Fakten?« Samurrai antwortete, es sei die nüchterne Analyse auf Grundlage der zur Verfügung stehenden Fakten. Hierauf gab Saddams zurück: »Ich sage Ihnen, was meine Meinung ist. Der Iran wird sich hüten einzugreifen. Unsere Soldaten werden mehr Widerstand leisten, als die Alliierten glauben. Sie werden Bunker graben und den Bomben der Amerikaner trotzen. Sie werden einen langen Kampf liefern, und es wird viele Opfer auf beiden Seiten geben. Aber nur wir werden bereit sein, diese Opfer zu bringen, die Amerikaner jedoch nicht. Das amerikanische Volk ist schwach. Sie werden es nicht ertragen, dass so viele ihrer Soldaten sterben müssen.«[11] Saddam wiederholte das Argument, das Botschafterin Glaspie bereits seit Juli kannte.

Die Frage bleibt offen, ob Saddam, wenn er die Alliierten tatsächlich zu einem frühen Zeitpunkt zu einem Krieg am Boden hätte zwingen können, sein Arsenal an Massenvernichtungswaffen eingesetzt hätte, um so viele feindliche Soldaten zu töten wie irgend möglich.[12] Der Ehrentitel des ersten »Feldmarschalls«, der modernes Nervengas auf einem Schlachtfeld eingesetzt hatte, gebührte ihm bereits. Wie man später herausfand, waren in einer frühen Phase des Konfliktes tatsächlich größere Mengen waffenfähiger Milzbranderreger und andere biologische Kampfmittel, mit den entsprechenden Trägerraketen, bereitgestellt worden. Sie kamen jedoch nie zum Einsatz.[13] Die wahrscheinlichste Erklärung hierfür ist, dass die Vereinigten Staaten Bagdad auf diplomatischem Wege gewarnt haben, man würden vor nuklearen Vergeltungsschlägen nicht zurückschrecken, falls der Irak Massenvernichtungswaffen einsetzen sollte. Hussein Kamel al-Majid, Saddams Schwiegersohn und Leiter des irakischen Rüstungsprogramms, der sich später nach Jordanien absetzte, nannte in einem Interview mit der Zeitschrift *Time* im September 1995 ebendies als Grund. Hussein Kamel sagte: »Wie sollte man diese Waffen einsetzen, wenn die ganze Welt gegen einen steht? Jeder unüberlegte Angriff mit solchen Waffen hätte einen atomaren Schlag der Großmächte zur Folge gehabt, und der Irak wäre ausgelöscht worden.«[14]

Das einzige Land, das in der Vergangenheit deutlich gemacht hatte, dass es zur atomaren Vergeltung bereit sei, falls es mit Massenvernichtungswaffen angegriffen werden sollte, war Israel. Während der Vorbereitungen für die Operation Desert Storm predigte Saddams Propaganda unablässig, Israel stehe eigentlich hinter dem geplanten Angriff auf den Irak. In seiner Rede am Tag der ersten Angriffe bezog Saddam denn auch gleich Israel in seine Anklage mit ein und verkündete: »Satans Werkzeug Bush hat einen ruchlosen Anschlag verübt, er und die zionistischen Verbrecher.« Noch am selben Tag beschuldigten die Iraker Saudi-Arabien, von dessen Boden die Operation Desert Storm ihren Ausgang genommen hatte, dass es die Stationierung von sechzig israelischen Kampfjets auf der heiligen Erde des Propheten dulde.[15]

Unter den gegebenen Umständen überraschte es nicht, dass Saddam Israel mit Raketen angriff. Damit wollte er zweierlei erreichen: zum einen hoffte er mit dem Angriff auf die Zionisten die arabischen Massen hinter sich zu sammeln, die jedem arabischen Führer huldigten, wenn er Israel Schaden zufügte. Zum anderen spekulierte er darauf, dass die Serie von Scud-Raketen, die er auf Ziele an der israelischen Küste abfeuerte, mit Vergeltungsschlägen beantwortet werden würde. Dies wiederum hätte die Alliierten veranlassen können, früher als gewollt in den Bodenkrieg einzutreten, um ein Übergreifen des Konfliktes auf andere Teile das Nahen Ostens zu verhindern. Die Führer der Alliierten teilten die Befürchtung, dass sich der Konflikt zu einem Flächenbrand in Nahost ausweiten könnte. Aus diesem Grund wurden, nachdem in den frühen Morgenstunden des 18. Januar drei irakische Raketen in Tel Aviv und zwei weitere in Haifa eingeschlagen waren, große diplomatische Bemühungen unternommen, um die israelische Regierung von Vergeltungsschlägen abzuhalten. Die Entscheidung fiel den Israelis nicht leicht. Zum ersten Mal in der Geschichte waren die größten Ballungszentren des Landes von den regulären Streitkräften eines arabischen Staates angegriffen worden. Trotzdem konnte der israelische Regierungschef Yitzhak Schamir von US-Diplomaten überzeugt werden, dass die langfristigen Vorteile einer Zurückhaltung den kurzfristigen Nutzen von Racheakten überwogen. Obwohl Saddam noch mehrmals Scud-Raketen auf Israel abfeuerte, ließen sich die Israelis nicht in den Krieg hineinziehen.

Nach diesem ersten Versuch, einen Bodenkrieg anzuzetteln, erprobte Saddam eine Reihe weiterer Taktiken. Ende Januar ließ er mehrere Ölförderanlagen in Kuwait in Brand setzen und Rohöl in den nördlichen Golf pumpen. Der größte Ölteppich aller Zeiten mit einer Fläche von circa 620 Quadratkilometern war die Folge. Im irakischen Fernsehen wurden einige gefangen genommene Piloten der Alliierten vorgeführt. Die meisten von ihnen waren in der Haft misshandelt worden und mussten vorbereitete Erklärungen verlesen, in denen sie sich kritisch gegenüber den Militärschlägen äußerten. Doch statt die Anti-Irak-Koalition zu einer verfrühten Bodenoffensive zu bewegen, hatten diese Provokationen nur zur Folge, dass sich die Front gegen den irakischen Diktator festigte. Saddams barbarische Akte ließen von mancher Seite Rufe nach einer Ausweitung der Kriegsziele laut werden. Nicht allein die Befreiung Kuwaits wurde gefordert, sondern auch der Sturz Saddams. John Major, Margaret Thatchers Nachfolger im Amt des britischen Premierministers, wies darauf hin, dass Saddam nach Ende der Offensive wegen Kriegsverbrechen vor Gericht gestellt werden könnte, wenn er weiter solch »inhumane und illegale« Methoden anwende.

Trotz aller Rückschläge schien Saddam überzeugt, dass er sich schließlich durchsetzen würde. Am 20. Januar tönte er: »Unsere Bodentruppen haben noch nicht in die Schlacht eingegriffen … Wenn der Kampf erst in vollem Gange ist, mit allen Waffen, dann wird es, mit Gottes Hilfe, viele Tote auf

Seiten unserer Feinde geben. Und wenn sich der Tod über sie beugt, werden die Ungläubigen abziehen.«[16] In einem Interview mit dem CNN-Korrespondenten Peter Arnett gab sich Saddam entspannt und zuversichtlich. Der Irak, so der Diktator, habe trotz allem »Augenmaß« bewahrt und zu seiner Verteidigung bislang nur konventionelle Waffen eingesetzt, deren Schlagkraft zweifellos »Bewunderung in der Welt finden wird«. Auf die Frage, ob er nicht manchmal Zweifel an den Siegeschancen des Irak habe, antwortete er: »Nicht die geringsten.« Saddam brachte auch das Thema nicht konventioneller Waffen zur Sprache und wies auf die Möglichkeit hin, irakische Raketen mit chemischen, biologischen oder atomaren Sprengköpfen zu bestücken. «Ich bete zu Gott, dass man mich nicht dazu zwingt, diese Waffen einzusetzen«, sagte er. »Aber ich werde nicht zögern, falls mir keine andere Wahl bleibt.«[17]

Trotz demonstrativer Siegesgewissheit war Saddam hochgradig frustriert. Das Dauerbombardement stürzte das Land in Not und Elend. Die alliierten Kampfpiloten konnten sich ihre Ziele praktisch nach Belieben aussuchen, und bis Ende Januar hatten sie die vier wichtigsten Atomreaktoren des Irak zerstört und die Fabriken zur Herstellung chemischer und biologischer Waffen schwer beschädigt. Auch die Wirtschaft und die Infrastruktur des Landes waren schwer beschädigt, denn Straßen, Brücken, Kraftwerke und Ölraffinerien wurden systematisch zerstört. Die irakischen Streitkräfte waren nahezu handlungsunfähig, weil die erforderlichen Kommando- und Kontrollsysteme ausgeschaltet worden waren. Die Moral der Iraker kann es auch nicht gehoben haben, dass fast 100 Piloten der irakischen Luftwaffe mit ihren Kampf- und Transportflugzeugen (modernste Maschinen wie die sowjetischen MIG-29 oder die französischen Mirage F1!) sich in den Iran absetzten. Saddam versuchte daraufhin so zu tun, als ob diese Massenflucht ein zuvor verabredeter Schachzug zum Schutz seiner Luftwaffe gewesen sei – eine sehr unwahrscheinliche Erklärung. Die Maschinen befinden sich übrigens zehn Jahre später immer noch im Iran. Vermutlich hatten sich die Piloten nach einem fehlgeschlagenen Putsch, ausgelöst durch die Hinrichtung der Chefs von Luftwaffe und Luftabwehr, zur Flucht entschlossen. Saddam hatte den Kommandeuren Versagen bei der Abwehr der alliierten Bombenangriffe vorgeworfen.

Saddams Lage wurde immer aussichtsloser. In einem letzten Versuch, den Westen in einen Krieg am Boden zu verwickeln, entzündete er Ende Januar einige militärische Strohfeuer. Zuerst entsandte er eine kleine Armee-Einheit, bestehend aus zwei Infanterie- und einem Panzerbatallion, von Kuwait zur Einnahme von Khafji, einem verlassenen Ort in Saudi-Arabien knapp zwölf Kilometer hinter der Grenze. Der Coup schien zunächst erfolgreich, doch dann wurde der Ort von einer überlegenen alliierten Streitmacht rasch zurückerobert, wobei viele Männer fielen und Hunderte Iraker gefangen genommen wurden. Dies hinderte Saddam nicht, die Aktion als Sieg zu feiern, habe sie doch gezeigt, dass seine Truppen in der Lage seien, die feindlichen Linien zu durchbrechen. Nur wenige Tage später wurde ein Aufmarsch von vier Divisionen mit insgesamt gut 60 000 Mann und 240 Panzern nahe des kuwaitischen Grenzortes Wafra beobachtet. Diese Truppen, die auf einer Breite von mehr als fünfzehn Kilometern vorrückten, wurden aus der Luft unter heftigen Beschuss genommen. Die Iraker erlitten schreckliche Verluste, und Saddam musste seinen Plan, die Alliierten ein zweites Mal anzugreifen, schleunigst aufgeben. Zu Saddams großem Unbehagen stellte Präsident Bush den Angriff als Verzweiflungstat des irakischen Führers dar, der die Allianz mit allen Mitteln zu einem Krieg am Boden verleiten wollte, bevor die Bombardements den letzten Verteidigungswillen gebrochen hatten. Der US-Präsident versicherte, dass man an der bisherigen Strategie festhalten werde und an eine Landoffensive erst dann denke, »wenn der Zeitpunkt dafür gekommen ist«.

Da keine von Saddams Fallen zugeschnappt war, hatte er auch nicht viel vorzuweisen, abgesehen von der hohlen Propaganda zu den Triumphen des »heldenhaften Präsidenten«.

Die irakische Niederlage vor Khafji wurde als Demütigung für die Alliierten dargestellt. »Bush drückt sich vor einem Duell Auge in Auge, Mann gegen Mann, und kämpft stattdessen nur feige mit Fernwaffen.«[18] Westliche Journalisten wurden nach Bagdad eingeladen, um über das Ausmaß der Zerstörungen durch die Luftschläge zu berichten. Dies hatte unvermeidlich einen Gewissenskonflikt in der westlichen Öffentlichkeit und lautstarke Proteste in arabischen Ländern zur Folge. Die Friedensbewegung fand großen Zulauf nach der Zerstörung eines Luftschutzkellers in Bagdad durch dreizehn amerikanische Bomber, bei der 300 Zivilisten ums Leben kamen. Der sonst eher pro-westlich eingestellte jordanische König Hussein ging so weit, der Allianz Kriegsverbrechen vorzuwerfen. Tatsächlich bedeuteten die fortgesetzten Bombenangriffe nicht nur eine Schwächung von Saddams Militärmacht, sondern auch einen dramatischen Eingriff in den Alltag der irakischen Bevölkerung. Ab Anfang Februar gab es in Bagdad und anderen wichtigen Städten des Irak weder fließendes Wasser noch Strom. Die Regierung stoppte bis auf weiteres den Verkauf von Treibstoff, womit der Verkehr im Land zum Erliegen kam. Saddam gab die Schuld an allem Unglück natürlich den Alliierten, statt seinen eigenen krassen Fehlurteilen bei der Besetzung Kuwaits.

Die wachsende Sorge über den Verlauf des Luftkrieges sowie Saddams verzweifelte Bemühungen, die sichere Niederlage abzuwenden, veranlassten schließlich die Sowjetunion zu einer diplomatischen Initiative, um die Chancen für einen Waffenstillstand auszuloten. Alle früheren Vermittlungsversuche Michail Gorbatschows waren von den Irakern leichtfertig ausgeschlagen worden, doch Mitte Februar gab es Anzeichen, dass man Gorbatschows Sonderbeauftragten Primakow in Bagdad empfangen würde. Primakow, der einen Großteil seiner Laufbahn mit dem Aufbau besonderer Beziehungen zum Irak verbracht hatte, traf am 12. Februar mit Saddam zusammen und wurde zunächst zur Besichtigung der Bombenschäden durch Bagdad geführt. Dem Russen fiel auf, dass Saddam seit dem letzten Treffen der beiden im Oktober 1990 mindestens fünfzehn Kilo abgenommen hatte. Saddam schien ausgeglichen, ja frohgemut. Demonstrativ traf er Primakow nicht in seinem Bunker, sondern in einem Gästehaus im Zentrum von Bagdad. Hier hielt Saddam vor der versammelten Führung des Regimes und in Anwesenheit Primakows eine Schmährede auf die sowjetische Haltung in der Kuwait-Frage. Da diese Ansprache offenbar mehr Saddams Kollegen aus dem Kommandorat galt als Primakow, bat dieser um ein Gespräch unter vier Augen. Nach Primakows eigener Aussage war er von Saddams pragmatischer Herangehensweise an das Hauptthema der Beratungen überrascht. Sie passte so gar nicht zu den harschen Tönen der öffentlichen Auftritte. »Im Falle eines Rückzuges«, fragte Saddam, »würde den abziehenden Irakern in den Rücken geschossen werden? Würden die Luftschläge beendet werden? Würden die Sanktionen aufgehoben werden? Würde ein Regierungswechsel in Kuwait möglich werden [natürlich einer, von dem Bagdad profitieren würde]?«[19]

Primakow verließ den Irak mit dem Gefühl, dass Saddam ernsthaft an einer friedlichen Beendigung des Konfliktes interessiert sei, und unterrichtete in Moskau Präsident Gorbatschow. Zwei Tage später gab der Revolutionäre Kommandorat in Bagdad eine Erklärung heraus, in der ein Rückzug in Aussicht gestellt wurde. Dies weckte bei den Alliierten kurzzeitig die Hoffnung, dass man um den gefährlichen Einsatz von Bodentruppen doch noch herumkommen könnte. Schnell wurde jedoch klar, dass Saddam eine Reihe von Bedingungen an einen Rückzug knüpfte, so den Abzug der israelischen Truppen aus den besetzten Gebieten, die Aufhebung der UN-Sanktionen gegen den Irak und den Erlass der irakischen Auslandsschulden in Höhe von 80 Milliarden US-Dollar. Warum Saddam glaubte, er könne auch nur eine dieser Forderungen durchsetzen, bleibt sein Geheimnis. Schließlich hatte ihm Primakow klipp und klar die Entschlossenheit der Alliierten geschildert, Kuwait zu befreien. Wie dem auch sei, Saddams

Vorschlag wurde von Präsident Bush als »grausamer Scherz« abgelehnt. Gleichzeitig bestärkte er »das irakische Militär und das irakische Volk, die Dinge in die eigenen Hände zu nehmen und den Diktator Saddam Hussein zum Abtreten zu zwingen«.[20] Bushs deutliche Aufforderung an die Iraker, die »Ceauşescu-Variante« zu wählen, kam bei Saddam nicht gut an. Im Gegenzug drohte er erneut mit dem Einsatz chemischer Waffen.

Durch das Ausloten diplomatischer Optionen mit Hilfe der Sowjets, wollte Saddam mögliche Meinungsverschiedenheiten im UN-Sicherheitsrat für sich nutzen. Da ihm die Sowjets schon einmal Schützenhilfe bei der Durchsetzung seiner Ziele geleistet hatten, nahm er wohl an, dass sich eine solche Gelegenheit wiederfinden würde. Stattdessen hatte er nur dafür gesorgt, Moskau bloßzustellen, und das zu einer Zeit, da die post-kommunistische Sowjetunion sich langsam in ihre Rolle innerhalb der von George Bush ausgerufenen »neuen Weltordnung« fand. Es war eine Sache, Primakow vor der versammelten irakischen Regierungsmannschaft abzukanzeln; eine ganz andere jedoch war es, Moskau vor den Augen der internationalen Gemeinschaft zu düpieren. Primakow hatte Saddam klar gesagt, dass mit den Amerikanern nicht zu spaßen sei, und dass Bush ausschließlich den bedingungslosen Rückzug akzeptieren würde. Nur Tage darauf mit einer ganzen Liste von Bedingungen aufzutreten, nachdem die Russen einen Durchbruch bei den Verhandlungen in Bagdad für sich reklamiert hatten, machte sowohl Saddams eigene Glaubwürdigkeit als auch die der Russen zunichte.

Als die Alliierten daraufhin mit den Vorbereitungen für die Invasion begannen, griff Saddam nach dem letzten Strohhalm. Am 18. Februar flog Tariq Aziz nach Moskau und akzeptierte den russischen Vorschlag zu einem vollständigen und bedingungslosen Rückzug aus Kuwait. Allerdings knüpfte der Irak doch wieder Bedingungen an das Angebot. Die Iraker verlangten zuvor die Aufhebung aller UN-Resolutionen sowie aller Wirtschaftssanktionen gegen ihr Land. Es scheint gesichert, dass Saddam zu diesem Zeitpunkt bereit war, Kuwait zu verlassen, und dass der sowjetische Vorschlag unter anderen Umständen die Grundlage für eine diplomatische Lösung hätte werden können. Saddam suchte nach einem Ausweg, der es ihm erlaubte, das Gesicht zu wahren und gleichzeitig eine katastrophale Niederlage abzuwenden. War er auch zum Rückzug aus Kuwait bereit, so konnte er es sich nicht erlauben, sich einem amerikanischen Ultimatum zu beugen. Damit hätte er, so seine Befürchtung, sein eigenes Todesurteil unterschrieben. Seit dem Beginn der Kuwait-Krise hatte Saddam mittlerweile so viel herumlaviert, dass kein westlicher Regierungschef mehr etwas auf sein Wort gab. Taten waren gefragt, keine Versprechen, und solange Saddam seine Truppen nicht aus Kuwait abzog, war es Aufgabe der alliierten Streitkräfte, sie hinauszuwerfen.

Vor diesem Hintergrund gab Präsident Bush Saddam eine letzte Chance. »Die Koalition gibt Saddam Hussein Zeit bis Samstagmittag [acht Uhr morgens irakischer Zeit am 23. Februar], um zu tun, was er tun muss – nämlich mit dem sofortigen und bedingungslosen Rückzug aus Kuwait zu beginnen. Wir brauchen dazu seine öffentliche und verbindliche Zusage.«[21] Die Würfel waren gefallen. Während Tariq Aziz noch die Reste der diplomatischen Initiative der Sowjets zusammensuchte, wappnete Saddam sich bereits für das Unvermeidliche. Um den Amerikanern die Invasion so schwer wie möglich zu machen, befahl Saddam seinen Besatzungstruppen, die kuwaitischen Ölfelder in Brand zu setzen. Auch kam es zu Massenexekutionen von kuwaitischen Gefangenen.

Saddam musste nicht mehr lange auf die Bodentruppen warten. Um vier Uhr morgens Ortszeit am Sonntag, dem 24. Februar, gab Bush bekannt, dass er General Norman Schwarzkopf, den Oberkommandierenden der alliierten Truppen in Saudi-Arabien, angewiesen habe, »alle vorhandenen Kräfte, einschließlich der Bodentruppen, zur Vertreibung der irakischen Armee aus Kuwait einzusetzen«. Die nun folgenden Kämpfe endeten für die irakischen Truppen im völligen

Fiasko. Nach nicht einmal 48 Stunden war das Rückgrat der irakischen Armee gebrochen. Was Saddam als unüberwindliche Verteidigungslinie in Kuwait gepriesen hatte, die so genannte »Saddam-Linie«, war binnen Stunden nach Beginn der Offensive zusammengebrochen. Nach sechs Wochen zermürbender Bombardierungen war den irakischen Soldaten der Kampfesmut vergangen. So viele von ihnen ergaben sich freiwillig, dass die Alliierten mit der Versorgung der Gefangenen Probleme bekamen. Am Ende des zweiten Tages der Bodenoffensive hatten 20 000 Iraker die Waffen gestreckt. Circa 370 Panzer waren zerstört worden und sieben irakische Divisionen – insgesamt rund 100 000 Mann – waren nicht mehr in der Lage, Widerstand zu leisten.

Da es für Saddam nun um das nackte Überleben ging, gab er seinen Generälen Befehl, »sich auf die vor dem 1. August 1990 gehaltenen Stellungen zurückzuziehen«. Doch selbst als die alliierte Aufklärung von irakischen Einheiten in Kuwait berichtete, die sich nach Norden in Richtung Irak zurückzogen, lehnte Bush einen Stopp der Offensive ab, solange Saddam sich nicht »persönlich und öffentlich« zum unverzüglichen Rückzug bereit erklärte. Nicht einmal in dieser akuten Notlage konnte sich Saddam zu einer öffentlichen Stellungnahme durchringen, die auch nur Andeutungen enthalten hätte, es sei ein Fehler gewesen, Kuwait zu besetzen. Von seinem Standpunkt aus war die Vernichtung seiner Streitkräfte weniger schlimm, als den Ruf des unbeugsamen »heldenhaften Präsidenten« zu schädigen. Am 26. Februar kündigte er den Abzug der letzten irakischen Soldaten aus Kuwait innerhalb der nächsten 24 Stunden an und nutzte die Gelegenheit, seine Nation wegen ihres Heldentums zu preisen. »Applaudiert euren Siegen, meine lieben Iraker. Ihr habt 30 Nationen die Stirn geboten und all dem Bösen, das sie gebracht haben. Ihr habt der ganzen Welt die Stirn geboten, große Iraker. Ihr habt gesiegt. Der Sieg ist euer. Wie süß ist der Sieg.«[22]

Die Kämpfe dauerten noch zwei Tage an. Unbewaffnete Iraker sollten beim Rückzug verschont werden, doch die Einheiten, die immer noch unter Waffen waren, wurden weiterhin unter Beschuss genommen. Am 26. Februar hatte der letzte irakische Soldat Kuwait verlassen. Die Zahl der irakischen Gefangenen lag nun bei 50 000, weitere acht Divisionen waren ausgeschaltet worden, circa 150 000 Tote waren zu beklagen. Kurz vor dem Zusammenbruch wandte sich Saddam mit der Aufforderung an die Vereinten Nationen, die Kämpfe zu stoppen, da der Irak bereit sei, die Annexion Kuwaits zu widerrufen. Doch wiederum war dies von verschiedenen Forderungen begleitet, etwa nach der sofortigen Aufhebung der Sanktionen, welche für die internationale Koalition nach wie vor inakzeptabel waren.

Die Operation wurde am 25. Februar abgebrochen. Präsident Bush hielt weitere Angriffe auf die irakischen Streitkräfte nicht länger für gerechtfertigt und befahl ein Aussetzen der Kämpfe. Bushs Entscheidung folgte auf einen besonders blutigen Angriff auf einen unbewaffneten irakischen Konvoi, der sich, auf dem Rückzug aus Kuwait, in der Nähe von Mitla befand, einer wichtigen Landmarke auf der Straße nach Basra. In dem Glauben, es handele sich um eine irakische Einheit, die versuchte, zu Verbänden der Republikanischen Garde aufzuschließen, gaben die Kommandeure der Allianz ihren Piloten den Befehl zum Angriff. Der Angriff wurde später von einem amerikanischen General als »Scheibenschießen« bezeichnet, bei dem die US-Kampfjets auf einer Linie aus dem Himmel über Kuwait auf den wehrlosen Konvoi niedergingen.[23] Hunderte von Fahrzeugen wurden zerstört und viele Iraker getötet. Da dieses Ereignis mit dem Eintreffen einiger westlicher TV-Teams zusammenfiel, die die alliierten Truppen bei ihrem Vormarsch in Kuwait begleiteten, wurde das Blutbad via Satellit in alle Welt übertragen.

Dieser Luftangriff markierte das Ende das Krieges. Laut General Schwarzkopf wäre es für die Allianz ein Leichtes gewesen, den Irak zu überrollen und Bagdad zu besetzen. Doch innerhalb der Koalition wuchs das Unbehagen wegen der Gefahr einer Ausdehnung des Krieges über Kuwaits Grenzen hinaus. Die westliche Öffentlichkeit beklagte die vielen unnötigen Todesopfer, und man befürchtete negative Auswirkungen auf die politische Nachkriegsordnung in der Region, falls der Krieg bittere Ressentiments hinterlassen sollte. Daher gab Präsident Bush den Befehl zur Beendigung der Kämpfe. »Kuwait ist befreit«, sagte er. »Die irakische Armee ist geschlagen. Unsere militärischen Ziele sind erreicht. Es ist ein Sieg aller an der Koalition beteiligten Staaten, es ist ein Sieg der Vereinten Nationen, ein Sieg für die Menschheit, für Recht und Gesetz.« Die Botschaft aus Washington wurde mit großer Erleichterung von Saddam aufgenommen, der in einer Rede an seine Landsleute sogleich den Sieg für sich reklamierte. »Irakisches Volk, du hast gesiegt«, erklärte er. »Der Irak hat den Sieg davongetragen. Der Irak hat die Aura Amerikas zerstört, Reich des Bösen, des Terrors und der Gewalt.«[24]

Was auch immer Saddam versuchte, der Militäreinsatz der Allianz war ein voller Erfolg. In knapp 100 Stunden hatten die Bodentruppen eine Fläche von 73 700 Quadratkilometern erobert, und davon waren 15 Prozent irakisches Territorium. Die irakische Armee war aufgerieben worden; nur sieben von ursprünglich 43 Divisionen waren noch kampfbereit. Das ganze Ausmaß des alliierten Triumphes wurde den Irakern wohl erst am 3. März beim Treffen zur Unterzeichnung des Waffenstillstands auf der Luftwaffenbasis Safwan deutlich. Die irakischen Befehlshaber hörten in andächtigem Schweigen General Schwarzkopf zu, der von 58 000 irakischen Gefangenen und der Besetzung beträchtlicher irakischer Territorien berichtete. Die Iraker baten lediglich darum, ihre verbliebenen Helikopter benutzen zu dürfen, da die meisten Landstraßen und Brücken zerstört waren. Schwarzkopf stimmte zu.

Einige Tage nach der Kapitulation wurde General Wafic al-Samurrai, der den Waffenstillstandsverhandlungen ferngeblieben war, wieder zum Oberkommandierenden bestellt. Saddam hatte sein Büro an einen geheimen Ort verlegt, nachdem er bereits während des Krieges ständig seinen Aufenthaltsort in Bagdads Vorstädten gewechselt hatte. Auf diese Weise hatte er versucht, den so genannten »smart bombs« der Amerikaner zu entgehen, die ihn, wie er ganz richtig vermutete, ausschalten sollten. Al-Samurrai traf zu seiner Überraschung auf einen ruhigen Saddam, der nach all der Aufregung merkwürdig heiter schien. »Wie schätzen Sie die Lage ein, General?«, fragte Saddam. Samurrai entgegnete unverblümt: »Ich denke, das ist die schlimmste Niederlage in der Geschichte unseres Landes. Schlimmer noch als die von Khorramshahr [die verlorene Schlacht während des iranisch-irakischen Krieges].«[25]

Saddam schwieg. Er wusste so gut wie jeder andere, dass der Irak eine katastrophale Niederlage erlitten hatte. Er wusste, dass seine Soldaten scharenweise übergelaufen waren. Er wusste von dem Blutbad beim Angriff auf den Konvoi bei Mitla und von den Zerstörungen durch die alliierten Bomben. Doch selbst wenn er die Einschätzung des Generals teilte, er hätte dies niemals offen zugegeben. Bei früheren Gelegenheiten, wie nach der Schlacht von Khorramshahr, hatte er stets dem Generalstab die Schuld für die Niederlagen gegeben und drakonische Strafen verhängt. Auf diese Weise schob er alle persönliche Verantwortung von sich. Doch diesmal war klar, dass ihm die Niederlage anhängen würde, und das konnte er niemals zugeben. Entsprechend spitz und wortkarg fiel seine Antwort an Samurrai aus: »Das ist Ihre Meinung.«

ZWÖLF

Der Überlebenskünstler

Die größte Gefahr für Saddams Überleben war nicht die Operation Desert Storm, sondern die landesweite Revolte, die darauf folgte. Diesmal machten Saddams rhetorische Kapriolen wenig Eindruck aufs Volk, das durch die Katastrophe in tiefe Verzweiflung gestürzt worden war. Zum ersten Mal in der Geschichte des modernen Irak erhoben sich die Menschen gegen ihren despotischen Führer. Der Aufstand begann in Basra, und innerhalb weniger Tage hatten sich die schiitischen Gebiete im Südirak, einschließlich der heiligen Städte Najaf und Karbala, gegen Bagdad gestellt. Viele Städte fielen den Rebellen in die Hände, zahlreiche Panzerfahrzeuge wurden zerstört, und einige Einheiten der Republikanischen Garde desertierten. Die Kämpfe griffen schnell auf die nahe gelegenen sunnitischen Städte über und erreichten sogar die Hauptstadt Bagdad. Heftige Straßenschlachten wurden gemeldet.

Es dauerte nicht lang, und die Rebellion hatte sich bis in den Norden ausgebreitet, wo die Kurden, ermutigt durch die schiitische Revolte, den Zusammenbruch der Staatsgewalt nutzen wollten, um ihre nationalen Rechte durchzusetzen. Die kurdische Revolte wurde angezettelt in dem Glauben, dass sie die Unterstützung der Bush-Regierung bekommen würde, die mehrfach angedeutet hatte, wie sehr ihr Saddams Sturz und der Schutz der Kurden am Herzen lag.[1] Innerhalb von vierzehn Tagen hatten die Kurden 95 Prozent von Kurdistan befreit und verschiedene Fraktionen der irakischen Opposition aufgefordert, eine neue Regierung zu bilden. Obwohl die Führer der irakischen Opposition dieses Ansinnen ablehnten, trafen sich fast 300 Delegierte von 23 Oppositionsgruppen aus dem Exil am 10. März in Beirut, um den noch nie da gewesenen Versuch zu unternehmen, eine gemeinsame Strategie gegen Saddam zu entwickeln.

Die landesweite Revolte gegen die Baath-Führung in Bagdad kam überraschend für die führenden Politiker der Alliierten. Während der gesamten Operation Desert Storm hatten mehrere Politiker der Alliierten, auch Präsident Bush und der britische Premierminister John Major, Saddams Absetzung gefordert. Mitte Februar hatte Präsident Bush die irakische Bevölkerung sogar explizit aufgefordert, »Saddam Hussein, den Diktator, zum Rücktritt zu zwingen«, während Premier Major im Parlament davon sprach, dass Saddam »noch zur Zielscheibe seines eigenen Volks werden kann«.[2] Tatsächlich wurde Präsident Bush, kurz nachdem der Waffenstillstand unterzeichnet war, ein Geheimdienstbericht übergeben, in dem vorhergesagt wurde, dass Saddam innerhalb eines Jahres aus dem Amt sein würde. Doch es gab noch ein großes Fragezeichen. Konnte der riesige Sicherheitsapparat in einem Land, das in Schutt und Asche lag, einen großflächigen Aufstand niederhalten?

Obwohl die Alliierten Saddam nur zu gern losgeworden wären, brachten die gleichzeitigen Revolten der Schiiten und der Kurden sie in Bedrängnis. Zwar hatten die Alliierten die Iraker gedrängt, Saddam zu stürzen, aber sie waren nicht gewillt, zur Unterstützung der Rebellen alliierte Truppen zu schicken. Der Krieg wurde unter der Prämisse geführt, dass es sich um eine militärische Aktion zur Befreiung Kuwaits handelte; Saddams Absetzung gehörte nicht zum UN-Mandat. Die Argumentation gegen die Ausweitung der Operation Desert Storm zu einem Angriff auf Saddams Regime wurde von der *New York Times* vorgetragen, die zum Beispiel zu bedenken gab, dass eine Weiterfassung der Kriegsziele weitere alliierte Verluste nach sich ziehen und die gesamte Region destabilisieren könne, insbesondere wenn Iraks Nachbarn, wie etwa Iran, die Schwäche der Regierung in Bagdad für ihre eigenen Zwecke nutzen sollten.[3] Die Königreiche am Golf, die unter der ständigen Bedrohung durch die vom Iran unterstützten islamischen Gotteskrieger litten, waren nicht besonders glücklich mit der Vorstellung, dass der Iran seinen Einfluss womöglich auf die schiitischen Gebiete im Süden des Irak ausdehnte.

Richard Cheney, der amerikanische Verteidigungsminister, der zehn Jahre später bei einem neuen amerikanischen Versuch, Saddam aus dem Amt zu werfen, eine Schlüsselrolle spielen sollte, hat die gegen eine Intervention sprechenden Argumente am besten zusammengefasst: »Wenn wir nach Bagdad gegangen wären, um Saddam abzusetzen – vorausgesetzt wir hätten ihn gefunden –, dann hätten wir eine Menge Soldaten mitnehmen müssen, um ihn irgendwo aufzustöbern. Er wäre nicht leicht zu fangen gewesen. Dann muss man eine neue Regierung bilden und steht vor der Frage, was für eine Regierung man im Irak haben will. Soll es eine kurdische oder eine schiitische oder eine sunnitische Regierung sein? Wie viele Streitkräfte wird man dauerhaft stationieren müssen, um sie an der Macht zu halten, wie viele Verluste wird man im Laufe dieser Operation hinnehmen müssen?«[4] Cheney selbst suchte immer noch nach Antworten auf diese zentralen Fragen, als er zehn Jahre später zusammen mit Präsident George W. Bush, dem Sohn des amerikanischen Präsidenten, der die Operation Desert Storm befohlen hatte, zum Vizepräsidenten gewählt wurde.

Obwohl die Alliierten einen Regierungswechsel in Bagdad nur zu gern gesehen hätten, wäre ihnen ein gewöhnlicher Staatsstreich, die traditionelle Form des irakischen Regierungswechsels, lieber gewesen als eine Revolution des Volkes. Ein Volksaufstand barg viele Risiken. Niemand wusste, welche Art von Regime die Baathisten ersetzen würde, und das Außenministerium blieb der Ansicht, dass die Iraner versuchen würden, jedweden Erfolg, den die Rebellen haben sollten, auszunutzen, ganz gleich ob er von den Schiiten im Süden oder von den Kurden im Norden errungen wurde. Außerdem hatten die Alliierten es eher auf das stattliche Arsenal an biologischen und chemischen Waffen abgesehen, das ihrer Meinung nach auf lange Sicht eine größere Bedrohung für die Region darstellte als Saddam. Während der Operation Desert Storm hatte die irakische Regierung ständig damit gedroht, diese Waffen einzusetzen. Einige hatte Saddam immerhin schon gegen das eigene Volk benützt.

Aufgrund dieser Überlegungen brachten die Vereinigten Staaten, Großbritannien und Frankreich den UN-Sicherheitsrat am 3. April 1991 dazu, die Resolution 687 zu verabschieden, die längste in der Geschichte der Organisation, die als die »Mutter aller Resolutionen« bekannt wurde. Abgesehen davon, dass sie die Unverletzlichkeit der irakischen Grenze mit Kuwait betonte, die von einer internationalen Kommission festgelegt werden sollte, wurde gefordert, dass der Irak den Inspektoren der Vereinten Nationen all seine chemischen und biologischen Waffen und Waffenfabriken, seine Raketenlager und Produktionsstätten (für Raketen mit einer Reichweite von über 150 Kilometern) und sein gesamtes nukleares Material zeigte. Anschließend sollten die Iraker bei der Zerstörung ihres B- und C-Waffenbestandes helfen. Außerdem sollte Bagdad die Rückgabe allen kuwaitischen Eigentums anstreben und Entschädigungen an ausländische Staatsangehörige und Gesellschaften zahlen, die durch die Besetzung Kuwaits Schaden erlitten hatten. Alle Sanktionen, die etwas anderes betrafen als »Medizin und medizinische Versorgungsgüter«, blieben bestehen. Die Auflagen sollten alle 60 Tage überprüft werden, und die Befolgung der UN-Resolutionen, insbesondere im Hinblick auf das Abrüstungsprogramm, sollte maßgeblich sein für alle Entscheidungen über den Abbau oder die Aufhebung der Sanktionen. Bis zur Erfüllung dieser Forderungen war es dem Irak nicht erlaubt, Öl zu verkaufen.

Der Irak lag in Trümmern, das halbe Land befand sich in Aufruhr, und das Regime sah sich den härtesten Auflagen gegenüber, die je vom UN-Sicherheitsrat verhängt worden waren. Die meisten westlichen Politiker vertraten die Ansicht, dass Saddam in spätestens einem Jahr von der Bildfläche verschwunden sein würde. Das einzig Traurige war, dass sie bei seiner Entmachtung nicht helfen konnten. Präsident Bush gab sich damit zufrieden, Plattitüden von sich zu geben, wie »Saddam kann nicht überleben ... die Menschen haben ihn satt. Nun sehen sie ihn als den brutalen Diktator, der er ist.«[5] Doch die Aufstände der Schiiten und Kurden zu unterstützen war etwas ganz anderes. Marlin Fitzwater, der Pressesprecher des Weißen Hauses, gab eine unverbindliche, fast schon naive Antwort auf die Frage nach den amerikanischen Absichten bezüglich der Rebellen: »Wir haben nicht vor, uns in die inneren Angelegenheiten des Irak einzumischen«, sagte er. »Es gibt zwar Berichte über Kämpfe in Basra und anderen Städten, aber wir wissen nicht genau, welche Ziele dahinter stecken oder welches Ausmaß sie haben.« Offenbar war Bush nicht bereit, seinem großen Triumph in Kuwait den Glanz zu nehmen, indem er es zuließ, dass amerikanische Truppen in den Mahlstrom der irakischen Politik gerieten. Er wollte die amerikanischen Soldaten so bald wie möglich nach Hause holen.

Die Art und Weise, wie es Saddam gelang, die gefährliche Lage, der er sich Anfang 1991 gegenübersah, zu seinem persönlichen Vorteil zu wenden, ist ein Paradebeispiel für sein politisches Geschick und die Gerissenheit, mit der er über drei Jahrzehnte als unumschränkter Herrscher des Irak überlebt hat. Es zeigte sich, dass er ein gefährlicher Gegner blieb, wenn er auf seinem eigenen Territorium kämpfte. Obwohl Saddam bei der Vorbereitung der Invasion von Kuwait die westliche Position gegenüber dem Irak und dem Baath-Regime gründlich missverstanden hatte, erkannte er, dass der Westen nach der Befreiung von Kuwait nicht den Mut hatte, den Kampf in den Irak hineinzutragen. Dass der Westen des ewigen Zwistes im Nahen Osten müde geworden war, nutzte Saddam sofort aus; er rechnete sich aus, dass er die Autorität der Regierung schnell wiederherstellen könnte, wenn er den Alliierten keinen Grund lieferte, in die inneren Angelegenheiten des Irak einzugreifen. Daher erlaubte er Anfang März seinem Außenminister Tariq Aziz, dem Generalsekretär der UNO einen Brief zu schreiben, in dem er auf die Annexion von Kuwait verzichtete und sich bereit erklärte, geraubtes kuwaitisches Eigentum zurückzugeben. Aziz akzeptierte schließlich die Bedingungen der UN-Resolution 687, obwohl ihre Durchführung bald in direktem Zusammenhang damit stehen sollte, wie Bagdad die Bereitschaft der Koalition – die sich übrigens ebenso schnell auflöste, wie sie entstanden war – einschätzte, die Resolution notfalls mit Waffengewalt durchzusetzen.

Nachdem er alles getan hatte, um sich die Vereinten Nationen vom Leib zu halten, nahm Saddam einige wichtige Veränderungen in der Regierungsstruktur vor, die seine eigene Position stärken und im bevorstehenden Kampf gegen die Schiiten und Kurden die absolute Unterwerfung unter sein Kommando sichern sollten. Sein Stellvertreter im Kommandorat, Izzat Ibrahim, wurde zum stellvertretenden Oberbefehlshaber der Streitkräfte ernannt und in den Süden geschickt, um den schiitischen Aufstand niederzuschlagen. Saddams Lieblingsschwiegersohn Hussein Kamel al-Majid wurde Verteidigungsminister, und Taha Yassin Ramadan, einer seiner ältesten Gefolgsleute, wurde stellvertretender Präsident. Als Geste gegenüber den Schiiten gab Saddam sein Amt als Premierminister ab, ein bedeutendes Zugeständnis, und setzte einen anderen alten Gefährten, Saadoun Hammadi, einen bekannten Schiiten, auf den Posten – obwohl Hammadi allgemein als Schwächling ohne politischen Rückhalt angesehen wurde. Ali Hassan al-Majid schließlich wurde Innenminister. Angesichts des blutrünstigen Rufes, den er sich in Halabja und Kuwait erworben hatte, war Majids Ernennung für die Rebellen ein deutliches Zeichen, dass Saddam nicht die Absicht hatte, mit ihnen viel Federlesens zu machen. Wie schon früher hatte Saddam damit sichergestellt, dass das Schicksal aller führenden Mitglieder der Regierung untrennbar mit seinem eigenen verknüpft war.

Saddam gab sich alle Mühe, die Moral seiner angeschlagenen Truppen zu stärken. Soldaten und Sicherheitskräfte bekamen eine Lohnerhöhung. Jeder Offizier, dessen Loyalität angezweifelt wurde, verlor seinen Posten, und es gab eine Reihe von Exekutionen. Saddams Netz von Militärkommissaren hatte den Krieg heil überstanden. Einige ältere Kommandeure wurden ersetzt, auch General Wafic al-Samurrai, der Leiter des militärischen Geheimdienstes, der zweifellos dafür bestraft wurde, dass er seine Meinung über die militärischen Folgen der Operation Desert Storm so freimütig geäußert hatte.

Die Republikanische Garde wurde gegen die Rebellion im Süden geschickt. Ermutigt durch ihre neue Befehlsstruktur und den erhöhten Sold, waren die Bataillone der Garde, die den Krieg überlebt hatten, ganz versessen darauf, die Schmach zu tilgen, die die Alliierten ihnen zugefügt hatten. Sie stürzten sich mit einer Kampfeswut in ihre neue Aufgabe, die selbst an den harten Maßstäben des Baath-Regimes gemessen außergewöhnlich war. In den heiligen Städten Najaf und Karbala wurden Tausende von Priestern verhaftet und Hunderte kurzerhand hingerichtet. Jeder Mann, der sich mit Turban oder Bart auf die Straße wagte, lief Gefahr, festgenommen und erschossen zu werden. Menschen wurden an Panzer gebunden und als lebende Schilde benutzt, auch Frauen und Kinder wurden grundlos umgebracht. Die Baath-Partei gab einen Film in Auftrag, der Ali Hassan al-Majid, den neu ernannten Innenminister, bei seinen Einsätzen gegen die Schiiten zeigen sollte. Einmal kann man im Film hören, wie Majid mit einem irakischen Hubschrauberpiloten spricht, der gerade unterwegs ist, um eine Gruppe von Rebellen anzugreifen, die eine Brücke besetzt halten: »Komm nicht wieder, bevor du berichten kannst, dass du sie alle in die Luft gejagt hast; und wenn du sie nicht in die Luft gejagt hast, dann komm besser nicht wieder.«[6] Später in dem Film, der nach der Unterdrückung der Revolte an Aktivisten der Baath-Partei verteilt wurde, trifft Majid einen anderen altgedienten Baathisten, Mohammed Hamza al-Zubeidi, und die beiden Männer schlagen und treten einige Gefangene, die wehrlos auf dem Boden liegen. »Lass uns einen hinrichten, damit die anderen gestehen«, meint Zubeidi, der später, als Dank für seine guten Dienste, von Saddam zum Premierminister befördert wurde. Dann zeigt der Film eine Gruppe von Gefangenen, die ängstlich und resigniert wirken. Majid raucht Kette, während er die Gefangenen befragt. Er zeigt auf einen der Männer und sagt: »Erschießt diesen hier nicht. Er wird uns noch nützlich sein.« Als westlichen Korrespondenten nach der endgültigen Niederschlagung der Revolte schließlich erlaubt wurde, die Gegend zu besuchen, berichteten sie, Karbala sehe aus »als ob ein Erdbeben gewütet hätte«.[7]

Ende März begann eine große Offensive gegen die Kurden; innerhalb weniger Tage fielen die wichtigsten Städte Kurdistans den Streitkräften in die Hände, und verängstigte Kurden begannen, in die Berge zu fliehen, ein verzweifelter Versuch, der vorrückenden irakischen Armee zu entkommen. Saddams psychologische Macht über die Kurden zeigte sich, als seine Einheiten Flüchtlingsgruppen in totale Panik versetzten, indem sie weißes Mehl auf sie streuten; die wehrlosen Zivilisten dachten, sie würden mit chemischen Waffen angegriffen. Anfang April hatten sich entlang der iranisch-kurdischen Grenze fast eine Million kurdische Flüchtlinge gesammelt, und bis zum Ende des Monats waren es über zwei Millionen. In den Bergregionen von Kurdistan verhungerten Berichten zufolge durchschnittlich 1000 Flüchtlinge am Tag.

Die siegreichen Alliierten, die kaum zwei Monate zuvor ihren Triumph über Saddam gefeiert hatten, standen vor einer menschlichen Katastrophe, für die sie im Grunde selbst verantwortlich waren. Auf der Grundlage der UN-Resolution 688, die humanitären Organisationen erlaubte, den Kurden zu helfen, und irakischen Flugzeugen verbot, nördlich des 36. Breitengrades zu fliegen, starteten die bestürzten Bündnispartner die Operation »Provide Comfort«, bei der Transportflugzeuge und Helikopter Tonnen von Hilfsgütern wie Lebensmittel, Kleidung, Zelte und Decken einflogen. Doch die internationale Hilfe wurde behindert durch die völlig überfüllten

Flüchtlingslager und durch das schlechte Wetter. Eine Katastrophe konnte nur verhindert werden, wenn die Flüchtlinge wieder nach Hause zurückkehren konnten. Anfang April schlug John Major vor, in kurdischen Gebieten, wo man sie vor Angriffen seitens Saddams Truppen schützen konnte, »sichere Häfen« für die Kurden einzurichten. Anfänglich konnte Präsident Bush, dessen Hauptanliegen es war, amerikanische Truppen aus dem Bürgerkrieg im Irak herauszuhalten, sich nicht für den Plan begeistern, aber Mitte April änderte er seine Meinung und wies das amerikanische Militär an, im nördlichen Irak eine Anzahl humanitärer Zentren einzurichten, damit die Verteilung von Lebensmitteln einfacher wurde. Ende des Monats waren im nördlichen Irak fast 10 000 amerikanische, britische und französische Soldaten eingesetzt, um die Hilfsmaßnahmen für die Kurden zu überwachen.

Aus Saddams Sicht war seine Politik im Frühjahr 1991 ein großer Erfolg. Er hatte bewiesen, dass er taktisch geschickt war, denn es war ihm gelungen, zwei größere Aufstände niederzuschlagen, und er hatte den selbstgefälligen westlichen Führern gezeigt, dass er immer noch der unangefochtene Herrscher seines Landes war. Mit gestärktem Selbstbewusstsein machte Saddam sich nun daran, die nächste Herausforderung für seine Herrschaft anzugehen, die Ankunft der UN-Waffeninspektoren, die sein Arsenal überprüfen und abbauen sollten. Direkt nach der militärischen Niederlage war man sich im UN-Sicherheitsrat allgemein einig, dass der Irak künftig daran gehindert werden musste, benachbarte Staaten anzugreifen. Abgesehen von der Verabschiedung einiger Resolutionen, die den Irak zwangen, den unabhängigen Staat Kuwait formal anzuerkennen und massive Entschädigungen für den Krieg zu zahlen, befahlen die Vereinten Nationen Saddam, all seine Militäranlagen im Irak den UN-Kontrolleuren zu öffnen. Sie suchten nach Beweisen für die Vermutung, dass der Irak nukleare, chemische und biologische Waffen entwickelte. Sollte man welche entdecken, würden sie zerstört werden, ebenso wie eventuell noch intakte Boden-Boden-Raketen mit großer Reichweite. Die

Sanktionen sollten erst aufgehoben werden, wenn der Sicherheitsrat überzeugt war, dass der Irak diese Möglichkeiten nicht mehr besaß, er der Stationierung von Kontrolleinheiten zugestimmt und die Auflagen der UN-Resolutionen erfüllt hatte.

Als das erste UNSCOM-Team (United Nations Special Commission on Disarmament) im Mai 1991 seine Arbeit aufnehmen wollte, begannen Saddam und seine Beamten mit einer systematischen Hinhalte- und Verschleierungstaktik, sodass die UNO sieben Jahre später, als die Waffenkontrollkommission schließlich wieder abrückte, immer noch nicht mit Bestimmtheit sagen konnte, welche Möglichkeiten der Irak zur Herstellung und zum Einsatz chemischer, biologischer und atomarer Waffen tatsächlich hat. Allein die Vorstellung, dass eine Gruppe von Ausländern die geheimsten Winkel der Rüstungsindustrie erkundete, war natürlich für Saddam und die Führungsriege der Baath-Partei ein Gräuel. Direkt nach dem Krieg hatten die Iraker den Kontrollen nur deshalb widerwillig zugestimmt, weil Saddam den Eindruck erwecken wollte, dass er mit der UNO kooperierte. Er wollte freie Hand haben, um die Revolten in Kurdistan und im südlichen Irak zu unterdrücken. Doch obwohl die Iraker nach außen hin so taten, als hätten sie die Waffeninspektoren akzeptiert, sah die Realität ganz anders aus.

Ende April wurde ein Komitee unter Tariq Aziz einberufen, das Konzepte entwickeln sollte, wie man den Vereinten Nationen am besten trotzte, wobei auf Saddams Geheiß die größtmögliche Zahl an irakischen Massenvernichtungswaffen gerettet werden sollte.[8] Saddam war fest entschlossen, keinen Teil des Atomwaffenprogramms mit dem Codenamen PC-3 zu verraten, das er bereits über ein Jahrzehnt erfolgreich vor den Inspektoren der Internationalen Atomenergie Organisation (IAEO) verborgen hatte. Außerdem befahl Saddam, keine Einzelheiten über das Programm zur Entwicklung biologischer Waffen zu enthüllen. Die einzigen Massenvernichtungswaffen, die er preisgeben wollte, waren die chemischen Kampfstoffe, weil die Vereinten Nationen bereits Beweise für die Herstellung solchen Materials hatten. Saddam genehmigte die Öffnung der Lager für chemische Kampfstoffe und ihre Trägersysteme, doch die ausgedehnten Forschungs- und Entwicklungsanlagen sollten versteckt bleiben, ebenso wie die Lagerstätten der modernsten chemischen Waffe des Irak, des VX-Gases, das vor den Inspektoren gänzlich verborgen werden sollte. Die politische Marschrichtung war klar; Saddam wollte nur so tun, als rüste er ab. Aziz' Komitee erstellte eine detaillierte Liste der Anlagen und Depots, die den Vereinten Nationen gezeigt oder nicht gezeigt werden durften, und entwickelte einen Notfallplan, der das Verschwinden des gesamten waffenrelevanten Materials regelte, das nicht den Vereinten Nationen übergeben werden sollte. Das Komitee ging sogar so weit, Vorbereitungen für das Kommen der Inspektoren zu treffen; dazu zählten auch bauliche Veränderungen an den besonders geheimen Anlagen, die Anzeichen für verbotene Aktivitäten verbergen sollten. Aziz ordnete genaue Übungen an, Scheinkontrollen inklusive, bei denen irakische Beamte lernten, wie sie mit den UN-Inspektoren umgehen sollten. Am 18. April schließlich legte der Irak den Vereinten Nationen eine Deklaration vor, in der Einzelheiten über seine Massenvernichtungswaffen nachzulesen waren.

Rolf Ekeus, dem schwedischen Leiter von UNSCOM, fiel natürlich schnell auf, dass es einige Diskrepanzen gab zwischen dem von Aziz deklarierten Material und dem, was die amerikanischen und britischen Geheimdienste an Erkenntnissen über die Infrastruktur der Waffenproduktion im Irak gewonnen hatten. Ekeus teilte Bagdad mit, dass UNSCOM eine umfassende Untersuchung des irakischen Potentials an Massenvernichtungswaffen durchführen werde und dass man dabei vor Ort nicht nur die vom Irak aufgezählten, sondern auch nicht erwähnte Örtlichkeiten besuchen werde. Diese kompromisslose Ankündigung machte Saddam offenbar nervös, denn er rief ein neues Komitee zusammen, das sich um Verschleierungstaktiken kümmern sollte und von seinem Sohn Qusay geleitet wurde.[9]

Dass Qusay diese Schlüsselposition bekam, gefiel Saddams Schwiegersohn Hussein Kamel al-Majid gar nicht, denn er hatte in seiner Funktion als Vorsitzender der nach dem Iran-Irak-Krieg eingesetzten Militärischen Industrialisierungs-Kommission (MIO) zur Wiederaufrüstung des Irak Milliarden von Dollar ausgegeben, um das Arsenal an Massenvernichtungswaffen aufzustocken. Hussein Kamel war ein eingebildeter Mensch, dessen arrogantes und meist selbstherrliches Auftreten viele wichtige Mitglieder der herrschenden Clique befremdet hatte. Außerdem verdankte er seinen Aufstieg in führende Positionen vor allem Sajidas Unterstützung. In Krisenzeiten hielt sich Saddam an seine alten Vertrauten, wie sich ja schon an den Veränderungen gezeigt hatte, die er im März vorgenommen hatte. Wenn so viel auf dem Spiel stand, fühlte Saddam sich offenbar sicherer, wenn sein eigenes Fleisch und Blut es übernahm, das kostbare Arsenal an Massenvernichtungswaffen zu schützen, anstatt diese Aufgabe jemandem zu überlassen, der nur durch Heirat mit ihm verbunden war. Dass Saddam seinen Sohn dem Schwiegersohn Hussein Kamel vorgezogen hatte, löste große Verbitterung aus und sollte Saddam in den kommenden Jahren noch viel Verdruss bereiten.

Qusays neues Komitee traf sich regelmäßig im Präsidentenpalast und suchte nach sicheren Verstecken für das heikle Material. Zu diesem Zeitpunkt nahmen die Iraker noch an, dass die Kontrollmaßnahmen der Vereinten Nationen höchstens ein paar Monate, wenn nicht nur Wochen, dauern würden. Sie wollten die Inspektoren nur durch die Anlagen führen, die sie der UNO genannt hatten, und die waren meist im Krieg durch Bomben zerstört worden. Diese Erwartungshaltung der Iraker beruhte auf ihren früheren Erfahrungen im Umgang mit den IAEO-Inspektoren, die regelmäßig die nuklearen Forschungsstätten des Irak kontrolliert hatten, ohne jemals zu bemerken, dass der Irak Atomwaffen entwickelte.

Die UNSCOM-Inspektoren nahmen ihre Arbeit jedoch sehr ernst. Im Juni 1991 besuchte ein Team unter der Leitung von

Chefinspektor David Kay, das gerade dabei war, die aufgelisteten atomaren Anlagen des Irak zu inspizieren, den Militärstützpunkt Abu Ghraib westlich von Bagdad. Obwohl die Iraker zugegeben hatten, dass ein Teil des Stützpunktes für nukleare Forschungen genutzt wurde, war ein anderer Teil des Stützpunktes von Qusay als Versteck für wichtige Geräte aus dem nuklearen Forschungsprogramm ausgewählt worden. Bei der Inspektion des Lagers ertappte Kay irakische Soldaten bei dem Versuch, ein paar riesige elektromagnetische Isotopentrennanlagen, auch als Calutrone bekannt, auf schwere Anhänger zu verladen. Als Kay intervenieren wollte, schossen die irakischen Soldaten über seinen Kopf hinweg. Dann brachten die Iraker die Calutrone vor den Augen der Inspektoren weg, doch die Inspektoren konnten den Vorgang filmen.

Der Vorfall in Abu Ghraib war beispielhaft dafür, wie der Irak in den nächsten sechs Jahren mit den Waffenkontrolleuren umging. Nach diesem peinlichen Missgeschick ordnete Qusays Komitee an, dass alle wichtigen Teile des irakischen Atomwaffenprogramms in Saddams zahlreichen Palästen und Villen versteckt werden sollten, die rund um Tikrit verstreut lagen und nicht auf Iraks offizieller Liste von Militäranlagen standen. Alles, was sie für unnötig hielten, jagten die Iraker in die Luft, dann meldeten sie den Vereinten Nationen, dass sie ihre Massenvernichtungswaffen eigenhändig zerstört hätten und wiegten sich in dem Glauben, dass die Waffeninspektoren danach nicht wiederkommen würden. Da sie Saddam aber schon einmal erwischt hatten, blieben die UNSCOM-Kontrolleure skeptisch. Kay kehrte nach Bagdad zurück, und Mitte September tauchte sein Team unangekündigt vor dem irakischen Atomwaffenhauptquartier in Bagdad auf, kletterte über den Zaun und drang in das Gebäude ein. Zu ihrer eigenen Verwunderung entdeckten die Inspektoren Millionen Seiten von Dokumenten, die alle Einzelheiten des irakischen Atomwaffenprogramms dokumentierten. Qusays Komitee hatte zwar angeordnet, alle für die nukleare Aufrüstung benötigten Gerätschaften sicher zu verstecken, die dazugehörige

Dokumentation aber hatte er schlichtweg vergessen. Aufgeregte irakische Beamte eilten herbei, und es folgten vier Tage, in denen die Kontrolleure auf dem Parkplatz der Anlage buchstäblich gefangen gehalten wurden.[10] Doch der Schaden war nicht wieder gutzumachen, und die UNSCOM-Teams beschlossen, ihre Kontrollen fortzusetzen, bis sie überzeugt waren, dass Saddam vollständig entwaffnet war.

Qusays Komitee reagierte auf dieses neue Missgeschick, indem es das nukleare Archiv auf Mikrofilm speichern und im Landwirtschaftsministerium lagern ließ, das bei Iraks Aufrüstung mit chemischen und biologischen Waffen bereits eine Schlüsselrolle gespielt hatte. Aber die Inspektoren ließen sich nicht täuschen und stürmten das Ministerium im Juli 1992. Saddams Sicherheitskräfte antworteten, indem sie Gruppen von Zivilisten organisierten, die die UN-Inspektoren daran hindern sollten, ihre Aufgabe zu erfüllen. Das war das letzte Mal, dass die Waffenkontrolleure nahe an eine genaue Untersuchung des kompletten Atomwaffenarchivs herankamen; bald darauf wurde das Archiv in einen geheimen Präsidentenpalast in der Nähe von Tikrit verlegt.

Während Saddam seine Energien darauf konzentrierte, wie er die UNSCOM-Inspektoren am besten an der Nase herumführen konnte, litt das irakische Volk Not und Hunger. Die UN-Sanktionen bedeuteten, dass der Irak sein Öl nicht gegen Devisen verkaufen konnte, und der Import daher stark eingeschränkt war. Dünger, landwirtschaftliche Geräte, Pestizide und Chemikalien, die auch für die Herstellung von Waffen verwendet werden konnten, sowie Ersatzteile für die zerstörten Elektrizitätswerke und Wasseraufbereitungsanlagen des Irak – all das war verboten. Folglich waren Krankheiten und Unterernährung bald weit verbreitet, was die Kindersterblichkeitsrate auf ein Niveau brachte, das es im Irak seit über vierzig Jahren nicht mehr gegeben hatte. Ein Jahr nach dem Angriff auf Kuwait waren die Preise für Lebensmittel um 2000 Prozent gestiegen, und durch die Zerstörung der Wirtschaft wurde die ehemals wohlhabende Mittelklasse in Bagdad in Armut gestürzt.

Das Leiden des irakischen Volkes machte allerdings wenig Eindruck auf den Führer des Landes. 1992 reagierten die Vereinten Nationen auf die zunehmende Not der zivilen Bevölkerung, indem sie dem Irak gestatteten, für 1,6 Milliarden Dollar Öl zu verkaufen, damit Nahrung und Medikamente importiert werden konnten. Saddam lehnte ab, weil er daran Anstoß nahm, dass die Vereinten Nationen darauf bestanden, das Geld zu verwalten, und 30 Prozent des Profits für Kriegsentschädigungen abziehen wollten. In den nächsten vier Jahren blockte Saddam ähnliche Angebote immer wieder ab. Er ließ das irakische Volk leiden, aber er machte keine Zugeständnisse. Erst 1996 akzeptierte er endlich die Bedingungen der UN-Resolution 986, die dem Irak erlaubte, alle sechs Monate zum Kauf notwendiger Hilfsgüter Öl im Wert von zwei Milliarden Dollar zu verkaufen.

Obwohl die Alliierten die Aufstände der Kurden und Schiiten nicht hatten unterstützen wollen, waren sie doch stark an Saddams Sturz interessiert. Im Mai 1991, nachdem Saddam die Rebellionen im Norden und Süden erfolgreich unterdrückt hatte und wieder zum starken Mann von Bagdad geworden war, unterschrieb Präsident Bush einen »Auftrag«, der den CIA befugte, eine Geheimoperation zu starten, die »die Bedingungen für Saddams Entmachtung schaffen« sollte. Wenn dieser Auftrag ein paar Monate früher ergangen wäre, hätte der CIA vielleicht eine gewisse Aussicht auf Erfolg gehabt. Doch bis Bush schließlich zu dem Schluss gelangte, Saddam müsse gestürzt werden, war es dem irakischen Führer gelungen, seine Machtbasis zu konsolidieren.

Frank Anderson, der Empfänger des »Auftrages« und Leiter der Nahost-Abteilung im Bereich »Operative Aufklärung« sagte dazu später: »Zu jener Zeit hatten wir keinen einzigen, geschweige denn mehrere Ansatzpunkte für einen Plan, mit dem ich Saddam hätte erledigen können.«[11] Bushs Auftrag erinnerte eher an einen Leitsatz, den Richard Helms, ehemaliger CIA-Direktor, einmal geprägt hatte: »Geheime Aktionen dienen oftmals als Ersatz für eine politische Strategie.« Bush selbst gab zu, dass die gute Gelegenheit, Saddam direkt nach der Operation Desert Storm zu erledigen, wahrscheinlich vertan worden war. Es waren Beweise dafür aufgetaucht, dass hochrangige irakische Offiziere kurz nach dem Krieg einen Putsch gegen Saddam geplant hatten, doch die Aufstände im Norden und Süden hatten sie daran gehindert, ihn in die Tat umzusetzen.[12] Bei einem Interview im amerikanischen Fernsehen sagte Bush 1994 dazu: »Ich hatte damals das sichere Gefühl, dass das irakische Militär, das von Saddam in eine so fürchterliche Niederlage geführt worden war, aufstehen und sich von ihm befreien würde. Wir waren besorgt, dass die Aufstände Saddams Sturz aufhalten könnten, weil sie die irakischen Militärs dazu brachten, sich um ihn zu scharen, um den Zerfall des Landes zu verhindern. Vielleicht ist genau das passiert.«[13]

Ab dem Herbst 1991 prüften die amerikanischen und britischen Geheimdienste verschiedene Möglichkeiten, Saddam zu stürzen. Absoluten Vorrang hatte dabei, eine Person oder eine Gruppe zu finden, die eine geeignete Alternative zu ihm darstellen könnte. Zu diesem Zweck trat der CIA an Saddams Halbbruder Barzan heran[14], der immer noch im Exil in Genf lebte, ein eher unwahrscheinlicher Kandidat angesichts seiner früheren Aktivitäten als Leiter des irakischen Mukhabarat und seiner persönlichen Beteiligung an der Exekution von Parteigenossen (siehe Kapitel sieben). Die nächste große Anstrengung wurde im Juni 1992 unternommen, als auf Veranlassung des CIA etwa vierzig irakische Oppositionsgruppen, einschließlich der Kurden, in Wien zusammentrafen, um die neue Organisation INC (Iraqi National Congress) zu gründen, die auf Saddams Sturz hinarbeiten wollte. Das öffentlich erklärte Ziel des INC war die Schaffung eines demokratischen Irak mit einer Regierung, in der alle Volksgruppen und Glaubensrichtungen vertreten sein sollten. Der INC war eigentlich nicht viel mehr als ein Propagandamedium, und den meisten realistischen Mitgliedern war durchaus bewusst, dass Saddam nicht so leicht zu Fall zu bringen war. Der INC wurde fast ausschließlich aus CIA-Mitteln finanziert, 23 Millionen Dollar kostete der Spaß bereits im ersten Jahr.

Die ernsteste Bedrohung für Saddam ging immer noch von seinen eigenen Streitkräften aus. Im Sommer 1992 wurden zwei Panzergrenadierbrigaden der Republikanischen Garde eines umstürzlerischen Planes verdächtigt. Der Plan – falls es ihn denn gab – wurde von Saddams stets wachsamen Sicherheitskräften vereitelt und führte zu neuen Exekutionen und Säuberungen. Sechs Offiziere wurden auf der Stelle hingerichtet, einschließlich zweier Brigadegeneräle, und weitere vierhundert wurden verhaftet.[15] Im darauf folgenden Jahr wurde ein anderer Plan aufgedeckt, nach dem Saddam im Juli während der alljährlichen Feierlichkeiten zum Jahrestag der Revolution von 1968 getötet werden sollte. Wieder wurde der Republikanischen Garde eine Beteiligung unterstellt und wieder kam es zu Exekutionen. Besorgt darüber, dass er nicht einmal mehr dieser Elitetruppe trauen konnte, bildete Saddam eine Spezialeinheit, hauptsächlich mit Männern aus Tikrit besetzt, die er die Goldene Division der Republikanischen Garden nannte. Wer zu dieser Einheit gehörte, bekam einen höheren Sold und besondere Privilegien und arbeitete eng mit der Leibwache des Präsidenten zusammen. Die beiden Gruppen verschmolzen schließlich zum Besonderen Sicherheitsdienst OSS (Organization of Special Security).

Saddam nahm einige Veränderungen in der Regierung vor, durch die er mehr Blutsverwandte in Schlüsselpositionen brachte. Sein Halbbruder Watban ersetzte Ali Hassan al-Majid als Innenminister, während Majid Verteidigungsminister wurde. Ein weiterer Halbbruder, Sabawi, wurde Leiter seines persönlichen Büros und übernahm die Kontrolle über den Mukhabarat. Uday, der nun 28 war und sich mit seinem Vater wieder versöhnt hatte, wachte über die nationale Sicherheit und übernahm die Kontrolle der Zeitschrift *Babel*, blieb aber weiterhin verantwortlich für das Olympische Komitee. Udays jüngerem Bruder Qusay fiel mit 25 Jahren die wichtige Rolle zu, die neu eingerichtete OSS zu leiten. Saddam versuchte auch, seine beiden Schwiegersöhne Hussein Kamel und Saddam Kamel, zufrieden zu stellen. Hussein Kamel, der sich immer mehr darüber ärgerte, dass Saddam Qusay begünstigte, stand weiterhin der Aufrüstungs-Organisation MIO vor, Iraks größter Behörde für den Kauf von Waffen, während Saddam Kamel, ein weniger aggressiver Mensch, eine nicht näher bezeichnete Sicherheitsabteilung im Präsidentenpalast führte.

In Ermangelung eines brauchbaren Plans für Saddams Sturz versuchten die Vereinigten Staaten, Großbritannien und Frankreich, den diplomatischen Druck auf ihn zu erhöhen, indem sie eine Flugverbotszone im südlichen Irak einrichteten, unterhalb des 32. Breitengrades, womit die Alliierten die Kontrolle über ein Drittel des irakischen Luftraums hatten. Die Entscheidung, eine Flugverbotszone zu schaffen ähnlich der, die 1991 im Norden zum Schutz der Kurden eingerichtet worden war, war getroffen worden, um die Marsch-Araber zu schützen, Menschen, die seit Jahrhunderten die Sümpfe rund um Basra bewohnten und die im Sommer 1991 gegen Saddam rebellierten. Die Revolte der Marsch-Araber hatte mit den Aufständen der Kurden und der Schiiten nichts zu tun, sie wurde provoziert durch Saddams Entschluss, einen neuen, fast 500 Kilometer langen Kanal zu bauen – Saddams Fluss genannt –, der die natürliche Entwässerung des Sumpflandes stark beeinträchtigte und damit willkürlich eine uralte Kulturlandschaft und Lebensweise zerstörte. Saddam antwortete so brutal wie immer, und bald erreichten den Westen Berichte darüber, dass wieder chemische Waffen gegen wehrlose Dorfbewohner eingesetzt wurden. Ein weiteres Motiv für die Entstehung der Flugverbotszone war letztlich allerdings George Bushs Wunsch, die amerikanischen Wähler vor der bevorstehenden Präsidentenwahl mit seiner kompromisslosen Haltung gegenüber Saddam zu beeindrucken.

Bushs Taktik ging jedoch nicht auf, bei der Wahl im November 1992 siegte Bill Clinton. Saddam reagierte, indem er auf dem Balkon seines Palastes erschien und zur Feier des Tages mit seinem Gewehr in die Luft schoss. Während Saddam unbestrittener Führer des Irak blieb, waren seine beiden ärgsten Widersacher in der Kuwait-Krise, Margaret Thatcher und George Bush, einfach aus dem Amt geworfen worden. Saddam glaubte, dass der Wechsel in Washington ihm Vorteile bringen würde und der neue Präsident weniger Interesse daran hätte, einen persönlichen Rachefeldzug gegen den Führer des Irak zu führen. Doch er wurde enttäuscht. Schon wenige Stunden nach dem Gewinn der Wahl warnte Clinton Saddam davor, auch nur eine der UN-Sanktionen zu unterlaufen. Saddam reagierte Anfang Januar 1993, nur wenige Tage vor Clintons Amtsübernahme, indem er Einheiten mit Flugabwehr-Raketen in die Flugverbotszonen schickte, ein Akt der Provokation, mit dem er Washingtons politische Entschlusskraft in der kritischen Übergangszeit testen wollte. Wieder hatte Saddam die amerikanische Entschlossenheit unterschätzt, und nur sechs Tage bevor Bush aus dem Amt schied, griffen 100 alliierte Flugzeuge die irakischen Raketenstellungen an.

Saddam hegte einen unversöhnlichen Hass gegen Bush. Im April 1993, als George Bush ein sentimentales Wiedersehen mit Kuwait feierte, enthüllten die kuwaitischen Behörden, dass die Iraker ein Attentat geplant hatten. Die Kuwaitis hatten ein Auto entdeckt, in dem genug Sprengstoff steckte, um das ganze Zentrum von Kuwait-City zu verwüsten; die Bombe war so eingestellt, dass sie zu der Zeit detoniert wäre, in der Bush durch das Stadtzentrum fuhr. James Woolsey, Clintons CIA-Direktor, schickte Spurensicherungsspezialisten nach Kuwait und ließ die Bombe untersuchen. Die Männer kamen zu dem Schluss, dass sie die Handschrift des irakischen Mukhabarat trug. Wafic al-Samurrai, der ehemalige Chef des militärischen Geheimdienstes, der mit der Durchführung solcher Operationen viel Erfahrung hatte, meinte, es habe keinen Zweifel gegeben, dass Saddam selbst den Befehl für den Anschlag gegeben habe. »Niemand hätte das ohne direkten Befehl von Saddam tun können.« Fünf der sechs Verhafteten waren Iraker; sie wurden später von den Kuwaitis verurteilt und aufgehängt. Zwei Monate nach dem fehlgeschlagenen Attentat schlug Clinton zurück. Das Mukhabarat-Hauptquartier in Bagdad wurde von 23 Tomahawk-Marschflugkörpern getroffen. Die Vereinigten Staaten mochten ihren Präsidenten gewechselt haben, aber an ihrer Haltung zu Saddam Hussein hatte sich nichts geändert.

Das irakische Volk lebte in Not und Elend. Typhus- und Choleraepidemien wüteten, doch Saddams Führungsriege bereicherte sich an den Profiten aus dem Ölschmuggel. Nur zwei Jahre nachdem einer der umfassendsten Sanktionskataloge in der Geschichte der Vereinten Nationen verabschiedet worden war, hatten Saddams Sicherheitskräfte ein kompliziertes Netzwerk aus Firmen, Mittelsmännern und Schmugglern geknüpft, das es ihnen ermöglichte, große Mengen Öl auf dem schwarzen Markt zu verkaufen und mit den Einkünften das Regime zu finanzieren. Die beliebtesten Schmuggelwege führten durch Kurdistan, durch die Türkei und durch Jordanien, wo König Hussein die Augen davor verschloss, dass die Iraker über den jordanischen Hafen Akaba illegal Öl verschifften. An der Kontrollstation Habur an der irakisch-türkischen Grenze wurden irakische Lastwagen mit großen Spezialtanks zu einem gewohnten Anblick. Bereits 1992 passierten täglich schätzungsweise 50 000 Barrel irakisches Öl diesen Grenzübergang. Dann wurde das Öl gegen Devisen, die anschließend an Saddams Geldtruhen im Präsidentenpalast weitergereicht wurden, an türkische Mittelsmänner verkauft. Mit schamloser Volksverdummung befahl Saddam im Sommer 1992 die Hinrichtung von 42 führenden Kaufleuten aus Bagdad, die der Preistreiberei angeklagt waren. Einige Kaufleute wurden auf öffentlichen Plätzen an Pfähle gebunden und bekamen Schilder umgehängt, auf denen stand: »Wir sind Blutsauger.« Dann wurden sie zum Innenministerium gebracht – das von Saddams Halbbruder Sabawi kontrolliert wurde – und aufgehängt.[16] Die irakische Öffentlichkeit sah in den Exekutionen nur einen zynischen Versuch Saddams, von der allgemeinen Unzufriedenheit über das Dolce Vita seiner Elite abzulenken.

Sami Salih, der viele Jahre lang für Saddams Ölschmuggel verantwortlich war, erzählte, er sei auf Empfehlung von Hussein Kamel zu dem Posten gekommen. Er berichtete ferner, dass er zuvor in der MIO mit Hussein Kamel an mehreren geheimen Waffenbeschaffungsprojekten gearbeitet hatte. Wegen seiner Erfahrung als Leiter von Export-Import-Firmen wurde Salih nach dem Golfkrieg zu einem Treffen mit Saddam in den Präsidentenpalast gerufen und gebeten, ein internationales Netzwerk zur Umgehung der Sanktionen einzurichten. »Es wäre gar nicht möglich gewesen, mich zu weigern«, sagte er. »Wenn ich abgelehnt hätte, hätten sie nicht nur mich umgebracht, sondern auch meine Frau, meine Kinder, meine Freunde und meine Verwandten – einfach jeden, der etwas mit mir zu tun hatte.« Salih gründete ein paar Firmen, die dem Irak als Deckadresse dienten, um Öl zu verkaufen und Waffen zu importieren. »Die Vereinten Nationen konnten nichts dagegen tun«, erzählte er. Irgendwann wurde Salih, wie viele Iraker, die Kontakt mit dem Westen hatten, der Spionage angeklagt und eingesperrt.

Dass er in Schwierigkeiten steckte, merkte er zum ersten Mal, als eine Gruppe von irakischen Geheimagenten in seinem Büro in Bagdad erschien. »Sie sagten: ›Saddam Hussein hat deine Verhaftung und Befragung persönlich angeordnet‹.« Man verband ihm die Augen und fuhr ihn zum Komplex um den Präsidentenpalast. Dort wurde er in einen Raum geführt, der »Kleiderkammer« genannt wurde, wo man ihn auszog, ihm einen alten, mit Blut getränkten Schlafanzug gab und ihn in eine Zelle warf. Einmal gelang es ihm, unter seiner Augenbinde hindurchzuschauen. Er sah, dass die Wände seiner Zelle mit Blut bespritzt waren und eine Reihe von Inschriften trugen, die da lauteten: »Mein Name ist ..., und ich werde an dem und dem Tag hingerichtet.« Salih blieb eine Woche in der Zelle.

Schließlich teilten ihm die Wachen mit, dass sie ihn in den »Operationssaal« bringen würden. Er wurde mit einer Binde vor den Augen in den Raum geführt und hörte die Schreie von Menschen, die gefoltert wurden. »Sie warfen mir vor, ein Spion zu sein, und wollten, dass ich ein vollständiges Geständnis ablegte«, erinnerte sich Salih. »Ich hätte ihnen jeden Wunsch erfüllt, aber ich hatte doch keine Ahnung, was ich eigentlich gestehen sollte.« Die Wachen banden seine Füße zusammen, hängten ihn mit dem Kopf nach unten auf und schlugen ihn mit Tauen und Drähten, bis er blutüberströmt war. »Ich dachte, ich würde auf der Stelle sterben. Aber sie waren Experten in diesem Geschäft. Kurz bevor ich das Bewusstsein verlor, hörten sie auf und ließen mich wieder runter.« Dann gab man ihm zehn leere Seiten Papier, auf die er sein »Geständnis« schreiben sollte. Als Salih auf dem Boden lag, konnte er unter seiner Augenbinde durchsehen. Rings um ihn herum wurden andere Gefangene von Saddams Folterknechten gequält. Er sah, wie in einer Ecke ein nackter Mann langsam in einen Bottich mit kochendem Wasser getaucht wurde. In einer anderen wurde ein Opfer mit Elektroschocks an den Genitalien gequält. Ein weiteres Opfer war auf einen Tisch in der Mitte des Raumes gebunden, wo die Wachen ihm Zehen- und Fingernägel ausrissen. Anders als anderen Opfern gelang Salih jedoch durch Kontakte aus der Zeit, als er noch ein wichtiges Mitglied der Regierung war, die Flucht.[17]

Eine andere Schlüsselfigur im Schmuggelgeschäft war Saddams im Exil lebender Halbbruder Barzan, der, aus der Behaglichkeit seiner festungsartigen Villa über dem Genfer See, seine Pflichten als Iraks Repräsentant im Palais der Vereinten Nationen mit seiner Tätigkeit als Saddams Privatbankier verband. 1993 schätzte man, dass Barzan in der geschlossenen Welt des Schweizer Bankensystems geheime Investitionen im Wert von 20 Milliarden Dollar kontrollierte.[18] Kroll Associates, eine Finanzprüfungsfirma mit Sitz in den Vereinigten Staaten, rechnete aus, dass Saddam persönlich seit 1981 ungefähr 200 Milliarden Dollar aus den irakischen Ölverkäufen zur Seite geschafft hatte und dass er das vor der Kuwait-Krise errichtete, geheime Netzwerk von Investitionen und Beteiligungen nutzen konnte, um die UN-Sanktionen zu umgehen.

Trotz des lukrativen Schmuggels wurde jedoch nur wenig Geld dafür verwendet, das Los der Iraker zu verbessern. Tatsächlich ging auch ein Großteil der Zahlungen, die die UNO tätigte, um das Leid der irakischen Zivilbevölkerung zu lindern, direkt an Saddam und seine Führungsriege, wobei die Hauptnutznießer die Sicherheitskräfte und seine Familie waren. Selbst an den medizinischen Hilfsgütern, die von den Vereinten Nationen geliefert wurden, bereicherte sich die Regierung; sie landeten am Ende auf dem Schwarzmarkt in Jordanien, wo sie verkauft und die Gewinne wiederum in den Präsidentenpalast in Bagdad geleitet wurden. Der Löwenanteil des beträchtlichen Einkommens, das Saddam aus den verschiedenen illegalen Aktivitäten bezog, wurde für Waffen ausgegeben. Es gab geheime Waffengeschäfte mit China, Nordkorea, Russland, Serbien sowie diversen ehemaligen Ostblockstaaten. Mitte der neunziger Jahre schätzte man, dass Saddam 80 Prozent der militärischen Geräte, die während des Golfkrieges zerstört worden waren, wiederbeschafft hatte. Mit dem Rest bezahlte man Saddams Familie und anderen führenden Mitgliedern der Regierung ein Leben in Saus und Braus.

Uday war das ruchloseste und korrupteste Mitglied der herrschenden Familie, dicht gefolgt von seinem Schwager, dem eingebildeten Hussein Kamel. Beide Männer missbrauchten ihre Macht in einer Weise, die man von Mafiosi erwarten würde. Ihre Häuser waren ausgelegt mit wertvollen persischen Teppichen, Türen und Bäder prunkten mit goldenen Beschlägen und Armaturen, das meiste war in Kuwait erbeutet worden. Udays Garage stand voller Ferraris und anderer teurer Autos. Auch waren Uday und Hussein Kamel tief verstrickt in ein internationales Schmuggelgeschäft, bei dem sowohl die russische Mafia als auch lateinamerikanische Drogenkartelle ihre Hände im Spiel hatten.[19]

Laut Abbas Janabi, der fünfzehn Jahre lang als Udays Privatsekretär arbeitete, bevor er sich in den Westen absetzte, war Uday Mitte der neunziger Jahre zweifellos zum reichsten Mann im Irak geworden. Sein Privatvermögen wurde auf

Hunderte Millionen von Dollar geschätzt, das meiste davon versteckt an Orten, die im ganzen Irak verstreut lagen. Uday quälten keinerlei Bedenken wegen der Art, wie er an sein Geld kam. So war er persönlich daran beteiligt, dass die humanitären Hilfsgüter, die der Irak von der UNO bekam, auf dem schwarzen Markt verkauft wurden. Einmal veränderte er zum Beispiel die Beschriftung auf einer Lieferung Milch aus Japan, die für unterernährte irakische Kinder gespendet worden war, verkaufte sie und strich den Gewinn ein. Hilfsgüter aus Spanien, die dem Gesundheitsministerium geschenkt worden waren, ereilte ein ähnliches Schicksal. Mitte der neunziger Jahre weitete er den irakischen Ölschmuggel aus, indem er ein ungewöhnliches Handelsabkommen mit den Iranern traf. Uday selbst kontrollierte eine Flotte von Lastkähnen, die im südirakischen Hafen Basra stationiert waren, und er bezahlte einen iranischen Partner dafür, dass er das Öl bewachte, solange es sich in iranischen Gewässern befand. Ein weiteres Bombengeschäft für Uday war der Zigarettenschmuggel, der über eine Reihe von Routen in Europa und Zypern lief.

Uday hatte überdies einen Hang zum Sadismus, vor dem nicht einmal seine engsten Mitarbeiter und Ratgeber sicher waren. 1991 hatte Janabi einmal versehentlich Udays Ärger erregt, indem er einen Artikel über den Zustand der irakischen Armee verfasste. Er wurde inhaftiert und gefoltert. »Uday schickte einen seiner Leibwächter ins Gefängnis, der mir mit einer Zange einen Zahn zog. Den packte er dann in ein Kleenex-Tuch, das er Uday brachte, um ihm zu zeigen, dass er den Job erledigt hatte.« Bei einer anderen Gelegenheit sah Janabi, wie Uday einen Mann folterte, der sich um seine Geschäftsinteressen in Jordanien gekümmert hatte; er schlug ihm mit einem Baseballschläger auf die Fußsohlen, hängte ihn dann an einen rotierenden Deckenventilator und peitschte ihn mit einem Tau. In den fünfzehn Jahren, die er für Uday arbeitete, wurde Janabi insgesamt elfmal eingesperrt, einmal sogar in Udays Büro im Hauptquartier des irakischen Olympischen Komitees.[20]

Das im Stadtzentrum gelegene Hauptquartier dieses Komitees bot genug Platz für 520 Häftlinge. Die Zellen waren im Keller untergebracht, und einige eigneten sich auch für die Isolationshaft; sie waren hermetisch abgeschlossen, rot angestrichen, stets von roten Glühbirnen erhellt und hatten nur eine winzige Essensklappe. Manchmal wurden Gefangene bis zu drei Monate unter diesen Bedingungen eingekerkert. Lange Jahre wurde Udays Gefängniskomplex im Olympischen Hauptquartier vor seinem Vater geheim gehalten. Viele, die in Udays Zellen saßen, hatten kein Gesetz gebrochen. Es waren hauptsächlich Geschäftsleute oder Abkömmlinge reicher Familien, die Uday ausbeuten wollte. Für einige verlangte er nur ein Lösegeld – 1995 belief sich sein Profit pro Kopf angeblich auf 100 000 Dollar. Andere saßen im Gefängnis, weil man sie zwingen wollte, bei betrügerischen Unternehmen mitzumachen, die Uday sich ausgedacht hatte. In einem Fall hatte ein irakischer Geschäftsmann den Import einer Schiffsladung Stahl für ein Bauprojekt arrangiert und die Gelder zur Zahlung bis zum Transfer an den ausländischen Lieferanten bei einer Bank in Bagdad hinterlegt. Uday sorgte dafür, dass die Unterlagen verschwanden und der Mann eingesperrt wurde. Dann ließ er das deponierte Geld auf sein eigenes Konto überweisen und den Geschäftsmann zur Befragung ins Olympische Hauptquartier bringen. Dabei wurde er vor eine einfache Wahl gestellt: entweder er bezahlte noch einmal für den Stahl oder er starb.[21]

Das Volk jedoch litt weiter. 1995 gab es immer noch kein sauberes Trinkwasser, und die Elektrizitätswerke konnten pro Tag nur drei bis vier Stunden Strom liefern. Der Kalorienverbrauch pro Kopf war halb so hoch wie vor dem Krieg. Die Kriminalität war so weit verbreitet, dass im Jahr 1993 allein 36 000 Autos gestohlen wurden. UNICEF gab an, dass 1993 als Folge der Sanktionen zwischen 80 000 und 100 000 Kinder starben. Aber das Regime unternahm nichts, um zu helfen. Eine schwache und ängstliche Bevölkerung passte Saddam gut ins Programm. Es gab zwar beschränkte medizinische

Versorgung, aber nur für bevorzugte Parteigenossen. Laut Abbas Janabi hätte das herrschende Regime sich in der Zeit, in der er für Uday arbeitete, alles leisten können, was erforderlich gewesen wäre, habe es aber vorgezogen, das Geld für Waffen und teure Autos für die Führungsriege auszugeben. Saddams einzige Reaktion auf die wachsende Verzweiflung des irakischen Normalbürgers, der es 1994 schwer hatte, sich und seine Familie zu ernähren, bestand in folgender Maßnahme: Dieben sollte die rechte Hand abgehackt werden, Wiederholungstätern das linke Bein unterhalb des Knies und bewaffneter Raub sollte fortan mit dem Tode bestraft werden. Gleichzeitig wurden drei hochrangige Armeeoffiziere auf Saddams Befehl hingerichtet, weil sie Udays militärische Fähigkeiten angezweifelt hatten.

Das Unterlaufen der Sanktionen versetzte Saddam in die Lage, die Forderungen der UNSCOM-Waffeninspektoren weiterhin zu missachten. Mit ihnen wurde bis 1995 nach dem gleichen Muster verfahren, wie es sich schon zu Beginn ihres Einsatzes abgezeichnet hatte. Saddams Sicherheitskräfte taten alles, was in ihrer Macht stand, um die Arbeit der Kontrolleure zu behindern; sie machten falsche Angaben über das wahre Ausmaß des irakischen Rüstungsprogramms und heckten ständig neue Pläne aus, wie sie das brisante Material am besten verstecken konnten. Sami Salih, der fünf Jahre lang vom Präsidentenpalast aus die Umgehung der Sanktionen koordinierte, gab an, dass Saddam niemals die Absicht gehabt habe, sich den Auflagen der UN-Waffenkontrollkommission zu fügen. »Überall im Irak waren Raketen versteckt. Ich sah sie unter Swimmingpools und auf Bauernhöfen.«[22] Trotz all dieser Provokationen blieben die Inspektoren unter der ruhigen Leitung von Rolf Ekeus bei ihrer mühevollen Aufgabe. Sie wollten die Iraker mit unwiderlegbaren Beweisen konfrontieren und sie zwingen, belastendes Material zu übergeben. Ekeus ließ nicht locker, obwohl Saddam ständig eine Politik am Rande des Abgrunds verfolgte – mal drohte er, wieder über Kuwait herzufallen, mal kündigte er neue Gräueltaten gegen die Kurden an, und gelegentlich reagierten amerikanische und britische Kampfflugzeuge auf die Herausforderung, indem sie Flugabwehrstellungen im Irak bombardierten.

Obwohl Saddam es immer wieder fertig brachte, bei den Alliierten für große Verärgerung zu sorgen, trafen die verschiedenen Vorschläge zu seiner Absetzung auf wenig Resonanz. Das lag vielleicht daran, dass die Clinton-Administration vom Herbst des Jahres 1993 an sehr darum bemüht war, den Nahost-Konflikt zu lösen. Der Friedensprozess war nach der Unterzeichnung der Osloer Verträge in die bislang konstruktivste Phase eingetreten. Saddam war zwar lästig, aber in Washington hielt man ihn für eine erträgliche Plage, und jede konzertierte Aktion zu seinem Umsturz hätte das empfindliche Gleichgewicht der arabisch-israelischen Verhandlungen stören können, insbesondere da viele Palästinenser Irak freundlich gegenüberstanden und einen Angriff auf Saddam zum Anlass genommen hätten, den Vereinigten Staaten eine antiarabische Haltung zu unterstellen.

Clinton war vom Thema Saddam sicherlich weit weniger besessen als Bush. Seit April 1991, als Präsident Bush den »Auftrag« zu Saddams Sturz gegeben hatte, war die amerikanische Politik zweigleisig gefahren: Saddam sollte durch ein Bündel von Sanktionen und durch die Flugverbotszonen ruhig gehalten werden, während westliche Geheimdienste im Irak an seiner Entmachtung arbeiteten. Anfänglich ließ die US-Regierung Bushs Ansatz im Wesentlichen unverändert, und Clinton erneuerte den Umsturz-Auftrag. Dennoch war Clinton darauf bedacht, eine direkte Konfrontation mit Saddam zu vermeiden, und seine Ratgeber wollten Saddam nicht auf den Titelseiten der Gazetten sehen. Das Motto, das Anthony Lake, Clintons Sicherheitsberater, ausgab, lautete: »Wir wollen keine verschwitzten Hände« – d. h. provoziert bloß keine Krise.[23] Trotzdem waren der CIA und Großbritanniens MI6 immer noch eifrig damit beschäftigt, einen Putsch zu organisieren. Ende 1994 gingen die meisten geheimdienstlichen Aktivitäten von einem sicheren kurdischen Hafen im Nordirak aus.

Im September 1994 richtete der CIA eine Basis in einer schwer befestigten Villa in Salahdin ein, während die irakische Exilopposition (INC) sich einen Ministaat mit eigenem Fernsehsender und eigener Zeitung aufbaute. Die INC-Mitglieder hatten einen Plan ausgearbeitet, demnach Mosul und Kirkuk, die beiden wichtigsten Städte im Nordirak, angegriffen werden sollten, was Saddam im Erfolgsfall ernstlich geschwächt hätte. Große Unterstützung für den Plan fand der INC bei General Wafic al-Samurrai, der früher Saddams militärischen Geheimdienst geleitet hatte, im Dezember 1994 aber in den Westen geflüchtet war, weil er von seinen Kollegen im Präsidentenpalast erfahren hatte, dass Saddam ihn umbringen wollte.

Die Opposition und Samurrai glaubten an den Erfolg, wogegen Washington sich sorgte, dass man, falls man die Revolte unterstützte, in einen unschönen Krieg im Irak hineingezogen werden könnte, was alle amerikanischen Regierungen nach der Operation Desert Storm unbedingt hatten vermeiden wollen. Am Vorabend der vom INC geplanten Attacke schickte Lake den in Salahdin stationierten CIA-Agenten eine Nachricht und wies sie an, dem INC mitzuteilen, dass »die Vereinigten Staaten diese Operation weder militärisch noch in irgendeiner anderen Form unterstützen werden«.[24] Der INC, dessen Pläne bereits weit gediehen waren, startete den Angriff trotzdem und konnte auch ohne amerikanische Unterstützung einen gewissen Erfolg verbuchen – mehrere hundert Iraker wurden gefangen genommen. Doch ohne amerikanische Hilfe konnte der INC, der von Jalal Talibanis PUK (Patriotische Union Kurdistan) gestützt wurde, die eroberten Stellungen nicht halten. Die Offensive verlief also im Sand und hinterließ bei den irakischen Exiloppositionellen eine tiefe Enttäuschung darüber, wie wenig ernst es Washington mit seinem Einsatz zum Sturze Saddams wirklich gewesen war.

Die ständige Bedrohung durch Verschwörungen, Staatsstreiche und Invasionen ließ Saddam allerdings keine Ruhe mehr finden. Man hörte, er leide an Herzbeschwerden und Schwindelanfällen, die entstehen, wenn das Gehirn nicht ausreichend mit Blut versorgt wird. Im Sommer 1995 wurde schon wieder eine Verschwörung entdeckt, diesmal angezettelt von Mohammed Madhloum, einem Kommandeur der Luftwaffe. Dieser Versuch schlug fehl, und Madhloum wurde mit seinen Komplizen verhaftet. Jeder der Verschwörer wurde gefoltert, indem man ihm die Finger abschnitt, und zwar einen nach dem anderen. Danach wurden sie erschossen.[25]

Im Laufe seiner langen Karriere hatte Saddam einen Verfolgungswahn entwickelt. Zwar war ihm seine eigene Sicherheit schon immer extrem wichtig gewesen, aber Mitte der neunziger Jahre hatte der alternde Tyrann sich so in seinen Wahn hineingesteigert, dass er geradezu geistesgestört wirkte. Die meiste Zeit verbrachte Saddam im Präsidentenpalast, der in den neunziger Jahren zu einem riesigen Gebäudekomplex geworden war, der sich auf einer Fläche von über vier Quadratkilometern ausbreitete; auf einer Seite bot der Tigris natürlichen Schutz, während der Rest durch einen elektrischen Zaun abgeriegelt wurde, an dem alle 50 Meter ein Wachturm stand. Die Hauptzufahrtsstraße führte über eine Brücke, die nach einem Bombentreffer im Krieg wieder aufgebaut worden war. Gewöhnliche Iraker hatten in der Nähe dieses Gebietes nichts zu suchen und riskierten eine Haftstrafe, wenn sie ohne Erlaubnis näher herankamen. Besucher wurden, wenn sie die Hauptkontrollstationen passiert hatten, zu den verschiedenen Toren geschickt, die eigens für bestimmte Gruppen vorgesehen waren: die Offiziere, die Politiker, die Geschäftsleute oder persönliche Freunde und Bekannte von Saddams Familie. Die Tore und die Festung selbst wurden von einer verwirrenden Vielzahl von Sicherheitskräften bewacht, die nicht nur auf Saddam und seine Umgebung aufpassten, sondern auch aufeinander. Die elementarsten Sicherheitsfunktionen übten zuverlässige Mitglieder der Republikanischen Garde aus; weiter gehende Maßnahmen, wie etwa die elektronische Überwachung, übernahm eine Spezialeinheit der Republikanischen Garde. Die allgemeine Kontrolle über den Komplex lag in den Händen der Republikanischen Palastwache, während Saddams Sicherheit und die seiner Familie Qusays OSS anvertraut war.

Die OSS-Wachen bildeten die Elite. Sie stammten hauptsächlich aus Saddams Stamm in Tikrit und genossen, damit sie loyal blieben, mehr Privilegien als die meisten Kabinettsminister. Von den anderen Wachen unterschieden sie sich durch ihre olivgrüne Uniform mit der weißen Kordel, und ausgerüstet waren sie wie Spezialeinheiten. Sie lebten mit ihren Familien in komfortablen Villen auf dem Präsidentengelände. Sie hatten ihren eigenen Sportclub, ein eigenes Krankenhaus und Schulen für ihre Kinder. Sie aßen in ihrem eigenen Restaurantkomplex, wo ihnen die Mahlzeiten von Kellnern serviert wurden. Alle sechs Monate bekamen sie ein neues Auto, meist einen Mercedes. Die Mehrheit verdiente doppelt so viel wie ein irakischer Minister, und wenn sie keinen Dienst hatten, durften sie im Allgemeinen tun, was sie wollten – solange sie dem Befehl ihres Herrn, also Saddam Hussein, gehorchten. Ein ehemaliger Beamter aus dem Präsidentenpalast erzählte: »Sie fürchteten nur Gott, und ihr Gott ist Saddam Hussein. Sie waren so mächtig, dass sogar Minister sie mit »Sir« anredeten, wenn sie den Präsidentenpalast betraten. Niemand erlaubte sich ihnen gegenüber irgendwelche Freiheiten.«[26]

Mittlerweile hatte Saddam einen der kompliziertesten Sicherheitsapparate der modernen Geschichte aufgebaut. Obwohl er sich selten in der Öffentlichkeit zeigte, hatte er Mitte der neunziger Jahre etwa acht »Doubles«, die ihn bei öffentlichen Auftritten ersetzen konnten; manchmal traten sie sogar gleichzeitig bei verschiedenen Anlässen auf, was die staatlichen Medien, die täglich Berichte über Saddams Tun und Lassen abliefern mussten, vor einige Schwierigkeiten stellte. Besucher, die in eines von Saddams Gästehäusern eingeladen waren, wurden immer in Wagen mit geschwärzten Scheiben stundenlang durch Bagdad kutschiert. Da er ein Experte darin war, seine Gegner mit Gift umzubringen, überrascht es nicht, dass Saddam sehr darauf achtete, nicht selbst vergiftet zu werden. Er bestand darauf, dass die Mitglieder seiner Regierung sich die Hände wuschen, bevor er sich mit ihnen traf; eine Vorsichtsmaßnahme, die verhindern sollte, dass sie Gift an den Fingern hatten, das beim Händedruck übertragen werden konnte. Im Interesse der Sicherheit blieb Saddams Gästen keine Demütigung erspart. Alle wurden fotografiert und mussten sich die Fingerabdrücke nehmen lassen, die OSS hatte sogar das Recht, Kabinettsmitglieder vor einem Treffen mit Saddam einer Leibesvisitation zu unterziehen. Selbst Tariq Aziz, einer der vertrautesten Gefolgsleute Saddams, wurde manchmal so erniedrigend behandelt. Seltener wurden die Gäste einer genauen medizinischen Untersuchung unterworfen, die sicherstellen sollte, dass sie an intimen Stellen ihres Körpers nicht Gift oder Bomben versteckt hatten. Doch nicht einmal diese extremen Vorsichtsmaßnahmen waren lückenlos. 1996 entging Saddam nur knapp einem Attentat, weil eine junge Kellnerin, die ihm im Präsidentenpalast vergiftetes Essen vorsetzen sollte, von Angst überwältigt wurde und gestand. Saddam ließ sie auf der Stelle aus dem Speisesaal bringen und erschießen. All ihre Komplizen wurden gefoltert und hingerichtet.[27]

Wenn sie frei hatten, terrorisierten die Wachen die örtliche Bevölkerung; es kursierten allerlei Gerüchte über ungebührliches Benehmen, insbesondere Frauen gegenüber. Ein Offizier wurde eines Abends in einem Nachtclub dabei beobachtet, wie er versuchte, die Aufmerksamkeit einer alten Freundin zu erregen. Als die ihn jedoch zurückwies, zog er eine Pistole und schoss ihr fünfmal in die Brust. Angeblich besorgten die Wachen auch Frauen für Saddam, der trotz seiner zweiten Heirat mit Samira Shahbandar noch immer eine Vorliebe für Blondinen hatte. Hatte Saddam zum Beispiel eine Frau im Fernsehen gefallen, schickte er seine Wachen los, sie zu holen. Wenn er mit ihr fertig war, befahl er seinen Leibwächtern, sie gut zu bezahlen. Aber wenn die Frau ihm aus irgendeinem Grunde nicht gefallen hatte, nahm man sie mit und erschoss sie.[28]

Trotz aller Sicherheitsmaßnahmen beschäftigte Saddam auch Wahrsager, die ihn vor kommenden Gefahren warnen sollten. Die abergläubische Natur hatte er zweifellos von der Mutter, die ihre Muschelsammlung benutzt hatte, den Bauern von Al-Ouja die Zukunft zu weissagen. Besonders hörte er auf eine alte blinde Frau, der er sich in Krisenzeiten verstärkt zuwandte. Sie hatte einmal vorausgesehen, dass ein Attentat stattfinden würde – wozu man angesichts der Häufigkeit, mit der er angegriffen wurde, kein Hellseher sein musste –, und danach vertraute Saddam ihren Prophezeiungen.

Regelmäßige Besucher im Palast, wie etwa Sami Salih, erzählten, dass dort stets eine spannungsgeladene Atmosphäre geherrscht habe, da niemand – nicht einmal die OSS-Wachen – wusste, ob Saddam nun anwesend war oder nicht. Meistens arbeitete er in einem kleinen Gebäude in einer abgeschlossenen Ecke des großen Komplexes, und nur wenige Beamte drangen jemals bis ins Allerheiligste vor. Fremde Würdenträger wurden stets im alten Präsidentenpalast empfangen, und nur Saddams engsten Vertrauten war der Zutritt zu seinem persönlichen Büro gestattet. Der Zugang zu Saddam wurde streng geregelt von Abdul Hamoud, seinem Privatsekretär, der ein separates Gebäude vor seinem Privatquartier bewohnte. Welches Büro Saddam zum Empfang seiner Besucher auch nutzte, es war unweigerlich mit Kameras und Rekordern ausgestattet. Gespräche nahmen eher die Form einer königlichen Audienz an, Gäste sollten erst das Wort ergreifen, wenn Saddam gesprochen hatte, und ihre Antworten dann möglichst knapp halten. Obwohl Saddam sein Schlafquartier innerhalb der Palastanlage hatte, schlief er nur selten dort. Allein in Bagdad gab es mindestens fünf andere Paläste, die von seinem Gefolge genutzt wurden, und er zog regelmäßig von einem zum anderen. Wenn Saddam den Präsidentenpalast doch einmal verließ, brauste eine ganze Reihe von Autokolonnen – nie weniger als fünf – über die Hauptbrücke nach Bagdad. Saddam saß meist nicht in einem der Autos, sondern war längst durch einen anderen Ausgang oder durch einen der Geheimtunnel verschwunden, die zum Präsidentenbunker führten.

Das einzige Gebiet, auf dem Saddams ausgeklügelte Sicherheitsvorkehrungen versagten, war bei der Kontrolle der familiären Aktivitäten. Mitte der neunziger Jahre sorgten besonders Udays Eskapaden für Ärger. Er führte das Olympische Komitee wie ein persönliches Lehen, und da er viele Medien des Landes kontrollierte, hatte er unbeschränkten Zugang zu einer der wichtigsten Grundlagen des Regimes, der Propagandamaschinerie. Dass Uday sich nicht im Geringsten an staatlichen Institutionen störte, führte zu Spannungen mit seinem Onkel Watban, der das Innenministerium kontrollierte, und mit Hussein Kamel, der seine eigene Position als potentieller Nachfolger Saddams gefährdet sah, und zwar durch Uday, der immer mehr Reichtum und Macht anhäufte, und in einem geringeren Maße auch durch Qusay, der sich zu einem halbwegs vernünftigen Ratgeber der Regierung entwickelte. Die Dinge eskalierten in schönster Tikrit-Manier im Frühjahr 1995, als Uday Watbans Abdankung erzwang. Zu diesem Zweck ließ er in seiner Zeitschrift *Babel* eine Reihe verleumderischer Artikel drucken. Einige Tage später griff Uday, betrunken und wütend, seinen Onkel direkt an; bei einer Privatparty in Bagdad schoss er ihn ins Bein und tötete drei seiner Begleiter. Watban, der um sein Leben fürchtete, behauptete, die Schießerei sei ein Unfall gewesen, obwohl seine Verletzungen so schwer waren, dass sein Bein amputiert werden musste. Hussein Kamel und sein jüngerer Bruder Saddam Kamel, die sich für die Nächsten auf Udays Liste hielten, setzten sich nach Jordanien ab und nahmen ihre Frauen, Saddams Töchter Raghda und Rana, mit ins Exil.

Das Überlaufen seiner beiden Schwiegersöhne im August 1995 war wahrscheinlich der schlimmste Schlag, der Saddam seit seiner Machtergreifung im Jahre 1979 getroffen hatte. Zum ersten Mal waren zwei Mitglieder der Führungsriege aus Tikrit Saddams Einflussbereich entflohen, und sie drohten auch noch damit, die geheimsten Geheimnisse des Regimes zu verraten. Als Chef des irakischen Rüstungsprogramms war Hussein Kamel geradezu prädestiniert, die westlichen Geheimdienste mit Einzelheiten über Saddams Massenvernichtungswaffen zu versorgen. Hussein Kamel wurde sowohl vom CIA als auch vom britischen MI6 eingehend befragt – und schließlich noch von Rolf Ekeus, dem Leiter der UNSCOM. Er lieferte einen detaillierten Bericht über das irakische Waffenprogramm, inklusive Fakten über bislang unbekannte Giftgasfabriken und Firmen, die als Deckadressen für die Waffenbeschaffung und die Produktion des Nervengases VX dienten. Seine überraschendste Enthüllung war, dass Saddam zu Beginn der Operation Desert Storm im Januar 1991 nur noch drei Monate von seinem ersten Atombombentest entfernt gewesen war.

Hussein Kamel vertraute fest darauf, entweder in den Vereinigten Staaten oder aber in Großbritannien Asyl zu bekommen; von dort aus wollte er dann seine Kampagne zum Sturz Saddams starten. Aus diesem Grunde gab er auch *Time* ein exklusives Interview, in dem er angab, seine Flucht in den Westen habe »im Interesse des Landes« gelegen. Er übte heftige Kritik an Saddams Regime. Das Land befinde sich seit fast fünfzehn Jahren im Krieg und habe Schulden angehäuft, die abzuzahlen »viele Generationen« belasten würde. Er versuchte auch, sich von der Brutalität des Regimes zu distanzieren. »Es gibt zu viele Exekutionen in unserer Gesellschaft, zu viele Verhaftungen«, klagte er. »Wie alt ein Regimekritiker auch sein mag – ob 80 oder 15 –, viele Menschen werden hingerichtet.«[29]

Saddam war so wütend über die Flucht, dass er eine Zeit lang nichts mehr essen konnte und sich auch weigerte, mit einem seiner engen Vertrauten zu sprechen. Als er sich endlich wieder beruhigt hatte, rief er Uday zu sich, der seiner Meinung nach die Hauptverantwortung für diese Katastrophe trug, und enthob ihn sämtlicher Ämter. Saddams Sicherheitskräfte drangen in das Hauptquartier des Olympischen

Komitees ein und befreiten alle, die in Udays privatem Kerker festgehalten wurden. Saddam war gezwungen, die Liste, die er der UNSCOM vorgelegt hatte, zu aktualisieren, auch mit neuen Angaben zu biologischen Kampfstoffen wie Anthrax- und Botulismus-Erregern, zum VX-Gas und mit neuen Informationen über Iraks Versuche, Atomwaffen zu bauen. UNSCOM-Teams wurden wieder in den Irak eingelassen, und Ekeus begann erneut mit den Kontrollen, diesmal ausgestattet mit dem unwiderlegbaren Beweis, dass der Irak eine Infrastruktur für Massenvernichtungswaffen hatte.

Um zu zeigen, dass er trotz der Schüsse auf seinen Halbbruder Watban und trotz der Flucht seiner beiden Schwiegersöhne immer noch der starke Mann von Bagdad war, handelte Saddam schnell. Er kündigte an, dass es am 15. Oktober ein Referendum geben werde, bei dem acht Millionen Iraker über die Frage abstimmen sollten: »Sind Sie damit einverstanden, dass Saddam Hussein Präsident des Irak ist?« Obwohl er seine Haare färbte und Rückenprobleme hatte, wurde Saddam der irakischen Bevölkerung immer noch als heldenhafter, starker Führer präsentiert. Sein Vetter und Verteidigungsminister Ali Hassan al-Majid war der Haupteinpeitscher bei der Kampagne. »Oh, du erhabener Berg! Oh, du Ruhm Gottes!«, schwärmte Majid in einer offiziellen Rundfunkrede: »Bei Gott, in den schwierigsten Situationen haben wir an dir stets einen brüllenden Löwen und einen mutigen Reiter gehabt, einen der wenigen echten Männer!«[30] Saddam gewann die Volksabstimmung mit 99,96 Prozent der Stimmen. Majid leistete Saddam noch einen anderen wichtigen Dienst, er prangerte nämlich seine beiden Vettern wegen ihrer Flucht nach Jordanien öffentlich an: »Unsere kleine Familie im Irak rügt diesen feigen Akt«, verkündete er in einer Erklärung, die live im irakischen Fernsehen gesendet wurde. »Seine [Saddam Kamels] Familie hat sich einstimmig dafür entschieden, Blutvergießen zu erlauben und ungestraft zu lassen.«[31]

Falls Hussein Kamel erwartet hatte, für sein Überlaufen im Westen wie ein Held gefeiert zu werden, wurde er bitter enttäuscht. Westliche Geheimagenten wollten ihn und seinen Bruder zwar befragen, hatten aber kein Verlangen nach vertraulichem Umgang. Aus ihrer Sicht war Hussein Kamel ein arroganter Schnösel, der viel zu eng mit Saddams Regime verbunden war, um als tragbare Alternative in Betracht zu kommen. So gern sie Saddam auch zum Teufel gejagt hätten, sie wollten ihn doch nicht durch einen Klon ersetzen.[32] Gegen Ende des Jahres saßen Hussein Kamel, Saddam Kamel, Saddams Töchter und ihr Gefolge in einem von König Husseins Gästehäusern in Amman fest, und all ihre Versuche, im Westen eine Zuflucht zu finden, stießen auf taube Ohren.

Da er eine Möglichkeit witterte, sich an seinen abtrünnigen Schwiegersöhnen zu rächen, ließ Saddam durch seine Geheimagenten eine Verbindung zu ihnen herstellen. Er rief seine Schwiegersöhne persönlich in ihrem Versteck in Amman an und bot ihnen die offizielle Begnadigung an, wenn sie nur zurückkehrten. Abgesehen von der Blamage, die ihre Enthüllungen über das Waffenprogramm ihm beschert hatten, war Saddam in seiner Ehre als Familienpatriarch gekränkt, weil seine Schwiegersöhne, jedenfalls aus der Sicht arabischer Traditionen, seine Töchter entführt hatten. Saddam gab Uday die Gelegenheit, seine Fehler wieder gutzumachen, und Uday lockte die beiden Familien mit der Aussicht auf offizielle Gnade wieder nach Bagdad. Hussein Kamel und Saddam Kamel waren enttäuscht von dem Empfang, den ihnen der Rest der Welt bereitet hatte. Aber sie waren auch arrogant genug zu glauben, sie hätten Saddam eine Lehre erteilt, er habe nun begriffen, dass er sie brauche. Im Februar 1996 kehrten sie mit ihren Familien nach Bagdad zurück. Doch zuvor hatte sich Saddam Kamel gegen diese Entscheidung seines tyrannischen Bruders aufgelehnt. Er sagte: »Du bist ein Esel. Du willst, dass wir zum Sterben zurückgehen.« Hussein Kamel reagierte, indem er seine Pistole zog und sagte: »Du kommst mit.«

Am 20. Februar begab sich der Tross auf die Reise nach Bagdad. Sobald sie bei Trebeil die Grenze überschritten hatten, wurden sie von Uday und seinen Wachen in Empfang genommen. Man versuchte nicht, die Kamel-Brüder zu verhaften, aber Uday nahm seine Schwestern Raghda und Rana mit ihren Kindern in seiner Autokolonne mit. Bei ihrer Ankunft in Bagdad wurden die beiden Männer in den Präsidentenpalast gerufen. Man zwang die zwei Brüder, Papiere zu unterschreiben, die die sofortige Scheidung von ihren Frauen erlaubten. Saddam persönlich riss ihnen die Rangabzeichen von der Uniform – Hussein Kamel war Generalleutnant und sein Bruder Oberstleutnant. Dann schickte er sie in die Villa ihres Vaters in Assadiyah, am Rande von Bagdad, wo sie ihr Schicksal erwarten sollten. Später am Abend rief Saddam Verwandte und Freunde der in Ungnade gefallenen Männer in den Präsidentenpalast. Sami Salih, der immer noch den irakischen Ölschmuggel leitete, war unter den Anwesenden. Er erinnerte sich, dass Saddam »betrunken und aufgeregt war und blutunterlaufene Augen hatte. Er fuchtelte mit seiner Pistole herum und tobte.« Saddam meinte, die Brüder hätten jeden im Irak beschämt, insbesondere ihre Familie. Er sagte den Anwesenden: »Ihr müsst euch von dieser Schande reinwaschen. Ihr müsst sie stellen und diesen Schandfleck tilgen. Erledigt sie.« Dann wankte Saddam aus dem Zimmer, und die »Gäste« wurden nach draußen gebracht, wo drei Toyota-Busse auf sie warteten. Salih und seine Begleiter dachten tatsächlich, sie würden wegen ihrer Bekanntschaft mit den entehrten Männern hingerichtet werden.

Stattdessen wurden sie durch die Vororte des frühmorgendlichen Bagdad gefahren. Nach ungefähr einer halben Stunde hielten sie an. Einer der Wachsoldaten kam in den Bus und befahl allen, ruhig zu bleiben – sonst drohe die Todesstrafe. Salih, der viele Jahre mit Hussein Kamel zusammengearbeitet hatte, kannte die Gegend; die Busse parkten in der Nähe von Hussein Kamels Familiensitz. Die Villa war von schwer bewaffneten irakischen Spezialeinheiten umstellt. In einer Seitenstraße konnte Salih Udays auffälligen silbernen Mercedes stehen sehen. Schließlich hielt ein gepanzerter Mercedes vor der Villa. Ein Soldat mit einem Lautsprecher rief den Menschen im Haus zu: »Ergeben Sie sich, Sie sind umstellt. Sie sind nicht in Gefahr.« Die Bewohner des Hauses reagierten mit Schüssen auf den Wagen, der daraufhin davonraste. Die Spezialeinheiten, die von Ali Hassan al-Majid, dem Vetter der entehrten Brüder, befehligt wurden, eröffneten das Feuer. Der anschließende Kampf dauerte etwa dreizehn Stunden, wobei der gesamte Ablauf von einem Kameramann des Präsidenten gefilmt wurde; Uday und Qusay verfolgten die Ereignisse derweil aus ihrem schusssicheren Mercedes. Obwohl die Kamel-Brüder sich tapfer schlugen, ging ihnen doch am Ende die Munition aus, und sie wurden getötet – zusammen mit ihrem Vater, ihrer Schwester und deren Sohn. Als der Kampf vorbei war, ging Majid zum Leichnam Hussein Kamels, stellte seinen Fuss auf seinen Nacken und schoss ihm eine letzte Kugel in den Kopf. Dann wurden die Toten auf einen Müllwagen geladen und fortgebracht.

Schließlich ging ein Offizier der Spezialeinheiten zu den Bussen, deren verängstigte Insassen den ganzen Tag über festgehalten worden waren. »Wir hoffen, die Show hat Ihnen gefallen«, sagte der Kommandant. »Ich möchte, dass dies allen, die diese Leute kannten, eine Lehre ist. Der Irak ist kein Land für Verräter. Niemand betrügt das irakische Volk und bleibt am Leben.«[33] Die Busse fuhren nach Bagdad zurück, während Saddams Kameramann zum Präsidentenpalast zurückkehrte, um das Video abzuliefern. Die Witwen Raghda und Rana schworen, nie wieder mit ihrem Vater zu reden, und zogen mit ihren Kindern zu ihrer Mutter Sajida. Doch die blutrünstige Geschichte war noch nicht zu Ende. Im Februar 2000 wurde die Mutter von Hussein Kamel und Saddam Kamel, die einzige Überlebende der Familie, in ihrem Haus in Bagdad erstochen und zerstückelt.

Die Geschicklichkeit, mit der Saddam diese Bedrohung gemeistert hatte, machte ihn stärker als er vorher gewesen war. Dadurch dass er den al-Majid-Clan dazu gebracht hatte, ihm die schmutzige Arbeit abzunehmen, hatte er seine Überlegenheit über die Stammesbrüder aus Tikrit demonstriert. Die öffentliche Demütigung Udays, der alle Posten verlor und gezwungen wurde, den Schaden wieder gutzumachen, den er in erster Linie zu verantworten hatte, verschaffte ihm bei seiner zerstrittenen Familie wieder Respekt. Im Sommer 1996 konnte er seinen Erfolg zu Hause noch festigen, indem er den westlichen Geheimdiensten bei ihren Umtrieben zwei herbe Niederlagen zufügte.

Seit die INC-Offensive zur Einnahme von Mosul und Kirkuk im Frühjahr 1995 gescheitert war, hatten der CIA und der MI6 weiter nach Wegen gesucht, einen Staatsstreich in Bagdad zu organisieren. Nachdem John M. Deutch im März 1995 Direktor des CIA geworden war, bemühten sich die Amerikaner verstärkt um den Sturz Saddams. Nachdem Deutchs neue Führungsriege alle Berichte über die CIA-Aktivitäten im Irak ausgewertet hatte, kam sie zu dem Schluss, dass sie gebündelt und mehr auf ein einziges Ziel gerichtet werden sollten, nämlich auf den irakischen Führer. Auch das Weiße Haus setzte Deutch unter Druck, denn dort hätte man gern noch vor der Präsidentschaftswahl 1996 Resultate gesehen.[34]

Das Scheitern der Offensive in Kurdistan 1995 hatte die Beziehungen zwischen INC und CIA derart belastet, dass Ahmed Chalabi vom Weißen Haus verboten worden war, das Hauptquartier des CIA in Langley, Virginia, zu besuchen. Auf Empfehlung des britischen Geheimdienstes verhandelte der CIA nun mit dem Rivalen des INC, dem INA (Iraqi National Accord), der sein Hauptquartier in London hatte. Leiter des irakischen Nationalbundes war Dr. Ayad Allawi, ein ehemaliger Baathist, der in den siebziger Jahren aus dem Irak geflohen war, nachdem er sich mit Saddam überworfen hatte. Anders als der INC, der hauptsächlich außerhalb des Irak agierte, besaß der INA ein Netz von wichtigen Kontaktmännern im Irak, die hauptsächlich dem Militär und den höheren Rängen der Baath-Partei angehörten. Der INA traute sich zu, einen Staatsstreich im Irak zu organisieren, der sowohl der amerikanischen als auch den britischen Interessen dienen könnte.

Ein Teil des INA-Planes stützte sich auf die drei Söhne von Mohammed Abdullah al-Shahwani, General a. D. der irakischen Spezialeinheiten und Hubschrauberpilot. Diese Spezialeinheiten waren in Bagdad stationiert und sollten einen Armeeputsch gegen Saddam anzetteln. Anders als der Invasionsplan des INC von 1995 stieß dieses Komplott sowohl beim CIA als auch beim MI6 auf große Begeisterung. Anfang Januar 1996 hielten hochrangige Geheimdienstoffiziere in der saudi-arabischen Hauptstadt Riad eine Konferenz ab, die sowohl von MI6 und CIA als auch von Agenten aus Saudi-Arabien, Kuwait und Jordanien besucht wurde. Sie einigten sich darauf, dem INA-Plan zum Sturze Saddams ihre volle Unterstützung zu geben. Scott Ritter, der Chefinspekteur der UNSCOM, behauptete, dass der INA-Plan hauptsächlich vom MI6 befürwortet wurde, der einen »schnellen, glatten Schnitt« wollte.[35] Zusätzlich zu Geld und Ausrüstung bekam der INA ein hochmodernes Satellitenkommunikationssystem inklusive Hightech-Verschlüsselungsprogramm zum Schutz gegen Lauschangriffe.

Doch der INA hatte Pech, einer von Shahwanis Leuten wurde in Bagdad von Saddams stets wachsamen Sicherheitskräften abgefangen, und zwar mitsamt dem streng geheimen Nachrichtensystem. Die Iraker achteten darauf, dass nichts von diesem entscheidenden Durchbruch durchsickerte, und beschränkten sich darauf, den INA bei den letzten Umsturzvorbereitungen zu überwachen. Am 26. Juni schlugen Saddams Sicherheitskräfte schließlich zu. Einhundertundzwanzig irakische Offiziere wurden bei der ersten Verhaftungswelle gefasst, auch einige Anführer und Shahwanis drei Söhne. Die Verschwörer stammten allesamt aus Eliteeinheiten wie etwa der Republikanischen Garde, der Speziellen Einsatztruppe der Republikanischen Garde und der Armee. Einige Offiziere gehörten zu einer streng geheimen Besonderen Nachrichteneinheit namens B32, die direkt mit Saddam zusammenarbeitete und für die sichere Kommunikation mit allen Einheiten der Streitkräfte im Land verantwortlich war.

Auch höhere Offiziere aus dem Mukhabarat und anderen Sicherheitsdiensten wurden verhaftet. Selbst zwei Köche im Präsidentenpalast wurden festgenommen, sie gestanden, dass sie vorgehabt hatten, Saddam zu vergiften – was zum Notfall-Plan des INA gehörte, falls der Militärputsch misslang. Insgesamt wurden etwa 800 Verdächtige inhaftiert, die meisten wurden gefoltert und umgebracht. Vor lauter Freude über ihren Triumph wollten die irakischen Geheimdienstchefs sich die Möglichkeit nicht entgehen lassen, sich vor ihren CIA-Gegenspielern, die in Jordanien gespannt auf Neuigkeiten vom Putsch warteten, mit ihrem Erfolg zu brüsten. An dem Morgen, an dem die Verhaftungen stattfanden, übermittelte das erbeutete Kommunikationssystem eine Nachricht vom Mukhabarat in Bagdad an den CIA: »Wir haben all eure Leute gefangen«, lautete die Botschaft. »Ihr könnt ruhig nach Hause gehen.«[36]

Die INA-Verschwörung war zweifellos der raffinierteste Umsturzversuch, der je geplant worden war. Die Organisation reichte bis ins Herz des Regimes. Mit so vielen Anhängern in Schlüsselpositionen hätte der INA eine gewisse Aussicht auf Erfolg gehabt, wenn den Irakern nicht das wichtigste Nachrichtensystem in die Hände gefallen wäre. Alles Lob für die Aufdeckung des Staatsstreiches ging an Qusay, den Chef der Organisation Besondere Sicherheit. Saddam belohnte ihn für seinen Fleiß, indem er ihn zum Leiter eines neuen Komitees ernannte, das aus den Spitzen des Mukhabarat, der Besonderen Sicherheit und des Militärischen Geheimdienstes zusammengesetzt war. Während Uday in Ungnade gefallen war, stieg der Stern seines jüngeren Bruders steil empor.

Im August versetzte Saddam dem CIA einen weiteren niederschmetternden Schlag, denn seine Streitkräfte eroberten die kurdische Enklave zurück, von der aus der INC im Jahr zuvor den Angriff auf Kirkuk und Mosul gestartet hatte. Die Spannungen zwischen den rivalisierenden kurdischen Fraktionen, Talibanis PUK und Massoud Barzanis KDP (Kurdische Demokratische Partei), hatten sich verschärft, nachdem Talibani die INC-Offensive unterstützt hatte. Im Sommer des Jahres 1996 brachen zwischen den beiden Gruppen erneut Kämpfe aus. Zuerst gewannen Talibanis Truppen die Oberhand, daher bat Barzani Saddam um Hilfe. Saddam schickte daraufhin die Republikanische Garde und einige Spezialeinheiten, die mit einem Überraschungsangriff auf die PUK-Stellungen Talibanis Truppen in die Flucht schlugen. Für Saddam war es eine triumphale Rückkehr nach Kurdistan, für den CIA und die irakische Opposition, die mit der PUK eng verbunden war, ein völliges Desaster. Die irakischen Truppen nahmen Dutzende von INC-Anhängern gefangen, die unter direkter Kontrolle des CIA agierten, und entdeckten Tausende von Akten, die die gemeinsamen Pläne beider Seiten enthüllten. Saddam befahl die Hinrichtung aller irakischen CIA-Agenten, und der Rest der überlebenden INC-Mitglieder wanderte ins Gefängnis. Die INC-Infrastruktur in Kurdistan war damit völlig zerstört, und die Vereinigten Staaten mussten eilig Vorkehrungen treffen, um über 6000 Iraker und Kurden zu evakuieren, die in INC-Aktivitäten verwickelt waren. Obwohl die PUK militärische Unterstützung für ihren Kampf gegen Saddams Truppen forderte, genehmigte Präsident Clinton lediglich eine Serie von Angriffen mit Marschflugkörpern auf Bagdad, die keine Auswirkungen auf die Einsatzbereitschaft von Saddams Einheiten in Kurdistan hatten. William Perry, der amerikanische Verteidigungsminister, fasste den Standpunkt der Regierung folgendermaßen zusammen: »Meiner Meinung nach sollten wir uns an einem Bürgerkrieg im Norden nicht mehr beteiligen.«[37]

Saddams Erfolg bei der Aufdeckung des INA-Coups und bei der Zerstörung des INC in Kurdistan signalisierte das Ende der Umsturzbemühungen seitens der Clinton-Regierung und ihrer Verbündeten für den Rest der neunziger Jahre. Die Zerschlagung des INC in Kurdistan war besonders peinlich gewesen, daher richtete die Clinton-Regierung bei den Vorbereitungen für die Präsidentenwahl 1996 ihr Hauptaugenmerk darauf, dass sie im Wahlkampf wegen des gescheiterten

Putsches gegen Saddam keine schlechte Presse hatte. Die 6500 überlebenden irakischen und kurdischen INC-Anhänger wurden mit ihren Familien auf die abgelegene Insel Guam im nördlichen Pazifik evakuiert, wo sie ein zurückgezogenes Leben führten, bis die Präsidentenwahl vorbei war. Dann gab man ihnen die amerikanische Staatsbürgerschaft. Die Katastrophen des Jahres 1996 hatten Clinton auf schmerzliche Weise gelehrt, wie wenig Washington gegen Saddam ausrichten konnte, daher zeigte er für den Rest seiner Amtszeit kaum noch Interesse daran, Pläne für einen Putsch zu schmieden. Obwohl die Verbindungen zu irakischen Oppositionsgruppen nie abrissen, wurden sie doch auf ein absolutes Minimum beschränkt. »Nach 1996 gelangten wir an einen Punkt, an dem wir uns zwar noch Weihnachtskarten schickten, aber das war auch alles«, meinte ein INA-Mitglied.[38]

Ende 1996 hatte Saddam guten Grund zu feiern. Nachdem er seine abtrünnigen Schwiegersöhne eliminiert hatte, hatte er erfolgreich die Grenzen der amerikanischen Stärke und Entschlossenheit getestet und herausgefunden, dass es an beidem mangelte. Sein Regime hatte einen Weg gefunden, die Auswirkungen der UN-Sanktionen zu umgehen, und die einzige Wolke an seinem Himmel waren die ständigen Eskapaden seines ältesten Sohnes. An einem Dezemberabend im Jahre 1996 wurde Uday, der gerade vom Hundefüttern kam, bei einem Attentatsversuch im Zentrum Bagdads schwer verletzt. Die Attentäter schossen aus nächster Nähe und trafen ihn achtmal, dann flüchteten sie, weil sie ihn für tot hielten. Saddam eilte zum Krankenhaus, um seinen verletzten Sohn zu besuchen, und auch Udays Mutter Sajida kam. Es war das erste Mal seit Adnan Khairallahs Tod im Jahre 1989, dass Udays Eltern sich im selben Raum befanden. Obwohl Uday schwer verletzt war, teilten die kubanischen Ärzte, die ihn behandelten, Saddam mit, dass sein Sohn überleben würde. An Verdächtigen herrschte kein Mangel, und in den nächsten Tagen wurden ungefähr 2000 Menschen befragt, auch Udays Onkel Watban, der immer noch an den Verletzungen litt, die Uday ihm beigebracht hatte. Später wurde das Attentat einer Gruppe zugeschrieben, die sich al-Nahdah, »das Erwachen«, nannte. Es handelte sich um eine Gruppe von irakischen Akademikern aus der Mittelschicht, die sich 1991 zusammengetan hatten, um Saddams Sturz herbeizuführen. Einige Tage nach der Schießerei rief Saddam seine Familie zu einem eiligen Gipfeltreffen an Udays Bett zusammen. Qusay, Saddams Halbbrüder Watban und Sabawi und Ali Hassan al-Majid waren dabei, als Saddam mit einer fürchterlichen Strafpredigt über ihr allgemeines Verhalten begann. Alle Anwesenden wurden abgekanzelt, entweder wegen ihrer Inkompetenz oder wegen ihrer Korruptheit. Aber seine ernstesten Ermahnungen richtete Saddam an Uday. »Dein Benehmen, Uday, ist schlecht«, belehrte er seinen leidenden Sohn. »Keiner benimmt sich schlimmer als du. Wir wollen wissen, was für ein Mensch du bist. Bist du ein Politiker, ein Kaufmann, ein Menschenführer oder ein Playboy? Du musst wissen, dass du für dieses Land und seine Menschen nichts getan hast.«[39]

Im Frühjahr 1997 konzentrierte Saddam seine Energien auf die beiden Lasten, die ihm der Golfkrieg noch hinterlassen hatte: die UN-Sanktionen und die UNSCOM-Waffenkontrollen. Bei der Verabschiedung der Sanktionen 1991 hatte man die Iraker glauben gemacht, dass sie aufgehoben werden würden, sobald der Irak allen Forderungen der Waffenkontrolleure nachgekommen wäre. Doch Anfang 1997, nach Clintons Wiederwahl, wurde klar, dass Washington die Sanktionen nicht mehr im Zusammenhang mit den Waffenkontrollen sah. Madeleine Albright, die neue Außenministerin, sagte im März bei einer Rede in der Georgetown-Universität in Washington: »Wir stimmen nicht mit den Nationen überein, die meinen, dass die Sanktionen aufgehoben werden sollten, wenn der Irak den Auflagen bezüglich der Massenvernichtungswaffen nachkommt.« Diesen bedeutsamen Kurswechsel in der Politik registrierte Saddam natürlich. Ihm wurde klar, dass er von einer weiteren Kooperation mit den UN-Inspektoren nicht profitieren würde. Er wusste nur zu gut, dass es eine Grenze dafür gab, wie weit Washington militärisch gehen würde, um die Durchsetzung der UNSCOM-Kontrollen zu erzwingen. 1997 war die Gefahr, dass Washington seine Streitmacht einsetzte, eher gering. Wenn das Schlimmste, was die Vereinigten Staaten Saddam schicken konnten, ein paar Marschflugkörper waren, dann, so rechnete er sich aus, war seinen Interessen besser gedient, wenn er seine geliebte Sammlung von Massenvernichtungswaffen vor den neugierigen Blicken der UNSCOM-Inspektoren verbarg.

Zu diesem Zeitpunkt interessierten die UNSCOM-Kontrolleure sich hauptsächlich dafür, die verbliebenen Teile des biologischen und VX-Nervengas-Programms der Iraker zu finden sowie alle eventuell noch versteckten Trägersysteme wie Geschütze oder Raketen. Doch die UNSCOM sollte noch einer anderen Behauptung nachgehen. Angeblich hatte der Irak zwischen 1994 und 1995 an Häftlingen im Abu-Ghraib-Gefängnis am Rande von Bagdad Experimente mit biologischen Kampfstoffen gemacht, und es sollte außerhalb der Salman-Pak-Anlage Gräber geben.[40] Ausgestattet mit den neuen Informationen von Hussein Kamel und anderen Überläufern traten die UNSCOM-Inspektoren bei der Arbeit immer herrischer auf, besonders nachdem der bedächtige Rolf Ekeus an der Spitze von UNSCOM 1997 durch den ruppigen australischen Diplomaten Richard Butler abgelöst worden war. Dem wachsenden Druck der UNSCOM begegnete Saddam jedoch mit zunehmender Aufsässigkeit. Einmal hätte ein irakischer Beamter bei einer Inspektion den UNSCOM-Hubschrauber fast zum Absturz gebracht, nur weil er verhindern wollte, dass die Inspektoren Fotos von einer suspekten Anlage machten. Die Iraker beschädigten die Kameras, die verdächtige Anlagen überwachen sollten, und transportierten Ausrüstung, die der Kontrolle unterlag, ohne UNSCOM zu informieren. Saddam erklärte einige Anlagen zu Hoheitsgebieten, die von der Kontrolle ausgenommen waren. Im Juni, bei einer der seltenen Versammlungen des Revolutionären Kommandorates, gab Saddam in einer Rede eine Erklärung ab, die Iraks neue Haltung zu den Aktivitäten der Waffenkontrolleure zusammenfasste: »Irak hat alle relevanten Resolutionen akzeptiert und umgesetzt ... Es gibt nichts mehr zu tun. Wir fordern in aller Deutlichkeit, dass der Sicherheitsrat sein Versprechen gegenüber dem Irak erfüllt ... Praktisch bedeutet das die Anerkennung der irakischen Souveränität und die komplette Aufhebung aller Blockaden, die gegen den Irak verhängt wurden.«[41]

Saddam behinderte die Inspektoren bei ihrer Arbeit immer mehr, und zwar mit dem Argument, dass die UNSCOM vom CIA und anderen westlichen Geheimdiensten unterwandert sei, womit die Iraker nicht ganz Unrecht hatten.[42] Im Oktober verkündete Tariq Aziz, dass man keine Amerikaner mehr ins Land lassen würde, die bei den Kontrollteams mitarbeiten wollten, und ein paar Tage später wurden auch alle anderen Amerikaner ausgewiesen. Die Clinton-Regierung antwortete mit der Drohung, den Irak zu bombardieren. Diesmal beschloss Saddam nachzugeben, allerdings nicht bevor sein Spiel mit dem Feuer gezeigt hatte, dass die Vereinigten Staaten nur wenig internationale Unterstützung finden würden, falls sie die Kampfhandlungen gegen Bagdad wieder aufnehmen sollten. Boris Jelzin, der russische Präsident, meinte sogar, dass es einen dritten Weltkrieg geben würde, wenn die Amerikaner und die Briten gemeinsam militärisch gegen den Irak vorgehen würden. Saddam lud unterdessen die ausländische Presse nach Bagdad ein, damit sie über die verheerenden Folgen berichtete, die die Sanktionen über sieben Jahre für den Irak gehabt hatten. Die Artikel über Krankenhäuser ohne Medizin, Schulen ohne Bücher und Mütter ohne Essen, die wie zu erwarten in den westlichen Medien erschienen, hatten großen Einfluss auf die öffentliche Meinung. Gleichzeitig gab es natürlich weniger Berichte darüber, dass dieses Regime mit seinen illegalen Aktivitäten Milliarden von Dollar scheffelte oder dass Lebensmittel und medizinische Hilfsgüter der UNO von Udays Schmuggelring auf dem schwarzen Markt verkauft wurden.

Ein letzter Versuch, die drohende UNSCOM-Krise durch

Diplomatie zu entschärfen, wurde von Kofi Annan, dem Generalsekretär der Vereinten Nationen, unternommen, der im Februar 1998 nach Bagdad flog, um mit Saddam zu sprechen. Hauptsächlich ging es bei den Gesprächen um Butlers Forderung, den Kontrolleuren den Besuch der so genannten »Präsidentenpaläste« zu erlauben, in denen bekanntermaßen ein Großteil des brisanten Materials versteckt wurde. Saddam hatte diese Forderung immer wieder abgelehnt, weil sie seiner Ansicht nach die Ehre des Präsidenten beleidigte. Die Iraker ihrerseits wollten wissen, wann genau die UNO vorhatte, die Sanktionen aufzuheben. Am 20. Februar kam Annan in Bagdad an, und ein paar Tage später traf er sich zu einem Gespräch unter vier Augen mit Saddam. Wie alle anderen Besucher hatte auch Annan vor dem Treffen, als er den von der Regierung geschickten Wagen bestieg, keine Ahnung, wohin man ihn bringen würde. Er wurde zu einem neuen Palast gefahren, den Saddam nach dem Golfkrieg in Bagdad hatte bauen lassen. Dort empfing ihn ein entspannter und selbstsicherer Saddam in einem zweireihigen blauen Anzug mit passender Krawatte und auf Hochglanz polierten schwarzen Lederschuhen. Annan begann mit einer schmeichelhaften Begrüßung. »Sie sind ein Architekt, Sie haben den modernen Irak geschaffen. Das Land war zerstört, Sie haben es wiederaufgebaut. Wollen Sie es noch einmal zerstören?« Saddam hörte aufmerksam zu, was Annan ihm zu sagen hatte, einmal nahm er sogar einen gelben Notizblock und schrieb ein paar Zeilen. Nach dreistündiger Diskussion begannen die Männer an einem Konzept zu arbeiten, mit dem die Krise überwunden werden sollte. Saddam hatte etwas gegen das Wort »Kontrollen« im Zusammenhang mit den Präsidentenpalästen und wollte, dass es durch »Besuche« ersetzt wurde. Annan entgegnete, das sei ihm zu vage. Da sagte Saddam: »Okay, sie könnten eintreten.« Daraufhin formulierte Annan den Satz »erstmaliger und wiederholter Zutritt zur Ausführung der vorgeschriebenen Aufgaben«. Dieser Abänderung stimmte Saddam zu, dafür glaubte er von Annan die Zusage zu haben, dass die Sanktionen aufgehoben würden, wenn der Irak einer neuen Reihe von Kontrollen zustimmen würde. Als er sich von Annan verabschiedete, sagte Saddam: »Ich möchte Ihnen dafür danken, dass Sie persönlich nach Bagdad gekommen sind. Sie können jederzeit wiederkommen. Sie können hier sogar Urlaub machen, wenn es Ihnen beliebt.«[43]

Obwohl Annan die konkrete Krise erfolgreich überwunden hatte, signalisierte sie doch auf lange Sicht das Ende der UNSCOM. Annans Intervention bedeutete, dass die UNSCOM für den Irak in Sachen Waffen nicht länger alleiniger Ansprechpartner war, denn Saddam wusste, dass er nun über Richard Butlers Kopf hinweg handeln konnte. Butlers Autorität war von Annan und den zerstrittenen Mitgliedern des Sicherheitsrates untergraben worden, ein Umstand, den Saddam prompt ausnutzte.

Nach Annans Besuch versuchten die Vereinigten Staaten, sich aus der Konfrontation mit Saddam zurückzuziehen, weil die Clinton-Regierung erkannte, dass sie, außer Bagdad mit Marschflugkörpern zu beschießen, wenig tun konnte, um die UN-Resolutionen durchzusetzen. Und damit die Ohnmacht des Westens gegenüber dem Irak nicht überdeutlich wurde, drängte Washington die Vereinten Nationen, im Hinblick auf die Kontrollen weniger hartnäckig zu sein. Butler wiederum befahl Scott Ritter, dem Chefinspektor des UN-Teams in Bagdad, alle Kontrollen einzustellen, woraufhin Ritter dagegen protestierte, dass Beamte aus London und Washington sich in seine Kompetenzen einmischten und kündigte. Bevor er ging, verriet Ritter noch, dass Saddam bis zu drei Nuklearwaffen einsatzbereit haben könnte, falls er genügend spaltbares Material (Uran 235 oder Plutonium) in die Finger bekommen sollte. Außerdem fügte Ritter der Glaubwürdigkeit der UNSCOM großen Schaden zu. Er ließ nämlich verlauten, dass er während seiner siebenjährigen Dienstzeit bei der angeblich unabhängigen UN-Kontrollkommission lange Zeit eng mit dem israelischen Geheimdienst zusammengearbeitet hatte.

Im August provozierte Saddam neuen Streit mit Washington. Er forderte eine rasche Beendigung der UNSCOM-Mission und drohte mit ernsten Vergeltungsmaßnahmen, falls die Sanktionen nicht aufgehoben werden sollten. Am 1. Oktober verabschiedete der von Republikanern beherrschte amerikanische Kongress, der angesichts Präsident Clintons Abneigung, sich mit Saddam anzulegen, immer unruhiger wurde, ein Gesetz zur Befreiung Iraks (Iraqi Liberation Act). Den irakischen Oppositionsgruppen, die an Saddams Sturz arbeiteten, wurden 97 Millionen Dollar zugesichert. Daraufhin stellte Saddam im November jede Zusammenarbeit mit den UNSCOM-Kontrolleuren ein. Die Inspektoren wurden abgezogen, die Vereinigten Staaten und Großbritannien bereiteten sich darauf vor, den Irak zu bombardieren, doch im letzten Augenblick ließ Saddam die Inspektoren wieder ins Land. Butler nahm die Kontrollen wieder auf, aber die Iraker behinderten ihn so sehr, dass er meldete, Saddam komme seinen Verpflichtungen gegenüber der UNO nicht nach. Mittlerweile war Annan zu dem Schluss gekommen, dass sowohl Clinton als auch Saddam auf den lang erwarteten Bombenangriff hinarbeiteten. Der Zeitpunkt war besonders günstig für Clinton, weil er verzweifelt etwas suchte, womit er die allgemeine Aufmerksamkeit von dem Amtsenthebungsverfahren ablenken konnte, das in Washington gegen ihn begonnen hatte.

Am 17. Dezember starteten amerikanische und britische Kampfflugzeuge die Operation Wüstenfuchs. Unterstützt von Marschflugkörpern flogen die Alliierten 400 Bombeneinsätze gegen Anlagen, zu denen man den Waffenkontrolleuren den Zutritt verwehrt hatte. Die Bombardierung machte wenig Eindruck auf Saddam. Insgesamt wurden 97 Ziele angegriffen, von denen laut Pentagon nur neun völlig zerstört wurden; von elf Fabriken für chemische und biologische Waffen, die man ins Visier genommen hatte, wurde nicht eine einzige zerstört. Saddam überstand den 70-stündigen Bombenangriff, wie er zweifellos vorhergesehen hatte, unbeschadet und erklärte, der Irak sei siegreich aus der Konfrontation hervorgegangen. »Gott hat euch belohnt und eure Herzen erfreut mit der Krone des

Sieges«, sagte Saddam in einer Rede, die vom Fernsehen in der gesamten arabischen Welt gezeigt wurde. Präsident Clinton bezeichnete sich ebenfalls als Sieger, wenn auch mit weniger blumigen Worten: »Ich bin zuversichtlich, dass wir unsere Mission erfüllt haben.«

In Wahrheit war die Bombardierung ein politischer Sieg für Saddam. Die Operation Wüstenfuchs beendete die Tätigkeit der UNSCOM, und die irakischen Beamten beharrten darauf, dass sie nicht mehr mit den UNSCOM-Kontrolleuren zusammenarbeiten würden. Außerdem hatte Clintons Entscheidung für die Operation Wüstenfuchs – anders als bei der Annexion Kuwaits, bei der international Einigkeit geherrscht hatte – internationale Proteste von Frankreich, Russland, China und vielen arabischen Staaten ausgelöst. Der UN-Sicherheitsrat war über die Zukunft der UNSCOM und über das Thema Saddam hoffnungslos zerstritten. Die einzige Politik, die den Vereinigten Staaten und Großbritannien, den einzigen Ländern, die immer noch fest entschlossen waren, Saddams Regime zur Einhaltung seiner internationalen Verpflichtungen zu zwingen, in Zukunft noch blieb, war die Aufrechthaltung der UN-Sanktionen. Und selbst diese Politik geriet unter Beschuss. Obwohl die Sanktionen 1996 geändert wurden, um einen »Öl für Lebensmittel«-Handel zu erlauben, veröffentlichten Hilfsorganisationen weiterhin schreckliche Berichte über die Not der unterernährten irakischen Kinder.

Eine UNICEF-Studie im März 1998, ein Jahr nachdem das »Öl für Lebensmittel«-Arrangement wirksam geworden war, ergab, dass ein Viertel der irakischen Kinder chronisch unterernährt war, und eins von zehn Kindern war vom Hungertod bedroht. Auch wenn hauptsächlich Saddams Politik für diese traurigen Zustände verantwortlich war, gab die öffentliche Meinung im Westen den UN-Sanktionen die Schuld. Die Schwierigkeiten der amerikanischen und englischen Regierung verschlimmerten sich noch, als Ende 1998 Denis Halliday, der irische Quäker, der von der UNO beauftragt worden war, das »Öl für Lebensmittel«-Programm zu überwachen, seinen Posten abgab und eine Politik anprangerte, die seiner Meinung nach der Grund dafür war, dass »vier- bis fünftausend Kinder monatlich unnötigerweise an den Folgen von Sanktionen sterben«.

Während die öffentliche Meinung im Westen sich gegen die Fortsetzung der Sanktionen zu richten begann, blieb die entscheidende Frage nach Saddams Arsenal an Massenvernichtungswaffen ungelöst. Als die UNSCOM-Kontrollen 1998 aufhörten, gab es weder eine Erklärung für 20 Tonnen von Stoffen, die für die Produktion biologischer Waffen wie Anthrax notwendig sind, noch für 200 Tonnen von Chemikalien für die Produktion von VX-Gas. Die UNO wusste immer noch nicht, ob der Irak Raketen mit großer Reichweite zu produzieren in der Lage war. Es blieb der starke Verdacht, dass er noch eine Reihe von Scud-ähnlichen Raketen besaß, die mit Anthrax- oder VX-Sprengköpfen bestückt werden konnten.[44] Außerdem war den Irakern zumindest die Möglichkeit zur Erforschung und Entwicklung von Atomwaffen und effektiver Trägersysteme geblieben.[45] Scott Ritter, der ehemalige UNSCOM-Inspektor, glaubte, dass der Irak imstande sei, mehrere Bomben herzustellen, die auf extra umgebauten Fahrzeugen von einem Geheimversteck zum anderen transportiert werden konnten.[46] Saddam hatte bereits demonstriert, dass er bereit war, Massenvernichtungswaffen gegen Zivilisten einzusetzen. Der Westen musste sich nun der Herausforderung stellen, Saddam in Zukunft am Einsatz dieser Waffen zu hindern.

DREIZEHN

Die Bedrohung

Am 28. April 2002 war die Hauptstraße nach Tikrit von klapprigen Bussen und Mercedes-Limousinen mit schwarzgetönten Fenstern verstopft. Scharen von Uniformierten mit dicken Schnurrbärten, Scheichs in fliegenden Gewändern und Bauern in abgetragenen Hosen versammelten sich auf einem weiten Paradeplatz im Zentrum der Stadt anlässlich der Feiern an Saddams fünfundsechzigstem Geburtstag. Alle bejubelten den Gesalbten, den Ruhmreichen Führer, den direkten Nachkommen des Propheten, den Präsidenten des Irak, den Vorsitzenden des Revolutionären Kommandorates, den Feldmarschall der Armeen, Doktor der Rechte und Großonkel aller Völker des Landes.

Der Platz war eigens für solche Anlässe gebaut worden, an denen die Menschen die seltene Gelegenheit bekamen, ihrem Präsidenten ihre Zuneigung zu zeigen. Die Tribüne war für ausgesuchte Gäste mit Sitzplätzen mit hohen Lehnen ausgestattet. Während die Menge geduldig auf die Ankunft des Ehrengastes wartete, führten Gruppen von Schulmädchen, von denen manche als Selbstmordattentäter verkleidet waren, eine Reihe von Tänzen auf, die Saddams »Lebenspuls« gewidmet waren. Es folgte ein langer Zug von mehr als zehntausend Soldaten und Sicherheitskräften. Jede Gruppe rief beim Vorbeimarsch an der Tribüne: »Ein glückliches Jahr dir, Präsident Saddam Hussein, der uns den Sieg gebracht hat!« Schließlich rollte ein Konvoi glänzender, kugelsicherer Mercedes auf den

Platz und kam vor der Tribüne zum Stehen. Die Menge verstummte, als die Sicherheitsbeamten dem lange erwarteten Ehrengast aus dem Wagen halfen.

Doch der Mann, der dem Fond der Präsidentenlimousine entstieg, war gar nicht Saddam Hussein, sondern dessen Cousin General Ali Hassan al-Majid, der Mann, der im ganzen Irak als »Chemie-Ali« bekannt war, weil er in den späten achtziger Jahren auf grausamste Weise gegen die irakischen Kurden vorgegangen war. Nach zweiundzwanzig Jahren als unumschränkter Herrscher des Landes zeigte sich Saddam nur mehr selten in der Öffentlichkeit, nicht einmal bei so bedeutenden Anlässen wie seinem Geburtstag. Aus Furcht davor, dass einer seiner zahlreichen Feinde eine solche Gelegenheit für einen Anschlag nutzen könnte, zog er sich lieber in die Sicherheit seiner vielen Präsidentenbunker zurück. Meistens zeigte er sich nur im Fernsehen, um seinem Volk von einem geheimen Ort aus Botschaften zu übermitteln. Saddams Geburtstagsgäste waren enttäuscht, doch sie fuhren pflichtschuldigst mit dem Jubelprogramm fort. Als Majid in Anlehnung an Saddams Gruß die rechte offene Hand erhob und zu Saddams Gruß imitierte, skandierten die Menschen Sprechchöre, als stünde der Führer persönlich vor ihnen: »Wir opfern dir unsere Seelen, unser Blut für dich, Saddam!«

Die Feierlichkeiten dauerten eine ganze Woche. Aus Rücksicht auf die Palästinenser, die gerade unter der israelischen Operation Verteidigungswall zur Ausmerzung der Selbstmordattentäter von der West Bank litten, bat Saddam die tanzenden Mädchen, die bei einem Bankett in Bagdad die 3500 Gäste hätten unterhalten sollen, zu Hause zu bleiben. »In Palästina werden Dörfer zerstört und Menschen ermordet«, erklärte einer seiner Sprecher. »Dies ist keine Zeit für Tänze.«[1] Saddam erlaubte sich allerdings den Luxus, im eleganten, neuen Theater der Hauptstadt eines seiner Stücke aufführen zu lassen. *Zabibah und der König* basierte auf zwei Romanen, die er nach dem Golfkrieg geschrieben hatte. Das Stück erzählt die Geschichte eines einsamen Monarchen, der sich in ein tugendhaftes Mädchen niederer Herkunft verliebt. Zu seinem großen Unglück wird das Objekt seiner Sehnsucht am 17. Januar – am selben Tag, an dem die von den USA geführten alliierten Streitkräfte die Operation Desert Storm begannen – vergewaltigt und von einem eifersüchtigen Ehemann getötet. Der König beschließt, die Ehre der Frau wiederherzustellen, stirbt jedoch im Kampf. Obwohl Saddam bei der festlichen Aufführung nicht anwesend war, wurde das allegorische Stück vom Publikum gut aufgenommen. Es war unschwer zu erkennen, dass Zabibah das irakische Volk symbolisierte, welches erkannte, dass sein König, nämlich Saddam, in seinem ureigensten Interesse handelte und sogar bereit war, sein Leben zu opfern.

In den dreieinhalb Jahren, seit die UNSCOM-Inspektoren Bagdad verlassen hatten und Präsident Clinton die größtenteils ineffektiven Luftschläge der Operation Desert Fox führen ließ, hatte der Irak eine Wandlung durchlaufen. Da die meisten Staaten der arabischen Welt die UN-Sanktionen offen boykottierten, florierte der Handel wieder. Regelmäßig fanden Flüge von Jordanien, Syrien und dem Libanon nach Bagdad statt, wo grelle, blutrote »Nieder mit Amerika!«-Spruchbänder die Besucher empfingen. Sämtliche Gebäude, Brücken und Straßen der Hauptstadt, die im Krieg von 1991 zerstört wurden, waren wieder aufgebaut. Die durch das »Öl-für-Lebensmittel«-Programm der UN legal eingenommenen Devisen sowie die enormen Profite aus Saddams illegalem Ölschmuggel hatten zur Folge, dass in Bagdad zum ersten Mal seit mehr als zwanzig Jahren wieder Zeichen des Wohlstands erkennbar waren. Im vornehmen Stadtteil Al-Mansour wurde die neueste Designermode verkauft, in den Märkten der ärmeren Viertel wurden Lebensmittel und billige, aus China importierte Elektroartikel angeboten.

Fast die ganzen neunziger Jahre hindurch war der Irak mit der UN über die Entwaffnung im Streit gelegen. Saddam hatte das Leiden seines Volkes rücksichtslos dazu benutzt, den Westen zur Aufgabe der harten UN-Sanktionen zu bewegen.

Nun, da ihm die aufdringlichen Waffeninspektoren und auch die schlimmsten Auswirkungen der Sanktionen keine Sorgen mehr bereiteten, beschloss er, die wirtschaftlichen Zwänge zu lockern, um einem Aufstand der seit langem leidenden Menschen gegen ihn vorzubeugen. Überall waren Medikamente erhältlich, die Stromversorgung funktionierte wieder normal, und die meisten Iraker erholten sich allmählich von den entsetzlichen Entbehrungen, die sie in den neunziger Jahren hatten erdulden müssen.

Abgesehen von der Verbesserung des Lebensstandards der Menschen verfügte Saddam aber auch noch über genügend Finanzreserven, um seiner Leidenschaft für Großprojekte zu frönen. Neben dem Bau weiterer Paläste steckte er immense Summen in den Bau mehrerer gigantischer Moscheen. Die größte und teuerste, die Umm-Al-Maarik-Moschee (»Mutter aller Schlachten«) im Zentrum von Bagdad, wurde rechtzeitig zu Saddams Geburtstag und dem zehnten Jahrestag des Golfkrieges im Jahr 2001 fertig gestellt. Ihre vier Minarette erinnern an Scud-Raketen auf Abschussrampen und symbolisieren die vier Scud-Raketen, die Saddam im Golfkrieg auf Israel abgeschossen hatte. Die Höhe von 43 Metern repräsentiert die 43 Tage, die die Operation Desert Storm dauerte. Eines der bemerkenswertesten Artefakte des Gotteshauses ist eine mit Saddams Blut geschriebene Koran-Ausgabe. Ihre 605 Seiten sind hinter Glas für die Nachwelt ausgestellt. Der Verwalter der Moschee berichtete, Saddam habe dafür im Verlauf von drei Jahren 24 Liter Blut gespendet. Dieses wurde mit Tinte und Konservierungsmitteln vermischt, was eine rotbraune Farbe ergab. Auf dem Boden eines Wasserbeckens am Fuß eines Minaretts liegt ein etwa acht Meter großes Mosaik, das Saddams Daumenabdruck darstellen soll, und in diesem Abdruck befindet sich eine Vergrößerung von Saddams Namenszug.[2]

Saddams Leidenschaft für Großprojekte, seien es Paläste, Moscheen oder auch Atomwaffen, war ein Produkt seiner Kindheit in Tikrit, als seine Familie es sich noch nicht einmal leisten konnte, ihm ein paar Schuhe zu kaufen. Aber sie passt auch zu seinem Selbstbild als einem Giganten der arabischen Geschichte. Wie Saladin, der Bezwinger der Kreuzritter, der der Legende nach ebenfalls aus Tikrit stammte, glaubte auch Saddam, es sei sein Schicksal, als der Führer verewigt und verehrt zu werden, der dem Irak und der gesamten arabischen Welt wieder zu ihrem rechtmäßigen Ruhm verhalf. Seinen letzten Palast ließ er mit Säulen ausstatten, auf denen eine Skulptur seines Kopfes mit Saladins Helm thront.[3]

Wie Hitler glaubte auch Saddam mit fortschreitendem Alter zunehmend an die Vorsehung. Hitler hatte die Hinweise seiner Generäle ignoriert, dass das Dritte Reich dem Untergang geweiht sei. Auch Saddam lehnte es selbst angesichts der katastrophalen Folgen der Operation Desert Storm noch ab, die Niederlage des Irak einzugestehen. Mit sechzig Jahren hatte er sich weiter von der Realität entfernt als je zuvor. Zweifellos hatten das ständige Umherziehen von einem Palast zum anderen und die Tatsache, dass er nie jemandem, nicht einmal seiner eigenen Familie, im Voraus sagen konnte, wo er sich als Nächstes aufhalten würde, ihren psychischen Tribut gefordert. Bei den seltenen Gelegenheiten, bei denen er Zeit fand, über sein Leben nachzudenken, dürften ihn die blutigen Gestalten ermordeter Freunde wie Abdul Karim al-Shaikhly oder Adnan Khairallah heimgesucht haben. Und auch seiner einst glücklichen Familie brachte sein »Erfolg« Zerstörung – seine Frau und zwei Töchter trennten sich von ihm, zwei Schwiegersöhne wurden ermordet, und ein Sohn wurde psychotisch, ganz zu schweigen von den pathologischen Tendenzen anderer Verwandter Saddams, zum Beispiel Ali Hassan al-Majid, und seiner Halbbrüder Barzan, Watban und Sabawi.

In welchem Palast oder Bunker Saddam auch nächtigte, er brauchte nie mehr als ein paar Stunden Schlaf. Oft stand er morgens um drei Uhr auf und ging schwimmen. In einem Wüstenland wie dem Irak ist Wasser ein Symbol für Reichtum und Macht, und alle Paläste Saddams waren mit zahlreichen Springbrunnen, Becken, Teichen und Wasserfällen ausgestattet. Wegen eines Bandscheibenvorfalls hatten ihm seine Ärzte Schwimmen und Spaziergänge verordnet. Alle Schwimmbecken Saddams wurden peinlich genau gepflegt. Das Wasser musste immer die richtige Temperatur haben, und es musste gewährleistet sein, dass sie nicht vergiftet waren. Nachdem so viele Gegner des Regimes durch eine Thalliumvergiftung zu Tode gekommen waren, konnte es nicht sonderlich überraschen, dass Saddam von einer tief sitzenden Angst gepeinigt wurde, selbst vergiftet zu werden. Aus diesem Grund hatten auch die Sicherheitsvorkehrungen rund um seine Nahrung beinahe surrealistische Ausmaße angenommen. Zweimal pro Woche wurden frische Lebensmittel nach Bagdad eingeflogen, hauptsächlich Hummer, Garnelen, Fisch, mageres Fleisch und Milchprodukte. Bevor sie in die Küche kamen, wurden sie von einem Team von Wissenschaftlern untersucht, geröntgt und auf Strahlung und Giftstoffe getestet.[4] Saddam hatte etwa zwanzig Paläste; jeder war vollständig mit Personal ausgestattet und in jedem wurden täglich drei Mahlzeiten für ihn zubereitet – auch wenn er gar nicht anwesend war.

Trotz fortgeschrittenen Alters war Saddam noch immer eitel. Ein tägliches Fitnessprogramm sollte sein gutes Aussehen erhalten und gegen seine Rückenbeschwerden helfen. Um optisch immer einen möglichst guten Eindruck zu erwecken, hatte er die olivgrüne Uniform der Baath-Partei, in der er sich in den neunziger Jahren fast ausschließlich gezeigt hatte, abgelegt und trug wieder elegante Maßanzüge. Auch eine Bemerkung von UN-Generalsekretär Kofi Annan hatte zu diesem Wechsel beigetragen: Annan sagte einmal zu ihm, ein Anzug würde sein Image als Staatsmann positiv verändern. Das Haar färbte er weiterhin schwarz, und er weigerte sich auch, sich in der Öffentlichkeit mit einer Lesebrille zu zeigen. Wenn er eine Rede hielt, druckten seine Mitarbeiter sie in riesigen Buchstaben aus. Da sein Rückenleiden ihn zu einem leichten Humpeln zwang, vermied er es, beim Laufen gesehen oder gefilmt zu werden. Aber trotz alledem arbeitete er auch weiterhin sehr viel, wie er es seit den frühen Tagen der Baath-Revolution von

1968 getan hatte. Der einzige Unterschied war, dass er sich angewöhnt hatte, tagsüber kurze Schlafpausen einzulegen. So pflegte er mitten in einer Sitzung abrupt aufzustehen, sich in einem Nebenraum einzuschließen und eine halbe Stunde später erfrischt wieder aufzutauchen. Zur Entspannung las er, hauptsächlich Bücher über die Geschichte der Araber oder des Militärwesens, oder sah fern – am liebsten mochte er CNN, Al-Jazeera und den BBC, gelegentlich unterhielt er sich aber auch mit spannenden Spielfilmen voller Intrigen, Mord und Verschwörungen. Einer seiner Favoriten war *Der Tag des Schakals*.

Trotz seiner Versuche, mit der Welt in Kontakt zu bleiben, war Saddam isolierter denn je. Dies zeigte sich auch bei Zusammenkünften mit seinen Funktionären. Hatte er offizielle Besprechungen in der Vergangenheit immer effektiv geleitet und sich zuvor anhand von Arbeitspapieren informiert, so entwickelten sie sich zunehmend zu weitschweifigen, desorganisierten Sitzungen, die Stunden währen konnten, ohne Ergebnisse zu produzieren. Am Ende pflegte Saddam zu seinen Gefolgsleuten zu sagen: »Bitte grüßen Sie mein Volk, denn ich glaube, ich werde es in den nächsten Tagen nicht sehen können. Ich bin zurzeit sehr beschäftigt.«[5] Anfang 2002 bemerkte er einmal, wie einer seiner Minister während einer Kabinettssitzung auf die Uhr sah. Am Ende bat er den Mann, noch zu bleiben, und fragte ihn, ob er in Eile sei. Als der Minister verneinte, tadelte Saddam ihn für seine »Beleidigung« und befahl, ihn zwei Tage lang an Ort und Stelle einzusperren. Der entsetzte Minister saß zwei Tage im Kabinettszimmer in der Erwartung, jeden Augenblick abgeführt und erschossen zu werden. Nach seiner Freilassung enthob ihn Saddam seines Amtes.

Vielleicht war Saddam zurückhaltender geworden, aber gewandelt hatte er sich nicht. Befreit von den Zwängen, die die UNSCOM ihm auferlegt hatte, ging er nun daran, das Arsenal der Massenvernichtungswaffen wieder aufzubauen. Der Staub der Operation Desert Fox hatte sich kaum verzogen, als bekannt wurde, dass er mit Moskau ein geheimes Abkommen über den Wiederaufbau der irakischen Luftabwehr unterzeichnet hatte. Einige Monate später, als sich der Westen anschickte, die ethnische Säuberung des Serbenführers Slobodan Milošević im Kosovo zu verhindern, sagte Saddam in einem Geheimbündnis Belgrad Unterstützung bei Luftangriffen der Alliierten zu. Im März flogen einige serbische Experten für chemische und biologische Waffen nach Bagdad, wo sie eine Führung durch Saddams Produktionsanlagen für Massenvernichtungswaffen erhielten.[6] Westliche Geheimdienste vermuteten, dass die beiden Länder neben gegenseitiger Hilfe bei der Luftabwehr auch bei der Produktion solcher Waffen kooperierten. Im Sommer 2000 stieg die Sorge über eine mögliche Zusammenarbeit beider Staaten zur Entwicklung von Atomwaffen, als bekannt wurde, dass Milošević über genügend angereichertes Uran zur Herstellung einiger einfacher Bomben verfügte: Genau das war es, was Saddam für den Abschluss der Arbeiten am Bau der ersten Atombombe der arabischen Welt brauchte.[7]

Er wies seine Sicherheitskräfte an, die Aktivitäten irakischer Exilgruppen weiter zu sabotieren. Durch die Iraq Liberation Bill, ein Gesetz zur Befreiung des Irak, das der US-Kongress im Oktober 1998 verabschiedet hatte, waren Mittel bereitgestellt worden, mit denen irakische Oppositionsgruppen neue Strategien zum Sturz Saddams entwickeln konnten. Versuche, die miteinander rivalisierenden Gruppen zur Zusammenarbeit zu bewegen, hatten jedoch wenig Erfolg gehabt. Dennoch taten Saddams Geheimagenten ihr Bestes, um die irakische Opposition zu paralysieren. So wurde im August bekannt, dass er geplant hatte, einen ehemaligen irakischen Armeegeneral in London zur Ermordung von Ayad Allawi zu zwingen, den Kopf des Iraqi National Accord, der hinter dem gescheiterten Putsch des Jahres 1996 steckte. Saddams Agenten erpressten Mohammed Ali Ghani, einen früheren Kommandeur der Republikanischen Garde, der nach dem gescheiterten Schiiten-Aufstand 1991 geflüchtet war. Sie verhafteten seine noch in Bagdad lebende zwanzigjährige Tochter und drohten, die junge Frau zu foltern, falls Ghani sich weigere, Allawi zu töten. In seiner verzweifelten Lage unternahm Ghani einen Selbstmordversuch. Er überlebte und fasste den Entschluss, sich nicht in der irakischen Oppositionsbewegung zu engagieren.[8]

Saddams Versuche, seine Position in Bagdad zu konsolidieren, wurden ständig von seinem Sohn Uday unterlaufen. Ende der neunziger Jahre hieß es zwar, Uday habe sich vollständig von seinen Verletzungen bei dem Anschlag im Jahre 1996 erholt, doch in Wirklichkeit war er die meiste Zeit an den Rollstuhl gefesselt. Auf offiziellen Fotos und bei Fernsehauftritten wurde er immer nur kurz stehend gezeigt und musste sich danach sofort wieder setzen. Seine Qualen frustrierten ihn so sehr, dass er eines Abends betrunken in einem Bagdader Nachtklub von seinen Bewachern verlangte, ihm den »Kopf seines Chirurgen« zu bringen. Der unglückliche Arzt wurde vor Udays Zorn gewarnt und floh unverzüglich nach Saudi-Arabien.[9] Auch die Gerüchte über Udays angebliche Impotenz nach dem Anschlag wollten nicht verstummen. Sein ehemaliger Privatsekretär Abbas Janabi, der vor seiner Flucht nach England fünfzehn Jahre lang für Uday gearbeitet hatte, berichtete hingegen, dieser habe seinen sexuellen Appetit wiedererlangt und oft an einem Tag bis zu vier Frauen beglückt. Auch zwölfjährige und sogar noch jüngere Mädchen habe er missbraucht.[10] Udays impulsives Wesen zeigte sich auch in seiner Behandlung der irakischen Fußball-Nationalmannschaft: Wenn sie ein Match verlor oder schlecht spielte, ließ er die Spieler verprügeln.[11]

Abu Zeinab al-Qurairy, ein weiterer ehemaliger Freund Udays und Brigadegeneral des Geheimdienstes Mukhabarat, der sich Anfang 2001 absetzte, hatte dessen Brutalität persönlich zu spüren bekommen. Als Saddam im Jahr 2000 eine Kampagne gegen die Korruption lancierte, schickte Qurairy dem Präsidenten in aller Naivität einen geheimen Bericht darüber, wie Uday die Regierung um viele Millionen Dollar betrog. Obwohl Saddam seinen Beamten persönlich versichert hatte, dass alle Informationen streng vertraulich behandelt würden, wusste Uday, als er Qurairy das nächste Mal sah, über alle Details des Geheimberichts Bescheid. Er »holte aus dem Nichts einen Elektroschocker hervor und stieß ihn mir in den Unterleib. Ich verlor das Bewusstsein; als ich aufwachte, lag ich in einer roten Zelle im Gefängnis des Olympischen Komitees.«[12]

Uday behielt die Verantwortung für den höchst lukrativen Ölschmuggel und eröffnete sogar neue Routen durch Syrien. Im August 1999 zeigte sich Saddam von der Käuflichkeit seines Sohnes peinlich berührt, als entdeckt wurde, dass eine Ladung mit Babymilch und Medikamenten für irakische Kinder für eines dieser gewinnträchtigen Geschäfte außer Landes geschmuggelt worden war. Zudem musste sich Saddam mehr und mehr mit Udays Eifersucht auf seinen jüngeren Bruder Qusay auseinander setzen, der wegen seines Fleißes und Verantwortungsbewusstseins zunehmend die Rolle des designierten Nachfolgers spielte. Uday hatte bereits einen tiefen Riss in der Familie verursacht, weil sich seinetwegen Barzan al-Tikriti, sein Onkel und Saddams Halbbruder, Ende 1998 in die Schweiz abgesetzt hatte. Der Grund war Udays Versuch gewesen, die Dollar-Milliarden zu kassieren, die Barzan auf geheimen Schweizer Konten deponiert hatte. Saddam erwirkte später eine Versöhnung mit Barzan, und nun betrachtete Uday seinen jüngeren Bruder mit wachsendem Argwohn. Ende 1999 spitzte sich die Lage zu, als Uday für die Exekution von Rafa al-Tikriti, Saddams Geheimdienstchef und Cousin, verantwortlich gemacht wurde. Rafa war ein enger Freund von Saddams Halbbruder Watban, und er bekämpfte Uday bereits, seit dieser 1995 die Flucht von Saddams Schwiegersöhnen heraufbeschworen hatte. Uday reagierte nun, indem er Rafa al-Tikriti beschuldigte, er habe Details über die geheimen Waffengeschäfte des Irak mit Moskau verraten; Rafa al-Tikriti wurde hingerichtet.[13]

Da der Irak praktisch von der Außenwelt abgeriegelt war, stammten die meisten Details über Saddams Familie von Irakern, die sich in wachsender Zahl in den Westen absetzten.

Dieser Prozess wurde noch beschleunigt durch die Attentate des 11. September 2001 in New York und Washington. Ein aufschlussreicher Bericht über Saddams heimliche Versuche, wieder Massenvernichtungswaffen zu bauen, stammt von Adnan Ihsan Saeed al-Haideri, einem Bauingenieur, der im Sommer 1991 aus dem Irak geflohen war. Agenten von CIA und FBI gegenüber erklärte er, er habe an der Renovierung geheimer Anlagen für biologische, chemische und nukleare Waffen in unterirdischen Schächten, Privatvillen und sogar im Saddam-Hussein-Krankenhaus in Bagdad mitgearbeitet.[14]

Haideris Behauptungen bestätigten den Verdacht von Rüstungskontroll-Experten der UN, die versucht hatten, Saddams Aktivitäten nach dem Ende der UNSCOM zu verfolgen. Als Ersatz für die Sonderkommission rief die UN im Dezember 1999 die United Nations Monitoring, Verification, and Inspection Commission (UNMOVIC) ins Leben, die anders als ihre Vorläufer direkt an den UN-Generalsekretär Bericht erstattet. Wegen der Patt-Situation bezüglich der Zukunft der UN-Sanktionen konnte der Irak Bestrebungen der UNMOVIC zurückweisen, ihre Inspektoren ins Land zu senden. Die UN konnte lediglich eine informelle Einschätzung der Potentiale an Massenvernichtungswaffen im Irak vornehmen, die auf der Arbeit der UNSCOM-Inspektoren und auf Aussagen geflüchteter Iraker beruhte. Daraus ging hervor, dass Saddam wieder mit der Entwicklung von Atomwaffen begonnen hatte. Charles Duelfer, der frühere stellvertretende Leiter der UN-Waffeninspekteure, sagte, die bekannten irakischen Atomwissenschaftler seien wieder in den fünf Forschungszentren des Landes tätig.[15] Saddam verfüge über die nötige Technik, um Atomwaffen zu bauen – alles, was ihm fehle, sei waffenfähiges Uran. Im Juni wurde der Irak beschuldigt, er habe auf dem Rückweg von Hilfsflügen für von einem Dammbruch betroffene syrische Bauern Komponenten zum Bau von Uran-Anreicherungsanlagen ins Land geschmuggelt.[16] Im Sommer 2002 kamen die meisten Einschätzungen westlicher Nuklear- und Geheimdienstexperten zu dem Schluss, dass Saddam innerhalb von fünf Jahren eine Atombombe produzieren könne, wenn man ihn nicht daran hinderte.

Noch schwieriger war das Ausmaß der Entwicklung von Saddams chemischen und biologischen Waffen einzuschätzen. Bei den UNSCOM-Inspektionen hatte der Irak keine Rechenschaft über die 100 000 chemischen Waffen abgelegt, die er während des Krieges gegen den Iran produziert hatte, und man befürchtete, es könnten Tausende mit VX-Gas oder Senfgas gefüllte Granaten versteckt worden sein. Im Februar teilte CIA-Chef George Tenet dem amerikanischen Kongress mit: »Bagdad erweitert seine zivile chemische Industrie so, dass sie rasch auf eine Produktion chemischer Waffen umgestellt werden kann.«

Mit Sicherheit wurde Saddams Obsession für Massenvernichtungswaffen in der seit dem 11. September 2001 radikal veränderten politischen Landschaft zum Hauptgrund für das Wiederaufleben der Feindseligkeiten gegen den Irak. In seiner Rede zur Lage der Nation im Januar 2002 stellte Präsident George W. Bush klar, der nach dem 11. September erklärte »Krieg gegen den Terror« beziehe sich nun auch auf Länder wie den Irak, die weiterhin Massenvernichtungswaffen entwickelten und Terroristen unterstützten und ihnen Unterschlupf gewährten. Selbst für den Fall, dass sich diese Punkte nicht alle beweisen ließen, war Bush nicht bereit, denselben Fehler zu begehen wie sein Vater und Saddam ungeschoren zu lassen. Zu demselben Schluss kam auch der britische Premierminister Tony Blair, trotz der starken Einwände aus den Reihen seiner eigenen Partei und der meisten Stimmen aus der Europäischen Union. Bis zum Frühjahr hatte sich Bushs Entschluss, Saddam ins Visier zu nehmen, so sehr gefestigt, dass er den ungewöhnlichen Schritt unternahm, den CIA persönlich zu einer verdeckten Operation zum Sturz des irakischen Präsidenten zu autorisieren und dabei nötigenfalls auch letale Mittel einzusetzen. Mit anderen Worten, Bush hatte dem CIA grünes Licht für die Ermordung Saddams gegeben.

Auf diesen Entschluss, ihn zu beseitigen, reagierte der irakische Diktator mit einer für ihn typischen, trotzigen Haltung. Unmittelbar nach Bekanntwerden dieser Entscheidung Bushs rief Saddam die wichtigsten Köpfe seines Regimes zu einer Dringlichkeitssitzung im Präsidentenpalast zusammen. Er begann mit einer weitschweifigen Rede, in der er Bush beschimpfte und erklärte, die Position der Vereinigten Staaten lasse dem Irak »in dieser Angelegenheit keinen Bewegungsspielraum«. Sodann wurden die Anwesenden aufgefordert, ihre Ansichten darzulegen. Ali Hassan al-Majid begann mit der Erklärung, die Amerikaner seien »dumme und arrogante Leute«, und schlug dann vor, »den Kampf in ihre Häuser in Amerika« zu tragen. Ähnlich äußerte sich auch Saddams langjähriger Vizepräsident Taha Yassin Ramadan, ein Baath-Aktivist aus den sechziger Jahren, der ihm beim Aufbau der Volksmiliz geholfen hatte, und fügte hinzu: »Die Helden des Irak können zu Tausenden menschliche Bomben werden, die bereit sind, Amerika in die Luft zu sprengen.«

Saddam nickte beiden anerkennend zu und forderte dann Qusay auf, sich zu äußern. »Wir wissen, und auch unsere Brüder hier wissen alle«, begann er, »dass wir – mit Gottes Hilfe – zu allem fähig und in der Lage sind. Ein kleines Zeichen von dir, und wir rauben den Menschen in Amerika den Schlaf. Sie werden sich davor fürchten, auf die Straße zu gehen ... Ich bitte dich nur um ein kleines Zeichen. Ich schwöre auf deinen Kopf, wenn ich ihre Nacht nicht in den Tag verwandle und ihren Tag in die reine Hölle, dann werde ich dich bitten, mir vor meinen Brüdern den Kopf abzuschlagen.« Nach einer kurzen Pause fuhr Qusay fort: »Wenn Bin Laden wirklich die Attacken des 11. September ausführte, wie sie behaupten, dann – und Gott ist mein Zeuge –, dann werden wir ihnen beweisen, dass das, was im September geschah, ein Kinderspiel ist im Vergleich zu dem, was der Zorn von Saddam Hussein bewirkt. Sie kennen den Irak nicht, und nicht seinen Führer, nicht die Männer des Irak, nicht die Kinder des Irak.«[17]

Am 17. Juli 2002, dem 34. Jahrestag der Baath-Revolution, gab Saddam in einer Rede an das irakische Volk seine Meinung angesichts der neuen Bedrohung aus Washington bekannt. In dem für ihn typischen bäuerlichen Dialekt erklärte er: »Der Juli ist wiedergekehrt, um allen Unterdrückern und mächtigen und bösen Menschen der Welt zu sagen: Ihr werdet mich nicht besiegen, weder dieses Mal noch irgendwann sonst, auch wenn ihr alle Teufel an eurer Seite versammelt.«

Saddam rüstete sich und sein Land für die zahlreichen neuen Krisen, denen er in der Zukunft zweifellos würde begegnen müssen. Aber wie schwer die Herausforderung, wie tödlich die Bedrohung durch den Feind auch sein mochte, »Er, der der Gefahr ins Auge sieht«, wollte genauso reagieren wie bei allen anderen Konflikten, die er in den langen Jahren an der Macht gemeistert hatte. Saddams erste Priorität blieb stets: Überleben.

Die neue Herausforderung ließ nicht lange auf sich warten. Mit Rückendeckung seiner militanteren Regierungsmitglieder machte George W. Bush den ganzen Sommer 2002 hindurch klar, dass er Saddam fest im Visier hatte. Durch den Erfolg angestachelt, den er im vorangegangenen Jahr in Afghanistan bei der Niederschlagung der Taliban gehabt hatte, schien Bush auf die erstbeste Gelegenheit zu lauern, einen Konflikt mit Saddam entflammen zu lassen. Die vorsichtigeren Mitglieder seiner Regierung und Verbündete wie der britische Premierminister Tony Blair konnten ihn jedoch davon überzeugen, die Sache zusammen mit den Vereinten Nationen anzugehen und dort Saddams geheime Pläne für Massenvernichtungswaffen geltend zu machen.

Doch nur wenige Mitglieder der Regierung Bush glaubten noch daran, dass die UN erneute Feindseligkeiten verhindern könnten. Schon im März 2002 hatte das *Time Magazine* Bushs eigentliche Absichten offen gelegt und folgendes berichtet: Als Condoleezza Rice, damals für nationale Sicherheit zuständig, gerade mit drei Senatoren über den Irak diskutierte, steckte Bush den Kopf zur Tür herein und rief: »Scheiß auf Saddam. Wir machen ihn kalt.« Mitte August machte Vizepräsident

Dick Cheney keinen Hehl daraus, dass er eine schnelle Militäraktion befürwortete. Er stellte öffentlich in Frage, ob es sinnvoll sei, noch einmal Waffeninspektoren in den Irak zu schicken. »Die Rückkehr der Inspektoren ist längst keine Garantie dafür, dass Saddam sich an die UN-Resolutionen hält«, sagte er bei einem Veteranentreffen in Nashville, Tennessee. »Im Gegenteil, es ist zu befürchten, dass so die falsche Hoffnung geweckt wird, Saddam sei wieder in die Schranken gewiesen worden.« Die Washingtoner Falken waren fest entschlossen, in Bagdad einen Regimewechsel herbeizuführen. Dieses Mal sollte es für Saddam kein Entrinnen geben.

Über die Strategie, mit der man Saddam beikommen wollte, wurde im August 2002 entschieden. Während einer Videokonferenz, die Präsident Bush mit seinen ranghöchsten Beratern führte, während er sich auf seiner Ranch in Crawford, Texas, aufhielt, einigte man sich auf Folgendes: Die UN sollten sich mit dem illegalen Waffenprogramm im Irak beschäftigen, jedoch unter der strikten Bedingung, dass man einen Krieg nicht hinauszögern oder Washington irgendwelche Bedingungen stellen würde. Bush wollte den Waffeninspektoren eine letzte Chance geben, Saddams Produktion von Massenvernichtungswaffen zu stoppen. Außerdem wollte er noch sondieren, inwieweit die amerikanischen Verbündeten bereit wären, militärische Aktionen gegen den Irak einzuleiten. Diese Strategie wurde im September weiterentwickelt, als Tony Blair zur Lagebesprechung nach Camp David flog. Blair war klar, dass er die zunehmende Antikriegshaltung innerhalb der Labour-Partei und auch in der britischen Öffentlichkeit beschwichtigen musste. Er bestand darauf, dass Bush die Vereinten Nationen beteiligte. Bush erklärte damals in Camp David, er sei bereit, den Weg über die UN zu gehen. Wenn es dadurch zu einer wirklichen Entwaffnung Saddams käme (was in Anbetracht der »Erfolgsbilanz« der bisherigen elf Jahre äußerst unwahrscheinlich war), wäre er sogar bereit, mit Saddam zu verhandeln. Im Gegenzug versprach Blair, falls die Bemühungen der UN keinen Erfolg hätten, würde Großbritannien die Vereinigten Staaten in einem Krieg gegen Saddam unterstützen. Blair betonte, Großbritannien sei stets ein loyaler Verbündeter der USA – komme, was da wolle. Sein Land, so sagte er, stehe immer an Amerikas Seite.[18] Obwohl er öffentlich erklärte, nicht ohne die UN handeln zu wollen, machte sich Bush keine Illusionen darüber, wie die Sache schließlich ausgehen würde. Während Politiker und Diplomaten in Washington und Europa einen letzten Versuch starteten, Saddam zur Entwaffnung durch die Vereinten Nationen zu bewegen, wurde Anfang September 2002 bekannt, dass die US-Marine in Vorbereitung auf erneute Auseinandersetzungen Panzer und schweres Gerät in die Golfregion verlegte.

All dies wurde von Saddam sorgsam beobachtet. Aber zumindest öffentlich ließ er sich nicht einschüchtern von der neuen Koalition, die sich da gegen ihn formierte. In einer kämpferischen Fernsehansprache an das irakische Volk warnte er: Jeder, der den Irak angreife, würde »in Schande« sterben. Der UN-Sicherheitsrat sei voreingenommen. Saddam sagte zwar, der Irak sei bereit, den UN-Resolutionen Folge zu leisten und Waffeninspektionen zuzulassen, doch gleichzeitig warf er den USA – nicht ganz zu Unrecht – vor, die neuen Resolutionen zu unterwandern. Äußerlich gab er sich unbeeindruckt, aber insgeheim ahnte Saddam, dass die Regierung Bush es ernst meinte, und er begann, Vorkehrungen zu treffen, um sich gegen die neue Bedrohung zu wappnen. Washington und London erhöhten den Druck auf Bagdad, endlich sein Arsenal an Massenvernichtungswaffen offen zu legen. Saddam beschloss, kein Risiko einzugehen, wenn nun erneut UN-Inspektoren ins Land kämen. Qusay, der seit Mitte der neunziger Jahre für das Waffenprogramm des Irak zuständig war, bekam die Anweisung, alle noch verbleibenden Bestände an chemischen und biologischen Waffen entweder zu verstecken oder zu vernichten. Ebenso sollte er alles vernichten, was darauf hindeuten könnte, dass der Irak immer noch eine geheime Waffenproduktion unterhielt. Qusay wurde auch die Verteidigung des Regimes zur Aufgabe gemacht. Da man kaum noch von einer irakischen Luftwaffe sprechen konnte und der Rest der Armee nach elf Jahren UN-Sanktionen an schwerem Materialmangel krankte, entschied Qusay, seine Truppen in und um Bagdad zu konzentrieren. Falls die Amerikaner und die Briten den Irak mit ihrer weit überlegenen Schlagkraft angriffen, würde Qusay Bagdad zum neuen Stalingrad machen.[19]

Aber zu diesem Zeitpunkt glaubte Saddam noch, er könne eine Wiederholung des verheerenden Golfkriegs vermeiden. Er hoffte, die Meinungsverschiedenheiten im UN-Sicherheitsrat für sich nutzen zu können. Dessen Mitglieder waren sich nicht einig, wie man den Irak endlich zwingen sollte, seiner Verpflichtung zur Entwaffnung nachzukommen. Saddam und andere Iraker verwunderte nicht, dass die Vereinigten Staaten und Großbritannien sich dafür einsetzten, dieses Regime zur Rechenschaft zu ziehen. Sie hatten schon die neunziger Jahre hindurch dafür plädiert, das Embargo und die Flugverbotszonen im Norden und Süden des Landes beizubehalten. Saddam wusste aber, dass diese Haltung nicht von allen geteilt wurde. Vor dem 11. September 2002 waren viele Länder, darunter wichtige Mitglieder des Sicherheitsrats, der Ansicht, der Irak würde unangemessen hart bestraft. Sie forderten, die Sanktionen aufzuheben. Von den fünf ständigen Mitgliedern nahmen Frankreich und Russland, die beide langjährige und ertragreiche Handelsbeziehungen zu Bagdad pflegten, eine pro-irakische Position ein, und China, ebenfalls bemüht, ins lukrative Waffengeschäft mit dem Irak einzusteigen, enthielt sich einer Stellungnahme.

Diese Uneinigkeit war nach den Anschlägen des 11. September erst einmal wie weggeblasen, und Paris wie Moskau boten den traumatisierten Amerikanern ihre uneingeschränkte Hilfe an. Im Herbst 2002 äußerten dann beide Länder öffentlich ihre Bedenken darüber, wie Washington im »Krieg gegen den Terror« verfuhr. Ihrer Ansicht nach gab es keine Beweise dafür, dass Saddams Regime an den Anschlägen des 11. September direkt beteiligt gewesen war. Der Irak weigerte sich zwar immer noch, eine ganze Reihe von UN-Resolutionen in Bezug auf seine Waffenprogramme einzuhalten, doch weder Paris noch Moskau sahen in Saddam eine ernstliche Bedrohung für den Nahen Osten oder andere Länder. Russland und Frankreich erhielten Unterstützung von Deutschland – ebenfalls ein Land mit lukrativen Geschäftsbeziehungen zu Bagdad. Der wachsende Widerstand der Europäer gegen Amerikas Politik wurde durch den Verdacht geschürt, dass die republikanische Regierung – das heißt vor allem die überzeugten Neokonservativen, die in Washington die Schlüsselpositionen innehatten – beabsichtigte, Amerikas Hegemonie über den Nahen Osten auszuweiten und Kontrolle über die ergiebigen irakischen Ölfelder zu erlangen. Aus Saddams Sicht waren diese Meinungsverschiedenheiten nützlich, um einen militärischen Konflikt vielleicht doch noch abzuwenden. Dabei hatte Washington es bereits zu seinem Ziel erklärt, in Bagdad einen Regimewechsel herbeizuführen.

Tatsächlich bedurften Amerikaner und Europäer keines Zutuns von Saddam, um sich zu zerstreiten. Im Herbst 2002 wurden mehrere Versuche unternommen, eine neue Resolution des Sicherheitsrats zu verabschieden, die alle bedeutenden Mitglieder befürworten könnten und die berücksichtigte, dass Washington gewillt war, Saddam endlich zur bedingungslosen Entwaffnung seines Landes zu zwingen. Die Verhandlungen begannen offiziell am 12. September, als Präsident Bush vor der UN-Vollversammlung sprach. Nachdem er die zahlreichen irakischen Verstöße gegen UN-Resolutionen aufgeführt hatte, stellte Bush sowohl der UN als auch dem Irak ein Ultimatum. Er verlangte Klarheit darüber, ob die UN stark genug sei, gegen Saddam vorzugehen. »Die Welt steht vor einer Prüfung und die UN vor einem schweren und entscheidenden Moment«, sagte er. »Sollen die Resolutionen des Sicherheitsrats geachtet und durchgesetzt werden oder sollen sie ohne Konsequenzen ignoriert werden können? Werden die Vereinten Nationen den Zweck ihrer Gründung erfüllen oder werden sie ihre Bedeutung verlieren?« Seine Bemerkungen an Saddams Regime fielen ebenso kompromisslos aus. »Wenn sich das irakische Regime erneut widersetzt, muss die Welt entschlossen vorgehen und den Irak zur Rechenschaft ziehen ... Wir werden mit dem Sicherheitsrat der Vereinten Nationen an den erforderlichen Resolutionen arbeiten. Aber an den Absichten der Vereinigten Staaten ist nicht zu rütteln. Die Resolutionen des Sicherheitsrats werden durchgesetzt – die Forderung nach Frieden und Sicherheit wird erfüllt – oder ein Eingreifen wird unvermeidlich. Und ein Regime, das seine Legitimität bereits verloren hat, wird auch seine Macht verlieren.«

Bushs Absichtserklärung war unmissverständlich. Saddam sollte sein Arsenal an Massenvernichtungswaffen offen legen oder sich auf einen Militäreinsatz gefasst machen. Saddams einzige Hoffnung war, dass ihm die UN wie schon so oft in der Vergangenheit zur Hilfe kommen würde. In dieser Hinsicht wurde er nicht enttäuscht. Bush war entschlossen, Krieg zu führen – der französische Staatspräsident Jacques Chirac hingegen war entschlossen, ihn zu vermeiden. Am 9. September, also bereits vor Bushs Rede, bestand Chirac darauf, dass zwei Resolutionen erforderlich seien, um mit Saddam fertig zu werden: eine, um UN-Inspektoren mit einem strengen neuen Mandat zu entsenden, und eine weitere, um ein militärisches Vorgehen zu befürworten, falls die UN mit der irakischen Reaktion nicht zufrieden sein würde. Von Anfang an beharrten die Franzosen darauf, dass es keinen »Automatismus« geben solle, d.h. keinen automatischen Auslöser, der den USA erlauben würde, den Krieg gegen den Irak zu beginnen, ohne vorher die Zustimmung des Sicherheitsrats einzuholen. Die Franzosen wussten zudem, dass sie auf die Unterstützung des russischen Präsidenten Wladimir Putin setzen konnten, der der Ansicht war, es könne mit Hilfe der UN eine friedliche Lösung für den Irakkonflikt gefunden werden. (Putin wollte vor allem auch sicherstellen, dass Saddam die acht Milliarden Dollar zurückzahlte, die er Russland für Waffenlieferungen schuldete.) Der deutsche Kanzler Gerhard Schröder verkündete, er lehne einen militärischen Konflikt ab. Diese Haltung war ein zentraler Punkt seines Bundestags-

Wahlkampfes, den seine Partei im September 2002 dann auch knapp gewann.

Angesichts dieses erheblichen Widerstands hatten amerikanische und britische Diplomaten alle Hände voll zu tun, um Zustimmung für einen Militäreinsatz gegen Saddam zu finden. In Großbritannien sah sich Tony Blair zudem einer besonders kritischen Öffentlichkeit gegenüber, ganz zu schweigen von seiner Labour Partei. Um Unterstützung für den Feldzug gegen Saddam zu gewinnen, veröffentlichte die britische Regierung Ende September ein Geheimdienstpapier, das auf sehr krasse Weise schilderte, welche Bedrohung von Saddams Massenvernichtungswaffen ausgehen würde. Das Papier enthielt wenig neue Informationen und basierte vor allem auf Berichten, die UN-Waffeninspektoren verfasst hatten, nachdem sie 1998 aus dem Irak abgezogen worden waren. Dennoch riet die Regierung Blair einigen Teilen der Presse, die Bedrohung durch Saddam hochzuspielen. Am Tag nach der Veröffentlichung des Papiers titelte die Labour-treue *Sun*: »Briten 45 Minuten vorm Untergang«. Im Bericht auf der ersten Seite wurde behauptet: »Wenn der Irak seine Raketen abfeuert, könnten binnen 45 Minuten britische Militärangehörige und Touristen auf Zypern durch biologische Waffen getötet werden.«[20]

In Wahrheit legten die Geheimdienstberichte keine solche Schlußfolgerung nahe. Gesagt wurde nur, dass »einige Massenvernichtungswaffen« innerhalb von »45 Minuten nach Erteilung des Befehls« schußbereit sein könnten. Aber hier waren konventionelle Waffen wie Granatwerfer gemeint, die Saddam während der achtziger Jahre im Krieg gegen den Iran eingesetzt hatte. Zu den Flugkörpern wurde nur gesagt, dass Saddam *versuche*, eine Rakete zu bauen, deren Reichweite bis zu den britischen Militärbasen auf Zypern lange. Die vorsichtigen Einschätzungen des Geheimdiensts waren weit davon entfernt, Anlass zu derart reißerischen Berichten zu geben, doch Blair unternahm keinen ernst gemeinten Versuch, die fanatische Propaganda gegen Saddam zu stoppen. Er hoffte wohl, sie würde helfen, die britische Öffentlichkeit für seine Haltung einzunehmen. Die Regierung Bush dagegen sah keine Notwendigkeit, ihre Vorgehensweise zu rechtfertigen. Ein Jahr nach den Angriffen des 11. September zeigten die Umfragewerte, dass die meisten Amerikaner gewillt waren, ihrem obersten Befehlshaber im »Krieg gegen den Terror« freie Hand zu lassen. Auch wenn die Bedrohung vielleicht vage formuliert war: Solange man annehmen musste, dass Saddam amerikanische Interessen bedrohte, war die amerikanische Öffentlichkeit bereit, den Militäreinsatz gegen Bagdad zu unterstützen. Anfang Oktober 2002 jedoch veröffentlichten die amerikanischen Geheimdienste eine Einschätzung der Lage, die dem britischen Papier sehr nahe kam. Dort war zu lesen: »Seit dem Ende der Inspektionen im Jahr 1998 hat der Irak weiter chemische Waffen entwickelt, sein Raketenprogramm erneuert und in biologische Waffen investiert.« Außerdem wurde ernstlich davor gewarnt, dass Saddam innerhalb eines Jahres eine Atombombe bauen könne, falls er an spaltbares Material gelange.

Trotz der Befürchtungen, die westliche Geheimdienste – auch der französische und der deutsche – wegen Saddams Massenvernichtungswaffen hatten, kämpften die amerikanischen und britischen Diplomaten vor der UN um eine Einigung darüber, wie am besten mit Saddam zu verfahren sei. Als größtes Hindernis erwies sich die Weigerung der französischen Regierung, eine Resolution zu billigen, die ein sofortiges militärisches Eingreifen ermöglichte. Aus diesem Grund zog sich die Entwurfsphase, die eigentlich nur zwei Wochen hätte dauern sollen, über ganze acht Wochen hin; erst am 8. November wurde schließlich eine Resolution – einstimmig – verabschiedet. Sie sollte die neue Vorgehensweise in Bezug auf Saddam klären. Diese Resolution 1441 verlangte »verschärfte Inspektionen«, denen ein strikter Zeitplan und die unbedingte, volle Unterstützung des Irak zugrunde gelegt werden sollte. Die Inspektoren müssten »sofortigen, ungehinderten und uneingeschränkten Zugang ohne Anwesenheit Dritter zu allen Amtsträgern« haben dürfen. Saddam wurde verpflichtet, innerhalb von dreißig Tagen eine »genaue, vollständige und endgültige Offenlegung aller Aspekte seiner Programme zur Entwicklung von chemischen, biologischen und atomaren Waffen« vorzulegen. Die größte Gefahr für Saddam enthielt der Schlußsatz der Resolution, wonach der Rat »Irak wiederholt vor ernsthaften Konsequenzen gewarnt hat, wenn Irak weiter gegen seine Verpflichtungen verstößt.«

Hier wurde nicht, wie von Washington verlangt, ein sofortiges militärisches Eingreifen angedroht, falls Saddam nicht auf die Forderungen der UN einging. Doch auch die französischen Bemühungen scheiterten, ausdrücklich eine zweite Resolution erforderlich zu machen, bevor es zu einem Krieg käme. Für die Regierung Bush waren »ernsthafte Konsequenzen« natürlich gleichbedeutend mit Krieg, während die Kriegsgegner darunter verstanden, das Thema Irak erneut auf den Verhandlungstisch zu bringen und dann eine weitere Resolution zu verabschieden.

Trotzdem stellte die Resolution 1441 einen ernsten Rückschlag für Saddam dar. Den Herbst hindurch war er seiner gewohnten Taktik gefolgt und hatte versucht, Zwietracht zwischen den führenden UN-Mitgliedsstaaten zu säen. Während der heiklen Verhandlungen in New York hatte Saddam versucht, Verwirrung zu stiften: Bevor noch eine neue Resolution verabschiedet werden konnte, hatte er erklärt, er wolle die Waffeninspektoren gerne wieder nach Bagdad lassen.

Saddam bemühte sich sehr, seine Popularität im irakischen Volk zu steigern. Ende Oktober ließ er ein Referendum abhalten, bei dem er nach Auskunft von Izzat al-Douri, der als Vizepräsident das Ergebnis verkündete, 100 Prozent Jastimmen erhielt. Die vorangegangene Kampagne war von Mitgliedern der Baath-Partei sorgsam in Szene gesetzt worden. Vor einem Wahllokal rannten Mädchen mit rosa Kleidern und roten Stirnbändern umher und riefen: »Betet für den Propheten! Saddam Hussein ist der neue Prophet!« Am Tag nach dem Saddams Sieg offiziell verkündet worden war, ließ er sich noch etwas einfallen, um sich bei den Irakern beliebt zu machen: Er sorgte dafür, dass einige hundert gewöhnliche Verbrecher aus dem berüchtigten Abu-Ghraib-Gefängnis freikamen. Sie wurden von einer jubelnden Menge in Empfang genommen, die in Bussen zum Gefängnis gefahren worden waren. Angehörige von politischen Häftlingen jedoch, die sich allein nach Abu Ghraib aufgemacht hatten, hatten keinen Grund zur Freude. Bevor er die Kleinkriminellen freiließ, hatte Saddam angeordnet, alle noch inhaftierten politischen Häftlinge zu exekutieren.

Bei einem Fernsehauftritt bat Saddam die Iraker eindringlich, eine starke Verteidigung aufzubauen, falls die Amerikaner angreifen würden. Er schien sich darüber im Klaren zu sein, welcher Bedrohung er ausgesetzt war, und machte sein Volk auf einen schlimmen Krieg gefasst – dem dritten während seiner 23-jährigen Herrschaft. »Ich sage euch, das Unheil der Unheilstifter wird niemals aufhören, wenn sie nicht innerhalb der Menschheit endgültig besiegt werden, und ihre Niederlage steht kurz bevor.« Saddam zeigte für einen kurzen Moment sogar Gefühle, denn er schien Tränen zurückzuhalten, als er die rechte Hand auf den Koran legte und einen Eid schwor, den Irak, seine Verfassung und Souveränität zu erhalten und zu schützen. »Der Weg des Blutes bringt noch mehr Blut, und jeder, der versucht, der anderen Blut zu vergießen, muss damit rechnen, dass sein eigenes Blut fließen wird.«[21]

Saddams unmittelbare Reaktion auf die Resolution 1441 zeigte, dass er immer noch bereit war, sich auf das gefährliche Spiel mit dem Feuer einzulassen. Zuerst einmal wurde das 250-köpfige irakische Parlament einberufen. Das Organ hatte nur selten den Auftrag, über nationale Politik zu diskutieren. Nach einer zwei Tage dauernden Debatte stimmte es für die Ablehnung der Resolution. Zweifellos war die ganze Aktion sorgfältig inszeniert worden. Die einzige ernst zu nehmende Rede hielt Uday, der sich dafür aussprach, die Resolution anzunehmen, wenn als Waffeninspektoren ausschließlich Araber zugelassen würden. Uday ebnete damit schon einmal den

Weg für seinen Vater, um die Entscheidung des Parlaments außer Kraft zu setzen, in der Hoffnung, er würde so in den schwierigen Wochen, die noch bevorstanden, eine bessere Verhandlungsposition vor der UN haben. Da das Parlament den Anweisungen des Revolutionären Kommandorats gefolgt war, benutzte Saddam es nur, um als wahrer Staatsmann auftreten zu können, wenn er sich schließlich dem Unabwendbaren beugte und die Resolution akzeptierte – was er einige Tage später auch tat.

In dem Brief, mit dem der irakische Außenminister Naji Sabri die UN über Saddams Entscheidung informierte, die Resolution 1441 zu akzeptieren, kritisierte er das Mandat aufgrund seines »schlechten Inhalts« und warf seinen Befürwortern – den USA und Großbritannien – vor, zu einer »Bande des Bösen« zu gehören. Der Brief erklärte die Maßnahmen der UN für ungesetzlich und schien die Waffeninspektoren davor zu warnen, auch nur eine Spur von atomaren, biologischen oder chemischen Waffen zu finden. Iraks Schimpftiraden konnten Präsident Bush nicht beeindrucken, und er wiederholte die Warnung, der irakische Diktator müsse sein Land entwaffnen oder ein Krieg unter amerikanischer Führung stünde bevor. »Wenn er sich nicht entwaffnet, entwaffnen wir ihn«, sagte Bush in einer Kabinettssitzung.

Saddam versuchte es natürlich wieder mit Ausflüchten und Ablenkungsmanövern, die ihm in der Vergangenheit immer geholfen hatten. Aber wenn er wirklich glaubte, er könne die Entschlossenheit der Bush-Administration erschüttern, so irrte er sich. Saddam wollte auf keinen Fall klein beigeben. Dies zeigte sich auch bei einem Streit mit Uday. In der britischen Presse waren Berichte aufgetaucht, in denen behauptet wurde, Saddam habe mit dem libyschen Staatschef Muammar Gadhafi verhandelt und einige hundert Millionen Dollar geboten, wenn dieser ihm und einigen wichtigen Personen der irakischen Regierung Unterschlupf in Tripolis gewähre. Uday leitete immer noch die Tageszeitung *Babel* und hielt es für eine gute Idee, eine gekürzte Version des Artikels unter der spöttischen Überschrift »Das Bellen der Hunde« zu bringen. Saddam fand das gar nicht lustig, und am nächsten Tag verkündete das irakische Informationsministerium, die Zeitung dürfe einen Monat lang nicht erscheinen, weil Pressegesetze verletzt worden seien.[22] Es ergaben sich also immer noch starke Spannungen zwischen Saddam und seinem ungehorsamen ältesten Sohn. Ihre Streitereien hatten dem Regime schon viele Unannehmlichkeiten bereitet.

Am 27. November 2002 ging ein neues Team von Waffeninspektoren in den Irak. Fast vier Jahre waren vergangen, seitdem das UNSCOM-Team ohne Umschweife des Landes verwiesen worden war. Die Suche nach chemischen und biologischen Waffen wurde von Dr. Hans Blix geleitet, die Atomwaffen-Inspektoren unterstanden Dr. Mohamed ElBaradei, dem Chef der Internationalen Atomenergiebehörde. Saddam wusste genau, dass er den Anschein erwecken musste, mit den Inspektoren zusammenzuarbeiten, sonst riskierte er einen Konflikt. Er wies seine Leute an, sich so entgegenkommend wie möglich zu geben und den Inspektoren sogar die Präsidentenanlagen zu zeigen, die 1998 für so viel Ärger gesorgt hatten. Saddam war zuversichtlich, dass durch die komplizierte Verschleierungsaktion, mit der Qusay seit September beschäftigt gewesen war, kein bedeutendes Material gefunden würde. Außerdem würden seine brutalen Sicherheitskräfte dafür sorgen, dass keiner der Wissenschaftler, die an den geheimen Waffenprogrammen beteiligt waren, irgend etwas verriet. Ein leitender Inspektor musste später einräumen: »Die Iraker beherrschten das Versteckspiel besser, als wir gedacht hatten.«[23]

Zum Leidwesen der amerikanischen Regierung berichteten die Inspektoren, sie bekämen »ausreichenden« Zugang zu allen kritischen Produktionsstätten. Wie später bekannt wurde, war die Wirkung ihrer Inspektionen begrenzt, denn die UN-Mitarbeiter informierten die irakischen Wissenschaftler vorab darüber, welche Anlagen sie besuchen wollten.[24] Die Inspektoren stellten außerdem fest, dass die irakischen Wissenschaftler ungern allein befragt wurden – Resolution 1441 hatte dies zur Bedingung gemacht –, und wenn es dennoch dazu kam, stritten sie ab, etwas über verbotene Waffenprogramme zu wissen. Die Lage wurde nicht gerade verbessert durch das ungute Verhältnis zwischen dem Weißen Haus und Dr. Blix, einem pedantischen, liberalen Schweden, der aus seiner Abneigung gegen die amerikanischen Kriegstreiber keinen Hehl machte. Gerade eine Woche nachdem das neue Mandat angelaufen war, kritisierte Dr. Blix die Bush-Administration öffentlich dafür, die Inspektoren unter Druck zu setzen, weil sie im Umgang mit den Irakern strenger sein sollten. Er erklärte: »Wir unterstehen niemandem.«

Obwohl die Iraker sich anscheinend bemühten, die Forderungen der Inspektoren zu erfüllen, dauerte es nicht lange, bis Washington die Munition geliefert bekam, mit der es Saddam angreifen konnte. Resolution 1441 verpflichtete die Iraker, ihre Programme zur Entwicklung von Massenvernichtungswaffen offen zu legen. Am 7. Dezember gaben Mitarbeiter der irakischen Regierung dreiundvierzig Dokumentenbände ab, insgesamt 12 159 auf Englisch geschriebene Seiten, sechs Ordner und zwölf CD-Roms. Diese Unterlagen, hieß es, würden »alle Fragen beantworten, die in den vergangenen Monaten und Jahren gestellt worden sind«. Zugleich unternahm Saddam den wohl kalkulierten Versuch, sein Ansehen in jenen Ländern zu stärken, die große Bedenken gegen einen Militäreinsatz hegten. Er ließ im staatlichen Fernsehen eine Erklärung verlesen, in der er sich für den Angriff auf Kuwait im Jahr 1990 entschuldigte. »Wir entschuldigen uns vor Gott für alle Taten, die Ihn in der Vergangenheit verärgert haben und die uns vorgeworfen wurden, und genauso entschuldigen wir uns bei euch [den Kuwaitern].« Darauf spornte er die Kuwaiter an, sich am Kampf gegen die »Besatzungstruppen« zu beteiligen, also gegen die amerikanischen und britischen Soldaten vorzugehen, die für die Einhaltung der Flugverbotszonen im Norden und Süden des Landes verantwortlich waren. Die öffentliche Entschuldigung an Kuwait war ein raffinierter Zug, denn so erfüllte Saddam eine weitere Bedingung, die nach dem Golfkrieg gestellt worden war. Natürlich war keine Rede davon, dass Kuwait Reparationen für die Schäden erhalten sollte, die der Irak dem Scheichtum während der sechs Monate anhaltenden Okkupation zugefügt hatte. Aber indem er der UN eine so ausführliche Antwort auf die offenen Fragen zu seinen Waffenprogrammen gab und sich auch noch bei Kuwait entschuldigte, zog Saddam die Kriegsgegner auf seine Seite.

Ein kühner Schritt, der die Politiker in Washington und London aber kaum beeindruckte. Ein Mitarbeiter des britischen Außenministeriums beschrieb die eingereichten Unterlagen als »feinstes Kauderwelsch«. Innerhalb weniger Tage fanden amerikanische und britische Experten entscheidende Lücken in der irakischen Erklärung und hielten nun den offensichtlichen Beweis dafür in der Hand, dass Saddam die Resolution 1441 in wesentlichen Punkten missachtet hatte. Eine Woche nachdem die Iraker die Dokumente eingereicht hatten, gelangten amerikanische Geheimdienstexperten zu der vorläufigen Erkenntnis, dass die irakische Erklärung den Verbleib von chemischen und biologischen Kampfstoffen verschweige, die nicht aufzufinden gewesen waren, als die Inspektoren vor vier Jahren das Land verlassen hatten. Zudem seien die Angaben zu Iraks atomaren Waffenprogrammen unvollständig. Es sei versucht worden, in Afrika Uran zu kaufen und in den Besitz technischer Anlagen zur Anreicherung von Uran zu gelangen.[25] Blair erhielt in London ganz ähnliche Zusammenfassungen von seinen Mitarbeitern. Sie teilten ihm mit, das Saddams Bericht zum größten Teil Informationen enthalte, die bereits durch öffentliche Quellen oder Geheimdienste bekannt seien. Blair hoffte immer noch, dass die Maßnahmen der Vereinten Nationen einen militärischen Konflikt abwenden könnten, und sagte zu seinen Kollegen: »Wie konnte er nur? Das war Saddams große Chance, und er hat sie vertan.« Blair lag mit seiner Vermutung richtig, denn am 19. Dezember erklärte Präsident Bush, Saddam habe die Resolution 1441 in wesentlichen Punkten verletzt. Der amerikanische Außenminister Colin Powell teilte der UN mit, die Angaben des Irak zu seinen Waffenprogrammen würden den Forderungen der UN nach einer genauen und vollständigen Aufklärung nicht nachkommen. Saddams Weigerung, mit der UN zusammenzuarbeiten, habe nun einen Monat intensiver Inspektionen zur Folge. Wenn auch diese Versuche scheiterten, würde dem Irak der Krieg erklärt. Obwohl dies für Saddam ein gewaltiger Rückschlag war, konnte ihn diese Reaktion eigentlich nicht überraschen. Die Vereinigten Staaten waren nicht gewillt, Saddams Tricks und Verstellungen weiter zu dulden, die er während der neunziger Jahre ja fast zu einer Kunstform entwickelt hatte.

Bis Jahresende bewegte man sich unausweichlich auf einen Krieg hin. In Bagdad erhöhten die irakischen Behörden die Lebensmittelzuteilungen, damit die Bürger in Erwartung eines Konflikts Vorräte anlegen konnten. Das Handelsministerium riet der Bevölkerung, Vorräte für mindestens drei Monate einzukaufen. Saddam hielt am Weihnachtstag eine Rede im staatlichen Fernsehen, in der er zu mehr Nationalstolz und Selbstvertrauen aufrief, »damit die Leute sehen, dass es sich lohnt, seine Seele und sein Leben für die Verteidigung unserer Nation zu opfern«.

Die irakischen Medien berichteten, die Armee des Landes habe bereits zahlreiche Manöver durchgeführt und auch die urbane Kriegführung geprobt. Saddam hatte Qusay nicht nur aufgetragen, sich um die Verschleierung der Waffenprogramme zu kümmern, sondern ihm auch die Verantwortung für die Verteidigung des Regimes übergeben. Jetzt wies er ihn an, seine Energie auf Bagdad, das Kerngebiet des Regimes, zu konzentrieren. Die gewöhnlichen Truppen sollten den Angreifern das Fortkommen erschweren, während die Eliteeinheiten – die Republikanische Garde und die Fedayeen, eine paramilitärische Gruppe unter Udays Kommando – in mehreren »Ringen« um die Stadt eingesetzt werden sollten. Falls die Angreifer die Verteidigung der Stadt durchbrechen würden, sollten sich die verbleibenden Einheiten in Bagdad sammeln und ihre Feinde in einen blutigen Straßenkampf verwickeln. Wie Saddam der amerikanischen Botschafterin April Glaspie schon vor dem Krieg gegen Kuwait klar gemacht hatte, blieb er überzeugt, dass die Unterstützung für einen Krieg schnell schwinden würde, sobald die USA schwere Verluste erlitten. Saddam war sehr beeindruckt gewesen, als im Jahr zuvor militante Palästinenser den israelischen Truppen in Jenin bedeutende Verluste zugefügt hatten und mehrere Soldaten einer israelischen Patrouille aus dem Hinterhalt getötet worden waren, nachdem man sie in die Stadt gelockt hatte. Er glaubte, wenn er ähnliche Taktiken gegen die amerikanischen Streitkräfte einsetzte, könnte er Washington zu einem Waffenstillstand zwingen.

Saddam setzte alles daran, die irakische Luftabwehr auszubauen. Ende der neunziger Jahre war er tief enttäuscht gewesen, weil der Irak nicht in der Lage gewesen war, seine Flugabwehrsysteme vor alliierten Angriffen zu schützen. Nach einem besonders verheerenden Angriff Ende 2001, als alliierte Flugzeuge bei Kontrollflügen über den Flugverbotszonen mehrere irakische Radaranlagen zerstörten, verlangte Saddam, dass sofort etwas unternommen würde, um weitere Verluste zu vermeiden. »Er war ganz außer sich«, sagte Oberstleutnant al-Dabbagh, der eine wichtige Flugabwehreinheit in der Wüste im Westen des Landes unter seinem Kommando hatte und den britischen Geheimdienst über die irakischen Kriegsvorbereitungen informierte. »Saddam sagte: ›Wenn wir nicht schnell etwas tun, gibt es bald keinen einzigen Radar mehr im Irak.‹« Die Iraker engagierten ein Dutzend serbische Luftabwehrspezialisten mit einem Monatsgehalt von je 100 000 Dollar, die eine Methode entwickeln sollten, die irakische Luftabwehr vor Angriffen zu schützen. Dann endete ihr Vertrag aber abrupt, denn ihr mobiles Radarsystem scheiterte daran, dass kein Lastwagen groß genug war, um die Ausrüstung zu transportieren. Saddam traf darauf eine Vereinbarung mit der chinesischen Regierung – ein klarer Verstoß gegen die nach dem Golfkrieg verhängten UN-Sanktionen. Ein Team chinesischer Militärberater wurde nach Bagdad entsandt, um das Problem zu lösen. »Sie wurden von Saddam persönlich empfangen und schienen froh, im Irak zu sein«, erinnerte sich al-Dabbagh. »Einige ließen sich sogar Schnurrbärte wachsen und trugen keffiyehs [Arabertücher] um den Kopf, damit sie uns ähnlicher sahen.« Nach al-Dabbaghs Auskünften konnten die Chinesen ein ausgeklügeltes System entwickeln, mit dem die alliierten Flugkörper vom Kurs abgelenkt wurden.[26]

Ein düsterer Plan Saddams sah vor, chemische und biologische Waffen im Kampf gegen die einmarschierenden Truppen einzusetzen. Dies schlug er neben anderen Maßnahmen Anfang 2002 bei einem Treffen mit seinen Militärchefs vor, als es schon keinen Zweifel mehr daran gab, dass ihn die Regierung Bush, bestärkt durch den Erfolg in Afghanistan, stürzen wollte. Saddam befahl, Granatwerfer mit chemischen und biologischen Kampfstoffen an der Front einzusetzen, wenn der Krieg die »kritische Phase« erreicht habe. Al-Dabbagh schmuggelte seine Berichte mit Hilfe von Agenten der Londoner Exilgruppe Iraqi National Accord in die britische Hauptstadt. Er bestätigte, dass die Granatwerfer – ähnlich wie jene, die im Krieg gegen den Iran verwendet worden waren – innerhalb von fünfundvierzig Minuten nach Erteilung des entsprechenden Befehls einsatzbereit wären. Al-Dabbaghs Informationen gelangten rechtzeitig nach London und flossen in den Geheimdienstbericht über den Irak ein. Die Vermutung, dass Saddam seine Massenvernichtungswaffen innerhalb von fünfundvierzig Minuten einsetzen könnte, sorgte bei der Veröffentlichung des Papiers für viel Aufsehen. Die als »geheim« gekennzeichneten Granatwerfer wurden Ende 2002 zu Fronteinheiten gebracht. (Saddam hatte damals eigentlich die Verpflichtung, die UN-Inspektoren bei der Vernichtung von Iraks Massenvernichtungswaffen zu unterstützen.) Die Munition ging an die Fedayeen und ein Sonderkommando der Republikanischen Garde, die von Saddam spezielle Befehle darüber erhalten hatten, wann und wie sie einzusetzen war. Saddam wird nicht mehr erwogen haben, die Waffen wirklich zu gebrauchen, nachdem das Weiße Haus Mitte Dezember gedroht hatte, Atomwaffen zum Einsatz zu bringen, falls der Irak versuchen würde, chemische und biologische Kampfstoffe gegen die amerikanischen oder verbündete Truppen zu verwenden. Eine ähnliche Warnung hatte der ehemalige Außenminister James Baker vor dem Golfkrieg ausgegeben. Jedenfalls trat die erwünschte Wirkung ein, denn kurz danach erhielt die Republikanische Garde den Befehl, die »geheimen« Waffen von der Front abzuziehen und zu versteckten Lagerplätzen zu bringen.

Saddam traf schließlich Vorbereitungen für gewalttätige Unruhen, die regierungstreue Iraker aufflammen lassen sollten, falls das Regime militärisch besiegt sein würde. Er soll führenden Parteifunktionären gesagt haben: »Der Auseinandersetzung mit Amerika ist unvermeidbar. Entscheidend ist aber, dass der Kampf nach der Besetzung weitergeführt wird.«[27] Aus diesem Grund ließ Saddam ein Drittel der irakischen Waffenbestände an geheimen Orten verstecken, die durch irakische GPS-Koordinaten markiert wurden. Zu den Waffen gehörten Gewehre, Granaten, Panzerabwehrgeschosse und Boden-Luft-Raketen. Die Einzigen, die die Waffenverstecke kannten, waren Saddam, Qusay und Saddams Privatsekretär Abdul Hamoud. Nach Auskunft von al-Dabbagh gab Saddam den ausdrücklichen Befehl, die Verstecke streng geheim zu halten. »Saddam sagte, wenn gewöhnliche Iraker diese Waffen entdeckten, würde der Militärchef sofort gehängt.«

Beide Seiten trafen also Vorbereitungen für einen Krieg, und die Vereinten Nationen diskutierten, ob Saddams Verstoß gegen Resolution 1441 ein militärisches Eingreifen rechtfertige und ob der Sicherheitsrat dann verpflichtet sei, eine zweite Resolution zu verabschieden, die den Einsatz von Gewalt billige. Ende 2003 waren die Inspektoren bereits mehrere Wochen im Irak tätig gewesen, und obwohl es berechtigte Kritik an der Kooperationsbereitschaft der Iraker gegeben hatte, waren keine Hinweise aufgetaucht, dass der Irak an einem verbotenen Waffenprogramm arbeitete. In seiner Rede zur Lage der Nation im Januar 2003 hatte Präsident Bush vorgebracht, dass der Verbleib bedeutender Mengen chemischer und biologischer Kampfstoffe noch immer nicht geklärt sei. Außerdem behauptete er, Saddam arbeite nach wie vor an der Entwicklung von Atomwaffen. Anfang Februar dann hielt Colin Powell einen ausführlichen Vortrag vor dem Sicherheitsrat. Er benötigte eineinhalb Stunden, um abgehörte Telefonate von irakischen Militärs abzuspielen, Überwachungsfotos von Militäranlagen vorzuführen und Auskünfte von Informanten wiederzugeben, die »ihr Leben aufs Spiel gesetzt hatten, um der Welt zu zeigen, was Saddam Hussein wirklich vorhat«. Die britische Regierung lieferte prompt ihren Beitrag zur Meinungsmache und veröffentlichte einen zweiten Geheimdienstbericht, in dem die Bedrohung dargelegt wurde, die von Saddams Massenvernichtungswaffen ausgehe. Dieser Bericht erwies sich jedoch als unglaubwürdig, denn man fand heraus, dass die angeblichen »Geheimdienstinformationen« aus dem Internet stammten, und zwar aus der Doktorarbeit eines kalifornischen Studenten.

Obwohl sich die britische und die amerikanische Regierung bemühten, die von Saddam ausgehende Gefahr zu verdeutlichen, fanden sie im Sicherheitsrat nicht genug Unterstützung für eine zweite Resolution, um ein militärisches Eingreifen zu rechtfertigen. Auch Hans Blix sah keinen Anlass für eine zweite Resolution. Er rügte die Iraker zwar öffentlich wegen ihrer mangelnden Kooperationsbereitschaft, war aber insgesamt der Ansicht, dass die Inspektionen fortgesetzt werden sollten. Dies befürworteten auch Frankreich, Deutschland und Russland. Der französische Außenminister Dominique de Villepin kündigte an, Frankreich werde keine zweite Resolution unterstützen, die ein militärisches Eingreifen ermögliche. Als Blix die Vereinten Nationen am 14. Februar über das Fortschreiten der Inspektionen informierte, erklärte er, dass sich der Irak inzwischen hilfsbereiter zeige. Zwar seien noch viele Fragen zu Saddams Waffenpotenzial offen, diese könnten aber sicher geklärt werden, wenn man den Inspektoren mehr Zeit gebe. Zu Washingtons Empörung verhöhnte Blix öffentlich Powells Ausführungen zu Iraks Massenvernichtungswaffen. Blix meinte, die Behauptungen der Geheimdienste seien fragwürdig und in einem Fall – der Annahme, Irak habe versucht, in Afrika Uran zu kaufen – würden sie sogar eindeutig auf gefälschten Dokumenten basieren. Sein Kollege Mohamed ElBaradei, der die Untersuchungen zu Iraks Atomprogrammen leitete, formulierte es noch unmissverständlicher: »Wir haben bis jetzt keine Hinweise dafür gefunden, dass im Irak Kernwaffen produziert werden.« Er fügte hinzu, er könne seine Nachforschungen in einigen Monaten abschließen.

Saddam profitierte nun von dem kunstvoll inszenierten Spiel, mit dem er die Inspektoren und die Weltmeinung an der Nase herumführte. Er vergaß nicht, immer mal wieder Zugeständnisse zu machen und so jenen Argumente zu liefern, die der Ansicht waren, die Inspektionen seien erfolgreich. Er stimmte der Zerstörung all seiner al-Samoud-Raketen zu, weil sie die zugelassene Reichweite überschritten. Er unterzeichnete eine Erklärung, in der er Massenvernichtungswaffen verdammte. Er ließ Aufklärungsflüge zu, weil er genau wusste, dass seine Massenvernichtungswaffen sorgsam versteckt waren. Er hatte sogar ein spezielles ebenerdiges Radarsystem erworben, um sicherzugehen, dass man sie im Wüstensand sicher vergraben hatte.[28] Im Februar 2003 lud Saddam den linksgerichteten Labour-Politiker Tony Benn nach Bagdad ein, um sich für das britische Fernsehen von ihm interviewen zu lassen. Saddam wies sämtliche Anschuldigungen zurück. Als er nach Iraks Waffenprogrammen gefragt wurde, antwortete er: »Es gibt nur eine Wahrheit, und ich sage Ihnen, dass der Irak keine Massenvernichtungswaffen besitzt.« Zu seinen Kontakten zu Al-Qaida meinte er: »Wenn wir eine Verbindung zu Al-Qaida hätten und wir von dieser Verbindung überzeugt wären, könnten wir das ohne Scham zugeben. Deshalb sage ich Ihnen gleich, dass … wir keine Verbindung zu Al-Qaida haben.« Mit Hilfe dieser Taktik gelang es Saddam, die öffentliche Meinung im Westen gegen einen Militäreinsatz zu mobilisieren. Am Samstag, dem 15. Februar, versammelten sich in 600 Städten in 60 Ländern nahezu 100 Millionen Kriegsgegner. In London fand die größte Demonstration der britischen Geschichte statt: Fast zwei Millionen Menschen aus allen Teilen Großbritanniens nahmen an der Anti-Kriegs-Kundgebung teil.

Saddam mochte die diplomatische Auseinandersetzung gewinnen, aber er konnte wenig tun, um die Entschlossenheit der britischen und der amerikanischen Regierung zu schwächen. Inzwischen waren fast eine Viertelmillion amerikanische und britische Soldaten in der Golfregion oder auf dem Weg dorthin, und da der Sommer nahte, lag Washington daran, mit dem Einmarsch der Truppen zu beginnen. Die Militärs wollten möglichst vermeiden, dass ihre Männer mit schweren Schutzanzügen bekleidet in der glühenden Hitze der irakischen Wüste kämpfen mussten. Am 24. Februar legte Großbritannien, unterstützt von den USA und Spanien, den Entwurf zu einer zweiten Resolution vor, in der einfach nur festgehalten wurde, dass der Irak die letzte Chance für eine friedliche Lösung vertan habe. Diese Resolution war von Anfang an zum Scheitern verurteilt, denn von den fünfzehn Mitgliedstaaten des Sicherheitsrats hatten Frankreich, Russland, China, Deutschland und Syrien gleich angekündigt, dagegen stimmen zu wollen. Selbst wenn die Verfechter der Resolution die Stimmen der anderen Länder – Angola, Kamerun, Guinea, Pakistan, Mexiko und Chile – gewannen, konnte diese immer noch durch ein Veto der Russen oder Franzosen gestoppt werden, denn dazu hatten sie als ständige Mitglieder des UN-Sicherheitsrates das Recht. Washington und London starteten verzweifelte diplomatische Überzeugungsversuche, doch ihre Bemühungen wurden überflüssig, als der französische Staatspräsident Jacques Chirac in einer Fernsehansprache verkündete, Frankreich werde auf jeden Fall ein Veto gegen die Resolution einlegen. »Ganz gleich, welche Umstände noch eintreten mögen: Frankreich wird mit ›Nein‹ votieren, weil wir glauben … , dass es keinen Anlass gibt, einen Krieg zu führen.«

Nach dieser Entscheidung Frankreichs trat die UN nicht mehr als Vermittler auf. Auch die Russen hatten inzwischen zu verstehen gegeben, dass sie von ihrem Vetorecht Gebrauch machen würden. Einige Tage später zog der britische Botschafter der Vereinten Nationen, Sir Jeremy Greenstock, offiziell den Entwurf für die zweite Resolution zurück. Präsident Bush war der Ansicht, die UN habe versagt. Er wollte nun stattdessen eine »Koalition der Willigen« bilden. In einem Telefongespräch mit Blair vom 13. März zeigte sich Bush verärgert, weil die Vereinten Nationen für Verzögerungen gesorgt hatten. Er wies darauf hin, dass bereits sechs Monate vergangen waren, seit er der UN die Chance eingeräumt hatte, mit dem Irak zu verhandeln. Er sehe schon lange keine Notwendigkeit mehr für eine zweite Resolution und habe daher beschlossen, in der kommenden Woche mit dem Krieg zu beginnen, der zu Saddams Amtsenthebung führen sollte.

Der russische Präsident Wladimir Putin startete einen letzten Versuch, die Kampfhandlungen zu vermeiden, und entsandte den ehemaligen Nahost-Diplomaten Jewgeni Primakow nach Bagdad. Er sollte Saddam zum Rücktritt bewegen. Primakow hatte lange Jahre mit Saddam zu tun gehabt, und man konnte damit rechnen, dass der irakische Staatschef ihn vorließ. Vor dem Golfkrieg war der Diplomat mit einer ähnlichen Mission unterwegs gewesen. Saddam empfing ihn in einem seiner Präsidentenpaläste, und Primakow erinnerte sich später daran, dass er zu Saddam sagte: »Wenn Sie Ihr Land und Ihr Volk lieben … und wenn Sie Ihrem Volk dieses Opfer ersparen möchten, dann treten Sie von Ihrem Amt als irakischer Präsident zurück.« Saddam hörte ihm zu und schwieg eine Weile. Schließlich rief er Primakow ins Gedächtnis, die Russen hätten ihn schon vor dem Golfkrieg zu Maßnahmen überreden wollen, die einen Krieg verhindern sollten. Doch die alliierten Streitkräfte hätten dennoch angegriffen. Primakow bemerkte, dass Saddam einer direkten Antwort ausweichen wollte. »Er klopfte mir auf die Schulter und ging hinaus.«[29]

VIERZEHN

Der Gefangene

Der Geheimdienstbericht, den Präsident Bush ausgehändigt bekam, als er am Mittwoch, dem 19. März 2003 nachmittags, ein Treffen mit den wichtigsten Kabinettsmitgliedern abhielt, übertraf alle Erwartungen. Nur einige Stunden bevor die achtundvierzig Stunden ausliefen, die Bush Saddam zugestanden hatte, um den Irak zu verlassen, informierte ihn der CIA-Chef George Tenet darüber, dass er einen glaubwürdigen Bericht von einem Agenten vor Ort erhalten habe, der bestätige, dass Saddam sich mit seinen zwei Söhnen und mehreren engen Vertrauten in einem Bunker unter einer Villenanlage im Süden Bagdads befinde. Saddam hatte das Ultimatum schon am Vortag abgewiesen: Er war zum ersten Mal seit dem Golfkrieg wieder in voller Militärmontur im Fernsehen aufgetreten und hatte den irakischen Zuschauern gesagt: »So Gott will, werdet ihr den Sieg erlangen, und euer Feind wird zurückweichen, denn er steht auf der Seite der Unwahrheit.« Bush hatte nun die einmalige Gelegenheit, Saddam ein für alle Mal zu beseitigen. Wenn die Hinweise zutrafen, würde eine zielgenau abgefeuerte Rakete Saddam und die gesamte Führung des Regimes außer Gefecht setzen. »Also los«, sagte der Oberbefehlshaber Bush zu Tenet. Um acht Uhr abends Washingtoner Zeit, als das Ultimatum auf die Minute genau ausgelaufen war, gab Bush den Befehl zum Angriff. Eine halbe Stunde später hörte man in Bagdad die Sirenen.

Um 3.38 Uhr Ortszeit hoben zwei F-117-Tarnkappenbomber der 8. Kampfflugzeugstaffel »Black Sheep« von ihrer Basis in Kuwait ab. In jedem der beiden Flugzeuge befanden sich zwei EGBU-27 Bunkerbomben mit jeweils rund neunhundert Kilo Gewicht. Die Piloten der Flugzeuge wussten über ihre Ziele Bescheid. Tarnkappenbomber fliegen am besten im Schutz der Dunkelheit, und die Piloten waren darauf bedacht, ihre Mission zu erfüllen, bevor die Sonne über Bagdad aufgehen würde. Fast zwei Stunden später, um 5.36 Uhr, kurz vor Sonnenaufgang, flogen die beiden Bomber auf den Gebäudekomplex im Süden Bagdads zu, ließen alle vier Bomben fallen und kehrten sicher zu ihrer Basis in Kuwait zurück.[1]

Die Bomben zerstörten die Villa, und die ersten Geheimdienstberichte waren äußerst zufriedenstellend. Agenten vor Ort berichteten, das Gebäude sei so stark beschädigt, dass niemand überlebt haben dürfte, der sich darin befand, als die Bomben einschlugen. Aufklärungssatelliten zeigten, wie ganze Kolonnen von Krankenwagen zum Ort des Geschehens fuhren, und Experten folgerten aus der hohen Priorität, die dem Bombeneinschlag gegeben wurde, dass sich hochrangige Mitglieder der Regierung in dem Gebäude aufgehalten hatten. Der britische Geheimdienst erhielt widersprüchliche Aussagen: einmal sollte Saddam sofort getötet worden sein, ein anderes Mal hieß es, er sei so schwer verletzt worden, dass er mehrere Bluttransfusionen benötigt habe. Zudem sei mindestens einer seiner Söhne ums Leben gekommen.[2] Es wurde sogar behauptet, man habe eine Nachricht abgefangen, in der ein Kommandant Saddams die Russen bitte, doch einen ihrer besten Chirurgen zu schicken, damit er Saddams lebensbedrohliche Bauchverletzungen behandle.[3]

Man kann sich kaum einen dramatischeren Beginn für die Militäraktion namens »Operation Iraqi Freedom« vorstellen als diesen direkten Attentatsversuch gegen den irakischen Staatschef. Indem man einen »Enthauptungsschlag«, wie Präsident Bush es später nannte, gegen Saddam und seine engsten Vertrauten führte, stellte das Weiße Haus klar, dass dieser Krieg nur ein Ziel hatte: Saddam und sein Baath-Regime der Macht zu entheben. Amerika wollte nicht gegen das irakische Volk kämpfen, sondern gegen das Regime, das das Land seit fast fünfunddreißig Jahren unterdrückte. Während der gesamten militärischen Aktion oblag den amerikanischen und britischen Verantwortlichen der Befehl, Opfer unter der Zivilbevölkerung möglichst zu vermeiden. Sie sollten ihre Feuerkraft nur auf Ziele zu richten, die in enger Verbindung mit dem Regime standen, also Präsidentenpaläste, Befehls- und Kontrollzentren, Gebäude der Baath-Partei und Militärbasen.

Die Hoffnung, Saddam ausgeschaltet zu haben, schwand schnell dahin, als im Laufe des Tages ein Videoband im irakischen Fernsehen ausgestrahlt wurde, das den Staatschef zeigte. Saddam trat mit zerzausten Haaren und einer dicken Lesebrille auf und richtete eine kämpferische Rede an die Welt. Den Anschlag, der in der vorangegangenen Nacht auf sein Hauptquartier verübt worden war, erwähnte er nur nebenbei. »Sie werden eine bittere Niederlage erleiden«, sagte er mit gutturaler Stimme. »Der kriminelle kleine Bush [so unterschied Saddam den amerikanischen Präsidenten in einem unschmeichelhaften Vergleich von dessen Vater] hat ein Verbrechen gegen die Menschlichkeit begangen. Wir schwören in unserem Namen und im Namen unserer Führung, im Namen unserer heldenhaften Armee und im Namen Iraks, seiner Kultur und Geschichte: Wir werden gegen die Angreifer kämpfen.« Saddam las langsam und bemüht deutlich von seinen Notizen ab und forderte das irakische Volk auf, sich den einmarschierenden Truppen zu widersetzen. »Zieht euer Schwert und seid ohne Furcht. Lang lebe der Jihad. Lang lebe Palästina.«

Saddams ungepflegtes Äußeres und unsinniges Gerede gaben Anlass zu allen möglichen Spekulationen. Man vermutete, das Videoband sei vor dem Angriff aufgenommen worden – als Vorsichtsmaßnahme für den Fall, dass ihm etwas zustieße. Dann dachte man, der Mann, der dort in Tarnkleidung und mit schwarzem Barett die Stellungnahme verlas, sei ein Double Saddams. Aber nachdem CIA-Experten die Aufnahme analysiert hatten, befand man sie schließlich für echt, und das hauptsächlich, weil Saddam so angeschlagen wirkte und so angestrengt vortrug. Ein CIA-Mitarbeiter meinte, Saddams aufgedunsenes Gesicht sei den Verletzungen geschuldet, die er beim Angriff auf seinen Bunker erlitten habe. Wenn man bedachte, welch großen Wert Saddam sonst auf sein Äußeres legte, konnte man zu dem Schluss gelangen, dass er nur erlaubt hatte, mit Lesebrille gefilmt zu werden, weil die Umstände nichts anderes zuließen.

Dass Saddam überlebt hatte, verdankte er nicht zuletzt den stark befestigten Bunkern, die deutsche und irakische Ingenieure während des Kriegs gegen den Iran in den achtziger Jahren gebaut hatten. Einige von Saddams Bunkern waren von Karl Esser geplant worden, dessen Großmutter Anna am Bau des Bunkers mitgewirkt hatte, in dem Adolf Hitler 1945 seinem Leben ein Ende setzte. Esser, dessen Firma in München ansässig war, erklärte später, dass die Mauern des Hauptbunkers in Bagdad gut drei Meter dick waren, um selbst einer Atombombe der Größe zu widerstehen, wie sie Hiroshima vernichtet hatte. Nach Essers Aussagen müssten schon sechzehn Tomahawk-Marschflugkörper nacheinander an genau derselben Stelle einschlagen, um die Schutzmauer aus Stahlbeton zu zerstören. Die Stromversorgung der Anlage war durch eine spezielle Isolierung geschützt, damit sie nicht durch Graphitbomben lahmgelegt werden konnte. Ein Fluchttunnel mit drei Tonnen schweren Schutztüren führte unter dem Fluss Tigris hindurch nach draußen.

Saddam war dem »Enthauptungsschlag« der Alliierten entkommen, aber der Angriff hatte seine Befehlsgewalt über die irakische Verteidigung geschwächt. Saddam hatte zu Beginn des Konflikts geglaubt, er würde letztendlich doch triumphieren, wie schon so oft während seiner dreiundzwanzigjährigen Präsidentschaft. Er betrachtete sich als Sieger der diplomatischen Auseinandersetzung mit den Amerikanern und Briten. Als im vorangegangenen November die Resolution 1441 verabschiedet werden sollte, waren sich die Mitglieder des Sicherheitsrats uneinig gewesen. Von den fünfzehn Staaten, die erneute Inspektionen im Irak unterstützt hatten, waren nur drei – die USA, Großbritannien und Spanien – für ein militärisches Eingreifen gewesen, und nur die beiden ersten hatten sich bereit erklärt, die Offensive zu leiten. In Großbritannien hatte Tony Blair die massive Kritik von 139 Unterhausmitgliedern der Labour Partei in Kauf nehmen müssen, als er versucht hatte, die Zustimmung des Parlaments für eine Militäroperation zu gewinnen. Saddam wusste genau, dass der Krieg keine allgemeine Unterstützung fand, und hoffte deshalb, die internationalen Meinungsverschiedenheiten für sich nutzen zu können, während die Kampfhandlungen fortschritten. Der entscheidende Unterschied zu den vorangegangenen Kriegen war nur, dass sich seine Feinde dieses Mal das feste Ziel gesetzt hatten, ihn seines Amtes zu entheben.

Zu Beginn der Kämpfe zielten die alliierten Angriffe nicht nur auf Saddam selbst, sondern auch auf wichtige Regierungsgebäude in Bagdad. Vierundvierzig Marschflugkörper richteten ernste Schäden in Saddams Befehls- und Kontrollapparat an. Die Alliierten nutzten ihre überwältigende Überlegenheit in der Luft zu verheerenden Schlägen, die »Angst und Schrecken« verbreiten sollten. Zu Kriegsbeginn versprach der texanische General Tommy Franks, der den Oberbefehl in der amerikanischen Kommandozentrale innehatte, die Operation »Iraqi Freedom« werde sich durch »überraschende und flexible Angriffe, die präzise Verwendung von Munition in einem zuvor nicht gekannten Ausmaß und eine überwältigende Schlagkraft« auszeichnen. Dies blieb für Saddam natürlich nicht ohne ernsthafte Folgen, und er hatte Schwierigkeiten, die Kampfhandlungen zu koordinieren. Mitarbeiter der amerikanischen Kommandozentrale, die mit Hilfe aller ihnen zur Verfügung stehenden Abhöranlagen die Bewegungen des irakischen Diktators verfolgten, gewannen schon kurz nach dem Angriff auf Saddams Bunker den Eindruck, dass Saddam wie vom Erdboden verschluckt sei. Was Saddam auch tat, er war jedenfalls nicht mehr in der Lage, seine Befehle durch die gewohnten Kanäle zu leiten. Nach Ansicht der amerikanischen

Kommandozentrale war Saddam nach der ersten Nacht des Krieges nicht mehr führender Kopf der Militäraktionen.[4]

Die Operation Iraqi Freedom folgte einem ähnlichen Muster wie die Operation Desert Storm zwölf Jahre zuvor. Der Hauptunterschied lag darin, dass die schweren Luftangriffe von einer Invasion der Bodentruppen im Süden des Landes begleitet wurden. Entscheidende irakische Ziele wurden massiv bombardiert, darunter Einheiten der Armee, die auf Schlüsselpositionen im ganzen Land verteilt worden waren, um sich den Angreifern entgegenzustellen. Angesichts der Schlagkraft der Amerikaner und Briten waren die schlecht ausgerüsteten irakischen Truppen nicht in der Lage, ernsthaft Widerstand zu leisten. Die Alliierten marschierten aus Kuwait über die südliche Grenze in den Irak ein und konnten die irakische Verteidigung schnell überwinden, auch wenn irakische Einheiten in manchen Gebieten den heroischen Versuch unternahmen, die feindlichen Truppen aufzuhalten. Am zweiten Tag nahm die britische Marine den strategisch wichtigen Hafen Umm Qasr am Oberlauf des Shatt al-Arab ein und ebnete so den Weg für einen direkten Angriff auf Basra, die zweitgrößte Stadt des Irak. Um besonders effektiv vorzugehen, hatten die Alliierten beschlossen, dass die Briten für die Einnahme und Sicherung von Basra und Umgebung verantwortlich sein sollten, während die Amerikaner mit ihrer überlegenen Truppenstärke und Schlagkraft den Rest des Landes mit der Hauptstadt Bagdad unter ihre Kontrolle bringen wollten. Die Briten sicherten also alle Zufahrtswege nach Basra, die Amerikaner zogen nach Norden Richtung Nasiriyah. Die Truppen kamen so schnell vorwärts, dass sie bereits nach einer Woche den Stadtrand von Bagdad erreichten. Die amerikanischen Befehlshaber sahen sich gezwungen, einen vorübergehenden Halt der Truppen anzuordnen, damit Verstärkung und Nachschub aufholen konnten.

Obgleich Saddam nicht mehr in der Lage war, den irakischen Widerstand gegen die Invasion zu koordinieren, konnte er doch die Entwicklungen auf dem Schlachtfeld verfolgen und blieb in Verbindung mit seinen Vertrauten in Bagdad. Nach dem Angriff auf seinen Bunker in der ersten Kriegsnacht war Saddam wieder dazu übergegangen, sich ohne Rast von einem sicheren Ort zum nächsten zu bewegen. Nur einige Leibwächter und gelegentlich Uday oder Qusay begleiteten ihn. Wie schon während des Golfkriegs reiste er in unauffälligen Zivilwagen, und nicht einmal seine engsten Berater wussten, wo er die kommende Nacht verbringen würde. Der verheerende Angriff auf seinen Bunker hatte gezeigt, wie exakt die Amerikaner seine Bewegungen verfolgen konnten, und hatte außerdem die Frage aufgeworfen, ob sich nicht innerhalb der Führungsriege der Baath-Partei ein Spion befand, der den Alliierten Informationen über seinen jeweiligen Aufenthaltsort zukommen ließ.

Saddams Einfluss auf den Konflikt wurde durch seine eingeschränkte Bewegungsfreiheit begrenzt, aber es gab genügend Baath-Funktionäre, die dafür sorgten, dass die von Saddam und Qusay ersonnenen Pläne zur Verteidigung des Regimes durchgesetzt wurden. Als die amerikanischen und britischen Truppen die südliche Verteidigungslinie des Irak durchbrochen hatten, begegneten sie vielen irakischen Soldaten, die sich den Angreifern ergeben wollten. Nachdem sie in zwei furchtbaren Kriegen für Saddam gekämpft hatten, hatte die Mehrheit der gewöhnlichen Soldaten – von denen viele nur widerwillig ihre Wehrpflicht erfüllten – kein Interesse daran, einen weiteren aussichtslosen Kampf für Saddams korruptes Regime durchzustehen.

Vor dem Krieg hatten amerikanische und britische Politiker geglaubt, das irakische Volk würde die Truppen als Befreier begrüßen, wenn die militärische Offensive begänne. Dabei handelte es sich aber eher um Wunschdenken als um eine realistische Einschätzung. Im Süden des Irak hatte die vorherrschende schiitisch-muslimische Gemeinschaft weder vergessen noch vergeben, wie sie nach dem Golfkrieg 1991 bei ihren Auseinandersetzungen mit Saddams Handlangern von den Alliierten im Stich gelassen worden waren. Dennoch bemühten sich loyale Baath-Anhänger, die Soldaten vom Desertieren und die Schiiten von einer Revolte abzuhalten. Vor dem Krieg hatte Saddam vorsichtshalber vertrauenswürdige und gut bewaffnete Baath-Funktionäre in wichtigen Orten und Städten positioniert. Sie sollten verhindern, dass sich die Zivilbevölkerung ergab, und hatten außerdem die Aufgabe, irakische Bürger in der Nähe von Parteigebäuden und Militäranlagen unterzubringen, damit im Falle eines alliierten Luftangriffs viele zivile Opfer zu beklagen sein würden. Saddam rechnete damit, dass die Antikriegsbewegung dann einen internationalen Aufruf gegen diesen grausamen Krieg starten würde.

Baath-Funktionäre und Fedayeen wurden angewiesen, die irakischen Zivilisten einzuschüchtern. So wie Vichy-Truppen die Franzosen in den letzten Tagen des Zweiten Weltkriegs terrorisiert hatten, so zogen zu Beginn der alliierten Invasion Saddams Exekutionskommandos durch das Land und brachten mutmaßliche Verräter und Deserteure um, *pour encourager les autres*. In Basra wurden sieben Baath-Mitglieder öffentlich hingerichtet, weil sie kein gutes Beispiel dafür abgegeben hatten, wie man den Koalitionstruppen gegenübertreten sollte. Ein Stammesführer wurde wegen angeblichen Verrats erschossen. Unverbesserliche Baath-Anhänger eröffneten Maschinengewehrfeuer, als sich Hunderte irakischer Zivilisten aus der Stadt begeben hatten, um nach etwas Essbarem zu suchen. In der nördlichen Stadt Kirkuk sollen während der letzten Märzwoche einundfünfzig Iraker hingerichtet worden sein, weil man vermutete, dass sie mit irakischen Oppositionellen im nahegelegenen Kurdistan in Verbindung standen. Saddams Regime brach zusammen, aber das Blutvergießen nahm kein Ende.

Die Alliierten versuchten mit Propaganda die Iraker davon zu überzeugen, sich nicht zu widersetzen. Einige dieser Maßnahmen waren erfolgreich, andere zeigten nicht die erwünschte Wirkung. Vor dem Krieg hatten Arabisch sprechende Geheimdienstmitarbeiter führende Mitglieder des Baath-Regimes und des Militärs unter ihrer privaten Rufnummer zu Hause angerufen und sie gedrängt, Saddam nicht mehr zu unterstützen, sondern der Koalition zu einem unblutigen Sieg zu verhelfen. Diese Taktik ähnelte jener, die Saddams Leute eingesetzt hatten, um Oppositionelle im Ausland einzuschüchtern. Die Panik innerhalb der Führungsriege des irakischen Regimes war inzwischen so groß, dass die Funktionäre dachten, sie würden von Saddams Geheimdienst kontaktiert, um ihre Loyalität zu prüfen. Aus Angst vor Verhaftung, Einkerkerung, Folter und sogar Tod verweigerten sie die Mithilfe. Das Unternehmen nützte den Alliierten dann allerdings doch, denn die irakischen Regierungsangehörigen benutzten ihr Telefon seither praktisch nicht mehr, so dass deren Kommunikation in den entscheidenden Tagen vor dem Krieg erheblich gestört war. Eine weitere Aktion der Alliierten sah vor, Millionen von Flugblättern auf irakische Truppenstellungen abzuwerfen, in denen man die Soldaten aufforderte, den Kampf zu verweigern. Obwohl die Flugblätter nicht zu einer Massendesertion führten, wie sich die Alliierten erhofft hatten, beeinflussten sie doch die Moral der Truppe, denn den Soldaten wurde klar, dass die amerikanischen Bomber genauso gut ihre Bombenlast auf die irakischen Stellungen hätten abwerfen können – trotz allem, was Saddam über die Standhaftigkeit der irakischen Flugabwehr behauptet hatte.[5]

Als die Kämpfe in die zweite Woche gingen, zahlte sich die irakische Taktik langsam aus. Bei ihrem Vormarsch nach Bagdad waren die Alliierten mit den normalen irakischen Einheiten zwar schnell fertig geworden, doch auf die oft heftigen Guerillaangriffe von kleinen Gruppierungen der Fedayeen und Resten der irakischen Armee waren sie nicht vorbereitet. Die irakischen Partisanen führten klassische Widerstandsaktionen durch, darunter Blitzangriffe auf alliierte Stellungen, die durch das schnelle Vorrücken nach Bagdad verwundbar geworden waren. Sie unternahmen außerdem den Versuch, exponierte Versorgungslinien anzugreifen und so die Alliierten daran zu hindern, ihre Truppen für eine große Offensive rund um Bagdad zu versammeln. Im Süden setzen sie, wie schon im Golfkrieg, Ölfelder in Brand, um den einmarschierenden Truppen und den feindlichen Flugzeugen die Sicht zu nehmen.

Die irakische Verteidigungstaktik arbeitete den Kriegsgegnern in die Hände, denn diese wiesen prompt darauf hin, dass Präsident Bush einen schnellen Sieg versprochen hätte. Nach einem Treffen mit Blair in Camp David erwiderte Bush seinen Kritikern, die amerikanischen Streitkräfte würden so lange im Irak kämpfen, »wie es bis zum Sieg dauert«. Obwohl Saddam nicht mehr das direkte Kommando über die irakische Verteidigung hatte, konnte er doch recht zufrieden sein, denn alles schien nach Plan zu laufen.

Am 30. März trat Saddam zum ersten Mal seit dem Bombenangriff auf seinen Bunker zu Kriegsbeginn wieder im Fernsehen auf. Seine Söhne Uday und Qusay standen ihm zur Seite. Die Aufnahmen waren einige Stunden nach alliierten Luftangriffen gemacht worden, mit denen der Sendebetrieb des staatlichen Fernsehens unterbrochen werden sollte. Der irakische Staatschef war dabei zu sehen, wie er Geld und Orden an Soldaten verteilte, die sich während der Kämpfe im Süden des Iraks verdient gemacht hatten. Obwohl niemand wissen konnte, wann und wo das Video aufgenommen worden war, erinnerte es die Iraker daran, dass Saddam, der dort in Militäruniform den Vorsitz führte, immer noch das Land regierte. Ein irakischer Kommentator teilte den Zuschauern mit, Saddam habe Kommandanten und Soldaten von Einheiten geehrt, die ihr Land in Umm Qasr und Nasiriyah »heldenhaft« verteidigt hätten. In einem gesonderten Beitrag, der am selben Abend im Fernsehen ausgestrahlt wurde, erklärte Saddam, jeder Soldat der Elften Division, der im Kampf gegen die Amerikaner sterbe, bekomme eine Auszeichnung, und seine Familie erhalte zwei Millionen irakische Dinar (750 US-Dollar). Saddams Auftritt war sicherlich geeignet, Kräfte zu sammeln und die Kämpfenden anzuspornen. Trotzdem kreisten weiter Gerüchte über seinen gesundheitlichen Zustand, nachdem er am folgenden Tag nicht wie versprochen im Fernsehen auftrat, um eine Ansprache an das Volk zu richten. Stattdessen wurde seine Rede von Informationsminister Muhammad Said al-Sahaf verlesen. Darin forderte Saddam die Iraker auf, Selbstmordattentate gegen die einmarschierenden Truppen zu verüben. »Das ist euer Weg zur Unsterblichkeit«, hieß es. »Ergreift diese Gelegenheit, meine Brüder!«

Gleich zu Beginn der Feindseligkeiten hatte Saddam erklärt, die entscheidende Schlacht des Krieges solle in Bagdad stattfinden. Er glaubte, dort könne er sich auf seine Elitetruppen und relativ gut ausgerüsteten Einheiten verlassen, die das Regime bis zum Letzten verteidigen würden. Als die Alliierten ihre Kräfte darauf konzentrierten, schnell nach Bagdad zu gelangen, bestätigte der irakische Verteidigungsminister Sultan Hasim Ahmad, das Regime würde in der Hauptstadt ein letztes Mal Widerstand leisten. »Wir wundern uns nicht, wenn der Feind Bagdad in fünf oder zehn Tagen umstellt hat, aber dann muss er die Stadt noch einnehmen. Bagdad wird sich aber nicht ergeben, solange seine Bürger leben.« Die alliierten Befehlshaber hatten für ihr Vorgehen zugrunde gelegt, dass sich der Kampf, mit dem man die endgültige Kontrolle über den Irak erlangen wollte, in der Nähe Bagdads zutragen würde. Die Angriffe der Dritten US-Infanteriedivision und der Ersten Marinedivision waren in der Absicht geplant worden, die Truppen in der Hauptstadt zusammenzuführen, nachdem sie zuerst 560 Kilometer feindliches Gebiet zwischen Kuwait und ihrem eigentlichen Ziel eingenommen hätten.

Am 1. April 2003 erreichten die amerikanischen Truppen den Stadtrand von Bagdad und begannen mit ihren Vorbereitungen für einen Angriff auf die Stadt. Es mussten noch einige Dinge geklärt werden, bevor die Befehlshaber die Truppen vorrücken lassen konnten. Dabei dachte man vor allem an die ernst zu nehmenden Geheimdienstberichte, in denen es hieß, Saddams Truppen seien mit Massenvernichtungswaffen für den Bodenkrieg ausgerüstet und wahrscheinlich würden diese Waffen eingesetzt, wenn die Alliierten Bagdad bedrohten. Saddam habe eine »rote Linie« um die Stadt gezogen und den Befehl ausgegeben, die Massenvernichtungswaffen zur Verteidigung der Stadt zu verwenden, falls es den Alliierten gelänge, diese Linie zu überschreiten. Man wusste, dass die Iraker eine Reihe von Sabotageaktionen vorbereitet hatten, um die Amerikaner aufzuhalten. Unter anderem wollten sie den Hadithab-Damm sprengen, wodurch die Hauptübergänge über den Euphrat geflutet würden und sich das gesamte Gebiet in einen morastigen Sumpf verwandeln würde.[6] Die Befehlshaber rechneten damit, dass die Einheiten der Republikanischen Garde besonders gerissen vorgehen würden, sobald die Amerikaner in die Stadt vorstießen. Die Medina-Einheit, die als die größte und fähigste Gruppe der Republikanischen Garde galt, hatte ihre Kämpfer auf die Vororte und Dörfer westlich von Bagdad verteilt. Waffen und Nachschub dieser Truppen befanden sich in oder neben Moscheen, Schulen und Krankenhäusern, in öffentlichen und privaten Gebäuden. So wurde es den amerikanischen Flugzeugen praktisch unmöglich gemacht, sie zu bombardieren, ohne den Tod vieler Zivilisten in Kauf zu nehmen. Den Alliierten war aber besonders daran gelegen, weitere Tote zu vermeiden, nachdem Ende März bei einer großen Explosion in Bagdad fünfzig Menschen ums Leben gekommen waren; zwar war nicht geklärt, ob dies durch alliierte oder irakische Bomben geschehen war, aber das Sterben Unschuldiger hatte erneut zu Aufrufen der Kriegsgegner geführt, die ein Ende der Kämpfe forderten.

Als sich etwa zweihunderttausend amerikanische Soldaten für den Sturm auf Bagdad bereitmachten, trat Saddam zweimal kurz hintereinander öffentlich auf, weil er versuchen wollte, Kräfte zu mobilisieren. In den Landesteilen, die die Alliierten bereits eingenommen hatten, waren Statuen und Porträts des irakischen Diktators zerstört oder verunstaltet worden; Saddam musste sein Versteck aufgeben und demonstrieren, dass er noch Herr der Lage war. Zuerst trat er im Fernsehen auf – und zwar live, wie die Verantwortlichen versicherten. Er rief sein Volk auf, die Angreifer ins »Höllenfeuer« zu befördern. Kurze Zeit später filmte man, wie ein beleibter, freundlicher Mann, der dem irakischen Diktator verblüffend ähnlich sah, einem Vorort von Bagdad spontan einen Besuch abstattete. Es wurde gezeigt, wie er ein junges irakisches Mädchen im Arm hielt und den Beifall begeisterter Zuschauer entgegennahm. Durch diese Auftritte wollte Saddam jeden Verdacht beseitigen, er sei beim Angriff der Amerikaner getötet oder schwer verletzt worden. Die alliierten Geheimdienstberichte vermuteten, dass Qusay und manchmal auch Uday die irakische Kriegführung jeden Tag aufs Neue planten. Saddams öffentliches Auftreten bestätigte jedoch, dass er das Land immer noch regierte und über Kriegsentwicklungen Bescheid wusste. In der Fernsehübertragung hatte er einen amerikanischen Apache-Helikopter erwähnt, der – so lautete das Gerücht – von einem irakischen Bauern abgeschossen worden war. So eine Story war genau die richtige Propaganda. Wenn ein ungebildeter, alter, zahnloser Bauer eine hochmoderne amerikanische Kampfmaschine zerstören konnte, warum sollte die große und alte Nation des Irak dann nicht in der Lage sein, die amerikanischen Invasoren zu überwältigen? Wenn die Iraker nur den Mut und den Willen zum Kampf aufbrächten, würde David diesen Goliath schon bezwingen.

Der große Durchbruch für die Amerikaner kam an Morgen des 2. April, als die Dritte Infanteriedivision endlich die Kontrolle über die Flussübergänge bei Kerbala, circa 110 Kilometer südlich von Bagdad, gewinnen konnte. Einheiten der Republikanischen Garde hatten dort zähen Widerstand geleistet. Als sie erkannten, dass sie ihre Stellung nicht mehr verteidigen konnten, versuchten irakische Ingenieure, die wichtigste Brücke über den Euphrat zu sprengen. Obwohl große Schäden an der Brücke entstanden, konnte sie nicht zerstört werden; am späten Nachmittag überquerten amerikanische Verbände die Brücke und sicherten diesen Flussübergang. Nun war Kerbala unter amerikanischer Kontrolle und der Weg nach Bagdad frei. Generalleutnant William Wallace drückte es kurze Zeit später so aus: »Ab da war ich ziemlich sicher, dass wir Saddam kriegen würden … Ich wusste, wir hatten das meiste geschafft.«[7]

Die amerikanischen Befehlshaber beeilten sich, ihren Vorteil auszunutzen. Binnen einiger Stunden durchbrach die Dritte Infanteriedivision die dezimierten Reihen der Medina-Einheit, die tagelang schwer bombardiert worden war. In den drei Tagen vor dem Fall Kerbalas waren etwa dreitausend Lenkflugkörper auf die Stellungen der Republikanischen Garde abgeworfen worden, der Großteil auf die Medina. So mussten die amerikanischen Soldaten, die anschließend durch die zerstörten Verteidigungsstellungen der Medina Richtung Bagdad zogen, ein furchtbares Blutvergießen mit ansehen. Ein Unteroffizier, der schon im Golfkrieg gedient hatte, sagte: »Ich hoffe, ich muss so etwas nicht noch einmal miterleben ... Wenn ich so viele Tote sehe, will ich einfach nur noch fort.«[8]

Wie dickfellig Saddams Propagandamaschine war, zeigte sich, als im irakischen Informationsministerium angesichts dieser harten Rückschläge immer noch behauptet wurde, die irakische Verteidigung würde Dutzende amerikanischer und britischer Soldaten töten, ihre Panzer zerstören und zahlreiche Flugzeuge abschießen. Tatsächlich gab es wenig Tote auf alliierter Seite, verglichen mit den furchtbaren Verlusten, die den irakischen Truppen zugefügt worden waren.

Zwei Tage nach dem Durchbruch bei Kerbala erreichten die US-Truppen den Stadtrand von Bagdad und stürmten den internationalen Flughafen an der westlichen Zufahrtsstraße in die Stadt. Die alliierten Luftangriffe auf die Einheiten der Republikanischen Garde hatten deren Reihen arg gelichtet. Als die amerikanischen Soldaten Bagdad erreichten, hieß es aus Geheimdienstkreisen, Saddam verfüge nur noch über zwei Brigaden der Republikanischen Garde und ungefähr fünfzehntausend Kämpfer der Fedayeen. Am Morgen des 5. April hatten die Amerikaner dann den gesamten Flughafenkomplex unter ihre Kontrolle gebracht und entsandten im Laufe des Tages den ersten »thunder run«, ein schwer bewaffnetes Aufklärungskommando, in das Zentrum Bagdads. So sollte getestet werden, wie stark die irakische Verteidigung dort war. Zu diesem Zeitpunkt hielten sich Saddam und seine beiden Söhne noch in der Stadt auf und versuchten verzweifelt, einen Gegenangriff zustande zu bringen. Aber nachdem die Iraker so verheerende Verluste erlitten hatten, wurde den meisten einfachen Soldaten klar, dass sie einen aussichtslosen Kampf führten; sie zogen ihre Uniformen aus und gingen nach Hause. Saddam blieben nur seine undisziplinierten Fedayeen-Banden, die der überlegenen Schlagkraft der Amerikaner nichts entgegenzusetzen hatten. In den folgenden Tagen lieferten sich die Amerikaner, unterstützt von Apache-Helikoptern und A-10-Flugzeugen für den Bodenkrieg, eine Reihe von Gefechten mit Fedayeen-Kämpfern. Diese stürmten auf die Panzerreihen der US-Truppen los und feuerten wie wild mit Maschinenpistolen und Granaten, bis die überwältigende Militärmaschinerie der Amerikaner sie das Leben kostete. Hunderte, wenn nicht Tausende irakische und ausländische Kämpfer, die nach Bagdad gekommen waren, um sich dem Jihad gegen die Vereinigten Staaten anzuschließen, fielen der überlegenen amerikanischen Schlagkraft zum Opfer. Saddams Kämpfer dagegen richteten nur bei einem einzigen Abrams-Panzer geringen Schaden an. In der ganzen Stadt starben die Fedayeen, aber das Informationsministerium versuchte immer noch, die skeptisch gewordene internationale Presse davon zu überzeugen, dass die Amerikaner Niederlagen erlitten und massive Verluste hinnehmen mussten.

Am Montag, dem 7. April 2003 um 14.00 Uhr Ortszeit, als die US-Truppen sich gerade in die Stadt vorkämpften, erreichte die alliierten Befehlshaber eine wichtige Meldung des Geheimdienstes. Saddam, seine beiden Söhne und einige führende Regimeangehörige sollten ein Restaurant im vornehmen Mansour-Viertel der Stadt betreten haben. Der Agent, der diese Information weitergab, könnte derselbe gewesen sein, der den Amerikanern mitgeteilt hatte, wo sich Saddam in der ersten Kriegsnacht aufgehalten hatte. Die alliierten Geheimdienstexperten waren sich immer noch nicht sicher, ob Saddam den damaligen »Enthauptungsschlag« überlebt hatte, und viele waren überzeugt, dass es sich bei dem »Saddam«, der später im Fernsehen aufgetreten war, um ein Double gehandelt haben musste. Wenn Saddam aber lebte, so blieb den Befehlshabern keine andere Wahl, als diesen Hinweis ernst zu nehmen und sofort zu handeln. Schließlich lautete das oberste Ziel, Saddam zu beseitigen. Achtundvierzig Minuten nachdem man die Information erhalten hatte, wurde dem Piloten eines B-1-Bombers, der über Bagdad kreiste, der Befehl zum Angriff erteilt. Zehn Minuten später wurde das Restaurant von vier 900-kg-Bunkerbomben getroffen. Anfangs glaubte die CIA, Saddam und sein engster Kreis seien bei der Detonation ums Leben gekommen, doch dann stellte sich heraus, dass er zwar in dem Gebäude gewesen war, als die Alliierten den Hinweis des Geheimdienstes bekommen hatten, es aber kurz darauf mit seinen Begleitern wieder verlassen hatte und so entkommen war. Bei dem Angriff kam eine Familie mit mehreren Kindern ums Leben, die gerade ein spätes Mittagessen einnehmen wollte. Später vermutete man, dass Saddam den Verdacht gehabt hatte, dass sich unter seinen Leuten ein Spion befände, und deshalb diese Falle gelegt hatte, indem er nur einigen wenigen Vertrauten mitgeteilt hatte, wann er in das besagte Restaurant zu gehen beabsichtigte. Als die Bomben das Restaurant trafen, konnte Saddam einen seiner Leibwächter als den Spion ausmachen. Er wurde sofort durch einen Kopfschuss getötet.[9]

Obwohl Saddam nun einem zweiten »Enthauptungsschlag« entkommen war, stand seine nunmehr dreiundzwanzig Jahre währende Terrorherrschaft kurz vor dem Ende. Am 8. April gelang es den britischen Truppen schließlich, Basra einzunehmen. Als britische Fallschirmjäger den historischen Stadtkern betraten, rannten Männer, Frauen und Kinder auf sie zu und begrüßten sie als Befreier. Saad Ahmed, ein vierundfünfzigjähriger Englischlehrer, mischte sich damals ebenfalls unter die Menge, um den Befreiern zu danken. »Wir haben lange auf euch gewartet«, sagte er. »Ihr habt den Krieg gewonnen, wir haben unser Leben zurückgewonnen. Wir haben seit mehr als dreißig Jahren nicht wie Menschen gelebt.«[10] In Bagdad drangen die US-Truppen weiter ins Stadtzentrum vor und nahmen Saddams Präsidentenpalast ein. Der einzige Widerstand, auf den sie trafen, ging von Fedayeen-Kämpfern aus, die mit Kalaschnikows und RPG7-Granatwerfern bewaffnet in Pritschenwagen umherfuhren und nur noch Selbstmordattentate gegen die amerikanischen Einheiten verüben konnten. Obwohl sich also amerikanische Soldaten in Saddams Hauptpalast befanden, beharrten die irakischen Funktionäre im Informationsministerium darauf, dass sie den Krieg gewinnen würden. »In Bagdad ist kein einziger amerikanischer Panzer«, behauptete der Informationsminister Sahaf während einer Pressekonferenz, die man am gleichen Tag spontan einberufen hatte. »Sie haben gestern Abend versucht, in die Stadt zurückzukehren ... aber wir haben den Großteil zum Rückzug gezwungen und den Rest massakriert. Wir fügen ihnen heftige Verluste zu, und Hunderte ihrer Soldaten haben begonnen, sich selbst zu töten.« Seine Stimme ging fast unter, weil draußen Geschütze zu hören waren und amerikanische Flugzeuge über das Gebäude brausten.

Für Saddam kam die Bestätigung, dass seine Herrschaft nun endgültig beendet war, als am nächsten Tag einige amerikanische Soldaten eine große Bronzestatue des Diktators zu Fall brachten, die genau vor dem Hotel Palestine stand, in dem Medienleute aus aller Welt logierten. Es kam zu einem kurzen diplomatischen Zwischenfall, als ein übereifriger Marinesoldat die amerikanische Flagge über Saddams Kopf legte, bis man ihn höflich darauf aufmerksam machte, dass die irakische Flagge wohl angemessener sei. Im Rückblick war der Angriff auf das Restaurant in Mansour der Wendepunkt gewesen, auf den die alliierten Befehlshaber gewartet hatten – der Moment, in dem eine starre Diktatur einfach in sich zusammenbricht. Achtundvierzig Stunden nach der Bombardierung des Lokals waren die Reste der irakischen Führungsriege einfach verschwunden. Nicht einmal der unermüdliche Informationsminister Sahaf tauchte am Morgen des 9. April bei der Arbeit auf. Zum ersten Mal seit vierundzwanzig Jahren war Saddam Hussein nicht mehr Herr über das irakische Schicksal.

Saddam Hussein hatte in den letzten Tagen seiner Herrschaft verzweifelt darauf gehofft, dass seine Fedayeen-Banden die Amerikaner in einen unübersichtlichen Häuserkampf verwickeln könnten, durch den diese erhebliche Verluste erleiden und zum Rückzug gezwungen würden. Handgeschriebene Mitteilungen, die Saddam an seine führenden Baath-Funktionäre schickte (Kopien dieser Schreiben sind im Besitz des Autors), sind Beweis dafür, dass Saddam noch bis zum 8. April die Verteidigung Bagdads koordinierte. Die Mitteilungen verdeutlichen typische bürokratische Abläufe des Baath-Regimes. Zum größten Teil wird die Zahlung hoher Summen an Offiziere der Republikanischen Garde und an Stammesführer angewiesen, um sich ihrer Loyalität zu versichern.[11] Erst als Saddam merkte, dass die Fedayeen trotz ihrer selbstmörderischen Tapferkeitsbezeugungen niemals in der Lage sein würden, den Vormarsch der US-Truppen in die Stadt aufzuhalten, erlaubte er seinen Getreuen, sich zu zerstreuen. Den wichtigen Ministern wurde befohlen, die vor dem Krieg geschmiedeten Pläne umzusetzen. Sie sollten sich in Verstecke begeben und einen militärischen Aufstand gegen die Besatzungsmacht vorbereiten. Weniger wichtige Führungspersonen wie der Informationsminister Sahaf wurden ihrem Schicksal überlassen.

Bisher hatte sich Saddam in mehreren sicheren Gebäuden in Bagdad aufgehalten und war mit einer Handvoll Leibwächter und manchmal auch einem seiner Söhne von einem Versteck ins nächste gezogen. Aus Sicherheitsgründen vermied er Situationen, in denen sich die drei führenden Köpfe des Regimes für längere Zeit an einem Ort aufhielten. Saddams Rastlosigkeit verwirrte die Amerikaner. Als die US-Truppen den großen Präsidentenpalast am Ufer des Tigris erreichten, waren sie einigermaßen enttäuscht, als er so vollkommen unbewohnt wirkte. Zwischen all den vergoldeten Stühlen und vergoldeten Badezimmerarmaturen deutete nichts darauf hin, dass hier in jüngerer Zeit jemand gewohnt haben könnte. Saddam hatte seit den achtziger Jahren keinen regelmäßigen

Aufenthaltsort mehr gehabt, sondern hatte stets mal im einen, mal im anderen Palast gewohnt. Selbst auf dem Höhepunkt seiner Macht versteckte sich Saddam vor seinen Leuten, und in Kriegszeiten kostete es ihn keine Mühe, in den Seitenstraßen Bagdads zu verschwinden. Er war dieses unstete Leben gewohnt, seit er Ende der fünfziger Jahre Kontakt mit der Baath-Partei aufgenommen hatte.

Eines von Saddams sicheren Häusern wurde kurz nach Ende der Feindseligkeiten in dem Viertel Arasat al-Hindi (»Indianerlager«) entdeckt. Dort zeigte sich, welch raffinierte Details man sich ausgedacht hatte, um den irakischen Diktator zu schützen. Von außen sah das Haus wie eine gewöhnliche Vorortvilla aus. Nur wenn sich der Besucher drinnen das Buchregal näher ansah, das eine ganze Wohnzimmerwand einnahm, konnte er dahinter einen geheimen Gang entdecken. Er führte zu einer Reihe von Räumen, in denen sich Saddam und seine Getreuen gegen Ende des Krieges aufgehalten hatten. Über die mit rotem Teppich ausgelegte Treppe gelangte man zu einem großen Raum, in dem Sitzungen des irakischen Kabinetts abgehalten werden konnten. Das hintere Fenster hatte man zugemauert, um die Anwesenden vor den neugierigen Blicken der Nachbarn zu schützen. Auf einer Seite befanden sich eine gut eingerichtete Küche und ein Badezimmer mit einer großen Wanne. Eine Seitentür führte von der Küche direkt in die Garage – so konnte man im Ernstfall schnell flüchten. Die Präsidentengarage, ebenfalls durch eine falsche Mauer verdeckt, bot Platz für zwei Wagen. Auf der anderen Seite des Hauses gab es noch einmal mehrere Schlafzimmer, die laut Auskunft des Besitzers von Saddam und Uday belegt wurden. In einem Zimmer befand sich ein Krankenhausbett, in dem Saddam gelegen hatte, nachdem er beim ersten »Enthauptungsschlag« der Amerikaner verletzt worden war.

Der Besitzer meinte, Saddam habe sich erst einige Tage vor Kriegsende in das Haus begeben. Die Nachbarn erzählten, wie Saddam und Uday in einem goldenen Geländewagen vorgefahren seien, der die auffälligen blauen Kennzeichen des irakischen Informationsministeriums gehabt habe. Sie begriffen schnell, welch geschätzter Besuch da angekommen war, als Saddams Sicherheitsleute das Haus abriegelten. »Sie wirkten bedrohlich«, erinnerte sich ein Nachbar. »Eines Abends stieg ich aufs Dach, um zu sehen, wie die Bomben fielen. Am nächsten Morgen kam eine Wache auf mich zu und fragte, was ich dort auf dem Dach zu suchen hätte. Ich antwortete, ich hätte mir die Kampfflugzeuge angeschaut. Er sagte mir: »Scheiß auf die Flugzeuge. Du bleibst im Haus, sonst passiert was.«[12]

Dass Saddam sich noch in Bagdad aufhielt, nachdem die US-Truppen die Verteidigungslinien um die Stadt durchbrochen hatten, bestätigte sich einige Tage später, als der Fernsehsender Abu Dhabi zeigte, wie Saddam am 9. April durch Bagdads nördliche Vorstadt zog und von einer jubelnden Menge gefeiert wurde. Am selben Tag hatten amerikanische Marinesoldaten bereits Saddams Statue auf dem al-Fardus-Platz demontiert. Auf den Fernsehbildern konnte man sehen, wie Saddam und Uday vor der Adhamiya-Moschee umherliefen und sich auf einem Lieferwagen stehend an die begeisterten Zuschauer wandten. Irakische Augenzeugen berichteten, Saddam habe erklärt: »Ich stehe mit euch im Graben und kämpfe.« Bald darauf stiegen Saddam und seine Getreuen in ihre Wagen und fuhren davon. Zwölf Stunden später erreichte die amerikanischen Streitkräfte der Hinweis des Geheimdienstes, dass Saddam aufgetaucht sei. Apache-Hubschrauber und Kampfflugzeuge flogen schwere Angriffe auf das genannte Gebiet, wobei Teile des Friedhofs hinter der Moschee zerstört wurden.

Dies war das letzte Mal, dass Saddam in Bagdad gesehen wurde. Als man die Bilder seines Auftritts im arabischen Fernsehen zeigte, waren der Diktator und seine engen Vertrauten bereits aus der Stadt geflohen. Sein Erscheinen war für die Alliierten ziemlich peinlich, denn sie hatten nach der Einnahme Bagdads versichert, Saddam und seine nächsten Angehörigen seien während der Kämpfe getötet worden. Der Regierung Bush war es schon nicht gelungen, den Al-Qaida-Anführer Osama bin Laden gefangen zu nehmen oder zu töten, und nun sollte Saddam nicht auch noch zur Galionsfigur jener werden, die sich gegen die amerikanische Okkupation des Irak wandten. Kurz nachdem die militärischen Befehlshaber am 14. April den Feldzug für beendet erklärt hatten, behauptete Präsident Bush, er habe Grund zu der Annahme, dass Saddam tot sei. Am 1. Mai ließ Bush offiziell verlautbaren, dass die schlimmsten Kampfhandlungen im Irak vorüber seien. Seine Mitarbeiter äußerten in Besprechungen wiederholt die Ansicht, Saddam würde nicht mehr leben, aber sie zeigten sich recht frustriert darüber, dass sie es nicht beweisen konnten. In Bezug auf die »Enthauptungsschläge«, die während des Krieges gegen Saddam gerichtet worden waren, sagte ein leitender Regierungsangehöriger: »Es ist sehr wahrscheinlich, dass wir ihn erwischt haben, aber ich weiß es nicht genau.« Ein führender Militär sprach aus, warum Saddams ungewisses Schicksal der Koalition Kopfschmerzen bereitete: »Man wünscht sich hier sehr, dass er nicht mehr unter den Lebenden weilt.«[13]

Saddam hatte vor dem Krieg Vorkehrungen zu seiner Sicherheit getroffen, falls er sich verstecken müsste. Seinen Gefolgsleuten und Stammesführern hatte er geschätzte 1,3 Milliarden US-Dollar an Schutzgeld gezahlt, mit denen er ihre Ergebenheit im Falle seiner Niederlage zu kaufen hoffte.[14] Neben den Zufluchtsorten in Bagdad verfügte Saddam im ganzen Land über zahllose sichere Häuser. Viele befanden sich in der Umgebung von Tikrit, der Heimat seines Stammes. Dort konnte er sich auf die rückhaltlose Unterstützung seiner Stammesangehörigen verlassen.

Kurz nach seinem Auftritt vor der Adhimya-Moschee am 9. April wies Saddam seine engsten Familienmitglieder an, sich zu verstecken und aus dem Hintergrund für Unruhen zu sorgen – so wie er es schon vor dem Krieg zusammen mit Qusay geplant hatte. Weil er seine eigenen Pläne unbedingt geheimhalten wollte, verriet er niemandem – nicht einmal seinen Söhnen –, was er nach seiner Flucht aus Bagdad zu tun gedachte. Führende Parteiangehörige, die nicht Teil seines eigenen Überlebensplans waren, ließ er im Stich.

Saddam ging es nur um sich und seine Familie. Schon vor dem Krieg hatte er seine Frauen und Töchter ins sichere Ausland geschickt. Sajida und seine zwei getrennt lebenden Schwiegertöchter waren in der syrischen Hauptstadt Damaskus, seine zweite Frau Samira und ihr gemeinsamer Sohn Ali in Beirut. Nach dem Zusammenbruch des Regimes flohen Dutzende Familienangehörige und führende Parteifunktionäre nach Syrien oder Jordanien. Ein irakischer Geschäftsmann, der eng mit der irakischen Regierung zusammenarbeitete, will vor Beginn des Konflikts geholfen haben, »zig Millionen Dollar« von einem jordanischen Bankkonto der Familie zur irakischen Botschaft in Damaskus zu leiten. »Das Geld war hauptsächlich für Sajida und die engere Familie gedacht«, sagte er. Insgesamt waren mehr als einhundert von Saddams Familienangehörigen für die Dauer des Krieges nach Damaskus gegangen.[15]

Nach dem Krieg profitierten viele Familienangehörige Saddams von der durchlässigen Grenze zwischen Irak und Syrien und pendelten fast einmal pro Woche zwischen beiden Ländern. Die alten Schmugglerrouten wurden von den dort lebenden Stämmen überwacht. Saddams Gefolge konnte so ungehindert die Grenze überschreiten. Zu jenen, die nach dem Krieg nach Syrien flohen, gehörte auch Qusays ältere Tochter Mouj. Sie kam Mitte Mai in die syrische Hauptstadt, in Begleitung ihres Mannes Ali Adnan Khairallah, dem Sohn von Saddams Cousin und Jugendfreund Adnan Khairallah, den er 1989 hatte ermorden lassen. Saddam hatte die Heirat von seiner Enkelin und Adnans Sohn im September 2002 arrangiert, um die Blutfehde zwischen den beiden Familien zu beenden, die begonnen hatte, nachdem der ehemalige Verteidigungsminister bei einem Hubschrauberabsturz ums Leben gekommen war. Als man ihn im Mai 2003 in Damaskus kontaktierte, sagte Ali Khairallah, er habe Saddam zuletzt am 5. April in Bagdad gesprochen. Der irakische Staatschef habe ihm damals gesagt: »Mach dir keine Sorgen. Glaub nur, alles wird gut.«[16]

Saddam sorgte sich nicht besonders um das Schicksal jener, die keine direkten Familienangehörigen waren oder nicht dem engen Führungskreis angehörten – selbst wenn diese ihm jahrelang treu gedient hatten. Männer wie Tariq Aziz, Saddams ehemaliger Außenminister und stellvertretender Premierminister, der seit Mitte der siebziger Jahre zu den größten Fürsprechern des irakischen Diktators gehört hatte, mussten sich alleine durchschlagen und erfuhren nichts über seine Absichten. So hatten kurz nach der Befreiung Bagdads viele prominente Baath-Funktionäre keine andere Wahl, als sich zu ergeben. Um die Suche nach den wichtigsten Mitgliedern des Regimes zu vereinfachen, ließ das Pentagon Spielkarten herausgeben, auf denen die Gesichter der fünfundfünfzig meistgesuchten irakischen Funktionsträger zu sehen waren. Saddams Bild befand sich auf dem Pik-Ass.

Nur einige Tage nach dem Fall Bagdads verhafteten US-Soldaten zwei Halbbrüder Saddams, Watban und Barzan, als diese versuchten, nach Syrien zu fliehen. Einige Tage später konnten irakische Oppositionskräfte den ehemaligen Premierminister Hamza al-Zubaydi in der Stadt al-Hillah südlich von Bagdad festnehmen. Außerdem wurden hochrangige irakische Wissenschaftler, Armeeoffiziere und Regierungsleute in Untersuchungshaft genommen. Auch der palästinensische Terrorist Abu Abbas wurde gefasst. Er hatte hinter der Entführung des italienischen Kreuzfahrtschiffs *Achille Lauro* im Jahr 1985 gesteckt, bei der ein Amerikaner ums Leben gekommen war. Einige Regierungsangehörige fühlten sich ohne Saddams Schutz so hilflos, dass sie die Amerikaner förmlich baten, in Haft genommen zu werden. Saddams letzter Informationsminister Muhammad Said al-Sahaf wollte sich den Amerikanern unbedingt ergeben. Er fürchtete um sein Leben, weil er den Irakern vorgelogen hatte, wie gut der Krieg für sie verlaufe. Schließlich nahmen ihn die amerikanischen Verantwortlichen in Untersuchungshaft, entließen ihn aber kurze Zeit später, weil er wenig Interessantes zu berichten wusste. Er war innerhalb der Rangfolge der Geheimnisträger ein mittlerer Bürokrat gewesen und wusste nur, was Saddam ihn hatte wissen lassen. Das Interesse der Alliierten war indes viel größer, als sich Ende April 2003 Tariq Aziz stellen wollte. Sie glaubten, er könne etwas über Saddams Aufenthalt sagen, wurden aber enttäuscht, weil Aziz zwar bereitwillig Auskunft gab, aber wenig darüber wusste, was Saddam vorgehabt hatte oder wo er sich verstecken könnte. Die Angst hatte sich in Saddams Regime derart festgesetzt, dass selbst hohe Amtsträger wie Aziz über die geheimsten Dinge im Dunkeln gelassen wurden.

Welche Verwirrung während der letzten Wochen innerhalb der führenden Elite geherrscht haben musste, kam zutage, als alliierte Streitkräfte in die Häuser und Paläste jener vordrangen, die zum engsten Kreis gehört hatten – also Saddams direkte Familie, seine Söhne Uday und Qusay sowie lang gediente Apparatschiks wie Izzat Ibrahim al-Douri und Taha Yassin Ramadan. In Tariq Aziz' Palast im wohlhabenden Viertel al-Jadariyah gab eine alte Ausgabe der *Times* einen Hinweis darauf, wann dort zuletzt jemand gewohnt hatte. Die Zeitung vom 8. März trug folgende Schlagzeile: »Der Irak hat noch 10 Tage, um einen Krieg abzuwenden.« Ein düsterer Einblick in die Geisteshaltung des Hussein-Clans bot sich bei der Durchsuchung von Udays Palast. Neben Alkohol, Zigarren und Heroin im Wert von knapp zwei Millionen US-Dollar fand man Bilder von Präsident Bushs zwanzigjährigen Zwillingstöchtern Jenna und Barbara in Abendkleidung, die neben Fotos von nackten Frauen an den Wänden seines Fitnessraums hingen.

Als nach dem Krieg führende Baath-Funktionäre durch die Alliierten befragt wurden, kam zutage, wie weltfremd Saddam und seine Getreuen während der Zeit vor dem Konflikt geworden waren. Saddam selbst war überzeugt gewesen, dass die Kämpfe verhindert oder die USA nur einen begrenzten Bombenkrieg führen würden. Also hatte er das Militär angewiesen, heimische Aufstände niederzuschlagen, anstatt sich auf eine

Bodenoffensive vorzubereiten. Wie er schon dreizehn Jahre zuvor April Glaspie zu verstehen gegeben hatte, wiegte sich Saddam immer noch in dem Glauben, Washington wolle eigene Opfer vermeiden; selbst wenn Bush ihm den Krieg erklären würde, käme es nur zu vereinzelten Bombenangriffen, die der Irak überstehen würde. Und das irakische Verteidigungsministerium nahm in einer groben Fehleinschätzung an, dass eine Bodenoffensive höchstens über die Grenze zu Jordanien erfolgen könne. Die Befragungen ergaben außerdem, dass Saddams engste Mitarbeiter ihn und auch einander ständig darüber belogen, wie es mit der militärischen Stärke des Irak wirklich beschaffen war.[17]

Saddam war fort, und die Amerikaner übernahmen die Kontrolle über das Land. Nachdem die Regierung Bush vor dem Krieg so viele Schwierigkeiten bei den Vereinten Nationen gehabt hatte, zeigte sich der amerikanische Präsident nach Beendigung der Kampfhandlungen entschlossen, die Beteiligung der UN im Irak auf ein Minimum zu begrenzen. Der Präsident wurde in dieser Ansicht von einer Gruppe neokonservativer Ideologen unterstützt, die in der Zivilverwaltung des Pentagon unter Donald Rumsfeld arbeiteten. Sie glaubten, im Irak böte sich die einmalige Chance, die Demokratie nach amerikanischem Vorbild in den Nahen Osten zu bringen. Nach ihrer Vorstellung sollte der Irak in einen modernen, demokratischen Staat mit freier Marktwirtschaft verwandelt werden und dann als Vorbild für die Region dienen, der auf diese Weise Frieden, Wohlstand und Stabilität gebracht würden.

In einer Art Siegesrede, die Präsident Bush am 1. Mai auf dem Deck des Flugzeugträgers *Abraham Lincoln* hielt, sagte er, der erfolgreiche Militäreinsatz zum Sturz Saddam Husseins sei »nur ein erster Sieg in einem Krieg gegen den Terror, der am 11. September 2001 begann und noch immer andauert«. Dadurch, dass man Saddams Regierung zu Fall gebracht hätte, so Bush, sei »ein Verbündeter der Al-Qaida« beseitigt worden. Bush versprach, er wolle weiter nach Saddams verbotenen Massenvernichtungswaffen suchen lassen. Obwohl keine

Beweise dafür entdeckt worden waren, dass Saddam mit den Anschlägen des 11. September in Verbindung gestanden hatte, verknüpfte Bush den Krieg gegen den Terror weiterhin mit dem Krieg gegen den Irak. »Wir haben die Opfer des 11. September, ihre letzten Anrufe, den kaltblütigen Mord an Kindern, die Suche in den Trümmern nicht vergessen. Mit diesen Angriffen haben die Terroristen und ihre Helfer den Vereinigten Staaten den Krieg erklärt, und einen Krieg haben sie auch bekommen. ... Die Befreiung des Irak ist ein wichtiger Fortschritt im Kampf gegen den Terror. Wir haben einen Verbündeten der Al-Qaida beseitigt und eine Quelle der finanziellen Unterstützung von Terroristen abgeschnitten. So viel ist sicher: Keine terroristische Vereinigung wird ab jetzt vom irakischen Regime Massenvernichtungswaffen erhalten, denn dieses Regime gibt es nicht mehr.«

Die Alliierten hatten einen schnellen und umfassenden Sieg auf dem Schlachtfeld errungen, aber der Frieden sollte sich als die größere Herausforderung erweisen. Obwohl die meisten Iraker froh waren, dass die Baath-Regierung von der Bildfläche verschwunden war, wollten sie dennoch nicht von einer fremden Militärmacht bestimmt werden. Wie die Briten bereits in den zwanziger Jahren festgestellt hatten, waren die Iraker ein äußerst nationalistisches Volk, und die starke Präsenz der amerikanischen Truppen auf den Straßen Bagdads und anderer großer Städte war nicht unbedingt gern gesehen. Gegen einen unproblematischen Übergang vom Baath-Regime zur Besatzung wirkte sich auch aus, dass die amerikanischen Truppen keine Erfahrung in der Friedenssicherung hatten. Die historische Aversion der USA gegen imperialistisch wirkende Militäroperationen im Ausland sorgte dafür, dass ihre Armee zwar eine hervorragende Kriegsmaschinerie lenkte, die amerikanischen Soldaten aber wenig praktische Erfahrung darin hatten, eine Zivilbevölkerung in Schach zu halten und Maßnahmen zur Erhaltung des Friedens zu ergreifen.

Dies hatte im Irak in den Wochen unmittelbar nach dem Krieg schlimme Konsequenzen, denn das Land und besonders

Bagdad glitten in Anarchie und Gesetzlosigkeit ab. Die amerikanischen Streitkräfte konnten oder wollten diesen Zustand nicht beheben. Einige Tage nachdem die Militäroperation geendet hatte, zogen Plünderer zu Tausenden durch die Straßen und stellten Regierungsgebäude auf den Kopf. Diese Leute waren größtenteils gewöhnliche Kriminelle, die Saddam kurz vor dem Krieg aus dem Gefängnis entlassen hatte. Schulen, Krankenhäuser und andere öffentliche Gebäude wurden komplett leer geräumt. Die Plünderer setzten Bagdads Fernsprechvermittlung in Brand und stahlen wichtige Geräte aus dem Elektrizitätswerk. Die Ministerien wurden restlos ausgeräumt, und ganze Banden durchquerten Bagdad ungehindert mit Lastwagen und Eselskarren voller Bürostühle und Klimaanlagen. Auch das berühmte Bagdad-Museum wurde nicht verschont: Dort wurden antike Kunstobjekte von unschätzbarem Wert gestohlen.

Die Besatzungsmacht zeigte sich darüber nicht übermäßig besorgt. Der amerikanische Verteidigungsminister Donald Rumsfeld schien die Plünderungen dulden zu wollen. Als man ihn am 11. April bei einer Pressekonferenz darauf ansprach, sagte er: »Niemand kann diese Plünderungen hinnehmen, aber auf der anderen Seite kann man auch verstehen, dass sich nach Jahrzehnten der Unterdrückung Gefühle aufgestaut haben und dass Menschen, deren Angehörige sterben mussten, sich nun gegen dieses Regime wenden.« Die Iraker hätten Rumsfeld vielleicht eher Glauben geschenkt, wenn nicht das einzige Regierungsgebäude, das in Bagdad vor Plünderungen geschützt wurde, das Ölministerium gewesen wäre. Vor dem Gebäude parkten zwei Abrams-Panzer – es blieb in tadellosem Zustand. Der Verdacht, dass Washington die Plünderungen bewusst duldete, erhärtete sich innerhalb der gebildeten irakischen Mittelschicht, als amerikanische Firmen mit enger Verbindung zur Republikanischen Partei wie Halliburton und Bechtel lukrative Angebote bekamen, den Schaden zu beheben.

Während des Militäreinsatzes war darauf geachtet worden, Bomben nur ganz präzise abzuwerfen, um Opfer in der Zivilbevölkerung zu vermeiden und die irakische Infrastruktur weitgehend zu erhalten. Die Plünderungen zerstörten nun, was von der Infrastruktur geblieben war, und das Land war bald ohne Strom, Wasser und Telefon. So kam es, dass sich viele Iraker, die Saddams Sturz eigentlich begrüßten, über die Inkompetenz der amerikanischen Besatzer ärgerten. Die feindselige Stimmung wuchs, als Paul Bremer, der vom amerikanischen Außenministerium mit der Leitung der Übergangsregierung beauftragt worden war, im Mai 2003 verkündete, er wolle die vierhunderttausend Mann starke irakische Armee auflösen, um Parteifunktionäre von ihren Posten zu holen. Bald konnte man auf Mauern in der Nähe von US-Stützpunkten lesen: »Ihr habt eure Arbeit getan, jetzt geht nach Hause.« Oder ganz direkt: »GIs, ihr werdet sterben.« Die US-Truppen wurden nicht mehr als Befreier, sondern als Besatzer angesehen, die zudem nicht Herr der Lage wurden.

Saddam regierte das Land zwar nicht mehr, aber da er noch auf freiem Fuß war, blieb er gemeinsamer Fixpunkt für die wachsende Zahl an Irakern, die mit der amerikanischen Verwaltung nicht einverstanden waren. Anfang Mai wurde ein handgeschriebener Brief, der angeblich von Saddam stammte, an die arabische Zeitung *Al-Quads al-Arabi* in London gefaxt. Darin wurden die Iraker aufgefordert, sich gegen die amerikanischen und britischen Besatzer aufzulehnen. Der vom 28. April – Saddams Geburtstag – datierte Brief gab Verrätern die Schuld am Sturz des Regimes. »Sie haben euch nicht besiegt … nur durch Verrat«, stand dort zu lesen. »Söhne unseres großen Volks, steht auf und wehrt euch gegen den Besatzer. Traut niemandem. … Erstes Ziel ist nun, den ungläubigen, verbrecherischen, feigen Besatzer zu verjagen.«

Mit der Unterstützung von ausländischen Kämpfern, die aus dem Iran, Jordanien, Syrien und Saudi-Arabien in den Irak strömten, setzten Baath-Anhänger Saddams Widerstandspläne in die Tat um und starteten eine Serie tödlicher Terrorangriffe auf die Besatzungstruppen und jeden, der mit der von den USA geführten Übergangsregierung in Verbindung stand.

Diese provisorische Verwaltung sollte nur so lange für die Geschicke des Landes verantwortlich sein, bis eine neue irakische Regierung eingesetzt werden könnte. Kaum ein Tag verging ohne einen Anschlag auf die Koalitionstruppen – ob nun eine militärische Einrichtung mit Granaten beschossen oder eine Bombe am Straßenrand gezündet wurde. Die Angriffe wurden allerdings nicht nur von verbitterten Baath-Anhängern verübt. Donald Rumsfeld hatte deutlich gemacht, dass die USA im Irak keinen Religionsstaat nach dem Vorbild des Iran dulden würden und damit viele Schiiten gegen sich aufgebracht, die innerhalb der Bevölkerung die Mehrheit bildeten und in der neuen Regierung angemessen repräsentiert sein wollten.

Die von den Amerikanern angeführte Koalition beharrte darauf, dass Saddam im Krieg umgekommen war, und selbst wenn er noch lebte, sei er »militärisch bedeutungslos«.[18] Saddam und seine Anhänger waren entschlossen, das Gegenteil zu beweisen.

Als immer mehr alliierte Soldaten bei Terroranschlägen ums Leben kamen, bemühte sich die Koalition herauszufinden, was wirklich mit Saddam geschehen war. Bis zum Sommer 2003 war die Zahl der Anschläge auf die Koalitionstruppen auf durchschnittlich dreizehn pro Tag angestiegen. Mitte Juni teilten amerikanische Agenten mit, sie hätten Gespräche zwischen flüchtigen Fedayeen und ehemaligen irakischen Geheimdienstleuten mitgehört, aus denen hervorginge, dass der Diktator noch lebte. Und als ob er ihren Verdacht bestätigen wollte, zeigte sich Saddam ausgerechnet am 4. Juli, dem amerikanischen Unabhängigkeitstag. Er verhöhnte die Koalition, weil sie keine Massenvernichtungswaffen gefunden hatte, obwohl diese von der amerikanischen und der britischen Regierung als Hauptgrund für den Krieg angegeben worden waren. In einer Tonaufnahme, die der arabische Sender Al-Jazeera abspielte, sagte Saddam: »Sie wollen den Irak zerstören, und die angeblichen Massenvernichtungswaffen waren nur ein Vorwand für ihre Pläne. Ich frage die Angreifer: Wo sind diese

Massenvernichtungswaffen?« Saddams Spott gegen den Westen bewies, dass er immer noch über die politische Auseinandersetzung außerhalb des Iraks Bescheid wusste. Da die Alliierten nach Saddams Niederlage keine Arsenale mit Massenvernichtungswaffen gefunden hatten, waren in den USA und Großbritannien wieder Stimmen gegen den Krieg laut geworden, die nun wie Saddam vorbrachten, dass man den Militäreinsatz unter falschen Voraussetzungen begonnen habe. Saddam behauptete zudem, er sei im Irak und wolle für noch mehr bewaffneten Widerstand gegen die Koalition sorgen. »Ich bin im Irak, und ich habe Verbündete«, sagte er. »Ich möchte dir sagen, dass ich dich vermisse, oh geliebtes Volk. ... Die kommenden Tage werden den ungläubigen Besatzern, so Gott will, viel Sorgen und Qual bereiten.«

Obwohl man sich weigerte, es öffentlich zuzugeben, brachten Saddams Anwesenheit und seine ständigen Provokationen durch Faxe und Tonaufnahmen die amerikanische Regierung in eine peinliche Lage. Bis zu diesem Punkt hatte Saddams Gefangennahme nicht die höchste Priorität. Da aber die Unruhen und Anschläge weitergingen und die Koalition immer mehr Todesopfer beklagen musste, bekamen die Kommandeure der US-Truppen die Anweisung, sich intensiver um die Verhaftung des abgesetzten irakischen Diktators zu kümmern – tot oder lebendig. Washington war bereit, für Hinweise, die zur Festnahme Saddams führen würden oder beweisen könnten, dass er tot war, fünfundzwanzig Millionen Dollar Belohnung zu zahlen. Weitere fünfzehn Millionen wurden für Hinweise ausgesetzt, die zur Verhaftung von Uday oder Qusay führen würden.

Die geheime Militäreinheit Task Force 20, die für die Suche nach ehemaligen Mitgliedern des Regimes verantwortlich war, erhielt den Befehl, ihre Bemühungen auf Saddams Festnahme zu konzentrieren. Nachdem nun klar war, dass Saddam den Krieg überlebt hatte, nahmen die Befehlshaber der Koalition an, der Gesuchte verstecke sich in der Nähe von Tikrit. In dieser Annahme fühlten sie sich bestärkt, als Saddams allmächtiger Privatsekretär Abdul Hamoud Mitte Juni in einem Vorort von Tikrit festgenommen wurde. Hamoud bestätigte, dass Saddam und seine beiden Söhne den Krieg überlebt hätten und sich wahrscheinlich irgendwo im Irak versteckten. Ihren genauen Aufenthaltsort kannte er nicht.[19] Am 17. Juli, als Tony Blair gerade in Washington war, um vor dem Kongress zu sprechen, tauchte Saddam mit seinem besonderen Sinn für den passenden Moment wieder auf und prangerte die »Lügen« von Bush und Blair an. Seine Rede fiel auf den fünfunddreißigsten Jahrestag der Machtübernahme durch die Baath-Partei. Er wiederholte die Behauptung, der Krieg gegen den Irak sei aufgrund falscher Voraussetzungen begonnen worden. »Der Präsident der Vereinigten Staaten und der Premierminister Großbritanniens wussten über diese Lügen Bescheid, als sie beschlossen, Krieg gegen den Irak zu führen«, sagte er. Saddam übte zudem scharfe Kritik am Irakischen Regierungsrat, der kurz zuvor ernannt worden war. Fünfundzwanzig prominente Iraker waren von der Koalition eingesetzt worden, um bei der Verwaltung des Landes behilflich zu sein, bis eine offizielle Machtübergabe möglich sein würde. »Wer auch immer vom fremden Besatzer ernannt wird, kann seinem Volk und dem Land nichts anderes weitergeben als den Willen der Besatzer.«

Die Koalitionstruppen konnten dann doch den Durchbruch erreichen, auf den sie gehofft hatten. Am Morgen des 21. Juli erhielten sie den Hinweis, dass Uday und Qusay sich in einer Villa nördlich von Mosul aufhielten. Später wurde bekannt, dass der Besitzer des Hauses sich einige Jahre zuvor mit Saddams Familie überworfen hatte und die beiden verriet, um eine Belohnung von insgesamt dreißig Millionen Dollar zu kassieren. Ein Geheimkommando umstellte die Villa und filmte die Bewohner. Die Aufnahmen wurden an Geheimdienstexperten weitergegeben, die bestätigten, dass es sich tatsächlich um die Gesuchten handelte. Das Haus wurde daraufhin von einem Teil der 101 Airborne Division, zwanzig Soldaten einer Sondereinheit der Task Force 20 und CIA-Agenten mit

Scharfschützen umzingelt. Kampfhubschrauber überflogen das Gebäude, um noch größeren Schutz zu bieten. Sobald das gesamte Militär in Stellung war, rief ein arabischer Übersetzer den Bewohnern durch ein Megaphon zu, sie sollten sich ergeben. Als keine Reaktion kam, rückten die Einsatzkräfte bis zur Eingangstür vor und wiederholten die Forderung. Wieder erhielten sie keine Antwort. Sie brachen die Tür ein und wurden drinnen mit Schüssen empfangen. Ein Soldat wurde ins Bein getroffen, vier weitere wurden verletzt, als sie versuchten, in die obere Etage des Hauses zu gelangen, wo die vier Bewohner sich in einem Badezimmer hinter kugelsicherem Glas verschanzt hatten. Den Kommandeuren wurde klar, dass sie das Haus nicht mit konventionellen Mitteln einnehmen konnten, und riefen daher alle Kräfte auf den Plan, die ihnen zur Verfügung standen. Das Haus wurde mit Panzergranaten und Maschinengewehren schwer beschossen, man feuerte Luft-Boden-Raketen aus Hubschraubern und tief fliegenden A-10-Kampfflugzeugen ab. Es dauerte mehr als drei Stunden, bis man die Bewohner der Villa bezwungen hatte. Als der Kampf schließlich vorüber war, waren Uday, Qusay, ein Leibwächter und Qusays vierzehnjähriger Sohn Mustafa tot. Später wurde bekannt, dass die drei Erwachsenen durch eine Panzerabwehrrakete gestorben waren. Als die US-Truppen in das Gebäude vordrangen, war nur noch Mustafa am Leben. Aber der Vierzehnjährige schoss weiter auf die amerikanischen Soldaten, bis auch er tödlich getroffen wurde.

Die Regierung Bush konnte ihre Freude kaum verbergen. Am nächsten Tag erschien Präsident Bush kurz im Rosengarten des Weißen Hauses und sagte, der Tod von Qusay und Uday solle den Irakern versichern, »dass das Regime am Ende ist und nie wieder an die Macht kommt«. Paul Bremer, der amerikanische Zivilverwalter im Irak, war nicht weniger erfreut und meinte: »Es ist nur eine Frage der Zeit, bis wir Saddam aufspüren.« Um skeptische Iraker davon zu überzeugen, dass es sich bei den Toten wirklich um die beiden gefürchtetsten Männer des Regimes handelte, wagten die Amerikaner einen ungewöhnlichen Schritt und veröffentlichten Bilder der Getöteten. Als einige Iraker immer noch meinten, Uday und Qusay seien nicht zu erkennen, weil sie so schlimme Gesichtsverletzungen erlitten hatten, wurden nochmals Bilder herausgegeben, nachdem ein Leichenbestatter sie rasiert und gewaschen hatte. Aus offiziellen Kreisen verlautete später, man hätte hundert Millionen Dollar in bar, einige Pornohefte, Kondome und große Mengen des Potenzmittels Viagra in Udays Koffer gefunden. Jeder fromme Moslem, den gekränkt haben mochte, wie die Amerikaner mit den Leichen umgegangen waren, wäre über Udays unislamische Lebensweise sicher mehr erschrocken.

Einige Tage später erreichte die zu erwartende Tonnachricht von Saddam einen Fernsehsender in Dubai. Darin rühmte er seine Söhne als »Märtyrer für den Irak«. Zur gleichen Zeit forcierten die amerikanischen Streitkräfte die Suche nach Saddam. Innerhalb von vierundzwanzig Stunden ließen sie 233 Razzien in den Häusern von mutmaßlichen Leibwächtern und Kollaborateuren durchführen. Der Codename der Truppe, die auf der Jagd nach Saddam war, lautete »Task Force Iron Horse«. Obwohl die Amerikaner behaupteten, die Schlinge um Saddam würde immer enger gezogen, blieb jener offensiv. »Ich trauere um Uday und Qusay und jene, die mit ihnen gekämpft haben«, sagte er. »Ihr habt diesem Land alle Ehre gemacht. Amerika wird besiegt werden. Wenn Saddam Hussein noch hundert Kinder neben Uday und Qusay hätte, er würde sie in ebendieser Weise hingeben.«

Die Amerikaner standen vor einem Dilemma, als es darum ging, was mit den Leichen geschehen sollte. Wenn man sie begrub, könnte das Grabmal dieser »Märtyrer« zur Pilgerstätte werden. Wenn man sie aber nicht herausgab, würde man vorgeworfen bekommen, islamisches Brauchtum zu missachten. Schließlich entschied man sich, die Toten auf einem Friedhof außerhalb von Saddams Geburtsort Al-Ouja zu begraben. In der Nähe befand sich auch die prunkvolle Grabstätte, die Saddam zu Ehren seiner Mutter Subha errichtet hatte. Zur

Beerdigung von Uday, Qusay und Mustafa Anfang August kamen ungefähr siebzig Menschen. Auch Scheich Mahmoud al-Nida, Oberhaupt von Saddams al-Bejat-Clan, besuchte die Trauerfeier und bekundete, es sei ein trauriger Tag für sein Volk. Schließlich hatte es enorm von der Diktatur profitiert. Andere Trauernde gaben sich nicht so wehmütig und schworen den Amerikanern Rache für den Mord an ihren Stammesbrüdern. »Wenn es so weit ist, töten wir doppelt so viele Amerikaner«, sagte ein Anwesender. Neben den frisch ausgehobenen Gräbern war noch Platz. »Der wird für Saddam freigehalten«, meinte ein amerikanischer Soldat.

Die Amerikaner hatten damit gerechnet, dass die Anschläge auf ihre Truppen nach dem Tod von Uday und Qusay zurückgehen würden. Diese Hoffnung war schnell dahin, als drei ihrer Soldaten aus eben der Division, die Saddams Söhne getötet hatte, aus dem Hinterhalt erschossen wurden.

Während die Begräbnisfeiern für Uday und Qusay vorbereitet wurden, tauchten Saddams Töchter Raghda und Rana in Jordanien auf, wo ihnen König Abdullah Asyl gewährte. Obwohl Saddam für die Ermordung ihrer Ehemänner Hussein Kamel und Saddam Kamel al-Majid gesorgt hatte, zollten die Töchter ihrem Vater erstaunlichen Respekt, sandten ihm liebe Grüße und lobten ihn als einen »großherzigen, guten Vater«. Im Namen ihrer Familie betonte Raghda, die ältere der beiden, die Amerikaner hätten den Krieg nur gewonnen, weil Saddam von jenen verraten worden wäre, auf die er am meisten gezählt habe. »Den größten Verrat begingen die Leute, denen er voll und ganz vertraute«, sagte sie. »Das ist Hochverrat. Wenn man jemanden nicht mag, sollte man ihn noch lange nicht betrügen … Betrug ist nicht Sache der Araber.« Raghda meinte, sie habe den Fall Bagdads als »schweren Schock« erlebt. Als die amerikanischen Panzer in die Stadt gerollt kamen, habe ihr Vater ihnen einen Wagen seiner Sicherheitskräfte geschickt und sie angewiesen, das Haus zu verlassen. Qusays Frau Sahar schloss sich Raghda und Rana an. »Der Abschied war furchtbar«, erinnerte sich Raghda. »Wir verließen Bagdad und trafen uns mit meiner Mutter [Sajida] und Hala [Saddams jüngste Tochter]. Nach ein paar Stunden war die Verbindung zu meinem Vater und meinen Brüdern abgebrochen, die Situation geriet außer Kontrolle.«

Einige Wochen nach dem Krieg bemühten sich Raghda und Rana erfolglos um Asyl in Großbritannien. Sie wollten nach Leeds gehen, wo ein Cousin lebte. Die beiden hielten sich zu diesem Zeitpunkt in Damaskus auf. Nachdem aber die syrische Regierung von Washington unter Druck gesetzt worden war, weil sie Angehörigen des irakischen Regimes Unterschlupf gewährte, entschloss sich Saddams Familie, in Jordanien Zuflucht zu suchen. Raghda sagte, sie habe ihren Vater fünf Tage vor dem Krieg für eine Stunde gesehen, und zwar im Palast ihrer Mutter im Bagdader Viertel Al-Jabiriyah. »Die Enkelkinder holten Stühle und setzten sich im Kreis um ihren Großvater herum. Er war sehr freundlich zu ihnen, und nachdem er gegangen war, schickte er ihnen Süßigkeiten.« Dass sich ihr Mann 1996 entschlossen hatte, nach Jordanien zu fliehen, war nach Raghdas Ansicht »ein großer Fehler« gewesen, und die Rückkehr »ein noch größerer«. Sie sei »zwischen zwei lodernden Feuern gefangen« gewesen, »auf der einen Seite mein Mann und meine Kinder, auf der anderen Seite mein Vater und meine Familie«. Für den Mord an ihrem Mann und seinem Bruder machte sie nicht Saddam, sondern seinen Cousin Ali Hassan al-Majid verantwortlich. »Dieser Ali ist ein boshafter, gemeiner und verdammenswerter Mensch mit einer schwarzen Vergangenheit«, sagte sie. »Nach der Flucht nützte er die Lage zu seinem Vorteil aus. Er kletterte auf unseren Schultern nach oben.« Obwohl sie eine enge Bindung zu ihrem Vater habe, könne sie nicht sagen, wo er sich aufhalte. »Er wird niemandem sagen, wo er gerade ist, nicht einmal meiner Mutter oder jemand anderem aus der Familie.«[20]

Bis zum Sommer 2003 machte die Koalition Fortschritte, und es begann sich eine neue politische Struktur zu bilden, die das Baath-Regime ersetzen sollte. Eine Umfrage der Universität

Bagdad ergab, dass siebzig Prozent der Iraker Saddams Sturz befürworteten. Mitte August verhafteten die Koalitionstruppen den ehemaligen irakischen Vizepräsidenten Taha Yassin Ramadan und Saddams langjährigen Handlanger Hassan al-Majid (»Chemie-Ali«). Somit waren vierzig der meistgesuchten Iraker aus dem »Kartenspiel« der Koalition dingfest gemacht worden. Aber diese Erfolge zählten nicht viel, solange Saddam auf freiem Fuß war und der bewaffnete Widerstand von Regimetreuen und ausländischen Kämpfern eine Bedrohung blieb. Die Anschläge konzentrierten sich auf ein Gebiet namens »Sunniten-Dreieck« innerhalb der von Sunniten dominierten Stadtviertel in Bagdad, Tikrit und Falluja. Ende August wurde ein furchtbarer Selbstmordanschlag auf das Gebäude der Vereinten Nationen in Bagdad verübt. Siebzehn Menschen starben, darunter Sergio Vieira de Mello, Vorsitzender der UN-Mission, der maßgeblich daran beteiligt gewesen war, die Übergangsregierung einzusetzen. Weitere einhundert Menschen wurden verletzt. Die UN sah sich gezwungen, den Hauptteil ihres Personals auf unbestimmte Zeit aus Bagdad abzuziehen.

Da es der Koalition nicht gelang, die Sicherheitssituation bis zum Herbst zu verbessern, wurden die Bemühungen zum Wiederaufbau stark behindert. Die Absicht der US-Regierung, das Land zu verwalten, bis eine neue irakische Regierung die Macht übernehmen würde, fand zwar die einmütige Zustimmung des Sicherheitsrats, aber je mehr Angriffe die Aufständischen erfolgreich durchführten, desto schwieriger wurde es, internationale Geldgeber für das mehrere Milliarden teure Wiederaufbauprogramm zu gewinnen.

Zwischen Ende Oktober und Anfang November schossen Saddams Anhänger drei amerikanische Hubschrauber ab. Präsident Bush hatte am 1. Mai die schlimmsten Kampfhandlungen für beendet erklärt, doch danach waren noch 143 Soldaten im Einsatz getötet worden – also mehr als die 114, die im eigentlichen Krieg gefallen waren. Die Tonaufnahmen, die Saddam in regelmäßigen Abständen herausgab und in denen er seine Anhänger dazu aufrief, weiter Angriffe gegen die »ungläubigen« Koalitionstruppen auszuüben, bestärkten diese in ihrem Entschluss, den ehemaligen irakischen Staatschef dingfest zu machen. Die Befehlshaber der Koalition waren im Stillen darüber besorgt, dass die Sicherheitslage zunehmend außer Kontrolle geriet; in einem geheimen Bericht der CIA schätzte man die Zahl der Aufständischen, die sich am Widerstand beteiligten, auf fünfzigtausend.[21] Nach dringenden Gesprächen zwischen Präsident Bush und Paul Bremer in Washington einigte man sich darauf, die Machtübergabe an die Iraker auf den Sommer 2004 vorzuverlegen.

Zur gleichen Zeit setzte das Pentagon eine weitere Sondereinheit ein, um die Jagd auf Saddam voranzutreiben. Sechshundert Soldaten der 4. Infanteriedivision und ein Sondereinsatzkommando wendeten eine Strategie an, die in ähnlicher Weise von den Israelis bei der Suche nach palästinensischen Terroristen in der West Bank benutzt worden war. Zuerst einmal riegelten sie Saddams Geburtsort Al-Ouja ab und zogen einen Stacheldrahtzaun um das Dorf. Alle viertausend Bewohner, darunter Verwandte Saddams, bekamen Ausweise. Um in das Dorf hineinzukommen oder es zu verlassen, mussten die Bewohner einen Kontrollpunkt passieren, an dem sie und ihre Autos gründlich durchsucht wurden. Dieses Vorgehen sorgte zwar für Proteste, zeigte aber schnell Erfolg. Nach einigen Tagen hatte man zwanzig bis dreißig Personen in Haft genommen, deren Familien in enger Verbindung zu Saddam standen. Außerdem wurden zweihundert Iraker in Gewahrsam genommen, die im Verdacht standen, an den Aufständen beteiligt gewesen zu sein. Bei einer Razzia auf einem Bauernhof südlich von Al-Ouja fanden US-Truppen acht Millionen Dollar in bar und eine Million Dollar teuren Schmuck, der Saddams Frau Sajida gehörte. Der Kommandeur der Truppe, Oberst James Hickey, sah keinen Grund, sich für sein entschiedenes Vorgehen zu rechtfertigen, denn er würde damit letzten Endes Saddams Gefangennahme erreichen. Hickey war sich sicher, dass Saddam den Ort aufsuchen würde. »Das ist wie Chicago für Mayor Daley – hier ist er aufgewachsen, hier hat er seine wichtigsten Freunde, hier sind seine Sicherheitsleute. Er muss einfach hierher kommen.«[22]

Was die Koalition auch unternahm, um den Aufständischen Einhalt zu gebieten: Die Anschläge hielten unvermindert an. Die irakischen Angreifer nutzten teilweise ungewöhnliche Methoden. Bis Ende November wurden zwei Hotels und das Ölministerium von einem Dutzend Raketen getroffen, die man von Eselskarren abgefeuert hatte. Einige Tage darauf gelang es den Aufrührern am Flughafen von Bagdad fast, ein Transportflugzeug mit einer von der Schulter abgefeuerten Boden-Luft-Rakete abzuschießen. Am 30. November, kurz nachdem Präsident Bush eine Stippvisite in den Irak gemacht hatte, um mit Kommandeuren der US-Streitkräfte Thanksgiving zu feiern, wurden in einem südlichen Vorort Bagdads sieben Mitarbeiter des spanischen Geheimdienstes aus ihren Wagen gezogen und brutal ermordet. Bei Tikrit wurden zwei japanische Diplomaten aus dem Hinterhalt getötet.

Als Verteidigungsminister Donald Rumsfeld Anfang Dezember 2003 in Bagdad war, äußerte er sich besorgt über die anhaltende Gewalt und bedauerte, dass man Saddam noch nicht verhaftet habe. Öffentlich betonte er zwar: »Die Richtung, die wir von Anfang an eingeschlagen haben, ist die richtige, und alle machen ihre Sache hervorragend«, aber hinter verschlossenen Türen wunderte er sich doch, warum man Saddam nicht zu fassen bekam. »Mir verschlägt es die Sprache, wenn ich nur daran denke«, sagte Rumsfeld zu einem Kommandeur. »Für diese Suche steht so viel Geld zur Verfügung, da sollte man doch mit der Zeit in der Lage sein, ein Netzwerk aufzubauen, um an die entscheidenden Informationen zu gelangen.«[23]

Der amerikanische Verteidigungsminister musste sich nicht mehr lange gedulden. Nur einige Tage nach seinem Besuch in Bagdad zeigte der Sondereinsatz Erfolg. Die Militäraktion in Al-Ouja zahlte sich schließlich aus, denn US-Truppen gelang es, einen persönlichen Leibwächter Saddams ausfindig zu machen. Aufgrund der Informationen, die man von dem Mann erhielt, starteten die Vierte Infanteriedivision und ein Sonderkommando am Samstag, dem 13. Dezember 2003 um 20 Uhr, die Operation Red Dawn. Ihr Ziel war ein Bauernhof in dem Dorf Al-Dawr, der Qais al-Nameq, einem ehemaligen Leibwächter Saddams, gehörte. Al-Dawr liegt dreizehn Kilometer südlich von Tikrit am Ufer des Tigris, gegenüber von Al-Ouja. Hier war Saddam nach eigenen Aussagen 1959 fast ertrunken, als er nach dem gescheiterten Mordversuch an Abdul Karim Qassem durch den eisigen Fluss geschwommen war. Die US-Truppen sperrten das Gebiet in einem Umkreis von gut einen Kilometer ab und wiesen die Anwohner an, in ihren Häusern zu bleiben, die Türen zu verschließen und die soeben verhängte Ausgangssperre zu beachten.

Dann arbeiteten sich die Soldaten mit Nachtsichtgeräten durch Orangenhaine und Sonnenblumenfelder vor. Zu ihrer Unterstützung war eine imposante Militärmaschinerie aufgestellt: Panzer, Artillerie, Hubschrauber und unbemannte Aufklärungsdrohnen. Als sich das Kommando dem Hof näherte, rannten zwei Männer mit Maschinenpistolen aus einem der Gebäude. Sie konnten schnell überwältigt und gefangen genommen werden. Dann zogen die Soldaten den Kreis um das Bauernhaus immer enger. Jeglicher Fluchtweg war blockiert. Schließlich traten sie ein und fanden in einem angebauten Schuppen einen verdreckten Schlafplatz mit Matratze. Auf einer Seite des Raums befand sich eine Küche mit Kaltwasseranschluss. Die Männer des Stoßtrupps konnten kaum glauben, dass sich hier jemand verstecken sollte, der mit einem Haufen gestohlenem Geld unterwegs war. Aber nach einer gründlichen Durchsuchung fanden sie Hinweise, die auf den ehemaligen irakischen Staatschef hindeuteten. Auf der Matratze lagen noch in Plastiktüten verpackte T-Shirts und Socken: frische Anziehsachen für einen Mann auf der Flucht. Und auf dem Fußboden fand man einen verbeulten grünen Metallkoffer mit 750 000 US-Dollar in kleinen, flachen Bündeln aus 100-Dollar-Scheinen.

Draußen vor der Kammer untersuchte eine weitere Sondereinheit eine Falltür, die unter einer Art Gebetsteppich versteckt war. Auf den ersten Blick schien die metallene Abdeckung fest im Boden verankert zu sein. Als die Soldaten aber versuchten, sie mit Gewalt zu öffnen, wunderten sie sich, wie leicht sie abzuheben war. Es handelte sich um eine Abdeckung aus Schaumstoff, ungefähr einen halben mal einen Meter groß, die ein zweieinhalb Meter tiefes Loch freigab, in dem ein erwachsener Mann liegen konnte. Ein Luftschacht mit Ventilator sorgte für genug Atemluft. Als die Soldaten einen älteren Mann mit zerzausten Haaren und ungepflegtem, grau meliertem Bart aus dem Erdloch hervorholten, wussten sie sofort, dass ihre Jagd auf Saddam Hussein beendet war. »Ich bin Saddam Hussein. Ich bin der Präsident des Irak, und ich bin bereit zu verhandeln«, murmelte die verwirrte Person. Der amerikanische Offizier antwortete knapp: »Präsident Bush lässt grüßen.« Als man ihn festnahm, trug Saddam nur einen Revolver bei sich. Der Mann, der jahrzehntelang seine Landsleute und kürzlich noch seine eigene Familie als »Märtyrer« gefeiert hatte, weil sie dem Irak ihr Leben hingegeben hatten, sah keinen Grund, selbst das letzte Opfer zu bringen. Überleben war immer Saddams oberstes Ziel gewesen.

Saddam war müde und niedergeschlagen und ließ sich widerstandslos zum Bagdader Flughafen fliegen, wo er und andere inhaftierte Regimeangehörige in einem eigens errichteten Zellenkomplex untergebracht wurden. Ein US-Soldat filmte Saddam, während medizinisches Personal seinen Kopf nach Läusen absuchte und einen Rachenabstrich machte, um sich über die DNA der Identität des Gefangenen zu versichern. Wie die Aufnahmen von Saddams toten Söhnen gingen auch diese Bilder des besiegten und gedemütigten Diktators um die Welt. Mitglieder des irakischen Regierungsrats wurden zum Flughafen gefahren, damit sie den Gefangenen identifizierten. Der ehemalige irakische Außenminister Adnan Pachachi, der aus dem Exil zurückgekehrt war, um dem Regierungsrat vorzustehen, fragte Saddam, warum er während seiner dreiundzwanzig Jahre währenden Präsidentschaft so viele Menschen hatte umbringen lassen. Saddam antwortete nur, diese Leute seien »Diebe und iranische Spione« gewesen. Nachdem er eine halbe Stunde bei Saddam gewesen war, gab Pachachi eine Pressekonferenz und bestätigte, dass man Saddam gefasst habe. »Er schien müde und erschöpft zu sein, aber er gab sich uneinsichtig und stur.«

Waren die Umstände von Saddams Verhaftung auch entwürdigend für einen Mann, der dreiundzwanzig Jahre lang mit eisernem Willen über sein Land geherrscht hatte, so konnte man doch gewisse Parallelen entdecken: Der Tyrann, dessen Leben in einer Lehmhütte am Ufer des Tigris begonnen hatte, sollte schließlich nur gut einen Kilometer entfernt auf der anderen Flussseite in einem stinkenden Erdloch aufgefunden werden. Es war gekommen, wie Oberst Hickey es vorausgesagt hatte: Saddam war in die Heimat seines Stammes zurückgekehrt. Er war im April 2003, einige Tage nach dem Fall Bagdads, mit engen Vertrauten dorthin geflüchtet. In den folgenden Monaten hatte er dann zwanzig bis dreißig primitive Verstecke benutzt. Familienangehörige und Stammesmitglieder bildeten ein dichtes Netzwerk, das ihm Unterschlupf bot und ihn mit Informationen über die Besetzung seines Landes versorgte. Um nicht entdeckt zu werden, bewegte sich der Sechsundsechzigjährige entweder zu Fuß, in einem kleinen Fischerboot oder über versteckte Straßen in verschiedenen Autos. Sein Lieblingswagen war ein altes, verbeultes Taxi.

Da er wusste, dass die Amerikaner seinen Aufenthaltsort herausbekommen würden, wenn er herkömmliche Kommunikationswege verwendete, gab Saddam seine Befehle über Boten weiter. Sie brachten seine Anweisungen zu einer zentralen Zelle der Baath-Anhänger, wo der blutige Aufstand gegen die Koalitionstruppen geplant wurde. Unter Saddams Habseligkeiten, die in der Bauernhütte gefunden wurden, befand sich – neben einem großen Vorrat an Schokoladenriegeln und Halal-Geflügelwürstchen, von denen er sich hauptsächlich ernährte – auch ein Koffer mit Informationen über die regionalen Zellen, die hinter den Anschlägen standen. Saddam hatte sich regelmäßig in sicheren Häusern mit seinen beiden Söhnen Uday und Qusay getroffen, um die weitere Vorgehensweise für den Widerstand zu klären. Am Ende seiner Laufbahn, als alle Zeichen gegen ihn standen, wollte er die Macht über sein Land trotzdem nicht kampflos abgeben.

Saddams öffentliche Demütigung und die Tatsache, dass er nicht in einem amerikanischen Kugelhagel umgekommen war, hatte sein Ansehen unter den wenigen noch verbliebenen Regimetreuen im irakischen Volk arg beschädigt. Seine Überheblichkeit jedoch nahm keinen Schaden. Als der Vorsitzende des Irakischen Nationalkongresses Ahmed Chalabi die Gruppe von Irakern begleitete, die Saddam identifizieren sollten, traf er einen Gefangenen an, der voller Verachtung für seine neue Umgebung und seine Gäste war. »Stellen Sie mich diesen Herren vor«, meinte Saddam spöttisch zu den amerikanischen Soldaten. Dann wandte er sich an die irakische Delegation und fragte: »Wollen Sie etwa unser Land regieren?« Einige Tage später behandelte er seine amerikanischen Wachen mit ähnlicher Geringschätzung und sagte: »Ich möchte mich jetzt setzen. Ich bin der Präsident des Irak, Sie würden Ihren Präsidenten auch nicht so behandeln.« Selbst als seine Geschicke an diesem Tiefpunkt angelangt waren, stellte Saddam noch die Arroganz und Boshaftigkeit zur Schau, die ihn einst zum gefürchtetsten und mächtigsten Oberhaupt seines Landes gemacht hatten.

EPILOG

Die Befreiung

Die Hoffnung der alliierten Streitkräfte, Saddams Gefangennahme würde für mehr Stabilität im Irak sorgen, wurde arg enttäuscht. Nachdem Saddam nun in Untersuchungshaft war, standen die alliierten Befehlshaber vor der dringenden Aufgabe, die Unruhen im Land zu stoppen und der Zivilbevölkerung ein Gefühl von Sicherheit zu geben. Die verantwortlichen Militärs bekamen eine Handhabe zum Einschreiten, als sich herausstellte, dass die Aktentasche, die man in Saddams Versteck gefunden hatte, Unterlagen der Aufständischen enthielt. So gelangte man an Details über die Baath-Zellen, die für die blutigen Auseinandersetzungen verantwortlich waren. Schon wenige Tage nach Saddams Verhaftung hatten die Koalitionstruppen mehrere Razzien bei diesen Gruppierungen durchgeführt und Dutzende von Saddams Anhängern in Haft genommen. Trotzdem ließen die Unruhen nicht nach, was schließlich zu der Vermutung führte, dass Saddam zwar an der Planung der Anschläge beteiligt gewesen war, während er sich in Tikrit versteckt gehalten hatte, die Revolte sich aber zum Zeitpunkt seiner Verhaftung bereits verselbständigt hatte.

Es gab vielerlei Gründe für die verbreitete Unzufriedenheit im Irak, die auch nach Saddams Sturz und Gefangennahme anhielt. In der Hauptsache ging es bei den Feindseligkeiten gegen die Koalition und ihre Verbündeten um die Besatzung an sich. Die Mehrheit der Iraker war froh, Saddam und die Baath-Partei los zu sein – nicht aber die sunnitischen Cliquen, hatten sie doch von der fünfunddreißig Jahre währenden Baath-Herrschaft ordentlich profitiert. Als im März 2004, ein Jahr nach dem Krieg, eine Umfrage durchgeführt wurde, sagten 56 Prozent der Iraker, dem Land gehe es ohne Saddam besser. Aber obwohl viele Iraker erleichtert darüber waren, von Saddams Tyrannei befreit zu sein, konnten die meisten nicht gutheißen, von einer fremden Armee okkupiert zu werden. Man zeigte sich zusehends verärgert darüber, wie langsam die Koalition dem Ziel einer neuen irakischen Regierung näher kam. Dieser Stimmung wurde zusätzlich noch dadurch Vorschub geleistet, dass noch lange nach Kriegsende keine ausreichende Stromversorgung hergestellt war und der Mangel an Treibstoff und anderen wichtigen Ressourcen anhielt. Die Iraker gaben den Amerikanern die Schuld an der Misere. Besonders übel nahmen sie den Besatzern, dass man nicht mehr unternommen hatte, um die Plünderungen zu verhindern, die nach der Befreiung Bagdads überhand genommen hatten. Zudem waren ja mit großen amerikanischen Firmen lukrative Verträge zur Beseitigung der Schäden abgeschlossen worden.

Die hohe Arbeitslosenrate und der fehlende irakische Sicherheitsapparat sorgten für einen Anstieg der Kriminalität. In Bagdad nahm die Zahl der Mordopfer in den Monaten nach dem Krieg um das Zehnfache zu. Dieser Zustand der Gesetzlosigkeit verschlimmerte sich noch, als die Koalition einhellig beschloss, eine umfangreiche Neustrukturierung des irakischen Militärs und Staatsapparats vorzunehmen. Anhänger der Baath-Partei sollten aus allen Regierungseinrichtungen verschwinden, damit jede Spur des alten Regimes beseitigt wäre. Auf diese Weise verloren mehr als eine halbe Million Iraker ihre Arbeit. Sie hatten keine Aussicht, je wieder irgendwo eingestellt zu werden, und wurden so zur leichten Beute für jene Gruppierungen, die im Untergrund dafür sorgten, dass die Aufstände gegen die Besatzer anhielten. Viele Mitglieder der neuen Führung im Irak waren der Ansicht, dass man die Ausmerzung der Partei zu weit getrieben hatte. Denn nicht jeder, der der Baath-Partei beigetreten war, hatte dies getan, weil er glühender Befürworter der entsprechenden Ideologie gewesen war.

Die Iraker empfanden eine tiefe Besorgnis darüber, wie sich ihr Land nach Saddams Sturz entwickeln würde, zumal die Koalition auf dem Weg zu einer frei gewählten irakischen Regierung nur sehr langsame Fortschritte machte. Schon vor dem Krieg hatten viele vermutet, dass nicht der militärische Sieg die schwierigste Aufgabe sein würde, sondern die Sicherung des Friedens. Aber die amerikanische Regierung hatte diese Problematik nicht ernst genommen. Experten vom Rat für Auslandbeziehungen in New York legten eine detaillierte Einschätzung der politischen Landschaft vor, wie sie sich nach dem Krieg im Irak entwickeln könnte, doch diese Untersuchung wurde genauso ignoriert wie ein ähnliches Papier des britischen Außenministeriums. Nach dem gewonnenen Krieg machten die neo-konservativen Kräfte um Donald Rumsfeld kein Geheimnis aus ihrer Absicht, im Irak eine moderne westliche Demokratie zu schaffen, die als Vorbild für die arabische Welt dienen sollte. Indem sie versuchten, dem irakischen Volk ihr radikales Vorhaben aufzudrängen, liefen diese Politiker jedoch Gefahr, die traditionelle irakische Führungselite gegen sich aufzubringen. Die Iraker ließen ihrerseits keinen Zweifel daran, dass sie keinesfalls wünschten, ihre religiösen, ethnischen und stammeseigenen Traditionen im Zuge einer Verwestlichung aufzugeben.

Die unsichere politische Lage im Irak arbeitete jenen Kräften im In- und Ausland in die Hände, die davon überzeugt waren, dass die Versuche der Koalition, das Land politisch und ökonomisch neu aufzubauen, zum Scheitern verurteilt waren. Die täglichen Guerillaangriffe auf die Koalitionstruppen und besonders die Amerikaner rissen nicht ab. Sie wurden von frustrierten Baath-Anhängern und ausländischen Kämpfern ausgeführt, die nach dem Krieg in den Irak gekommen waren, weil sich dort die Gelegenheit bot, westliche Ziele ins Visier zu nehmen. Die Koalitionstruppen nahmen Kämpfer fest, die sogar aus Somalia und Jemen stammten, die meisten kamen jedoch aus Saudi-Arabien, Syrien und Iran. Solange es keine anerkannte irakische Regierung gab, die entweder Unterstützung beim Volk fand oder ihm ihren Willen oktroyierte, konnten die ausländischen Kämpfer tun und lassen, was sie wollten. Sie führten tödliche Anschläge aus und sorgten für Unruhen in der Bevölkerung. So sollte es der Koalition unmöglich gemacht werden, das Land unter ihre Kontrolle zu bringen. Im Februar 2004 starben in nur einer Woche mehr als 100 Iraker, zum größten Teil Angestellte der Koalition, durch eine Reihe von Autobomben. Ziel der Anschläge war es, die Iraker davon abzuhalten, mit der Besatzungsmacht zu kooperieren. Als das Land im März kurz vor den Feiern zum Jahrestag von Saddams Sturz stand, wurden mehr als 200 schiitische Gläubige getötet, als in Moscheen in Bagdad, Kerbala und Kuetta Bomben explodierten. Die Menschen hatten sich dort versammelt, um das schiitische Ashura-Fest zu begehen.

Für viele dieser wahllosen Terrorangriffe machte man Osama Bin Ladens Al-Qaida verantwortlich. Während der Vorbereitungen für den Krieg im Irak hatte die amerikanische Regierung immer wieder betont, ein militärisches Eingreifen sei gerechtfertigt, da Bagdad Verbindungen zu Al-Qaida habe. Als Präsident Bush am 1. Mai 2003 auf dem amerikanischen Flugzeugträger *Abraham Lincoln* seine Siegesrede hielt, hatte er den Krieg im Irak mit den Angriffen vom 11. September in Verbindung gebracht. Indem man Saddam besiegt habe, habe man einen »Verbündeten Bin Ladens« überwältigt. Doch immer noch gab es keine überzeugenden Beweise dafür, dass Saddam mit Al-Qaida zusammengearbeitet hatte. In den geplünderten irakischen Ministerien fand man Dokumente, aus denen hervorging, dass Angehörige von Al-Qaida Ende der neunziger Jahre versucht hatten, ein Treffen zwischen Bin Laden und Saddam zu arrangieren. Es tauchte aber keine Bestätigung dafür auf, dass dieses Treffen wirklich stattgefunden hatte.

Während man also nicht sicher wusste, ob Al-Qaida vor dem Krieg im Irak aktiv gewesen war, so konnte es nach Saddams

Sturz keinen Zweifel mehr daran geben. Befehlshaber der Koalition konnten schnell einen Helfer Bin Ladens als Urheber von Anschlägen ausmachen: Der einbeinige jordanisch-palästinensische Terrorist Abu Musab al-Zarqawi war für viele Übergriffe verantwortlich, die nach Saddams Festnahme im Irak verübt wurden. Vor dem Krieg hatte die Regierung Bush die Tatsache, dass sich Zarqawi im Irak aufhielt, als Beweis für Saddams Verbindung zu Al-Qaida aufgefasst. Zu jener Zeit galt Zarqawi als Vermittler zwischen Bagdad und Kämpfern der Al-Qaida, die sich nach ihrer Flucht aus Afghanistan in einer nördlichen Enklave des Irak nahe des kurdischen Dorfs Halabja versteckten. Man war sich uneins, ob Saddams Regime wirklich ernst zu nehmende Kontakte zu der Gruppe hatte, aber sowohl der israelische als auch der jordanische Geheimdienst behaupteten, Zarqawi arbeite aktiv mit Saddam zusammen. Als der Krieg begann, machten sich die US-Streitkräfte schnell daran, das Versteck der Al-Qaida nahe Halabja zu zerstören. Zarqawi konnte jedoch nicht gefasst werden. Anfang 2004 wurde er als Hauptverantwortlicher für die tödlichen Bombenanschläge auf Einrichtungen der Koalition gehandelt. Die Amerikaner setzten eine Belohnung von zehn Millionen Dollar für seine Gefangennahme aus. Im Mai 2004 erlangte Zarqawi internationale Berühmtheit, weil man ihn für den Tod an Nick Berg verantwortlich machte. Der amerikanische Bauunternehmer war von islamistischen Fundamentalisten im Irak entführt worden. Zarqawi war dabei gefilmt worden, wie er Berg mit einem langen Messer enthauptete, und die grausigen Bilder erschienen später auf einer islamistischen Website.

Während die Koalitionstruppen versuchten, Herr der Lage zu werden, kamen die amerikanische und die britische Regierung immer mehr in Bedrängnis, weil sie keine ausreichenden Beweise dafür fanden, dass Saddam Massenvernichtungswaffen besessen hatte. Beide Regierungen hatten die Bedrohung durch Iraks Waffenprogramm als Rechtfertigung für einen Krieg benutzt. Als dieser nun vorbei war, setzte Washington die »Iraq Survey Group« ein, die nach Saddams unentdeckten

Waffenarsenalen fahnden sollte. Den Vorsitz führte David Kay. Der ehemalige Leiter der UNSCOM-Inspektionen war überzeugt, dass Saddam weiter an der Entwicklung von Massenvernichtungswaffen gearbeitet hatte, nachdem die UN-Inspektoren Ende 1998 des Landes verwiesen worden waren. Kay ließ sämtliche militärischen Einrichtungen im Irak durchsuchen und Hunderte irakischer Wissenschaftler und Regierungsmitarbeiter befragen, die bekanntermaßen an Saddams vorherigen Waffenprogrammen beteiligt gewesen waren. Schließlich musste er einsehen, dass die angebliche Bedrohung durch Saddams Waffenarsenale maßlos übertrieben worden war, und er warf den westlichen Geheimdiensten vor, sich zu sehr auf die unzuverlässigen Berichte von irakischen Exilgruppen gestützt zu haben. Kay fand zwar heraus, dass Saddam versucht hatte, ein Raketengeschoss zu entwickeln, das die von der UN zugelassene Reichweite überschritt, doch er konnte keine Beweise dafür erbringen, dass es im Irak bedeutende Arsenale an chemischen oder biologischen Waffen gegeben hatte oder dass Saddam versucht hatte, eine Atombombe zu bauen.

Im Januar 2004 trat Kay vom Vorsitz der Iraq Survey Group zurück und ging mit den Ergebnissen seiner Untersuchung an die Öffentlichkeit. Er kam zu dem Schluss, Saddam habe nach dem Golfkrieg von 1991 sicherlich sämtliche Bestände an chemischen und biologischen Waffen vernichtet und das atomare Waffenprogramm beendet. Kays Einschätzung sorgte nicht gerade für positive Publicity für die Regierungen Bush und Blair. Besonders für Blair wurde es heikel, denn ihm war bereits von dem britischen Wissenschaftler David Kelly, der als Waffeninspektor im Irak gearbeitete hatte, vorgeworfen worden, die Bedrohung durch Iraks Massenvernichtungswaffen übertrieben zu haben. Kelly beging im Juli 2003 Selbstmord, kurz nachdem zutage gekommen war, dass er als Quelle für einen BBC-Bericht gedient hatte, in dem behauptet wurde, die Regierung Blair habe die im September 2002 von der britischen Regierung veröffentlichten Geheimdienstberichte über den Irak bewusst »verschärft«. Die offiziellen Ermittlungen zu den Umständen von Kellys Tod ergaben zwar, dass die Regierung Blair die Einschätzungen der Geheimdienste nicht überschätzt hatte, doch da im Irak kein schlagender Beweis für die Existenz von Massenvernichtungswaffen gefunden worden war, kritisierten Blairs politische Feinde seine Entscheidung, sich am Krieg gegen Saddam zu beteiligen.

Auch in den USA waren Saddams Massenvernichtungswaffen kein unumstrittenes Thema. Zwar unterstützten die meisten Amerikaner die Regierung Bush in deren Einschätzung, dass der Einmarsch in den Irak ein wichtiger Bestandteil des weltweiten Kriegs gegen den Terror sei, dennoch sah sich Bush gezwungen, eine von beiden politischen Parteien getragene Kommission einzusetzen, die herausfinden sollte, warum der amerikanische Geheimdienst die Bedrohung durch Saddam so überschätzt hatte. Der im Juli 2004 veröffentlichte Bericht des Senate Intelligence Committee machte der CIA schwere Vorwürfe, weil die von Saddams Waffenprogrammen ausgehende Gefahr zu sehr hochgespielt worden sei. Außerdem wurde festgehalten, dass es keine ernst zu nehmenden Verbindungen zwischen Saddam und dem von Osama Bin Laden angeführten Terrornetzwerk Al-Qaida gegeben habe. Die zur Rechtfertigung des Krieges vorgebrachten Argumente wurden bald Wahlkampfthema, und der Kandidat der Demokraten, Senator John Kerry, beschuldigte die Regierung Bush, sie habe den Kongress und die Öffentlichkeit bewusst hinters Licht geführt. Sogar der amerikanische Außenminister Colin Powell beteiligte sich an der Diskussion. Er gab zu bedenken, dass er ein militärisches Eingreifen nicht ohne weiteres unterstützt hätte, wenn er gewusst hätte, dass Saddam Hussein gar keine gefährlichen Waffenarsenale besaß.

Während man also in aller Welt weiter darüber stritt, ob der Krieg gerechtfertigt war oder nicht, stand zumindest eines fest: Saddam Hussein würde nie wieder sein Volk oder die Welt bedrohen können. Nach seiner Festnahme brachte man ihn in ein spezielles Gefangenenlager, das sich auf einer amerikanischen Militäranlage in der Nähe des Flughafen von Bagdad befand. Dort wurde er von Spezialisten der CIA und des FBI befragt. Die CIA wollte erfahren, welche Waffenprogramme Saddam vor dem Krieg aufgenommen hatte, ob er Verbindungen zur Al-Qaida unterhielt und was er zur Organisation der Aufstände wusste. Zur gleichen Zeit wurden irakische Häftlinge in Abu Ghraib Opfer von Folterungen. Das Gefängnis Abu Ghraib war nach dem Krieg zu einem der größten Gefangenenlager der Amerikaner geworden. Man machte der Regierung Bush im Mai 2004 schwere Vorwürfe, nachdem zahllose Fotos aufgetaucht waren, die zeigten, wie amerikanische Soldaten irakische Gefangene misshandelten. Mit Saddam aber ging man menschlicher um. Die Verantwortlichen der CIA, die das Verhör leiteten, waren der Ansicht, dass sie mehr aus ihm herausbekommen würden, wenn sie ihn gut behandelten. Dennoch stand die Sicherheit an erster Stelle, und Saddam wurde seit Jahresbeginn alle zehn bis zwölf Tage an einen anderen Ort gebracht, um einen Befreiungsversuch seiner irakischen Anhänger zu erschweren.

Von Anfang an war Saddam nicht bereit, mit den Amerikanern zusammenzuarbeiten. Als er im März 2004 überraschend Besuch von Donald Rumsfeld bekam, der zum ersten Jahrestag des Kriegsbeginns in den Irak geflogen war, befand ihn der amerikanische Verteidigungsminister für »unkooperativ«. Die CIA konnte nur wenig Brauchbares über seine Waffenprogramme, Al-Qaida und die Aufständischen in Erfahrung bringen. Stattdessen versorgte Saddam sie gelegentlich mit verblüffenden Kommentaren und Enthüllungen. Während einer Befragung gab er als den wahren Grund für die Invasion Kuwaits im Jahr 1990 an, er habe seine Truppen beschäftigen wollen – aus Angst vor dem, was die eigensinnigen Militärs eventuell sonst anstellen würden. Saddam bestätigte außerdem, vom Einmarsch der amerikanischen Truppen im Mai 2003 überrascht worden zu sein. Ein Teilnehmer des Verhörs sagte, Saddam habe gehofft, die uneindeutigen Aussagen seiner Regierung zu den irakischen Waffenprogrammen würden »die Nachbarstaaten auf Abstand halten und die USA in endlose Debatten vor der UN verstricken«.[1] Obwohl Saddam Englisch spricht, bestand er darauf, auf Arabisch befragt zu werden. Die CIA setzte einen arabischen Übersetzer ein, der den Großteil des Gesprächs führte. Es wurde keine physische Gewalt gebraucht. Stattdessen setzten die Amerikaner auf psychologische Tricks. Sie verhörten Saddam einige Stunden lang, ließen ihn dann allein und kamen zurück, um nur eine kurze Frage zu stellen und ihn darauf wieder sich selbst zu überlassen. Trotz der komplizierten Befragungsmethoden erhielt die CIA kaum neue Informationen. Saddam erzählte gern, welche Rolle er während der siebziger Jahre in der Baath-Partei gespielt hatte und welche Probleme ihm sein Sohn Uday bereitet hatte. Aber in den Hauptpunkten – Massenvernichtungswaffen und Al-Qaida – zeigte er sich wenig gesprächsbereit. »Wir haben sehr wenig herausbekommen. Eigentlich fast nichts«, musste ein CIA-Mitarbeiter später einräumen. Ein Angehöriger des britischen Geheimdienstes, der am Verhör teilgenommen hatte, fügte hinzu: »Es gibt viele Methoden, ohne Folterung an Informationen zu gelangen. Bei Saddam haben wir nichts ausgelassen, und er hatte es bestimmt nicht leicht mit uns. Aber letztendlich haben wir wenig erfahren, was von Wert war.«[2]

Im Frühjahr 2004 gab die CIA ihre Bemühungen auf und übergab Saddam an das FBI. Den Mitarbeitern der CIA waren in gewisser Hinsicht die Hände gebunden gewesen, da sie den Befehl hatten, nichts zu unternehmen, was die Verhandlung beeinträchtigen könnte, wenn Saddam schließlich wegen seiner Kriegsverbrechen vor Gericht stünde. Hauptziel des FBI war es daher, ein einwandfreies Verfahren zu gewährleisten, wenn man den ehemaligen Diktator wegen Kriegsverbrechen und Verbrechen gegen die Menschlichkeit anklagen würde. Der erste Schritt in dem langwierigen Prozess, der Saddam vor Gericht bringen sollte, erfolgte Anfang Juli 2004. Saddam und weitere von den USA in Haft genommene Hauptakteure des Regimes wurden offiziell der neuen Übergangsregierung unter Dr. Ayad Allawi ausgeliefert, die für die Verwaltung des Irak so lange verantwortlich war, bis landesweite Wahlen durchgeführt würden. Kurz vor der Übergabe von Saddam und seinen Komplizen hatte Allawi verkündet, er wolle die Todesstrafe wieder einführen. Auf Saddams Verbrechen stand die Todesstrafe.

Nunmehr offiziell den irakischen Behörden überlassen, wurden Saddam und weitere hochrangige Regimeangehörige nach Camp Cropper, einem amerikanischen Hochsicherheitsgefängnis nahe des internationalen Flughafens von Bagdad, gebracht, wo sie nun dem Prozess entgegensahen. Das Gefangenenlager bestand aus drei Reihen einstöckiger Gebäude, umgeben von doppeltem Stacheldraht. Auf dem Gelände hatte sich einer von Saddams Palästen befunden – diese Ironie des Schicksals entging weder den Gefangenen noch den Amerikanern. Saddam saß die meiste Zeit in Einzelhaft, in einer fünf mal fünf Meter großen Zelle mit separatem Badezimmer. Als Sauberkeitsfanatiker wusch er seine Kleider von Hand im Waschbecken und säuberte seine Hände und die Teller nach jeder Mahlzeit mit Baby-Feuchttüchern. Er ernährte sich gesund: Ein Mitglied des amerikanischen Wachpersonals verriet, dass der ehemalige Diktator zum Frühstück am liebsten Knuspermüsli aß. Die Hofgänge verbrachte er hauptsächlich damit, sich um einen kleinen Garten zu kümmern, den er selbst angelegt hatte. Der einzige Luxus, den er sich gönnte, waren kubanische Zigarren, die ihm seine Töchter in Rotkreuzpaketen aus Jordanien schickten. Einmal bat er die Wachen um eine Tischtennisplatte, aber der Wunsch wurde ihm abgeschlagen.

Abgesehen von den wiederkehrenden Schmerzen, die sein Bandscheibenvorfall verursachte, bescheinigten amerikanische Ärzte Saddam eine gute Gesundheit. Ein erster Verdacht auf Prostatakrebs wurde fallengelassen, als man Prostatitis diagnostizierte, eine chronische, mit Antibiotika behandelbare Entzündung. Es war Saddam untersagt, mit seinen ehemaligen Parteikollegen zu reden, und so hatte er den einzigen Kontakt zur Außenwelt durch Briefe, die ihm seine Frau und seine Töchter durch das Rote Kreuz schickten. In einem Brief an Sajida zeigte er sich immer noch voller Zuversicht: »Im Namen des gnädigen Gottes, der Friede sei mit meiner kleinen Familie und mit meiner großen Familie. Meine Stimmung ist gut, dank der Größe Gottes.« In Gesprächen mit Gefängniswächtern bestand Saddam darauf, Präsident des Irak zu sein. Er lud sogar einen jungen Wachposten aus Pennsylvania ein, das Land noch einmal zu besuchen, wenn er wieder an der Macht sei. Für den amerikanischen Präsidenten und seinen Vater hatte er nur Spott übrig. »The Bush, father, son, no good«, sagte er dem Wachmann in gebrochenem Englisch.[3]

Saddams Weigerung, sich in sein Schicksal zu fügen, wurde zum ersten Mal öffentlich deutlich, als man ihn im Juli 2004 vor das irakische Sondertribunal brachte, das eingesetzt worden war, um ihn und seine ehemaligen Kollegen wegen Kriegsverbrechen zu verurteilen.

Saddam, dessen Codename übrigens HVD 1 für »High Value Detainee One« lautete, wurde in einem gepanzerten Bus zum Verhandlungsort gefahren. Man hatte einen provisorischen Gerichtssaal im Al-Faw-Palast in einem Außenbezirk Bagdads eingerichtet. Dort hatte Saddam einst ausländische Würdenträger empfangen. Zuerst schien er den Ort nicht wiederzuerkennen. Er trug ein graues Nadelstreifen-Jackett, eine braune Hose und glänzende, schwarze Schuhe, als man ihn in den Gerichtssaal führte. Er sah nun schlanker und gesünder aus als vor sieben Monaten, als man ihn aus seinem Versteck in dem Erdloch hervorgeholt hatte. Auch wenn ihn womöglich die Todesstrafe erwartete, wollte er einen guten Eindruck machen.

Zu Beginn der Verhandlung wirkte er irritiert, aber er fasste sich schnell. Als man ihn nach seinem Namen fragte, antwortete er: »Ich bin der Präsident des Irak.« Der Richter bestritt dies und bestand darauf, Saddam sei ein Bürger wie jeder andere. Darauf Saddam: »Ich bin der Präsident der Republik. Sie sollten mich nicht meines Titels berauben, um mich dann zu verurteilen.« Als die insgesamt sechsundzwanzig Minuten dauernde Anhörung weiterging, wurde Saddam immer forscher, wies die Anschuldigungen gegen ihn zurück und zweifelte die Rechtmäßigkeit des Gerichts an. Der Richter gab zu seinem eigenen Schutz seine Identität nicht preis, worauf Saddam ihn als Handlanger der amerikanischen Besatzer bezeichnete. Mit Blick auf die amerikanischen Präsidentschaftswahlen bemerkte Saddam: »Ich will Sie nicht beunruhigen. Aber Sie sollten wissen, dass all dies eine Inszenierung Bushs ist, die ihn im Wahlkampf weiterbringen soll. Der eigentliche Verbrecher ist Bush.« Saddam konnte sich nicht zurückhalten, als der Richter ihn beschuldigte, unrechtmäßig in Kuwait eingefallen zu sein. »Ich kann nicht glauben, dass Sie als Iraker darin ein Verbrechen sehen«, sagte er. »Ich war Präsident, als wir nach Kuwait einmarschierten. Ich habe die irakischen Interessen gegen diese wilden Hunde verteidigt, die versucht hatten, irakische Frauen zu Huren für zehn Dinar zu machen.« Zur Eröffnung des Prozesses umriss Saddam die Kernargumente, die er von da an zu seiner Verteidigung gebrauchen würde: Er sei immer noch der rechtmäßige Staatschef des Irak, und das Gericht sei nicht dafür zuständig, ihn zu verurteilen. Welche Beweise man dem Gericht auch vorlegte – wie zu so manchen früheren Gelegenheiten wollte Saddam bis zuletzt kämpfen, um seine Haut zu retten.

Im Sommer 2005 legte das Sondertribunal den ersten von drei Anklagepunkten gegen Saddam vor. Es ging um das Massaker in Dujail im Jahr 1982 (siehe Kapitel acht), bei dem mehr als einhundertfünfzig schiitische Muslime ums Leben gekommen waren. Saddam drohte die Todesstrafe, falls man ihn in diesem Punkt für schuldig befand.

Dem gestürzten irakischen Diktator fiel es schwer, sein Schicksal zu akzeptieren. Aber seit er in Haft saß, konnte das irakische Volk sicher sein, dass Saddam keine Bedrohung mehr darstellte. Seine dreiundzwanzig Jahre währende Terrorherrschaft war vorbei, und es lag nun beim irakischen Volk, die schwierige und spannende Aufgabe anzugehen, das zerstörte Land wieder aufzubauen.

ANMERKUNGEN

Prolog: Der Outlaw

1 Interview des Autors, Mai 2002.
2 Private Quelle.
3 Private Quelle.
4 *Wall Street Journal*, 14. Juni 2002.
5 Laurie Mylroie, *Study of Revenge* (Washington, D.C.: AEI Press, 2001).
6 *Wall Street Journal*, 14. Juni 2002.
7 Irakisches Fernsehen, 14. Dezember 2001.
8 Private Quelle.
9 Zitiert in *Newsweek*, 26. November 2001.
10 *Daily Telegraph* (London), 4. März 2002.
11 Zitiert in *Wall Street Journal*, 17. Juni 2002.

Eins: Der Waisenjunge

1 Es gibt zwei autorisierte Biographien, eher Hagiographien, über Saddams Leben: Amir Iskander, *Munadilan, wa Mufakiran, wa Insanan* (Paris: Hachette, 1981), und Fuad Matar, *Saddam Hussein: The Man, the Cause and His Future* (London: Third World Centre, 1981). Außerdem existiert ein kaum verhülltes autobiographisches Werk über sein frühes Leben: Abdel Amir Mu'ala, *The Long Days*, o.O., o.J.
2 Interview des Autors, April 2002.
3 Hamid al-Bayati, *The Bloody History of Saddam Al Tikriti*, S. 23.

4 Geoff Simons, *From Sumer to Saddam* (London: Macmillan, 1994), S. 271.
5 *Vanity Fair*, August 1991.
6 Matar, S. 22.
7 Saddam Hussein, *Al-Dimuqratiyya Masdar Quwwa li al-Fard wa al-Mujtama*, S. 20.
8 Interview des Autors, Februar 2002.
9 Efraim Karsh und Inari Rautsi, *Saddam Hussein, A Political Biography* (London: Brassey's, 1991), S. 10.
10 Iskander, S. 11.
11 *Vanity Fair*, August 1991.
12 John Bulloch und Harvey Morris, *Saddams Krieg* (Reinbek: Rowohlt, 1991).
13 Karsh und Rautsi, S. 9.
14 Andrew Cockburn und Patrick Cockburn, *Out of the Ashes* (New York: HarperCollins, 1999), S. 62.
15 H. V. F. Winstone, *Gertrude Bell* (London: Jonathan Cape, 1978), S. 222.
16 David Fromkin, *A Peace to End All Peace* (New York: André Deutsch, 1989), S. 508.
17 Interview des Autors, April 2002.
18 Matar, S. 31.
19 Cockburn und Cockburn, S. 71.
20 Said Aburish, *Saddam Hussein: The Politics of Revenge* (London: Bloomsbury, 2000), S. 20.
21 Iskander, S. 29.
22 Matar, S. 292.
23 Zitiert in Samir al-Khalil, *Republic of Fear* (Berkeley: University of California Press, 1989), S. 17.
24 Interview des Autors, November 2001.
25 Hani Fkaiki, *Dens of Defeat: My Experience in the Iraqi Baath Party* (London: Riad el Rayyes Books, 1993), S. 142.
26 Matar, S. 31.
27 Aussage von Falih al-Nisiri al-Tikriti, Verfahren v. d. Volksgerichtshof, hg. vom Verteidigungsministerium, 1959, S. 410.
28 Cockburn und Cockburn, S. 71.

Zwei: Der Attentäter

1 Matar S. 31.
2 Ebd.
3 Der vollständige Bericht über Saddams Beteiligung an dem Attentatsversuch und seine Flucht in ebd. S. 32–44.
4 Interview des Autors, April 2002.
5 Zitiert in Abdel Darwish und Gregory Alexander, *Unholy Babylon* (London: Victor Gollancz, 1991), S. 197.
6 *Independent* (London), 31. März 1998.
7 Dr. Hamid al-Bayati, *The Bloody History of Saddam al-Tikriti* (London, 1969), S. 25.
8 *Independent* (London), 31. März 1998.
9 Edith Penrose und E. F. Penrose, *Iraq: International Relations and Development* (London: Ernest Benn, 1978), S. 362f.
10 »Ich lernte den Kameraden Saddam nach der Ramadan-Revolution von 1963 kennen.« Michel Afleq zitiert in Matar, S. 211.
11 Edward Mortimer, »The Thief of Bagdad«, *New York Times Review of Books*, 27. September 1990, S. 8.
12 Iskander, S. 75.
13 Zitiert in Cockburn und Cockburn, S. 73.
14 Interview des Autors, Juni 2002.
15 *New York Times*, 24. Oktober 1990.
16 Al-Bayati, S. 63.
17 Simons, S. 274.
18 Drei von Saddams engsten Freunden in Kairo sind seither gestorben:
Abdul Karim al-Shaikhly (1990 ermordet), Medhat Ibrahim Juma'a (1986 ermordet) und Naim al-Azami (Anfang 1980er Jahre ermordet). Sein einziger bekannter überlebender Zeitgenosse, Farouk al-Nuaimi, lebt in Bagdad.
19 Zitiert in Aburish, S. 54.
20 Matar, S. 44; Iskander, S. 79.
21 Bulloch und Morris, S. 54.

22 Marion Farouk-Sluglett und Peter Sluglett, *Iraq Since 1958* (London: Kegan Paul International, 1987), S. 283.
23 Samir al-Khalil, *Republic of Fear* (Berkeley: University of California Press, 1989), S. 59.
24 Zitiert in Cockburn und Cockburn, S. 74.
25 Interview des Autors, Mai 2002.
26 Dr. Ali Karim Said, *From the Dialogue of Ideas to the Dialogue of Blood* (Beirut: Dar al-Kunuz al-Adabiyyah, 1999).
27 Al-Khalil, S. 6.
28 Hanna Batatu, *The Old Social Classes and Revolutionary Movements of Iraq* (Princeton, N.J.: Princeton University Press, 1978), S. 985.
29 Saddam zitiert in Matar, S. 44.
30 Aburish, S. 61.
31 Judith Miller und Laurie Mylroie, *Saddam Hussein and the Crisis in the Gulf* (New York: Random House, 1990), S. 31.
32 Interview des Autors, März 2002.
33 Interview des Autors, November 2001.
34 Interview des Autors, Oktober 2001.
35 Symons, S. 275.
36 Iskander, S. 97.
37 Interview des Autors, November 2001.
38 Matar, S. 45.
39 Interview des Autors, Januar 2002.
40 Siehe Fkaiki, S. 325. Fkaiki behauptet, Saddam habe sich häufig mit Präsident Arif und Bakr getroffen, um sie über verschiedene baathistische Verschwörungen mit dem Ziel, sie zu stürzen, zu informieren. Dies könnte seine Vorzugsbehandlung im Gefängnis erklären.
41 Matar, S. 46; Iskander, S. 80f.

Drei: Der Revolutionär

1 Interview des Autors, April 2002.
2 Ebd.
3 *Le Monde*, 9. Oktober 1968.
4 Zitiert in Iskander, S. 110.
5 Matar, S. 46.
6 Iskander, S. 116.
7 Zitiert in Matar, S. 47.
8 Interview des Autors, November 2002.
9 Matar, S. 47.
10 Aburish, S. 79.
11 Interview des Autors, Januar 2002.
12 Private Quelle.
13 Private Quelle.
14 Interview des Autors, Januar 2002.
15 Interview des Autors, November 2001.
16 Ebd.
17 Ebd.
18 Farouk-Sluglett und Sluglett, S. 110.
19 Interview des Autors, Februar 2002.
20 Interview des Autors, November 2001.
21 Ebd.
22 Ebd.
23 Zitiert in Batatu, S. 1100.

Vier: Der Rächer

1 Zitiert nach al-Khalil, S. 52.
2 Bagdad Domestic Service, 20. März 1971.
3 Zitiert nach al-Khalil, S. 50.
4 Ebd., S. 51.
5 Eine ausführliche Strukturanalyse der irakischen Sicherheitsdienste findet sich in al-Khalil, Kapitel 1.
6 Interview des Autors, Mai 2002.

7 Batatu, S. 1099.
8 Zitiert nach al-Khalil, S. 231.
9 Majid Khadduri, *Socialist Iraq* (Washington, D.C.: The Middle East Institute, 1978), S. 54.
10 Karsh und Rautsi, S. 44.
11 Al-Khalil, S. 54.
12 Zitiert nach Karsh und Rautsi, S. 75.
13 Bulloch, S. 131.
14 Bulloch und Morris, S. 31.
15 Ebd., S. 71.
16 Al-Khalil, S. 292–296.
17 *Atlantic Monthly*, Mai 2002.
18 Interview des Autors, Mai 2002.
19 Ebd.
20 Private Quelle.
21 Zitiert nach *Guardian*, 4. Juli 1973.
22 Iskander, S. 81.
23 Interview des Autors, Februar 2002.
24 Aburish, S. 97.
25 Interview des Autors, Mai 2002.
26 Ebd.
27 Khadduri, S. 65.
28 Kazzar ließ noch elf weitere prominente Baathisten verhaften, meist Freunde oder Verwandte des Präsidenten, von denen er fürchtete, sie könnten während des Aufstands gegen ihn intrigieren (ebd., S. 65).

Fünf: Der Erbauer der Nation

1 Interview des Autors, April 2002.
2 Interview des Autors, Mai 2002.
3 Ebd.
4 Saddam Hussein: *Notre Combat et La Politique Internationale*, gesammelte Schriften von Saddam Hussein, Lausanne 1977, S. 57.

5 Zitiert nach Matar, S. 233.
6 Interview des Autors, Mai 2002.
7 *New York Times*, 22. Februar 1972.
8 *Le Monde*, 20. Juni 1972.
9 *Sunday Telegraph* (London), 1. April 1973.
10 Bagdad Domestic Service, 17. Oktober 1971.
11 Phebe Marr: *The Modern History of Iraq*, Boulder, Colorado, Westview Press, 1985, S. 242.
12 Saddam Hussein: *Propos sur les Problèmes Actuels*, Text einer Pressekonferenz vom 8. April 1974, Gesammelte Schriften, S. 98–99.
13 Interview des Autors, Mai 2002.
14 Matar, S.228–229.
15 Saddam Hussein: *Current Events in Iraq*, London, Longman, 1977, S. 38.
16 Zitiert nach Karsh und Rautsi, S. 81.
17 *Economist*, 18. Oktober 1975.
18 Zitiert nach Matar, S. 231–232.
19 Ebd.
20 *Economist*, 24.–30. Juni 1978.
21 Edward Mortimer: »The Thief of Bagdad«, *New York Review of Books*, 27. September 1990.
22 Karsh und Rautsi, S. 186.
23 Ebd, S. 88.
24 Efraim Karsh: *The Iran-Iraq War: A Military Analysis*, Adelphi Papers, No. 220, London, International Institute for Strategic Studies, S. 10–11.
25 Marr, S. 229.

Sechs: Der Terrorist

1 *Der Spiegel*, 6. August 1990.
2 Kenneth R. Timmerman, *The Death Lobby: How the West Armed Iraq* (Boston: Houghton Mifflin, 1991), S. 20.
3 Ebd., S. 35

4 Private Quelle.
5 *Washington Post*, 25. Mai 1988.
6 Timmerman, S. 49–50.
7 Matar, S. 217.
8 Aburish, S. 140.
9 Ebd., S. 139.
10 Timmerman, S. 31.
11 Zitiert ebd., S. 32.
12 Khidir Hamza, *Saddam's Bombmaker* (New York: Scribner, 2000), S. 77.
13 Timmerman, S. 59–60.
14 Zitiert ebd., S. 92.
15 Ebd., S. 116.
15 Amazia Baram, »Qawmiyya and Wataniyya in Baathi Iraq: The Search for a New Balance«, *Middle East Studies*, Bd. 9, Nr. 2 (April 1983), S. 188–200.
17 Eine genaue Aufstellung aller Terroraktivitäten Abu Nidals findet sich in Patrick Seale, *Abu Nidal: Der Händler des Todes. Die Wahrheit über den palästinensischen Terror* (München: Bertelsmann, 1992), S. 235–242.
18 *Vanity Fair*, Mai 2002.
19 Interview des Autors, April 2002.
20 *Newsweek*, 17. Juli 1978.
21 Interview des Autors, Mai 2002.
22 Interview des Autors, November 1998.
23 Sprecher des britischen Außenministeriums zur Ausweisung.
24 Interview des Autors, Mai 2002.
25 Zitiert in *U.S. News and World Report*, 16. Mai 1977.
26 Zitiert in Seale, S. 112.
27 *New York Times*, 12. April 1975.
28 *Newsweek*, 17. Juli 1978.
29 Interview des Autors, März 2002.
30 Ebd.
31 Matar, S. 51.

Sieben: Der Präsident

1 BBC-Zusammenfassung weltweiter Meldungen, 18. Juli 1979 (ME/6170/A/2).
2 *New York Times*, 4. Dezember 1974.
3 *Newsweek*, 9. Mai 1977.
4 Interview des Autors, Mai 2002.
5 Zeitschrift *Alif Ba* (Bagdad), 16. Februar 1979.
6 BBC-Zusammenfassung weltweiter Meldungen, 21. Juni 1979 (ME/6147/A/3).
7 Patrick Seale, *Asad: The Struggle for the Middle East* (London: I. B. Tauris, 1988), S. 355.
8 Miller und Mylroie, S. 43.
9 Private Quelle.
10 Matar, S. 54.
11 Interview des Autors, März 2002.
12 Ausschnitte aus dem Film wurden gezeigt in der BBC-Sendung *Panorama*, 1. Februar 1991.
13 Karsh und Rautsi, S. 115.
14 Miller und Mylroie, S. 45.
15 Die fünf angeblich an der Verschwörung beteiligten RCC-Mitglieder waren Muhie Abdul Hussein Mashhadi, Mohammed Ayesh, Adnan Hussein al-Hamdani, Mohammed Mahjub Mahdi und Ghanem Abdul Jalil Saudi.
16 Interview des Autors, November 2001.
17 Private Quelle.
18 Ebd.
19 Hamza, S. 114.
20 Bagdad Domestic Service, 8. August 1979.
21 Irakische Nachrichtenagentur, 8. August 1979.
22 Interview des Autors, November 2001.
23 *Al-Thawra* (Bagdad), 3. Mai 1980.
24 Al-Khalil, S. 37.
25 Amnesty International, *Iraq, Evidence of Torture*, 29. April 1981, S. 6.
26 Amnesty International, *Torture in Iraq 1982–84*, S. 10f.

27 Zitiert von Deborah Cobbet, »Women in Iraq«, in *Saddam's Iraq: Revolution or Reaction?* (London: Zed Books and CARDRI [Committee Against Repression and for Domestic Rights in Iraq], 1989), S. 123.
28 *Human Rights in Iraq* (New York: Middle East Watch, 1990), S. 23f.
29 *New Scientist*, 2. April 1981.
30 Ali Hassan, »Profile – Modhaffat al-Nawab«, in *Index on Censorship*, März 1981.
31 *As Safir*, 5. Dezember 1985.
32 Iskander, S. 400.
33 Interview des Autors, Mai 2002.
34 Hassan Allawi, *The Borrowed State*, ohne Ort u. Jahr, S. 90.
35 Mikhael Ramadan, *In the Shadow of Saddam* (Neuseeland: GreeNZone, 1999), S. 12.

Acht: Der Kriegsherr

1 Irakisches Außenministerium, *Iraqi-Iranian Conflict: Documentary Dossier* (Bagdad: Januar 1981), S. 208–214.
2 Miller und Mylroie, S. 109.
3 Zitiert in Efraim Karsh, *The Iran-Iraq War 1980–1988* (London: Osprey, 2002), S. 27.
4 John Bulloch und Harvey Morris, *The Gulf War* (London: Methuen, 1989), S. 47.
5 Zitiert in Miller und Mylroie, S. 113.
6 Zitiert in Karsh, S. 62.
7 Ebd., S. 114.
8 *BBC Summary of the World Broadcasts*, 22. Juni 1982.
9 Dilip Hiro, *The Longest War* (London: Palladin, 1990), S. 35.
10 Ebd., S. 34.
11 Zitiert in der *Washington Post*, 18. April 1980.
12 Miller und Mylroie, S.115.
13 Adel Darwish und Gregory Alexander, *Unholy Babylon* (London: Victor Gollancz, 1991), S. 129.

14 Inlandsdienst Bagdad, 22. Juli 1980.
15 Ebd., 17. Juli 1981.
16 Timmerman, S. 105.
17 Ebd., S. 106.
18 Ebd., S. 112.
19 *BBC Summary of the World Broadcasts*, 14. April 1983.
20 Interview des Autors, Mai 2002.
21 Bulloch und Morris, S. 47–48.
22 Ebd.
23 Karsh, S. 67.
24 M. S. el-Azhary, Hg., *The Iran-Iraq War* (London: Croom Helm, 1984), S. 54.
25 Sahib Hakim, *Human Rights in Iraq* (London: Middle East Watch, 1992), S. 125.
26 *Wall Street Journal*, 27. August 1990.
27 Al-Khalil, S. 28.
28 Bulloch und Morris, S. 71.

Neun: Der Sieger

1 Timmerman, S. 116–117.
2 Ebd., S. 118.
3 Aburish, S. 236.
4 Interview des Autors, Sepember 1995.
5 Interview des Autors, April 2002.
6 Wafic al-Samurrai, *The Destruction of the Eastern Gate* (Kuwait, 1997), S. 153.
7 Interview des Autors, Februar 2002.
8 Diese Zahlen stammen aus dem Aufsatz von Anthony Cordesman, »The Iran-Iraq War in 1984: An Escalating Threat to the Gulf and the West«, *Armed Forces Journal International*, März 1984, S. 24.
9 *Sunday Times* (London), 11. März 1984.
10 Interview des Autors, November 2001.
11 Marr, S. 297.

12 Interview des Autors, Februar 2002.
13 Aburish, S. 187.
14 Interview des Autors, Mai 2002.
15 Anthony H. Cordesman, *The Iran-Iraq War and Western Security, 1984–87* (London: Jane's Publishing, 1987), S. 99.
16 Interview des Autors, Januar 2002.
17 Dieses Ereignis gilt allgemein, und besonders beim Autor, als Hauptursache für den Bombenanschlag gegen den Pan-Am-Flug Nr. 103 über der schottischen Stadt Lockerbie im Dezember 1988, bei dem 270 Menschen starben.
18 Timmerman, S. 293.

Zehn: Der Aggressor

1 *Independent* (London), 30. August 1989.
2 Interview des Autors, Mai 2002.
3 Interview des Autors, Juni 2002.
4 Interview des Autors, September 1989.
5 *Sunday Times* (London), 26. März 1989.
6 Karsh und Rautsi, S. 184.
7 Simon Henderson: *Instant Empire: Saddam Hussein's Ambition for Iraq* (San Francisco: Mercury House, 1991), S. 82.
8 Cockburn und Cockburn, S. 155.
9 *Sunday Times* (London), 26. März 1989.
10 Interview des Autors, Februar 1999.
11 Private Quelle.
12 Interview des Autors, Juni 2000.
13 *Guardian* (London), 1. April 1989.
14 *Wall Street Journal*, 15. Februar 1991.
15 Karsh und Rautsi, S. 202.
16 Charles Tripp: *A History of Iraq* (Cambridge, GB: Cambridge University Press, 2000), S. 251.
17 *Atlantic Monthly*, Mai 2002.
18 Interview des Autors, Juli 2002.
19 Interview des Autors, Frühjahr 2002.

20 Margaret Thatcher: *Downing Street No. 10: die Erinnerungen* (Düsseldorf u.a.: Econ-Verlag, 1993), S. 111.
21 *Observer* (London), 21. Oktober 1990.
22 Bagdad Domestic Service, 18. Juli 1990.
23 Interview des Autors, Februar 2002.
24 Interview des Autors, Juli 2002.

Elf: Der Verlierer

1 Thatcher, S. 817.
2 Bagdad Domestic Service, 8. August 1990.
3 Thatcher, S. 827.
4 Dilip Hiro, *Desert Shield to Desert Storm* (London: HarperCollins, 1992).
5 *Al-Thawra*, 2. Dezember 1990.
6 *The Economist* (London), 2. Dezember 1990.
7 Tripp, S. 254.
8 Irakischer Nationalbund, 14., 20., 21. Dezember 1990.
9 Irakischer Nationalbund, 18. Januar 1991.
10 Interview des Autors, August 2002.
11 *Atlantic Monthly*, Mai 2002.
12 Als akkreditierter Kriegsberichterstatter für die britischen Einsatztruppen während der Operation Desert Storm kann der Autor bestätigen, dass die Alliierten unter ständiger Alarmbereitschaft hinsichtlich eines irakischen Angriffs mit Chemiewaffen standen.
13 Waffeninspektoren bestätigten 1998, dass während des Golfkrieges größere Mengen waffenfähiger Milzbranderreger in Kuwait und dem Süd-Irak deponiert worden waren. Siehe *Sunday Telegraph* (London), 15. Februar 1998.
14 *Time*, 18. September 1995.
15 Bagdad Domestic Service, 18. Januar 1991.
16 Ebd., 20. Januar 1991.
17 CNN, 28. Januar 1991.
18 Bagdad Domestic Service, 31. Januar 1991.

19 Lawrence Freedman und Efraim Karsh, *The Gulf Conflict 1990–91* (London: Faber and Faber, 1993), S. 377.
20 *Times* (London), 16. Februar 1991.
21 Ebd., 23. Februar 1991.
22 Bagdad Domestic Service, 26. Februar 1991.
23 *Independent* (London), 6. Februar 1991.
24 Ebd., 28. Februar 1991.
25 *Atlantic Monthly*, Mai 2002.

Zwölf: Der Überlebenskünstler

1 Freedman und Karsh, S. 411.
2 *Hansard* (House of Commons), 15. Januar 1991.
3 *New York Times*, 26. Januar 1991.
4 BBC Radio 4, »The Desert War – A Kind of Victory«, 16. Februar 1992.
5 *International Herald Tribune*, 28. März 1991.
6 Cockburn und Cockburn, S. 27.
7 *Sunday Times* (London), 10. März 1991.
8 Private Quelle.
9 Private Quelle.
10 Scott Ritter, *Endgame: Solving the Iraq Problem – Once and for All* (New York: Simon and Schuster, 1999), S. 111.
11 ABC News, *Peter Jennings Reporting* (New York), 26. Juni 1997.
12 Cockburn und Cockburn, S. 38.
13 Zitiert in Michael R. Gordon und Bernard E. Trainor, *The General's War* (New York: Back Bay Books, 1995), S. 517.
14 Aburish, S. 319.
15 *Observer* (London), 12. Juli 1992.
16 *Times* (London), 4. September 1992.
17 Interview des Autors, September 1998. Der Name Sami Salih ist ein Pseudonym.
18 *Daily Telegraph* (London), 23. August 1993.
19 Aburish, S. 326.

20 Interview des Autors, August 1999.
21 Interview des Autors, Mai 2002.
22 Private Quelle.
23 *New Yorker*, 5. April 1999.
24 Cockburn und Cockburn, S. 189.
25 Interview des Autors, Februar 2002.
26 Ebd.
27 Ebd.
28 Ebd.
29 Zitiert in *Time*, 18. September 1995.
30 BBC Survey of World Broadcasts, 14. August 1995.
31 Irakisches Fernsehen, 12. August 1995.
32 Private Quelle.
33 Interview des Autors, September 1998.
34 Cockburn und Cockburn, S. 220.
35 *Times* (London), 18. März 1999.
36 Ebd., S. 229.
37 *International Herald Tribune*, 9. September 1996.
38 Interview des Autors, Mai 2002.
39 *Al-Wasat*, 12. März 1997.
40 Tim Trevan, *Der unsichtbare Tod: im Einsatz gegen Saddams Geheimwaffen* (München: Econ, 1999).
41 Irakisches Fernsehen, 22. Juni 1997.
42 Eine genaue Untersuchung der CIA-Infiltration beim UNSCOM ist enthalten in »Saddam's Best Friend«, von Seymour M. Hersh, erschienen im *New Yorker*, 5. April 1999.
43 William Shawcross, *Deliver Us from Evil* (London: Bloomsbury, 2000), S. 243.
44 Trevan, S. 374.
45 Ritter, S. 223.
46 Ebd., S. 224.

Dreizehn: Die Bedrohung

1 *Sunday Telegraph* (London), 28. April 2002.
2 *Guardian* (London), 17. Mai 2002.
3 *Time*, 13. Mai 2002.
4 *Atlantic Monthly*, Mai 2002.
5 Private Quelle.
6 *Sunday Telegraph* (London), 29. März 1999.
7 *Scotland on Sunday*, 2. April 2000.
8 Interview des Autors, August 1999.
9 Private Quelle.
10 Interview des Autors, Oktober 1999.
11 *Sunday Times* (London), 15. August 1999.
12 Zitiert in *Vanity Fair*, Februar 2000.
13 Private Quelle.
14 *New York Times*, 20. Dezember 2001.
15 *Time*, 13. Mai 2002.
16 *Times* (London), 17. Juni 2002.
17 *Al-Watan*, 28. Juni 2002.
18 John Kampfner, *Blair's Wars*, (London: Simon & Schuster, 2003), S. 197.
19 Private Quelle.
20 *The Sun* (London), 25. September 2003.
21 *Times* (London), 18. Oktober 2002.
22 *Times* (London), 22. November 2002.
23 Interview des Autors, August 2003.
24 *Sunday Telegraph* (London), 1. Dezember 2002.
25 *New York Times*, 14. Dezember 2002.
26 Interview mit al-Dabbagh, Bagdad, November 2003.
27 Ebd.
28 Interview des Autors, November 2002.
29 Reuters, 11. April 2003.

Vierzehn: Der Gefangene

1 Williamson Murray und Major General Robert H. Scales jr., *The Iraq War* (Cambridge, Mass.: Harvard University Press, 2003), S. 154–155.
2 Private Quelle.
3 *The Sun* (London), 24. März 2003.
4 Ebd., S. 107.
5 *New York Times*, 12. Februar 2004.
6 Murray und Scales, S. 204
7 Zitiert in *National Journal*, 6. Mai 2003.
8 *Los Angeles Times*, 11. Mai 2003.
9 Private Quelle.
10 Zitiert in *Daily Telegraph* (London), 8. April 2003.
11 Private Quelle.
12 Interview des Autors, Bagdad, Mai 2003.
13 *New York Times*, 2. Mai 2003.
14 Private Quelle.
15 Interview des Autors, Bagdad, Mai 2003.
16 Interview des Autors, Bagdad, Mai 2003.
17 *New York Times*, 12. Februar 2004.
18 Interview des Autors, Bagdad, Mai 2003.
19 Private Quelle.
20 Zitiert auf CNN, 1. August 2003.
21 Private Quelle.
22 Zitiert in *The Times* (London), 7. November 2003.
23 Zitiert in *Time*, 22. Dezember 2003.

Epilog: Die Befreiung

1 Zitiert in *New York Times*, 2. Juli 2004.
2 Ebd.
3 *GQ*, Juli 2005.

BIBLIOGRAPHIE

Aburish, Said: *Saddam Hussein: The Politics of Revenge.* London: Bloomsbury, 2000.
Algosaibi, Ghazi A.: *The Gulf Crisis.* London: Kegan Paul International, 1991.
Axelgard, Frederick W.: *A New Iraq? The Gulf War and Implications for U.S. Policy.* New York: Praeger, 1988.
Baram, Amazia: »Saddam Hussein: A Political Profile.« *The Jerusalem Quarterly*, Nr. 17, 1980.
Batatu, Hanna: *The Old Social Classes and Revolutionary Movements of Iraq.* Princeton, N.J.: Princeton University Press, 1978.
Bengio, Ofra: *Saddam's World.* Oxford: Oxford University Press, 1998.
Bulloch, John: *The Making of a War: The Middle East from 1967 to 1973.* London: Longman, 1974.
Bulloch, John, und Harvey Morris: *The Gulf War.* London: Methuen, 1989.
–: *Saddams Krieg.* Reinbek bei Hamburg: Rowohlt, 1991. (*Saddam's War*, London 1991, dt.)
Butler, Richard: *The Greatest Threat.* New York: Public Affairs, 2000.
CARDRI (Committee Against Repression and for Democratic Rights in Iraq): *Saddam's Iraq: Revolution or Reaction?* London: Zed Books, 1989.
Chubin, Shahram, und Charles Tripp: *Iran and Iraq at War.* London: I. B. Tauris, 1988.
Cockburn, Andrew, und Patrick Cockburn: *Out of the Ashes.* New York: HarperCollins, 1999.

Cordesman, Anthony H.: *The Iran-Iraq War and Western Security, 1984–87*. London: Jane's Publishing, 1987.
Dann, Uriel: *Iraq under Qassem: A Political History, 1958–63*. New York: Praeger, 1969.
Darwish, Adel, und Gregory Alexander: *Unholy Babylon*. London: Victor Gollancz, 1991.
Dobson, Christopher, und Ronald Payne: *War Without End*. London: Harrap, 1986.
Fkaiki, Hani: *Dens of Defeat: My Experience in the Iraqi Baath Party*. London: Riad el Rayyes Books, 1993.
Freedman, Lawrence, und Efraim Karsh: *The Gulf Conflict 1990–91*. London: Faber and Faber, 1993.
Friedman, Alan: *Spider's Web: Bush, Thatcher and the Decade of Deceit*. London: Faber and Faber, 1993.
Fromkin, David: *A Peace to End All Peace*. New York: André Deutsch, 1989.
Gordon, Michael R., und Bernard E. Trainor: *The Generals' War*. New York: Back Bay Books, 1995.
Hakim, Sahib: *Human Rights in Iraq*. London: Middle East Watch, 1992.
Hamza, Khidhir: *Saddam's Bombmaker*. New York: Scribner, 2000.
Harris, Robert, und Jeremy Paxman: *Eine höhere Form des Tötens: Die geheime Geschichte der B- und C-Waffen*. Düsseldorf u.a.: Econ-Verlag, 1983. (*A Higher Form of Killing*. London 2002, dt.)
Helms, Christine Moss: *Iraq: Eastern Flank of the Arab World*. Washington, D.C.: Brookings Institution, 1988.
Henderson, Simon: *Instant Empire: Saddam Hussein's Ambition for Iraq*. San Francisco: Mercury House, 1991.
Hiro, Dilip: *The Longest War*. London: Palladin, 1990.
–: *Desert Shield to Desert Storm*. London: HarperCollins, 1992.
Hussein, Saddam: *Current Events in Iraq*. London: Longman, 1977.
The Iran-Iraq War, hg. von M. S. el Azhary. London: Croom Helm, 1984.

Iskander, Amir: *Munadilan, wa Mufakiran, wa Insanan.* Paris: Hachette, 1981.
Kampfner, John: *Blair's Wars.* London: Simon & Schuster, 2003.
Karsh, Efraim: *The Iran-Iraq War 1980–1988.* London: Osprey, 2002.
–, und Inari Rautsi: *Saddam Hussein: A Political Biography.* London: Brassey's, 1991.
Khadduri, Majid: *Socialist Iraq.* Washington, D.C.: The Middle East Institute, 1978.
Khalil, Samir al-: *Republic of Fear.* Berkeley: University of California Press, 1989.
Longrigg, Stephen H.: *Four Centuries of Modern Iraq.* Oxford: Oxford University Press, 1925.
Marr, Phebe: *The Modern History of Iraq.* Boulder, Colorado: Westview Press, 1985.
Matar, Fuad: *Saddam Hussein: The Man, the Cause and His Future.* London: Third World Centre, 1981.
Merari, Ariel, und Shlomo Elad: *The International Dimension of Palestinian Terrorism.* Boulder, Colo: Westview Press, 1986.
Middle East Watch: *Human Rights in Iraq.* New York, 1990.
Miller, Judith, Stephen Engelberg und William Broad: *Virus – die lautlose Bedrohung. Biologische Waffen – die unsichtbare Front.* München: Droemer Knaur, 2002. (*Germs: The Ultimate Weapon.* New York 2001, dt.)
Miller, Judith, und Laurie Mylroie: *Saddam Hussein. Biographie eines Diktators und die Geschichte seines Landes.* München: Greil 1991. (*Saddam Hussein and the Crisis in the Gulf.* New York 1990, dt.)
Mylroie, Laurie: *Study of Revenge.* Washington, D.C.: The AEI Press, 2001.
O'Balance, Edgar: *The Gulf War.* London: Brassey's, 1988.
Penrose, Edith, und E. F. Penrose: *Iraq: International Relations and Development.* London: Ernest Benn, 1978.
Ramadan, Mikhael: *In the Shadow of Saddam.* New Zealand: GreeNZone, 1999.

Ritter, Scott: *Endgame: Solving the Iraq Problem – Once and for All*. New York: Simon and Schuster, 1999.

Samurrai, Wafic al-: *The Destruction of the Eastern Gate*. Kuwait, 1997.

Seale, Patrick: *Asad: The Struggle for the Middle East*. London: I. B. Tauris, 1988.

–: *Abu Nidal – der Händler des Todes. Die Wahrheit über den palästinensischen Terror*. München: Bertelsmann, 1992. (*Abu Nidal: A Gun for Hire*. New York 1992, dt.)

Shawcross, William: *Deliver Us From Evil*. London: Bloomsbury, 2000.

Simons, Geoff: *From Sumer to Saddam*. London: Macmillan, 1994.

Sluglett, Marion Farouk- und Peter Sluglett: *Iraq since 1958*. London: Kegan Paul International, 1987.

Smith, Colin: *Carlos: Porträt of a Terrorist*. London: André Deutsch, 1976.

Thatcher, Margaret: *Downing Street No. 10. Die Erinnerungen*. Düsseldorf u.a.: Econ-Verlag, 1993. (*The Downing Street Years*. London 1993, dt.)

Timmerman, Kenneth R.: *The Death Lobby: How the West Armed Iraq*. Boston: Houghton Mifflin, 1991.

Trevan, Tim: *Der unsichtbare Tod. Im Einsatz gegen Saddams Geheimwaffen*. München u.a.: Econ, 1999. (*Saddam's Secrets: The Hunt for Saddam's Hidden Weapons*. London 1999, dt.)

Tripp, Charles: *A History of Iraq*. Cambridge, U.K.: Cambridge University Press, 2000.

Williamson, Murray und Major General Robert H. Scales Jr.: *The Iraq War*. Cambridge, Mass.: Harvard University Press, 2003.

Winstone, H. V. I.: *Gertrude Bell*. London: Jonathan Cape, 1978.